中国社会科学院习近平新时代中国特色社会主义思想研究中心书系论文集系列丛书

中国式现代化与当代中国马克思主义

全国社会科学院系统习近平新时代中国特色社会主义思想论坛（2023）论文集

辛向阳　康振海　主编

当代中国出版社
Contemporary China Publishing House

图书在版编目(CIP)数据

中国式现代化与当代中国马克思主义：全国社会科学院系统习近平新时代中国特色社会主义思想论坛（2023）论文集 / 辛向阳，康振海主编．-- 北京：当代中国出版社，2024.7

ISBN 978-7-5154-1350-1

Ⅰ．①中… Ⅱ．①辛… ②康… Ⅲ．①习近平新时代中国特色社会主义思想—文集 Ⅳ．① D610.4-53

中国国家版本馆 CIP 数据核字（2024）第 070474 号

出 版 人　王　茵
责任编辑　宋卫云　马凡钧
责任校对　贾云华　康　莹
印刷监制　刘艳平
封面设计　鲁　娟
出版发行　当代中国出版社
地　　址　北京市地安门西大街旌勇里 8 号
网　　址　http://www.ddzg.net
邮政编码　100009
编 辑 部　（010）66572264
市 场 部　（010）66572281　66572157
印　　刷　中国电影出版社印刷厂
开　　本　787 毫米 × 1092 毫米　1/16
印　　张　46.5 印张　1 插页　734 千字
版　　次　2024 年 7 月第 1 版
印　　次　2024 年 7 月第 1 次印刷
定　　价　188.00 元

目　录

推进马克思主义中国化时代化

以中国式现代化推进强国建设和民族复兴

坚持党的全面领导与全面从严治党

推进马克思主义中国化时代化

把握21世纪马克思主义的四个维度

中国社会科学院　辛向阳

在2015年12月全国党校工作会议上，习近平总书记提出了“21世纪马克思主义”的重要命题。他指出：“党校要根据时代变化和实践发展，加强理论总结和理论创新，为发展21世纪马克思主义、当代中国马克思主义作出努力。”[①]21世纪马克思主义既是一个宏大的理论命题，又是一个极为重要的现实命题，需要理论界进行深入研究和探索。

一、理论维度：21世纪马克思主义是近200年来马克思主义发展的结晶

21世纪马克思主义含义丰富，它首先是一个历史的概念。21世纪马克思主义是产生、发展于21世纪的马克思主义，但也凝聚着马克思主义自创立以来发展的全部精华。从19世纪马克思主义到20世纪马克思主义，再到21世纪马克思主义，它们不仅属于其各自产生的世纪，还必然与之前的历史和广阔的未来紧密相关。其中，21世纪马克思主义要为人类开辟更加光明的前景。因此，要从理论上破除各种迷误，正确理解、完整阐释21世

① 《坚持党校姓党根本工作原则　切实做好新形势下党校工作》，《人民日报》2015年12月13日。

纪马克思主义。

（一）21 世纪马克思主义必须廓清附加在 19 世纪、20 世纪马克思主义之上的各种迷误

历史越久远，笼罩在思想上的迷误越多，马克思主义发展的历史也不例外。清扫厚厚的历史尘土，是 21 世纪马克思主义重要的历史责任。

第一，由于社会主义建设的实践经验不足，有的迷误是人们在实践中制造出来的。例如，“文化大革命”的发生与我们对马克思主义原理的误解和教条化有一定关系。《中国共产党中央委员会关于建国以来党的若干历史问题的决议》明确指出：“‘文化大革命’所以会发生并且持续十年之久……有复杂的社会历史原因……把马克思、恩格斯、列宁、斯大林著作中的某些设想和论点加以误解或教条化，反而显得有‘理论根据’。例如：认为社会主义社会在消费资料分配中通行的等量劳动相交换的平等权利，即马克思所说的‘资产阶级权利’应该限制和批判，因而按劳分配原则和物质利益原则就应该限制和批判；认为社会主义改造基本完成以后小生产还会每日每时地大批地产生资本主义和资产阶级，因而形成一系列左倾的城乡经济政策和城乡阶级斗争政策；认为党内的思想分歧都是社会阶级斗争的反映，因而形成频繁激烈的党内斗争，等等。这就使我们把关于阶级斗争扩大化的迷误当成保卫马克思主义的纯洁性。”[①] 毛泽东多次谈到“资产阶级法权”问题，认为 100 年后要革命，1000 年后还要革命，这成为他“继续革命”的理论依据之一。他一直想在中国解决“资产阶级法权”问题。1974 年 10 月，他在会见丹麦时任首相保罗·哈特林（Poul Hartling）时说道：“总而言之，中国现在属于社会主义国家。以前跟资本主义差不多。八级工资制，按劳分配，货币交换，这些跟旧社会没有多少差别”。[②]

第二，有的迷误是修正、颠覆和反对马克思主义的人打着马克思主义的旗号制造出来的。列宁曾指出：“马克思主义在理论上的胜利，逼得它的敌人装扮成马克思主义者，历史的辩证法就是如此。”[③] 有的西方学者打

① 《中国共产党中央委员会关于建国以来党的若干历史问题的决议》，人民出版社 1981 年版，第 31—32 页。

② 《毛泽东年谱（1949—1976）》第 6 卷，中央文献出版社 2013 年版，第 553 页。

③ 《列宁全集》第 23 卷，人民出版社 1990 年版，第 3 页。

着“马克思学”的旗号制造所谓青年马克思与晚年马克思、人道的马克思与革命的马克思以及马克思与恩格斯的对立；有的西方学者打着“列宁学”的旗号制造所谓的列宁主义的“断裂”、马克思主义与列宁主义的对立；等等。

第三，有的迷误是所谓改良、重构和反思马克思主义的人制造出来的。英国学者特瑞尔·卡弗（Terrell Carver）在《马克思》一书中指出，作为伟大的思想家和革命家，马克思“在20世纪50年代被批评，60年代被复活，70年代被重构，80年代后期开始被后马克思主义者重新解读。20世纪90年代以及21世纪以来，一些人认为，马克思是全球化的主要理论家，在全球性研究和国际政治经济学中占据着重要地位”[①]。这类学者重新诠释了马克思的很多概念与论断，但是他们的有些诠释不仅制造了马克思与恩格斯的“思想鸿沟”，而且还扭曲了马克思的本意。比如，马克思提出了逻辑与历史相一致的方法，恩格斯在1859年8月撰写的《卡尔·马克思“政治经济学批判”》（第一分册）中对其进行了符合马克思原意的、系统全面的阐述。但是，有的西方学者认为恩格斯曲解了马克思的本意。比如，意大利知名“马克思学”专家马塞罗·默斯托（Marcello Musto）就持这种看法，他在《另一个马克思：从早期手稿到国际工人协会》中表示，“恩格斯显然没有读过1857年《导言》中的论文，他在1859年的《〈政治经济学批判〉导言》的评论中写道，他就可以通过‘两种方式：按照历史或按照逻辑’进行政治经济学批判”，“简言之，恩格斯认为历史与逻辑之间存在着一种平行性，马克思在《导言》中断然否定了这一点”。[②] 默斯托的这一观点值得商榷：其一，恩格斯的评论是基于对马克思1857年《〈政治经济学批判〉导言》的把握的基础上而作的，没有对这一论文的充分了解，是写不出这样有深刻思想内涵的文章的。其二，认真阅读恩格斯的论述，可以看出马克思和恩格斯的思想是一致的，恩格斯是这样表述的：“对经济学的批判，即使按照已经得到的方法，也可以采用两种方式：按照历史或者按照逻辑……整个说来，经济范畴出现的顺序同它们在逻辑发展中的顺序也是一样的……因此，逻辑的研究方式是唯一适用的方式。但是，实际上这种方式无非是历

① ［英］特瑞尔·卡弗：《马克思》，中国人民大学出版社2020年版，第4页。

② ［加］马塞罗·默斯托：《另一个马克思：从早期手稿到国际工人协会》，中国人民大学出版社2022年版，第96页。

史的方式，不过摆脱了历史的形式以及起扰乱作用的偶然性而已。”[①] 恩格斯的阐述跟马克思关于逻辑与历史相统一的论点总体上是一致的。其三，恩格斯在这篇文章中一再强调这一方法是“我们采用这种方法”，即这一方法不仅是恩格斯自己概括的方法，也是他和马克思共同认可的方法。我们知道，恩格斯的这篇书评是应马克思的要求写的，马克思还建议恩格斯“简短地谈一下方法问题和内容上的新东西”。[②] 恩格斯写完这篇文章的第一部分后，把它寄给了马克思，请马克思修改。从书信往来中可以看出，恩格斯的观点得到了马克思的肯定。

（二）真正阐明马克思主义基本原理的任务很重

由于各种复杂的原因，历史越久远，对于基本原理的认知就越容易变得模糊。从这个角度来说，21 世纪马克思主义守正的任务是极其繁重的。

英国马克思主义研究者戴维·麦克莱伦（David McLellan）在《马克思传》中说道：“为了理解马克思本人的思想，必须剥去很多历史的外壳。因为马克思的思想被很多不同的解释所遮蔽，并被用于证明很多不同政治类型的合理性。”[③] 很多人对马克思主义进行修改、重新解释甚至是歪曲和篡改。例如，有的学者不讲辩证唯物主义和历史唯物主义，只讲实践唯物主义；有的学者否定马克思主义哲学、政治经济学和科学社会主义三个组成部分；有的学者不承认马克思关于社会演进的“五形态”理论，甚至认为这是斯大林的“杜撰”和臆造；等等。针对这些质疑，习近平总书记在纪念马克思诞辰 200 周年大会上指出：“马克思主义主要由哲学、政治经济学、科学社会主义三大组成部分构成。”“马克思科学揭示了人类社会最终走向共产主义的必然趋势。”[④]

特别要注意的是，改革开放以来，由于我们支持、鼓励、引导非公有制经济合理发展，国内有人就认为坚持公有制不是科学社会主义基本原则；由于我们建立、完善和发展了社会主义市场经济体制，有人就提出有组织地生产这一科学社会主义基本原则过时了等观点。此外，一些国外学者认

① 《马克思恩格斯选集》第 2 卷，人民出版社 1972 年版，第 122 页。

② 《马克思恩格斯文集》第 2 卷，人民出版社 2009 年版，第 772 页。

③ ［英］戴维·麦克莱伦：《马克思传》，中国人民大学出版社 2016 年版，第 464 页。

④ 习近平：《在纪念马克思诞辰 200 周年大会上的讲话》，人民出版社 2018 年版，第 6、16 页。

为中国特色社会主义是“资本社会主义”“国家资本主义”“新官僚资本主义”。面对国内外种种质疑中国特色社会主义的观点，习近平总书记强调，中国特色社会主义本质上是科学社会主义。科学社会主义基本原则的主要内容为：在生产资料公有制基础上组织社会生产，以社会化生产效率的发挥创造出更丰富的社会产品，不断满足广大人民群众的需要；对社会生产进行有组织、有目的的调节，防止生产的无政府状态；实行符合未来社会化生产要求的分配制度，在共产主义第一阶段实行按劳分配，在高级阶段实行按需分配；合乎自然规律地改造和利用自然；通过无产阶级专政的国家向无阶级、无剥削、无国家的共产主义高级阶段过渡；等等。

二、历史维度：21 世纪马克思主义是立足于 21 世纪人类发展的马克思主义

21 世纪已经开启第三个十年了。用马克思主义的大时代观把握 21 世纪人类发展的大趋势是正确认识 21 世纪的重要方法。

（一）把握 21 世纪人类前途命运就要把握马克思主义的“世纪观”

马克思主义创始人以及马克思主义后来人总是能够站在大历史尺度上来看待历史变迁，从世纪变迁中找寻社会发展规律。

17 世纪是怎样的世纪？英国著名政治学家哈罗德·约瑟夫·拉斯基（Harold Joseph Laski）在《思想的阐释》中专设一章“十七世纪”来阐述 17 世纪的特征。他指出，17 世纪被认为是天才的时代，牛顿、笛卡尔、霍布斯、洛克、帕斯卡等人天才地发展了先驱们的思想。[①] 从马克思主义的角度看，17 世纪是资本主义制度开始替代封建主义的世纪。英国资产阶级在 17 世纪进行了资产阶级革命，这一政治革命在 18 世纪转化为更加深刻的社会革命，并带动了 18 世纪美国革命的发展和法国革命的发生。恩格斯指出：“17 世纪英国革命恰恰是 1789 年法国革命的先声。在‘长期国会’里，

① 参见［英］拉斯基：《思想的阐释》，张振成、王亦兵译，贵州人民出版社 2001 年版，第 101 页。

很容易识别相当于法国制宪议会、立法议会和国民公会的三个阶段。从立宪君主制到民主制、军事专制制度、复辟和中庸革命这个转变过程，在英国革命中也鲜明地显现出来。克伦威尔集罗伯斯比尔和拿破仑于一身；长老派相当于吉伦特派，独立派相当于山岳派，平等派相当于阿贝尔派和巴贝夫派。"[①] 在此，恩格斯强调了 17 世纪英国资产阶级革命的深远影响。马克思也明确指出："资产阶级的胜利意味着新社会制度的胜利，资产阶级所有制对封建所有制的胜利"。[②]

18 世纪是怎样的世纪？恩格斯在《英国状况　十八世纪》中对于 18 世纪的特点进行了科学的阐述。他认为这是人类从相对孤立的分散状态向区域一体化状态甚至是某些全球性状态转变的世纪。18 世纪，德国人进行了哲学革命，法国人进行了政治革命，英国人进行了比这两个革命都深刻的革命——社会革命。18 世纪是资本利益开始凸显，并进一步上升为统治主体、统治力量的世纪，美国独立战争、法国大革命都是为资本利益而进行的革命。这一切都源于 18 世纪在英国深入开展的工业革命，这一革命的"第一个结果就是利益被升格为对人的统治。利益霸占了新创造出来的各种工业力量并利用它们来达到自己的目的；由于私有制的作用，这些按照法理应当属于全人类的力量便成为少数富有的资本家的垄断物，成为他们奴役群众的工具。商业吞并了工业，因而变得无所不能，变成了人类的纽带；个人的或国家的一切交往，都被溶化在商业交往中，这就等于说，财产、物升格为世界的统治者"。[③] 这是一个资产阶级统治日益巩固的世纪，资产阶级创造出来的生产力比过去几百年人类创造的生产力还要多、还要大。

19 世纪是怎样的世纪？拉斯基在《思想的阐释》中说道："19 世纪是一个自由主义大获全胜的时代。从一战爆发之前的滑铁卢战役以来，历史上尚无任何其他的学说能有如此权威的声音，产生如此广阔的影响。它的胜利无疑是一个极其复杂的现象，之所以复杂是因为这些现象从诞生之日起就想将自己设计成一个可以在不同的祭坛上接受人们顶礼膜拜的理论。"[④] 普列汉诺夫则指出："正像 16、17 和 18 世纪是资产阶级解放运动的

① 《马克思恩格斯文集》第 1 卷，人民出版社 2009 年版，第 91 页。

② 《马克思恩格斯文集》第 2 卷，人民出版社 2009 年版，第 74 页。

③ 《马克思恩格斯全集》第 3 卷，人民出版社 2002 年版，第 12、544 页。

④ ［英］拉斯基：《思想的阐释》，张振成、王亦兵译，贵州人民出版社 2001 年版，第 239 页。

标志一样，19 世纪则是工人阶级解放运动的世纪。这就是它的文化史的最主要特点和它转交给 20 世纪的最珍贵的遗产。”[①]“由于这种凶残而短视的利己主义，在 19 世纪，工人们流了很多血，大概在 20 世纪还要流不少血。而要反对这种利己主义，无产阶级只有一种手段：联合自己的力量以夺取政权。”[②]可以说，19 世纪是自由竞争资本主义的时代，是资本主义发展、无产阶级力量不断壮大的世纪。

20 世纪是怎样的世纪？列宁在《帝国主义是资本主义的最高阶段》中强调，从 19 世纪末开始，资本主义由自由竞争走向了垄断阶段，即帝国主义阶段。“本书证明，1914—1918 年的战争，从双方来说，都是帝国主义的（即侵略的、掠夺的、强盗的）战争，都是为了瓜分世界，为了瓜分和重新瓜分殖民地、金融资本的‘势力范围’等等而进行的战争。”[③]帝国主义不仅是无产阶级革命的前夜，也是殖民地、半殖民地国家民族革命运动的前夜。列宁指出：“正是由于第一次帝国主义大战，东方已经最终加入了革命运动，最终卷入了全世界革命运动的总漩涡。”[④]可以说，20 世纪上半叶是帝国主义和无产阶级革命的时代，列宁深刻把握这一本质，领导了十月革命的伟大胜利，开辟了人类历史新纪元；20 世纪下半叶是资本主义和社会主义两种制度、两大阵营并存竞争以及社会主义阵营解体和社会主义运动陷入低潮的时代。

（二）21 世纪是金融信息技术跨国垄断和军事化的资本主义与新时代中国特色社会主义长期合作共存、进行激烈竞争的时代

纵观 17—20 世纪 400 年的历史，可以看出，资本主义经历了从自由竞争阶段到垄断资本主义的阶段，而垄断资本主义则经历了从私人垄断到国家垄断到跨国垄断再到 21 世纪正日益向着金融信息技术跨国垄断和军事化发展的趋势，这种趋势表明一种新型的帝国主义正在形成。

金融信息技术跨国垄断是当代资本主义极为重要的特点，它利用金融

---

① ［俄］普列汉诺夫：《跨进 20 世纪的时候：旧〈火星报〉论文集》，东方出版社 1998 年版，第 2 页。

② ［俄］普列汉诺夫：《跨进 20 世纪的时候：旧〈火星报〉论文集》，东方出版社 1998 年版，第 3 页。

③《列宁选集》第 2 卷，人民出版社 1995 年版，第 577 页。

④《列宁选集》第 4 卷，人民出版社 1995 年版，第 795 页。

叠加信息技术对世界上多数国家进行超额垄断利润的榨取，促使其自身不断膨胀，并在关键时刻对其他国家发动金融信息技术战争。首先，金融信息技术跨国公司资本是一种超越时空和国家边界的、混合了金融和信息技术的资本，其膨胀速度极快。例如，2020 年 8 月 31 日，美国科技巨头特斯拉的公司市值近 4700 亿美元；2022 年 5 月 6 日，公司市值超过 8900 亿美元，远超很多国家一年的国内生产总值。一个创业不到 20 年的公司发展到如此大的规模，是信息技术叠加金融资产的结果。其次，金融信息技术跨国垄断的能力大大加强，并呈现出无边界的特点，即没有时间、空间、产业、国家甚至道德边界。金融信息技术跨国公司与国家力量融合在一起，对世界经济秩序和高科技领域进行强力控制，一旦发生国家间的冲突，金融信息技术跨国公司就会成为一些国家的利器。例如，俄乌冲突爆发后，美国与欧盟委员会、德国、法国、英国、意大利、加拿大决定将俄罗斯部分银行排除在环球银行金融电信协会（以下简称“SWIFT”）支付系统之外。SWIFT 此前曾多次成为金融制裁的工具，遭到其制裁的金融机构将无法参与国际资金流动。将俄罗斯众多银行排除在该支付系统之外，将有效切断俄罗斯与外部经济的联系，影响俄罗斯经济的长远发展。最后，金融信息技术跨国垄断的野蛮性增强。这种资本主义可以把很多事物都武器化：信息技术武器化、金融工具武器化、脸书等各种宣传媒体武器化。这是一种退化了的资本主义，是回归洞穴的资本主义，是野蛮性大大强化的资本主义。

金融信息技术跨国垄断的资本主义国家不仅搞冷战思维还搞寒战思维，不仅搞“铁幕”还要筑“铜墙”，不仅搞单边主义还搞集团政治和阵营对抗，把本国安全建立在他国不安全的基础之上。“北约亚太化”“民主国家联合体”“价值观外交伙伴”“五眼联盟”等构想不断出现，它们大搞双重标准，滥用单边制裁和“长臂管辖”，通过各种手段制约、制裁所谓“不听话、不配合、不守规矩”的国家。与此同时，新时代中国特色社会主义正在发展壮大，正在与不断变异的资本主义打交道，并且在一段很长的历史时期内要与之共存共处。

三、现实维度：21 世纪马克思主义应当研究的重大课题

发展 21 世纪马克思主义必须紧密关注重大现实问题。2022 年 4 月，

习近平总书记在中国人民大学考察时指出："当前，坚持和发展中国特色社会主义理论和实践提出了大量亟待解决的新问题，世界百年未有之大变局加速演进，世界进入新的动荡变革期，迫切需要回答好'世界怎么了'、'人类向何处去'的时代之题。"[①]21世纪马克思主义就应当深入研究、深刻回答在坚持和发展中国特色社会主义过程中所提出的大量新问题。

（一）要回答好人类向何处去、向着什么样的目标前进的问题

这是21世纪马克思主义要回答的世纪问题，也是马克思主义者能够真正回答清楚的问题。20世纪人类经历了两次世界大战和持续40余年的冷战，其间还发生了朝鲜战争、越南战争、苏联入侵阿富汗战争、两伊战争、印巴战争等，战火遍及世界多个大洲。冷战结束后，又发生了诸如科索沃战争、美国入侵阿富汗战争、伊拉克战争、叙利亚战争、也门战争以及俄乌冲突等。21世纪马克思主义必须致力于回答清楚人类的前途命运问题。对这个问题的回答，应当从三个方面进行。

首先，从世界社会主义500余年的历史来看，21世纪的人类仍然处在马克思主义所指明的历史进程中，这个进程就是社会主义代替资本主义的进程，是社会主义不断螺旋上升发展、资本主义螺旋下降的进程。其次，从世界大航海时代以来500余年的历史来看，21世纪的人类仍然处在民族历史向世界历史发展、国家和区域经济向全球经济拓展的进程中，整体意义上的世界历史、合理公正基础上的经济全球化并没有真正实现。再次，从《威斯特伐利亚和约》确立的第一个具有近代意义的国际关系体系以来的400余年历史来看，人类孜孜以求的目标就是建立公正合理的国际秩序，21世纪的人类仍然要为之奋斗。1648年欧洲诸国在威斯特伐利亚所确定的国与国之间主权独立平等原则、不干涉内政原则和势力均衡原则由于资本主义的内在矛盾实际是无法实现的。英国议会上院议员、学者梅格纳德·德赛（Meghnad Desai）在《马克思的复仇：资本主义的复苏和苏联集权社会主义的灭亡》中说道："从1648年的《威斯特伐利亚和约》开始，欧洲的国家体系在其后的三个世纪中是以一种欧洲中心论的方式进化的，但是它

① 《坚持党的领导传承红色基因扎根中国大地　走出一条建设中国特色世界一流大学新路》，《人民日报》2022年4月26日。

的对外扩张和普遍化原则则属于 20 世纪后半叶。”[①] 而新的、公平合理的国际经济政治秩序的建构应当以更加美好的社会制度为基础。

（二）要回答好如何不断完善社会主义市场经济体制并提高驾驭该体制能力的问题

2022 年 4 月，习近平总书记在中共十九届中央政治局第三十八次集体学习时强调，“在社会主义制度下如何规范和引导资本健康发展，这是新时代马克思主义政治经济学必须研究解决的重大理论和实践问题。”[②] 社会主义市场经济体制是社会主义基本经济制度的重要组成部分，要让市场在配置资源中发挥决定性作用，同时要更好发挥政府作用。21 世纪马克思主义必须长期关注社会主义市场经济体制的完善与发展问题。

首先，要回答社会主义市场经济体制与资本主义市场经济体制是否会趋同，或者说两者是否有本质区别的问题。逐利本性是所有社会制度下资本共同的本性，是发挥积极作用还是消极作用取决于资本所在的社会制度。社会主义制度是以人民为中心的制度，归根到底，资本逐利要为实现人民的利益服务；资本主义制度是以资本为中心的制度，资本逐利是要实现极少数人的利益。其次，要充分发挥好社会主义市场经济体制的优越性，使其能够更好更快地推动经济社会高质量发展。社会主义市场经济体制最大的优越性就是坚持党的领导。一方面，中国共产党能够通过自我革命、始终保持党的先进性和纯洁性来克服既得利益集团的影响，营造各种所有制主体依法平等使用资源要素、公平公正公开参与竞争、同等受到法律保护的市场环境；另一方面，中国共产党能够不断推进不敢腐、不能腐、不想腐的体制机制建设，防止商品交换原则渗透到党内生活中去，能够在防止领导干部被围猎的同时，保持其驾驭市场经济的强大能力。

（三）要回答好 21 世纪资本主义继续演进的基本趋势、发展态势的问题

2013 年 12 月 3 日，习近平总书记在中共十八届中央政治局第十一次

① ［英］梅格纳德·德赛：《马克思的复仇：资本主义的复苏和苏联集权社会主义的灭亡》，汪澄清译，中国人民大学出版社 2016 年版，第 315 页。

② 《习近平谈治国理政》第 4 卷，外文出版社 2022 年版，第 219 页。

集体学习时谈到“两个决不会”，他指出：“马克思的这一重要论点，可以帮助我们理解为什么资本主义至今没有完全消亡，为什么社会主义还会出现苏联解体、东欧剧变那样的曲折，为什么马克思主义预见的共产主义还需要经过很长的历史发展才能实现。学懂了这一认识和研究社会历史发展的科学世界观和方法论，我们就能坚定理想的主心骨、筑牢信念的压舱石，保持强大的战略定力。”①21世纪马克思主义应当重点回答以下几个问题。

首先，资本主义会以怎样的方式继续在21世纪生存。21世纪，资本主义国家的所有领域都资本化了，包括在抗击新冠疫情这样的公共卫生领域都是资本利益在主导。疫情暴发以来，最发达的资本主义国家美国因新冠疫情导致的死亡人数已经超过百万，之所以出现这种情况，一个重要原因就是资本追逐自身利益，不愿意为普通民众特别是老人、穷人、少数族裔以及其他弱势群体提供疫苗免费接种、核酸检测等服务，更不会以损害资本利益为代价进行“动态清零”，这种赤裸裸的逐利性摆脱了道德的束缚，摆脱了自由、民主、平等、博爱、人权的约束。其次，资本主义基本矛盾的表现形式发生了怎样的变化。生产的社会化以及生产资料私人占有的资本主义基本矛盾有了新的表现形式：一是金融信息技术跨国公司国际控制力加强与众多主权国家维护自身主权安全能力下降之间的矛盾；二是力量强大的资本权贵集团与各种权益被不断弱化的社会普通民众之间的矛盾。2021年，当世界正在抗击新冠疫情之时，五大科技巨头元宇宙平台、谷歌、亚马逊、苹果和微软的收入激增，它们的营收总和为1.4万亿美元，比2020年劲增29%。这些公司不仅凌驾于美国民众之上，而且对很多主权国家都构成了极大威胁。

四、时代维度：习近平新时代中国特色社会主义思想是21世纪马克思主义

《中共中央关于党的百年奋斗重大成就和历史经验的决议》指出：“习近平新时代中国特色社会主义思想是当代中国马克思主义、二十一世纪马克思主义，是中华文化和中国精神的时代精华，实现了马克思主义中国化

① 习近平：《论党的宣传思想工作》，中央文献出版社2020年版，第37页。

新的飞跃。”[①]

（一）习近平新时代中国特色社会主义思想发出了21世纪捍卫、坚持和发展马克思主义的最强音

作为21世纪马克思主义，习近平新时代中国特色社会主义思想贯通了19世纪、20世纪和21世纪的马克思主义，贯通了马克思主义哲学、政治经济学和科学社会主义，贯通了中国特色社会主义和世界社会主义。习近平新时代中国特色社会主义思想不仅旗帜鲜明地坚守马克思主义基本原理，而且还消除了一些理论陷阱和迷误；不仅清醒地捍卫了马克思主义的科学体系，而且赋予了其鲜明的时代内容。

第一，习近平新时代中国特色社会主义思想真正继承了马克思主义。它针对实际工作中马克思主义在有的领域中被边缘化、空泛化、标签化以及在一些学科中“失语”、教材中“失踪”、论坛上“失声”等现象，十分明确地提出，尽管马克思主义诞生在一个半多世纪之前，但历史和现实都证明它是科学的理论，迄今依然有着强大生命力。在坚持马克思主义指导地位这一根本问题上，我们必须坚定不移，任何时候任何情况下都不能有丝毫动摇。中国共产党为什么能，中国特色社会主义为什么好，从根本上说，是因为马克思主义行，马克思主义为中国革命、建设、改革提供了强大的思想武器，引领中国创造了人类历史上前所未有的发展奇迹，历史和人民选择马克思主义是完全正确的，中国共产党把马克思主义写在自己的旗帜上是完全正确的。坚持以马克思主义为指导，也是当代中国哲学社会科学区别于其他哲学社会科学的根本标志，必须旗帜鲜明地加以坚持。

第二，习近平新时代中国特色社会主义思想坚定捍卫了马克思主义。对于各种否定马克思主义的理论和观点，习近平总书记始终明确反驳。针对近年来国内外有人认为中国特色社会主义是“资本社会主义”“国家资本主义”“新官僚资本主义”等错误思想和言论，习近平总书记明确指出，这些都是完全错误的，中国特色社会主义是根植于中国大地、反映中国人民意愿、适应中国和时代发展进步要求的科学社会主义[②]；针对有人认为马克

① 《中共中央关于党的百年奋斗重大成就和历史经验的决议》，人民出版社2021年版，第26页。

② 中共中央宣传部编：《习近平新时代中国特色社会主义思想学习纲要》，学习出版社、人民出版社2019年版，第26—27页。

思主义政治经济学、《资本论》过时了的错误思想和言论，习近平总书记明确指出，这个说法是武断的，国际金融危机发生后，不少西方学者也在重新研究马克思主义政治经济学和《资本论》，借以反思资本主义的弊端[①]。

第三，习近平新时代中国特色社会主义思想全面创新了马克思主义。它坚持把马克思主义基本原理同中国具体实际相结合、同中华优秀传统文化相结合，深刻回答了新时代坚持和发展什么样的中国特色社会主义、怎样坚持和发展中国特色社会主义，建设什么样的社会主义现代化强国、怎样建设社会主义现代化强国，建设什么样的长期执政的马克思主义政党、怎样建设长期执政的马克思主义政党等重大时代课题，实现了马克思主义中国化新的飞跃。习近平新时代中国特色社会主义思想包含新时代我国社会主要矛盾、中华文化和中国精神的时代精华、人类文明新形态、稳中求进工作总基调、系统观念等论断，原创性地发展了马克思主义哲学；提出社会主义基本经济制度新内涵、把握新发展阶段、贯彻新发展理念、构建新发展格局、实施供给侧结构性改革、防止资本无序扩张、扎实推动共同富裕、实施乡村振兴战略等，原创性地发展了马克思主义政治经济学；提出中国特色社会主义最本质的特征是中国共产党领导、推进国家治理体系和治理能力现代化、建设中国特色社会主义法治体系、建设社会主义法治国家、把人民军队建设成为世界一流军队、推动构建人类命运共同体、防止党内形成利益集团、勇于自我革命是中国共产党区别于其他政党的显著标志等观点，原创性地发展了科学社会主义。

（二）习近平新时代中国特色社会主义思想聚焦 21 世纪中国、世界、人类和时代发展最深层次的问题，发展了马克思主义

作为 21 世纪马克思主义，习近平新时代中国特色社会主义思想回答了中国之问、世界之问、人民之问、时代之问这些事关马克思主义长远发展的基本问题，将深刻影响整个 21 世纪中国、人类社会以及世界社会主义的发展。

第一，作为 21 世纪马克思主义，习近平新时代中国特色社会主义思想着眼于中华民族伟大复兴这一中华民族最高利益和最根本利益，回答了

---

① 习近平：《在哲学社会科学工作座谈会上的讲话》，人民出版社 2016 年版，第 14—15 页。

“实现什么样的伟大复兴、怎样实现伟大复兴”这一中国之问。它强调中国特色社会主义新时代很重要的一个方面是全体中华儿女勠力同心、奋力实现中华民族伟大复兴的中国梦。新时代党面临的主要任务是实现第一个百年奋斗目标，开启实现第二个百年奋斗目标新征程，朝着实现中华民族伟大复兴的宏伟目标继续前进。新时代中国共产党领导人民创造的伟大成就，为实现中华民族伟大复兴提供了更为完善的制度保证、更为坚实的物质基础、更为稳定的社会基础和更为主动的精神力量。

第二，作为21世纪马克思主义，习近平新时代中国特色社会主义思想不仅胸怀天下，以“大道之行，天下为公”的情怀回答了“世界怎么了、我们怎么办”这一世界之问，而且善于从历史长周期比较分析中思考“如何战胜疫情”“如何建设疫后世界”等这些世界各国人民共同关心的重大问题。习近平总书记深入把握人类社会发展的数千年历程，站在历史哲学的高度，强调要弄清楚我们从哪里来、现在在哪里、将到哪里去等重大课题。历史的教训惨痛而深刻，它告诉我们：好战必亡，只有坚持沟通和对话协商，才能实现人类持久和平。沟通的最根本路径是构建人类命运共同体。构建人类命运共同体是习近平总书记着眼于人类发展和世界前途提出的中国理念、中国方案、中国智慧，不仅受到国际社会的高度评价和广泛欢迎，还极大地推动了国际社会矛盾和问题的解决。

第三，作为21世纪马克思主义，习近平新时代中国特色社会主义思想是为人民谋幸福的理论，回答了“什么是美好生活、怎样实现美好生活”这一人民之问。它强调我国社会主要矛盾已经转化为人民日益增长的美好生活需要和不平衡不充分的发展之间的矛盾，实现人民的美好生活就要深刻把握美好生活需要，既包含更高的物质文化要求又包括民主、法治、公平、正义、安全、环境等方面的要求，就要着力解决主要矛盾的主要方面即不平衡不充分的发展的问题。它还强调我们正在向第二个百年奋斗目标迈进，必须坚持以人民为中心的发展思想，把促进全体人民共同富裕作为为人民谋幸福的着力点，不断夯实中国共产党长期执政的基础。以人民为中心的发展思想内在地包含了实现共同富裕的要求，人民的共同要求就是在尽可能短的时间内实现共同富裕。习近平总书记多次强调，共同富裕是社会主义的本质要求，是人民群众的共同期盼，是中国共产党坚持全心全意为人民服务根本宗旨的重要体现。

第四，作为21世纪马克思主义，习近平新时代中国特色社会主义思想是马克思主义时代化的理论结晶，回答了“引领什么样的时代、怎样引领时代”这一时代之问。它告诉我们：这是一个人类命运休戚与共的时代，世界各国乘坐在一条命运与共的大船上，要穿越惊涛骇浪、驶向光明未来，必须同舟共济；这是一个和平、发展、合作、共赢成为潮流的时代，破坏全球和平框架的冷战思维，危害世界和平的霸权主义和强权政治，加剧21世纪安全挑战的集团对抗，都是逆时代潮流而动的；这是一个需要全球治理的时代，“国际社会发展到今天已经成为一部复杂精巧、有机一体的机器，拆掉一个零部件就会使整个机器运转面临严重困难，被拆的人会受损，拆的人也会受损”①，只有坚持真正的多边主义，坚定维护以联合国为核心的国际体系和以国际法为基础的国际秩序，有效践行共商共建共享的全球治理观，自觉弘扬全人类共同价值，倡导不同文明交流互鉴，才能使这部机器良好运转。

① 《习近平重要讲话单行本（2022年合订本）》，人民出版社2023年版，第36页。

学思用贯通　知信行统一

——坚持不懈用习近平新时代中国特色社会主义思想凝心铸魂的实践路径探析

河北省社会科学院　康振海

注重以理论武装凝心铸魂，是无产阶级政党完成历史使命的显著优势。通过凝聚为人民谋幸福之心，铸就实现远大理想之魂，可以坚定共产主义远大理想信念，夯实党的建设的思想根基，将马克思主义真理力量转化为推动社会发展、造福全体人民、实现远大理想的强大力量。用党的创新理论凝心铸魂，是中国共产党的优良传统。百年来，我们党能够历经艰难困苦而不断发展壮大，就在于始终坚持用党的创新理论凝心铸魂，使全党始终保持统一的思想、坚定的意志、协调的行动、强大的战斗力。这十年，党和国家事业取得历史性成就、发生历史性变革，推动我国迈上全面建设社会主义现代化国家新征程，是因为我们始终坚持用习近平新时代中国特色社会主义思想这一马克思主义中国化时代化最新成果凝心铸魂。

一个民族要走在时代前列，须臾不能离开理论指导。坚持不懈用习近平新时代中国特色社会主义思想凝心铸魂，是新的历史条件下坚持和发展中国特色社会主义的时代呼唤，是开辟马克思主义中国化时代化新境界的时代呼唤，是深入推进新时代党的建设新的伟大工程的时代呼唤，是全面建设社会主义现代化国家、全面推进中华民族伟大复兴的时代呼唤。新征程履行新使命，迫切需要用习近平新时代中国特色社会主义思想凝心铸魂，用科学理论指导中国式现代化建设的伟大实践，确保各项工作更好地体现时代性、把握规律性、富于创造性；新征程应对新环境，迫切需要坚持不懈用习近平新时代中国特色社会主义思想凝心铸魂，实现全党思想统一、政治团结、行动一致，战胜任何艰难险阻，推动中国特色社会主义事业顺利前行；新征程完成新任务，迫切需要坚持不懈用习近平新时代中国特色社会主义思想凝心铸魂，指导全党同志更加努力地锐意进取、拼搏奉献、励精图治、艰苦奋斗。正是这样的战略考量，习近平总书记在党的二十大报告中，对全党坚持不懈用新时代中国特色社会主义思想凝心铸魂作出重大部署，要求将用党的创新理论武装全党作为党的思想建设的根本任务。

踏上全面建设社会主义现代化国家新征程，我们现在应该做的是：以学习贯彻习近平新时代中国特色社会主义思想主题教育为契机，切实将用党的创新理论武装全党这项全面加强党的思想建设的根本任务落地落实，这就需要正确处理凝心铸魂中的若干重大关系，达到学思用贯通、知信行统一的目的，做到以学铸魂、以学增智、以学正风、以学促干，真正将这一科学理论转化为坚定理想、锤炼党性、指导实践和推动工作的强大力量。

一、集中·不懈：主题教育与日常教育衔接

（一）主题教育是凝心铸魂的重大举措，开展这样的集中教育意义重大，必须高度重视，力求达到预期目标和效果

百年来，我们党多次开展包括延安整风在内的集中教育活动，在特定历史条件下用党的创新理论对党员干部集中教育，对有效统一全党思想发挥了特殊且重大的关键作用，成为加强党的建设、保持党的先进性纯洁性的有效途径和有力举措。正如习近平总书记所强调的，“在每一个重大转折时期，面对新形势新任务，我们党总是号召全党同志加强学习；而每次这

样的学习热潮，都能推动党和人民事业实现大发展大进步。”[①] 党内集中学习教育活动是党为了适应世情、国情和党情变化而展开的。我们今天集中开展学习贯彻习近平新时代中国特色社会主义思想主题教育，就是对党员干部凝心铸魂的重大举措。我们要以此为契机，落实好“学思想、强党性、重实践、建新功”的总要求，坚持学思用贯通、知信行统一，坚持目标导向与问题导向相统一，坚持抓住“关键少数”与覆盖全体党员相统一，坚持思想建党与制度治党相统一，坚持继承优良传统与创新方式方法相统一，着力解决理论学习、政治素质、能力本领、担当作为、工作作风、廉洁自律等方面的问题，把理论学习、调查研究、推动发展、检视整改贯通起来，有机融合、一体推进，努力取得实实在在的成效，把习近平新时代中国特色社会主义思想转化为坚定理想、锤炼党性和指导实践、推动工作的强大力量，使全党始终保持统一的思想、坚定的意志、协调的行动、强大的战斗力。

（二）日常教育是凝心铸魂的长久之计，必须常抓长抓，持续做好，力求在坚持不懈的努力中取得凝心铸魂的成效

坚持不懈用习近平新时代中国特色社会主义思想凝心铸魂，将日常学习教育贯穿党的思想建设全过程，方是长久之计。我们要持之以恒抓好多形式、分层次、全覆盖的全员学习培训，组织党员干部认真学习。各级党委（党组）理论学习中心组要把学习习近平新时代中国特色社会主义思想作为重点内容，制定系统学习计划，列出专题进行研讨。各级党校（行政学院）、干部学院要把学习习近平新时代中国特色社会主义思想作为教育培训的必修课，推动其进教材、进课堂、进头脑。基层党组织要通过采取“三会一课”、举办培训班、上党课和组织专题研讨等多种形式，有计划地组织好党员的集体学习。党员领导干部带头讲党课，引导党员根据自身实际和工作需要，利用业余时间自主选择学习内容和方式，通过开展读书活动和知识竞赛、交流学习成果、评选表彰学习标兵等方式，激发党员学习的积极性和主动性，推动学习教育往深里走、往实里走、往心里走，引导干部群众坚定信心、同心同德，埋头苦干、奋力前行。

---

① 《习近平谈治国理政》第 1 卷，外文出版社 2018 年版，第 401 页。

二、求知·务实：学习理论与联系实际互动

（一）学习理论是凝心铸魂的基础工作，在理论学习教育上下功夫，夯实凝心铸魂的思想根基

思想是行动的先导，理论是实践的指南。“无产阶级政党成员的科学社会主义理论修养和理论方面的斗争经验……需要不断地对无产阶级政党成员进行‘教育’‘鼓动’乃至‘灌输’”[①]。列宁认为：“没有革命的理论，就不会有革命的运动”。[②]我们要引导党员干部认真学习《习近平著作选读》、《习近平新时代中国特色社会主义思想专题摘编》、《论党的自我革命》、《习近平新时代中国特色社会主义思想学习纲要（2023年版）》、《习近平谈治国理政》（第1—4卷）等，认真研读党的二十大报告和党章，读原著、学原文、悟原理，全面系统学、及时跟进学、深入思考学、联系实际学，全面系统掌握习近平新时代中国特色社会主义思想的科学体系、精髓要义、实践要求，深刻理解这一思想的道理学理哲理，把握好这一思想的世界观、方法论，坚持好、运用好贯穿其中的立场观点方法，做到知其言更知其义、知其然更知其所以然，不断增进对党的创新理论的政治认同、思想认同、理论认同、情感认同，真正把马克思主义看家本领学到手，自觉用习近平新时代中国特色社会主义思想指导各项工作。

（二）联系实际是凝心铸魂的基本路径，必须观察时代，深入实际，知晓民情，实现理论与实践的良性互动

坚持理论联系实际，是我们党的优良传统和作风，要求实事求是、求真务实，听真话、察实情，坚持真理、修正错误，不唯书、不唯上、只唯实。坚持不懈用习近平新时代中国特色社会主义思想凝心铸魂，需要在认真学习的基础上，很好地用这一科学理论联系实际，观察时代、深入实际，倾听民意、知晓民情，准确把握世情国情党情和所处区域部门实情，在联系实际中有效发挥其理论指导作用。我们要将调查研究作为联系实际的重要方式。习近平总书记指出，调查研究是谋事之基、成事之道，没有调查

---

① 《马克思恩格斯全集》第18卷，人民出版社1995年版，第567页。

② 《列宁专题文集·论无产阶级政党》，人民出版社2009年版，第39页。

就没有发言权，没有调查就没有决策权[①]；正确的决策离不开调查研究，正确的贯彻落实同样也离不开调查研究[②]。我们要贯彻落实党中央《关于在全党大兴调查研究的工作方案》，引导党员干部特别是领导干部大兴调查研究之风，扑下身子、沉到一线，深入农村、社区、企业、医院、学校、“两新”组织等基层单位，做好事关全局的战略性调研、破解复杂难题的对策性调研、新时代新情况的前瞻性调研、重大工作项目的跟踪性调研、典型案例的解剖式调研、推动落实的督查式调研，把脉问诊、解剖麻雀，进行问题梳理、难题排查，善于运用党的创新理论研究新情况、解决新问题、总结新经验、探索新规律，找到破解难题的办法和路径，取得实实在在的成效，达到凝心铸魂的预期目标。[③]

三、信仰·能力：坚定理想与掌握方法同步

（一）坚定理想信念是凝心铸魂的基本目标，必须通过凝心铸魂筑牢信仰之基、补足精神之钙、把稳思想之舵

对真理的认识、掌握、信仰和捍卫，是坚定理想信念的前提和基础。习近平新时代中国特色社会主义思想具有强大的真理力量和实践伟力，我们要自觉运用这一思想改造主观世界，坚持把理想信念教育作为思想建设的战略任务，把坚定理想信念作为凝心铸魂的基本目标，引导党员干部以学铸魂，深刻感悟党的创新理论的真理力量、实践力量、人格力量，深化对共产党执政规律、社会主义建设规律、人类社会发展规律的认识，解决好世界观、人生观、价值观这个“总开关”问题，使党员干部经受思想淬炼、精神洗礼，增强对党的价值追求和前进方向的高度政治认同，坚定对马克思主义的信仰、对中国特色社会主义的信念、对实现中华民族伟大复兴中国梦的信心，务必不忘初心、牢记使命，务必谦虚谨慎、艰苦奋斗，务必敢于斗争、善于斗争，始终保持共产党人的政治本色，筑牢信仰之基、

① 中共中央宣传部编：《习近平总书记系列重要讲话读本》，学习出版社、人民出版社 2014 年版，第 181 页。

② 《习近平关于“不忘初心、牢记使命”论述摘编》，党建读物出版社、中央文献出版社 2019 年版，第 218 页。

③ 《中办印发〈关于在全党大兴调查研究的工作方案〉》，《人民日报》2023 年 3 月 20 日。

补足精神之钙、把稳思想之舵，努力把习近平新时代中国特色社会主义思想转化为坚定理想信念的强大力量，自觉做共产主义远大理想和中国特色社会主义共同理想的坚定信仰者和忠实实践者。

（二）掌握方法是凝心铸魂的基本前提，必须准确把握马克思主义世界观与方法论，提升分析和解决问题的能力

“工欲善其事，必先利其器。”掌握方法是人们认识世界、实现理想、解决问题的利器。思想方法正确，认识问题才站得高，分析问题才看得深，开展工作才能出成效。马克思主义的世界观和方法论，是认识世界、把握规律、追求真理、改造世界的强大思想武器，也是我们干事创业的看家本领。恩格斯说过，“马克思的整个世界观不是教义，而是方法。”[①]毛泽东指出，“唯物辩证法是马克思主义的科学方法论”。[②]陈云强调，“学习理论最要紧的是把思想方法搞对头”。[③]我们要用习近平新时代中国特色社会主义思想凝心铸魂，就要掌握马克思主义的世界观和方法论，准确把握包括“六个必须坚持”在内的习近平新时代中国特色社会主义思想的立场观点方法，用以观察时代、把握时代、引领时代，不断增强工作的原则性、系统性、预见性、创造性；不断提高应对重大挑战、抵御重大风险、克服重大阻力、化解重大矛盾、解决重大问题的能力；不断提升观察新形势、研究新情况、解决新问题的能力本领，进一步使这一思想变成改造主观世界和客观世界的强大思想武器，转化为全面建设社会主义现代化国家的强大力量。

四、修养·本色：党性锤炼与改进作风融通

（一）党性锤炼是凝心铸魂的基本任务，必须重视党员干部党性锤炼，提升政治素质，永葆对党忠诚的政治品质

对党忠诚是中国共产党人首要的政治品质，体现在对党的信仰、对党组织、对党的理论和路线方针政策的绝对忠诚上。坚持不懈用习近平新时代中国特色社会主义思想凝心铸魂，就要教育引导党员干部自觉用这一思

---

① 《马克思恩格斯选集》第4卷，人民出版社2012年版，第101页。

② 《毛泽东著作专题摘编》（上），中央文献出版社2003年版，第30页。

③ 《陈云年谱》中卷，中央文献出版社2000年版，第361页。

想改造主观世界，加强党性锤炼，深刻领悟“两个确立”的决定性意义，增强“四个意识”、坚定“四个自信”、做到“两个维护”，增强忠诚核心、拥戴核心、维护核心、捍卫核心的政治自觉、思想自觉、行动自觉，不断提高政治判断力、政治领悟力、政治执行力；以党的旗帜为旗帜、以党的意志为意志、以党的使命为使命，自觉做到党中央提倡的坚决响应、党中央决定的坚决照办、党中央禁止的坚决不做，不讲条件、不搞变通，不掉队、不走偏，始终忠诚于党、忠诚于人民、忠诚于马克思主义，真心爱党、时刻忧党、坚定护党、全力兴党；自觉坚持党的全面领导、坚定维护党中央权威和集中统一领导，始终在思想上政治上行动上同党中央保持高度一致；不断增强党的自我净化、自我完善、自我革新、自我提高能力，始终保持共产党人的政治本色，使我们党始终充满蓬勃生机和旺盛活力，始终成为中国特色社会主义事业的坚强领导核心。

（二）作风改进是凝心铸魂的本色体现，必须将党风改善作为党性修养的基本标准，体现凝心铸魂的目标成效

人民立场是我们党的根本政治立场，全心全意为人民服务是我们党的根本宗旨。凝心铸魂，最根本的是要体现在作风改进上，体现在始终站在人民立场上。我们要以习近平总书记“我将无我，不负人民”的人民情怀为榜样，为人民负责、为人民奉献、为人民服务，引导党员干部强化全心全意为人民服务的宗旨意识，坚守初心使命，践行党的群众路线，牢固树立以人民为中心的发展思想，坚持一切为了人民、一切依靠人民，始终与人民同呼吸、共命运、心连心，自觉问计于民、问需于民，想群众之所想、盼群众之所盼、解群众之所急、办群众所欲办，把人民群众满意不满意作为评判的根本标准，把惠民生、暖民心、顺民意的工作做到群众心坎上，着力解决好人民群众最关心最直接最现实的急难愁盼问题，让现代化建设成果更多更公平地惠及全体人民，让人民群众拥有更多、更直接、更现实的获得感、幸福感、安全感，以勤勉与奋斗托起人民群众“稳稳的幸福”。

五、坚持·事业：守正创新与推动发展的合一

（一）守正创新是凝心铸魂的基本原则，必须坚持马克思主义基本原理，继续推进马克思主义理论创新

守正创新，体现了我们党治国理政的方法论特质，也是我们党推动事业发展的成功密钥。习近平总书记指出，“守正才能不迷失方向、不犯颠覆性错误，创新才能把握时代、引领时代。我们要以科学的态度对待科学、以真理的精神追求真理，坚持马克思主义基本原理不动摇，坚持党的全面领导不动摇，坚持中国特色社会主义不动摇”①。一方面，要引导党员干部守正，就是引导党员干部学懂弄通并坚持马克思主义基本原理，坚决同一切攻击歪曲马克思主义的言行作斗争，坚决巩固马克思主义在意识形态领域的指导地位，坚持运用马克思主义的立场观点方法分析解决实际问题，坚定不移运用马克思主义理论武装头脑、教育人民、指导实践、推动事业；另一方面，要引导党员干部坚持解放思想、实事求是、与时俱进，摒弃形形色色的教条主义和经验主义，以满腔热忱对待一切新生事物，敢于说前人没有说过的话、敢于干前人没有干过的事，用不断发展着的党的创新理论指导新的实践，不断开辟马克思主义中国化时代化新境界。

（二）推动工作是凝心铸魂的最终目的，必须坚持理论指导实践，把凝心铸魂的最终成效体现在伟大事业发展中

学习的目的在于应用，凝心铸魂最终目的就是指导实践、推动事业发展。坚持不懈用习近平新时代中国特色社会主义思想凝心铸魂，就是要从中汲取奋发进取的智慧和力量，解决本领恐慌、能力不足的问题，熟练掌握其中蕴含的领导方法、思想方法、工作方法，不断提高履职尽责的能力和水平，不断提高推动高质量发展的本领、服务群众的本领、防范化解风险的本领，努力成为本职工作的行家里手，改造客观世界、推动事业发展，观察时代、把握时代、引领时代，积极识变应变求变，提振锐意进取、担当有为的精气神；要把党的创新理论运用到贯彻落实党的二十大提出的重

① 习近平：《高举中国特色社会主义伟大旗帜　为全面建设社会主义现代化国家而团结奋斗——在中国共产党第二十次全国代表大会上的报告》，人民出版社 2022 年版，第 20 页。

大战略部署中去，善于运用这一思想推进中国式现代化取得新进展、新突破，完整准确地全面贯彻新发展理念，加快构建新发展格局，推动高质量发展，着力补短板、强弱项、固底板、扬优势，不断提高公共服务水平，扎实推进人民共同富裕，凝心聚力促发展，驰而不息抓落实，立足岗位作贡献。我们要发扬斗争精神，不断增强志气、骨气、底气，不信邪、不怕鬼、不怕压，知难而进、迎难而上，逢山开路、遇水架桥，勇于战胜前进道路上的一切风险挑战，解决经济社会发展和党的建设中存在的各种矛盾问题，推动中国式现代化取得新进展新突破。

结语

注重以理论武装凝心铸魂，是无产阶级政党完成历史使命的显著优势，是中国共产党的优良传统。坚持不懈用习近平新时代中国特色社会主义思想凝心铸魂是时代呼唤，是全面加强党的思想建设的根本任务。我们要将这个根本任务落地落实，就要正确处理上述若干重大关系，做到学思用贯通、知信行统一，真正将这一科学理论转化为坚定理想、锤炼党性和指导实践、推动工作的强大力量，统一思想、统一意志、统一行动，以新气象新作为推动高质量发展，推动中国特色社会主义事业向着党的第二个百年奋斗目标砥砺前行。

中国式现代化理论是科学社会主义的最新重大成果

中国社会科学院　龚　云

2023年2月7日，习近平总书记在新进中央委员会的委员、候补委员和省部级主要领导干部学习贯彻习近平新时代中国特色社会主义思想和党的二十大精神研讨班开班式上发表重要讲话，强调“概括提出并深入阐述中国式现代化理论，是党的二十大的一个重大理论创新，是科学社会主义的最新重大成果。”①

一、中国共产党艰苦探索的重大理论成果

中国式现代化理论是中国共产党领导全国各族人民，在社会主义大道上，在长期探索和实践中，历经千辛万苦、付出巨大代价取得的重大理论成果。

实现现代化，是近代以来世界各国的共同梦想。鸦片战争以来，在外国列强入侵和封建腐朽统治下，中国错失了工业革命的机遇，大幅落后于时代，中华民族也遭受了前所未有的苦难。鸦片战争以后，中国人民和无

① 《正确理解和大力推进中国式现代化》，《人民日报》2023年2月8日。

数仁人志士不屈不挠，苦苦寻求中国现代化道路。新中国成立前所进行的现代化实践，本质上是学习西方资本主义现代化，但历史证明资本主义现代化道路在中国走不通，探索中国现代化道路的重任，历史地落在了中国共产党身上。中国共产党建党百年来，团结带领中国人民所进行的一切奋斗，就是为了把中国建设成为现代化强国，实现中华民族伟大复兴。

新民主主义革命时期，中国共产党团结带领人民浴血奋战、百折不挠，经过北伐战争、土地革命战争、抗日战争、解放战争，推翻帝国主义、封建主义、官僚资本主义“三座大山”，建立了人民当家作主的中华人民共和国，实现了民族独立、人民解放，为实现现代化创造了根本社会条件；新中国成立后，中国共产党团结带领人民进行社会主义革命，消灭在中国延续几千年的封建制度，确立社会主义基本制度，进行了中华民族有史以来最为广泛而深刻的社会变革，建立起独立的比较完整的工业体系和国民经济体系，社会主义革命和建设取得了独创性理论成果和巨大成就，为现代化建设奠定根本政治前提和宝贵经验、理论准备、物质基础；改革开放和社会主义现代化建设新时期，中国共产党作出把党和国家工作中心转移到经济建设上来、实行改革开放的历史性决策，大力推进实践基础上的理论创新、制度创新、文化创新以及其他各方面创新，实行社会主义市场经济体制，实现了我国从生产力相对落后的状况到经济总量跃居世界第二的历史性突破，实现了人民生活从温饱不足到总体小康、奔向全面小康的历史性跨越，为中国式现代化提供了充满新的活力的体制保证和快速发展的物质条件。

党的十八大以来，中国共产党在已有基础上继续前进，不断实现理论和实践上的创新突破，成功推进和拓展了中国式现代化：在认识上不断深化，创立了习近平新时代中国特色社会主义思想，实现了马克思主义中国化时代化新的飞跃，为中国式现代化提供了根本遵循，深化对中国式现代化的内涵和本质的认识，概括形成中国式现代化的中国特色、本质要求和重大原则，初步构建中国式现代化的理论体系，使中国式现代化更加清晰、更加科学、更加可感可行；在战略上不断完善，深入实施科教兴国战略、人才强国战略、乡村振兴战略等一系列重大战略，为中国式现代化提供坚实战略支撑；在实践上不断丰富，推进一系列变革性实践、实现一系列突破性进展、取得一系列标志性成果，推动党和国家事业取得历史性成就、发生历史性变革，特别是消除了绝对贫困问题，全面建成小康社会，为中国式现代化提供了更为完善的制度保证、更为坚实的物质基础、更为主动的精神力量。经过中国共产党一百多年的实践探索，形成了中国式现代化理论。这一理论的核心内容包括：

中国式现代化的领导力量。中国式现代化是中国共产党创造出来的，中国共产党的领导直接关系中国式现代化的根本方向、前途命运、最终成败。中国共产党的领导决定中国式现代化的根本性质，只有毫不动摇坚持中国共产党的领导，中国式现代化才能前景光明、繁荣兴盛，否则就会偏离航向、丧失灵魂，甚至犯颠覆性错误；中国共产党的领导确保中国式现代化锚定奋斗目标行稳致远，党的奋斗目标一以贯之，一代一代共产党人接力推进，取得了举世瞩目、彪炳史册的辉煌业绩；中国共产党的领导激发建设中国式现代化的强劲动力，中国共产党勇于改革创新，不断破除各方面体制机制弊端，为中国式现代化注入不竭动力；中国共产党的领导凝聚建设中国式现代化的磅礴力量，中国共产党坚持党的群众路线，坚持以人民为中心的发展思想，发展全过程人民民主，充分激发全体人民的主人翁精神。

中国式现代化的科学内涵。一个国家走向现代化，既要遵循现代化一般规律，更要符合本国实际，具有本国特色。中国式现代化既有各国现代化的共同特征，更有基于自己国情的鲜明特色。党的二十大报告明确概括了中国式现代化是人口规模巨大的现代化、是全体人民共同富裕的现代化、是物质文明和精神文明相协调的现代化、是人与自然和谐共生的现代化、是走和平发展道路的现代化这五个方面，体现了中国特色，深刻揭示了中国式现代化的科学内涵。这既是理论概括，也是实践要求，为我国全面建成社会主义现代化强国、实现中华民族伟大复兴指明了一条康庄大道。

中国式现代化的本质要求。中国式现代化本质是社会主义现代化，本质要求具体体现为：坚持中国共产党领导，坚持中国特色社会主义，实现高质量发展，发展全过程人民民主，丰富人民精神世界，实现全体人民共同富裕，促进人与自然和谐共生，推动构建人类命运共同体，创造人类文明新形态。

中国式现代化的重大原则。中国式现代化遵循的重大原则包括：坚持和加强党的全面领导，坚持中国特色社会主义道路，坚持以人民为中心的发展思想，坚持深化改革开放，坚持发扬斗争精神。

中国式现代化的发展途径。推进中国式现代化是一个系统工程，需要统筹兼顾、系统谋划、整体推进，正确处理好顶层设计与实践探索、战略与策略、守正与创新、效率与公平、活力与秩序、自立自强与对外开放等一系列重大关系。推进中国式现代化，是一项前无古人的开创性事业，必然会遇到各种可以预料和难以预料的风险挑战、艰难险阻甚至惊涛骇浪，必须增强忧患意识，坚持底线思维，居安思危、未雨绸缪，敢于斗争、善于斗争，通过顽强斗争打开事业发展新天地。要保持战略清醒，对各种风险挑战做到胸中有数；保持战略自信，增强斗争的底气；保持战略主动，增强斗争本领。要加强能力提升，让领导干部特别是年轻干部经受严格的思想淬炼、政治历练、实践锻炼、专业训练，在复杂严峻的斗争中经风雨、见世面、壮筋骨、长才干。注重在严峻复杂斗争中考察识别干部，为敢于善于斗争、敢于担当作为、敢抓善管不怕得罪人的干部撑腰鼓劲，看准的就要大胆使用。

中国式现代化的历史贡献。中国式现代化深深植根于中华优秀传统文化，体现科学社会主义的先进本质，借鉴吸收一切人类优秀文明成果，代表人类文明进步的发展方向，展现了不同于西方现代化模式的新图景，是一种全新的人类文明形态。中国式现代化，打破了“现代化＝西方化”的迷思，展现了现代化的另一幅图景，拓展了发展中国家走向现代化的路径选择，为人类对更好社会制度的探索提供了中国方案。中国式现代化蕴含的独特世界观、价值观、历史观、文明观、民主观、生态观等及其伟大实践，是对世界现代化理论和实践的重大创新。中国式现代化为广大发展中国家独立自主迈向现代化树立了典范，为其提供了全新选择。

二、科学社会主义发展史上的重大理论创新

中国式现代化理论本质是社会主义现代化理论。中国式现代化理论的提出，是科学社会主义的最新重大理论成果，创造性回答了什么是社会主义现代化、怎样建设社会主义现代化这个科学社会主义发展史上的重大课题。

回答了科学社会主义发展史上的全新课题。马克思主义经典作家设想

的社会主义是在资本主义发达国家基础上建立的，因此现代化并不是社会主义的根本任务，而现实中社会主义都是在生产力落后的国家建立的，实现现代化就是社会主义国家的首要任务。因此，如何实现社会主义现代化是社会主义实践提出的崭新课题，也是科学社会主义理论发展必须解决的全新课题。社会主义现代化虽然是马克思主义新概念，但是马克思主义经典作家的相关论述为中国式现代化理论提供了根本遵循。一是马克思主义对资本主义发展规律的揭示，马克思主义揭示了以资本为中心的资本主义现代化的实质及其弊端，并从资本主义发展的固有矛盾出发证明了其必然消亡，从人类社会发展规律、历史发展规律的高度为中国式现代化理论奠定了理论基石；二是马克思主义对未来社会的设想，马克思主义勾勒了未来社会维护人民利益、实现共同富裕、致力于人的自由全面发展和人类解放的制度构想；三是马克思主义对现代化道路多样性的阐释，马克思在研究东方社会结构、发展道路和规律时，得出了东方社会可以实现不同于西方社会发展道路的重要结论，提出了跨越资本主义“卡夫丁峡谷”的重要理论，为落后国家摆脱落后局面提供了重要理论支撑；四是马克思主义理论提供了科学的世界观和方法论，辩证唯物主义和历史唯物主义，为中国式现代化理论奠定了科学世界观和方法论。新时代中国成功推进和拓展的中国式现代化，在中国社会主义现代化发展史上具有里程碑意义，表明中国共产党经过长期实践，为中国人民探索出了崭新的中国社会主义现代化道路。

创造了社会主义现代化新理论。从社会主义实践来看，苏联作为第一个社会主义国家，根据马克思主义经典作家关于社会主义的设想，适应当时资本主义国家包围的国际形势，从苏联国情出发，探索出了人类历史上第一个社会主义现代化理论，这个理论在第二次世界大战结束以后为众多社会主义国家所遵循，但也存在深层次问题，需要进行调整。中国从 20 世纪 50 年代中期开始，一方面以苏为鉴，一方面吸取合理因素。中国式现代化理论就是从对苏联及东欧现代化历程的反思开始探索的。基于对苏联历史及其现代化理论的反思，习近平总书记强调“走自己的路”的重要性，指出：“无论我们吸收了什么有益的东西，最后都要本土化。十月革命的风吹进来了，但我们党最终也没有成为一个苏联式的党。冷战结束后，苏联解体、东欧剧变，我们仍然走自己路，所以我们才有今天。”[①]中国式现代化理论，既超越了西方资本主义现代化理论，也超越了以苏联为代表的传统社会主义现代化理论，为人类探索提出了切合实际、非常有效的崭新的社会主义现代化理论。

新中国成立特别是改革开放以来，中国用几十年时间走完西方发达国家几百年走过的工业化历程，创造了经济快速发展和社会长期稳定的奇迹，为中华民族伟大复兴开辟了广阔前景。实践证明，中国式现代化走得通、行得稳，是强国建设、民族复兴的唯一正确道路，中国式现代化理论是经过实践证明有效的科学社会主义理论。中国式现代化理论开辟了马克思主义新境界，为彰显社会主义制度优越性开拓了新前景。中国式现代化理论激发了国际理论界对马克思主义、社会主义的重新思考，使马克思主义以崭新形象展现于当今世界，使科学社会主义重新焕发蓬勃生机，使世界范围内社会主义和资本主义两种意识形态、两种社会制度的历史演进及较量发生了有利于社会主义的重大转变。“实践表明，中国式现代化既切合中国实际，体现了社会主义建设规律，也体现了人类社会发展规律。我国要坚定不移推进中国式现代化，以中国式现代化推进中华民族伟大复兴，不断为人类作出新的更大贡献。”[②]老挝驻华大使坎葆·恩塔万认为：“中国式现代化具有重要的世界意义，启发所有渴望发展的国家，探索如何基于互相尊重、互利共赢，通过实现区域共同繁荣来发展自己，不让任何一个国家掉队。我们要认真研究，把中国实现人民幸福梦想的宝贵经验运用到老挝的发展进程中。”[③]

---

① 《习近平关于全面从严治党论述摘编（2021年版）》，中央文献出版社2021年版，第55页。

② 习近平：《论把握新发展阶段、贯彻新发展理念、构建新发展格局》，中央文献出版社2021年版，第10页。

③ 《“中国式现代化具有重要的世界意义”——访老挝驻华大使坎葆·恩塔万》，《人民日报》2023年3月7日。

习近平新时代中国特色社会主义思想主要内容的新概括

安徽省社会科学院　邱乘光

习近平总书记在党的二十大报告中，将党的十九届六中全会通过的《中共中央关于党的百年奋斗重大历史成就和历史经验的决议》（以下简称《决议》）中概括和阐述的开创中国特色社会主义新时代的“十三个方面成就”整体纳入习近平新时代中国特色社会主义思想，丰富了这一思想的基本内涵，完善了这一思想的科学体系。

一、把“十三个方面成就”整体纳入习近平新时代中国特色社会主义思想的主要内容，是党的二十大作出的新概括新贡献

习近平新时代中国特色社会主义思想是一个内涵丰富的科学理论体系，就其基本内容而言，首先是对“新时代坚持和发展什么样的中国特色社会主义、怎样坚持和发展中国特色社会主义”[①] 这一重大时代课题的系统回答。

---

① 习近平：《决胜全面建成小康社会　夺取新时代中国特色社会主义伟大胜利——在中国共产党第十九次全国代表大会上的报告》，人民出版社 2017 年版，第 18 页。

其中，作为“核心要义”的战略思想和创新理念与作为“行动纲领”层面的基本方略，构成了这一思想的主要内容。对这两个层面的内容，党的十九大报告分别用“八个明确”和“十四个坚持”进行了概括和阐述。“八个明确”包括明确坚持和发展中国特色社会主义总任务、明确新时代我国社会主要矛盾、明确中国特色社会主义事业总体布局和战略布局、明确全面深化改革总目标、明确全面推进依法治国总目标、明确党在新时代的强军目标、明确中国特色大国外交的使命任务、明确中国特色社会主义最本质的特征和中国特色社会主义制度的最大优势；“十四个坚持”即坚持党对一切工作的领导、坚持以人民为中心、坚持全面深化改革、坚持新发展理念、坚持人民当家作主、坚持全面依法治国、坚持社会主义核心价值体系、坚持在发展中保障和改善民生、坚持人与自然和谐共生、坚持总体国家安全观、坚持党对人民军队的绝对领导、坚持“一国两制”和推进祖国统一、坚持推动构建人类命运共同体、坚持全面从严治党。

党的十九大之后，随着时代和实践的发展，以习近平同志为核心的党中央对面临的时代课题又有了新的认识，即将党的十九大概括的“新时代坚持和发展什么样的中国特色社会主义、怎样坚持和发展中国特色社会主义”这一重大时代课题，进一步扩展为“新时代坚持和发展什么样的中国特色社会主义、怎样坚持和发展中国特色社会主义，建设什么样的社会主义现代化强国、怎样建设社会主义现代化强国，建设什么样的长期执政的马克思主义政党、怎样建设长期执政的马克思主义政党等重大时代课题”①。习近平总书记着眼于中华民族伟大复兴的战略全局和世界百年未有之大变局，紧紧围绕这些重大时代课题进行深邃思考和科学判断，又提出一系列治国理政的新理念新思想新战略，进一步丰富和发展了习近平新时代中国特色社会主义思想。2021 年 11 月，《决议》在党的十九大报告所概括的“八个明确”的基础上，用“十个明确”对习近平新时代中国特色社会主义思想的核心内容作了新概括。从“八个明确”到“十个明确”，不仅仅增加了“两个明确”（即明确必须坚持和完善社会主义基本经济制度、明确全面从严治党的战略方针），而且还通过对原有表述的补充完善及顺序调整，增添

① 《中共中央关于党的百年奋斗重大成就和历史经验的决议》，人民出版社 2021 年版，第 25—26 页。

了诸多的新内涵。与此同时,《决议》还从坚持党的全面领导、全面从严治党、经济建设、全面深化改革开放、政治建设、全面依法治国、文化建设、社会建设、生态文明建设、国防和军队建设、维护国家安全、坚持“一国两制”和推进祖国统一、外交工作十三个方面,分领域总结了新时代党和国家事业取得的历史性成就、发生的历史性变革,即“十三个方面成就”。

正是在此基础上,党的二十大报告对习近平新时代中国特色社会主义思想的主要内容进行了整合性的新概括,明确指出:党的十八大以来,“我们党勇于进行理论探索和创新,以全新的视野深化对共产党执政规律、社会主义建设规律、人类社会发展规律的认识,取得重大理论创新成果,集中体现为新时代中国特色社会主义思想。十九大、十九届六中全会提出的‘十个明确’、‘十四个坚持’、‘十三个方面成就’概括了这一思想的主要内容”[①]。这一新概括明确把“十三个方面成就”整体纳入了习近平新时代中国特色社会主义思想的主要内容,无疑是党的二十大的一个重要贡献。“十三个方面成就”全景式展现了党的十八大以来以习近平同志为核心的党中央治国理政的基本理念、重大成就和新鲜经验,既是习近平新时代中国特色社会主义思想指导的结果,又以一系列重要原创性内容丰富发展了习近平新时代中国特色社会主义思想。

二、党的二十大把“十三个方面成就”整体纳入习近平新时代中国特色社会主义思想的主要内容既有必要性,也有必然性

众所周知,“十三个方面成就”是《决议》在对习近平新时代中国特色社会主义思想的核心内容和科学定位作出新的概括和阐述之后,进行集中概括和系统阐述的。无论是《决议》本身,还是习近平总书记关于《决议》的说明,以及全会的公报,当时都没有明确将其表述为习近平新时代中国特色社会主义思想的主要内容,但从根本上说,“十三个方面成就”与习近平新时代中国特色社会主义思想是内在统一的。党的二十大把“十三个方

① 习近平:《高举中国特色社会主义伟大旗帜 为全面建设社会主义现代化国家而团结奋斗——在中国共产党第二十次全国代表大会上的报告》,人民出版社 2022 年版,第 17 页。

面成就”整体纳入习近平新时代中国特色社会主义思想的主要内容，不仅具有必要性，而且具有必然性。

就整体纳入的必要性而言，从根本上说在于“十三个方面成就”是习近平新时代中国特色社会主义思想的科学体系逻辑展开的内在要求。这一思想的科学体系是紧紧围绕着对“新时代坚持和发展什么样的中国特色社会主义、怎样坚持和发展中国特色社会主义等重大时代课题”[①]的理论创新与实践探索而逻辑地展开的，具有极为丰富而深刻的科学内涵。究其实质，是对“新时代坚持和发展中国特色社会主义的总目标、总任务、总体布局、战略布局和发展方向、发展方式、发展动力、战略步骤、外部条件、政治保证等基本问题”的科学回答，包括“根据新的实践对经济、政治、法治、科技、文化、教育、民生、民族、宗教、社会、生态文明、国家安全、国防和军队、‘一国两制’和祖国统一、统一战线、外交、党的建设等各方面作出理论分析和政策指导”[②]。《决议》所概括和阐述的“十三个方面成就”，正是坚持以习近平新时代中国特色社会主义思想为指导、全面贯彻新时代坚持和发展中国特色社会主义的基本方略，并根据新的实践对坚持党的全面领导、全面从严治党、经济建设等十三个方面作出新的理论概括和战略指引而创造出来的。只有将“十三个方面成就”整体纳入习近平新时代中国特色社会主义思想的主要内容，这一思想的科学体系才会更立体、更全面、更丰富、更完善。

就整体纳入的必然性而言，一方面，是在于“十三个方面成就”的具体内容本身。“十三个方面成就”是对《决议》从十三个方面分领域对党的十八大以来以习近平同志为核心的党中央“推动党和国家事业取得历史性成就、发生历史性变革”所作的集中概括和系统阐述，该部分篇幅多达17000余字，不仅占所在部分（即“开创中国特色社会主义新时代”）篇幅超过90%，而且占《决议》总篇幅几近一半（48%）。从“十三个方面成就”的具体内容看，《决议》对每个方面成就的概括和阐述大体包括：在什么样的历史条件下，面对什么样的问题，进行了什么样的思考，提出了什么样

① 《中国共产党章程》，人民出版社2022年版，第3页。

② 习近平：《决胜全面建成小康社会　夺取新时代中国特色社会主义伟大胜利——在中国共产党第十九次全国代表大会上的报告》，人民出版社2017年版，第18页。

的方略，采取了什么样的举措，最终取得了什么样的成效。[1] 由此可见，《决议》对“十三个方面成就”的概括和阐述，并不是简单叙述成就，而是夹叙夹议，有理论有实践，有举措有成效，包括很多重要的原创性思想。所以，习近平总书记在关于《决议》的说明中，在概括这一部分的内容时明确指出，《决议》深入分析新时代党面临的形势、面对的风险挑战，从十三个方面“分领域总结新时代党和国家事业取得的历史性成就、发生的历史性变革，重点总结九年来的原创性思想、变革性实践、突破性进展、标志性成果”[2]。《决议》所概括和阐述的“十三个方面成就”，并不仅仅是实践成就，同时也包括理论成就，如果说其中的“变革性实践、突破性进展、标志性成果”主要是指实践成就，那么，“原创性思想”毫无疑问地属于理论成就（成果）。“十三个方面成就”本来就属于理论成就在各个方面的原创性思想，自然也属于习近平新时代中国特色社会主义思想的范畴，是这一思想不可分割的重要内容。另一方面，则在理论创新与实践成就的辩证关系中。马克思主义是实践的理论，我们党坚持马克思主义的实践观，认为理论的基础是实践，又反过来指导实践，并在实践中得到检验和发展，彰显其科学价值和真理力量，坚持在理论和实践的统一中开辟理论发展新境界和事业发展新局面。党的十八大以来，中国特色社会主义进入新时代，正是在新时代坚持和发展中国特色社会主义的伟大实践中，创立和发展了习近平新时代中国特色社会主义思想；也正是在习近平新时代中国特色社会主义思想的指引下，党和国家事业取得历史性成就、发生历史性变革，从而才有了《决议》所概括和阐述的“十三个方面成就”。“十三个方面成就”中所包含的原创性思想、变革性实践、突破性进展、标志性成果之间具有内在的逻辑关系，正是在党的创新理论指导下，采取一系列战略性举措，推进一系列变革性实践，实现一系列突破性进展，从而取得一系列标志性成果。所以，“十三个方面成就”作为理论成就与实践成就的统一，既是习近平新时代中国特色社会主义思想指导的结果，又是习近平新时代中国特色社会主义思想的重要内容；既丰富和充实了习近平新时代中国特色社会主义思想的科学内涵，又检验和证明了习近平新时代中国特色社会主

---

① 中国人民大学习近平新时代中国特色社会主义思想研究院：《“十三个方面成就”的新概括新思考》，《学习时报》2023 年 1 月 13 日。

② 《中共中央关于党的百年奋斗重大成就和历史经验的决议》，人民出版社 2021 年版，第 88 页。

义思想的科学真理性；既开辟了马克思主义中国化时代化新境界，又开辟了新时代中国特色社会主义事业发展新局面。

三、把“十三个方面成就”作为习近平新时代中国特色社会主义思想的主要内容来学习，应着重把握其中的“原创性思想”

党的二十大已经把“十三个方面成就”整体纳入了习近平新时代中国特色社会主义思想的主要内容，但由于“十三个方面成就”并不是单纯的理论成就，而是理论成就与实践成就的统一，因此，我们在把“十三个方面成就”作为习近平新时代中国特色社会主义思想的主要内容来学习、研究和宣传时，在重视其实践成就的同时，更应该着重学习、领会和把握其理论成就。根据《决议》的集中概括和系统阐述，“十三个方面成就”中的原创性思想主要包括：

在坚持党的全面领导上——强调党的领导是党和国家的根本所在、命脉所在，是全国各族人民的利益所系、命运所系，全党必须自觉在思想上政治上行动上同党中央保持高度一致，提高科学执政、民主执政、依法执政水平，提高把方向、谋大局、定政策、促改革的能力，确保充分发挥党总揽全局、协调各方的领导核心作用。党的领导是全面的、系统的、整体的，保证党的团结统一是党的生命；党中央集中统一领导是党的领导的最高原则，加强和维护党中央集中统一领导是全党共同的政治责任，坚持党的领导首先要旗帜鲜明讲政治，保证全党服从中央。①

在全面从严治党上——强调打铁必须自身硬，办好中国的事情，关键在党，关键在党要管党、全面从严治党。必须以加强党的长期执政能力建设、先进性和纯洁性建设为主线，以党的政治建设为统领，以坚定理想信念宗旨为根基，以调动全党积极性、主动性、创造性为着力点，不断提高党的建设质量，把党建设成为始终走在时代前列、人民衷心拥护、勇于自我革命、经得起各种风浪考验、朝气蓬勃的马克思主义执政党。全面从严

① 《中共中央关于党的百年奋斗重大成就和历史经验的决议》，人民出版社2021年版，第27—28页。

治党必须从人民群众反映强烈的作风问题抓起。理想信念是共产党人精神上的“钙”，共产党人如果没有理想信念，精神上就会“缺钙”，就会得“软骨病”。腐败是党长期执政的最大威胁，反腐败是一场输不起也决不能输的重大政治斗争，必须把权力关进制度的笼子里，依纪依法设定权力、规范权力、制约权力、监督权力。①

在经济建设上——强调我国经济发展进入新常态，已由高速增长阶段转向高质量发展阶段。贯彻新发展理念是关系我国发展全局的一场深刻变革，不能简单以生产总值增长率论英雄，必须实现创新成为第一动力、协调成为内生特点、绿色成为普遍形态、开放成为必由之路、共享成为根本目的的高质量发展，推动经济发展质量变革、效率变革、动力变革。②

在全面深化改革开放上——强调实践发展永无止境，解放思想永无止境，改革开放也永无止境，改革只有进行时、没有完成时，停顿和倒退没有出路，必须以更大的政治勇气和智慧推进全面深化改革，敢于啃硬骨头，敢于涉险滩，突出制度建设，注重改革关联性和耦合性，真枪真刀推进改革，有效破除各方面体制机制弊端。开放带来进步，封闭必然落后；我国发展要赢得优势、赢得主动、赢得未来，必须顺应经济全球化，依托我国超大规模市场优势，实行更加积极主动的开放战略。③

在政治建设上——强调坚定中国特色社会主义制度自信首先要坚定对中国特色社会主义政治制度的自信，建设社会主义民主政治，发展社会主义政治文明，必须使中国特色社会主义政治制度深深扎根于中国社会土壤，照抄照搬他国政治制度行不通，甚至会把国家前途命运葬送掉。必须坚持党的领导、人民当家作主、依法治国有机统一，积极发展全过程人民民主，健全全面、广泛、有机衔接的人民当家作主制度体系，构建多样、畅通、有序的民主渠道，丰富民主形式，从各层次各领域扩大人民有序政治参与，使各方面制度和国家治理更好体现人民意志、保障人民权益、激发人民创造。必须警惕和防范西方所谓“宪政”、多党轮流执政、“三权鼎立”等政

---

① 《中共中央关于党的百年奋斗重大成就和历史经验的决议》，人民出版社 2021 年版，第 30—33 页。

② 《中共中央关于党的百年奋斗重大成就和历史经验的决议》，人民出版社 2021 年版，第 34 页。

③ 《中共中央关于党的百年奋斗重大成就和历史经验的决议》，人民出版社 2021 年版，第 37—38 页。

治思潮的侵蚀影响。必须坚持人民主体地位，保证人民依法实行民主选举、民主协商、民主决策、民主管理、民主监督。[①]

在全面依法治国上——强调法治兴则国家兴，法治衰则国家乱；全面依法治国是中国特色社会主义的本质要求和重要保障，是国家治理的一场深刻革命；坚持依法治国首先要坚持依宪治国，坚持依法执政首先要坚持依宪执政。必须坚持中国特色社会主义法治道路，贯彻中国特色社会主义法治理论，坚持依法治国、依法执政、依法行政共同推进，坚持法治国家、法治政府、法治社会一体建设，全面增强全社会尊法学法守法用法意识和能力。全面依法治国最广泛、最深厚的基础是人民，必须把体现人民利益、反映人民愿望、维护人民权益、增进人民福祉落实到全面依法治国各领域全过程，保障和促进社会公平正义，努力让人民群众在每一项法律制度、每一个执法决定、每一宗司法案件中都感受到公平正义。[②]

在文化建设上——强调意识形态工作是为国家立心、为民族立魂的工作，文化自信是更基础、更广泛、更深厚的自信，是一个国家、一个民族发展中最基本、最深沉、最持久的力量，没有高度文化自信、没有文化繁荣兴盛就没有中华民族伟大复兴。必须坚持以人民为中心的工作导向，举旗帜、聚民心、育新人、兴文化、展形象，牢牢掌握意识形态工作领导权，建设具有强大凝聚力和引领力的社会主义意识形态，建设社会主义文化强国，激发全民族文化创新创造活力，更好构筑中国精神、中国价值、中国力量，巩固全党全国各族人民团结奋斗的共同思想基础。中华优秀传统文化是中华民族的突出优势，是我们在世界文化激荡中站稳脚跟的根基，必须结合新的时代条件传承和弘扬好。[③]

在社会建设上——强调人民对美好生活的向往就是我们的奋斗目标，增进民生福祉是我们坚持立党为公、执政为民的本质要求，让老百姓过上好日子是我们一切工作的出发点和落脚点，补齐民生保障短板、解决好人民群众急难愁盼问题是社会建设的紧迫任务。必须以保障和改善民生为重

① 《中共中央关于党的百年奋斗重大成就和历史经验的决议》，人民出版社 2021 年版，第 39—40 页。

② 《中共中央关于党的百年奋斗重大成就和历史经验的决议》，人民出版社 2021 年版，第 42 页。

③ 《中共中央关于党的百年奋斗重大成就和历史经验的决议》，人民出版社 2021 年版，第 44、46 页。

点加强社会建设，尽力而为、量力而行，一件事情接着一件事情办，一年接着一年干，在幼有所育、学有所教、劳有所得、病有所医、老有所养、住有所居、弱有所扶上持续用力，加强和创新社会治理，使人民获得感、幸福感、安全感更加充实、更有保障、更可持续。[①]

在生态文明建设上——强调生态文明建设是关乎中华民族永续发展的根本大计，保护生态环境就是保护生产力，改善生态环境就是发展生产力，决不以牺牲环境为代价换取一时的经济增长。必须坚持绿水青山就是金山银山的理念，坚持山水林田湖草沙一体化保护和系统治理，像保护眼睛一样保护生态环境，像对待生命一样对待生态环境，更加自觉地推进绿色发展、循环发展、低碳发展，坚持走生产发展、生活富裕、生态良好的文明发展道路。[②]

在国防和军队建设上——强调强国必须强军、军强才能国安，必须建设同我国国际地位相称、同国家安全和发展利益相适应的巩固国防和强大人民军队。[③]

在维护国家安全上——强调国泰民安是人民群众最基本、最普遍的愿望。保证国家安全是头等大事。必须坚持底线思维、居安思危、未雨绸缪，坚持国家利益至上，坚持总体国家安全观，以人民安全为宗旨，以政治安全为根本，以经济安全为基础，以军事、科技、文化、社会安全为保障，以促进国际安全为依托，统筹发展和安全，统筹开放和安全，统筹传统安全和非传统安全，统筹自身安全和共同安全，统筹维护国家安全和塑造国家安全。[④]

在坚持“一国两制”和推进祖国统一上——强调必须全面准确、坚定不移贯彻“一国两制”方针，坚持和完善“一国两制”制度体系，坚持依法治港治澳，维护宪法和基本法确定的特别行政区宪制秩序，落实中央对特别行政区全面管治权，坚定落实“爱国者治港”“爱国者治澳”。解决台湾问题、实现祖国完全统一，是实现中华民族伟大复兴的必然要求。必须

---

① 《中共中央关于党的百年奋斗重大成就和历史经验的决议》，人民出版社 2021 年版，第 47 页。

② 《中共中央关于党的百年奋斗重大成就和历史经验的决议》，人民出版社 2021 年版，第 51 页。

③ 《中共中央关于党的百年奋斗重大成就和历史经验的决议》，人民出版社 2021 年版，第 52—53 页。

④ 《中共中央关于党的百年奋斗重大成就和历史经验的决议》，人民出版社 2021 年版，第 55—56 页。

坚持新时代党解决台湾问题的总体方略。[①]

在外交工作上——强调面对复杂严峻的国际形势和前所未有的外部风险挑战，必须统筹国内国际两个大局，健全党对外事工作领导体制机制，加强对外工作顶层设计，对中国特色大国外交作出战略谋划，推动建设新型国际关系，推动构建人类命运共同体，弘扬和平、发展、公平、正义、民主、自由的全人类共同价值，引领人类进步潮流。[②]

"十三个方面成就"中的这些原创性思想，从各个方面展现了习近平新时代中国特色社会主义思想的丰富内涵，进一步深化和拓展了习近平新时代中国特色社会主义思想。

四、作为习近平新时代中国特色社会主义思想的主要内容，"十三个方面成就"与"十个明确"、"十四个坚持"的关系

既然"十个明确""十四个坚持""十三个方面成就"共同构成了习近平新时代中国特色社会主义思想的主要内容，那么，这三者在习近平新时代中国特色社会主义思想中的地位和作用是怎样的呢？"十三个方面成就"与"十个明确"、"十四个坚持"之间的关系又是怎样的呢？

就"十个明确""十四个坚持""十三个方面成就"在习近平新时代中国特色社会主义思想中的地位和作用而言，"十个明确"是习近平新时代中国特色社会主义思想的核心内容，是这一思想的主体部分，构成支撑这一思想"理论大厦"的"四梁八柱"；"十四个坚持"是习近平新时代中国特色社会主义思想的基本内容，是对我们党在不同阶段提出的"基本纲领""基本经验""基本要求"的系统整合和创新发展，是新时代坚持和发展中国特色社会主义的基本方略，既是习近平新时代中国特色社会主义思想的重要组成部分，也是在实践中全面落实这一思想的基本要求，构成了新时代坚持和发展中国特色社会主义的"行动纲领"；"十三个方面成就"全面展示了党的十八大以来以习近平同志为核心的党中央在治国理政、推

① 《中共中央关于党的百年奋斗重大成就和历史经验的决议》，人民出版社 2021 年版，第 57—59 页。

② 《中共中央关于党的百年奋斗重大成就和历史经验的决议》，人民出版社 2021 年版，第 60 页。

进新时代中国特色社会主义伟大事业中取得的历史性成就，其中既包括作为理论成就的“原创性思想”，也包括作为实践成就的“变革性实践、突破性进展、标志性成果”，既是习近平新时代中国特色社会主义思想指导的结果，同时也是这一思想的重要内容。

就“十三个方面成就”与“十个明确”、“十四个坚持”之间的关系而言，首先，“十三个方面成就”是以“十个明确”为思想指导和目标引领的，“十个明确”作为习近平新时代中国特色社会主义思想的核心内容，从根本上主导和决定了“十三个方面成就”。如果说“十个明确”是一篇文章的“总论”，是主要论点，那么“十三个方面成就”则是这篇文章的分论点，是对主要论点的具体论证；如果说“十个明确”是根本目的和目标，那么“十三个方面成就”则是实现根本目的和目标的具体部署和具体行动。其次，“十三个方面成就”又是以“十四个坚持”为“路线图”和“方法论”的，“十四个坚持”作为在实践中全面落实习近平新时代中国特色社会主义思想的基本要求和新时代坚持和发展中国特色社会主义的基本方略，为“十三个方面成就”的取得提供了行动纲领。在“十四个坚持”中，除“坚持以人民为中心”作为根本立场和价值取向是具有普遍意义的根本原则和根本方法外，其余十三个“坚持”与“十三个方面成就”则具有一一对应的关系。最后，从根本上说，“十三个方面成就”既是坚持以“十个明确”为指导的结果，同时也是具体贯彻“十四个坚持”的结果。

综上，“十个明确”“十四个坚持”“十三个方面成就”作为习近平新时代中国特色社会主义思想的主要内容，三者彼此呼应、相互贯通，从理论和实践的结合上系统地回答了“新时代坚持和发展什么样的中国特色社会主义、怎样坚持和发展中国特色社会主义”等重大时代课题，构成了系统全面、逻辑严密、内在统一的科学理论体系。学习领会习近平新时代中国特色社会主义思想，也就要求我们必须把“十个明确”“十四个坚持”“十三个方面成就”贯通起来，作为一个统一的整体来学习，准确把握其基本观点、核心要义、科学体系、根本要求，坚定不移用这一马克思主义中国化时代化的最新成果武装头脑、指导实践、推动工作，奋力谱写新时代中国特色社会主义更加绚丽的华章。

习近平新时代中国特色社会主义思想是马克思主义中国化时代化的最新理论成果

内蒙古自治区社会科学院 简小文

习近平总书记在党的二十大报告中指出："马克思主义是我们立党立国、兴党兴国的根本指导思想。实践告诉我们，中国共产党为什么能，中国特色社会主义为什么好，归根到底是马克思主义行，是中国化时代化的马克思主义行。"[①] 不断推进马克思主义中国化时代化，是始终保持马克思主义的蓬勃生机和旺盛活力的应有之义，也是时代发展潮流赋予当代中国共产党人的庄严历史责任。

一、不断推进马克思主义中国化是保持马克思主义的蓬勃生机和旺盛活力的成功"密钥"

（一）推进马克思主义中国化是中国共产党人历经艰辛探索、付出巨大牺牲后形成的全党统一意志

任何一种思想理论，只有不断发展、与时俱进，才能长期保持先进性

① 习近平：《高举中国特色社会主义伟大旗帜 为全面建设社会主义现代化国家而团结奋斗——在中国共产党第二十次全国代表大会上的报告》，人民出版社 2022 年版，第 16 页。

和创造力，这就要求其在指导实践的过程中必须不断推进本土化与时代化。习近平总书记指出："马克思主义是不断发展的开放的理论，本土化才能落地生根，时代化才能充满生机。"[①]把马克思主义基本原理同中国具体实际相结合、同中华优秀传统文化相结合，为马克思主义创新发展提供了丰富实践依据和深厚文化底蕴。

中国共产党的历史，实质上就是一部提出和探索马克思主义中国化时代化并在实践中不断总结经验、修正错误、奋力开辟马克思主义中国化时代化新境界的历史。马克思主义中国化是我们党历经艰辛探索、付出巨大牺牲，才找到的实现我们崇高理想的重要法宝。

1921 年中国共产党一经成立，就把马克思列宁主义确立为指导思想，但早期的中国共产党人普遍未能认识到马克思主义普遍真理与中国具体实际相结合的必要性和重要性，此种状况直到吸取了大革命失败的惨痛教训后才逐渐有所改观。在新民主主义革命时期，以陈独秀为首所犯的右倾机会主义错误、以李立三为首所犯的"左"倾冒险主义错误、以王明为首所犯的"左"倾教条主义错误等，都给我们党领导的革命造成巨大损失和惨痛代价。1935 年 1 月召开的遵义会议结束了"左"倾教条主义在党内的统治地位。1938 年 10 月，毛泽东在中国共产党第六届中央委员会扩大的第六次全体会议上所作的政治报告中第一次明确提出"使马克思主义在中国具体化，使之在其每一表现中带着必须有的中国特性"[②]的任务。1942 年至 1945 年，以毛泽东为代表的中国共产党人开展了延安整风运动，反对主观主义、宗派主义、党八股等错误思想，特别是对"左"倾教条主义错误思想在全党进行了彻底清理，使全党尤其是党的高级干部深刻认识了"左"倾错误在政治、军事、组织、思想方面的表现和造成的严重危害，真正把马克思主义基本原理同中国的具体实际相结合上升为全党的统一共识、统一意志、自觉行动。

历经长期奋斗，我们党坚持与时俱进，根据中国的具体实际和时代条件的变化，对经过艰辛探索、付出巨大牺牲积累的一系列独创性经验分阶段作了理论概括，使之同中国革命、建设和改革的任务紧密结合起来。历

---

① 中共中央宣传部编：《习近平新时代中国特色社会主义思想学习纲要（2023 年版）》，学习出版社、人民出版社 2023 年版，第 44 页。

② 《毛泽东选集》第 2 卷，人民出版社 1991 年版，第 534 页。

经长期奋斗，我们党坚持马克思主义基本原理，坚持实事求是，从中国实际出发，洞察时代大势，把握历史主动，进行艰辛探索，不断推进马克思主义中国化，指导中国人民不断推进伟大的社会革命，创造了新民主主义革命的伟大成就、社会主义革命和建设的伟大成就、改革开放和社会主义现代化建设的伟大成就、新时代中国特色社会主义的伟大成就。

（二）习近平新时代中国特色社会主义思想是被新时代中国实践伟力证明“行”的马克思主义中国化的最新科学理论成果

历史和实践已经充分证明：中国共产党之所以能够领导人民在革命、建设、改革的长期实践中完成中国其他各种政治力量不可能完成的艰巨任务，根本在于始终保持理论清醒，坚持解放思想、实事求是、与时俱进、求真务实，坚持把马克思主义基本原理同中国具体实际相结合、同中华优秀传统文化相结合，坚持实践是检验真理的唯一标准，坚持一切从实际出发，及时回答中国之问、世界之问、人民之问、时代之问，不断推进马克思主义中国化时代化。

从国际上讲，自20世纪中期之后，一些发展中国家走上了资本主义道路，但在实现现代化的道路上大都举步维艰、步履蹒跚，无法走出贫困、战乱或停滞的困境，究其深层次原因，是根本没有科学理论指导。

与上述国家形成鲜明对比的是：历经新时代十年的伟大变革，中国特色社会主义取得的举世瞩目的伟大实践成就，充分证明新时代中国化时代化的马克思主义——习近平新时代中国特色社会主义思想“行”。习近平新时代中国特色社会主义思想具有科学性、人民性、实践性、世界性的显著特征。在这一科学理论的指引下，中国特色社会主义各项事业健康发展、顺利推进，使科学社会主义焕发出新的生机活力。例如，关于“五位一体”总体布局与“四个全面”战略布局的统筹规划，为提升国家治理现代化水平、建立健全国家治理体制机制并促使其更加成熟定型作出了整体谋划安排；关于新发展阶段、新发展理念、新发展格局的系列论述，为中国经济社会实现高质量发展赢得了战略主动；关于党的建设与自我革命的相关要求，为锻造坚如磐石的马克思主义执政党探索了有效路径；关于坚决打赢脱贫攻坚战、全面推进乡村振兴战略，为实现共同富裕的目标奠定了坚实基础；推动中华传统优秀文化创造性转化和创新性发展等战略策略，为丰富和发展文化建设理论作出了贡献；关于“绿水青山就是金山银山”的相关理论阐释，指明了实现发展和生态保护协同共生的新路径；等等。

战略决定成败。党的十八大以来，以习近平同志为核心的党中央深刻把握中华民族伟大复兴的战略全局，审时度势，高瞻远瞩，把事关中国发展全局性、方向性、长远性的重大战略问题整合起来，形成并协调推进全面建成小康社会、全面深化改革、全面依法治国、全面从严治党的“四个全面”战略布局。党的十九届五中全会作出我国进入新发展阶段的科学判断，将“四个全面”中的第一个“全面”明确为“全面建设社会主义现代化国家”。“四个全面”集中体现了以习近平同志为核心的党中央在新时代接续推进中国特色社会主义事业的全局视野和战略思维，在实践中开创了党治国理政的新阶段，在理论上开辟了马克思主义中国化的新境界，为实现中华民族伟大复兴的中国梦提供了坚实的行动指南。

“四个全面”战略布局的理论建构具备了时代性、系统性和科学性的理论内核。“四个全面”战略布局既有战略目标又有战略举措，每个“全面”相互之间具有紧密的内在逻辑。“四个全面”内在的统一性、鲜明的创新性、强烈的针对性、紧密的协调性、广泛的适用性等特征显而易见，准确把握，大有裨益。全面建设社会主义现代化国家是战略目标，在“四个全面”中居于引领地位，其他三个“全面”是战略举措，为全面建设社会主义现代化国家提供重要保障。具体来讲，“全面深化改革”为“全面建设社会主义现代化国家”提供根本动力；“全面依法治国”为“全面建设社会主义现代化国家”提供法治保障；“全面从严治党”为“全面建设社会主义现代化国家”提供了政治保证。由此可见，“四个全面”是一个大系统，而每个“全面”则又是相对独立的一个小系统。同时，又注重科学辨别其中的难点和重点，在战略布局中做到既有目标又有举措，既有全局又有重点，既注重总体谋划，又注重牵住“牛鼻子”。

总之，新时代十年，习近平新时代中国特色社会主义思想指引着我们党带领人民进行历史性变革、取得历史性成就，充分证明了这一思想是把马克思主义基本原理与新时代中国的具体实际相结合并富有实践伟力的科学指南，也是我们继续走好新的“赶考”之路的理论保证。

二、走自己的路是推进马克思主义中国化时代化的归结目标

（一）不同时代的实践道路探索推进了党的指导思想创新发展

方向决定道路，道路决定命运。党的十九届六中全会审议通过的《中共中央关于党的百年奋斗重大成就和历史经验的决议》，在全面回顾总结党的百年奋斗历程和重大成就基础上，深刻阐明坚持走自己的路是我们党百年奋斗的一条宝贵历史经验。走自己的路，是党的全部理论和实践立足点，更是党百年奋斗得出的历史结论。

回首百年征程，中国共产党实现了从“走俄国人的路”到坚持“走自己的路”的道路自信，走出了农村包围城市、武装夺取政权的正确革命道路，走出了社会主义建设道路，开创了中国特色社会主义道路，推动中国式现代化道路迎来新的飞跃。走自己的路，就是对中国道路发展逻辑、本质特征、重要地位、世界意义的全方位阐释。我们党在革命、建设、改革长期实践中，始终保持实事求是的实践探索，坚持独立自主结合国情实际开拓前进道路，并不断推动马克思主义中国化时代化指导思想的与时俱进和创新发展。在新民主主义革命时期，我们党创立了毛泽东思想；在社会主义革命和建设时期，结合新的实际丰富和发展了毛泽东思想。毛泽东思想是马克思主义中国化的第一次历史性飞跃。在改革开放和社会主义现代化建设新时期，我们党先后创立了邓小平理论、“三个代表”重要思想、科学发展观，形成中国特色社会主义理论体系，实现了马克思主义中国化的第二次历史性飞跃。党的十八大以来，以习近平同志为主要代表的中国共产党人，深刻总结并充分运用党成立以来的历史经验，从新的实际、新的历史方位出发，从理论和实践的结合上深入回答关系党和国家事业发展、党治国理政的一系列重大时代课题，创立了习近平新时代中国特色社会主义思想，再次实现了马克思主义中国化新的飞跃。

（二）习近平新时代中国特色社会主义思想具有坚持问题导向、紧跟时代步伐的鲜明品格

进入新时代，中国经济经过改革开放以来 40 余年的高速增长，发展方式、发展速率等都已走到历史拐点，社会的主要矛盾发生重大变化，中华

民族伟大复兴迎来了世界百年未有之大变局。如何更好地满足人民对美好生活的需要？如何解决从“有没有”、“快不快”到“好不好”的深刻转变？如何在变革创新中夯实国家的长治久安？如何确保在社会主义市场经济条件下党的长期执政？如何实现人与自然和谐发展、将绿水青山变为金山银山？如何在世界百年未有之大变局中推进中国式现代化道路？新的时代特征、时代变化给中国共产党这个世界上最大的政党提出了一系列亟待研究和解决的重大现实问题。新的社会建设实践亟需新的科学理论指引。习近平新时代中国特色社会主义思想就是中国共产党人在新的历史方位坚持走自己的路形成的，并在把握时代脉搏、聆听时代之需、回应时代之问、解答时代之惑中丰富和发展的，明确坚持和发展中国特色社会主义的基本方略，提出一系列治国理政新理念新思想新战略，制定诸多国家方针政策，都与新时代我国的生产力水平和诸多基本矛盾相契合。例如，脱贫攻坚是在习近平精准扶贫思想指导下，针对极端缺乏内生发展动力的贫困人口而提出的脱贫举措。由此可见，习近平新时代中国特色社会主义思想具有时代性、实践性、创造性的鲜明品格，是中国共产党人与时俱进、求真务实、守正创新的理论逻辑和实践逻辑的集中体现。

在中国共产党团结带领全国各族人民全面建成社会主义现代化强国、实现第二个百年奋斗目标的新征程上，我们必须始终坚持走自己的路，自信昂首踏正路，沿着通往复兴梦想的人间正道奋勇前进，着力推动习近平新时代中国特色社会主义思想在中国大地开花结果，让 21 世纪的马克思主义在中国大地不断展现真理力量。

三、新时代继续推进实践基础上的理论创新是推进马克思主义中国化时代化的必然要求

习近平总书记强调：“创新是一个民族进步的灵魂，是一个国家兴旺发达的不竭动力，也是中华民族最鲜明的民族禀赋。”[①] 坚持理论创新是我们党百年奋斗的历史经验之一。实践没有止境，理论创新也没有止境。不断谱写马克思主义中国化时代化新篇章，是当代中国共产党人的庄严历史

---

① 《习近平关于科技创新论述摘编》，中央文献出版社 2016 年版，第 3 页。

责任。

（一）新时代继续推进实践基础上的理论创新是坚持和发展中国特色社会主义的内在要求和重要任务

首先，要紧扣时代主题，把握好习近平新时代中国特色社会主义思想的世界观和方法论，坚持好、运用好贯穿其中的立场观点方法。我们要深刻领会“六个必须坚持”所蕴含的哲学意涵、理论品格和鲜明特质，深刻领会在全党全国各族人民迈上全面建设社会主义现代化国家新征程、向第二个百年奋斗目标进军的关键时刻，必须坚持新时代党的创新理论和战略布局、战略举措不动摇的重要意义，不断开辟马克思主义中国化时代化新境界，坚持用马克思主义中国化时代化的最新理论成果指导新的实践，用新的伟大奋斗创造新的伟大事业。

（二）新时代的理论创新要体现时代性、把握规律性、富于创造性

体现时代性，就是要登高望远，用开阔的、全新的视野观察当代中国和世界大势，精准把握当今时代主题、国际局势变化情况和科技革命日新月异的趋势，为推进和拓展中国式现代化提供依据，为提升社会治理效能提供借鉴；把握规律性，就是要持续深化对共产党执政规律、社会主义建设规律、人类社会发展规律的正确认识；富于创造性，就是要坚持问题导向，针对现实矛盾，在科学分析时代形势、正确把握客观规律的基础上，与时俱进地推进理论创新。

（三）新时代的理论创新必须服务和落脚于推进和拓展中国式现代化的实践创新

习近平总书记指出，“推进中国式现代化是一个系统工程，需要统筹兼顾、系统谋划、整体推进，正确处理一系列重大关系。”[①]我们要深刻认识中国式现代化面临的复杂国际国内形势，把握好中国式现代化的一般性与特殊性的关系，正确处理一系列重大关系、重大理论和实践问题。新时代

① 《正确理解和大力推进中国式现代化》，《农民日报》2023 年 2 月 8 日。

的理论创新不是为新而新，而在于研究新情况、解决新问题。对推进和拓展中国式现代化的实践过程中出现的新情况、新问题缺乏研究，新时代的理论创新就无从谈起。要通过顺应共产党执政规律、社会主义建设规律、人类社会发展规律开展理论创新，进一步推动制度、科技、文化等各方面创新，并为其提供指导，为坚持以中国式现代化推进中华民族伟大复兴注入强劲动力。

总之，实践需要理论指引，实践也孕育理论创新。紧密结合中国实际，深入回答时代课题，勇于推进实践基础上的理论创新，不断推进马克思主义中国化时代化，使马克思主义呈现出更多中国特色、中国风格、中国气派，中国特色社会主义道路就会越走越宽广，马克思主义就会在中国大地上充分展现出党的创新理论的真理力量。

马克思主义中国化时代化成功实践与独特魅力

——兼论从毛泽东到习近平对中国式现代化的伟大探索

湖南省社会科学院　汤建军

近代以来的中国，太平天国运动、洋务运动、戊戌变法、义和团运动、辛亥革命等运动，都没有完成救国救亡这一艰巨历史任务，为什么单单中国共产党能够神奇崛起，从建党时全国 53 名党员发展到今天的 9800 多万名党员，成为世界历史上最大的执政党，能够成功开展中国式现代化建设呢？根本在于我们党自成立以来，就始终坚持解放思想、实事求是、与时俱进、求真务实的思想路线，坚持用与时俱进的马克思主义科学回答时代发展的人民之问，领导人民在一次次上下求索中历经挫折、守正创新，不断成功推进马克思主义中国化时代化。

一、党的诞生和新中国诞生雄辩证明，只有成功推进马克思主义中国化时代化第一次历史性飞跃，党领导人民开辟农村包围城市、武装夺取政权的革命道路，形成以毛泽东同志为核心的党的第一代中央领导集体，创立毛泽东思想，才能夺取新民主主义革命伟大胜利

近代中国社会主要矛盾已经从地主阶级和农民阶级的矛盾转变为帝国

主义和中华民族的矛盾、封建主义和人民大众的矛盾。基于这样的形势研判，党已经深刻认识到，要实现中华民族伟大复兴，必须带领中国人民进行彻底的反帝反封建斗争，推翻“三座大山”。但实现这个任务首先要找到正确的道路，这个探路过程异常艰苦艰辛，无数仁人志士付出了惨重代价。

（一）大革命惨败的深刻教训，使党认识到“枪杆子里出政权”，必须要拿起枪，开始领导人民武装夺取政权

1927年，由于受共产国际的错误指挥，以陈独秀为代表的右倾机会主义路线在党内占统治地位，党和人民不能组织有效抵抗反革命屠杀，致使大革命遭到国民党反动派的突然袭击，2.6万多共产党人和30多万革命群众遭到残酷屠杀，6万多党员只剩下1万多。党从牺牲几十万生命的惨痛教训中才渐渐认识到，没有革命的武装就无法战胜武装的反革命，就无法夺取中国革命胜利，就无法改变中国人民和中华民族的命运。于是，党领导的南昌起义打响了武装反抗国民党反动派的第一枪，这标志着党独立领导中国革命战争、创建人民军队武装夺权的崭新开端。

（二）“城市中心论”惨败的深刻教训，使党认识到俄国“城市暴动”式革命道路不适合中国，从此走上农村包围城市、武装夺取政权的革命道路

土地革命时期，党内的“左”倾教条主义者照搬苏联“城市暴动”革命模式直接导致革命失败。从本质上讲，土地革命道路的开辟实际上是要解决如何武装夺取政权的问题。由于在中心城市敌人力量强大，而我方相对弱小，造成敌我力量悬殊，直接导致南昌起义、秋收起义、广州起义和其他许多地区的起义绝大多数失败。事实证明，在当时的中国，共产党人不可能像俄国十月革命那样，通过首先占领中心城市来取得胜利，必须找到适合中国国情的革命道路。毛泽东早就认识到“城市中心论”不适合中国，更是因为“左”倾机会主义错误路线已经给革命造成巨大损失，所以他毅然决然领导秋收起义部队，在浏阳文家市率先打出中国工农革命军的军旗，从进攻长沙转为向敌人力量薄弱的山区农村进军，决定在农村拿起枪杆子，实现工农武装割据，经三湾改编后登上井冈山，建立第一个农村革命根据地，开辟了具有伟大转折意义的中国革命道路。

（三）“三大起义”失败的深刻教训使党认识到党必须指挥枪，毛泽东在江西省永新县三湾乡“将支部建在连上”，才开始解决政治建军和中国革命的核心领导力量问题

我们党掌握或影响的叶挺部队、贺龙部队等在“三大起义”中都相继以失败告终，缺乏对军队的绝对领导也是重要原因。在三湾改编之前，中国共产党人经历了6年没有拥有一支独立军事武装力量的艰难日子。尽管我们党整合、影响甚至掌握了一些国民党军队，还在军中建立党组织，但大都设在团上，连上没有党组织，难以直接掌握士兵，也就难以真正掌握部队。这个问题普遍存在于南昌起义、广州起义和秋收起义的部队，也是起义受挫的直接原因。1927年9月19日晚，毛泽东在浏阳文家市召开前敌委员会，改变攻打长沙的计划，决定保存实力，转向农村发展，继续坚持武装斗争。9月29日，起义部队到达江西省永新县三湾村时不足千人，官多兵少，部队思想混乱，组织纪律性也差。针对这一情况，当晚毛泽东再次召开前敌委员会，决定对部队进行整编。先是整编部队，把原来的工农革命军第一军第一师缩编为1个团，下辖2个营10个连，还要何长工设计出工农革命军第一面军旗。后来把党组织建立在连上，设立党代表制度，排有党小组，班有党员；营、团以上有党委，开始确立“党指挥枪”的原则。再是在连以上建立各级士兵委员会，实行民主制度，在政治上官兵平等，经济公平，破除旧军雇佣关系。这就是著名的“三湾改编”，真正解决了土地革命中“谁指挥枪”的问题，是新型人民军队的新开端。后经古田会议确立思想建党、政治建军原则，彻底解决了“党指挥枪”的问题。从此以后，党就把枪杆子牢牢掌握在自己的手中。

（四）第五次反“围剿”惨败的教训使党认识到王明“左”倾教条主义的错误，遵义会议开始形成以毛泽东同志为核心的党的第一代中央领导集体，进入党独立自主解决中国革命实际问题的崭新阶段

1934年10月，由于王明“左”倾教条主义在党内的错误领导，第五次反“围剿”失败，红军不得不进行艰苦卓绝的长征。1935年1月，中央政治局在遵义召开会议，事实上开始确立以毛泽东同志为主要代表的马克思主义正确路线在党中央的领导地位。1937年，毛泽东写出《实践论》《矛盾论》，从

哲学的高度论述了党的实事求是思想路线。1938 年 10 月，毛泽东在党的六届中央委员会扩大的六中全会首次使用了“实事求是”的概念，第一次提出“使马克思主义在中国具体化”的这一命题，还指出“政治路线确定之后，干部就是决定的因素”，鲜明提出“才德兼备”的干部标准和“任人唯贤”的干部路线，这标志着党的马克思主义组织路线已经正式确立。1941 年 5 月，毛泽东在延安干部会议上首次对“实事求是”作出完整解释，其实质就是要推进马克思主义中国化时代化。1942 年 5 月开展的延安整风，使党的“实事求是”的思想路线正式形成。1945 年 4 月党的六届七中全会作出了《关于若干历史问题的决议》，使全党的思想上政治上组织上达到了高度的统一和团结。党的七大党章第一次强调“中国共产党是按民主的集中制组织起来的”。1948 年 4 月 1 日，毛泽东在晋绥干部会议上的讲话中提出了新民主主义革命总路线，即“无产阶级领导的，人民大众的，反对帝国主义、封建主义和官僚资本主义的革命”①。抗战胜利后，1948 年 9 月 12 日至 1949 年 1 月 31 日，毛泽东在西柏坡指挥辽沈、淮海、平津战役。三大战役共歼灭国民党军队 154 万余人。陈毅曾说淮海战役的胜利，是人民群众用小车推出来的，这就说明党领导建立广泛的人民民主统一战线，使敌我力量发生了根本性变化。至此，以毛泽东同志为主要代表的中国共产党人，把马克思列宁主义基本原理同中国具体实际相结合，创立毛泽东思想，为夺取新民主主义革命胜利指明了正确方向，充分展现了马克思主义中国化时代化第一次历史性飞跃的独特魅力。它不仅为中国建立社会主义提供了政治基础，而且为全世界无产阶级民族独立革命提供了成功案例。新民主主义革命成功的历史表明，没有共产党，就没有民族独立、人民解放，就没有新中国，就没有中国发展社会主义的新纪元。

二、社会主义革命和建设的成功探索和伟大成就雄辩证明，只有继续推进马克思主义中国化时代化，结合新的社会主义实践丰富和发展毛泽东思想，才能消灭一切剥削制度，实现中国社会的伟大变革

新中国成立初期，抗美援朝五大战役中的长津湖、上甘岭等经典战

---

①《毛泽东选集》第 4 卷，人民出版社 1991 年版，第 1313 页。

役彻底挫败了美国“在东方架起几门大炮就能让一个国家、一个民族屈服”的强盗幻想，这是中国自鸦片战争以来，首次打败世界上最强大的以美国为首的“联合国军”，把中国从被侵略、被拯救的“东亚病夫”改写成了人类和平拯救者、保护者。从根本上讲，这是党推进马克思主义中国化时代化的伟大胜利。从新中国成立到改革开放前夕，虽然党领导人民在探索过程中经历严重曲折，但也取得了社会主义革命和建设的伟大成就。

（一）党领导建立和巩固全国统一政权，为社会主义革命、建设和国家迅速发展创造了根本的政治条件

1949 年 9 月，中国人民政治协商会议第一届全体会议制定了《中国人民政治协商会议共同纲领》，10 月 1 日开国大典的举行标志着“工人阶级领导的、以工农联盟为基础的人民民主专政”的新中国已经建立。1953 年 6 月，党正式提出过渡时期总路线。7 月，中美双方签订《朝鲜停战协定》，证明“打得一拳开、免得百拳来”抗美援朝这一伟大决策的英明性。1954 年 9 月，第一届全国人民代表大会第一次会议通过的《中华人民共和国宪法》，进一步巩固和发展了人民民主统一战线。1956 年，毛泽东提出把马克思列宁主义基本原理同中国具体实际进行第二次结合。同年 4 月底和 5 月初，毛泽东多次提出，中国可以而且应当找出一条有别于苏联、符合中国情况的社会主义建设道路。1956 年，党的八大制定了社会主义社会的第一条政治路线，即依靠几亿农民，团结一切可以团结的力量，尽可能快地把我国建设成伟大的社会主义国家。由于热情高涨随后又制定了“鼓足干劲、力争上游、多快好省地建设社会主义”的总路线。1957 年，毛泽东在党的八届三中全会上提出:“我们各行各业的干部都要努力精通技术和业务，使自己成为内行，又红又专。”① 人民代表大会制度、中国共产党领导的多党合作和政治协商制度、民族区域自治制度的相继建立，为人民当家作主提供了制度保证。1963 年 11 月，他首次指出，“社会实践是检验真理的唯一标准”②。独立的比较完整的工业体系和国民经济体系的逐步建立，广泛统

① 《毛泽东文集》第 7 卷，人民出版社 1999 年版，第 309 页。

② 《建国以来毛泽东文稿》第 17 册，中央文献出版社 2023 年版，第 107 页。

一战线的加强和扩大，等等，都表明新中国成立、社会主义制度建立，为中国式现代化一切进步和发展奠定了重要基础。党在此过程中领导人民战胜政治、经济、军事等方面一系列严峻挑战，实现祖国大陆完全统一，开展土地等各方面社会改革，社会面貌焕然一新。

（二）社会主义改造基本完成后，四个现代化建设，为巩固人民新政权、确立中国大国地位、维护民族尊严提供了坚强后盾

党的八大明确提出，国内主要矛盾已转变为人民对于经济文化迅速发展的需要同当前经济文化不能满足人民需要的状况之间的矛盾，全国人民的主要任务是集中力量解决主要矛盾，把我国尽快地从落后的农业国变为先进的工业国。正是基于此，毛泽东提出十大关系理论，提出“要独立自主、自力更生，建设独立的比较完整的工业体系和国民经济体系”[①]，坚决克服苏联模式给中国经济社会带来的消极影响，努力把我国逐步建设成为社会主义强国。尽管在社会主义现代化的这些艰辛探索中曾出现了严重失误，其根本原因在于党和国家的领导体制存在弊端，特别是党内民主制度不健全，[②]但新中国社会主义建设主人翁精神却格外高涨，“两弹一星”元勋钱学森、钱三强、陈能宽、邓稼先等一大批科学家纷纷克服重重困难回国，袁隆平、雷锋、王进喜、焦裕禄等先进人物不断涌现，中国社会主义各方面建设取得井喷式巨大成就。1964 年 10 月 16 日中国第一颗原子弹在新疆罗布泊爆炸成功，这是在 1959 年苏联撤走专家后，中国依靠自己的力量独立完成的，打破了超级大国的核垄断和核讹诈。1970 年 4 月 24 日中国又成功发射第一颗人造卫星。由此，中国大国地位得到真正树立并不断稳固。

（三）坚持“两个务必”，开展整风整党和社会主义教育，既坚决对内惩治腐败又坚持独立自主的和平外交政策，为社会主义执政党建设积累宝贵经验

从延安时期枪毙犯杀人罪的红军将领黄克功，到新中国成立初期枪毙

---

① 《中国共产党的九十年社会主义革命和建设时期》，中共党史出版社、党建读物出版社 2016 年版，第 552 页。

② 《中国共产党的九十年社会主义革命和建设时期》，中共党史出版社、党建读物出版社 2016 年版，第 558 页。

贪腐分子刘青山、张子善，充分彰显了党以深刻的自我革命推进伟大社会变革的自信和决心。党充分预见到在全国执政面临的全新严峻挑战，毛泽东早在党的七届二中全会上就向全党提出了“两个务必”。对内，党提出应着重解决好在执政条件下党的建设的重大课题，从思想上组织上作风上加强党的建设，有效增强了党的纯洁性和全党的团结，密切了党同人民群众的联系，积累了执政党建设的初步经验；对外，党始终坚持独立自主的和平外交政策，倡导和坚持和平共处五项原则，坚定维护国家独立、主权、尊严，彻底结束了旧中国的屈辱外交，党还审时度势地调整外交战略，推动恢复我国在联合国的一切合法权利，推动形成国际社会坚持一个中国原则的格局，党提出划分三个世界的战略，作出中国永远不称霸的庄严承诺，赢得了国际社会特别是广大发展中国家尊重和赞誉。

在此期间，毛泽东在《论十大关系》等诸多著作中，先后提出了对资产阶级进行和平改造、通过互助合作把个体农民引上集体化道路、从中国实际出发实现工业化等一系列中国社会主义现代化建设理论。历史证明，毛泽东思想实现了马克思主义中国化时代化的第一次历史性飞跃，其独特魅力还在于其活的灵魂——实事求是、群众路线、独立自主，这为中国如何建设社会主义现代化始终起着十分重要的科学指导作用。

三、改革开放和社会主义现代化建设的成功探索和伟大成就雄辩证明，只有把马克思主义基本原理同中国具体实际、中华优秀传统文化有机结合，形成中国特色社会主义理论体系，才能实现马克思主义中国化新的飞跃，开辟中国特色社会主义道路，使中国大踏步赶上时代

1978 年，经过真理标准问题在全国的大讨论，党重新确立了马克思主义的思想路线、政治路线、组织路线，正确评价了毛泽东的历史地位和毛泽东思想的科学体系，把马克思主义与新的实践和时代特征有机结合，科学回答了“什么是社会主义、怎样建设社会主义，建设什么样的党、怎样建设党，新形势下实现什么样的发展、怎样发展”等重大时代问题，开启了改革开放和社会主义现代化建设新时期。

（一）根据新时期社会矛盾变化，通过第二个历史决议实现党在指导思想上的拨乱反正，开辟一条适合我国国情的社会主义现代化建设的正确道路

“文化大革命”结束以后，党深刻认识到，只有实行改革开放才是唯一出路。1978 年 12 月，党召开十一届三中全会，对我国社会的主要矛盾作出判断，提出实现党和国家工作中心战略转移，实现小康社会目标，全面落实党的干部政策和知识分子政策，彻底否定“文化大革命”，果断结束“以阶级斗争为纲”，深刻总结新中国成立以来正反两方面的经验、“文化大革命”的教训，开启了改革开放和社会主义现代化新时期。1981 年 6 月召开的十一届六中全会上通过了《关于建国以来党的若干历史问题的决议》，全面开展思想、政治、组织等领域的拨乱反正，大规模平反冤假错案和调整社会关系，实现了党在指导思想上的拨乱反正。1982 年 9 月，党的十二大通过的党章将党的思想路线完整表述为“一切从实际出发，理论联系实际，实事求是，在实践中检验真理和发展真理”。①

（二）坚持以邓小平理论、“三个代表”重要思想和科学发展观不断推进马克思主义中国化时代化，不断开创改革开放和社会主义现代化建设新局面

以邓小平同志为主要代表的中国共产党人，成功开创了中国特色社会主义；以江泽民同志为主要代表的中国共产党人，成功把中国特色社会主义推向 21 世纪；以胡锦涛同志为主要代表的中国共产党人，成功在新形势下坚持和发展了中国特色社会主义。党从改革开放以来，从新的实践和时代特征出发，坚持马克思主义中国化时代化，成功解决了建设中国特色社会主义的发展道路、发展阶段、根本任务等一系列基本问题，形成了中国特色社会主义理论体系，取得了经济建设、政治建设、文化建设、社会建设等方面一系列重大成就，积累了极为丰富的社会主义现代化建设经验。

---

① 中共中央文献研究室编:《十二大以来重要文献选编》(上)，人民出版社 1986 年版，第 67 页。

（三）改革开放是党的一次伟大觉醒，是中国人民和中华民族发展史上一次伟大革命

党科学判断时代特征和国际形势，提出和平与发展是当今时代的主题。面对苏联解体、东欧剧变、亚洲金融危机、国际金融危机等风云变幻的国际形势，党毫不动摇地坚持四项基本原则，坚决排除各种干扰，不仅从容应对了关系我国改革发展和稳定全局的一系列风险考验，而且致力于抓好党的建设，开创和推进党的建设新的伟大工程，不仅极大提升了党抵御风险和驾驭复杂局面的能力，还充分调动起广大人民群众开展社会主义现代化建设的积极性主动性。1992 年 10 月，党的十四大通过的党章提出，党在自己的工作中实行群众路线，把党的正确主张变为群众的自觉行动。邓小平还创造性提出“一个国家，两种制度”科学构想，相继对香港、澳门恢复行使主权，推动两岸双方达成体现一个中国原则的“九二共识”。改革开放和社会主义现代化建设的伟大成就举世瞩目，中国大地发生了翻天覆地的变化，实现了中华民族从站起来到开始富起来的伟大飞跃。

四、中国特色社会主义的成功实践和伟大成就雄辩证明，只有把马克思主义基本原理同中国具体实际有机结合，形成习近平新时代中国特色社会主义思想，才能破解新时代重大课题，实现马克思主义中国化时代化新的飞跃

党的十八大以来，以习近平同志为核心的党中央统筹把握中华民族伟大复兴战略全局和世界百年未有之大变局，创造了经济快速发展和社会长期稳定两大奇迹，为现代化建设提供了更为坚实的物质基础和更为完善的制度保障。习近平新时代中国特色社会主义思想是当代中国马克思主义、21 世纪马克思主义，实现了马克思主义中国化时代化新的飞跃。

（一）作出中国特色社会主义进入新时代的战略判断，在坚持“两个结合”中推进马克思主义中国化时代化，创立了习近平新时代中国特色社会主义思想

中国特色社会主义进入新时代是我国发展新的历史方位。习近平总书

记科学回答了“新时代坚持和发展什么样的中国特色社会主义、怎样坚持和发展中国特色社会主义，建设什么样的社会主义现代化强国、怎样建设社会主义现代化强国，建设什么样的长期执政的马克思主义政党、怎样建设长期执政的马克思主义政党”等重大时代问题，创立了习近平新时代中国特色社会主义思想。党的十九届六中全会将这一新思想拓展为“十个明确”，这是对马克思主义的原创性创新发展。

（二）习近平新时代中国特色社会主义思想对中国特色社会主义的系统性创新集中体现在“十个明确”

党的十八大以来，以习近平同志为核心的党中央，以百年风华正青春之雄姿，统筹国内国际两个大局，面对一系列重大风险挑战，统揽“四个伟大”，提出一系列重大方针政策和重大举措，推动党和国家事业取得历史性成就、发生历史性变革。取得中国特色社会主义这些伟大实践成就的奥秘在哪里呢？那就是用“十个明确”对习近平新时代中国特色社会主义思想的核心内容作了进一步概括，首先明确了中国特色社会主义最本质的特征是中国共产党领导、中国特色社会主义制度的最大优势是中国共产党领导等。这“十个明确”的重大战略思想，在党的二十大报告中得到了进一步丰富和发展，是党对中国特色社会主义建设规律认识深化和理论创新的重大成果，更是彰显中国式现代化五大鲜明特征和“五个坚持”的本质要求。以习近平同志为核心的党中央还通过制度创新、实践创新和工作创新，即提出和落实新时代的政治路线、思想路线、组织路线、群众路线以及一系列理念、方针、策略、政策和具体工作，去落实推进这些马克思主义中国化时代化的重大理论创新。比如，党的十八届五中全会第二次全体会议鲜明提出了创新、协调、绿色、开放、共享的新发展理念。再比如，党的十九大提出，党的基本路线是党和国家的生命线、人民的幸福线，将“美丽”增加为建设社会主义现代化强国的目标之一；党的十九届六中全会提出的“两个确立”集中反映了全党全军全国各族人民的共同心愿，对新时代党和国家事业发展、对推进中华民族伟大复兴历史进程具有决定性意义。

（三）新时代马克思主义中国化时代化成功引领我们创造了“两个奇迹”，还必将引领中国人民实现中华民族伟大复兴的中国梦，见证“两个必然”的实现

新中国成立70多年特别是改革开放和社会主义现代化建设新时期和党的十八大以来，中国社会发生了令全世界震惊的“两大奇迹”，经济实现了快速发展，社会实现了长期稳定，“中国之治”与“西方之乱”产生了极为鲜明的对比。马克思主义的科学性和真理性、人民性和实践性、开放性和时代性在中国得到生动实践和充分展现。马克思主义中国化在世界上崭新形象的成功展示，在世界范围内发生了有利于社会主义的重大转变。

170多年前，马克思和恩格斯基于资本主义生产方式的基本矛盾，即生产的社会化和生产资料的资本主义私人占有之间的矛盾，得出“资本主义必然灭亡、社会主义必然胜利”的结论。党在百余年奋斗中用鲜活丰富的中国实践推动了马克思主义中国化时代化，不断深化对共产党执政规律、社会主义建设规律、人类社会发展规律的认识，在世界范围内发挥爱国统一战线的作用，积极构建人类命运共同体，必定会走向“两个必然”的自由王国。走向未来的马克思主义中国化时代化必将以全面建设社会主义现代化新成就新经验和人类文明新形态的实践功效和独特魅力，不断开辟马克思主义中国化时代化新境界，以无法阻挡的光芒照亮和温暖中国以至世界。

论推进马克思主义中国化时代化的历程及经验

河南省社会科学院　刘　辉

党的二十大报告用单独章节，对推进马克思主义中国化时代化这一重大命题作出深刻阐述，强调要在实践基础上进行理论创新，不断谱写马克思主义中国化时代化新篇章。这一布局凸显了推进马克思主义中国化时代化的重要性，表明我们党对发展当代中国马克思主义的认识更加深刻。当前，我国正处在全面建设社会主义现代化国家、向第二个百年奋斗目标进军的关键时刻。新征程上，不断开辟马克思主义中国化时代新境界，对于巩固马克思主义的指导地位、永葆党的先进性和纯洁性、全面建成社会主义现代化强国、全面推进中华民族伟大复兴，无疑具有极为重要的现实意义。

一、中国共产党百余年奋斗史就是一部不断推进马克思主义中国化时代化并取得重大理论成果的历史

我们党成立以来，在革命、建设和改革的历史进程中，坚持把马克思主义作为指导思想的同时，也把马克思主义基本原理与本国国情相结合并紧扣时代发展的脉搏，与时俱进地进行理论创新，不断开辟马克思主义新

境界，极大地发展了马克思主义。

对于马克思主义中国化时代化特别是中国化这一问题，党的早期领导人李大钊曾经提出过，要把马克思列宁主义应用到中国的实践当中。蔡和森、恽代英、邓中夏等早期革命家也都表达过相同的观点。但在党的幼年时期，党的中央领导人对于这个问题还没有形成深刻的、统一的认识。土地革命战争早期，我们党曾犯了把马克思主义教条化的错误，生搬硬套地运用马克思主义条条框框，脱离了中国国情，给中国革命带来灾难性的后果。经过大革命的洗礼，以毛泽东同志为主要代表的中国共产党人逐渐认识到，面对中国的特殊国情，不能教科书式地对待马克思主义，必须实现马克思主义中国化。在开辟井冈山革命根据地的实践过程中，毛泽东更是深刻洞察到把马克思主义基本原理同中国具体实际相结合的必要性。经过深邃的思考，1930 年 5 月，他在《反对本本主义》一文中呼吁："马克思主义的'本本'是要学习的，但是必须同我国的实际情况相结合。我们需要'本本'，但是一定要纠正脱离实际情况的本本主义。"① 这一时期，毛泽东在广泛调查研究的基础上，不断总结经验并使之升华，提出"没有调查，没有发言权"和"中国革命斗争的胜利要靠中国同志了解中国情况"两个重要的论断，标志着毛泽东思想的初步形成。遵义会议以后，越来越多的中央领导人逐渐认识马克思主义中国化问题的重要性。在 1938 年召开的中国共产党第六届中央委员会扩大的第六次全体会议上，毛泽东明确提出了"使马克思主义在中国具体化"的任务。经过延安整风，反对教条主义，实现马克思主义中国化成为全党共识。1945 年召开的党的七大首次在党的全国代表大会上明确提出马克思主义中国化的概念，作出"要使马克思主义系统地中国化，要使马克思主义从欧洲形式变为中国形式"② 等重要论述。

总体来说，新民主主义革命时期，以毛泽东同志为主要代表的中国共产党人在解答"什么是新民主主义革命、怎样完成新民主主义革命"这一重大课题上，已经运用马克思主义基本原理同中国半殖民地半封建社会性质、地域辽阔、农民占绝大多数等具体国情相结合，同"战争与革命是时代主题"这一时代特征相结合，对推进马克思主义中国化时代化作出了不

① 《毛泽东选集》第 1 卷，人民出版社 1991 年版，第 111—112 页。

② 《刘少奇选集》上卷，人民出版社 1981 年版，第 335 页。

懈努力并形成了一系列独创性的理论，集中表现为毛泽东思想。毛泽东思想是马克思主义基本原理同中国具体实际和时代特征相结合的产物，是马克思主义中国化时代化的第一次历史性飞跃，首次开辟了马克思主义中国化时代化新境界。

社会主义革命和建设时期，毛泽东提出把马克思主义基本原理同中国实际进行第二次结合，继续推进马克思主义中国化时代化。这一时期，党结合新的实际丰富发展了毛泽东思想，如形成“一化三改造”理论、解放和发展生产力理论、正确处理人民内部矛盾理论、“十大关系”理论，为马克思主义补充了新鲜血液。

党的十一届三中全会以后，以邓小平同志为主要代表的中国共产党人敏锐地把握和平与发展这一时代主题，顺应时代潮流，大力推进马克思主义中国化时代化。改革开放伊始，邓小平就明确指出：“把马克思主义的普遍真理同我国的具体实际结合起来，走自己的道路，建设有中国特色的社会主义，这就是我们总结长期历史经验得出的基本结论。”[①] 在波澜壮阔的改革大潮中，我们党围绕“什么是社会主义、怎样建设社会主义”这一根本的问题，就中国的发展道路、发展阶段、根本任务、发展动力、政治保证、外部条件、领导力量、依靠力量等问题提出一系列新的思想观点，构成了邓小平理论的基本框架。邓小平理论中的许多内容如社会主义初级阶段理论、社会主义本质理论、社会主义市场经济理论、社会主义改革理论、对外开放理论、物质文明和精神文明两手抓理论、党的领导理论等，既体现了鲜明的中国特色，又打上了深深的时代烙印；既坚持了马克思主义，又发展了马克思主义，是马克思主义中国化时代化的集中体现。党的十五大报告在阐述邓小平理论的历史地位时指出，邓小平理论是马克思列宁主义同中国实际相结合的第二次历史性飞跃，是马克思主义在中国发展的新阶段，开拓了马克思主义的新境界。报告特别强调：“离开本国实际和时代发展来谈马克思主义，没有意义。”[②] 这实际上指的是马克思主义中国化时代化的问题。

党的十三届四中全会以后，以江泽民、胡锦涛同志为主要代表的中国

---

① 《邓小平文选》第3卷，人民出版社1993年版，第3页。

② 《十五大报告辅导读本》，人民出版社1997年版，第270页。

共产党人，在高举邓小平理论伟大旗帜的同时，继续坚持解放思想、实事求是、与时俱进，深入推进马克思主义中国化时代化，加深了对“什么是社会主义、怎样建设社会主义”“建设什么样的党、怎样建设党”“实现什么样的发展、怎样发展”等重大问题的认识，积累了治党治国治军新的宝贵经验，形成了“三个代表”重要思想和科学发展观，进一步开辟了马克思主义中国化时代化新境界。在坚持和发展中国特色社会主义的过程中，我们党创立了社会主义市场经济体制改革理论、全面建设小康社会理论、走新型工业化道路理论、西部大开发战略、科教兴国战略、依法治国理论、建设社会主义政治文明理论、构建社会主义和谐社会理论、建设和谐新世界理论、加强党的执政能力建设理论等等。这些重大理论成果既坚持了马克思主义基本原理，又符合我国基本国情，充满时代气息，是深入推进马克思主义中国化时代化的必然产物。

党的十八大以来，以习近平同志为主要代表的中国共产党人把马克思主义基本原理同国内外形势紧密结合起来，因地制宜、因时制宜，就坚持和发展什么样的中国特色社会主义、怎样坚持和发展中国特色社会主义，建设什么样的社会主义现代化强国、怎样建设社会主义现代化强国等重大时代课题提出一系列原创性的治国理政新理念新思想新战略，形成了习近平新时代中国特色社会主义思想，深刻回答了中国之问、世界之问、人民之问、时代之问。《中共中央关于党的百年奋斗重大成就和历史经验的决议》高度评价习近平新时代中国特色社会主义思想，认为这一重大理论成果是“中国文化和中国精神的时代精华，实现了马克思主义中国化新的飞跃”[①]。

综上所述，我们党的百余年奋斗史就是一部不断推进马克思主义中国化时代化的历史，是一部不断开辟马克思主义中国化时代化新境界的历史。

二、推进马克思主义中国化时代化是新时代新征程完成中心任务的必然要求

党的二十大报告指出：“从现在起，中国共产党的中心任务是团结带领全国各族人民全面建成社会主义现代化强国、实现第二个百年奋斗目标，

① 《中共中央关于党的百年奋斗重大成就和历史经验的决议》，人民出版社 2021 年版，第 26 页。

以中国式现代化全面推进中华民族伟大复兴。”[①] 这是我们党在基于对我国社会主要矛盾和中心任务的变化作出准确判断的情况下作出的新论断，体现了党对我国国情的精准把握。当前，我们正意气风发地走在实现第二个百年奋斗目标的大道上，中国特色社会主义事业开启了新的篇章。伟大的事业需要伟大的理论，实现第二个百年奋斗目标的伟大实践迫切需要科学的理论作指导，这个科学理论就是当代中国马克思主义。

习近平总书记指出：“中国共产党为什么能，中国特色社会主义为什么好，归根到底是因为马克思主义行，是中国化时代化的马克思主义行。”[②] 我们党之所以能够完成其他政治力量不可能完成的艰巨任务，中国特色社会主义道路之所以越走越宽，根本在于始终坚持和发展马克思主义，不断推进马克思主义中国化时代化。回望我们党的百余年奋斗史不难发现，正是因为有了中国化时代化的马克思主义，党才能团结带领人民披荆斩棘，克服前进中的一切困难，取得革命、建设和改革事业的重大成就。新民主主义革命时期，我们党以马克思主义和毛泽东思想为指导，明确了中国革命的性质、对象、形式、动力、道路等问题，推翻了“三座大山”，实现了民族独立和人民解放，取得了新民主主义革命的胜利。社会主义革命和建设时期，我们党进一步发展了马克思主义并以此为指导，制定了过渡时期的总路线，实现了新民主主义社会向社会主义社会的转变，顺利完成社会主义革命。改革开放和社会主义现代化建设时期，我们党进一步推进马克思主义中国化时代化，在此基础上，我们明确了党的中心任务是解放和发展社会主义生产力，提出了正确处理人民内部矛盾的具体办法，制定了既反保守又反冒进即在综合平衡中稳步前进的经济建设方针，社会主义建设取得初步成就，我们党先后创立了邓小平理论、“三个代表”重要思想和科学发展观，并用发展着的马克思主义指导实践，中国特色社会主义事业取得了举世瞩目的成就，我国的综合国力显著增强，国际地位显著提高。中国特色社会主义新时代，我们在马克思主义中国化时代化最新成果——习近平新时代中国特色社会主义思想的指引下，在坚持和发展中国特色社会

① 习近平:《高举中国特色社会主义伟大旗帜　为全面建设社会主义现代化国家而团结奋斗——在中国共产党第二十次全国代表大会上的报告》，人民出版社 2022 年版，第 21 页。

② 习近平:《高举中国特色社会主义伟大旗帜　为全面建设社会主义现代化国家而团结奋斗——在中国共产党第二十次全国代表大会上的报告》，人民出版社 2022 年版，第 16 页。

主义的过程中，战胜了一系列重大风险挑战，办成了许多过去想办而没有办成的大事。历史是最好的教科书，党百余年的奋斗史向我们昭示：中国化时代化的马克思主义是我们取得一切成功的强大思想武器。

全面建成小康社会以后，中国特色社会主义事业开启了新的征程。党的二十大明确了新征程的中心任务，为我们指明了工作重点。完成中心任务既需要我们发扬奋斗精神，实干苦干，又需要理论上的指导，以确保各项工作在正确的轨道上运行。实现第二个百年奋斗目标就要全面提升我国物质文明、政治文明、精神文明、社会文明和生态文明，实现国家治理体系和治理能力现代化，基本实现全体人民共同富裕，综合国力位居世界前列。显然，这是一个非常艰巨的任务。完成这一任务，我们必须从理论上明确发展方向、发展方式、发展动力、战略步骤、外部条件、政治保证等基本问题，并根据实践的需要对经济、政治、文化、社会、生态、国防、外交、党的建设等各个方面作出理论分析和政策指导。唯有如此，我们才能下好先手棋、打好主动仗，才能有条不紊地开展各项工作，从而在新的征程中创造新的伟业。这就需要我们继续进行理论上的探索，不断推陈出新，用当代中国马克思主义、21世纪马克思主义指导工作、创造新业绩。

全面建成社会主义现代化强国、实现第二个百年奋斗目标必将面临许多新的时代课题，迫切需要从理论上予以解答。实现当前和今后一段历史时期的中心任务需要经历一个动态的、复杂的、多变的过程，新情况、新问题必然层出不穷。国情在变化，时代在前进，必然要求我们用新的眼光考察事物，用新的思想观点去回应时代呼声、解答时代难题。“世异则事异，事异则备变。”历史的车轮滚滚前进，永不停歇，中华大地万象更新，日新月异。世情、国情、民情、党情的发展变化要求我们不断解放思想、实事求是、与时俱进，续写马克思主义新华章，使我们的理论始终经得起实践的检验，始终体现中国风格和中国气派，始终与时代同频共振。若躺在过去的功劳簿上，用老眼光看待新事物，用陈旧的理论指导鲜活的实践，必然要犯“左”和右的错误，从而延缓我国现代化的进程。

三、推进马克思主义中国化时代化的历史经验

中国共产党的百年实践探索为我们谱写马克思主义中国化时代化新篇

章留下了宝贵的经验。概括起来，主要有以下几个方面。

（一）必须坚持立足于实践

推进马克思主义中国化时代化说到底就是要不断进行理论创新，为马克思主义增添新内容，而推进理论创新必须牢牢立足于实践。恩格斯说过，理论永远是灰色的，而实践之树常青。实践的观点是马克思主义认识论的首要的、基本的观点。实践是理论之源，任何一种理论都不是凭空出现的，也不是天才人物的主观臆想，而是源于实践，从实践中产生。毛泽东明确指出："无论何人要认识什么事物，除了同那个事物接触，即生活于（实践于）那个事物的环境中，是没有法子解决的。"[①] 马克思主义本身就是实践经验的总结，是马克思、恩格斯等革命导师躬耕实践才得出的旷古烁今的理论成果。毛泽东思想、中国特色社会主义理论体系等，无一不是实践的产物。实践还是检验真理的唯一标准。只有经得起实践的考验，得出的理论才是科学的，才能更好地指导实践并转化为改造世界的强大物质力量。"实践发展永无止境，我们认识真理、进行理论创新就永无止境。"[②] 新征程上，我们要推进理论创新，将马克思主义发扬光大，必须投身于火热的改革大潮中，投身于发展中国特色社会主义的伟大实践中，投身于创造新的伟业的历史洪流中。

（二）必须坚持"两个结合"

其一，推进马克思主义中国化时代化必须坚持进一步把马克思主义基本原理同当下中国的实际紧密结合起来。马克思、恩格斯在初步总结国际共产主义运动经验的基础上明确指出，马克思主义的一般原理"随时随地都要以当时的历史条件为转移"[③]，毛泽东也强调："离开中国特点来谈马克思主义，只是抽象的空洞的马克思主义"[④]。这些重要论述表明，马克思主义不是僵死的教条，不是一成不变的金科玉律，除了灵活地加以运用外，还必须结合本国国情创造性地发展。新征程上，我们推进理论创新，也要继

---

① 《毛泽东选集》第1卷，人民出版社1991年版，第286—287页。

② 习近平：《在庆祝中国共产党成立95周年大会上的讲话》，《人民日报》2016年7月2日。

③ 《马克思恩格斯选集》第1卷，人民出版社2012年版，第376页。

④ 《毛泽东选集》第2卷，人民出版社1992年版，第534页。

续把马克思主义基本原理同当下中国的实际结合起来。要充分认识到：现阶段我国社会主要矛盾仍然是人民日益增长的美好生活需要和不平衡不充分的发展之间的矛盾；我国进入不确定、难预料因素增多的时期，各种“黑天鹅”“灰犀牛”事件随时可能发生；我国经济发展仍处于新常态，由高速增长阶段转向高质量发展阶段；人民生活总体上达到小康水平，收入分配差距拉大的趋势还没有根本扭转；人民群众对绿水青山的渴望更加强烈，统筹人与自然协调发展任重道远；全面深化改革取得不少成就，但还有许多硬骨头要啃，不少深层矛盾亟待解决；党的建设取得重大成就，但形式主义、官僚主义仍然存在并以新的形式出现……我们只有充分把握当下国情，才能形成接地气的新观点新思想新理念，才能用 21 世纪马克思主义之“矢”去射新时代中国之“的”，进而顺利解决当下问题。

其二，推进马克思主义中国化时代化必须坚持进一步把马克思主义基本原理同中华优秀传统文化紧密结合起来。20 世纪初，包括改良主义、社会达尔文主义、无政府主义、民粹主义在内的各种主义、思潮纷纷登场，但党和人民最终选择了马克思主义，原因之一在于马克思主义主张的价值观与中国传统文化有许多契合点，马克思主义的许多思想观点说到了中国人民的心坎上。马克思主义传入我国后，通过与中华优秀传统文化相结合，获得了丰厚的文化滋养，不但自己落地生根、开花结果，而且激活了源远流长的中华文明，使其再次焕发出生机与活力。当前，我们需要把马克思主义的精髓同中华优秀传统文化的精华紧密结合起来，不断夯实马克思主义中国化时代化的历史基础和群众基础，让中华优秀传统文化在马克思主义真理之光的照耀下迸发出强大的生命力，同时也使马克思主义在中华优秀传统文化这片沃土的滋养下更加熠熠生辉。

（三）必须坚持与时俱进

与时俱进，就是要求党的全部理论体现时代性，紧扣时代节拍，反映时代呼声，解决时代难题。推进实践基础上的理论创新必须进一步把马克思主义基本原理同当下时代大势紧密结合起来。历史的长河奔流不息，激起无数的时代浪花，这一个个的时代浪花又组成了崭新的时代课题，迫切需要我们从理论上进行回答。毋庸置疑，马克思、恩格斯是伟大思想家，然而他们也无法精准预料自己去世上百年、几百年后发生的事情，不可能提出面面俱到的理论，因为时代的发展变化实在太快了，许多新的问题往往不期而至。事实上，马克思主义每一次的理论创新，都只能解决当时历史进程中的一些重大问题。面对飞速发展的时代，马克思主义的继承者们需要敏锐地把握时代发展的脉搏，站在时代前沿，聆听时代声音，并在此基础上提出新观点新论断，创新发展马克思主义，及时解答时代之惑。当前，和平与发展仍然是时代的主题，但局部冲突和动荡频发，世界进入新的动荡变革期；霸凌主义、保护主义和单边主义愈演愈烈；经济全球化走向深入，国与国之间相互依赖的程度加深；新一轮科技革命深入发展，各国更加注重科技进步和创新驱动；互联网技术一日千里，深刻影响着人们的生产生活；中国的国际地位持续提高，国际担当更加凸显……新时代产生新课题，新课题催生新理论，在时代大势面前，唯有因时而进，使我们的理论符合时代之需，才能把握时代、引领时代，推动历史的前进。

（四）必须坚持人民至上

坚持人民至上体现了推进马克思主义中国化时代化的价值取向问题。也就是说，我们续写马克思主义新华章的根本目的是服务人民，实现人民利益。党的十九届六中全会把我们党百年奋斗的历史经验归纳为十个方面，其中，坚持人民至上位居第二，凸显了党的人民立场、人民情怀。人民性是马克思主义的本质属性，马克思、恩格斯等革命导师创立学说不是为了沽名钓誉，而是为了解放劳苦大众，最终实现人的全面而自由的发展。马克思主义是全世界无产者解放自我的强大思想武器，是为人民而生的时代产物。坚持人民至上体现了共产党人全心全意为人民服务的根本宗旨，我们党来自于人民、植根于人民、服务于人民，党全部工作的出发点和落脚点都是为了实现最广大人民的根本利益。毫无疑问地说，党创新发展马克思主义的终极目的也是为人民谋幸福。可以说，一切脱离人民的理论都是苍白无力的，一切不为人民造福的理论都是没有生命力的，也是没有任何价值的。因此，我们在推进马克思主义中国化时代化的历史进程中，要始终坚持人民至上的创作导向，站稳人民立场、把握人民意愿、尊重人民创造，创造人民所喜爱、所认同、所拥护的理论。

历史已经证明，推进理论创新是实现马克思主义中国化时代化的关键所在，是始终保持马克思主义的蓬勃生机和旺盛活力的重要一招。新征程上，我们要在继承前人的基础上勇于突破陈规，敢于说前人没有说过的话，敢于发表前人没有发表过的言论，敢于提出前人没有提出的观点，为马克思主义增砖添瓦，谱写马克思主义中国化时代化的新篇章。只要我们勇于推进理论创新，“就一定能够让马克思主义在中国大地上展现出更强大、更有说服力的真理力量”[①]。

---

① 《中共中央关于党的百年奋斗重大成就和历史经验的决议》，人民出版社 2021 年版，第 67 页。

马克思主义中国化时代化历史进程与基本经验研究

内蒙古自治区社会科学院　常文清

中国共产党的历史，实质上就是一部提出和探索马克思主义中国化时代化并在实践中不断开辟马克思主义中国化时代化新境界的历史。百年来，中国共产党坚持马克思主义基本原理，坚持实事求是，从中国实际出发，洞察时代大势，把握历史主动，进行艰辛探索，不断推进马克思主义中国化时代化，相继形成了马克思主义中国化时代化的三大理论成果，即毛泽东思想、中国特色社会主义理论体系、习近平新时代中国特色社会主义思想，指导中国人民不断推进伟大社会变革，先后创造了新民主主义革命的伟大成就、社会主义革命和建设的伟大成就、改革开放和社会主义现代化建设的伟大成就、中国特色社会主义新时代的伟大成就。当前，广大理论工作者应当深入研究马克思主义中国化时代化的历史进程，在总结基本经验的基础上，不断开辟马克思主义理论发展新境界。

一、马克思主义中国化时代化历史进程

所谓马克思主义时代化就是紧密结合时代特征，不断吸收新的时代内容，使马克思主义紧跟时代发展步伐，时代化是马克思主义与时俱进的体

现。中国化解决了马克思主义与中国国情相结合的问题，但中国化的马克思主义作为国家的指导思想，又必须紧跟时代步伐，反映时代精神，顺应时代潮流，大胆创新。正如马克思曾讲过的，“理论在一个国家的实现程度，取决于理论满足这个国家的需要的程度。”[①] 纵观马克思主义中国化时代化的历史进程，笔者认为可以划分为以下几个阶段。

（一）马克思主义中国化时代化的萌芽期

20 世纪初，俄国十月革命一声炮响，给深处半殖民地半封建社会的苦难的中国送来了马克思主义。马克思主义开始在中国传播，继而生根发芽、开花结果。1919 年李大钊在《新青年》杂志上发表了《我的马克思主义观》，促进了马克思主义在中国大地的传播。中国的众多仁人志士在寻求救国救民真理的过程中，逐渐接受并广泛传播了马克思主义的真理性、科学性、人民性。1921 年 7 月，中国共产党一经成立，便旗帜鲜明地把马克思主义确立为自己的指导思想，始终坚持以马克思主义为行动指南，始终坚持把为中国人民谋幸福、为中华民族谋复兴作为初心和使命。中国共产党第二次全国代表大会通过决议案，决定加入共产国际。在新民主主义革命初期，中国的大多数马克思主义者对马克思主义采取的是一种教条主义的态度，在纲领的制定、路线的执行、政策的落实上都以共产国际的指示甚至是共产国际代表的指导为标尺，普遍未能认识到马克思主义普遍真理与中国具体实际相结合的必要性和重要性，此种状况直到中国共产党人吸取了大革命失败的惨痛教训后才逐渐有所改观。

毛泽东是最早思考如何将马克思主义中国化时代化、如何实现马克思主义同中国具体实践相结合的党的早期革命者代表。1927 年初毛泽东对湖南农民运动进行了 32 天的考察，其后撰写的《湖南农民运动考察报告》深刻论述了农村革命的伟大意义。大革命失败后，全国陷入了白色恐怖之中，但中国共产党人没有被吓倒，在南昌打响了武装反抗国民党反动派的第一枪。毛泽东在湖南领导了秋收起义，在攻打中心城市受挫后，主持召开前委会议，作出了从进攻大城市转向向农村进军的战略决策。井冈山根据地的创建则点燃了工农武装割据的星星之火，为中国革命探索出了农村包围

① 《马克思恩格斯全集》第 1 卷，人民出版社 1956 年版，第 462 页。

城市、武装夺取政权的正确道路。

1930 年 5 月，毛泽东在《反对本本主义》一文中明确提出中国共产党应科学地对待马克思主义，深刻指出："马克思主义的'本本'是要学习的，但是必须同我国的实际情况相结合。我们需要'本本'，但是一定要纠正脱离实际情况的本本主义。"① "不根据实际情况进行讨论和审察，一味盲目执行，这种单纯建立在'上级'观念上的形式主义的态度是很不对的。"② 他尖锐地批评了"唯书""唯上"的思想。毛泽东这一精辟论断在我们党的历史上首次划清了坚持马克思主义与教条主义的界限，是中国共产党人强调从本国实际出发、正确对待马克思主义最早的觉醒，为马克思主义中国化的正式提出提供了思想先导。他提出的"没有调查，就没有发言权""中国革命斗争的胜利要靠中国同志了解中国情况"实质上也是马克思主义中国化的问题，是从中国实际出发、实事求是、独立自主思想的体现，是对中国共产党人的一次马克思主义的思想启蒙，成为马克思主义中国化时代化的理论先导。

（二）马克思主义中国化时代化的首创期

对国民党反动派的第五次反"围剿"失败后，中央红军被迫长征。1935 年 1 月召开的遵义会议结束了"左"倾教条主义在党内的统治地位，确立了毛泽东在党内的领导权。遵义会议是中国共产党历史上的一个重要转折点，使我们党的理论和实践逐步走上了正确轨道。1937 年抗日战争爆发后，毛泽东先后发表的《实践论》《矛盾论》（以下简称"两论"），成为马克思主义发展史上的经典之作。"两论"从马克思主义哲学高度揭示主观主义特别是教条主义的思想根源，论证了理论与实践的辩证关系，强调实践在认识过程中的重要地位与作用，并指出普遍性寓于特殊性中，具体问题具体分析是马克思主义活的灵魂。"两论"的发表，表明毛泽东对马克思主义中国化的认识达到了完全自觉的高度。

1938 年 10 月，党的扩大的六届六中全会召开，在这次会议的政治报告《抗日民族战争与抗日民族统一战线发展的新阶段》中，毛泽东第一次

① 《毛泽东选集》第 1 卷，人民出版社 1991 年版，第 111—112 页。
② 《毛泽东选集》第 1 卷，人民出版社 1991 年版，第 111 页。

明确提出“使马克思主义在中国具体化”的任务。从此，在领导中国革命的过程中，以毛泽东同志为主要代表的中国共产党人，逐步把马克思主义基本原理同中国的具体实际相结合，对经过艰辛探索、付出巨大牺牲积累的一系列独创性经验作了理论概括，成功开辟了农村包围城市、武装夺取政权的正确革命道路，创立了毛泽东思想，实现了马克思主义中国化的第一次历史性飞跃，并为夺取新民主主义革命胜利指明了正确方向。在社会主义革命和建设时期，中国共产党人结合新的实际进一步丰富和发展了毛泽东思想，提出关于社会主义建设的一系列重要思想，推动了对社会主义道路的探索。

（三）马克思主义中国化时代化的发展期

1978 年 12 月召开的党的十一届三中全会，实现了党在历史上的伟大转折。以邓小平同志为为核心的党的第二代中央领导集体破除思想僵化、冲破个人崇拜的束缚，重新确立实事求是的思想路线，作出实行改革开放的历史性决策，同时把马克思主义基本原理同新的实际和时代特征结合起来，紧紧抓住“什么是社会主义，怎样建设社会主义”这个根本问题，审视时代特征，勇于实践探索，大胆创新理论，提出了建设中国特色社会主义理论；以江泽民同志为核心的党的第三代中央领导集体在深刻认识和把握世界形势发展、中国现实国情和党的建设问题的基础上，站在时代高度，总结我们党 80 多年奋斗历程特别是社会主义建设的正反两方面的历史经验，借鉴苏联、东欧社会主义国家执政党垮台的经验与教训，创立了“三个代表”重要思想，进一步回答了“什么是社会主义、怎样建设社会主义”的问题，旗帜鲜明地提出“马克思主义具有与时俱进的理论品质”的重大论断，并强调马克思主义必须随着时代和实践的变化而发展，继续在理论和实践上推动着马克思主义中国化时代化向纵深发展。党的十六大以后，以胡锦涛同志为总书记的党中央在继承党的三代中央领导集体关于发展的重要思想的基础上，提出了以人为本的科学发展观等重大战略思想，集中回答了新世纪新阶段“实现什么样的发展、怎样发展”的时代命题，并把包括邓小平理论、“三个代表”重要思想和科学发展观等重大战略思想在内的科学理论体系概括为中国特色社会主义理论体系，为中国特色社会主义道路开辟了更为广阔的发展前景，推进了马克思主义中国化时代化的历史进程，实现了马克思主义中国化的第二次历史性飞跃。

（四）马克思主义中国化时代化的新时期

2012 年 11 月党的十八大胜利召开以来，中国特色社会主义进入了新时代，标识了一个全新的时代坐标。以习近平同志为主要代表的中国共产党人坚持把马克思主义基本原理同中国具体实际相结合、同中华优秀传统文化相结合，从新的实际出发，从理论和实践的结合上深入回答关系党和国家事业发展、党治国理政的一系列重大时代课题；勇于进行理论探索和创新，以全新的视野深化对共产党执政规律、社会主义建设规律、人类社会发展规律的认识，取得重大理论创新成果，集中体现为习近平新时代中国特色社会主义思想，实现了马克思主义中国化时代化新的飞跃。

二、马克思主义中国化时代化的基本经验

（一）马克思主义中国化时代化离不开党的历代坚强领导核心发挥的重要历史作用

马克思主义唯物史观认为，既要承认人民群众是历史的创造者，是推动历史前进的决定力量，也要承认杰出历史人物在历史上发挥的重要作用。毛泽东思想是马克思主义中国化第一次历史性飞跃的集体智慧结晶，毛泽东在毛泽东思想形成、发展过程中发挥了重要作用。在大革命时期，毛泽东成为坚定的马克思主义者，在与错误思想斗争中实现了马克思列宁主义基本原理同中国具体实际的第一次结合，开拓了马克思主义中国化时代化的历史先河，堪称全党典范。中国共产党诞生之初，在相当长的一段时期内，曾一度照搬苏俄革命经验和共产国际的指示，党内存在着将马克思主义教条化的错误倾向。历经长期革命斗争，毛泽东敏锐洞察到“左”和右的错误思想之所以几度泛滥并危害巨大，一个很重要的原因就是党内一些教条主义者披着马克思列宁主义外衣迷惑、误导、欺骗了很多党内同志和人民群众。因此，自参加革命后，毛泽东与党内教条主义进行了坚决斗争。1930 年 5 月，毛泽东以坚定马克思主义者的理论勇气，率先吹响了反对“本本主义”的号角，在其所著《反对本本主义》一文中尖锐地批评了“唯书”“唯上”的思想。其精辟论断是中国共产党人正确对待马克思主义最早

的觉醒，为马克思主义中国化的正式提出起到了思想先导作用。在土地革命时期，面对“左”的错误思想给我们党和中国革命造成的严重损失，毛泽东等人开展了坚决斗争。在具有重大历史转折意义的遵义会议上，终于纠正了军事、组织路线上的“左”倾错误，在最危急关头挽救了党、挽救了红军、挽救了中国革命，“事实上确立了毛泽东同志在党中央和红军的领导地位，开始确立以毛泽东同志为主要代表的马克思主义正确路线在党中央的领导地位，开始形成以毛泽东同志为核心的党的第一代领导集体，开启了党独立自主解决中国革命实际问题新阶段……”[①]长征胜利后，毛泽东为坚决反对教条主义、机会主义、经验主义等错误思想，领导开展了反对主观主义、宗派主义、党八股，以整顿学风、党风、文风为主要内容的延安整风运动，彻底清算党内长期存在的“左”倾、右倾错误思想根源，极大提高了全党的马克思主义认识水准和理论水平，确立了马克思主义中国化时代化的重要立场、原则、方法、路线等，促使全党自觉把马克思列宁主义基本原理同中国具体实际更好结合，创立了毛泽东思想，开拓了马克思主义中国化时代化的伟大事业，标志着中国共产党人真正实现了理论自立。在毛泽东思想的指导下，中国共产党领导中国人民取得了新民主主义革命的伟大胜利。新中国成立后，以毛泽东同志为核心的党的第一代中央领导集体从坚持“以苏为师”到实现“以苏为师”和“以苏为鉴”有机统一进行社会主义革命和建设，成功进行了马克思主义基本原理同中国实际情况的第二次结合，进一步丰富和发展了毛泽东思想，真正实现了马克思主义中国化时代化的第一次历史性飞跃。

1978 年，一场关于真理标准问题的大讨论在全党全社会迅速展开，形成了思想解放大潮。党的十一届三中全会充分肯定了实践是检验真理的唯一标准，彻底否定“两个凡是”的错误方针，重新确立了党的实事求是的思想路线；提出要正确对待毛泽东的历史地位和毛泽东思想的科学体系，为坚持和发展毛泽东思想指明了方向。邓小平始终高度重视思想解放和实践标准的结合，在党的十二大上，邓小平提出了“建设有中国特色的社会主义”的重大崭新命题。1988 年，他在题为《总结历史是为了开辟未来》的谈话中指出“过去的成功是我们的财富，过去的错误也是我们的财富。”

---

① 《中共中央关于党的百年奋斗重大成就和历史经验的决议》，人民出版社 2021 年版，第 6 页。

正是基于正反两方面经验的科学总结，才有中国特色社会主义道路的探索与实践，才有改革开放和社会主义现代化建设的伟大成就，才有以邓小平为主要创立者、以“建设有中国特色的社会主义”为主题的理论的形成和发展（后被称为“邓小平理论”）。党的十五大将邓小平理论确定为党的指导思想并写入党章，推动了马克思主义中国化时代化不断向前发展。

2000 年 2 月、5 月，江泽民在广东和江苏、浙江、上海党建座谈会上的讲话、2001 年七一讲话、2002 年“5·31”讲话以及十六大报告等文件中阐述了“三个代表”重要思想的科学内涵、精神实质、历史背景、传承关系、实践要求、体现途径及实践价值等一系列重要观点，构建了一个比较完整的理论体系，全方位地回答了建设一个什么样的党、怎样建设党的根本问题。[①]“三个代表”重要思想深刻揭示了党的本质特征，赋予党的性质以时代精神，使它的内涵更加丰富，由此可见，“三个代表”重要思想对马克思党建学说作出了突出的历史性贡献。党的十六大将“三个代表”重要思想确立为党的指导思想。

党的十六大后，以胡锦涛同志为总书记的党中央运用马克思主义世界观方法论，紧紧抓住“发展”这个问题的实质，提出了科学发展观，集中回答了实现什么样的发展、怎样发展的问题，理性升华了对社会主义建设规律的认识。在此方面，胡锦涛发挥了重要作用。2003 年，胡锦涛首次提出了科学发展观。2003 年 7 月 28 日，胡锦涛首次对科学发展观内涵进行了阐释，强调坚持以人为本，树立全面、协调、可持续的发展观，促进经济社会和人的全面发展等。党的十八大将科学发展观与毛泽东思想、邓小平理论、“三个代表”重要思想一同列为党的指导思想。

党的十八大后，中国特色社会主义进入了新时代。习近平总书记以马克思主义政治家、思想家、战略家的非凡理论勇气，应中国之问、世界之问、人民之问、时代之问，作出了一系列重大科学判断，提出了许多重大论断和一系列具有开创性意义的新理念新思想新战略，系统回答了新时代坚持和发展中国特色社会主义一系列重大问题，极大深化了对中国特色社会主义发展的规律性认识，谱写了马克思主义中国化时代化的新篇章。习近平同志是习近平新时代中国特色社会主义思想的主要创立者。党的十九

---

① 郑德荣、王占仁：《马克思主义中国化纵横观》，人民出版社 2015 年版，第 328 页。

大把习近平新时代中国特色社会主义思想确立为党必须长期坚持的指导思想并写入党章，十三届全国人大一次会议通过的宪法修正案，郑重把习近平新时代中国特色社会主义思想载入宪法，实现了国家根本大法的与时俱进。

（二）坚持走自己的路是马克思主义中国化时代化的归结点

方向决定道路，道路决定命运。党的十九届六中全会审议通过的《中共中央关于党的百年奋斗重大成就和历史经验的决议》，在全面回顾总结党的百年奋斗历程和重大成就的基础上，深刻阐明了坚持中国道路是我们党百年奋斗的一条宝贵历史经验。走自己的路，是党的全部理论和实践的立足点，更是党百年奋斗得出的历史结论。

建党初期，革命先辈就开始了对中国革命道路的探索。新民主主义革命时期，以王明为代表的“左”倾教条主义者使中国共产党早期独立领导的革命遭受重大挫折，红军被迫长征。中国共产党在战胜了把马克思主义教条化的错误思想之后，开始认真思考究竟走什么样的道路才能取得革命胜利的问题。在革命斗争中，以毛泽东同志为主要代表的中国共产党人，把马克思列宁主义基本原理同中国具体实际相结合，对经过艰苦探索、付出巨大牺牲积累的一系列独创性经验作了理论概括，开辟了农村包围城市、武装夺取政权的正确革命道路，创立了毛泽东思想，为夺取新民主主义革命胜利指明了正确方向。社会主义革命和建设时期，中国共产党人结合新的实际进一步丰富和发展了毛泽东思想，提出关于社会主义建设的一系列重要思想，推动了对社会主义道路的探索。改革开放和社会主义现代化建设新时期，中国共产党人结合中国正处于并将长期处于社会主义初级阶段的基本国情，坚持解放思想、实事求是，先后创立了邓小平理论、“三个代表”重要思想、科学发展观，形成了中国特色社会主义理论体系，实现了马克思主义中国化的第二次历史性飞跃。邓小平在党的十二大开幕词中明确指出：“把马克思主义的普遍真理同我国的具体实际结合起来，走自己的道路，建设有中国特色的社会主义，这就是我们总结长期历史经验得出的基本结论。”[①] 中国特色社会主义新时代，以习近平同志为主要代表的中国

---

① 《邓小平文选》第 3 卷，人民出版社 1993 年版，第 3 页。

共产党人，坚持把马克思主义基本原理同中国具体实际相结合、同中华优秀传统文化相结合，深刻总结并充分运用党成立以来的历史经验，从新的实际出发，创立了习近平新时代中国特色社会主义思想，实现了马克思主义中国化新的飞跃。在新中国成立特别是改革开放以来的长期探索和实践基础上，经过党的十八大以来在理论和实践上的创新突破，我们党成功推进和拓展了中国式现代化。历史深刻昭示，中国特色社会主义道路是创造人民美好生活、实现中华民族伟大复兴的康庄大道。正如习近平总书记深刻指出的："中国特色社会主义是党和人民历经千辛万苦、付出巨大代价取得的根本成就，是实现中华民族伟大复兴的正确道路。"①

一百多年来，中国共产党人从"走俄国人的路"到"走自己的路"，历经艰辛探索，开辟了"中国特色社会主义道路""中国式现代化新道路"。走自己的路，实质是对中国道路发展逻辑、本质特征、重要地位、世界意义的立体阐释。在中国共产党团结带领全国各族人民全面建成社会主义现代化强国、实现第二个百年奋斗目标的新征程上，我们必须始终坚持走自己的路，保持清醒头脑，踔厉奋发，艰苦奋斗，沿着通往复兴梦想的人间正道砥砺前行，不断谱写马克思主义中国化时代化新篇章。

（三）将学习总结历史经验与推进马克思主义中国化时代化结合起来

从马克思主义在中国传播的百年历程看，我们党在领导革命、建设、改革，建设社会主义现代化强国的伟大实践中，每一次重大的历史性转折，都是通过学习、总结历史经验与推进马克思主义中国化时代化相结合来实现的。我们党在不同历史时期制定和通过的《关于若干历史问题的决议》（以下简称"第一个历史决议"）、《关于建国以来党的若干历史问题的决议》（以下简称"第二个历史决议"）、《中共中央关于党的百年奋斗重大成就和历史经验的决议》（以下简称"第三个历史决议"）在运用历史唯物主义和辩证唯物主义的方法论，在继承基本认识和重大论断的基础上根据时代变化和实践发展得出创新性结论，凝聚、统一了全党同志的思想共识，成为全党集体智慧的结晶。

---

① 习近平:《在庆祝中国共产党成立 100 周年大会上的讲话》，人民出版社 2021 年版，第 13 页。

“高度重视和善于总结历史经验，是中国共产党百年来的优秀品质，也是我们党治国理政的显著特点和政治优势。”[①]第一个历史决议作为20世纪40年代延安整风运动的重要成果，彻底批判和纠正了新民主主义革命时期长期困扰党的主观主义错误特别是“左”倾教条主义、右倾冒险主义的错误思想路线，为党的七大的胜利召开奠定坚实基础。第一个历史决议高度评价了毛泽东运用马克思列宁主义基本原理解决中国实际问题的杰出贡献，使全党同志尤其是党的高级干部认清了中国革命性质，对中国革命基本问题的认识达成了空前一致。马克思主义理论家邓力群认为，第一个历史决议“使全党更好地团结在以毛泽东同志为首的党中央周围，使党的思想更好地统一在马克思列宁主义普遍真理和中国革命具体实践相结合的毛泽东思想上面”[②]。第二个历史决议形成于改革开放的伟大历史转折关头，运用唯物史观的认识论和方法论对新中国成立以来发生的重大历史事件作了精准分析和权威定论，对毛泽东的历史地位及其功过是非进行了实事求是的评价，并系统全面地总结了毛泽东思想，使其理论形态更加完备，继续丰富和发展了马克思主义的中国化时代化。此外，第二个历史决议对党的十一届三中全会以来逐步确立的社会主义现代化建设正确道路作出了十个方面的总结，这些内容构成了中国特色社会主义理论的基本框架，进一步推动了马克思主义中国化时代化的理论创新进程。第三个历史决议产生于“世界百年未有之大变局”，也是我们党带领全国人民向着第二个百年奋斗目标迈进的关键时期，它继承了前两个历史决议的精神内核，更加系统全面地梳理、总结党的百年辉煌成就与取得的历史经验，深刻回答了“过去我们为什么能够成功、未来我们怎样才能继续成功”的中国之问、世界之问、时代之问、人民之问。另外，第三个历史决议还开拓了习近平新时代中国特色社会主义思想新境界，为新时代中国人民实现强起来的历史性飞跃提供了强大精神力量。

---

① 王海军:《鉴往知来　接续奋斗——经验总结与马克思主义中国化的运行逻辑》,《教学与研究》2021年第12期。

② 《邓力群文集》第1卷，当代中国出版社1998年版，第596页。

三个重大时代课题与马克思主义中国化时代化新的飞跃

青海省社会科学院　崔耀鹏

党的十九届六中全会郑重提出习近平新时代中国特色社会主义思想所回答的“新时代坚持和发展什么样的中国特色社会主义、怎样坚持和发展中国特色社会主义，建设什么样的社会主义现代化强国、怎样建设社会主义现代化强国，建设什么样的长期执政的马克思主义政党、怎样建设长期执政的马克思主义政党”三个重大时代课题，并强调习近平新时代中国特色社会主义思想实现了马克思主义中国化新的飞跃。[①]党的二十大报告同时指出：“我们创立了新时代中国特色社会主义思想……实现了马克思主义中国化时代化新的飞跃”。[②]

一、回答坚持和发展中国特色社会主义的重大时代课题，在中国特色社会主义建设规律的认识上实现新的飞跃

党的十八大以来，以习近平同志为核心的党中央高举中国特色社会主

---

① 《中共中央关于党的百年奋斗重大成就和历史经验的决议》，人民出版社 2021 年版，第 25—26 页。

② 习近平：《高举中国特色社会主义伟大旗帜　为全面建设社会主义现代化国家而团结奋斗——在中国共产党第二十次全国代表大会上的报告》，人民出版社 2022 年版，第 6 页。

义伟大旗帜，对新时代条件下中国特色社会主义的历史方位、主要矛盾、本质特征、总体布局、战略布局、总目标和基本经济制度等作出新论断，对中国特色社会主义建设规律的认识实现新的飞跃。

（一）首次提出中国特色社会主义发展进入新时代

中国特色社会主义经历了一个逐步形成、发展和完善的历史过程。习近平总书记在党的十九大报告中对中国特色社会主义新时代的基本内涵和核心要义作出明确界定，即“五个时代”①。在党的二十大报告中习近平总书记也将中国特色社会主义进入新时代作为党的十八大以来对党和人民事业具有重大现实意义和深远历史意义的三件大事之一。新时代十年的伟大变革，在党史、新中国史、改革开放史和社会主义发展史上具有里程碑意义。新时代以来，党和国家事业取得全方位、立体化的历史性成就，发生深层次、根本性的历史性变革，极大地改变了中国共产党、中国、中华民族、全国人民和人民军队的精神面貌。

（二）创造性地论述新时代中国社会主要矛盾变化

中国社会主要矛盾是影响中国特色社会主义的重大命题。习近平总书记在党的十九大报告中首次论述新时代中国社会主要矛盾的问题。中国社会主要矛盾变化是新时代中国特色社会主义的重要特征。新时代条件下党和国家各项事业取得的伟大成就，必然带来极其深远的历史性影响，促进当代中国社会主要矛盾产生变化。这个主要矛盾的变化之中，也蕴含着不变的基因，这就是中国共产党将在新的历史阶段继续团结带领全国各族人民为全面建设社会主义现代化国家、全面实现中华民族伟大复兴而不懈奋斗。

（三）首次明确中国特色社会主义最本质的特征是中国共产党领导

中国特色社会主义有很多特点和特征。从毛泽东以阶级斗争观念认识和建设社会主义遭受挫折，到邓小平关于社会主义本质的论述，再到胡锦

① 《习近平谈治国理政》第3卷，外文出版社2020年版，第9页。

涛对“社会和谐是中国特色社会主义的本质属性”[①]的认识，最后到习近平总书记提出“中国特色社会主义最本质的特征是中国共产党领导”[②]的重要论断，体现了党对社会主义本质特征探索的历程和成果。中国共产党领导不仅是中国特色社会主义最本质的特征，而且是“中国特色社会主义制度的最大优势”[③]和“中国最大的国情”[④]。坚持和发展新时代中国特色社会主义必须由中国共产党来领导，而不能由别的政治力量进行领导，更不能削弱和取消党的领导，坚持党的全面领导是坚持和发展中国特色社会主义的必由之路。

（四）明确中国特色社会主义“五位一体”总体布局

中国特色社会主义“五位一体”总体布局是一个完整的伟大事业，五者是一个有机整体。经济建设是中心工作，发挥着无可替代的物质保障作用；政治建设是其他各项事业和工作的根本保障；文化建设是培根铸魂的基础工程；社会建设彰显中国共产党全心全意为人民服务的根本宗旨和人民至上的崇高情怀；生态文明建设事关中国人民和中华民族可持续发展的资源和环境基础，特别是将生态文明建设纳入中国特色社会主义事业总体布局，把生态文明理念贯通融入经济社会发展的各方面和全过程，努力构建实现人、社会、自然共同和谐发展的新格局。

（五）明确中国特色社会主义“四个全面”战略布局

新时代历史条件下，以习近平同志为核心的党中央领导全国人民在坚持和发展中国特色社会主义过程中，依次提出全面建成小康社会、全面深化改革、全面依法治国和全面从严治党，并以中央全会的形式分别作出专题研究和安排部署，最终形成坚持和发展中国特色社会主义“四个全面”的战略布局。“四个全面”之间相辅相成、相互促进，形成一个逻辑严密的整体。“四个全面”战略布局展现出以习近平同志为核心的党中央治国理政的战略框架，成为新时代条件下党和国家工作的行动纲领。随着脱贫攻坚

---

① 《中国共产党第十六届中央委员会第六次全体会议文件汇编》，人民出版社 2006 年版，第 2 页。

② 《中共中央关于党的百年奋斗重大成就和历史经验的决议》，人民出版社 2021 年版，第 24 页。

③ 习近平：《在庆祝中国共产党成立 95 周年大会上的讲话》，《人民日报》2016 年 7 月 2 日。

④ 《习近平关于全面从严治党论述摘编（2021 年版）》，中央文献出版社 2021 年版，第 55 页。

的胜利，“全面建成小康社会”修改为“全面建设社会主义现代化国家”。

（六）系统提出全面深化改革的总目标

全面深化改革是有着坚定政治立场的改革，也是沿着正确的政治方向前进的改革。从改革开放四十多年的实践看，无论是从邓小平论述改革与社会主义制度的关系问题，还是江泽民、胡锦涛坚持邓小平关于社会主义改革的重大原则，均表现出改革与社会主义的密切联系和沿着中国特色社会主义道路前进的坚定立场。新时代历史条件下，习近平总书记在作出“中国特色社会主义是改革开放以来党的全部理论和实践的主题”[①] 的判断的基础上，进一步指出全面深化改革的总目标是完善和发展中国特色社会主义制度、推进国家治理体系和治理能力现代化[②]，从而为全面深化改革提供了最新的指导和最基本的遵循。

（七）全面阐述坚持和完善社会主义基本经济制度

中国共产党领导全国人民持续探索社会主义经济建设规律。从对非公有制经济的认识来看，从“必要补充”到“重要组成部分”，再到“内在要素”，最后到“公有制为主体、多种所有制经济共同发展”。从对分配关系的认识来看，经历了从“否定按劳分配”到贯彻“按劳分配”原则，再到“坚持按劳分配为主体、多种分配方式并存”的历史性跃升，调动了全社会各方面建设中国特色社会主义事业的积极性和主动性。从对计划与市场的关系的认识来看，党对这一重大关系问题的认识经历了一个从相互对立、相互排斥到取长补短、有机结合的曲折探索过程，最终提出要充分发挥市场在资源配置中的决定性作用，更好发挥政府作用，实现在实践基础上认识的深化和理论的升华，带动社会生产力的大解放和经济社会的大发展。党的十九届四中全会首次系统阐释社会主义基本经济制度，体现了以习近平同志为主要代表的中国共产党人对社会主义经济建设规律认识的新发展与新成就。

---

① 《习近平谈治国理政》第 2 卷，外文出版社 2017 年版，第 59 页。

② 中共中央文献研究室编：《十八大以来重要文献选编》（上），中央文献出版社 2014 年版，第 512 页。

二、回答建设社会主义现代化强国的重大时代课题，在社会主义现代化国家建设规律认识上实现新的飞跃

党的十八大以来，以习近平同志为核心的党中央领导全国人民踏上建设社会主义现代化国家的伟大征程，对社会主义现代化国家建设的奋斗蓝图、战略目标、框架体系、安全保障、发展道路、实现方式、军事保障和面临的国际形势等作出新概括，从而对社会主义现代化国家建设规律认识实现新的飞跃。

（一）擘画建设社会主义现代化强国的奋斗蓝图

“中华民族迎来了从站起来、富起来到强起来的伟大飞跃，实现中华民族伟大复兴进入了不可逆转的历史进程！”[①]这载入史册的伟大成就是在传承老一辈共产党人把我国建设成为社会主义现代化国家的目标之下取得的，是延续老一辈共产党人建设社会主义现代化国家的意志和决心之下取得的，也是在丰富实践和不断积累认识规律的基础上取得的。以习近平同志为核心的党中央擘画出建设社会主义强国“两步走”的奋斗蓝图，中华民族伟大复兴的中国梦展现前所未有的光明前景，这是一代又一代中国共产党人探索社会主义现代化国家建设战略步骤的最新成果。

（二）全面阐述建设社会主义现代化强国的战略目标与框架体系

党的二十大以来，团结带领全国各族人民全面建成社会主义现代化强国是党的中心任务之一。从社会主义现代化国家的战略目标来看，以习近平同志为核心的党中央提出了建设富强民主文明和谐美丽的社会主义现代化强国的目标。党的二十大报告中提出加快建设社会主义现代化强国的十三个目标，还提出推进平安中国、数字中国、法治中国、健康中国、美丽中国共五个方面的现代化国家建设。在党的二十大之前，习近平总书记在相关重要讲话中还提出建设海洋强国等论述。从社会主义现代化国家的框架体系来看，虽然我国经济总量已稳居世界第二位，但距离建成“各方

---

① 习近平：《在庆祝中国共产党成立 100 周年大会上的讲话》，人民出版社 2021 年版，第 7 页。

面都要强”[①] 的现代化强国仍有一定差距。高质量发展是全面建设社会主义现代化国家的首要任务，而教育、科技、人才则是发挥着基础性、战略性支撑的重大作用。习近平总书记关于社会主义现代化强国战略目标和框架体系的重要论述，丰富、发展和完善了中国特色社会主义国家建设的战略构想，是对马克思主义国家学说的创造性发展。

（三）创造性地论述总体国家安全观

党的十八大以来，面对维护国家安全制度的不完善、国家安全受到严峻挑战的突出矛盾和问题，习近平总书记创造性地阐述了总体国家安全观的宗旨、根本、基础、保障和依托，统筹协调诸多安全领域和安全问题，从而把维护国家安全贯穿在党和国家工作的各方面和全过程，以新安全格局保障中国特色社会主义现代化新发展格局。在总体国家安全观指导下，党把国家安全贯穿于改革、发展和稳定各项工作之中，着力推进国家安全体系和能力建设，国家安全得到全面加强，平安中国建设迈向更高水平。习近平总书记关于总体国家安全观的创造性论述，丰富了马克思主义关于国家安全的思想，回答了新时代建设社会主义现代化国家面临的维护国家安全的重要课题。

（四）系统阐述中国式现代化理论

中国式现代化理论主要包括中国式现代化的中国特色、本质要求和重大原则三个组成部分。人口规模巨大、全体人民共同富裕、物质文明和精神文明相协调、人与自然和谐共生、走和平发展道路的现代化是中国式现代化的中国特色，它回答了什么是中国式现代化的重要课题；坚持中国共产党领导、坚持中国特色社会主义、实现高质量发展、发展全过程人民民主、丰富人民精神世界、实现全体人民共同富裕、促进人与自然和谐共生、推动构建人类命运共同体、创造人类文明新形态是中国式现代化的本质要求，它回答了为什么要实现中国式现代化的重要课题；坚持和加强党的全面领导、坚持中国特色社会主义道路、坚持以人民为中心的发展思想、坚

① 《习近平：中国要变成一个强国，各方面都要强》，人民网，2017 年 2 月 25 日，http://politics.people.com.cn/n1/2017/0225/c1001-29107382.html？tdsourcetag=s_pcqq_aiomsg.

持深化改革开放、坚持发扬斗争精神是中国式现代化的重大原则，它回答了怎样实现中国式现代化的重要课题。这三个部分不但形成一个相对独立的社会主义现代化建设规律性体系，更是一个辩证统一体。

（五）创新性地论述强国与强军的重大关系

党的十八大以来，面对国防和军队现代化存在不少短板弱项的问题，以习近平同志为核心的党中央把对国防和军队建设的重视程度提高到一个全新的水平。习近平总书记对如何实现新时代的强军目标，实现新时代强军目标的时间表，以及实现新时代强军目标所需要的军事理论、军队组织、军事人员、武器装备等重要问题均一一作出了新回答，从而形成了习近平强军思想。在习近平强军思想指引下，党中央、中央军委紧紧扭住战斗力这个唯一的、根本的标准，大力推进国防和军队现代化建设，强力纠治“和平积弊”，消除了军队内部存在的严重隐患，人民军队的现代化水平和实战能力显著提升。习近平强军思想传承了毛泽东军事思想的精髓，丰富了改革开放以来中国特色社会主义军队建设理论，奠定了新时代建设世界一流军队的理论基础，从而为实现社会主义现代化强国目标提供了强大军事保障。

（六）开创性地论述当代国际形势和全球治理

党的十八大以来，面对“世界怎么了、我们怎么办”时代课题①，以习近平同志为核心的党中央深入分析世界转型过渡期国际形势的演变规律，准确把握历史交汇期我国外部环境的基本特征，统筹谋划和推进对外工作。当代世界正在发生深刻变化，不仅与第二次世界大战结束后的世界形势有异，也与20世纪八九十年代不同。但是，当代世界仍然处在马克思主义理论所阐述的那个时代之中，主要表现为“三个没有变”，即资本主义的基本矛盾没有发生改变、人类社会发展的总体趋势没有发生改变、社会主义代替资本主义的历史必然性没有发生改变。旧的世界格局逐渐走向消亡，新的国际秩序必将得到重新构建，世界进入了又一个大发展、大变革、大调

① 习近平：《共迎时代挑战　共建美好未来——在二十国集团领导人第十七次峰会第一阶段会议上的讲话》，《人民日报》2022年11月16日。

整的时代。为解决当代世界发展诸多“赤字”问题，习近平总书记明确提出建设新型国际关系的新战略和构建人类命运共同体的新理念，并以“一带一路”倡议推动各方携手应对全球治理新挑战。

三、回答建设长期执政的马克思主义政党的重大时代课题，在马克思主义执政党建设规律认识上实现新的飞跃

党的十八大以来，以习近平同志为核心的党中央发扬历史主动精神和斗争精神，开辟出马克思主义执政党建设的新境界，对新时代历史条件下党的建设的总要求、领导方式、管党治党方略、党建布局、组织路线以及如何跳出历史周期率等作出新总结，在马克思主义执政党建设规律认识上实现新的飞跃。

（一）首次提出新时代党的建设总要求

党的建设总要求是我们党基于一个时期的形势发展需要，紧紧围绕共产党执政规律而提出的有关党的建设目标、任务、原则、举措等总的要求和部署，是推动党的建设伟大工程的行动纲领，更是马克思主义党建理论与具体实践相结合形成的理论成果。习近平总书记首次提出“新时代党的建设总要求”“明确新时代党的建设方针、主线、着力点、总体布局和目标”[①]。新时代党的建设总要求源于实践又能指导实践，继而推动新时代党的建设全面加强、全面进步和全面过硬。党在自身建设中所取得的一系列重大成就、所焕发出的强大生机活力，从根本上来说就是新时代党的建设总要求指导的结果。面对新形势下党的建设中存在的现实问题，继续坚持以新时代党的建设总要求为指导，不断开创党的建设新局面，进而更好地团结带领全国各族人民担负起实现党的中心任务的历史使命。

（二）创造性地论述坚持和加强党的全面领导

坚持和加强党的全面领导从根本上讲就是把党建设成为中国特色社会

① 《田培炎介绍新时代党的理论创新成果》，新华网，2022 年 10 月 17 日，http: //www.news.cn/politics/cpc20/2022-10/17/c_1129068270.htm.

主义事业的坚强领导核心，也是党的建设的根本目的。党是最高政治领导力量，而且进一步创新发展了党的领导的理论，为实现中华民族伟大复兴提供了强大领导核心。坚决维护党中央的权威和集中统一领导，第一位的问题是旗帜鲜明讲政治。党是自身建设和国家发展方向的引领者，是包括人大、政府、政协、审判、检察等机关在内的政治体系的统领者，是关系方向性、全局性、根本性重大问题的决断者。坚持和完善党的领导体制机制，贯彻民主集中制，全面增强党的执政本领，切实提高各级党组织和党员干部的政治判断力、政治领悟力、政治执行力，确保党在各项事业中发挥领导核心作用，始终保证党领导一切工作的核心地位不动摇。

（三）创新性地把党的政治建设放在首位

党的十八大以来，以习近平同志为核心的党中央始终坚持把政治要求贯穿于党建各领域各方面，通过严肃党内政治生活、严明政治纪律和政治规矩、突出政治标准选贤任能和加强政治巡视，党的政治判断力、政治领悟力、政治执行力不断提升。党的十九大报告不仅把政治建设重新纳入党的建设总体布局，并把其放在第一位，对党的其他建设具有统领作用，这是从战略和全局高度作出的重大决策，极大地丰富和发展了马克思主义党建理论。习近平总书记强调指出："党的政治建设决定党的建设的方向和效果。"[①]党的二十大报告在党的政治建设方面保持连贯性和稳定性，继续强调"以党的政治建设统领党的建设各项工作"，在关于深入推进新时代党的建设新的伟大工程部署时，将党的政治建设放在坚持和加强党中央集中统一领导之中加以安排，充分彰显了党的政治建设的根本目的，也鲜明体现了对党的政治建设规律性认识的升华。

（四）首次明确提出新时代党的组织路线

习近平总书记首次对新时代党的组织路线作出完整表述并明确其科学内涵，"把坚持新时代党的组织路线作为党的建设的基本要求之一"[②]，为加

① 中共中央宣传部编：《习近平新时代中国特色社会主义思想学习纲要》，学习出版社、人民出版社 2023 年版，第 121 页。

② 《中国共产党第二十次全国代表大会关于〈中国共产党章程（修正案）〉的决议（2022 年 10 月 22 日中国共产党第二十次全国代表大会通过）》，《人民日报》2022 年 10 月 23 日。

强新时代党的组织建设指明了前进方向、提供了科学遵循。牢牢把握“一个重点”和“两个着力”，大力抓好党的组织制度建设，建立健全包括组织设置、组织生活、组织管理等在内的完整制度体系，带动组织建设朝着制度化、规范化、科学化迈进。始终坚持用党的创新理论武装广大党员干部，坚定捍卫“两个确立”，坚决筑牢“两个维护”。把党的组织体系摆在更加突出的位置，着力构建上下贯通、执行有力的组织体系，确保党“如身使臂、如臂使指”，为党的全面领导和全部工作奠定坚强组织基础。坚持好干部标准，为担当历史使命、推进伟大事业提供强大的干部保障。坚持党管人才原则，为实现中华民族伟大复兴提供重要人才保障。新时代党的组织路线的提出，丰富和完善了党的基本路线体系，为实现党的政治路线、思想路线提供了坚强组织保障。

（五）首次提出全面从严治党

党的十八大以来，全面从严治党取得了历史性、开创性成就，产生了全方位、深层次影响。坚持管全党、治全党，努力实现党的组织和党的工作全覆盖，全方位、多层次、无死角地加强党的领导和党的建设；坚持“治”字贯穿其中，从党中央到党的基层组织、从党委到纪委，都肩负起管党治党的相应责任，推进全面从严治党不断向纵深发展；坚持管党治党永远在路上，力求克服松劲歇脚、疲劳厌战情绪，持之以恒做好这项关键工作。在习近平总书记管党治党新战略的指引下，全面从严治党取得显著成效，党的领导和党的建设全面加强，管党治党从宽松软走向严紧硬，形成了坚持思想建党和制度治党相统一、使命引领和问题导向相统一、抓“关键少数”和管“绝大多数”相统一、行使权力和担当责任相统一的宝贵经验。在完善全面从严治党制度、落实全面从严治党主体责任和全面从严治党重要方略的基础上，党的二十大报告中首次提出健全全面从严治党体系，进一步丰富和发展了马克思主义的管党治党理论。

（六）突出强调坚持思想建党和制度治党同向发力

思想建党是党的光荣传统和政治优势，坚定理想信念是党的思想建设的首要任务，用习近平新时代中国特色社会主义思想武装全党是新时代党的思想建设的根本任务。坚持把制度治党、依规治党作为新时代全面从严治党的治本之策和管党治党的基本方式。党的十八大以来，以习近平同志为核心的党中央注重思想建党、理论强党，开展一系列党内集中教育，并使其常态化、制度化，将全党同志的理想之魂锻造得更加崇高；新制定修订的党内法规占全部党内法规总量的七成以上。坚持思想建党和制度治党一体推进、一体建设，充分发挥思想的引领作用和制度的规范作用，让二者紧密结合、同向发力、相得益彰。把制度建设贯穿于党的建设全领域、各方面，不断扎紧制度的笼子，推动党的建设科学化、规范化水平不断提升。

（七）创造性地论述坚持自我革命与社会革命相结合

在进行社会革命的同时不断进行自我革命，这是中国共产党区别于其他政党最显著的标志，也是中国共产党不断从胜利走向新的胜利的关键所在。中国共产党勇于进行自我革命，这是一种精神、一种能力、一种勇气，也是一种决心和一种意志。坚持党的自我革命是百年党史凝结形成的宝贵经验，以伟大自我革命引领伟大社会革命是习近平新时代中国特色社会主义思想“十个明确”的重要内容。习近平总书记既强调党的自我革命，又强调坚持自我革命和社会革命相结合，这是对马克思主义执政党建设作出的重大理论创造。党的十八大以来，以习近平同志为核心的党中央面对“四种考验”和“四种危险”，大力弘扬伟大建党精神，通过坚守自我革命根本政治方向，淬炼自我革命锐利思想武器，丰富自我革命有效途径，打好自我革命的攻坚战、持久战，锻造敢于善于斗争、勇于自我革命的干部队伍以及坚持构建自我净化、自我完善、自我革新、自我提高的制度规范体系[①]，推进党的自我革命能力显著提高，开辟了百年大党自我革命的新境界。

结语

习近平新时代中国特色社会主义思想所回答的三个重大时代课题是其主要内容的问题指向，也是其实现马克思主义中国化时代化新的飞跃的组

① 《习近平谈治国理政》第4卷，外文出版社2022年版，第550页。

成部分和重要依据。三者是“一体两翼”的关系，即关于新时代中国特色社会主义建设规律认识新的飞跃是“体”，关于长期执政的马克思主义政党和社会主义现代化强国建设认识规律新的飞跃是“两翼”。三大时代课题都是为了解决“强”的问题，即建设强大的社会主义社会、强大的社会主义现代化国家和强大的马克思主义政党。当代中国共产党人科学把握习近平新时代中国特色社会主义思想的世界观和方法论，坚持好、运用好贯穿其中的立场观点方法，必将能够承担起不断谱写马克思主义中国化时代化新篇章的庄严历史责任。

开辟马克思主义中国化时代化新境界

安徽省社会科学院　章抒情

党的二十大报告提出，“不断谱写马克思主义中国化时代化新篇章，是当代中国共产党人的庄严历史责任。”[①]马克思主义中国化是在中国共产党的百年奋斗的历史中实践出来的，贯穿于党的百年历史发展的全过程，并在百年实践的检验中不断丰富与发展。习近平总书记指出：“我们党的历史，就是一部不断推进马克思主义中国化的历史，就是一部不断推进理论创新、进行理论创造的历史。”[②]在新征程上，要深刻总结马克思主义创新发展的规律，筑牢民族复兴的思想根基，立足时代前沿，依托中华文明，坚持问题导向，带着强大的凝聚力和引领力投身于中国式现代化的伟大实践中，勇担民族复兴大任，以一往无前的锐气不断推进马克思主义中国化时代化。

一、马克思主义中国化的历史考察

以史为鉴，回顾来时路。中国共产党在百年革命和建设的实践中，实现了马克思主义中国化的三次飞跃，这是质变，也是量变。想要探索马克

---

① 习近平：《高举中国特色社会主义伟大旗帜　为全面建设社会主义现代化国家而团结奋斗——在中国共产党第二十次全国代表大会上的报告》，人民出版社2022年版，第18页。

② 习近平：《在党史教育学习会议上的讲话》，人民出版社2021年版，第12页。

思主义中国化的基本规律就要融入特定的时代背景，从四个历史时期全面考察马克思主义中国化的进程。

（一）理论开篇时期

五四运动后，马克思主义作为一种先进的思想理论正式引入中国，并在陈独秀、李大钊等人的影响下迅速在全国广泛传播。1921 年 7 月中国共产党的诞生，确立了民族复兴、国家富强的宏伟目标，也拉开了马克思主义中国化的序幕。党的早期领导人在独立自主意识的影响下，多次表达出马克思主义理论的运用必须要和中国当时的实际情形相结合。“解决中国的问题，自然要根据中国的情形，以决定中国的办法。”[①]

真正思考如何将马克思主义同具体国情相结合要从大革命失败后开始。1927 年大革命失败后，中国共产党先后发动多次武装起义，但基本以失败告终，使得毛泽东开始思考中国国情的特殊性。经过深入农村实践考察，撰写调查报告，毛泽东详细分析了中国与俄国国情的不同，多次起义失败的事实证明“城市暴动论”在中国是行不通的，从而进一步提出工农武装割据理论，中国革命要想赢得胜利，必须要走农村包围城市的道路，中国革命的胜利也证明了“向农村进军”这一战略的正确性。

1930 年，针对党内出现的“左”倾教条主义，毛泽东在《反对本本主义》中提出要坚决反对教条主义，任何时候都要坚持理论与实践相结合，马克思主义的“本本”要与中国实际情况相结合。同年,《实践论》《矛盾论》的问世，阐明中国人要“走自己的路”，从哲学视角分析为什么要始终坚持知行统一，如何在实践中探索马克思主义理论的真理性，以及如何运用对立统一法则克服教条主义和经验主义。近代以来传统文化的缺陷逐渐显露，导致中国人出现信仰危机和精神危机，为解决这一困扰，毛泽东率先拨开云雾，提出批判继承中国传统文化，把“古为今用”和“洋为中用”结合起来，为马克思主义中国化民族化奠定历史根基。毛泽东在这一时期提出的一系列思维方法，是在结合中国革命具体实际的基础上，对马克思主义理论的创新性发展，标志着马克思主义中国化的开篇。

---

① 《恽代英全集》第 6 卷，人民出版社 2014 年版，第 155 页。

（二）理论提出时期

尽管毛泽东在井冈山时期就已经比较清晰地提出“中国化”的概念，但由于受到当时党内地位的限制，难以进一步深入展开。遵义会议后，随着毛泽东党内领导地位的正式确立，把马克思主义和中国革命实际结合的主张才真正在全党范围内推行开来。1938 年 10 月，党的六届六中全会首次提出“马克思主义中国化”，从那以后，党的革命与建设工作得以在这一命题的指导下开展。20 世纪 40 年代初，为从根本上解决党的思想路线问题，在毛泽东的主持下，全党上下开展了延安整风运动，以此从根源上祛除对共产国际神圣化和教条化的错误倾向，为马克思主义和中国革命实践更好地结合扫清障碍。

1945 年 4 月，党的六届七中全会通过《关于若干历史问题的决议》，首次全面总结了马克思主义中国化的理论成果和有益经验，推动马克思主义中国化实现第一次历史性飞跃。1949 年新中国成立后，经历数年战争摧残的中国大地百废待兴，“如何在经济文化基础较为落后的国家建设社会主义”成为当时摆在中国共产党人面前一大新的难题。为了更好更快地迈向社会主义阶段，党中央决定向苏联学习，在一定程度上有助于解决社会主义革命和建设难题。

1956 年三大改造的基本完成，标志着 27 年的社会主义革命取得胜利，中国从此进入社会主义国家。在这期间，党中央充分借鉴了苏联社会主义改造的经验，也一直在积极探索适合中国国情的社会主义道路，结合实际，创造性地提出社会主义过渡阶段理论，注重平衡第一、二、三产业的比例，保障广大农民的实际权益和发展水平等。党的八大召开前夕，毛泽东提出探索中国社会主义建设道路必须始终保持独立自主、实事求是，并首次提出要把马克思主义基本原理同中国实际进行第二次结合。

（三）理论推进时期

党的十一届三中全会作出改革开放的伟大决策，重新确立了解放思想、实事求是的思想路线，为新时期推进马克思主义中国化的第二次飞跃奠定思想基础和理论基础。邓小平提出“中国特色的社会主义”概念，社会主义建设要“走自己的道路，建设有中国特色的社会主义”[①]。邓小平始终坚持中国人的事情要自己干，奋发图强，南方谈话对社会主义本质作了具体阐释，党的十三大确立了社会主义基本路线，并在立足我国基本国情的基础上，提出许多创新性新思路新战略。

两个世纪交接之际，国际国内危机频发，中国共产党顶住巨大压力，经受住多方面的风险和挑战，在决定世界社会主义运动的历史关头，始终坚持贯彻党的思想路线和战略目标，巩固党的领导核心地位，毫不动摇地走中国特色社会主义道路，以非凡的政治勇气成功稳住了改革发展大局，推动改革开放和社会主义事业大跨步迈入新纪元。党的十五大提出高举邓小平理论伟大旗帜，明确坚持社会主义初级阶段基本纲领，探索推进马克思主义中国化新飞跃。

面对新世纪出现的新问题新挑战，“三个代表”重要思想和科学发展观强调保持与时俱进、求真务实的精神状态，为构建和谐社会、推动马克思主义中国化发展开拓新境界。党的十七大创造性地将邓小平理论、“三个代表”重要思想以及科学发展观纳入中国特色社会主义理论体系，使得中国共产党人加强了理论武装，齐力开创社会主义建设新时期，中国特色社会主义道路逐步走向成熟，推进了实践探索与理论创新深入结合，标志着马克思主义中国化实现了第二次飞跃。

（四）理论创新时期

党情国情世情发生变化的同时，也为中国特色社会主义继续发展带来了巨大的挑战。中国共产党人不畏惧任何困难，勇毅前行，在此基础上形成了习近平新时代中国特色社会主义思想，针对主要矛盾从容推进各项工作，从理论创造和实践创新两个层面取得马克思主义具体化、实践化的最新成果，谱写马克思主义中国化时代化新篇章。

党的十八大以来，中国特色社会主义进入新时代，为应对国内国际出现的新形势新变化，为了搞清楚“世界怎么了，要往何处去”、怎样“解读时代，引领时代”等难题，以习近平同志为核心的党中央强调推进马克思主义中国化时代化。为达成“强国”目标，根据内外变动对发展计划进行

① 《邓小平文选》第3卷，人民出版社1993年版，第3页。

适时调整，继续深化改革，提出全面建成小康社会的目标，统筹建设“五位一体”和“四个全面”，推动城乡一体化发展，形成新型工农城乡关系，坚持推进政治体制改革，充分发挥我国社会主义政治制度优越性，坚持走中国特色自主创新道路，深化经济体制改革等，实现中华民族伟大复兴的中国梦。

五千多年文明孕育了深厚的文化根基，其中蕴含着极其丰富的当代价值。习近平总书记十分看重优秀传统文化的作用，在坚持马克思主义在意识形态领域指导地位的前提下，灵活运用辩证思维和创新思维，发挥历史主动性和创造积极性，用马克思主义的真理激活传承千年思想智慧的钥匙，着眼于历史眼光和世界胸怀，将传统文化中的优秀成分和先进智慧融入当代国家治理和社会实践，总结历史经验，凝练出更具中国特色的马克思主义，实现新时代的理论创新，“开辟当代中国马克思主义、21 世纪马克思主义新境界”①。

二、马克思主义中国化的基本经验

以史为鉴，照耀前行路。历史是一面镜子，映照出前人留下的经验与教训。回顾马克思主义中国化的历史进程，可以发现其中积累了许多生动宝贵的经验。

（一）始终践行建党强党的初心使命

中国共产党是马克思主义中国化时代化的引领者、践行者和推动者。马克思主义引入中国为党的诞生提供了必要条件，中国共产党的成立与壮大又进一步促进了马克思主义在国内传播的广度和深度，中华人民共和国的成立为马克思主义深深扎根实践创造了优越的发展环境，这些都表明毫不动摇坚持党的执政地位是谱写马克思主义中国化时代化新篇章的根本保证。同时，在传播中不断学习和掌握马克思主义的世界观和方法论，是中国共产党人发挥历史主动精神、融会贯通的重要体现，表明他们不仅创造性地运用马克思主义解决中国实际问题，也在实践中总结历史经验，凭借

① 《习近平谈治国理政》第 3 卷，外文出版社 2020 年版，第 76 页。

高度的理论自觉，实现马克思主义中国化的三次飞跃。

坚决维护党的领导核心地位和党中央的权威，是中国共产党百年来不断取得胜利的重要法宝，也是实现全面推进中华民族伟大复兴的根本武器。党的领导至关重要，辛亥革命的失败告诉我们，没有先进理论指导的政党领导，中国人民就无法改变被各种反动派压迫和奴役的命运；遵义会议和党的十一届三中全会都是在危急关头坚持真理、解放思想挽救了党，党的十一届三中全会更是拉开了改革开放和建设中国特色社会主义的序幕。党的十八大以来，始终把坚持党的全面领导作为国家经济社会发展的根本保证，完成打赢脱贫攻坚战、全面建成小康社会的历史任务。

世界百年未有之大变局下，面临的国际挑战复杂多变，社会思潮迭起，马克思主义中国化的继续推进就要不断加强党的自我革命。一方面，要不断加强党组织自身建设，勇于自我革命，锐意进取，时刻保持党的纯洁性和先进性，深刻把握“两个确立”的重要意义，发挥党的主心骨的作用；另一方面，坚持党的领导的最高原则，从党中央到基层干部都严格遵守党的政治纪律、高度重视党的政治规矩、积极开展批评与自我批评，中国特色社会主义才能走得稳、走得远。

（二）始终保持理论与实践的良性互动

伟大的实践需要由伟大的理论引领。马克思主义中国化的理论成果与党和国家的实践成就是相辅相成的。一方面，运用马克思主义理论解决中国实际问题，科学聚焦国内主要矛盾变化，增强理论与实践结合高度，取得建立新中国、改革开放、开创中国特色社会主义伟大事业等伟大成就；另一方面，自觉总结历史实践经验，根据不同时期党在思想上、政治上出现的偏差和危机，积极开展理论教育活动，例如延安整风运动、新时代主题教育、党史学习教育等，从而提高全党理论武装水平，推进理论升华。

理论与实践的结合不是自发的，必须要有坚定的践行者和推动者。中国共产党自成立以来，在经历数次挫折后仍然继续艰难的探索，在探索中始终坚持马克思主义理论的指导地位不动摇，从解决中国的现实问题和发展需求出发，归纳出毛泽东思想和中国特色社会主义理论体系，将马克思主义深深扎根在中国这片土壤里，灵活运用于中国革命和改革实践中，取得了新民主主义革命的伟大胜利和改革开放的伟大成就，实现了马克思主义中国化的两次飞跃。

时代在变化，用来指导实践的理论也在与时俱进。党的十八大以来，以习近平同志为主要代表的中国共产党人不满足既有的理论，投身于国内国际两个大局，在迈向第二个百年奋斗目标的新征程上，结合时代发展不断推动理论创新，在世界舞台继续谱写中国故事、提出中国方案，同时不忘吸收中国优秀传统文化与西方思想文明成果，从根本上致力于推进马克思主义中国化时代化大众化。“中国共产党坚持马克思主义基本原理，坚持实事求是，从中国实际出发，洞察时代大势，把握历史主动，进行艰辛探索，不断推进马克思主义中国化时代化，指导中国人民不断推进伟大社会革命。”[①]

（三）始终坚持继承与发展的辩证统一

“不忘本来才能开辟未来，善于继承才能更好创新。”[②]马克思主义不是封闭僵化的理论，马克思主义中国化的过程也是在继承中不断创新发展的过程。中华民族从站起来、富起来到强起来都离不开马克思主义中国化的显著推动。在毛泽东的领导下，中国共产党赢得抗日战争的胜利、完成新民主主义革命，建立了中华人民共和国，完成民族独立和人民解放，中国人民从此站起来，为实现民族复兴彻底扫清历史障碍。

新中国成立后，党继续带领人民完成社会主义革命，向民族复兴的第二个历史任务——国家富强和人民幸福继续推进。党和国家看到国际国内市场发展机遇，将下一阶段的战略目标调整到经济建设上来，改革开放大幕正式拉开。邓小平将马克思主义理论与中国实际相结合，创造性地提出社会主义市场经济体制，根据实际情况开辟中国特色社会主义道路，劳动生产力和群众创造力极大增强，带领中国人民从温饱走向小康。

经过几代人的不懈努力，从思想观念、经济水平和法制等各个方面一步一步实现富起来。事物是不断变化发展的，物质生活水平的提高自然提出进一步更深层次的要求，新的社会主要矛盾要求党和国家制定新的战略目标，更加充分平衡的发展成为亟待解决的问题。党的十九大立足新的发

---

① 《习近平谈治国理政》第4卷，外文出版社2022年版，第9—10页。

② 中共中央宣传部编：《习近平总书记系列重要讲话读本（2016年版）》，学习出版社、人民出版社2016年版，第202页。

展阶段，制定了更高的目标要求，将奋斗目标进一步调整为“从二〇三五年到本世纪中叶把我国建成富强民主文明和谐美丽的社会主义现代化强国”[①]。

三、开辟马克思主义中国化时代化新境界

以史为鉴，引领复兴路。历史是最好的教科书，迈向新征程，我们更要创造性地运用和总结马克思主义中国化的已有成就，为中国式现代化的伟大实践提供目标动力和方向指导，继续引领马克思主义中国化时代化实现新发展。

（一）深化马克思主义与中华优秀传统文化相结合

马克思主义理论之所以能够在中国落地生根，重要原因之一就是能够从中华优秀传统文化中汲取养分，持续获得向上生长的不竭动力。中华传统文化流传千年，大浪淘沙后留下的都是经世致用的精神财富，值得当代的我们学习和运用，充分认识到这一点，有利于我们进一步坚定历史自信、文化自信。继承与创新是辩证统一的，站在新的历史方位上，时代在变化，优秀传统文化也要随着社会发展的需要做出改变，否则，即便是“优秀”也可能会成为“糟粕”。推进马克思主义与中华优秀传统文化的结合之路，也是中华优秀传统文化的传承和弘扬之路，不能忽视对传统文化的与时俱进、推陈出新。

中国人民的生活离不开优秀传统文化，推进马克思主义基本原理同中华优秀传统文化的结合更是“古为今用、洋为中用”的有力践行。一方面，二者之间具有天然的内在统一性，中华优秀传统文化中的“天下为公”“民为邦本”“自强不息”等观念与马克思主义的价值追求相契合，这也是马克思主义民族化的思想基础；另一方面，二者结合的过程也是实现互补的过程。交流是双向的，吸收中华优秀传统文化的马克思主义得以在中国特色社会主义实践中保持生机和活力，而在马克思主义理论创新发展的同时，

---

① 习近平：《高举中国特色社会主义伟大旗帜　为全面建设社会主义现代化国家而团结奋斗——在中国共产党第二十次全国代表大会上的报告》，人民出版社 2022 年版，第 24 页。

中华优秀传统文化也在适应其发展节奏中不断更新转化。

新时代新征程，中国特色社会主义道路迫切寻求新突破。要把握好习近平新时代中国特色社会主义思想，牢记“六个坚持”，夯实历史根基，从优秀传统文化中挖掘适用于当下国情的处世智慧和战略思维，在继续开创中国特色的话语体系中实现优秀传统文化的创造性转化，深化马克思主义与中华优秀传统文化相结合，以应对接下来严峻复杂的国际形势和党内国内遇到的风险挑战。

（二）深化马克思主义与中国具体实际相结合

马克思主义是动态的、发展的、开放的理论，党的思想路线长期强调与时俱进的极端重要性。时代在进步，用来指导实践的理论也要随之升级，历史已经证明，一味墨守成规、故步自封，只会导致思想僵化，注定会被时代的洪流所淹没。就目前来看，马克思主义基本理论单纯迎合时代是不够的，更重要的是总结历史发展规律，站在时代发展潮流的前头，在保障求稳的基础上大胆探索。

马克思主义中国化的过程也是解决当代中国面临的风险挑战的过程，而只有清楚了解当代中国的基本特征和现实需要，才能精准提供思维指导和行动方案。“当代中国正在经历人类历史上最为宏大而独特的实践创新”①。我国是世界上最大的发展中国家，“三农”问题关系国计民生，发展不充分不平衡的现状亟待解决，积极推进实体经济发展的同时生态保护问题依然严峻，在激烈的国际竞争中和世纪疫情的侵扰下自主探索中国式现代化道路，未知危机与现实挑战并存。

新时代新征程赋予我们将马克思主义与中国具体实际相结合的重要使命和要求，在新的历史起点上，我们更要牢牢坚定马克思主义信仰，坚持问题导向思维，把握好历史必然性和发展阶段性的关系，紧紧追逐时代的步伐，提高科学把握时代特征、理性分析国情的能力和本领，持续推进马克思主义理论与中国具体实际紧密结合，增强理论创造的预见性和目的性，在推进民族复兴大业进程中实现创新式发展，为中国式现代化事业的伟大实践“保驾护航”。

① 习近平：《更好把握和运用党的百年奋斗历史经验》，《求是》2022 年第 13 期。

（三）深化马克思主义与人民群众实践活动相结合

理论源于实践，实践的主体是广大人民群众，新时代新征程马克思主义中国化新篇章的开辟离不开人民群众的支持与参与。马克思主义是人民的理论，它充分反映了人民的诉求，始终把维护人民利益摆在重要位置，最终目标是实现整个人类的自由和解放，这与中国共产党的最高理想是一致的。所以马克思主义中国化，必然要推进马克思主义大众化，即推进马克思主义与人民群众的实践活动相结合，让亿万中国人民理解、支持马克思主义理论，从而通过运用来解决实际生活中出现的矛盾和问题。

投身于人民群众的实践，将原本晦涩难懂的语言转化为对实际生活和工作的有力指导，令我们切身感受到马克思主义不是“纸上谈谈”而已，生活实践的方方面面都离不开马克思主义的身影。马克思主义在经受实践检验的同时也从鲜活具体的实践中汲取养分，促进了理论的进一步丰富和发展。西方意识形态冲击从未停止，国内外形势愈加复杂，在这样的情况下，更要坚定马克思主义的指导地位，加强马克思主义教育力度和传播广度，聚焦国家和社会发展的现实状况，积极追寻和探索马克思主义与人民实践结合的新内容、新路径，有效推动马克思主义大众化进程。

党的二十大提出，推进理论创新必须坚持人民至上，始终坚持和贯彻党的群众路线。增强人民群众对马克思主义理论的认同感，从而发自内心地信仰马克思主义，使马克思主义理论最大程度地发挥公信力、影响力和指引力，为中华民族全力实现伟大复兴中国梦提供理论支撑和实践基础。

深刻领会把马克思主义思想精髓同中华优秀传统文化精华贯通起来的精髓要义

福建社会科学院　张文彪

习近平总书记在党的二十大报告中指出："把马克思主义思想精髓同中华优秀传统文化精华贯通起来、同人民群众日用而不觉的共同价值观念融通起来，不断赋予科学理论鲜明的中国特色，不断夯实马克思主义中国化时代化的历史基础和群众基础，让马克思主义在中国牢牢扎根"。[①]这一重要论述是对马克思主义中国化时代化规律性认识的新提升，是在更具体更深入的层面论及马克思主义基本原理同中华优秀传统文化深度融合与会通问题，从而创造性地以"贯通起来""融通起来"这些颇具中华文化韵味的词汇，形象而科学地把对这一问题的认识向前推进了一大步，进一步深化了对马克思主义基本原理同中华优秀传统文化相结合的认识。

一、马克思主义思想精髓同中华优秀传统文化精华相贯通的基本意蕴

把马克思主义基本原理同中华优秀传统文化相结合，是百年来坚持和

① 习近平：《高举中国特色社会主义伟大旗帜　为全面建设社会主义现代化国家而团结奋斗——在中国共产党第二十次全国代表大会上的报告》，人民出版社 2022 年版，第 18 页。

发展马克思主义的经验总结，是继续推进马克思主义中国化时代化的必由之路。党的二十大报告强调："中国共产党人深刻认识到，只有把马克思主义基本原理同中国具体实际相结合、同中华优秀传统文化相结合，坚持运用辩证唯物主义和历史唯物主义，才能正确回答时代和实践提出的重大问题，才能始终保持马克思主义的蓬勃生机和旺盛活力。"[①] 随着中华民族伟大复兴的梦想越接近，中华优秀传统文化对民族复兴的意义就越加凸显。我们今天之所以格外鲜明地提出要把马克思主义思想精髓同中华优秀传统文化精华贯通起来，是因为这从根本上反映的是中华民族伟大复兴的文化自信与文化自觉之诉求。此处之"贯通"，意蕴极为丰富，既是思想旗帜与文化基因的贯通、思想灵魂与文化根脉的贯通、指导思想与文化沃土的贯通，也是中国人的政治信仰与文化信仰的贯通。

（一）充分吸收中华优秀传统文化蕴含的治国理政的思想智慧、格物究理的思想方法、修身处世的道德理念

马克思主义和中华优秀传统文化都是至真、至善、至美的高品质人类优秀文化，两种思想文化体系在本质上相侔、相通、相融。马克思主义传播到中国至今也不过一百多年的时间，中国人却能够用马克思主义绘就了百年沧桑的壮丽历史画卷，而产生如此巨变的基因密码就在于中国共产党人始终强调马克思主义与中华优秀传统文化之间存在着内在的契合性，始终重视从中华优秀传统文化中汲取丰富的精神文化营养。在共同的社会理想方面，以马克思主义追求的共产主义远大理想与中华文化的尚和合、求大同、天下为公为旨归构建理想社会的思想观念，均包含着人类对美好社会的殷切向往。中国共产党人以科学社会主义弥补了传统大同理想在理论和实践上的不足，既承接了共产主义的基本要义，又融合了大同理想的文化元素。在践行"以人为本"的人民观方面，民本思想是中华传统文化中具有正当性和进步意义的思想精华，也是中国数千年古代社会历经战乱、分裂和黑暗统治而不断重生、不断统一、不断进步的根本性政治资源。在马克思主义中国化时代化的历史进程中，中国共产党始终坚持来自人民、

---

① 习近平：《高举中国特色社会主义伟大旗帜　为全面建设社会主义现代化国家而团结奋斗——在中国共产党第二十次全国代表大会上的报告》，人民出版社 2022 年版，第 17 页。

为人民而生、因人民而兴的理念，将人民群众视为党执政的最大底气和最深厚根基。这既是马克思主义政党最鲜明的政治立场，又是中华传统文化民本思想在新时期的继承和发展，也是中国共产党群众路线的着眼点和落脚点。在形成实事求是的思想路线方面，毛泽东当年概括的实事求是的思想，就是运用马克思主义立场观点方法对中华优秀传统文化进行创造性转化、创新性发展的结果，一方面依据“马克思主义的最本质的东西，马克思主义的活的灵魂，就在于具体地分析具体的情况”[①]，另一方面结合“修学好古，实事求是”“知之为知之，不知为不知”等中华传统文化中的思想精髓，将马克思主义与中国革命具体实际相结合，赋予“实事求是”新的时代内涵，创造性地把它转化为中国共产党的思想路线。

（二）不断赋予科学理论鲜明的中国特色

马克思主义思想精髓指的是马克思主义科学体系中的基本理论、核心观点、重点概念；中华优秀传统文化精华则是中华民族在悠长的历史发展过程中形塑的文化根脉，是五千多年中华文明赖以赓续传承的核心密码和稳定基因，代表着中华民族独特的精神标识。中华优秀传统文化是马克思主义中国化的文化土壤，使马克思主义具有民族性；马克思主义为中华优秀传统文化注入新的生机和活力，使中华优秀传统文化具有现代性、世界性，两者的结合激活了中华文明，发展了当代中国马克思主义，创造了中国特色社会主义的伟大奇迹。因此，把坚持马克思主义与弘扬中华优秀传统文化有机结合起来，是用真理力量结合伟大文明的必然选择和基本遵循，赋予了当代马克思主义鲜明的中国特色。毛泽东早就说过：“马克思主义必须和我国的具体特点相结合并通过一定的民族形式才能实现。”[②]习近平总书记在继承这一思想的基础上，结合新时代中国特色社会主义伟大实践，赋予了中华优秀传统文化新的时代内涵。“如果没有中华五千年文明，哪里有什么中国特色？如果不是中国特色，哪有我们今天这么成功的中国特色社会主义道路？”[③]归根到底，“我们开辟了中国特色社会主义道路不是偶然

① 《毛泽东选集》第 1 卷，人民出版社 1991 年版，第 312 页。

② 《毛泽东选集》第 2 卷，人民出版社 1991 年版，第 534 页。

③ 《中国没有辜负社会主义》,《人民日报》2021 年 6 月 8 日。

的，是我国历史传承和文化传统决定的”[①]，而且“博大精深的中华优秀传统文化是我们在世界文化激荡中站稳脚跟的根基”[②]。“把马克思主义思想精髓同中华优秀传统文化精华贯通起来”，这一重大命题和论断表明中国共产党人在推进马克思主义理论创新的伟大实践中，对马克思主义中国化时代化问题的思想认识和理论认知已经实现重大突破和历史性跨越。

（三）不断夯实马克思主义中国化时代化的历史基础和群众基础，让马克思主义在中国牢牢扎根

推进马克思主义中国化时代化，关键要在夯实历史基础和群众基础上持续用力，将坚持和发展马克思主义与完成国家和民族的历史使命紧密结合起来。从马克思主义中国化时代化的历史基础来看，就是要从国家和民族的历史文化沃土中找寻、定位和把握马克思主义能够在中国发展壮大的深层历史原因，既要把马克思主义基本原理运用于中国不同历史时期的具体实际中，用马克思主义的立场观点方法分析和解决实际问题，推动实践创新，又要在实践中不断总结经验、摸索规律，推动理论创新，进而在理论创新和实践创新的良性互动中不断丰富和发展马克思主义。从马克思主义中国化时代化的群众基础来看，就是要强调从唯物史观所揭示的人民群众是历史的创造者的角度去理解马克思主义为何是人民的理论，就是要强调这一理论始终着眼于、出发于、回归于、植根于人民的实践活动。把马克思主义思想精髓同人民群众日用而不觉的共同价值观念融通起来，就是要让马克思主义深刻影响人们的思想、言论、行动，成为指引人们行为的理念，成为能够潜移默化地为人们的思想和行为提供正确指引的价值观念。马克思主义中国化时代化的历史基础和群众基础是互为支撑、辩证统一的。只有不断夯实历史基础，深化对马克思主义中国化时代化历史必然性和科学真理性、理论意义和现实意义的认识，才能增强人民群众信仰马克思主义的历史自觉和历史自信；只有不断夯实群众基础，让马克思主义科学理论为人民群众所理解和接受、认同和信仰、掌握和运用，才能激发广大人民群众接续奋斗的历

---

① 《习近平：解决中国的问题只能在中国大地上探寻适合自己的道路和办法》，人民网，2014年10月13日，http：//politics.people.com.cn/n/2014/1013/c1024-25825659.html.

② 《把培育和弘扬社会主义核心价值观　作为凝魂聚气强基固本的基础工程》，《人民日报》2014年2月26日。

史主动精神，将科学思想理论转化为认识世界和改造世界的强大物质力量。

（四）以“精髓”与“精华”的相互贯通，进一步宣示把马克思主义基本原理与中华优秀传统文化相结合的根本目的

习近平总书记在党的二十大报告中指出：“中国共产党为什么能，中国特色社会主义为什么好，归根到底是马克思主义行，是中国化时代化的马克思主义行。”马克思主义之所以行，不仅因为其基本原理是科学的，还因为其拥有与时俱进的理论创新品质，不断实现与中国具体实际、中华优秀传统文化精华相结合，从而开创出指导中国实践的中国化时代化的马克思主义。毛泽东当年曾就文学艺术如何学习、贯彻马克思主义有过精彩的论述：“学习马克思主义，是要我们用辩证唯物论和历史唯物论的观点去观察世界，观察社会，观察文学艺术，并不是要我们在文学艺术作品中写哲学讲义。”[①] 同理，坚持马克思主义思想精髓同中华优秀传统文化精华相贯通，也绝不是要在中华优秀传统文化中写马克思主义讲义，一切由马克思主义包办代替。正如恩格斯所说的：“马克思的整个世界观不是教义，而是方法。它提供的不是现成的教条，而是进一步研究的出发点和供这种研究使用的方法。”[②] 我们追求的是“精髓”和“精华”的精准结合，实现的是马克思主义理论逻辑与中华优秀传统文化历史逻辑的辩证统一，这就要求我们在新的征程上，必须用马克思主义观察时代、把握时代、引领时代，始终坚持把马克思主义思想精髓同中华优秀传统文化精华贯通起来，继续发展当代中国马克思主义、21 世纪马克思主义，保持马克思主义的生命力，保证中国化时代化的马克思主义永远行！因此，把二者“贯通起来”的一个深刻含义，就是强调传承和弘扬中华优秀传统文化本身也成了如何继续推进马克思主义中国化时代化的重要命题。

二、马克思主义真理之树在植根中华优秀传统文化的沃土中不断实现新飞跃

把马克思主义思想精髓同中华优秀传统文化精华贯通起来是马克思主

① 《毛泽东选集》第 3 卷，人民出版社 1991 年版，第 874 页。

② 《马克思恩格斯文集》第 10 卷，人民出版社 2009 年版，第 691 页。

义中国化时代化的成功之道，其基本依据就是中国共产党在引领中华民族实现从站起来到富起来再到强起来的历史性飞跃中，始终紧密结合中国革命、建设、改革的实践场域，不断探索深化对“什么是中华优秀传统文化、怎样对待中华优秀传统文化”这一基本问题的认识与实践，并历经马克思主义中国化的三次历史性飞跃，产生了思想深邃、与时俱进、特色鲜明的三大历史性成果，即毛泽东思想、中国特色社会主义理论体系和习近平新时代中国特色社会主义思想。坚持把马克思主义思想精髓同中华优秀传统文化精华贯通起来，必须充分认识到马克思主义并不能自动地解决中国的现实问题，它必须实现与中华优秀传统文化从形式到内容的贯通，通过这种贯通将马克思主义深深扎根于中华优秀传统文化的深厚沃土之中。

（一）以“贯通起来”的重大论断，形象地概括中华优秀传统文化精华在马克思主义中国化时代化进程中的重大意义

中国共产党百年奋斗的历史始终闪烁着马克思主义基本原理的思想光辉，也融合着中华民族的精神血脉和中华优秀传统文化的基因。在马克思主义中国化时代化的历史进程中，毛泽东是首倡者。从 1938 年毛泽东提出“马克思主义中国化”的重大命题之后，把马克思主义普遍真理同我国具体实际结合起来，一直是我们党总结历史经验始终坚持的基本结论，其中必然包含了如何科学面对中华优秀传统文化的重大问题。毛泽东认为：“我们是马克思主义的历史主义者，我们不应当割断历史。从孔夫子到孙中山，我们应当给以总结，承继这一份珍贵的遗产。”[①] 从而在马克思主义理论创新的伟大实践中率先实现了马克思主义中国化的第一次历史性飞跃，成为将马克思主义基本原理同中华优秀传统文化结合的光辉典范。改革开放和社会主义现代化建设新时期，我们党着眼于发展，着眼于马克思主义理论的运用，着眼于对实际问题的应对，思考把马克思主义基本原理同中华优秀传统文化相结合的内容和目标。邓小平把“小康”社会理想用于社会主义现代化建设的目标设定；江泽民重视传统德治文化，提出“依法治国和以德治国相结合”的方略；胡锦涛借鉴“和谐”理念，提出构建社会主义和谐社会等，都是在马克思主义指导下，根据时间地点、环境条件的变化，

① 《毛泽东选集》第 2 卷，人民出版社 1991 年版，第 534 页。

创造性转化、创新性发展中华优秀传统文化，推进改革开放事业不断向前发展。中国特色社会主义新时代，习近平总书记立足于新的时代背景和实践基础，对传承和弘扬中华优秀传统文化作出了一系列重要论述，将马克思主义的立场观点方法同中华优秀传统文化精华有机结合起来，在党的历史上首次从指导思想高度、马克思主义中国化时代化角度明确提出“坚持把马克思主义基本原理同中华优秀传统文化相结合”的命题，并将它放到与“坚持把马克思主义基本原理同中国具体实际相结合”的同等高度。这是习近平新时代中国特色社会主义思想的重大创新，标志着对党的历史规律特别是马克思主义中国化时代化发展规律的认识达到了一个新的高度。

（二）以“贯通起来”的重大论断，深刻揭示了马克思主义思想精髓与中华优秀传统文化精华的天然契合关系

马克思主义思想精髓与中华优秀传统文化精华存在着彼此需要、相互影响、不可分割的关系，但这还不是二者之间内在关系的全部。习近平总书记在党的十九届四中全会上的讲话，揭示了其中更深层次的内在关系。他指出：“马克思主义传入中国后，科学社会主义的主张受到中国人民热烈欢迎，并最终扎根中国大地、开花结果，决不是偶然的，而是同我国传承了几千年的优秀历史文化和广大人民日用而不觉的价值观念融通的。”[①]这一论述创造性地提出了一个重要论断：马克思主义与中华优秀传统文化是相融通的，强调了二者之间能够互动互进的深层原因。基于这一论断，习近平总书记在许多重要论述中强调要彰显“中国特色、中国风格、中国气派”，以寻求马克思主义“中国化时代化”的深层文化魅力。他对中华优秀传统文化的驾驭和运用炉火纯青，是运用马克思主义立场观点方法推进中华优秀传统文化创造性转化、创新性发展的历史巨匠和时代典范。他的每一次讲话每一篇文章几乎都能熟用和活化中华优秀传统文化中的经典名句，融入了大量中华优秀传统文化的成分和因子，如“两山论”重要思想，就是从马克思主义唯物本体观出发，审视自在自然与人化自然的关系，内含着“天人合一”的中华文化哲学意蕴。

① 习近平：《坚持和完善中国特色社会主义制度推进国家治理体系和治理能力现代化》，《求是》2020年第1期。

（三）以“贯通起来”的重大论断，为弄清楚过去我们为什么能够成功提供了新视角，为弄明白未来我们怎么样才能继续成功提出了新要求

习近平总书记在就党的十九届六中全会《中共中央关于党的百年奋斗重大成就和历史经验的决议》的起草情况向全会作的说明中，明确把“深入研究党坚持把马克思主义基本原理同中国具体实际相结合、同中华优秀传统文化相结合，不断推进马克思主义中国化的百年历程，深化对新时代党的创新理论的理解和掌握”[①] 作为党中央认为需要研究的六个方面的重大问题之一。这其中尤其值得深入研究的是虽然在以前“把马克思主义基本原理同中国具体实际相结合”的表述中，自然地包括了中华优秀传统文化，但明确将其单列出来，由“一个结合”到“两个结合”，必然有着深刻逻辑和丰富意蕴。历史和实践充分证明，马克思主义思想精髓同中华优秀传统文化精华相贯通所形成的真理力量，对近代以来中华民族从陷入危亡到走向复兴、中华文明从蒙尘遭劫到创造新辉煌，发挥了至为关键的作用，这应该成为我们认识和回答马克思主义与中华优秀传统文化关系的思想基点。同时，把马克思主义思想精髓同中华优秀传统文化精华相贯通，不仅是基于历史作出的重要论断，更是立足现实、展望未来的明确要求。在稳步迈向中国式现代化的道路上，在创造人类文明新形态方面，我们更要充分挖掘和深刻提炼中华优秀传统文化在思想观念、人文精神、道德规范等方面丰富的思想精华，形成具有中国韵味、中国智慧、中国精神的一系列马克思主义中国化时代化理论和实践成果。我们尤其需要深刻地认识到，中华优秀传统文化精华不仅塑造了中国特色社会主义，而且赋予了社会主义一些本质性的品质。在应对世界百年未有之大变局中，文化和文明的力量发挥着越来重要的作用，中华优秀传统文化精华中的许多特质，不仅仅具有文明差别的意义，而且具有和资本主义本质区别的意义，从而为世界社会主义注入独特的文化理想和文化价值，不断推动中国特色社会主义成为21世纪世界社会主义运动的中流砥柱和最重要的组成部分。

① 《中共中央关于党的百年奋斗重大成就和历史经验的决议》，人民出版社2021年版，第78—79页。

三、推动马克思主义思想精髓同中华优秀传统文化精华相贯通，是当代中国共产党人的神圣使命

习近平总书记在党的二十大报告中强调："不断谱写马克思主义中国化时代化新篇章，是当代中国共产党人的庄严历史责任。"[①]马克思主义思想精髓同中华优秀传统文化精华相贯通，既是深刻总结党的百年奋斗历程、特别是不断推进马克思主义中国化时代化的百年历程得出的一条宝贵经验，也是一个不断向未来敞开的过程，即在新实践中越来越深入地实现二者之间的贯通与融合。

（一）毫不动摇地坚持马克思主义理论指导，以辩证唯物主义和历史唯物主义认识和把握马克思主义思想精髓同中华优秀传统文化精华的辩证统一关系

马克思主义的现实存在、价值接受以及理论指导是马克思主义思想精髓同中华优秀传统文化精华贯通起来的前提。因为这一"贯通"需要遵循马克思主义的基本原理和基本方法，如果抛弃马克思主义的基本立场观点方法，那么所谓的马克思主义中国化时代化就丢掉了真正的本色。也就是说，坚持把马克思主义思想精髓同中华优秀传统文化精华贯通起来必须坚守一个根本原则——重视传承和弘扬中华优秀传统文化，丝毫不能削弱更不能动摇马克思主义的指导地位，必须坚决反对"马克思主义过时论""马克思主义无用论"等错误思潮。

（二）深入挖掘中华优秀传统文化资源，以更加主动自觉的行动汲取其中丰富的能够"跨越时空、超越国度、富有永恒魅力、具有当代价值"的思想精华

我们不仅要系统梳理中华优秀传统文化资源，对从孔子到孙中山的思想遗产进行全面批判继承，更要进一步研究习近平新时代中国特色社会主义思想如何对这一文化遗产进行扬弃性继承。只有这样，马克思主义基本原

---

① 习近平：《高举中国特色社会主义伟大旗帜　为全面建设社会主义现代化国家而团结奋斗——在中国共产党第二十次全国代表大会上的报告》，人民出版社 2022 年版，第 18 页。

理才会真正具有民族根基与文化血脉，才能真正做到把马克思主义思想精髓同中华优秀传统文化精华贯通起来。这就要求我们对中华优秀传统文化中的精华内容加以再认识再提炼，在此基础上进行更加全面深入的发掘和梳理，为实现二者“贯通”提供充分的条件和前提，否则我们就难以拿出与不断发展的马克思主义中国化时代化新要求相适应的中华优秀传统文化新内容。这是因为，一方面中华优秀传统文化精华的内容博大精深，有待我们不断去发现；另一方面中华优秀传统文化的意义空间也是开放的，需要依据新时期的视野不断地去解读和阐释。把传统的东西从“文化无意识”状态“唤醒”、自觉地意识到并把握住中国文化意义上常用常新的精神资源，并不是一劳永逸的，而是一项需要在新的历史语境中不断深化与拓展的工作。

（三）坚信历久弥新的中华民族精神是中国人民培育的，站牢人民群众是马克思主义思想精髓同中华优秀传统文化精华相贯通的根基所在和力量源泉的立场

人能弘道，非道弘人。把马克思主义思想精髓同中华优秀传统文化精华贯通起来，关键在于人民的拥护和支持，决不能脱离人民、脱离实践。从中华文明的根源上说，“讲仁爱、重民本”本来就是中华优秀传统文化的思想内核，今天，它同样是中国共产党领导人民实现中华民族伟大复兴的精神基因。因此，一方面要激发人民群众的首创精神，尊重人民在“贯通”中的主体地位，着眼人民群众对美好精神文化生活的需求，找准结合点，善于从人民群众的生产生活一线提炼、挖掘和升华有利于“贯通”的智慧元素；另一方面要做到以文化人、以文育人，在结合中不断增强人民群众做中国人的骨气和底气。要把马克思主义思想精髓同中华优秀传统文化精华相互贯通，有机融入人民群众的生活生产实际，尤其要重视用中华优秀传统文化讲好马克思主义真理，增强马克思主义的解释力、创造力和亲和力，让党的创新理论“飞入寻常百姓家”，提升“贯通”的实践基础和人民底色。

（四）胸怀天下，坚持把马克思主义思想精髓同中华优秀传统文化精华贯通起来，拓展人类文明新形态以应对相互交织的“两个大局”所提出的时代课题

人类文明新形态植根于五千多年的中华文明沃土，丰富于中国共产党

百年征程中推动马克思主义中国化时代化的文明实践。把马克思主义思想精髓同中华优秀传统文化精华贯通起来，为人类文明新形态、新时代的拓展奠定了扎实的理论根基和厚重的文化根脉。面对世界百年未有之大变局，我们要在人类文明的互鉴互通中，通过推动和拓展人类文明新形态，实现中华民族深层文化底蕴的传统延续与当代延伸，实现对马克思主义文明史观的理论遵循与创新发展，以及对资本主义文明模式的批判性超越和对共产主义文明先进性的印证。为此，我们要进一步树立全球视野，在世界文化激荡中站稳脚跟，增强中华文明的主体性，提高其影响力和贡献度，着力打造一批融通中外的新概念新范畴新表述，为造福人类社会提供更多思想性公共产品，增强对世界文明进步的影响力和中国发展道路的解释力，增强对旧文明的积极扬弃和对新文明的自觉追求。

马克思主义基本原理同中华优秀传统文化相结合的多重意蕴

广东省社会科学院　郭跃文

拥有马克思主义科学理论指导是我们党坚定信仰信念、把握历史主动的根本所在。理论的生命力在于不断创新。习近平总书记强调："只有把马克思主义基本原理同中国具体实际相结合、同中华优秀传统文化相结合，坚持运用辩证唯物主义和历史唯物主义，才能正确回答时代和实践提出的重大问题，才能始终保持马克思主义的蓬勃生机和旺盛活力。"① 这一重要论述，科学揭示了马克思主义中国化时代化的实质内涵、根本途径，深刻阐述了马克思主义基本原理同中华优秀传统文化相结合的重要地位、发展机理。要认真领会习近平总书记关于"两个结合"的重要论述，深刻把握马克思主义基本原理同中华优秀传统文化的内在关系，深化理解二者结合融通的核心要义、遵循原则和时代要求，为继续推进实践基础上的理论创新、开辟马克思主义中国化时代化新境界作出新贡献。

① 习近平:《高举中国特色社会主义伟大旗帜　为全面建设社会主义现代化国家而团结奋斗——在中国共产党第二十次全国代表大会上的报告》，人民出版社 2022 年版，第 17 页。

一、马克思主义基本原理同中华优秀传统文化结合的重要性

马克思主义传入中国以来，马克思主义基本原理在同中国具体实际相结合的过程中，始终面临着同中华优秀传统文化相结合的问题。我们党历来注重马克思主义基本原理同中华优秀传统文化的结合，以“承继珍贵遗产”“通过民族形式实现”的清醒认识和自觉追求，不断推动二者融会贯通向前发展，不断赋予科学理论鲜明的中国特色和时代内涵。

马克思主义基本原理同中华优秀传统文化相结合，是马克思主义中国化时代化的必由之路。马克思主义中国化时代化，就其原初意义而言，主要是指马克思主义基本原理同中国具体实际相结合。早在 1930 年 5 月，毛泽东就在《反对本本主义》一文中指出：“马克思主义的‘本本’是要学习的，但是必须同我国的实际情况相结合。”[①]1938 年 10 月，毛泽东在党的扩大的六届六中全会上提出：“马克思主义必须和我国的具体特点相结合并通过一定的民族形式才能实现。”[②]明确提出“使马克思主义在中国具体化”的任务。1943 年 5 月，在由毛泽东主持起草的《中国共产党中央委员会关于共产国际执委主席团提议解散共产国际的决定》中，对“相结合”问题作过这样的表述：“中国共产党近年来所进行的反主观主义、反宗派主义、反党八股的整风运动，就是要使马克思列宁主义这一革命科学更进一步地和中国革命实践、中国历史、中国文化深相结合起来。”[③]这些论述充分表明，把马克思主义基本原理同中华优秀传统文化相结合，是马克思主义中国化时代化的应有之义、内在要求。在提出“马克思主义中国化”命题之初，以毛泽东同志为代表的中国共产党人就指出，这一工作包含两大任务。第一个任务就是把马克思主义基本原理同中国具体实际相结合，“对于中国共产党说来，就是要学会把马克思列宁主义的理论应用于中国的具体的环境。”[④]要按照中国的特点去应用它，离开中国特点来谈的马克思主义，只是抽象的空洞的马克思主义。同时，“学习我们的历史遗产，用马克思主义

① 《毛泽东选集》第 1 卷，人民出版社 1991 年版，第 111—112 页。

② 《毛泽东选集》第 2 卷，人民出版社 1991 年版，第 534 页。

③ 《毛泽东文集》第 3 卷，人民出版社 1996 年版，第 23 页。

④ 《毛泽东选集》第 2 卷，人民出版社 1991 年版，第 534 页。

的方法给以批判的总结，是我们学习的另一任务。……从孔夫子到孙中山，我们应当给以总结，承继这一份珍贵的遗产。这对于指导当前的伟大的运动，是有重要的帮助的。”[①] “另一任务”实质就是强调国际主义的内容应与民族的形式结合起来，为党的理论创新注入中华优秀传统文化的滋养。“两大任务”不仅是“两个结合”的原形，体现了中国共产党人早期的文化自觉、理论自觉，而且揭示了“两个结合”的内在关系：“第二个结合”不是与“第一个结合”相独立的、额外的要求，而是对“第一个结合”的深化、强调。中华优秀传统文化以其特有的方式构成了中国具体实际的重要内容，不与中华优秀传统文化相结合，马克思主义基本原理与中国具体实际的结合只能是悬在半空、没有根底的结合，甚至会走向历史虚无主义。推进马克思主义中国化时代化，不仅要研究中国的现实斗争内容，还要研究中国历史、中国文化，批判继承博大精深的中华传统文化精华，只有这样才能建构具有“中国作风和中国气派”的马克思主义理论，创造马克思主义的民族形式，开辟马克思主义中国化时代化新境界。

马克思主义基本原理同中华优秀传统文化相结合，是让马克思主义在中国牢牢扎根的内在要求。马克思主义不是书斋里的学问，而是为改变人民历史命运而创立的科学理论。科学理论只有被群众所接受、所掌握，才能转化为改造世界的实践力量。把马克思主义基本原理同中华优秀传统文化相结合，实质就是要让马克思主义在中国人民心中落地生根，转变为推动强国建设、民族复兴的磅礴伟力。习近平总书记指出：“只有植根本国、本民族历史文化沃土，马克思主义真理之树才能根深叶茂。”[②] 从翻译、引用和阐释马克思主义经典文献和著作，到推动马克思主义中国化时代化实现三次历史性飞跃，再到引领中华民族迎来从站起来、富起来到强起来的伟大飞跃，中华优秀传统文化始终在场、从未缺席，一直是中国人民理解、把握、运用马克思主义的重要媒介。一百多年来，马克思主义正是通过采取中国方式、运用中国话语来充分诠释其进步性内核，不断内化为中国人民自身的思想力量，将中国人民武装为中国革命、建设与改革的主力军，使人民群众自觉成为马克思主义的信仰者、拥护者、践行者。在新时代新

---

① 《毛泽东选集》第2卷，人民出版社1991年版，第533—534页。

② 习近平：《高举中国特色社会主义伟大旗帜　为全面建设社会主义现代化国家而团结奋斗——在中国共产党第二十次全国代表大会上的报告》，人民出版社2022年版，第18页。

征程，要让马克思主义继续为人民群众所认同、所掌握，不断夯实马克思主义中国化时代化的历史基础和群众基础，就必须继续把马克思主义基本原理同中华民族的历史文化、思维方式、民族心理紧紧结合起来，让马克思主义从中华民族五千多年的悠久历史和灿烂文化中汲取力量和智慧，渗入中国人民的文化血脉和民族记忆之中。

马克思主义基本原理同中华优秀传统文化相结合，是实现中华民族伟大复兴的现实需要。中华民族的伟大复兴离不开中华文化的繁荣兴盛，迫切要求推进中华优秀传统文化创造性转化、创新性发展。习近平总书记强调："没有中华文化繁荣兴盛，就没有中华民族伟大复兴。"[①]中华优秀传统文化是中华民族的"根"和"魂"，是中国人民自我认同、国家认同、民族认同的根本基础所在，是中华民族之所以能够历经磨难而愈挫愈勇、始终屹立于世界民族之林的根本力量所在。当前，世界之变、时代之变、历史之变正以前所未有的方式展开，在以中国式现代化全面推进中华民族伟大复兴的进程中，增强中华民族的文化认同、文化自信、文化自强尤为重要。中国特色社会主义道路自信、理论自信、制度自信，其本质是建立在五千多年文明传承基础上的文化自信。中华优秀传统文化是中华民族的突出优势，是我们在世界文化激荡中站稳脚跟的根基。必须坚持以马克思主义的立场观点方法推动中华优秀传统文化创造性转化、创新性发展，把中华优秀传统文化中具有当代价值、世界意义的文化精髓提炼出来、展示出来，增强中华文明传播力、影响力，形成同我国综合国力和国际地位相匹配的国际话语权，营造有利于我国发展的良好外部环境和条件，为强国建设、民族复兴注入不竭动力。

二、马克思主义基本原理同中华优秀传统文化相结合的可能性

马克思主义与中华优秀传统文化之间有着许多相融相通之处，二者都关注人的现实生活世界，都把近代以来的资产阶级思潮作为主要批判对象。选择马克思主义是近代以来先进中国人向西方探索救国救民真理的必然结

① 习近平：《在文艺工作座谈会上的讲话》，《人民日报》2015年10月15日。

果，当时的中国人以中国传统的民本思想来理解和接纳马克思主义，把马克思主义视为一种“安民新学”。尽管马克思主义和中华传统文化从属于不同的文化传统，产生于不同的历史条件和社会环境，但这样的差异性既构成了“结合”的前提，又使“结合”的过程极具复杂性和曲折性。二者结合的可能性，不仅在于二者本身具有高度的契合性，而且在于都有向彼此展开的需要和能力。

马克思主义基本原理同中华优秀传统文化相结合的可能，在于马克思主义世界化的需要和能力。自诞生之日起，马克思主义就明确了解放全人类的历史使命，展现出博大的世界情怀。马克思和恩格斯在《共产党宣言》中指出：“共产党人同其他无产阶级政党不同的地方只是：一方面，在无产者不同的民族的斗争中，共产党人强调和坚持整个无产阶级共同的不分民族的利益；另一方面，在无产阶级和资产阶级的斗争所经历的各个发展阶段上，共产党人始终代表整个运动的利益。”[①] 正是这种突破西方局限的世界胸襟和全人类视野，把马克思主义与其他产生于西方的思潮、流派从根本上区别开来。马克思主义清醒地认识到，世界性与民族性是辩证统一的，世界化绝不等同于西方化，要真正实现自身的世界化，必须摆脱狭隘的“西方中心论”，摒弃西方局限，以纯粹普遍性、世界性的面貌与其他民族的文化相结合，成为这些民族的时代精神。在给《祖国纪事》杂志编辑部的信中，马克思就坚决反对把他关于西欧资本主义社会发展规律的具体论断简单地运用到西欧以外的各国。在马克思主义经典作家看来，马克思主义的世界化必须通过马克思主义的民族化实现，或者说，马克思主义的民族化就是马克思主义的世界化。注重与各个民族的结合，是马克思主义特有的世界化的需要和能力所赋予的理论自觉。正是秉承这一理论自觉，中国共产党人打通了马克思主义基本原理同中华优秀传统文化相结合的通道，实现了马克思主义由西方到东方的扩展，形成了具有东方特色的中国化的马克思主义。

马克思主义基本原理同中华优秀传统文化相结合的可能，在于中华传统文化现代转型的需要和能力。自商周之际至鸦片战争前，中国形成了自成一系的文化命脉和思想传统，集中体现了中华民族的生存智慧和精神世

① 《马克思恩格斯文集》第 2 卷，人民出版社 2009 年版，第 44 页。

界。然而，随着时代的发展，有些文化观念逐渐失去了社会进步的意义，有些文化传统逐渐淡出了人们的生活。特别是鸦片战争后，中国社会发生急剧变化，中华民族陷入沉重危机，中华传统文化迫切需要现代转型，成为引领中华民族伟大复兴的精神力量。正是在中华文化现代转型的需要和压力下，进步的中国知识分子不再故步自封、墨守成规，开始以“取其精华、去其糟粕”的批判眼光看待中华传统文化，以“以我为主、为我所用”的积极态度学习和借鉴世界一切优秀文明成果，使中华优秀传统文化具备向先进、科学的理论敞开自身并与之结合的能力。中华传统文化的现代转型，离不开以马克思主义为代表的世界优秀文明成果的中国化，并与之紧密结合在一起。毛泽东指出：“自从中国人学会了马克思列宁主义以后，中国人在精神上就由被动转入主动。从这时起，近代世界历史上那种看不起中国人，看不起中国文化的时代应当完结了。”[①] 正是在马克思主义的指导、启迪下，进步的中国知识分子得以重新认识、检讨、批判传统形态的中华文化，以创造中华文化新形态、重建中华民族精神家园。习近平总书记强调：“中华文明源远流长、博大精深，是中华民族独特的精神标识，是当代中国文化的根基，是维系全世界华人的精神纽带，也是中国文化创新的宝藏。”[②] 事实证明，即便是身处 21 世纪这样一个高科技、数字技术、人工智能等飞速发展的时代，中华优秀传统文化既不是博物馆中的历史收藏物，也绝非是远离日常生活的“遗产”，而是拥有着蓬勃的生机活力，能够弥补西方现代化的偏弊，推动人文与科技、自然协调发展，为当今中国和人类发展提供重要启示。

马克思主义基本原理同中华优秀传统文化相结合的可能，在于中国共产党人的历史主动性。马克思主义基本原理与中华优秀传统文化的结合，本质上是一个应时代需要和民族特点进行理论创新、文化创造的过程，必须要有历史的主体才能真正实现由可能向现实的转化。这一历史使命、重大职责无比光荣地落到了中国共产党人的肩上。习近平总书记指出：“在带领中国人民进行革命、建设、改革的长期历史实践中，中国共产党人始终是中国优秀传统文化的忠实继承者和弘扬者，从孔夫子到孙中山，我们

---

① 《毛泽东选集》第 4 卷，人民出版社 1991 年版，第 1516 页。

② 习近平：《把中国文明历史研究引向深入　增强历史自觉坚定文化自信》，《求是》2022 年第 14 期。

都注意汲取其中积极的养分。”[①] 一百多年来，我们党坚持从中华优秀传统文化中汲取营养，推动马克思主义中国化时代化取得丰硕成果。毛泽东用“实事求是”这一古语概括了党的思想路线，邓小平用“小康社会”标识了当代中国发展的阶段性目标，江泽民提出“两个先锋队”思想，胡锦涛提出构建“和谐社会”，这些都深刻体现了中国共产党人把马克思主义基本原理同中华优秀传统文化结合起来的创举。党的十八大以来，以习近平同志为主要代表的中国共产党人继承和弘扬中华优秀传统文化精华，形成了一系列治国理政的新理念新思想新战略，开辟了马克思主义与中华优秀传统文化相结合的新境界。比如，将马克思主义群众观与中华文化中的民本思想相结合，提出“江山就是人民、人民就是江山”，形成了以人民为中心的发展思想；在倡导变革和开放精神时，强调“周虽旧邦，其命维新”“天行健，君子以自强不息”“苟日新，日日新，又日新”等；在倡导家国情怀时，讲到“先天下之忧而忧，后天下之乐而乐”“位卑未敢忘忧国”“天下兴亡，匹夫有责”等；借鉴“天下大同、协和万邦”“天下一家”，来阐述构建人类命运共同体理念等。这既让马克思主义充盈浓郁的中国味，又用唯物辩证法激活中华优秀传统文化，让中华文化焕发鲜活的时代气韵，实现马克思主义基本原理与中华优秀传统文化的相融互通，让中国化的马克思主义深深烙进中华民族的思想和行动中，成为引领中华民族实现伟大复兴的文化主潮和思想旗帜。

三、马克思主义基本原理同中华优秀传统文化相结合的实现途径

中国共产党一百多年的奋斗史，就是一部不断坚持“两个结合”、推进马克思主义中国化时代化的理论创新史。马克思主义基本原理同中华优秀传统文化的结合不会自动实现，这一结合过程既充满了矛盾和曲折，也充满了探索和创新，需要我们不断总结经验，在实践基础上进行理论提升，才能继往开来，不断走向深入。

推进马克思主义基本原理同中华优秀传统文化的结合，必须坚持党的

① 习近平：《论党的宣传思想工作》，中央文献出版社 2020 年版，第 83 页。

集中统一领导。马克思主义与中华优秀传统文化都存在着向对方敞开的空间和能力，但二者之间的差异并不会因此而消除，反而始终制约着它们的结合过程，在历史上先后出现过教条主义、“全盘西化”、复古排外等具有较大影响力和代表性的错误观点和倾向，这就需要历史主体发扬主动精神加以克服，使这一结合最终实现并臻于完善。中国共产党正是这一能动的历史主体。习近平总书记指出：“推动马克思主义不断发展是中国共产党人的神圣职责。”[①]马克思主义是中国共产党人的思想理论血脉，是当代中国马克思主义的思想理论生长之基；中华优秀传统文化是中国共产党人的精神文化血脉，是当代中国马克思主义的精神文化滋养之源。中国共产党的性质、宗旨、地位，赋予了它在实现这一结合中具有无与伦比的理论自觉、领导能力和职责使命。在推进马克思主义中国化时代化的百年历程中，中国共产党人始终坚持在理论上、思想上进行自我反思、自我批判，不断克服在建党初期把共产国际决议和苏联经验神圣化、把马克思主义教条化的错误倾向，有力驳斥“全盘西化”派的自由主义以及保守派的文化复古主义，在持续不懈的斗争和创新实践中化解马克思主义与中华传统文化的差异所造成的困难，推进二者不断实现更深层次的相融互促。正是在中国共产党人的不懈努力下，马克思主义中国化时代化先后实现了三次历史性飞跃，不断赋予了马克思主义以中国特色、中国风格、中国气派，让马克思主义真正为中国人民所掌握，推动中华传统文化实现现代转型，凝聚起激励全党全国各族人民踔厉奋发的强大精神力量。

推进马克思主义基本原理同中华优秀传统文化的结合，必须坚持和发展马克思主义。马克思主义作为科学的理论、人民的理论、实践的理论和开放的理论，具有极强的理论向导力、思想感召力、价值引领力和实践改造力。习近平总书记指出：“中国共产党为什么能，中国特色社会主义为什么好，归根到底是因为马克思主义行！”[②]马克思主义不仅在历史上深刻改变了世界、深刻改变了中国，而且在今天、在未来还将不断改变世界、改变中国。作为推进马克思主义中国化时代化的重要一环，推进马克思主义基本原理同中华优秀传统文化相结合，必须深刻把握马克思主义思想精髓。

① 习近平：《在纪念马克思诞辰200周年大会上的讲话》，《人民日报》2018年5月5日。

② 习近平：《在庆祝中国共产党成立100周年上的讲话》，《人民日报》2021年7月2日。

"背离或放弃马克思主义，我们党就会失去灵魂、迷失方向。在坚持马克思主义指导地位这一根本问题上，我们必须坚定不移，任何时候任何情况下都不能有丝毫动摇。"[①] 坚持以马克思主义为指导，根本在于坚持马克思主义的立场观点方法，并加以时代化、民族化的丰富发展。习近平新时代中国特色社会主义思想是当代中国马克思主义、21 世纪马克思主义，是中华文化和中国精神的时代精华，为马克思主义在当今时代的大发展作出了开创性、全面性、历史性贡献。在当代中国，真正坚持和发展马克思主义，就要落实到坚持和发展习近平新时代中国特色社会主义思想上。

推进马克思主义基本原理同中华优秀传统文化的结合，必须推动中华优秀传统文化创造性转化、创新性发展。习近平总书记指出："不忘历史才能开辟未来，善于继承才能善于创新。优秀传统文化是一个国家、一个民族传承和发展的根本，如果丢掉了，就割断了精神命脉。"[②] 强调"中华优秀传统文化是我们党创新理论的'根'"[③]。中华优秀传统文化蕴含着中华民族几千年来形成的深邃哲学思想和道德理念，并把人的精神生活纳入国家理想和社会理想之中，既为人们的社会实践活动提供了理论参考，也成为马克思主义理论为人们接受认同的社会认同基础。中华传统文化博大精深、内涵丰富，在其形成发展过程中，难免会受到时代条件、认知水平的局限和制约，不可避免会存在诸多与新时代不相适应甚至背道而驰的思想内容。同时，在马克思主义理论指导下的中国特色社会主义事业日新月异，经济、社会、生活各领域都发生了翻天覆地的变化，特别在民主政治、市场经济、社会治理等方面进步显著，与中华传统文化形成的背景迥异，中华传统文化的思想内涵与时代发展确实存在着一些不相协调、不相适应的地方，这就需要推动中华优秀传统文化创造性转化、创新性发展，以充分发挥和彰显中华优秀传统文化在推动当今中国社会发展进步过程中的价值和意义。一方面，要注重挖掘和汲取那些在当前时代仍然有价值、意义、生命力、影响力的活的东西，使之转化为当代中国马克思主义的有机内容，将中华优秀传统文化精华融入马克思主义理论中，丰富和发展马克思主义，使其具有鲜明的中国性格和中国特色；另一方面，要建立起马克思主义与中国

① 《习近平谈治国理政》第 2 卷，外文出版社 2017 年版，第 33 页。

② 《习近平谈治国理政》第 2 卷，外文出版社 2017 年版，第 313 页。

③ 《全面推进乡村振兴　为实现农业农村现代化而不懈奋斗》，《人民日报》2022 年 10 月 29 日。

文化、中国思想的内在联系，运用习近平新时代中国特色社会主义思想的世界观、方法论和贯穿其中的立场、观点和方法创新发展中华优秀传统文化，使中国化的马克思主义接续上中华文化、中国思想的传统。

习近平新时代中国特色社会主义思想传承创新中华优秀传统文化解读

辽宁社会科学院　郭莲纯　齐　心

习近平总书记在党的二十大报告中指出："不断谱写马克思主义中国化时代化新篇章，是当代中国共产党人的庄严历史责任"，并强调"坚持和发展马克思主义，必须同中华优秀传统文化相结合"。[①]这深刻阐释了中华优秀传统文化之于马克思主义中国化时代化的重要地位，表明中华优秀传统文化对全面建成社会主义现代化强国、全面推进中华民族伟大复兴的重要意义和时代价值。围绕中华优秀传统文化，习近平总书记提出了许多重要论断，系统梳理并科学阐释这些新观点与新思想，既是全面把握习近平新时代中国特色社会主义思想的必然要求，也是继续推进马克思主义中国化时代化的应有之义。

一、习近平新时代中国特色社会主义思想对中华优秀传统文化重要论述的依据

习近平总书记关于中华优秀传统文化的重要论述源自马克思主义关于

① 习近平：《高举中国特色社会主义伟大旗帜　为全面建设社会主义现代化国家而团结奋斗——在中国共产党第二十次全国代表大会上的报告》，人民出版社 2022 年版，第 18 页。

传统文化的思想观点、传承了中国共产党对待优秀传统文化的态度、植根于新时代中国特色社会主义的实践需要，其生成具有深刻的理论逻辑、历史逻辑与现实逻辑。

（一）马克思主义为中国传统文化的思想观点提供了理论依据

习近平总书记指出："一个民族要走在时代前列，就一刻不能没有理论思维，一刻不能没有思想指引。"[①] 马克思主义科学揭示了人类社会发展规律，是正确认识世界与改造世界的思想武器。习近平总书记对中华优秀传统文化的认识考察扎根于马克思主义理论土壤，始终坚持科学的视角、方法与态度，永葆马克思主义理论本色的同时具有深厚的理论滋养。马克思、恩格斯科学揭示了经济基础与上层建筑的辩证关系，指明经济基础决定文化，有什么样的生产方式就会造就什么样的精神文化。传统文化是对既往生产力、生产关系的反映，受当时社会环境的影响，一方面不可避免地会存在陈旧过时甚至是腐朽落后的部分，但另一方面也凝结了时代的精华，因而要辩证看待传统文化，在"同传统的观念实行最彻底的决裂"[②] 中保留优秀成分。习近平总书记在谈及传统文化时坚持了这一基本观点，提出要"有鉴别地加以对待"[③] "摒弃消极因素，继承积极思想"[④]，在批判中正确认识并科学对待传统文化，在继承中弘扬优秀传统文化。

推动优秀传统文化创新发展。马克思、恩格斯在阐述经济基础之于文化的决定性作用时，也揭示了文化对于经济基础具有能动的反作用，同时文化自身也有自己发展的规律，并不一定与时代保持一致，这就使得"人们在以后某个时代的斗争中可以依靠先前时代理论家的威望"[⑤]，可以充分借鉴优秀传统文化的力量，为时代发展服务。这种强调结合时代所需进行文化传承创新的思想，为优秀传统文化发展指明了前进方向，也为文化建设提供了根本指南。

---

① 习近平：《在党史学习教育动员大会上的讲话》，人民出版社 2021 年版，第 11 页。

② 《马克思恩格斯选集》第 1 卷，人民出版社 2012 年版，第 421 页。

③ 《习近平关于社会主义文化建设论述摘编》，中央文献出版社 2017 年版，第 139 页。

④ 习近平：《在文艺工作座谈会上的讲话》，人民出版社 2015 年版，第 26 页。

⑤ 《马克思恩格斯选集》第 1 卷，人民出版社 2012 年版，第 205 页。

（二）中国共产党对待中华优秀传统文化的基本态度夯实了历史根基

习近平总书记指出，中国共产党自成立起就是“中华优秀传统文化的忠实传承者和弘扬者”[①]，百年党史凝结着中国共产党传承和弘扬中华优秀传统文化的基本态度与主要立场。纵观百年党史，中国共产党人在马克思主义科学真理指引下，结合中国当时的实际情况，探寻到一条正确的救国救民之路，充分证明了“马克思主义必须通过民族形式才能实现”[②]，要重视中国既有的历史文化传统。中华民族自古以来“乐以天下，忧以天下”“天下兴亡，匹夫有责”“杀身成仁，舍生取义”的精神品格也为中国共产党人克服困难艰险提供了重要精神力量。在社会主义革命和建设时期，毛泽东从文化建设发展的视角，进一步提出“推陈出新”“古为今用”等传统文化继承方针。改革开放和社会主义现代化建设新时期，在推进社会主义现代化建设过程中，邓小平也强调要重视历史文化，并借用《礼记·礼运》中“小康”一词来指代中国的现代化，鲜明展示了中国特色与中国风格。江泽民也强调不能割断历史，对优秀的民族传统文化要结合时代的特点加以发展，推陈出新，使它不断发扬光大，在国家治理中更是进一步提出依法治国与以德治国相结合的思想。胡锦涛则更进一步系统阐明了中华优秀传统文化的历史地位、发展方向、挖掘保护、教育开发等内容，鲜明提出要“弘扬中华文化，建设中华民族共有精神家园”[③]。步入中国特色社会主义新时代，习近平总书记进一步从精神命脉、文化基因、突出优势等多个视角阐释延续历史文化的重要性，深刻阐明了中华优秀传统文化之于治国理政与国际交往、社会治理与核心价值观建设、家庭和谐与个人道德提升的重大意义，并提出全面具体的传承路径，对中华优秀传统文化的理解迈上新的台阶。

---

① 习近平：《决胜全面建成小康社会　夺取新时代中国特色社会主义伟大胜利——在中国共产党第十九次全国代表大会上的报告》，人民出版社 2017 年版，第 44 页。

② 中共中央文献研究室、中央档案馆编：《建党以来重要文献选编（1921—1949）》第 15 册，中央文献出版社 2011 年版，第 651 页。

③ 《胡锦涛文选》第 2 卷，人民出版社 2016 年版，第 640 页。

（三）为新时代中国特色社会主义的实践奠定了现实基础

习近平总书记在论述中华优秀传统文化时始终立足于新的时代方位，扎根实践，直面中国发展的新情况、新特点、新要求、新困境、新难题、新挑战，充分利用中华优秀传统文化丰厚的思想资源与强大的精神激励，为治国理政服务、为破解发展难题服务，具有强有力的现实支撑。实现中华民族伟大复兴离不开中华优秀传统文化。习近平总书记深刻指出："没有高度文化自信、没有文化繁荣兴盛就没有中华民族伟大复兴"①，"中华优秀传统文化是中华民族的突出优势"②。今天的社会主义中国是古老中国的现代发展，是从五千多年悠久的中华历史中走来的。积淀于漫长历史进程中的中华优秀传统文化能够为当前中国的发展提供有益的思想启示、制度启发、经验借鉴，有助于推进中国特色社会主义建设。同时，实现中华民族伟大复兴不仅仅是达成物质上的充盈，更是要实现精神上的繁盛。在实现祖国统一的历史伟业中，更需要发挥中华优秀传统文化"根"与"魂"的作用，增进两岸同胞心灵契合，为实现祖国统一奠定良好的根基。从国际发展而言，今天的中国更加自信、包容、开放，成为国际秩序的引领者与建设者。不断化解外界对中国的误读，展现可信、可爱、可敬的中国形象，需要以中华优秀传统文化为平台与突破口，在多元文化交流交往中增进世界人民对中国的认识与了解。

二、习近平新时代中国特色社会主义思想对中华优秀传统文化重要论述的主要内容

习近平总书记以深邃的历史眼光审视考察中华优秀传统文化，围绕把握时代脉搏、扩展理论深度、明确现实指向、聚焦创新发展四个维度，从全新定位、基本内涵、现代价值、传承弘扬四个主要方面展开具体论述，内容翔实丰富，语言生动活泼，具有浓厚的"传统味道"与鲜明的"时代风格"。

---

① 《中共中央关于党的百年奋斗重大成就和历史经验的决议》，人民出版社 2021 年版，第 44 页。

② 《中共中央关于党的百年奋斗重大成就和历史经验的决议》，人民出版社 2021 年版，第 46 页。

（一）站在新的历史高度阐明中华优秀传统文化的全新定位

习近平总书记在论述中华优秀传统文化时，紧紧围绕新时代这一新的历史方位，深刻把握发展大势与时代使命，将中华优秀传统文化放在中华民族发展历程、中国新时代发展道路、世界文明发展趋势中进行全新定义，站位高、格局大、立意深远。中华优秀传统文化是中国特色社会主义植根的文化沃土。一个国家和民族的发展道路、政治制度、治理体系的选择与其历史传承、文化传统、社会底蕴有着不可分离的密切关系。中国特色社会主义道路是从中国大地上生长起来的，深受中国独特的历史发展、文化特质、精神基因的影响，一方面从中华优秀传统文化中的民本思想、大同思想、和谐思想、天人合一思想、革故鼎新思想中汲取了丰富的思想资源；另一方面，依托中华文脉的延续性与稳定性获得了不竭的发展源泉与独一无二的发展优势。习近平总书记深刻指出："如果没有中华五千年文明，哪里有什么中国特色？"[①] 植根于五千年历史文化沃土的中国特色社会主义道路，蕴藏着无比深厚的发展潜力与无比广阔的发展前景。

（二）多角度全方位阐释了中华优秀传统文化的基本内涵

习近平总书记在谈及中华优秀传统文化时，既着眼历史发展、也进行理论归纳，既把握整体全貌、又总结精髓要义，既注重原文经典、也掌握根本特点，从多个方位与视角深刻剖析中华优秀传统文化的理论内涵，扩展对其认识的科学性、全面性与系统性。梳理中华优秀传统文化的发展历程与主要脉络，习近平总书记指出，中华优秀传统文化的发展"从先秦子学、两汉经学、魏晋玄学，到隋唐佛学、儒释道合流、宋明理学，经历了数个学术思想繁荣时期"，[②] 产生了儒、释、道、墨、名、法等各家学说。在丰富的思想盛宴中，以"仁"与"礼"为内核的儒家思想满足了小农经济与封建制度的发展需要，成为中国古代社会的主流思想。凝练中华优秀传统文化的内容结构与思想精髓，中华民族创造了大量文化瑰宝，有天人论、人性论、义利论、理欲论、公私论、知行论等丰富的哲学思想，有仁爱、

① 《习近平谈治国理政》第 4 卷，外文出版社 2022 年版，第 315 页。

② 习近平：《在哲学社会科学工作座谈会上的讲话》，人民出版社 2016 年版，第 4 页。

公忠、爱国、正义、勇毅、谦敬、诚信、慈孝、节制、明德、礼让、勤俭、廉洁等中华传统美德，有郡县制、科举制等独特制度创造，有造纸术、指南针、火药、印刷术等独特发明，有刺绣、织锦、玉器、漆器、陶瓷等精美工艺，有长城、故宫、都江堰等创世建筑。面对多姿多彩的中华优秀传统文化，习近平总书记从精神文化、制度文化、物质文化分类的视角出发，将其内容结构总结为深刻的思想体系、丰富的科技文化艺术成果、独特的制度创造。

（三）正确认识中华优秀传统文化的现代价值

面对数千年历史传承所形成的珍贵遗产，习近平总书记指出："历史文化遗产承载着中华民族的基因和血脉，不仅属于我们这一代人，也属于子孙万代。"[①]要坚持唯物史观，正确认识从古代传统社会中积淀形成的中华优秀传统文化，将蕴含于其中跨越时空边界、具有永恒魅力的思想精髓挖掘出来，在延续文化根脉中充分发挥中华优秀传统文化对于国家发展、社会建设、个人提升、世界文化交流的重要时代价值，为国家富强提供重要的文化支撑。习近平总书记指出，要注重用中华优秀传统文化培根铸魂[②]，发挥其对社会价值观培育的涵养作用，更好地争取"最大公约数"、凝聚全社会力量、形成强大向心力，为社会治理进一步奠定良好的文化与价值基础，在达成全社会共识中稳步推进社会建设与发展，为人民幸福提供丰富的思想资源。

面对今天世界范围中多元文化交流激荡的新特点，中华优秀传统文化始终坚持走出国门，传播中国声音，展现中华文化的魅力，在平等、尊重各国文化的基础上，积极推动不同文化的交流发展，不断增添世界文化的多样性，既为世界文明交流互鉴提供了重要的平台与窗口，也为人类文明进步注入了持久不断的发展动力。习近平总书记也多次表示愿同各国一道"坚持和而不同，倡导美美与共，为人类文明进步作出更大贡献"[③]。

---

① 《向全国各族人民致以美好的新春　祝福祝各族人民幸福安康祝伟大祖国繁荣富强》，《人民日报》2022 年 1 月 28 日。

② 《中共中央关于党的百年奋斗重大成就和历史经验的决议》，人民出版社 2021 年版，第 45 页。

③ 《习近平向 2021 "一带一路"·长城国际民间文化艺术节致贺信》，《人民日报》2021 年 9 月 16 日。

（四）坚守中华文化立场推进中华优秀传统文化的传承弘扬

习近平总书记多次强调要坚守中华文化立场，延续中华民族精神命脉。在传承弘扬中华优秀传统文化中，既要保持民族特色，维护文化特性与文化独立性，又要适应时代发展需要，不断实现转化与创新，在增添新的思想内涵中提升发展活力，不断铸就中华文化新辉煌。明确中华优秀传统文化传承弘扬的基本方针，习近平总书记创造性地提出了“中华优秀传统文化创造性转化、创新性发展”的“双创”方针，指出重点是要“把握传承和创新的关系，学古不泥古、破法不悖法”[①]。一方面，继承是创造性发展的前提，没有中华优秀传统文化的继承，没有丰富的历史文化根基，创造性发展无从谈起；另一方面，创造性发展又是继承的必然要求，继承并不是完全回归传统，只有结合时代需要、结合现实要求，才能始终保持文化的活力，真正实现延续与传承，赓续文化根脉，明确中华优秀传统文化传承弘扬的主要原则。

习近平总书记指明“中华优秀传统文化是中华民族的突出优势，是我们在世界文化激荡中站稳脚跟的根茎，必须结合新的时代条件传承和弘扬好。”[②]提出构建全面、系统、有效的传承发展体系，通过多种渠道与途径更好地实现延续与弘扬。具体来说，要加强理论阐释，挖掘文化典籍中的丰富思想；要加强教育普及，达成政府、社区、学校、家庭协同共促的中华优秀传统文化教育格局；要做好文化遗产保护工作，加强对珍贵文物、文化建筑、民族风俗、传统技艺等的传承；要推进开发与创新，加强文艺创作，用现代手段赋予传统文化新的活力，促进文化创意产业开发；要创新传播方式与手段，通过主题活动、实地参观、民族节日、纪念活动等多种形式，利用线上线下多个传播路径弘扬中华文化，并积极向世界宣传推介，通过孔子学院、文博会、博览会、文化年、作品展览、巡回演出等多种途径，展示中华优秀传统文化的丰富内涵与独特魅力，不断提升中华文化的世界影响力与感染力。

---

① 《增强文化自觉坚定文化自信　展示中国文艺新气象铸就中华文化新辉煌》，《人民日报》2021年12月15日。

② 《中共中央关于党的百年奋斗重大成就和历史经验的决议》，人民出版社2021年版，第46页。

三、习近平新时代中国特色社会主义思想对中华优秀传统文化重要论述的创新性贡献

中国特色社会主义进入新时代，中国实现了由“赶上时代”到“引领时代”的伟大跨越，在新的历史方位与时代背景下，习近平总书记围绕中华优秀传统文化提出了许多新观点与新论断，这些新思想进一步深化了党对中华优秀传统文化的认识，促进了中国特色社会主义文化的繁荣与发展，不断开辟了中国特色社会主义新境界，为世界发展贡献了彰显大国担当的中国智慧与力量。

（一）全面阐释中华优秀传统文化理论，深化党对中华优秀传统文化的认识

习近平总书记在谈及中华优秀传统文化时，既对其理论内涵进行了全面阐释，也指明了实践应用、传承弘扬的途径方式，全面系统地回答了“中华优秀传统文化是什么”与“如何对待中华优秀传统文化”两大问题，进一步拓展了对中华优秀传统文化的认识视野与理解深度，深化了党对中华优秀传统文化的理论认识。习近平总书记站在马克思主义立场，秉持科学方法与态度审视考察中华优秀传统文化，沿着“为什么—有什么—如何对待—如何传承”的逻辑思路，从定位、内涵、价值、弘扬等多个视角阐释中华优秀传统文化，不仅揭示了其丰富的思想内涵，也指明了其之于中国特色社会主义发展的重要地位与当代价值，党对中华优秀传统文化的认识迈上新的台阶。同时，习近平总书记对中华传统文化的一些新思想、新观点、新论断，都是首次提出，实现了重大理论创新。

（二）增强文化自信，提升文化软实力，繁荣和发展中国特色社会主义文化

中华优秀传统文化是中国特色社会主义文化之源，在新时代以什么样的视角看待中华优秀传统文化，以什么样的思路实现中华优秀传统文化传承弘扬，是繁荣和发展中国特色社会主义文化必须回答好的重大课题。习近平总书记在阐释中华优秀传统文化时，并不是孤立的、静止的、仅作学理上的解释，而是将中华优秀传统文化同当前文化发展的使命与任务相结

合，回应时代关切的问题，突出中华优秀传统文化是文化自信的根源。文化软实力的核心是核心价值观，习近平总书记多次谈及中华优秀传统文化对于中国人认识世界、思考问题、待人接物的深刻影响，阐明其之于价值认同、价值判断、价值选择的涵养作用，将中华优秀传统文化与核心价值观培育、与文化软实力紧密联系，深刻揭示了中华优秀传统文化“是我们最深厚的文化软实力”[①]，指明中华优秀传统文化为文化软实力的提升提供了思想文化资源，同时其本身也是打造强大文化软实力不可或缺的重要组成部分。

（三）应用于治国理政全局，不断开辟中国特色社会主义新境界

对待中华优秀传统文化习近平总书记持有更积极的态度，强调将中华优秀传统文化中的哲学思想、制度创建和治世经验充分应用于中国现实发展，既为治国理政提供丰厚的思想资源，也为中国式现代化道路提供文化支撑，在实践发展中不断开辟中国特色社会主义新境界。习近平治国理政新思想在提出、阐释、深化的过程中，都充分汲取并运用了历史智慧与传统理念，从中华优秀传统文化中深挖理论渊源，在理论剖析中获取思想启示与历史镜鉴。

---

① 中共中央宣传部编：《习近平总书记系列重要讲话读本（2016年版）》，学习出版社、人民出版社2016年版，第208页。

“两个结合”视域下中国革命道路的形成与价值

上海社会科学院　冯　莉

在中国化的马克思主义的理论体系中，中国革命道路的形成意味着中国共产党独立自主领导中国革命的开始，这是经历了长期斗争并经实践检验的结果。这条道路不仅是马克思主义基本原理与中国革命具体实际相结合的典型产物，也是马克思主义基本原理与中华优秀传统文化相结合的典型产物。换言之，这条道路是基于中国的历史条件形成的。

一、中国革命道路的提出和历史背景

1928 年，在《中国的红色政权为什么能够存在？》《井冈山的斗争》等文章中，毛泽东分析了处于白色政权包围的环境中，农村革命根据地和红色政权产生和发展的原因和条件，提出了“工农武装割据”的思想，为农村包围城市、武装夺取政权的革命道路的形成奠定了基础。1930 年，在《星星之火，可以燎原》一文中，毛泽东回答了“红旗到底打得多久”的疑问。这篇文章初步形成了以乡村为中心，先在农村建立和发展红色政权，待条件成熟时再夺取全国政权的思想。另外，他在《战争和战略问题》中指出：“共产党的任务，基本地不是经过长期合法斗争以进入起义和战争，也不是先占城市后取乡村，而是走相反的道路。”[①] 从此把经过长期武装斗争，先占乡村，后取城市，最后夺取全国胜利，作为革命道路确立下来。

回头看，中国近代史的发展进程是中国劳苦大众觉醒和觉悟的过程，而大众的觉醒和觉悟也是中国共产党领导中国近代社会革命的重要基础或前提。这个过程伴随着我国从半殖民地半封建国家向现代转型和在中国共产党领导下走社会主义道路的历史转向。1921 年中国共产党成立，中国革命的面貌开始发生翻天覆地的变化，革命的中国共产党人选择了马克思主义和社会主义的道路。而基于马克思主义理论在苏俄取得了革命胜利这一唯一经验，中国共产党人首先是着重于和中国工人阶级相结合并以中心城市的进攻为主要方向。但是这并不意味着中国共产党人“放弃”了农民阶级。

工人阶级之所以能成为斗争的主力，被寄予厚望，重要原因就在于其组织起来产生的强大影响力。革命者们把希望寄托在了联合工人群体进行斗争上。每期的《劳动周刊》也在最显眼处呼吁：“世界的工人们联合起来啊！”“工人的联合”在相当长的一段时间内成为中国革命的目标或方向，工人们成为革命的中坚力量。而与之形成鲜明对比的则是对“农民的联合”的意识相对迟滞。其中的原因大致包括：首先，马克思主义告诉我们，无产阶级是资产阶级的掘墓人，无产阶级是资本主义生产方式的必然产物，必然随着资本的发展而获得同一程度的发展，即资本主义愈发展，无产阶级也将愈发展，资本主义的生产方式造就了除自己之外大批一无所有的无产者，并使其日益成为一个有组织的整体；其次，近代中国城市的迅猛发展和近代中国工业化的应运而生是相辅相成的，并且与世界其他国家的工人阶级相比，中国的工人阶级并没有什么不同；再次，苏联的以城市为中心发动暴动并取得无产阶级政权的模式给予了革命者们以参照，使当时的绝大多数革命者看到了学习苏联发动城市起义并建立新生政权的巨大希望，因此对劳农的力量并没有给予充分的关注；最后，当时中国农民所处的生存状况极其凋敝，一方面是国外廉价商品的输入，农村的手工业产品销售受挫，农村经济连年衰退，另一方面是军阀、地主对土地和农民的掠夺造成农村局势连年动荡，农民生产生活难以为继。由此，城市工人与农民生

① 《毛泽东选集》第 2 卷，人民出版社 1991 年版，第 542 页。

产和生活状况的极端不平等吸引了革命者和知识分子更多的关注。从某种意义上讲，这些原因的产生是形势使然。

1922 年 2 月，列宁的《劳农政府之成功与困难》一书被翻译和介绍到中国。列宁在书中特别强调在苏维埃建设的实际中最关键的一个问题就是农民问题，在他看来，农民占社会的大多数，工人阶级只有得到占大多数人口的农民的援助，"这就是劳农政府底乡村柱石"，工人阶级必须得到占大多数人口的农民的援助；富农是苏维埃政权打倒的对象，"我们亦必要压迫他们"；贫农和中农是我们联合的对象，要"把贫民和农村的中等分子组织起来，以便唤醒他们，一步一步改良他们的守旧的癖性和自由贸易的企图，以便反驳或治理他们固有的'自由的'努力"。[①]这也为新成立的中国共产党在以后的工作中如何团结和领导革命斗争提供了路径借鉴。

之后，在第一次国共合作的背景下，中国共产党对农民问题的认识不断深入，并为推进农民运动，通过开办农民运动讲习所、农民运动讲习班等形式提出了一系列新政策。这些讲习所或讲习班实际上都由中国共产党人负责并起主导和核心作用。关于创办农民运动讲习所的目的，《中国国民党中央农民运动讲习所开学纪念特刊》阐述得十分清楚："革命的基础是什么，就是有组织的民众，尤其是广大的农民群众。为应付这种革命的需要，必须培养一批农民运动实际工作人员，以担负这个工作，这是创办农所的第一个要求。其次，农民问题是一个非常重大的问题，是三万万二千万人的问题。如果农民问题得不到解决，国民革命永远不会成功。因此农民问题实为国民革命的中心问题。中央农民运动讲习所的使命，就是要训练一般能领导农村革命的人才出来，对于农民问题有深切的认识，详细的研究，正确解决的办法，更有农运的决心。其任务就是开学宣言所提出的，'几个月后，都跑到乡间，号召广大的农民群众起来，实行农村革命，推翻封建势力。'而农讲所的近三十门课程正是根据创办的目的和任务而设置的。"[②]在这个过程中，农讲所培养了一大批很有领导能力的人才，他们积极投入到农民运动的工作中，成为中国革命中农民运动的先驱。

农民运动的逐渐迅猛发展和中国共产党对农民问题的重视决定了中国

---

① 曾银慧：《列宁经典著作：〈劳农政府之成功与困难〉》，《决策与信息》2017 年第 4 期。

② 《中国国民党中央农民运动讲习所开学纪念特刊》1927 年 3 月。

革命道路的特殊性，这显然与苏俄的状况不尽相同。李大钊、陈独秀、毛泽东、彭湃、瞿秋白、邓中夏等共产党人在农讲所开办时期对农民问题进行了积极的探索和总结。其中，毛泽东编纂和出版了《农民问题丛刊》，旨在宣传革命思想和推动农民运动发展，他还经过实地调查研究发表《中国社会各阶级的分析》《国民革命与农民运动》等，这些都成为指导中国革命的重要理论武器，意义深远，为后来中国共产党独立领导武装战争、开展土地革命积累了宝贵的经验和教训。

而从 1926 年下半年起，随着北伐的胜利进军，轰轰烈烈的农民运动迅速发展壮大，对农村各种封建宗法思想和封建统治制度进行了批判和鞭挞。但是农民运动的蓬勃发展，遭到国民党右派和封建地主豪绅的诋毁和破坏，纷纷污蔑他们是“痞子运动”“土匪行为”，是“糟得很”。同时，农民运动也经常遭到党内右倾错误领导的怀疑和责难。当时党内存在着两种倾向，“第一种倾向，以陈独秀为代表，只注意同国民党合作，忘记了农民，这是右倾机会主义。第二种倾向，以张国焘为代表，只注意工人运动，同样忘记了农民，这是‘左’倾机会主义。”[①] 但无论哪种，都是片面地否认农民，认为农民运动会影响同国民党的统一战线，会干扰中国革命。“为了迁就国民党，他们宁愿抛弃农民这个最主要的同盟军，使工人阶级和共产党处于孤立无援的地位。”[②] 这实际上表明，包括共产国际、中共中央以及大多数中共党员在内，仍然固守“城市包围农村”的革命道路理论，认为虽然农村的革命力量有所发展，但是农村工作只能是辅助性的、次要的，“只要是在产业区域与政治中心爆发了一个伟大的工人争斗，便马上可以形成革命的高潮”，因此“决不能有甚么‘割据’、‘偏安’的局面”，“如果只注意在某几省区的狭隘的范围，而忽视了全国工作同时加紧的配合，便是绝对的错误观念”[③]，并认为如果农村革命道路的探索打断了城市中心道路，就会对革命力量造成重大损失。

那么，农民运动到底是“糟得很”，还是“好得很”？为了回答这个问题，时任中共中央农委书记的毛泽东开始了对湖南农民运动的实地考察，

---

① 《毛泽东选集》第 1 卷，人民出版社 1991 年版，第 3 页。

② 《毛泽东选集》第 1 卷，人民出版社 1991 年版，第 12 页。

③ 中共中央文献研究室、中央档案馆编：《建党以来重要文献选编（1921—1949）》第 7 册，中央文献出版社 2011 年版，第 189、194 页。

写下了《湖南农民运动考察报告》。毛泽东在报告中这样描述他眼中的湖南农村："农会势盛地方，牌赌禁绝，盗匪潜踪。有些地方真个道不拾遗，夜不闭户"，这当然是"好得很"！[①]经过这次考察，毛泽东更加肯定了农民在中国革命中的作用，说明农民问题是决定中国革命全局的问题，必须放手发动农民、组织和依靠农民，才能取得革命的胜利。"一切革命同志须知：国民革命需要一个大的农村变动。辛亥革命没有这个变动，所以失败了。现在有了这个变动，乃是革命完成的重要因素。"[②]从1927年3月5日起，这篇报告先后在中共湖南省委机关刊物《战士》周报等报纸连载，4月，以单行本出版发行。这份报告在历史的紧要关头，为进一步革命指明了方向，推动了农村大革命运动的继续发展，也显然影响到了包括瞿秋白在内的部分共产党人。他们认为根据实际情况，在农民运动发展比城市的工人运动发展要快得多的情况下，若"依然是将大部分的力（量）都用在城市中，实不如用在农村中为好，在农村中一定得的效果更大。若是革命势力占据了广大农村之后，他还是可以联合起来包围城市，封锁城市，用广大的农村革命势力以向城市进攻，必然可以得着胜利"[③]。由此，中国逐渐摆脱了"必须紧张全部力量，去发展政治罢工，立定准备总政治罢工的方针"[④]。很快，农民群众夺取地主武装、扩大农民武装的斗争也进一步开展起来。正因为有了这样的基础，中国共产党才能够领导工农群众，在1927年大革命失败后成功地转向土地革命战争。

二、中国革命道路形成的"结合"特征

可见，中国革命必须走农村包围城市、武装夺取政权的革命道路是基于中国社会发展的历史和现实得出的结论。这当然和马克思、恩格斯所设想的革命道路不一样，或者更确切地说，马克思、恩格斯所设想的无产阶级的革命道路是建立在发达的资本主义基础之上的"全世界无产者，联合起来"的道路，虽然在马克思、恩格斯晚期曾设想过社会主义革命在一国

① 《毛泽东选集》第1卷，人民出版社1991年版，第18、22页。

② 《毛泽东选集》第1卷，人民出版社1991年版，第16页。

③ 中共中央党史研究室：《中国共产党历史》上卷，人民出版社1991年版，第278页。

④ 中共中央党史研究室：《中国共产党历史》上卷，人民出版社1991年版，第279页。

的实现，但是如何实现并没有给出明确的回答。同样，也和当时的苏俄情形很不一样，虽然当时的俄国是“小农经济的汪洋大海”，和中国的国情在某种程度上有相似之处，但是，苏俄革命的对象正处于资本主义链条的薄弱时期，所以苏俄的十月革命能够通过攻占大城市然后夺取全国胜利的方式来实现。对于中国来说，中国革命的敌人不但建立了庞大的反革命军队，而且长期占据着中心城市，这在实践中已经证明，不顾实际条件模仿苏俄进攻大城市的城市革命路线行不通，其统治的薄弱环节——农村则具备了联合起来的优势，近代中国农民占全国人口的绝大多数，是无产阶级可靠的同盟军和革命的主力军。

这里包含着两条重要原则，一方面，必须采取武装夺取政权的方式。暴力“是每一个孕育着新社会的旧社会的助产婆；它是社会运动借以为自己开辟道路并摧毁僵化的垂死的政治形式的工具”[①]。面对中国革命异常险峻而复杂的形势和强大的反动派，毛泽东响亮地提出“须知政权是由枪杆子中取得的”的重要判断，他在批评部分人指责农会的举动“过分”的时候说：“革命不是请客吃饭，不是做文章，不是绘画绣花，不能那样雅致，那样从容不迫，文质彬彬，那样温良恭俭让。革命是暴动，是一个阶级推翻一个阶级的暴烈的行动。农村革命是农民阶级推翻封建地主阶级的权力的革命。农民若不用极大的力量，绝不能推翻几千年根深蒂固的地主权力。”[②]正如马克思早就指出的，“革命”是一切存在阶级和阶级斗争的社会最终不可避免的结论，“在每一次社会全盘改造的前夜，社会科学的结论总是：‘不是战斗，就是死亡；不是血战，就是毁灭。问题的提法必然如此。’”[③]因此，“一般的革命——推翻现政权和废除旧关系——是政治行动。但是，社会主义不通过革命是不可能实现的。社会主义需要这种政治行动，因为它需要破坏和废除旧的东西。”[④]对代表历史未来的新兴无产阶级来说，“现政权和旧关系”都与资产阶级这一统治阶级紧密相连并对它竭力维护，因而要推翻“现政权”和废除“旧关系”就必然要通过革命推翻作为统治阶级的资

① 《马克思恩格斯选集》第3卷，人民出版社2012年版，第564页。
② 《毛泽东选集》第1卷，人民出版社2009年版，第17页。
③ 《马克思恩格斯选集》第1卷，人民出版社2012年版，第275页。
④ 《马克思恩格斯全集》第3卷，人民出版社2002年版，第395页。

产阶级，除此之外“没有任何其他的办法”。[①] 毕竟“只有在革命中才能抛掉自己身上的一切陈旧的肮脏东西，才能成为社会的新基础”[②]。“无产阶级不通过暴力革命就不可能夺取自己的政治统治，即通往新社会的唯一大门”[③]。

另一方面，必须走农村包围城市并最后夺取城市的道路。1920年，作为为共产国际第二次代表大会草拟的文件，列宁发表《土地问题提纲初稿》强调无产阶级必须对农民的革命斗争和被压迫民族的解放斗争进行领导，他指出：“城市无产阶级应当引导农村被剥削劳动群众参加斗争，至少也要把他们争取过来。”[④] 在他看来，“必须有步骤有计划地在农村中进行鼓动工作。如果工人阶级不能得到哪怕是一部分雇农和贫苦农民的拥护，不能用自己的政策使一部分其他农村居民保持中立，那就不能巩固自己的胜利。……放弃这项工作，或者把它交给不可靠的半改良主义者，就等于放弃无产阶级革命。”[⑤] “只有共产党所领导的城市工业无产阶级，才能使农村劳动群众摆脱资本和大地主土地占有制的压迫，摆脱破产，摆脱在资本主义制度存在时必然会一再发生的帝国主义战争。农村劳动群众只有同共产主义无产阶级结成联盟，奋勇地援助无产阶级为推翻地主（大土地占有者）和资产阶级的压迫而进行的革命斗争，此外别无出路。”[⑥] 这一思想对中国共产党建立后探索农村和农民问题提供了理论上的支持。

农村成为反动统治最薄弱的环节和其中蕴藏的强大的变革力量是中国革命在中国共产党领导下走农村包围城市道路的最本质的原因：“国家坏到了极处，人类苦到了极处，社会黑暗到了极处。补救的方法，改造的方法，教育，兴业，努力，猛进，破坏，建设，固然是不错，有为这几样根本的一个方法，就是民众的大联合。……较大的运动，必有较大的联合。最大的运动，必有最大的联合。凡这种联合，于有一种改革或一种反抗的时候，最为显著。……胜负所分，则看他们联合的坚脆，和为这种联合基础

① 《马克思恩格斯选集》第1卷，人民出版社1995年版，第91页。
② 《马克思恩格斯选集》第1卷，人民出版社1995年版，第91页。
③ 《马克思恩格斯选集》第4卷，人民出版社1995年版，第685页。
④ 《列宁选集》第4卷，人民出版社1995年版，第224页。
⑤ 《列宁选集》第4卷，人民出版社1995年版，第252页。
⑥ 《列宁选集》第4卷，人民出版社1995年版，第223页。

主义的新旧或真妄为断。”[①] 此时对劳动者生存状况越来越深入的认识是呼吁“无产阶级联合”的重要依据。“大革命失败之后，共产党人失去了城市。在退出城市的过程中共产党人又得到了农村。这种得与失，在一开始的时候并不是自觉选择的结果。……同城市相比，农村是落后的。但农村包围城市的道路却历史地成为中国民主革命走向胜利之路。这条道路最初虽然表现为失败后的退却，然而它包含着国情对于革命的制约，因此，它最终又成为一种自觉的选择。”[②]

因此，中国革命道路的形成和发展还需要处理好农村革命根据地、武装斗争和土地革命三者的关系，根据地是中国革命的战略阵地，是进行和开展土地革命的依托。近代中国是一个政治、经济、文化发展极不平衡的半殖民地半封建的大国，中国的工人阶级和其他国家的工人阶级并没有不同，中国农民的境遇甚至更惨，劳动者和资本家及既得利益集团之间的对立如此迥异，那么随着劳工、劳农阶级觉悟的不断提升，阶级对立就必然要转向阶级斗争，即阶级话语革命化和政治化，这是农村革命根据地能够在中国存在和发展的根本原因。那些受过大革命影响、曾经有过高涨的革命群众运动的地方为农村革命根据地的建立奠定了较好的群众基础。同时，有相当力量正式武装的存在，在党及其正确政策的领导下，红色政权通过武装斗争才能存在和发展。

三、中国革命道路的形成在马克思主义学术体系建构中的意义

中国革命道路的理论和实践是党运用马克思主义的立场、观点和方法，分析、研究和解决中国革命具体问题的光辉典范，对于推进马克思主义中国化具有重要的历史价值和方法论意义，在中国特色马克思主义理论学术体系中，其地位和作用都具有非凡的典型性。

首先，中国革命道路的形成和发展，丰富了马克思主义关于暴力革命的学说，为半殖民地半封建国家的人民解放斗争提供了重要经验。对 20 世

① 中共中央文献研究室、中共湖南省委《毛泽东早期文稿》编辑组编：《毛泽东早期文稿》，湖南人民出版社 2013 年版，第 239 页。

② 陈旭麓：《近代中国社会的新陈代谢》，生活·读书·新知三联书店 2017 年版，第 381—382 页。

纪初的中国来说，如果进步阶级用武装斗争反对和推翻反动阶级的统治即暴力革命是通向新社会的必由之路，那么被压迫阶级通过武装斗争夺取国家政权的斗争就是历史的必然。因此，中国共产党从一开始听从共产国际到开创自己的革命道路不仅是对马克思主义理论本身的发展，而且为其他被压迫民族和人民探索自身的革命道路提供了借鉴和参照。同时，对后来的中国人继承和发扬伟大革命精神、践行中国特色社会主义道路提供了重要的思想积淀和价值指引。近代中国的多灾多难，中国共产党在长期奋斗历程中形成的革命精神，已经深深融入中华民族的血脉和灵魂，成为中华民族精神的丰富滋养，是鼓舞和激励中国人民不断攻坚克难、从胜利走向胜利的强大精神动力。

其次，中国革命道路的开辟，不仅成功推翻了压在中国人民头上的“三座大山”，而且进一步激发了中华民族的伟大复兴意识，开创了中华民族历史发展的新篇章。这是近代中国第一次独立自主掌握自己命运的开始，是中国共产党独立自主主导和领导中国革命的开始，也是改造中国社会并使之走向现代化的开始。中国共产党在斗争中不断意识到无产阶级联合（组织起来）的重要性，不是“全者的联合，贵族的联合或资本家的联合”，不是小联合，是“民众的大联合”。“我们要知道世界上的事情，本极易为。有不易为的，便是困于历史的势力——习惯。我们倘能齐声一呼，将这历史的势力冲破，更大大的联合”[①]。这就意味着，被联合起来的工人、农民、士兵等都将扮演历史发展中的重要角色，尤其是形形色色的底层社会的劳动者，都不再是国家能力无法触及的边缘群体，而转变成建构新型现代政党和国家的支持者和建设者。这种思维逻辑最后形成的就是“一切为了群众，一切依靠群众，从群众中来，到群众中去，把党的正确主张变为群众的自觉行动”的党的群众路线。从此，党的领导和群众路线相结合，这不仅是近代中国的革命叙事，也是近代以来中国的历史叙事。换言之，中国的无产阶级革命不仅将中国政治传统中的“民本主义”发扬光大，坚持人民当家作主，实现了对历史的纠偏，而且彻底把历史从帝王勋贵的视角中颠倒和解放出来。

---

① 中共中央文献研究室、中共湖南省委《毛泽东早期文稿》编辑组编：《毛泽东早期文稿》，湖南人民出版社 2013 年版，第 314 页。

最后，基于中国历史条件和经验所形成的中国革命道路是毛泽东思想形成的重要标志，是推进马克思主义中国化，把马克思列宁主义普遍原理与中国革命具体实践相结合的光辉典范，当然也因其反对教条主义，坚持实事求是，对推进马克思主义中国化具有重要的方法论意义。邓小平曾经指出："马克思、列宁从来没有说过农村包围城市，这个原理在当时世界上还是没有的。但是毛泽东同志根据中国的具体条件指明了革命的具体道路……用农村包围城市，最后夺取了政权。"[①] 正是"以毛泽东为代表的中国共产党人通过将农民土地问题与革命出路结合起来，开创了'农村包围城市、武装夺取政权'的革命道路，完全跳出了西欧和俄国'城市中心论'的革命逻辑，开创了马克思主义中国化的新篇章。"[②] 毫无疑问，依据中国的具体实际和斗争经验所形成和发展的中国革命道路是中国特色马克思主义理论学术体系的奠基之笔，没有中国革命道路的成功，无论在理论上还是在实践上，中国特色马克思主义理论学术体系大厦的建构将失去重要根基。

---

① 《邓小平文选》第2卷，人民出版社1994年版，第126页。

② 孙乐强：《农民土地问题与中国道路选择的历史逻辑——透视中国共产党百年奋斗历程的一个重要维度》，《中国社会科学》2021年第6期。

科学把握新时代新征程坚持和发展中国特色社会主义的战略思维

——基于党的二十大精神的思考

四川省社会科学院　郝志强

习近平总书记强调："战略问题是一个政党、一个国家的根本性问题。"[①]党的二十大报告通过统筹"两个大局"，清晰认识当代中国进步发展的新形势新任务新要求，通过制定一系列重大战略举措回应了"中国之问"和"人民之问"，通过在发展中坚持胸怀天下回应了"世界之问""人类之问"和"时代之问"。由此可见，党的二十大报告既具有深厚的理论性又具有坚定的政治性，既具有科学的真理性又具有强大的实践性，体现了对未来中国发展的开拓性、全局性和前瞻性思考，蕴含了强烈的战略思维。

一、开辟马克思主义中国化时代化新境界体现战略思维的开拓性特质

习近平新时代中国特色社会主义思想是在新时代的伟大实践中创立的，

① 中共中央宣传部、国家发展和改革委员会编：《习近平经济思想学习纲要》，人民出版社、学习出版社2022年版，第87页。

是党最新的理论创新成果，是引领当代中国推进实践创新的理论武器。习近平总书记指出："不断谱写马克思主义中国化时代化新篇章，是当代中国共产党人的庄严历史责任。"[①] 在新时代新征程上，首先要坚持党的全面领导，以自我革命推进伟大工程，不断加强和深入推进党的建设；其次要坚持人民至上，要充分重视人民群众对历史进步发展的推动作用，以团结奋斗创造历史伟业；最后要坚持守正创新，在坚持马克思主义的基础上，深入推进"两个结合"。

（一）坚持党的全面领导，以自我革命推进伟大工程

办好中国的事情，关键在党。坚持党的全面领导既是"十个明确"的内容之一，也是"十四个基本方略"的内容之一，更是"十三个方面成就"的首要成就。实践已经证明，坚持和发展中国特色社会主义是我们大踏步赶上时代潮流的决胜武器，贯穿在其中的最本质的特征就在于坚持党的全面领导，中国特色社会主义制度相较于资本主义制度的独特优越性和最大优势也在于此。党的十八大以来，习近平总书记在治国理政过程中更加重视党的领导，针对如何在新时代坚持加强党的领导这一问题提出了诸多新思想新战略，不断完善"两个维护"的体制机制，使党的政治纪律和政治规矩得到进一步加强和贯彻落实，不断健全党中央各项重大决策落实机制，并且将党的全面领导作为了国家根本领导制度，也是在这个过程中，全面从严治党深入推进，习近平总书记带领全党找到了治乱兴衰的第二个历史性答案，即坚持自我革命。党的二十大报告明确指出要实现民族复兴，关键在党。从历史进程来看，党在百年演进中的四个历史时期都持之以恒地坚持推进党的建设，并且在这一伟大工程的推进上不断向纵深发展。从党的建设的实践来看，按照新时代党建总要求的规定，以习近平同志为核心的党中央以"全面"为基础，以"治"为要害，抓住了"严"这个关键，通过不断健全制度体系，逐渐完善全面从严治党各项体制机制，推动党的建设实现纵深发展，有力推动党实现自我革命。历史和现实均表明，只有坚持党的全面领导，民族才能有振兴的希望，国家才能有兴旺发达的力量，

---

① 习近平:《高举中国特色社会主义伟大旗帜　为全面建设社会主义现代化国家而团结奋斗——在中国共产党第二十次全国代表大会上的报告》，人民出版社 2022 年版，第 18 页。

人民才能过上幸福安康的生活，中国特色社会主义才能在新时代新征程上夺取更伟大的胜利。

（二）坚持人民至上，以团结奋斗创造历史伟业

党的二十大报告指出：“治国有常，利民为本。”[①]习近平总书记在治国理政中始终坚持将人民放在心中的首要位置，始终坚持深入基层群众了解他们的现实迫切诉求，尽最大努力满足人民群众的企盼，在发展中不断推动共同富裕，极其鲜明地彰显了党对人民立场的坚守。习近平总书记指出：“团结奋斗是中国人民创造历史伟业的必由之路”[②]，百年来党带领全体人民不断创造出的一个个历史伟业就是对这一“必由之路”最好的印证。党的百年征程实质上就是团结带领全体人民为实现民族复兴砥砺前行的征程，百年党史实质上就是党团结带领全体人民勇于实践、创造奇迹的历史，党的百年荣光深深根植于全体人民的团结精神和创造精神之中。同时我们要清醒地认识到，人民群众虽然可以创造属于自己的历史，但是在创造历史的过程中并不是随意的，需要在对已有的历史和社会条件加以运用的基础上创造新的历史，即“在直接碰到的、既定的、从过去承继下来的条件下创造”[③]。因此，新时代新征程上党要团结带领全体人民继续书写崭新的辉煌历史，一方面要尊重历史、敬畏历史，要遵循历史发展的基本规律；另一方面要尊重人民、敬畏人民，在发展中要始终坚守人民立场，发挥他们的主体力量，尊重他们的首创精神，体现党深厚的人民情怀。

（三）坚持守正创新，深入推进“两个结合”

坚持守正创新是马克思主义能够保持旺盛生命力的根本所在，习近平新时代中国特色社会主义思想之所以能够成为新时代新征程指引前行的强大思想武器也正是在于此。党的二十大报告明确指出，党和国家伟大事业

① 习近平：《高举中国特色社会主义伟大旗帜　为全面建设社会主义现代化国家而团结奋斗——在中国共产党第二十次全国代表大会上的报告》，人民出版社 2022 年版，第 46 页。

② 习近平：《高举中国特色社会主义伟大旗帜　为全面建设社会主义现代化国家而团结奋斗——在中国共产党第二十次全国代表大会上的报告》，人民出版社 2022 年版，第 70 页。

③ 《马克思恩格斯选集》第 1 卷，人民出版社 1972 年版，第 603 页。

的成功“归根到底是马克思主义行，是中国化时代化的马克思主义行”[①]。坚持守正创新要求对马克思主义要秉持科学的态度，要结合中国的具体问题具体实践加以运用，要结合中华文化使其能够深深扎根在中国大地上，这就使得在推进马克思主义中国化时代化进程中形成“两个结合”的创新维度。第一个维度是要将马克思主义科学运用于解决中国社会主要矛盾和问题的伟大实践中，并在实践中升华理论，马克思主义认为，要进行理论上的创新必须回到实践，从实践中去找寻创新路径，通过解决实际问题助推理论创新；第二个维度是坚持以马克思主义激发中华文化的生机与活力，中华优秀传统文化是中国进步与发展的文脉，通过将中华优秀传统文化中讲求的“天下为公、民为邦本”等思想与马克思主义深度融合，使得二者在跨越时空中实现“交流对话”。

二、谱写全面建设社会主义现代化国家新篇章凸显战略思维的全局性特质

“不谋全局者不足以谋一域。”习近平总书记多次强调办事情想问题要具有战略意识，要“善于算大账、总账、长远账，不能只算地方账、部门账、眼前账”[②]。党的二十大报告对于新时代新征程谱写全面建设社会主义现代化国家新篇章进行了全局性的战略安排，突出表现在三个方面：一是在战略眼光上，坚持当前与长远相统一，着力实现可持续发展；二是在战略部署上，坚持局部与全局相统一，着力实现整体发展；三是在战略视野上，坚持国内与国际相统一，着力实现全人类共同发展。

（一）在战略眼光上，坚持当前与长远相统一

“谋先事则昌，事先谋则亡。”推进伟大事业是一项长远的工程，正如习近平总书记指出的要将“谋当下和谋未来统一起来”[③]，这就要求在战略

① 习近平：《高举中国特色社会主义伟大旗帜 为全面建设社会主义现代化国家而团结奋斗——在中国共产党第二十次全国代表大会上的报告》，人民出版社 2022 年版，第 16 页。

② 《习近平谈治国理政》第 2 卷，外文出版社 2017 年版，第 221 页。

③ 习近平：《论把握新发展阶段、贯彻新发展理念、构建新发展格局》，中央文献出版社 2021 年版，第 17 页。

眼光上，要坚持当前和长远相统一。一方面要立足于当前实际，正视当前发展所处的历史方位，作出与当前发展实际相符的战略举措；另一方面要着眼于长远发展进行谋划，对未来发展作出科学预测，正确把握未来的发展方向和发展趋势。习近平总书记对于当前和长远的关系有着较为深入的把握，他指出："我们做一切工作，都必须立足当前、着眼长远。"[①]在党的二十大报告中也突出体现了坚持当前和长远相统一的思想，"立足当前"就是要清晰地看到我国是一个发展中大国，仍处于社会主义初级阶段，"着眼长远"就是要明确新时代新征程中国共产党的使命任务。在新时代新征程上，"立足当前"能使我们科学把握发展的历史方位，"着眼长远"能够使我们看到基于社会发展规律基础上形成的对未来发展的战略蓝图。在新时代新征程上，"当前"最主要的任务就是要在世界经济发展变化和国际格局深刻调整这一"百年未有之大变局"中清晰地认识到中国自身的发展实际与时代定位；"长远"则主要是在对中国发展历程、发展成就进行深刻总结的基础上揭示出中国未来发展的趋势和方向。只有这样，才能对中国未来社会历史发展的趋势作出科学判断，使党和国家的各项决策能够更加科学正确。

（二）在战略部署上，坚持局部与全局相统一

唯物辩证法认为，整体与部分既相互矛盾，又相互联系。由此可见，局部与全局是辩证统一的。一方面局部从属于全局，另一方面处理好局部的事情使统筹全局有了更加坚实的基础和条件。党的二十大报告从统揽全局和协调局部的有机统一中对全面建设社会主义现代化国家进行了精心设计，具体体现在四个方面：首先，党的二十大报告对习近平新时代中国特色社会主义思想作了更为科学且全面的诠释，并将其作为新时代新征程夺取新胜利的指导思想，通过全面贯彻这一新思想使得全党能够真心拥护"两个确立"，真正做到"两个维护"；其次，党非常重视发展问题，清醒地认识到党要实现执政兴国，发展仍然是第一要务，党的二十大报告对于如何实现第二个百年奋斗目标作了细致的部署，并且明确指出首要任务就是要实现高质量发展；再次，党的二十大报告坚持问题导向，对于事关经济社会

① 习近平：《干在实处走在前列——推进浙江新发展的思考与实践》，中共中央党校出版社2006年版，第549页。

发展大局的矛盾与问题进行了深入思索，指出要在解决好社会主要矛盾，实现发展的平衡与充分中助推全面建设社会主义现代化国家；最后，党的二十大报告坚持人民至上的思想，坚持把实现人民对美好生活的向往作为现代化建设的出发点和落脚点，指明要分步骤分阶段扎实推动共同富裕，从而到 2035 年能够实现人的全面发展、全体人民共同富裕取得更为明显的实质性进展这一发展目标。总的来讲，党的二十大报告在未来发展的战略部署上实现了全局和局部的统筹兼顾，在全局谋划中考虑局部发展问题。

（三）在战略视野上，坚持国内与国际相统一

党的二十大报告明确指出："我们党立志于中华民族千秋伟业，致力于人类和平与发展崇高事业"①，不仅体现了党着眼于中国自身的发展，更体现了党关注全人类的共同发展，高度展现了党始终坚持胸怀天下，彰显了党宽广的世界视野。和平与发展仍然是当今时代的主题，基于此应该认识到各国同属一个地球村，是休戚与共的命运共同体，不能够完全割裂开来，要在联合国宪章与宗旨的基础上共同维护世界来之不易的和平，共同推动世界朝着更加美好的未来发展；同时也应该认识到，单边主义盛行，霸权霸道霸凌大行其道，冷战思维和零和博弈抬头，局部地区热战又起，整个国际格局变化深刻而复杂，世界又一次站在历史的十字路口，客观上要求我们不能仅仅局限于自身的发展，更要对世界局势有高度关切和反思。党的二十大报告深谙决定世界之变的内在逻辑，对历史发展潮流进行敏锐把握，统筹国内发展与国际发展两个大局，将促进世界和平与发展、推动构建人类命运共同体作为新时代新征程的一项重要战略主张，从而使我们能够抓住重要战略机遇期，在国际关系处理上赢得战略主动。

三、擘画中华民族伟大复兴美好愿景彰显战略思维的前瞻性特质

当前，国际社会正经历深刻调整，"世界之变"前所未有，同时"中国

① 习近平：《高举中国特色社会主义伟大旗帜　为全面建设社会主义现代化国家而团结奋斗——在中国共产党第二十次全国代表大会上的报告》，人民出版社 2022 年版，第 1 页。

之变”也在深入推进，因此在新时代新征程上必须正确梳理和把握战略问题，进行前瞻性思考。党的二十大报告对过去五年的工作进行了回顾，对新时代十年取得的成就进行了系统梳理，在此基础上阐述了新征程上实现民族复兴的一系列战略问题，亮明了前进道路上高举的旗帜，指明了前进道路上的奋斗目标和道路选择，展现了前进道路上应有的精神状态。在党的二十大报告中突出体现了党能够对历史发展大势进行科学预判的能力，彰显了党善于赢得历史主动、在实践中不断坚定历史自信的前瞻意识。

（一）在战略道路上，坚持中国特色社会主义道路

党的二十大报告提出：“高举中国特色社会主义伟大旗帜”①，这已经明确而清晰地指明了在前进道路上必须坚守的正确方向和正确道路，是对战略道路进行的前瞻性思考。旗帜和道路不仅关系到党和国家各项事业兴旺发达、民族复兴如期实现，而且也关系到世界社会主义的蓬勃发展，对这个问题必须进行科学审视、历史反思和规律把握，将其提升到战略高度。新时代的十年里，虽然全球经济发展较为低迷，世界相比之前要更加动荡不安，伴随着世纪疫情的影响，中国和世界的发展面临严峻挑战，但是我们仍然取得了历史性成就。新时代十年取得的辉煌成就充分证明了在党的领导下全体人民能够凝心聚力，克服前进道路上的各种风险与考验，夺取一个个卓越成就。历史和实践已经证明，中国特色社会主义这面旗帜是指引我们走向胜利的伟大旗帜，绝不能改旗易帜，同时，坚持中国特色社会主义还要对其守正创新，不能封闭僵化。新时代新征程，必须毫不动摇地全面贯彻习近平新时代中国特色社会主义思想，通过高举中国特色社会主义伟大旗帜，在回应“世界之问”和“中国之问”、“时代之问”和“人民之问”中绘就出民族复兴的全新历史图景，不断拓宽中国式现代化道路。

（二）在战略步骤上，坚持“两步走”

党的二十大报告明确提出了党在新时代新征程上的中心任务：“团结带领全国各族人民全面建成社会主义现代化强国、实现第二个百年奋斗目标，

---

① 习近平:《高举中国特色社会主义伟大旗帜　为全面建设社会主义现代化国家而团结奋斗——在中国共产党第二十次全国代表大会上的报告》，人民出版社 2022 年版，第 1 页。

以中国式现代化全面推进中华民族伟大复兴”[①]，这已经清晰地阐明了新时代新征程党和人民砥砺奋进的目标以及需要完成的战略任务，但战略目标或是任务的实现并不是一蹴而就的，需要根据实际情况做好战略部署工作和制定实现目标的战略步骤。党根据不同发展阶段的实际社会发展状况，在革命时期提出了“革命分两步走”战略；在建设时期提出了实现四个现代化的“两步走”战略；在改革开放时期先后提出了“三步走”和“新三步走”战略；在新时代提出“两步走”战略，“第一步”是 2020 年至 2035 年要基本实现现代化，“第二步”是 2035 年至 21 世纪中叶要建成现代化强国。党的二十大报告重申并宏观展望了建成现代化强国的“两步走”战略，首次提出了在前进道路上必须遵循的五大原则，即“五个坚持”。新时代新征程，党在带领全体人民推进现代化建设的征程中，要自觉自主地加强对战略任务的前瞻性思考和谋划设计，要对每一步实现的战略目标进行适时完善地调整，努力使每一步战略任务能够如期实现，最终使既定目标完成得更加有保障、更加高质量。

（三）在战略选择上，坚持以中国式现代化全面推进中华民族伟大复兴

实现中华民族伟大复兴，是党百年奋斗的主题，是全体人民的共同期盼，也是近代以来中华民族最伟大的梦想。党的第三个历史决议提出：“以中国式现代化推进中华民族伟大复兴”[②]，清晰地阐述了民族复兴与中国式现代化是紧密联系、不可分割的关系，使民族复兴有了更加明确的实现途径和战略选择。党的二十大报告更进一步指出：“以中国式现代化全面推进中华民族伟大复兴”[③]，从更大更深的程度上诠释了民族复兴的不可逆转和中国式现代化对于实现民族复兴的客观必然性。党的二十大报告详细阐述了中国式现代化具有的中国特色，深入揭示了中国式现代化的本质要求，使其真正成为新时代新征程实现民族复兴的战略选择，既体现了对科学社会主

① 习近平:《高举中国特色社会主义伟大旗帜　为全面建设社会主义现代化国家而团结奋斗——在中国共产党第二十次全国代表大会上的报告》，人民出版社 2022 年版，第 21 页。

② 《中共中央关于党的百年奋斗重大成就和历史经验的决议》，人民出版社 2021 年版，第 24 页。

③ 习近平:《高举中国特色社会主义伟大旗帜　为全面建设社会主义现代化国家而团结奋斗——在中国共产党第二十次全国代表大会上的报告》，人民出版社 2022 年版，第 21 页。

义基本原则的坚守，又体现了坚持独立自主的经验，高度彰显了新时代新征程全面推进民族复兴的战略意识。中国式现代化特别强调党的领导，要将党的领导贯彻到现代化的全过程全方位，阐明了只有坚持党的领导才能实现民族复兴的历史必然性。同时要清晰看到，中国式现代化有着自身的特色和亮点，与西方国家的现代化存在“天壤之别”，它主张以摒弃“资本至上”突出展现共同富裕的发展理念，以摒弃“单一发展”突出“五位一体”的发展，以摒弃“文明冲突”突出人类文明的兼容并蓄。中国式现代化不走过去那种封闭僵化的“老路”，也不会走改旗易帜的“邪路”，始终将发展进步的力量放在自己身上，将前途命运紧紧握在自己手中，牢牢掌握发展的主动权、话语权，从而不断增强实现民族复兴的主体性。

实现民族复兴，不可逆转，前途光明，但是绝不会轻轻松松就能实现，前进道路仍然有着许多“拦路虎”“绊脚石”，新时代新征程必然会遇到更多前所未有的困难和挑战。为此，党的二十大报告对新时代新征程坚持和发展中国特色社会主义谋篇布局，提出了诸多战略要求，指明了崭新的战略任务，作出了诸多战略部署，对新时代新征程更好地坚持和发展中国特色社会主义提供了思路、明确了方向、指明了目标，深刻阐明了新时代新征程中国特色社会主义走向何处这一重大问题，可谓是一篇激励全体人民新时代新征程砥砺奋进的纲领性文件。党的二十大报告通过对历史和实践的深入把握，折射出党具有的宏大理论视野，通过对未来中国发展的开拓性、全局性和前瞻性思考，充分彰显了新时代新征程坚持和发展中国特色社会主义的战略思维。实践已经并将继续表明，只要坚持党的全面领导，只要全面贯彻习近平新时代中国特色社会主义思想，在实践中把握和用好“六个坚持”的世界观和方法论，就能在统筹“两个大局”中保持战略定力，引领和保障中国特色社会主义巍巍巨轮乘风破浪、行稳致远。

要形成高度的当代中国马克思主义方法论自觉

北京市社会科学院　刘长军

作为科学的世界观和方法论，习近平新时代中国特色社会主义思想把马克思主义基本原理同中国具体实际相结合、同中华优秀传统文化相结合，开辟了历史唯物主义和辩证唯物主义世界观和方法论的新境界，成为新时代中国特色社会主义事业进一步发展的根本方法论遵循。深刻感悟和科学把握习近平新时代中国特色社会主义思想方法论的科学内涵和真理力量，自觉运用当代中国马克思主义方法论来谋划和推动工作，把坚持和发展、继承和创新有机统一起来，形成高度的当代中国马克思主义方法论自觉，意义重大、正当其时。

一、坚持“实事求是”的思想方法和工作方法

马克思主义唯物论的精髓在于“实事求是”四个字。坚持马克思主义唯物论基本原理，就是要坚持实事求是、一切从实际出发的原则。习近平总书记指出：“实事求是，是马克思主义的根本观点，是中国共产党人认识世界、改造世界的根本要求，是我们党的基本思想方法、工作方法、领

导方法。”[①] 我们党现阶段提出和实施的理论和路线方针政策，之所以正确，就是因为它们都是以我国现时代的社会存在为基础的。在新时代中国特色社会主义的一些具体问题上，之所以经常会冒出各种主观主义的东西，存在着一些不切实际的想法做法，从思想根源来看，就在于主观主义、唯心主义作祟，从工作方法上来看，就在于没有坚持马克思主义唯物论，就在于没有做到实事求是、一切从实际出发。

习近平总书记强调：“坚持实事求是，就是坚持一切从实际出发来研究和解决问题，坚持理论联系实际来制定和形成指导实践发展的正确路线方针政策，坚持在实践中检验真理和发展真理。”[②] 习近平总书记对“实事求是”的丰富与发展突出表现在对社会主义初级阶段的最大实际的“变”与“不变”的科学驾驭上，即在对客观实际的科学把握上，既不得超越现实与阶段，也不得落后于现实，无视变化，而要随着事物变化因时而变，随时随地都以当时的历史条件为转移，不断探求变化了的事物蕴涵的规律。“不变”体现在“社会主义初级阶段的基本国情没有变”“最大发展中国家的国际地位没有变”，坚持实事求是，就是要把我国仍处于并将长期处于社会主义初级阶段这个最大实际，作为认识当下、规划未来、制定政策、推进事业的客观基点；“变”则体现在“新时代的历史方位”“主要矛盾”“经济发展新常态”“新发展理念”等蕴含的新特性和新内涵。坚持实事求是，内在要求我们不断深化对基本国情的认识，全面准确把握当前我国经济社会变化的总体状况，牢牢把握人民对美好生活的向往，依据变化了的具体国情来制定合乎实际的发展方略和国家战略，着力解决人民日益增长的美好生活需要和不平衡不充分的发展之间的矛盾。

二、坚持对立统一的思想方法和工作方法

事必有法，然后可成。唯物辩证法是中国共产党人的世界观和方法论，是我们认识世界的“望远镜”和“显微镜”。对立统一规律是唯物辩证法的实质和核心，唯物辩证法的一切概念、论断、原理都是围绕对立统一规律

① 《习近平谈治国理政》第1卷，外文出版社2018年版，第25页。

② 中共中央宣传部编：《习近平新时代中国特色社会主义思想学习纲要》，学习出版社、人民出版社2023年版，第243页。

而展开的。矛盾分析法是人们认识世界和改造世界的根本方法。习近平总书记高度重视矛盾运动的基本原理："矛盾是普遍存在的，矛盾是事物联系的实质内容和事物发展的根本动力，人的认识活动和实践活动，从根本上说就是不断认识矛盾、不断解决矛盾的过程。"[①] 习近平新时代中国特色社会主义思想，把握矛盾的普遍性、客观性，在矛盾双方对立统一的过程中把握事物发展规律，处处体现着唯物辩证法的思想精髓。

习近平总书记是运用对立统一规律分析和解决重大时代课题、实现理论创新的典范。习近平总书记根据马克思主义唯物辩证法的矛盾观，分析了当前我国人民生活需求发生的深刻变化，认识到经济社会发展的不平衡和不充分严重制约了全面建设社会主义现代化国家的新征程，提出了立足新发展阶段、贯彻新发展理念、构建新发展格局，在高质量发展中实现人的全面发展和全体人民共同富裕取得实质性进展。习近平总书记关于新时代社会主要矛盾的科学研判，是对唯物辩证法的对立统一规律的经典运用和创新性发展，彰显了唯物辩证法强大的方法论功能。

坚持对立统一规律，要有强烈的问题意识，以重大问题为导向，抓住关键问题进一步研究思考，着力推动解决我国发展面临的一系列突出矛盾和问题。问题是矛盾的主要表现形式。坚持问题导向解决发展问题，利用唯物辩证法看问题、分析问题，坚持"两点论""重点论"相统一，从而确立对若干重大问题的决议和对策，是习近平治国理政思想的鲜明特征。习近平总书记指出，"每个时代总有属于它自己的问题，只要科学地认识、准确地把握、正确地解决这些问题，就能够把我们的社会不断推向前进。"[②] 在中国特色社会主义新时代，改革发展稳定任务之重、矛盾风险挑战之多、治国理政考验之大都是前所未有的，应对重大挑战、抵御重大风险、克服重大阻力、化解重大矛盾、解决重大问题永远在路上。只有学习和掌握唯物辩证法的根本方法，坚持对立统一矛盾分析法，增强辩证思维能力，才能不断提高驾驭复杂局面、处理复杂问题的本领，才能科学回答好跨越"中等收入陷阱"、力避"修昔底德陷阱"、实现高质量发展、推动共同富裕、坚持和发展中国特色社会主义等重大时代课题。

---

① 习近平：《论党的宣传思想工作》，中央文献出版社 2020 年版，第 127 页。

② 习近平：《之江新语》，浙江人民出版社 2007 年版，第 235 页。

三、坚持实践第一的思想方法和工作方法

马克思主义认识论坚持实践第一的观点。习近平总书记指出，坚持实践第一的观点，才能不断推进实践基础上的理论创新，才能不断丰富发展马克思主义，不断赋予马克思主义强大的生机活力。坚持将马克思主义基本原理同中国具体实践相结合，才能不断实现马克思主义中国化的伟大飞跃。从认识论渊源上来看，坚持辩证唯物主义和历史唯物主义，紧密结合新的时代条件和实践要求，以全新的视野深化对共产党执政规律、社会主义建设规律、人类社会发展规律的认识，进行艰辛的理论探索，为解决我国发展和党执政面临的重大理论和实践问题，提出一系列新理念、新思想、新战略，取得重大理论创新成果，形成了习近平新时代中国特色社会主义思想。习近平新时代中国特色社会主义思想传承与坚守的是马克思主义认识论的基本原理和立场观点方法，创新与发展的是经典马克思主义认识论所没有具体论及和不可能论及的具体研究内容、具体观点、具体结论及其由此出发的“新的时代条件和实践要求”，推动新时代中国特色社会主义破浪前行。

实践、认识，再实践、再认识，循环往复，以至无穷，这就是实践发展、科学认识、理论创新的辩证发展过程。习近平总书记强调，“只有聆听时代的声音，回应时代的呼唤，认真研究解决重大而紧迫的问题，才能真正把握住历史脉络、找到发展规律，推动理论创新。”[①] 坚持和发展马克思主义认识论，就要坚持实践第一的观点，以重大问题为导向，抓住关键问题进一步研究思考，科学研判“‘发展’和‘掣肘’”、“‘共同富裕’和‘制约因素’”的最大实际，把其作为认识当下、规划未来、制定政策、推进事业的客观基点，不断推动全体人民共同富裕取得更为明显的实质性进展。

问题就是时代的最强音，时代课题是理论创新的驱动力。把经典马克思主义认识论的基本原理与当代中国国情和我们的发展实践相结合，据此才能提出“人民生活更加美好，人的全面发展、全体人民共同富裕取得更为明显的实质性进展”这个重大时代课题。在《中国共产党的历史使命与行动价值》看来，“从‘贫穷不是社会主义，发展太慢也不是社会主义’，

① 《习近平关于社会主义文化建设论述摘编》，中央文献出版社 2017 年版，第 80 页。

到‘社会主义的本质是解放生产力，发展生产力，消灭剥削，消除两极分化，最终达到共同富裕’，再到‘实现共同富裕是社会主义的本质要求’，党对社会主义本质的认识不断深化。”[①]正是以问题为导向，才能获得认识上的不断深化。

摸着石头过河就是探索规律，从实践中获得真知。在中国特色社会主义新时代，党面对肩负的历史使命和存在的风险考验，只有坚持终身学习的理念，通过持续不断的理论学习增强干好工作的本领，增强驾驭局面和解决问题的能力，才能克服知识不够、本领恐慌，才能在激烈的党内外和国内外竞争中赢得优势、赢得主动、赢得未来。习近平总书记多次用生动的语言对马克思主义实践观进行了表达，推动了理论创新。实践是理论的源泉，只有在实践基础上才能不断推进理论创新。一句话，新时代中国特色社会主义伟大实践（实践伟力）不断开辟马克思主义中国化新境界，马克思主义中国化的最新理论成果放射出更加灿烂的真理光芒，是指引党和国家事业不断从胜利走向胜利的行动指南，这是同一问题的两个方面。

四、坚持以人民为中心的根本价值立场

在马克思主义看来，人民群众是社会历史的主体，是历史的创造者和推动社会前进的决定性力量。对此，习近平总书记强调指出：“人民是历史的创造者，是我们的力量源泉。”[②]人民群众是我们党的胜利之本和力量之源，是我们国家和民族前途命运的根本决定力量。回溯百年峥嵘岁月，正是在苦难与伤痛、鲜血与牺牲、彷徨与迷茫中，中国共产党以为人民服务为宗旨，以为人民谋福利为初心，不断唤起人民的觉醒，以不屈的意志和昂扬的斗志，前赴后继、矢志不渝，一路砥砺前行，书写了中华民族从站起来、富起来到强起来的光辉历程。由此可见，“人民既是历史的创造者、也是历史的见证者，既是历史的‘剧中人’、也是历史的‘剧作者’。”[③]“历

---

① 中共中央文献研究室编：《中国共产党的历史使命与行动价值》，人民出版社 2021 年版，第 33 页。

② 《习近平关于全面深化改革论述摘编》，中央文献出版社 2014 年版，第 141 页。

③ 习近平：《在文艺工作座谈会上的讲话》，人民出版社 2015 年版，第 13 页。

史是人民书写的，一切成就归功于人民。”[①]就此而论，科学社会主义事业的每一次突破性发展，都在于发挥人民群众的首创精神，都来自人民群众的实践智慧。马克思主义一以贯之的最高理想和价值追求就是实现人类解放，促进人的自由全面发展。

遵循唯物主义群众史观，坚持以人民为中心的价值理念，也就是要把群众路线作为我们党的生命线和根本工作路线，也就是要“把群众观点、群众路线深深植根于思想中、具体落实到行动上”[②]。习近平总书记鲜明指出：“不论过去、现在和将来，我们都要坚持一切为了群众，一切依靠群众，从群众中来，到群众中去，把党的正确主张变为群众的自觉行动，把群众路线贯彻到治国理政全部活动之中。”[③]江山就是人民，人民就是江山。坚持“以人民为中心”的工作导向，树立“诚心诚意为人民群众谋利益”的理念，是新时代中国共产党治国理政的经验总结和鲜明特征，构成新时代中国特色社会主义伟大事业的根本出发点和落脚点。把握好“以人民为中心”的科学理念和工作导向，把群众路线的工作方法贯彻到治国理政全部活动之中，才能把握历史前进的基本规律，我们才能无往而不胜。坚持以人民为中心的价值理念，也就是要在工作中坚持“眼睛向下，脚步向下”。庆丰包子铺的一顿便餐、南锣鼓巷雨儿胡同的嘘寒问暖、一份“常回家看看”的叮咛……习近平总书记总在不经意间来到群众当中，走近民众、融入民众、心贴民众，拉家常、问冷暖、听民声、解民意，不断增强人民群众获得感、幸福感、安全感，彰显人民情怀和不变初心。

坚持以人民为中心的价值理念，就要心存尊重群众的宗旨意识。“人民拥护不拥护、赞成不赞成、高兴不高兴、答应不答应”[④]是检验一切工作得失的尺度，是评判一切工作成败的根本标准。对此，习近平总书记强调指出，“人民对美好生活的向往，就是我们的奋斗目标。”[⑤]“一个国家的发

---

① 《习近平谈治国理政》第3卷，外文出版社2020年版，第67页。

② 中共中央党史和文献研究院编：《十九大以来重要文献选编》(中)，中央文献出版社2021年版，第110页。

③ 中共中央文献研究室编：《十八大以来重要文献选编》(上)，中央文献出版社2014年版，第697页。

④ 中共中央文献研究室编：《十六大以来重要文献选编》(下)，中央文献出版社2008年版，第22页。

⑤ 《习近平关于社会主义社会建设论述摘编》，中央文献出版社2017年版，第4页。

展道路合不合适，只有这个国家的人民才最有发言权。”① 反之，忘记人民、脱离群众，我们的事业就会遭受挫折，我们的发展就会举步维艰。习近平总书记以“我将无我，不负人民”的无产阶级革命家风范，始终把人民群众放在心中最高的位置，“以百姓心为心”，与人民心心相印，了解民众所思、所需、所急、所盼，一心一意做人民的贴心人、勤务员，时刻把人民群众安危冷暖、生产生活放在心上，及时准确了解群众对美好生活的基本需要和思想期待，把群众工作做实、做深、做细、做透，解决群众生产生活中面临的突出问题，让发展成果更多更公平地惠及全体人民，使改革的思路、决策、措施都能更好地满足群众诉求，不断推动人的全面自由发展、全体人民共同富裕取得更为明显的实质性进展。

五、习近平新时代中国特色社会主义思想科学研判新时代社会主要矛盾，并为化解人民内部矛盾提供了思维方法

在“站起来、富起来、强起来”的新时代，在百年未有之大变局的新时代，一方面，我国进入高质量发展阶段的同时，仍处于并将长期处于社会主义初级阶段，仍然是世界上最大的发展中国家，发展仍然是我们党执政兴国的第一要务；另一方面，国内改革进入攻坚期和深水区，我国经济社会急剧转型，社会利益多元分化，个人诉求日益多样，中国社会发展处于一个矛盾凸显期，区域矛盾、阶层矛盾、群体矛盾、管理矛盾、个体矛盾等人民内部矛盾大量涌现，错纵交织，复杂多样。究其根本，人民内部矛盾主要表现为人民日益增长的美好生活需要和不平衡不充分的发展之间的矛盾。“发展不平衡”，主要是各区域各领域各方面存在失衡现象，制约了整体发展水平提升；“发展不充分”，主要是我国全面实现社会主义现代化还有相当长的路要走，发展任重而道远。显而易见，不平衡不充分的发展与人民在经济、政治、文化、社会、生态等方面日益增长的需要，与人的全面发展对发展的高质量、高效益的需要之间存在一定差距。我国社会主要矛盾的变化是关系全局的历史性变化，对党和国家工作提出了许多新要求。

---

① 《习近平谈治国理政》第1卷，外文出版社2018年版，第273页。

正确处理新时代人民内部矛盾是一个系统工程。从指导思想上来看，必须学习和领会马克思主义立场观点方法，特别是学习贯彻习近平新时代中国特色社会主义思想，深刻认识和把握新形势下人民内部矛盾的特点、规律，探索解决矛盾的正确途径和有效方法，不断提高正确处理新形势下人民内部矛盾的本领；从生产力和生产关系的角度来看，坚持以人民为中心的新发展理念，在更加充分更加平衡的发展中、在共建共治共享中满足人民美好生活的具体需要，不断促进人的全面发展、全体人民共同富裕，不断增强人民群众的获得感、幸福感、安全感，是解决新时代人民内部矛盾的根本之策。有鉴于此，习近平总书记指出，“要采取针对性更强、覆盖面更大、作用更直接、效果更明显的举措，实实在在帮群众解难题、为群众增福祉、让群众享公平。”[①]完善正确处理新时代人民内部矛盾的有效机制，把人民群众对美好生活的追求化作共产党人的奋斗目标，坚定不移全面从严治党，不断推进治理体系和治理能力现代化，用民主方法解决人民内部矛盾，引导群众在法治框架内表达合理诉求，维护最广大人民的根本利益，增进人民福祉，促进社会公平，是正确处理新时代人民内部矛盾的关键所在。

六、习近平新时代中国特色社会主义思想为新时代中国特色社会主义发展和主体全面发展的统一提供了基本的价值尺度

党的十八大以来，以习近平同志为核心的党中央，立足于我国社会主义初级阶段的基本国情，从经济、政治、文化、社会、生态五个方面出发，明确提出了经济建设、政治建设、文化建设、社会建设、生态文明建设“五位一体”总体布局和全面建设社会主义现代化国家、全面深化改革、全面依法治国、全面从严治党“四个全面”战略布局，坚持把促进“社会的全面发展与人的全面发展”纳入中国特色社会主义的内涵，以社会的全面发展促进人的全面发展，以人的全面发展保障社会全面发展的根本动力和前提条件，实现了社会发展“全面性”和主体发展“全面性”的有机统一。

在社会发展层面上，坚持“五位一体”总体布局和“四个全面”战略

① 《习近平谈治国理政》第2卷，外文出版社2017年版，第362页。

布局，推进中国在新常态下努力解决现实社会已经存在和积累的问题，以细致化、前瞻性、系统化的目标设定应对可能出现的问题，引导和推动社会向前发展，为新常态下促进人的全面发展创造更为有利的条件。在主体发展层面上，“促进人的全面发展”进入《中国共产党章程》，“以人民为中心”“人的全面发展”不断见诸党的十八大以来的重要会议，这就明确了以增进人民福祉为出发点和落脚点、以人的全面发展为最终归宿的发展诉求和新时代发展问题的总纲，明确了中国特色社会主义道路正是一条“逐步实现全体人民共同富裕、促进人的全面发展”[①]的正确道路。习近平总书记提出要致力于让人民获得更好的教育、更稳定的工作、更满意的收入、更可靠的社会保障、更高水平的医疗卫生服务、更舒适的居住条件、更优美的环境，孩子们能成长得更好、工作得更好、生活得更好，其实质也就是努力创造条件，尽可能地促进人的全面发展。[②]在党的十九大报告中，习近平总书记指出，在价值追求上，社会发展和人的全面发展是有机统一的，我们要“更好满足人民在经济、政治、文化、社会、生态等方面日益增长的需要，更好推动人的全面发展、社会全面进步”[③]。

在中国特色社会主义新时代，全面小康社会就是社会发展和主体全面发展有机统一的典范。“全面小康社会”，从内涵上来看，“‘小康’讲的是发展水平，‘全面’讲的是发展的平衡性、协调性、可持续性”[④]；从外延上来看，“全面小康，覆盖的人口要全面，是惠及全体人民的小康”[⑤]，“在扶贫的路上，不能落下一个贫困家庭，丢下一个贫困群众”[⑥]“小康路上一个都不能掉队”[⑦]；从评判标准上来看，“小康不小康，关键看老乡”[⑧]“确保全面建成

① 《习近平谈治国理政》第1卷，外文出版社2018年版，第9页。

② 中共中央宣传部编：《习近平总书记系列重要讲话读本（2016年版）》，学习出版社、人民出版社2016年版，第212页。

③ 习近平：《决胜全面建成小康社会夺取新时代中国特色社会主义伟大胜利——在中国共产党第十九次全国代表大会上的报告》，人民出版社2017年版，第11—12页。

④ 《习近平谈治国理政》第2卷，外文出版社2017年版，第78页。

⑤ 《习近平谈治国理政》第2卷，外文出版社2017年版，第79页。

⑥ 《祝全国各族人民健康快乐吉祥　祝改革发展人民生活蒸蒸日上》，《人民日报》2016年2月4日。

⑦ 《习近平主席新年贺词（2014—2018）》，人民出版社2018年版，第8页。

⑧ 《习近平关于全面建成小康社会论述摘编》，中央文献出版社2016年版，第21页。

小康社会和‘十三五’规划圆满收官，得到人民认可、经得起历史检验”[①]。党的十八大以来，以习近平同志为核心的党中央，明确“不充分不平衡的发展”的主要矛盾，坚持以人民为中心的发展思想，把“人民对美好生活的追求”作为奋斗目标，从而赋予全面小康社会以人民利益至上的价值取向和“奋斗”的路径指向。全面小康社会不仅仅是指在经济上满足人民群众的温饱问题，而且蕴含着从政治、经济、文化、社会、生态等各方面满足人民对美好生活的发展需要，意味着经济发展、政治民主、文化繁荣、社会和谐、环境优美、生活殷实、人民安居乐业和综合国力强盛的经济、政治、文化等全面协调发展的社会，是中华民族走向伟大复兴的重要社会发展阶段。2020年的中国，全面小康社会作为中国人五千多年梦寐以求的美好社会得以建成，实现了第一个百年奋斗目标，昭示了马克思主义指导下的中国特色社会主义社会发展道路的选择和成功。

七、习近平新时代中国特色社会主义思想为新时代人与人、人与社会、人与自然的和谐发展指明了方向

中国特色社会主义进入新时代以来，国内外环境都在发生极为广泛而深刻的变化，我国发展面临一系列突出矛盾和挑战，前进道路上还有不少困难和问题。正如习近平总书记所指出的那样，“我们面对的改革发展稳定任务之重前所未有，矛盾风险挑战之多前所未有”[②]，而且，“各种威胁和挑战联动效应明显”[③]。至此，习近平总书记明确提出了“问题倒逼改革”的重要思想：“改革是由问题倒逼而产生，又在不断解决问题中得以深化。”[④]要学习和掌握社会基本矛盾分析法，深入理解全面深化改革的重要性和紧迫性。我们党对我国目前所处的阶段和阶段特征有着清醒的认识和把握，适时提出和不断推进“和谐价值观”“和谐建设”重任，着力推动解决我国发展面临的一系列突出矛盾和问题。质言之，在新的历史条件下，正确认识和妥善处理我国发展起来后不断出现的新情况新问题，实现“两个一百年”

---

① 《习近平在中央经济工作会议上的讲话》，《北京青年报》2019年12月13日。

② 《习近平关于全面依法治国论述摘编》，中央文献出版社2015年版，第4页。

③ 《习近平谈治国理政》第1卷，外文出版社2018年版，第202页。

④ 《习近平谈治国理政》第1卷，外文出版社2018年版，第74页。

奋斗目标和中华民族伟大复兴的中国梦，需要我们积极培育和践行和谐价值观，追求和谐、崇尚和谐、建设和谐。

和谐价值观彰显了中国特色社会主义的本质属性。2013年12月23日，中共中央办公厅印发的《关于培育和践行社会主义核心价值观的意见》明确提出，和谐是社会主义核心价值观的基本内容，构成国家层面上的终极价值指向。和谐价值理念的形成需要全社会的精心培育和积极践行。和谐社会是实现中华民族伟大复兴中国梦的价值要求。党的十八届三中全会确定的全面深化改革总目标，通过制度完善、社会治理创新来促进社会公平正义、促进和谐社会建设，最大限度增加和谐因素，建立既充满活力又和谐有序的社会体制机制，从而增强广大人民群众对社会和谐的认同、信心和预期。和谐社会是新时代中国特色社会主义追求的远景目标，党的十九大报告把“社会更加和谐”列为建党一百周年的奋斗目标的核心内容之一。从所指意义来看，党的十八大以来，“和谐”的内涵更加宽泛，不仅意味着人与人、人与社会的公平正义程度，而且蕴含着人与自然的和谐关系。以“和谐”为目标建构社会主义的社会伦理观和生态价值观，就是要促进整个社会建立生产发展、生活富裕、生态良好和人民生活幸福的“和谐”的核心价值观。

在“和谐建设”路径上，我国仍处于并将长期处于社会主义初级阶段，发展是和谐价值观能够牢固树立的关键，发展是“和谐建设”的决定性因素。党的十八大以来，以习近平同志为核心的党中央明确提出了“五位一体”总体布局和“四个全面”战略布局，坚持新发展理念，着力解决经济社会发展的不平衡不充分问题，努力缩小地区、城乡、行业、阶层之间的发展差距，稳步提高国内生产总值和城乡居民人均收入，从而为社会和谐积累了雄厚基础；坚持人与自然和谐共生理念，把生态文明建设提到战略高度，坚定贯彻绿色发展理念，建设天蓝、地绿、水清的美丽中国，努力开创人与自然和谐共生的发展新格局，生态环境保护面貌焕然一新。

坚持运用习近平新时代中国特色社会主义思想的世界观和方法论完整准确贯彻新时代党的治疆方略

新疆社会科学院　侯菊凤　胡延龙

科学的世界观和方法论是我们研究问题、解决问题的"总钥匙"，是系统化、理论化的立场观点方法。党的二十大报告不仅论述了习近平新时代中国特色社会主义思想的丰富内涵和科学体系，而且突出强调了其世界观和方法论以及立场观点方法，并从六个方面作了具体阐述，深刻揭示了这一思想的理论品格和鲜明特质。这是习近平新时代中国特色社会主义思想的进一步丰富和发展，展现了习近平新时代中国特色社会主义思想更深层次的新内涵，是党的理论建构创新和阐述走向深入的新体现。

新时代党的治疆方略是习近平新时代中国特色社会主义思想的重要组成部分，是党中央对治疆规律的科学认识和深刻把握。这一方略既强调党的全面领导又注重调动各方面的积极性，既安排了"过河的任务"，又部署了如何解决"桥与船的问题"，系统回答了建设什么样的新时代中国特色社会主义新疆、如何建设新时代中国特色社会主义新疆的问题，体现了历史与现实、理论与实践、普遍性与特殊性、价值性与真理性的有机统一，是习近平新时代中国特色社会主义思想的世界观和方法论在边疆治理实践中的生动运用和集中体现，实现了马克思主义与新时代中国特色社会主义治疆具体实践、中华优秀传统文化的完美结合，是实现“两个结合”、做到“六个必须坚持”的光辉典范。

一、从“两个结合”深刻领会新时代党的治疆方略的形成过程和精神实质

“两个结合”是指“把马克思主义基本原理同中国具体实际相结合、同中华优秀传统文化相结合”[①]，充分反映出中国共产党人对马克思主义发展规律的深刻认识，有力揭示了马克思主义中国化时代化的内在机理。正如党的二十大报告强调：“只有把马克思主义基本原理同中国具体实际相结合、同中华优秀传统文化相结合，坚持运用辩证唯物主义和历史唯物主义，才能正确回答时代和实践提出的重大问题，才能始终保持马克思主义的蓬勃生机和旺盛活力。”[②]

（一）新时代党的治疆方略的形成过程是“两个结合”的生动体现

党中央历来高度重视新疆工作，习近平总书记始终情系新疆、心系新疆各族人民，关心新疆的建设发展。2014 年 4 月，习近平总书记到新疆调研时强调，新形势下，新疆工作的着眼点和着力点要放在社会稳定和长治久安上，这是做好当前新疆工作的总目标。[③]在深入调研及科学分析新疆形势的基础上，5 月，第二次中央新疆工作座谈会召开，将新疆置于党和国家工作全局，提出了“依法治疆、团结稳疆、长期建疆”的方针，确立了“社会稳定与长治久安”这一新疆工作总目标。新疆工作的目标任务由“跨越式发展和长治久安”转为“社会稳定和长治久安”，明确提出新时代党的治疆方略，这是党对新疆问题的准确认识与把握，把对新时代中国特色社会主义新疆的认识和实践推进到一个新的阶段。2020 年 9 月在北京召开的

① 习近平:《高举中国特色社会主义伟大旗帜　为全面建设社会主义现代化国家而团结奋斗——在中国共产党第二十次全国代表大会上的报告》，人民出版社 2022 年版，第 17 页。

② 习近平:《高举中国特色社会主义伟大旗帜　为全面建设社会主义现代化国家而团结奋斗——在中国共产党第二十次全国代表大会上的报告》，人民出版社 2022 年版，第 17 页。

③《把祖国的新疆建设得越来越美好》,《人民日报》2014 年 5 月 4 日。

第三次中央新疆工作座谈会丰富发展了新时代党的治疆方略，在“依法治疆、团结稳疆、长期建疆”方针的基础上新增了“文化润疆、富民兴疆”，并强调“要加强中华民族共同体历史、中华民族多元一体格局的研究”“要深入做好意识形态领域工作，深入开展文化润疆工程”，提出了做好新疆工作的“八个坚持”，开辟了治疆新境界。[①]2022 年 7 月，习近平总书记时隔 8 年再次莅临新疆考察，突出强调了“要以增强认同为目标，深入开展文化润疆”“夯实传承中华优秀传统文化的根基”“推进中华民族共同体基础性问题研究”“构筑中华民族共有精神家园”等。[②]从第三次中央新疆工作座谈会提出“文化润疆”到 2022 年 7 月在新疆考察期间的突出强调，无不凸显习近平总书记对弘扬中华文化、铸牢中华民族共同体意识及对增强中华民族认同感、归属感的重视。新时代党的治疆方略的文化意蕴愈加突出，与中华优秀传统文化相结合的特点也愈加明显。由此，新时代党的治疆方略实现了马克思主义与中国特色社会主义新疆具体实际、同中华优秀传统文化的有机结合。

新时代党的治疆方略是以习近平同志为核心的党中央对新疆工作的科学定位，从整体上把握事物发展趋势和方向，高瞻远瞩、统揽全局，科学运用战略思维的结果；是坚持唯物辩证法，抓住事物主要矛盾和矛盾的主要方面，科学运用辩证思维的结果；是坚持以史为鉴、知古鉴今，继承和发展党中央治疆方略经验和准确把握新疆稳定发展规律，科学运用历史思维的结果；是因时制宜、知难而进、开拓创新，争取战略主动，变挑战为机遇，科学运用创新思维的结果。

（二）新时代党的治疆方略的精神实质与“两个结合”有高度的内在契合

“两个结合”蕴含着马克思主义中国化时代化的鲜明特质，强调在马克思主义与中华文明的“双向互动”中实现中国特色社会主义的创新发展。习近平新时代中国特色社会主义思想是“两个结合”的鲜明体现和最新成

① 《坚持依法治疆团结稳疆文化润疆富民兴疆长期建疆　努力建设新时代中国特色社会主义新疆》,《人民日报》2020 年 9 月 27 日。

② 《完整准确贯彻新时代党的治疆方略　建设团结和谐繁荣富裕文明进步安居乐业生态良好的美好新疆》,《人民日报》2022 年 7 月 16 日。

果，既坚持了马克思主义立场观点方法，又总结了当代中国特色社会主义生动实践，还实现了对中华优秀传统文化创造性转化、创新性发展，为党和国家事业发展提供了根本遵循。

新时代党的治疆方略是马克思主义原理在新疆的具体运用，是唯物辩证法具体问题具体分析方法论在新疆的生动实践。[①]新时代党的治疆方略坚持运用辩证唯物主义和历史唯物主义，从战略和全局的高度擘画新时代中国特色社会主义新疆的发展蓝图，从整体上把握新疆发展大势，正确处理全局与局部的关系，把握问题的关联性，对建设新时代中国特色社会主义新疆进行全新思考、全新谋划，寻求新思路，开创新境界；以“依法治疆、团结稳疆、文化润疆、富民兴疆、长期建疆”回答要“建设一个什么样的新时代中国特色社会主义新疆”的问题，以“八个坚持”回答“怎样建设新时代中国特色社会主义新疆”的问题，体现了抓住关键、找准重点，洞察事物发展规律，集中力量解决主要矛盾的方法论。新时代党的治疆方略根源于久久为功的治疆实践，是对治疆规律认识的深化和升华。新疆各民族文化从一开始就打上了中华文化的印记，凝聚着中华民族共同奋斗的历史记忆，承载着中华民族共同孕育的民族精神，始终是新疆各民族的情感依托、心灵归宿和精神家园，是新疆各民族文化发展的动力源泉，为文化润疆提供了丰厚滋养和充分条件。这些思想精髓展现了新时代党的治疆方略是随着实践发展的，是主观与客观、理论与实践的具体的历史的统一，具有鲜明的时代性和实践性，同“两个结合”具有高度的契合性。

新时代党的治疆方略从新疆的实际出发，立足“中国特色社会主义新疆进入新时代”这一“新的历史方位”。新时代党的治疆方略是习近平新时代中国特色社会主义思想同新疆具体实际、同中华优秀传统文化相结合的产物，是中国共产党把“两个结合”成功实践的体现，其精神实质与“两个结合”有高度的内在契合，充分体现了把马克思主义基本原理与新疆具体实际、同中华优秀传统文化相结合，体现了时代逻辑、理论逻辑、历史逻辑、实践逻辑的有机统一，体现了对新时代中国特色社会主义新疆建设规律的认识达到了新高度。

① 梁玉春：《新时代党的治疆方略的成功实践》，《新疆日报》2019 年 9 月 29 日。

二、从“六个必须坚持”深刻理解新时代党的治疆方略的丰富内涵

党的二十大报告提出了继续推进理论创新的科学方法，即“必须坚持人民至上、必须坚持自信自立、必须坚持守正创新、必须坚持问题导向、必须坚持系统观念、必须坚持胸怀天下”[①]。这“六个必须坚持”，不仅是习近平新时代中国特色社会主义思想的立场观点方法的重要体现，也是新时代党的治疆方略丰富内涵的本质体现和应然旨归。

（一）“必须坚持人民至上”是新时代党的治疆方略应有的价值取向

人民性是马克思主义最鲜明的品格。新时代党的治疆方略坚持以人民为中心的根本立场，把一切为了新疆各族人民作为依法治疆、团结稳疆、文化润疆、富民兴疆、长期建疆的根本价值取向，把增进各族人民福祉作为一切工作的出发点和落脚点。新时代党的治疆方略充分体现了以人民为中心的根本立场和价值导向，强调要坚持以凝聚人心为根本，增强各民族向心力，凝聚干事创业的磅礴力量；强调解决好新疆各族人民最关心最直接最现实的利益问题，紧紧围绕各民族安居乐业推进经济社会发展和民生改善，实现好、维护好、发展好新疆各族人民的根本利益。必须坚持人民至上，就要坚持以凝聚人心为根本，最大限度团结群众、争取人心。新时代党的治疆方略在回应时代关切和人民呼声中，始终把各族人民的安危冷暖放在最高位置，把赢得民心民意、汇聚民智民力作为工作的出发点和落脚点，把增强各族人民获得感、幸福感、安全感作为最重要的民生考量，充分体现了新时代党的治疆方略应有的价值取向。

（二）“必须坚持自信自立”是新时代党的治疆方略应有的基本立足点

自信是中国共产党素有的精神气度，自立是我们立党立国的重要原则。

---

① 习近平：《高举中国特色社会主义伟大旗帜　为全面建设社会主义现代化国家而团结奋斗——在中国共产党第二十次全国代表大会上的报告》，人民出版社 2022 年版，第 19—21 页。

新时代党的治疆方略是以习近平同志为核心的党中央深入提炼和总结新疆工作实现“由乱到稳向治”根本性转变的宝贵实践经验基础上丰富完善的，是从新时代中国特色社会主义新疆全部实践中产生的理论结晶。自全面贯彻落实新时代党的治疆方略以来，新疆社会大局实现了和谐稳定，改革发展取得了重大成就，各族群众的获得感、幸福感、安全感不断提升，各民族大团结不断巩固发展；文化繁荣兴盛，社会主义核心价值观引领价值更加凸显，宣传思想文化阵地不断巩固，少数民族优秀传统文化得到传承保护；各族干部群众“五个认同”进一步增强，马克思主义“五观”日益深入人心，中华民族共同体意识进一步铸牢，同心共筑中国梦的政治自觉、思想自觉和行动自觉进一步增强；新疆也成为世界上最安全的地区之一。新疆稳定发展的事实充分证明：新时代党的治疆方略是正确的，必须长期坚持，要牢固树立“四个自信”，增强战略定力和战略耐力，把新时代党的治疆方略不断落到实处并推向深入。这正是自信自立精神气度的有力彰显，也是新时代党的治疆方略应有的基本立足点。

（三）“必须坚持守正创新”是新时代党的治疆方略应有的原则方向

守正创新是习近平新时代中国特色社会主义思想的理论品格。守正与创新二者相辅相成、有机统一，守正就是要坚持基本方向不变、基本制度不变、基本原则不变，是创新的前提和基础，偏离守正的创新将误入歧途。但是，守正绝不是刻舟求剑，更不是故步自封，而是根据时空环境的变化不断调整创新，否则就会陷入僵化、陈旧、过时的境地。新时代党的治疆方略既是一个守正过程，也是不断发展的创新过程。坚持守正创新，既全面体现在习近平总书记治国理政的全部理论和实践中，也具体体现在他对各个地区各个领域工作的科学指导上。党的十八大以来，以习近平同志为核心的党中央立足党和国家工作全局谋划部署新疆工作，确定了社会稳定和长治久安总目标，形成了新时代党的治疆方略，为做好新时代新疆工作提供了根本遵循。新时代党的治疆方略是习近平新时代中国特色社会主义思想的重要组成部分，是引领新疆工作在错综复杂中守正创新、在矛盾风险中胜利前进的强大思想武器。因此，“必须坚持守正创新”是新时代党的治疆方略应有的原则方向。

（四）“必须坚持问题导向”是新时代党的治疆方略应有的主要着力点

问题是时代的声音，回答并指导解决问题是理论的根本任务。新时代党的治疆方略坚持把社会稳定和长治久安作为工作总目标，着眼于解决目标定位问题；坚持以凝聚人心为根本，着眼于解决工作出发点和落脚点问题；坚持铸牢中华民族共同体意识，着眼于从更深层次加强民族团结；坚持我国宗教中国化方向，着眼于实现宗教健康发展；坚持弘扬和培育社会主义核心价值观，着眼于解决社会稳定和长治久安的思想基础问题；坚持紧贴民生推动高质量发展，着眼于解决社会稳定和长治久安的社会基础问题；坚持加强党对新疆工作的领导，着眼于解决做好新疆工作的根本保证问题。必须坚持问题导向，正如习近平总书记指出的“要有强烈的问题意识，以重大问题为导向，抓住关键问题进一步研究思考”[①]。新时代党的治疆方略，以强烈的问题意识、鲜明的问题导向，解决了一系列长期积累及新出现的突出矛盾和问题。同时，从战略和全局对新疆工作的一系列根本性、方向性、战略性问题作出深入回答。“必须坚持问题导向”可谓是新时代党的治疆方略主要着力点。

（五）“必须坚持系统观念”是新时代党的治疆方略应有的思想方法

系统观念是具有基础性的思想和工作方法。[②]坚持系统观念是新时代党的治疆方略应有的思想方法。新时代党的治疆方略的“依法治疆、团结稳疆、文化润疆、富民兴疆、长期建疆”指导方针和“八个坚持”相互融合、有机统一于推进总目标的实践中，纲举目张，以推进治理体系和治理能力现代化为保障，把全面依法治国的要求落实到新疆工作各个领域，多谋长远之策，多行固本之举，建设“团结和谐、繁荣富裕、文明进步、安居乐业、生态良好的新时代中国特色社会主义新疆”[③]。党的十八大以来，党中央

① 《习近平谈治国理政》第1卷，外文出版社2018年版，第74页。

② 侯菊凤:《坚持以系统观念完整准确贯彻新时代党的治疆方略》,《新疆日报》2022年9月5日。

③ 《坚持依法治疆团结稳疆文化润疆富民兴疆长期建疆　努力建设新时代中国特色社会主义新疆》,《人民日报》2020年9月27日。

坚持系统谋划，统筹推进党和国家各项事业，根据新的实践需要，形成了一系列新布局和新方略，带领全党全国各族人民取得了历史性成就。整体来看，新时代党的治疆方略一方面作为实现社会稳定和长治久安的“路线图”和“方法论”，贯穿着马克思主义的立场观点方法，体现了认识论和方法论的统一；另一方面客观上也要求把坚持系统观念作为完整准确贯彻新时代党的治疆方略必须遵循的一个重要原则和基础性方法，做到审视全局、抓住重点，加强系统集成、精准施策。

（六）“必须坚持胸怀天下”是新时代党的治疆方略应有的胸怀格局

中国共产党是为中国人民谋幸福、为中华民族谋复兴的党，也是为人类谋进步、为世界谋大同的党。[①]新疆是我国西北的战略及安全屏障，新疆发展稳定事关全国改革发展稳定大局，事关祖国统一、民族团结、边防巩固、国家安全。习近平总书记强调，“做好新疆工作是全党全国的大事，必须从战略全局高度，谋长远之策，行固本之举，建久安之势，成长治之业。”[②]践行新时代党的治疆方略，要求将新疆之治贯通国际国内进行考量。坚持胸怀天下，是中国共产党百年奋斗得出的重要经验，要求我们必须拓展世界眼光，深刻洞察人类发展进步潮流，积极回应各国人民普遍关切。[③]既始终讲奉献、顾大局，把国家利益放在首位，在促使新疆形成更有利于社会稳定和长治久安的根本性变化方面持续用力，又增强国际视野、加强战略谋划，在中国智慧和中国方案中作出新疆贡献。

三、以科学的立场观点方法深刻把握新时代党的治疆方略的实践要求

在强国建设、民族复兴新征程上，新疆要锚定在全面建设社会主义现

① 习近平:《高举中国特色社会主义伟大旗帜　为全面建设社会主义现代化国家而团结奋斗——在中国共产党第二十次全国代表大会上的报告》，人民出版社 2022 年版，第 21 页。

② 《从战略全局高度谋划新疆工作》,《人民日报》2014 年 6 月 2 日。

③ 习近平:《高举中国特色社会主义伟大旗帜　为全面建设社会主义现代化国家而团结奋斗——在中国共产党第二十次全国代表大会上的报告》，人民出版社 2022 年版，第 21 页。

代化强国中的战略定位，扎实推进中国式现代化的新疆实践，就必须要知行合一，坚持好、运用好习近平新时代中国特色社会主义思想的世界观和方法论，完整准确贯彻新时代党的治疆方略，推动新时代党的治疆方略在天山南北落地生根。

（一）扎实抓好主题教育，坚持做到学思用贯通、知信行统一

深入开展学习贯彻习近平新时代中国特色社会主义思想主题教育，是以习近平同志为核心的党中央作出的重大部署，是贯彻落实党的二十大精神的重大举措，有利于统一全党思想、解决党内存在的突出问题、始终保持党同人民群众的血肉联系、推动党和国家事业发展。

要坚持不懈用习近平新时代中国特色社会主义思想凝心铸魂，全面系统掌握这一思想的基本观点、科学体系，把握好这一思想的世界观、方法论，坚持好、运用好贯穿其中的立场观点方法，不断增进对党的创新理论的政治认同、思想认同、理论认同、情感认同，自觉用习近平新时代中国特色社会主义思想指导各项工作。[①]要深刻学习领会习近平总书记“坚持从战略上审视和谋划新疆工作”[②]的重要指示精神，自觉把新疆工作放到党和国家工作大局中思考、定位、谋划。要提高政治站位，严格对标中央部署，紧密结合新疆实际，明确学习贯彻习近平新时代中国特色社会主义思想主题教育的总要求和目标任务。坚持学思用贯通、知信行统一，全面学习领会习近平新时代中国特色社会主义思想的科学体系、核心要义、实践要求，教育引导广大党员干部从思想上正本清源、固本培元，不断提高政治判断力、政治领悟力、政治执行力，增强“四个意识”、坚定“四个自信”、做到“两个维护”。坚持目标导向和问题导向相统一，加强党的创新理论武装，把理论学习、调查研究、推动发展、检视整改、建章立制贯通起来，进一步坚定理想、锤炼党性、指导实践、推动工作，努力在以学铸魂、以学增智、以学正风、以学促干方面取得实实在在的成效，将干部焕发出来的学习、工作热情转化为攻坚克难、干事创业的强大动力。

---

① 《扎实抓好主题教育　为奋进新征程凝心聚力》，《人民日报》2023 年 4 月 4 日。

② 《坚持依法治疆团结稳疆文化润疆富民兴疆长期建疆　努力建设新时代中国特色社会主义新疆》，《人民日报》2020 年 9 月 27 日。

（二）围绕社会稳定和长治久安总目标，持续在事关根本性、基础性、长远性的问题上聚焦发力

新疆在推进社会稳定和长治久安的伟大实践中，贯彻运用习近平新时代中国特色社会主义思想的世界观和方法论，完整准确贯彻新时代党的治疆方略，紧紧围绕社会稳定和长治久安总目标，就要持续在事关根本性、基础性、长远性的问题上聚焦发力，正确处理当前和长远、国内和国际、治标和治本、原则和策略相结合的四个方面的关系，加强前瞻性思考、全局性谋划、战略性布局、整体性推进，着力夯实长治久安根基。

要坚持在发展中保障和改善民生，把为民造福作为最大的政绩，把人民对美好生活的向往作为奋斗目标，转变工作作风，不断提高各族群众生活品质，提高社会保障和基本公共服务能力；要全面贯彻新发展理念，推动高质量发展，积极打造“八大产业集群”，加快丝绸之路经济带核心区建设，以高质量发展推进中国式现代化新疆实践，积极打造亚欧黄金通道，使新疆成为向西开放的桥头堡、构建新发展格局的战略支点、全国能源资源战略保障基地、全国优质农牧产品重要供给基地等；要增强忧患意识，推进反恐维稳法治化常态化，有效防范和化解民族宗教、经济金融、安全生产等领域重大风险，坚决守住不发生系统性风险的底线；以新疆伊斯兰教中国化为方向做好宗教工作，全面提高宗教事务治理能力，实现宗教健康发展；牢牢掌握党对意识形态工作的领导权，持续巩固各族干部群众团结奋斗的共同思想基础；以增进认同为目标推进文化润疆，铸牢中华民族共同体意识，构筑中华民族共有精神家园。

（三）增强政治定力和战略耐力，把习近平新时代中国特色社会主义思想的世界观和方法论转化为贯彻新时代党的治疆方略的能力本领

习近平新时代中国特色社会主义思想的世界观和方法论，为我们提供了观察、分析和解决复杂现实问题的“伟大的认识工具”，从世界观和方法论上提高了我们的理论思维能力、指导实践能力。

要用好习近平新时代中国特色社会主义思想这个当代中国马克思主义的“望远镜”和“显微镜”，清醒把握时与势，辩证研判危与机，就要做到

准确识变、科学应变、主动求变，要用“六个坚持”搭建起“桥”或“船”，有效解决新征程上遇到的重大理论和实践问题；就要熟练掌握蕴含其中的领导方法、思想方法、工作方法，在思想政治上讲政治立场、政治方向、政治原则、政治道路，在行动实践上讲维护党中央权威、执行党的政治路线、严格遵守党的政治纪律和政治规矩，坚决做到政治过硬、责任过硬、能力过硬、作风过硬；就要把科学的世界观和方法论转化为履职尽责的能力和水平，不断提高战略思维、历史思维、辩证思维、系统思维、创新思维、法治思维、底线思维能力，不断提高推动高质量发展本领、服务群众本领、防范化解风险本领；就要将治理手段从单一手段向多种手段综合运用转变，多措并举，多管齐下，综合运用政治、经济、法律、文化、道德等手段综合施策，推动新时代党的治疆方略的各项目标任务在政策上相互配合、在实施过程中相互促进、在治理成效上相得益彰；就要把治理工作的重心从事后转向事前，从治标转向标本兼治、重在治本，使治理工作的关口前移，从根本上解决影响新疆长治久安的深层次问题。唯有如此，才能把每一项举措落在实处，美好蓝图才会在天山南北变为现实。

新媒体时代习近平新时代中国特色社会主义思想传播体系的建构

北京市社会科学院　陈界亭

习近平新时代中国特色社会主义思想是当代中国马克思主义、21世纪马克思主义，是中华文化和中国精神的时代精华，体现了马克思主义思想精髓与当代中国实际、与中华优秀传统文化精神特质、与21世纪世界的融会贯通，展现了中国共产党人崇高的理想信念与初心使命。习近平新时代中国特色社会主义思想的提出，是对新时代的深入把握和新实践的抽象概括，也是中国特色社会主义未来发展的指导思想，对中国乃至世界来说具有重大理论和实践意义。先进的思想理论是要指导实践，但指导实践的前提在于良好的传播效果。习近平新时代中国特色社会主义思想传播体系的建构是习近平新时代中国特色社会主义思想指导实践的关键一环。

一、以社会形态为逻辑起点

要研究习近平新时代中国特色社会主义思想传播体系的建构逻辑，就必然要研究其逻辑起点。这关乎如何正确地理解习近平新时代中国特色社会主义思想传播体系的层次结构及其在整个社会主义社会形态中的地位与作用，也是把握新媒体时代与习近平新时代中国特色社会主义思想传播体系内在逻辑的前提。历史唯物主义社会形态理论以经济社会形态为主导、以技术社会形态为补充、以人的发展形态为目标，由此构成了对社会形态的多层次把握。这为阐释习近平新时代中国特色社会主义思想传播体系之逻辑起点提供了理论前提。这一阐释应立足于习近平新时代中国特色社会主义思想在社会主义经济社会形态中的地位，从技术社会形态理论的视角来分析新媒体时代媒体技术变革对习近平新时代中国特色社会主义思想传播体系的重大影响，运用人的发展形态理论来分析新媒体时代所产生的传播新需求，探索有效满足人们分众化、差异化、个性化价值诉求的新路径。

（一）经济社会形态理论在历史唯物主义社会形态理论中居于主导地位，是分析不同社会形态条件下先进思想传播体系变迁的理论基础，也是把握习近平新时代中国特色社会主义思想传播体系内在结构及其演变规律的关键

列宁曾总结马克思研究社会历史的方法，明确指出，马克思所用的方法“就是从社会生活的各种领域中划分出经济领域，从一切社会关系中划分出生产关系，即决定其余一切关系的基本的原始的关系”[①]。因此，经济基础作为占统治地位的生产关系，是整个社会的中心，决定着整个社会的性质，在社会历史发展中处于支配性的地位。在现实的社会关系中，“经济关系不管受到其他关系——政治的和意识形态的——多大影响，归根到底还是具有决定意义的，它构成一条贯穿始终的、唯一有助于理解的红线”[②]。原始社会、奴隶社会、封建社会、资本主义社会和共产主义社会正是由于经济关系的不同而区分为不同性质的社会形态。核心价值观传播机制的变迁是随着经济社会形态的改变而展开的，并且其演变历程与经济社会形态的发展历程在整体上也是一致的。

习近平新时代中国特色社会主义思想作为社会主义上层建筑的重要组成部分，是社会主义文化强国的理论基础，也是新时代中国特色社会主义建设的思想保障。社会主义社会作为共产主义社会的低级阶段，代表着先进生产力的发展方向，也是当今世界最先进的、最优越的社会形态。新时

---

① 《列宁选集》第1卷，人民出版社2012年版，第6页。

② 《马克思恩格斯文集》第10卷，人民出版社2009年版，第668页。

代中国特色社会主义建设主要是在无产阶级政党——中国共产党的领导之下开展的。习近平新时代中国特色社会主义思想的传播活动通过中国共产党的组织机构、社会主义的国家机构、人民团体等上层建筑来开展，解决人们对社会主义社会形态理论和实践的种种价值困惑，赢得人们对中国特色社会主义现代化建设的价值共识，吸引更多人自觉地参与到社会主义现代化建设之中。

（二）技术社会形态理论在历史唯物主义社会形态理论中处于从属地位，有助于理解媒体技术变革在习近平新时代中国特色社会主义思想传播体系中的地位与作用，把握新媒体在习近平新时代中国特色社会主义思想传播体系建构过程中的作用

技术社会形态理论是以特定历史阶段下包括生产工具在内的技术发展水平以及与之相适应的产业结构为标准来划分社会形态。其中，生产工具是理解技术社会形态理论的重要维度，也是把握生产力发展水平的客观尺度。技术的发明和应用不能脱离现实社会，且受到特定的各种社会条件的制约，特别是经济关系的制约。鉴于此，新媒体作为当今媒体技术广泛运用的成果，体现着现实社会关系的发展水平，特别是生产方式的进步程度，也决定于经济基础的发展状况。

新媒体作为信息技术发展的产物，极大地推动了世界交往的普遍化与便捷性，也能更为有效地促进习近平新时代中国特色社会主义思想传播体系的构建和完善。雷蒙·威廉斯曾指出，传播系统的一个独特特征是人们在发现或提炼出被发展系统的关键部分之前，所有的一切都在技术上有所体现，而不是以乌托邦的方式想象出来的。[①] 传播系统是社会生产系统的反映，是社会生产方式创造新的交往需要及其全新交往方式的可能性。新媒体体现信息技术的先进成果，反映现实社会的精神交往需要，是先进价值观传播系统建构的有效助力。新媒体时代使每一个个体以极低的成本拥有了直接发声的机会，能够成为正能量的传播者，事实真相可以通过多种视角客观地展现出来。新媒体集文本、图片、音频、视频等内容为一体，形成强大的习近平新时代中国特色社会主义思想传播资源，寓习近平新时代中国

---

① Raymond Williams，Television：*Technology and Cultural Form*，London：Routledge，2003，p.12.

特色社会主义思想的抽象理论于生动多样的传播形式之中，在模拟现实社会的场景之中强化习近平新时代中国特色社会主义思想的体验感，增强习近平新时代中国特色社会主义思想的吸引力。

（三）人的发展形态理论作为历史唯物主义社会形态理论的主体视角，是从宏观的视角揭示人类历史发展的阶段特征及其演变规律，这有助于把握新媒体时代对人的发展形态的深刻影响

现实的人作为社会形态存在的前提和基础，是具体社会形态的承担者、体现者，也是未来社会形态的推动者。马克思在《经济学手稿（1857—1858年）》中把人类的发展划分为“人的依赖关系”“以物的依赖性为基础的人的独立性”“自由个性”三个历史阶段，肯定“第二个阶段为第三个阶段创造条件。”[①]“自由个性”建立在“个人全面发展和他们共同的、社会的生产能力成为从属于他们的社会财富”[②]的基础之上。

新媒体的出现及其广泛应用推动先进思想成为人们的理想信仰和行为准则，为人的自由全面发展创造着必要的条件。新媒体的出现改变了信息传播的方式，变革着人们的传播关系，形塑着社会的价值观。新媒体改变了传统媒体单向的、被动的信息接收模式，使个体得以突破信息接收者的角色限制，成为信息的生产者和传播者，提升了自身在信息传播系统中的地位。当今时代，媒体所呈现的信息与个体亲身经历的事件共同形塑着人们的价值观，甚至有时比现实的、未经媒体加工的信息更能影响人们自身的价值评判。恰如安东尼·吉登斯所言，媒体体验所引发的熟悉性常常产生“现实倒置”的感觉，即人们在现实中所遇到的真实客体和事件，感到似乎不如媒体上呈现的更为具体。[③]远距离的事件轻而易举地进入人们的日常生活之中，成为影响人们价值认知和价值取向的关键要素。人们越来越依靠新媒体所呈现的文字、图片、视频等内容来形成自身的思想认知，开展价值评判，进行思想交流。较传统媒体而言，人们进行思想交流的内容更加丰富、多样，思想互动的时间更为自由，思想表达的形式日趋口语化、生

---

① 《马克思恩格斯文集》第8卷，人民出版社2009年版，第52页。

② 《马克思恩格斯文集》第8卷，人民出版社2009年版，第52页。

③ Anthony Giddens，*Modernity and Self-Identity*：*Self and Society in the Late Modern Age*，Cambridge：Polity Press，1991，p.27.

活化。人们主动地参与到先进的传播活动之中，运用新媒体进行彼此之间的交流互动，共同建构着先进思想的传播体系。

二、以坚持党的领导、聚同化异、人民至上为建构原则

建构契合新媒体时代发展规律的习近平新时代中国特色社会主义思想传播体系，既是信息时代的发展趋势，也是建立社会主义文化强国、推进国家治理体系和治理能力现代化建设的必然要求。新媒体时代习近平新时代中国特色社会主义思想传播体系的建构原则是以党的领导为根本原则，以公开透明为基本原则，以聚同化异为基本方法，以人民至上为建构理念。

（一）坚持党的领导是习近平新时代中国特色社会主义思想传播体系建构工作的根本原则

党的领导主要包括政治领导、组织领导、思想领导。政治领导是中国共产党通过其政治方向和政治原则来发挥领导作用，提出政治目标来动员全体党员和群众，领导人们朝着共同的奋斗目标努力；组织领导是中国共产党通过其各级组织机构来组织党员和群众参与到党的传播事业之中，恩格斯曾明确指出："组织是最重要的武器"①；思想领导是中国共产党在理论观点、思想方法和精神状态方面的领导，意在把党的思想转化为人民群众自觉自愿的行动。

新媒体时代，党对习近平新时代中国特色社会主义思想传播体系建构工作的领导主要表现在三个方面：一是在政治上坚持党的全面领导，把党的路线、方针、政策体现在社会主义核心价值观传播的全过程；二是发挥党在协调习近平新时代中国特色社会主义思想传播部门及其相关机构的组织领导作用，党的组织领导是社会主义核心价值观传播机制建构的组织保障，习近平新时代中国特色社会主义思想的传播体系是依托党的各级组织来具体展开，是各级党组织具体地组织社会主义核心价值观的传播活动，新媒体时代不仅是各级主流媒体与新媒体机构的融合，而且是各级党组织与新媒体机构的深度融合，是要构建全媒体传播矩阵，各级党组织应把习

① 《马克思恩格斯全集》第25卷，人民出版社2001年版，第499页。

近平新时代中国特色社会主义思想工作的部署和落实情况公布在新媒体平台之上，把习近平新时代中国特色社会主义思想的相关资料汇总到传统媒体的数据库，更要实现各级媒体平台之间的资源共享，把习近平新时代中国特色社会主义思想的相关活动及时地传递给人民群众，把人民群众培育和践行社会主义核心价值观的情况实时地反映在新媒体平台之上；三是从党和国家发展的全局出发，顺应新媒体时代的发展趋势和发展要求，为全面建设社会主义现代化国家提供强有力的思想领导，习近平总书记就新媒体时代中国特色社会主义思想传播体系的建构作出了许多重要的论述，要求探究新媒体时代的发展规律，主动占据新媒体阵地，发挥中国特色社会主义思想引领新媒体时代社会思潮的作用，提升中国特色社会主义思想在全社会乃至全世界的国际影响力。

（二）坚持聚同化异是习近平新时代中国特色社会主义思想传播体系建构工作的基本方法

聚同化异是习近平新时代中国特色社会主义思想传播体系建构工作的基本方法，是解决“怎么做”的问题。习近平总书记指出：“加强思想政治引领，要正确处理一致性和多样性的关系。一致性是共同思想政治基础的一致，多样性是利益多元、思想多样的反映，要在尊重多样性中寻求一致性，不要搞成‘清一色’。”[①]这一重要论述深刻地揭示了“同”与“异”之间内在的、本质的联系，蕴含着用坚持聚同化异的原则来强化习近平新时代中国特色社会主义思想传播体系的引领作用。“同”是新时代中国特色社会主义思想传播体系建构的前提和基础，是基于马克思主义共同理想信念基础之上的目标的一致性；“异”是习近平新时代中国特色社会主义思想传播体系建构的内涵和特色，是在不同民族、党派等基础上的具体传播体系的差别。坚持聚同化异的原则是要用社会主义理想信念凝聚价值共识，团结一切可以团结的力量来建设新时代中国特色社会主义。习近平新时代中国特色社会主义思想是建立在以生产资料公有制为主体的经济基础之上，代表着当今时代的发展方向，体现着广大人民群众的共同利益，才能在新媒体时代承担起凝聚社会价值共识的主导作用，在与其他思想观念大碰撞

① 《习近平谈治国理政》第3卷，外文出版社2020年版，第296—297页。

的过程之中彰显出自身的价值优势。习近平新时代中国特色社会主义思想传播体系的建构过程是化解冲突、解决思想困惑、树立理想信念的“聚同化异”之路。

（三）坚持人民至上是习近平新时代中国特色社会主义思想传播体系的建构理念

建构理念是为了解决习近平新时代中国特色社会主义思想传播体系建构工作“为了谁”的问题，是习近平新时代中国特色社会主义思想传播体系建构工作的立足点。人民至上是习近平新时代中国特色社会主义思想传播体系建构工作的基石，没有人民至上的建构理念，习近平新时代中国特色社会主义思想传播体系的建构就失去了根基，也就不能称之为社会主义性质的传播体系。人民与媒体的关系是马克思主义媒体思想的核心内容，也是先进思想形成和传播的重要方面。马克思、恩格斯很早就发现人民与媒体之间的密切关系。他们在《〈新莱茵报。政治经济评论〉出版启事》中指出：“报纸最大的好处，就是它每日都能干预运动，能够成为运动的喉舌，能够反映丰富多彩的每日事件，能够使人民和人民的日刊发生不断的、生动活泼的联系。”[①]这意味着，媒体能够产生强大的舆论，影响人们的精神世界，而人民通过媒体来认识世界和改造世界。为此，马克思和恩格斯耗费着极大的精力来创办报刊、为报刊投稿，提升科学社会主义理论在无产阶级中的影响力。他们借助媒体来赢得人民群众对科学社会主义理论和实践的支持，要求媒体内容真实地呈现劳动人民群众的生活状况，真正地代表人民的价值诉求。因此，媒体从业者需要真心地为人民讲话，做好人民的喉舌，甚至“在必要时作者可以为了作品的生存而牺牲他自己的生存”[②]。为了影响还没有卷入无产阶级运动中的广大群众，马克思、恩格斯组织人民参与到媒体的创办和改进之中，使得媒体“极其忠实地报道他所听到的人民呼声”[③]，实现媒体“生活在人民当中，它真诚地同情人民的一切希望与忧患、热爱与憎恨、欢乐与痛苦”[④]。作为马克思主义媒体思想的当代

① 《马克思恩格斯全集》第10卷，人民出版社1998年版，第115页。

② 《马克思恩格斯全集》第1卷，人民出版社1995年版，第192页。

③ 《马克思恩格斯全集》第1卷，人民出版社1995年版，第358页。

④ 《马克思恩格斯全集》第1卷，人民出版社1995年版，第352页。

体现，习近平新时代中国特色社会主义思想传播体系的建构同样需要坚持人民至上的原则，动态地把握人民群众的思想动态，鼓励人们参与到新时代中国特色社会主义的传播活动之中，发挥好人民群众在新时代中国特色社会主义传播体系中的主体地位。

三、以满足新媒体时代人民群众价值需求为建构目标

随着新媒体的发展，社会正在从大众化传播时代走向“分众化”传播时代，甚至“小众化”传播时代。以往那种无视人民群众性别、年龄、爱好、文化水平、个性特征等方面差异的传播机制已经无法满足人民群众对多样化、差异化的信息需求。习近平新时代中国特色社会主义思想传播体系的建构机理需要从传播主体主导的传播机制转变为立足传播受众的传播机制，注重传播过程中传播主体与传播受众、传播主体与传播主体、传播受众与传播受众之间的互动性。

（一）建构小众化和差异化的传播机制

新媒体正在走向“小众化”传播时代，“我们正在把传播内容从针对大众的泛播转向专门针对群体或个人的窄播”①。新时代中国特色社会主义传播体系的建构需要重视人民群众多样化的价值需求，发挥新媒体异质化传播的本质优势，实现新媒体的错位式发展，通过构建差异化的习近平新时代中国特色社会主义思想传播体系来从不同角度彰显新时代中国特色社会主义的优越性。目前，有的新媒体机构突出短视频的制作，有的新媒体机构以个性化推送为特征，传统部门的新媒体部门往往以权威性和客观性为自身特色，等等。媒体机构应在认真分析自身优势和劣势的前提下，选择自己擅长的传播领域来进行精细化生产，为特定的传播受众群体提供具有持续性、专门化的传播内容，把各个独具特色的传播内容进行差异化的融合，形成新时代中国特色社会主义的传播合力，以期满足各个层次、各个方面、各个群体在不同阶段的价值需求。

---

① Werner J. Severin and James W.Tankard，*Communication Theories*：*Origins*，*Methods*，*and*，*Uses in the Mass Media*，New York：Addison Wesley Longman，2001，p.4.

（二）建构新媒体时代习近平新时代中国特色社会主义思想的个性化推荐机制

个性化传播机制是新媒体发展的必然结果。新媒体多中心的传播方式和非中心的传播机制，在一定程度上强化了用户自发的传播行为。构建习近平新时代中国特色社会主义思想个性化传播机制的前提是精准地把握传播受众的价值需求，并进行动态跟踪和及时推送。媒体技术发展使得习近平新时代中国特色社会主义思想个性化推荐机制的建构成为可能。当前新媒体的传播趋势正在从人搜索信息的时代走向信息推送给人的时代。基于大数据分析技术和新媒体互动技术，我们可以从中寻找到用户与价值观相关信息的“关系”，形成需要这种价值观相关信息的群体特征，有针对性地推送和传播用户所需要的价值观类型，从而实现价值信息与人的精准匹配。每一个用户在新媒体平台上的操作都会留下数字化的信息，而这些信息被传送到媒体机构的后台，形成一个关于用户的兴趣、习惯、需求的智能图谱，也有人将其称之为用户画像。当然，这一图谱或画像是普通的用户所看不到的。新媒体机构利用这一图谱或画像来分析用户的价值取向、阅读习惯等，建立起“信息—用户—内容”的关系，可以精准地把不同的价值内容推给不同的用户群体，并运用辩证的眼光和大数据手段来不断地对同一用户进行价值观信息传播类型的更新、对不同用户进行动态归类。这样，每一个用户所看到的信息与其他人所看到的信息是不同的，也就实现了个性化的推送。

（三）完善新媒体时代习近平新时代中国特色社会主义思想传播体系的互动机制

习近平新时代中国特色社会主义思想在新媒体上的传播已经不是传播主体要不要与传播受众互动、是否重视与传播受众互动的问题，而是如何做好与传播受众之间的互动问题，并且这个“好”不是传播主体所自认为的“好”，而是由传播受众认可的“好”。“好”的表现是新媒体传播受众主动地关注习近平新时代中国特色社会主义思想的传播内容，认同习近平新时代中国特色社会主义思想的传播信息，并自愿地在工作、生活、学习中践行习近平新时代中国特色社会主义思想。为此，习近平新时代中国特色社会主义思想在新媒体上的传播不仅有意义、符合人们求知的理性需求，而且应该契合传播受众获得共鸣的价值诉求；既要将习近平新时代中国特色社会主义思想蕴含在网络文学、网络游戏、微视频等新媒体的传播内容之中，又要避免引起人们的反感。完善习近平新时代中国特色社会主义思想传播的互动机制是通过传播主体与传播受众、传播主体与传播主体、传播受众与传播受众的交流互动来关注人民群众的情感诉求和情绪疏导，通过“情”和“理”的有机结合来实现习近平新时代中国特色社会主义思想的传播目的。

习近平总书记多次强调要“主动借助新媒体传播优势，完善运用体制机制，打通并用好同群众信息交流的新渠道”[①]。新媒体时代是用户生产内容的时代，是人人参与传播、共建主流价值观的时代。习近平新时代中国特色社会主义思想传播体系的建构必须适应这一时代要求，从而使这一最大公约数能够真正入脑入心、走深走实。

① 《习近平关于社会主义文化建设论述摘编》，中央文献出版社 2017 年版，第 45 页。

以“六个必须坚持”深入推进实践基础上的理论创新

河北省社会科学院　贾玉娥

实践发展无止境，理论创新亦无止境。不断谱写马克思主义中国化时代化新篇章，是当代中国共产党人的庄严历史责任。党的二十大报告深刻总结了党的十八大以来的重大理论创新，首次从世界观和方法论的哲学高度，科学提炼了习近平新时代中国特色社会主义思想的立场观点方法，即必须坚持人民至上、必须坚持自信自立、必须坚持守正创新、必须坚持问题导向、必须坚持系统观念、必须坚持胸怀天下。这“六个必须坚持”相互联系、内在统一，集中展现了习近平新时代中国特色社会主义思想根本的政治立场、彻底的理论品格、独有的精神气质、科学的思想方法，系统揭示了新时代新征程推进理论创新的价值追求、正确路径、原则方向、着力重点、科学方法、胸怀格局，为在全面建设社会主义现代化国家的伟大实践中，不断开辟马克思主义中国化时代化新境界指明了前进方向、提供了根本遵循。

一、必须坚持人民至上，努力形成为人民所喜爱、所认同、所拥有的理论

“民惟邦本，本固邦宁。”[①]从马克思主义看，人作为生产力中最活跃的因素，既是社会物质财富和精神财富的创造者，也是社会变革的决定性力量，更是党的一切理论的实践者、评判者。党的理论只有为人民所喜爱、所认同、所拥有，才能真正成为指导人民认识世界和改造世界的强大思想武器。

（一）人民群众的创造性实践是理论创新的不竭源泉

实践性是马克思主义理论区别于其他理论的显著特征。实践的主体是人民群众，离开人民群众进行创造性实践，所得理论就会成为无源之水、无本之木。党的十八大以来，以习近平同志为主要代表的中国共产党人，访农家、进企业，察民情、问良策，充分吸收了中国人民勇于探索和创新的实践经验，并将其与马克思主义理论相结合，形成了习近平新时代中国特色社会主义思想，指引新时代十年党和国家事业发展取得举世瞩目的成就。事实充分证明，中国人民在建设中国特色社会主义过程中的创造性实践，正是中国化时代化的马克思主义理论不断创新的源头活水。新征程继续推进实践基础上的理论创新，必须自觉拜人民为师，尊重人民创造，集中人民智慧，向能者求教，向智者问策，充分激发人民群众的主体地位和首创精神，广泛提炼人民群众的宝贵经验和科学实践，为理论创新提供不竭的源泉。

（二）人民群众对美好生活的向往是理论创新的最终目标

理论创新不是孤立的，既以实践为基础，又对实践具有指导作用。正如习近平总书记所言：“我们的目标很宏伟，但也很朴素，归根结底就是让全体中国人都过上更好的日子。”[②]理论只有真正造福人民，才能始终富有生命力。党的十八大以来，以习近平同志为核心的党中央深入贯彻以人民

---

① 《尚书·五子之歌》。

② 《习近平谈治国理政》第3卷，外文出版社2020年版，第134页。

为中心的发展思想，在幼有所育、学有所教、劳有所得、病有所医、老有所养、住有所居、弱有所扶上持续用力，使人民群众获得感、幸福感、安全感更加充实、更可持续、更有保障，充分彰显了习近平新时代中国特色社会主义思想是造福人民的理论。新征程继续推进实践基础上的理论创新，必须始终牢记中国共产党是什么、要干什么这个根本问题，把造福人民作为理论创新的价值旨归，站稳人民立场、把握人民愿望、增进人民福祉，不断实现好、维护好、发展好最广大人民的根本利益，努力把人民对美好生活的向往变为现实。

（三）人民群众的认同喜爱是理论创新成败的评价标准

时代是出卷人，人民是阅卷人。理论创新亦是如此，这是因为“理论一经掌握群众，也会变成物质力量。”[①] 推进马克思主义大众化就是让群众掌握理论、让理论武装群众，让马克思主义牢牢扎根于中国的广阔大地，展现出更加蓬勃的理论生机和力量。中国革命、改革、建设的伟大实践证明，毛泽东思想、中国特色社会主义理论体系、习近平新时代中国特色社会主义思想这些重大理论创新成果，都因其强大的真理光芒，得到人民群众广泛拥护和支持。新征程继续推进实践基础上的理论创新，必须坚持将人民意志转化为党的主张和将党的主张转化为人民群众自觉行动的辩证统一，积极问效于民，切实做到从群众中来、到群众中去，始终保持同人民群众的血肉联系，始终接受人民批评和监督，不断增强理论创新的精准性、有效性。

二、坚持自信自立，坚决做到中国的问题由中国人自己来解答

自立者强，自信者胜。自信自立，既是中国共产党历经百年而风华正茂的关键所在，也是实现第二个百年奋斗目标的精神力量。理论创新坚持自信自立，实质上就是坚持和运用马克思主义的世界观和方法论，独立自主地解决自己的问题，牢牢地把发展主动权掌握在自己手里。

---

① 《马克思恩格斯选集》第1卷，人民出版社1995年版，第9页。

（一）自信自立源自党的十八大以来党和国家事业发生的历史性变革

党的十八大以来，在新中国成立特别是改革开放多年以来取得的重大成就基础之上，以习近平同志为核心的党中央解决了许多长期想解决而没有解决的难题，办成了许多过去想办而没有办成的大事，推动了党和国家事业发生历史性变革。新时代十年，国内生产总值从 54 万亿元增长到 114 万亿元，我国经济总量占世界经济比重从 11.3% 提升到 18.5%[①]；现行标准下 9899 万农村贫困人口全部脱贫[②]；10.4 亿人参加基本养老保险，13.6 亿人参保基本医疗保险[③]；建交国总数增至 181 个，同 110 多个国家和地区组织建立伙伴关系[④]……所有这些都意味着，新时代的十年，是经济实力实现历史性跃升的十年，是民生福祉得到根本性改善的十年，是改革开放取得突破性进展的十年。正是由于许多领域实现了历史性变革、系统性重塑，我们才完全有理由自信自立。

（二）自信自立彰显新时代中国共产党人的精神风骨

人无精神不立，国无精神不强。中国共产党历来高度重视自信自立，从毛泽东“我们中华民族有同自己的敌人血战到底的气概，有在自力更生的基础上光复旧物的决心，有自立于世界民族之林的能力”[⑤]，到邓小平“我们选择的道路是正确的。我们对自己的发展充满信心”[⑥]，再到习近平总书记“当今世界，要说哪个政党、哪个国家、哪个民族能够自信的话，那中国共产党、中华人民共和国、中华民族是最有理由自信的！”[⑦]这些论述充分说明：坚持自信自立是中国共产党历经百年而风华正茂的关键所在。站在新

---

① 习近平：《高举中国特色社会主义伟大旗帜 为全面建设社会主义现代化国家而团结奋斗——在中国共产党第二十次全国代表大会上的报告》，人民出版社 2022 年版，第 8 页。

② 《中华人民共和国简史》，人民出版社、当代中国出版社 2021 年版，第 436 页。

③ 《这是人口规模巨大的现代化》，《人民日报》2022 年 11 月 4 日。

④ 人民日报评论部：《论学习贯彻党的二十大精神——人民日报评论文章合集》，人民出版社 2023 年版，第 171 页。

⑤ 《毛泽东选集》第 1 卷，人民出版社 1991 年版，第 161 页。

⑥ 《邓小平文选》第 3 卷，人民出版社 1993 年版，第 206 页。

⑦ 习近平：《在党史学习教育动员大会上的讲话》，人民出版社 2021 年版，第 9 页。

的历史起点上，面对艰巨繁重的国内改革发展稳定任务，全面建设社会主义现代化国家，必须不断增强理论自信和战略定力，以饱满昂扬的精神状态更好地推进实践基础上的理论创新。

（三）自信自立重在依靠自身力量办好中国事情

中国人民和中华民族从深重苦难走向民族复兴，从来就没有教科书，更没有现成答案。百余年来，党领导人民始终从中国实际出发，独立自主探索开辟出适合自己的革命道路和发展道路，迎来了从站起来、富起来到强起来的伟大飞跃，谱写了马克思主义中国化时代化新篇章。当前，世界百年未有之大变局和世纪疫情相互交织，外部环境更加不稳定、不确定，实现中华民族伟大复兴迫切需要我们站在中国人民和中华民族的立场上，坚定马克思主义信仰、坚定中国特色社会主义信念、坚定“四个自信”，以更加积极的历史担当和创造精神为发展中国化时代化的马克思主义作出新的贡献，既牢牢把中国发展进步的主动权掌握在自己手中，又不能刻舟求剑、封闭僵化，更不能照抄照搬、食洋不化，使党和人民的事业更有底气、更有力量、更有保障。

三、坚持守正创新，以科学的态度对待科学、以真理的精神追求真理

知常明变者赢，守正创新者进。守正与创新相辅相成、辩证统一，其中守正是前提、是根基，创新是动力、是目的。只有守正不渝、创新不止，才能以新的气象、新的作为，创造无愧于时代、无愧于使命、无愧于人民的崭新业绩。

（一）守马克思主义立场观点方法之正，创中国化时代化马克思主义新篇章

在人类历史的长河中，马克思主义的诞生无疑是人类思想史上的伟大变革，它不仅确立了科学的世界观和方法论，而且为人类指明了寻求自身解放的道路，更极大地推进了人类文明的进程。一百多年来，我们党始终坚持把马克思主义基本原理与中国革命具体实际、同中华优秀传统文化相

结合，先后产生了毛泽东思想、邓小平理论、“三个代表”重要思想、科学发展观和习近平新时代中国特色社会主义思想。可以说，我们党的历史，就是一部不断丰富和发展马克思主义的历史，也是一部运用马克思主义理论认识和改造中国的历史。新征程上不断谱写马克思主义中国化时代化新篇章，必须矢志不渝地坚持马克思主义指导地位，完整准确理解掌握马克思主义核心要义，更加深入地推进马克思主义同当代中国发展的具体实际相结合，不断开辟21世纪马克思主义发展新境界，让当代中国马克思主义放射出更加灿烂的真理光芒。

（二）守中国特色社会主义方向之正，创中国式现代化建设新辉煌

习近平总书记指出：“中国特色社会主义是改革开放以来党的全部理论和实践的主题”[①]。在理论层面，中国特色社会主义是科学社会主义理论逻辑和中国社会发展历史逻辑的辩证统一，是根植于中国大地、反映人民意愿、适应时代要求的科学社会主义；在实践层面，中国特色社会主义道路是在改革开放四十多年的伟大实践中、中华人民共和国成立七十多年的持续探索中、近代以来一百八十多年中华民族发展历程的深刻总结中、中华民族五千多年悠久文明的传承中走出来的，具有深厚的历史渊源和广泛的实践基础。事实充分证明，中国特色社会主义是全面建设社会主义现代化国家、实现中华民族伟大复兴的必由之路。新征程上必须保持战略定力，既立足当代中国实际，又面向现代化、面向世界、面向未来，紧密结合新的发展实践、新的形势任务，不断深化对中国特色社会主义事业和人类历史发展进程的“再认识”，努力推动党和国家事业不断跃上新台阶。

（三）守党的全面领导之正，创新时代党的建设新的伟大工程新局面

党和人民事业发展到什么阶段，党的建设就要推进到什么阶段。党的十八大以来，广大党员干部深刻认识党的领导是中国特色社会主义最本质的

① 《高举中国特色社会主义伟大旗帜　为决胜全面小康社会实现中国梦而奋斗》，《人民日报》2017年7月28日。

特征和中国特色社会主义制度的最大优势，坚持和加强党中央集中统一领导；深刻认识法规制度的根本性、全局性、稳定性、长期性，不断完善党的自我革命制度规范体系；深刻认识腐败是危害党的生命力和战斗力的最大毒瘤，坚决打赢反腐败斗争攻坚战持久战，有力推动了全面从严治党向纵深发展。新征程上，深入推进新时代党的建设新的伟大工程，必须切实将党的领导贯彻落实到中国式现代化建设各领域各环节，增强“四个意识”、坚定“四个自信”、做到“两个维护”，把我们党建设成为始终走在时代前列、人民衷心拥护、勇于自我革命、经得起各种风浪考验、朝气蓬勃的马克思主义执政党。

四、坚持问题导向，不断提出真正解决问题的新理念新办法

问题是时代的声音，回答并指导解决问题是理论的根本任务。新时代新征程，我们所面临问题的复杂程度、解决问题的艰巨程度明显加大，理论创新也面临全新要求。只有牢固树立问题意识，始终坚持问题导向，真正回答好实践之问、时代之问、理论之问，才能不断谱写马克思主义中国化时代化新篇章。

（一）聚焦经济社会发展的重大现实问题推动理论创新

实践是理论之源。踏上全面建设社会主义现代化国家新征程，我国发展具备更为坚实的物质基础、更为完善的制度保证，但面临的矛盾问题也世所罕见。比如：怎样完整把握全面深化改革总目标，做到既推进国家治理体系和治理能力现代化，又完善和发展中国特色社会主义制度；怎样正确处理政府和市场的关系，做到既让市场在资源配置中起决定性作用，又更好地发挥政府作用；怎样巩固全党全国各族人民团结奋斗的共同思想基础，做到既巩固马克思主义的指导地位，又培育和践行社会主义核心价值观；等等。许多问题相互交织、叠加呈现，正如邓小平曾经预言的，“发展起来以后的问题不比不发展时少。”[①] 站在新的历史方位，面对深刻的社会变革和独特的实践创新，只有以我们正在做的事情为中心，把握时代脉搏，

---

① 《邓小平年谱（1975—1997）》下卷，中央文献出版社2004年版，第1364页。

找准突出矛盾，从我国改革发展的伟大实践中挖掘新材料、发现新问题、提出新观点、构建新理论，理论创新才能成为推动社会发展的强大正能量。

（二）聚焦国家未来发展的重大战略问题推动理论创新

战略问题是一个政党、一个国家的根本性问题。百余年来，我们党总是能够在重大历史关头从战略上认识、分析、判断面临的重大历史课题，制定正确的政治战略策略，这是党战胜无数风险挑战、不断从胜利走向胜利的有力保证。当前，我国要实现第二个百年奋斗目标，必须科学预见事关国家未来发展的重大战略问题，比如如何全面深化改革，增强中国特色社会主义发展动力；如何把法治作为治国理政的基本方式，建设法治中国；如何走中国特色强军之路，为中国梦提供坚强力量保证；如何把握国际社会的共同利益和规则，构建人类命运共同体；等等。这些问题既立足当下，又指向未来，必须以更宽广的视野、更长远的眼光来展开，在思考透彻的基础上，提出正确的解决对策，确保社会主义现代化国家全面建成。

（三）聚焦哲学社会科学的重大理论问题推动理论创新

习近平总书记指出："历史表明，社会大变革的时代，一定是哲学社会科学大发展的时代。"[①] 新中国成立以来，特别是改革开放40多年以来，伴随着中国社会的深层次结构性变革，整个中国的学术研究在各个领域也都取得了巨大成就，但依然存在众多理论困惑亟待解决。新征程上，推进实践基础上的理论创新，必须要切实回答好贯彻落实新发展理念、构建"双循环"新发展格局、发展全过程人民民主、实现全体人民共同富裕、构建人类命运共同体等一系列重大理论问题，尤其要对中国式现代化的中国特色、本质要求、建设原则、时代意义等作出学理阐释；对历史虚无主义、民主社会主义、"宪政民主"、"普世价值"等错误思潮作出学理评析，努力揭示我国社会发展、人类社会发展的大逻辑大趋势，推动形成具有中国特色、中国风格、中国气派的中国哲学社会科学学科体系、学术体系、话语体系。

① 习近平：《在哲学社会科学工作座谈会上的讲话》，《人民日报》2016年5月19日。

五、必须坚持系统观念，全面协调推进社会主义现代化建设

不谋万世者，不足谋一时；不谋全局者，不足谋一域。系统观念作为基础性的思想方法和工作方法，突出强调：通过历史看现实、透过现象看本质，不断提高战略思维、历史思维、辩证思维、系统思维、创新思维、法治思维、底线思维能力。新征程上，改革发展稳定任务之重、矛盾风险挑战之多、治国理政考验之大前所未有，迫切要求我们将系统观念贯穿经济社会发展全过程各领域，统筹兼顾，科学谋划，扎实推进社会主义现代化强国建设。

（一）加强前瞻性思考，在把握大势中永葆生命力

凡事预则立，不预则废。习近平总书记多次强调，要“科学预见形势发展的未来走势、蕴藏其中的机遇和挑战、有利因素和不利因素，透过现象看本质，抓好战略谋划”。[①] 新征程上，要强化战略思维，锚定全面建设社会主义现代化强国、实现中华民族伟大复兴中国梦的奋斗目标，深刻认识新时代我国社会主要矛盾变化带来的新特征新要求，深刻认识错综复杂的国际环境带来的新矛盾新挑战，深刻认识我国经济社会发展出现的新趋势新变化，前瞻设计、超前布局，积极抢占未来世界经济社会发展制高点，不断增强工作的预见性、创造性，避免目光短浅、急功近利，始终站在历史正确的一边。唯有加强前瞻性思考，才能牢牢掌握斗争主动权，在危机中育先机、于变局中开新局。

（二）加强全局性谋划，在服务大局中增强影响力

经济社会发展是一个开放的系统，涉及政治、经济、文化、社会、生态等方方面面，且始终处于运动、变化之中。因此，推进理论创新，必须妥善处理好局部和全局的关系。无论是揭示特定领域规律的内容创新，还是建立一定理论思维框架的系统创新，都必须着眼全局，自觉从中华民族

① 《树牢“四个意识”坚定“四个自信” 坚决做到“两个维护”勇于担当作为 以求真务实作风把党中央决策部署落到实处》，《人民日报》2018 年 12 月 27 日。

伟大复兴的战略全局、世界百年未有之大变局看问题，既统筹推进“五位一体”总体布局，协调推进“四个全面”战略布局，又统筹办好发展、安全两件大事，充分利用国内国际两个市场两种资源，加快构建以国内大循环为主体、国内国际双循环相互促进的新发展格局。另外，还要善于把本地区本部门的工作放到协同发展的大局中进行定位和思考，把党中央的决策部署同本地区本部门的实际有机结合，创造性地开展工作，不能为了局部利益损害全局利益、为了暂时利益损害根本利益和长远利益。

（三）加强整体性推进，在协同贯通中强化引导力

社会主义现代化建设是一个由诸多领域、诸多环节、诸多层面构成的大系统，只有整体部署、协同推进，才能事半功倍。特别是随着科技快速发展，我国与世界的联系互动更加紧密，外部环境的任何风吹草动都会给我国发展带来十分重要的影响。在这种形势下，只有全方位、全领域、全过程协调推进理论创新，才能不断提高运用科学理论指导我们应对重大挑战、抵御重大风险、克服重大阻力、解决重大矛盾的能力。要详略得当、整体施策、多措并举，既优先推进重点领域理论创新，又着力强化在创新驱动、乡村振兴、区域协调、生态保护等关键环节创新；既实现经济发展质量、结构、规模、速度、效益、安全相统一，又在社会治理上更加突出系统治理、依法治理、综合治理、源头治理，通过内容协同、社会联动，实现理论上的创新突破。

六、必须坚持胸怀天下，推动建设更加美好的世界

中国的发展离不开世界，世界的发展也需要中国。中国共产党作为为人类进步事业而不懈奋斗的政党，必须始终坚持胸怀天下，积极从人类发展大潮流、世界变化大格局、中国发展大历史正确认识和处理同外部世界的关系，以与时俱进的科学理论不断为解决全球面临的共同问题贡献中国方案、中国智慧、中国力量。

（一）传承天下情怀，彰显大国责任担当

中华民族历来讲求天下一家，主张“民胞物与、协和万邦”。中国共产

党作为中华优秀传统文化的忠实传承者和弘扬者，始终秉承天下情怀，将为人类不断作出新的更大贡献作为庄严承诺。新中国成立前夕，毛泽东就对中华民族的未来充满希冀："创造自己的文明和幸福，同时也促进世界的和平和自由。"[①]改革开放之后，邓小平曾展望21世纪的中国："国家总的力量就大了，可以为人类做更多的事情"，[②]进入中国特色社会主义新时代，习近平总书记则从人类整体利益出发，提出"朝着构建人类命运共同体方向不断迈进，共同创造更加美好未来"[③]，不仅高质量共建"一带一路"、积极参与全球环境与气候治理，而且倡导全人类共同价值，彰显了世界和平建设者、全球发展贡献者、国际秩序维护者、公共产品提供者的大国担当。

（二）拓展世界眼光，关注人类前途命运

中国是世界的中国。当前，"新时代"与"大变局"相互交织激荡，实现第二个百年奋斗目标、实现中华民族伟大复兴，既要立足中国，也要放眼世界，把中国问题置于人类发展进步潮流中进行思考谋划，同时为解决人类面临的共同问题作出中国贡献。要体察世界发展大势，既坚信和平与发展仍是时代主题，又看到全球化遭遇逆流、世界经济复苏乏力、恐怖袭击事件多发，国际治理格局正在发生深刻而复杂的变化；要洞察人类进步潮流，密切关注世界政治、经济、科技、文化各领域的新变化新情况，努力掌握各国现代化进程中的新思想新成果；要直面全球共同难题，气候变暖、生态恶化、网络安全、贫富差距、重大传染性疾病等层出不穷，以掷地有声、令人信服的中国方案，积极回应"人民关切"，不断破解"世界之问"，推动构建人类命运共同体。

（三）深化文明互鉴，创造人类文明新形态

文明因交流而多彩、因互鉴而丰富。推进理论创新的过程，也是吸收借鉴人类文明成果的过程。习近平总书记曾明确指出，一部马克思主义发

---

① 习近平：《在庆祝中国人民政治协商会议成立65周年大会上的讲话》，人民出版社2014年版，第21页。

② 《邓小平文选》第3卷，人民出版社1993年版，第233页。

③ 习近平：《在中华人民共和国恢复联合国合法席位50周年纪念会议上的讲话》，人民出版社2021年版，第6页。

展史就是一部不断吸收人类历史上一切优秀思想文化成果丰富自己的历史。[①]百余年来，我们党始终坚持以海纳百川的胸怀吸收人类优秀文明成果，兼收并蓄、去粗取精，不断推进党的理论创新。新时代必须进一步强化和谐共处，世界上不存在十全十美的文明，也不存在一无是处的文明，一切文明成果都值得尊重，一切文明成果都要珍惜；强化学习借鉴，以开放包容的心态加强同外界的对话和沟通，虚心倾听世界声音，积极从不同文明中寻求智慧、汲取营养；强化交流互惠，推动中华文明优秀成果和中国式现代化成功经验“走出去”，为探索和解决关系人类前途命运的重大问题和挑战贡献中国智慧和中国方案。

① 习近平：《在纪念马克思诞辰200周年大会上的讲话》，人民出版社2018年版，第9页。

理论、历史与现实："坚持胸怀天下"的生成逻辑

四川省社会科学院　肖　潇

习近平总书记在党的二十报告中将"坚持胸怀天下"作为习近平新时代中国特色社会主义思想的世界观与方法论，充分彰显了党在百年奋斗历史经验中的世界历史视野，更彰显了百年来党立足于全人类的宏伟格局，展示了和合共生、天下大同的大国担当。当下对"坚持胸怀天下"这一世界观和方法论的生成逻辑在理论、历史和现实三个层面进行学理阐释，对揭示党的百年奋斗光辉历程与伟大成果，为新时代中国式现代化建设全面铺开坚定必胜信心、为实现中华民族伟大复兴中国梦提供动力源泉以及为构建人类命运共同体拓宽雄伟视野，具有重要的意义。

一、中国共产党"坚持胸怀天下"的理论逻辑

中国共产党自成立起，便始终坚持在实践中体现胸怀天下的世界观与方法论，这是党始终坚持以马克思主义为指导，并在百年奋斗历史经验的具体实践中同中华优秀传统文化相结合，形成的党的百年奋斗十条历史经验之一。大道行思，取则行远。"坚持胸怀天下"背后的理论渊源和历史基因生动地诠释着马克思主义世界历史理论和中华优秀传统文化天下观在各

个时代历史实践中的创新性融合和辩证发展。

（一）马克思主义世界历史理论

马克思主义自诞生之日起，就始终坚持把为人类谋利益作为崇高的理想与追求。《共产党宣言》写道："无产者在这个革命中失去的只是锁链。他们获得的将是整个世界。"[①]"联合的行动，至少是各文明国家的联合的行动，是无产阶级获得解放的首要条件之一。"[②]马克思论证了人类社会最终走向共产主义必然是全世界范围共同走向共产主义的趋势，点明了世界历史的主体与目的。习近平总书记指出："马克思主义博大精深，归根到底就是一句话，为人类求解放。"[③]马克思主义站在人民立场以人民至上为基本价值遵循探求全人类解放之路，解释了人类社会基于人是能动主体本身的发展一般规律，为实现无产阶级解放进而实现全人类解放、实现每个人的自由且全面发展提供了思想上的动力源泉，为习近平新时代中国特色社会主义思想"坚持胸怀天下"提供了根本的价值遵循与目的旨归。

《共产党宣言》中写道："每个人的自由发展是一切人的自由发展的条件。"[④]全人类的解放是每个具体的人的自由和解放以及以此为基础的全面发展。因此对于世界历史或人类社会历史的理解，应当是以对人本身的理解为前提的，即"世界历史何处去"应当追溯为"人的终极方向是什么以及何处去"。马克思指出："人的本质不是单个人所固有的抽象物，在其现实性上，它是一切社会关系的总和。"[⑤]自由自觉的劳动成为马克思人性论中的"个体目的"，从个体目的出发延伸至世界历史目的，马克思实现了世界历史目的论创新性的变革。

在马克思之前的世界历史学说中贡献最大的是康德和黑格尔。康德率先提出了"世界历史必须拥有目的"这一重大命题，世界历史需要目的，便是人类永久和平，否则一切世界历史都是偶然。据此，黑格尔看来，世界历史是"绝对精神"自我实现的过程，人类是"绝对精神"自我实现的

---

① 《共产党宣言》，人民出版社 2018 年版，第 65 页。

② 《马克思恩格斯选集》第 1 卷，人民出版社 2012 年版，第 419 页。

③ 习近平：《在纪念马克思诞辰 200 周年大会上的讲话》，人民出版社 2018 年版，第 8 页。

④ 《共产党宣言》，人民出版社 2018 年版，第 51 页。

⑤ 《马克思 恩格斯 列宁 斯大林论宗教和无神论》，人民出版社 1999 年版，第 24 页。

工具而非目的本身，“绝对精神”是构成世界历史以及推动世界历史前进的主体。以上二者在世界历史目的这一问题上，最终被马克思批判性继承和超越了。

关于世界历史目的的实现方式，马克思指出人类永久和平需要通过“国家的消亡”和“民族的消亡”进而得以实现——即建立公有制的共产主义，从而摆脱和消灭各个国家之间、各个民族之间在物质利益方面的冲突，进而将国家和民族相互融合成为“自由人的联合体”的状态，划明身份差异的国家和民族这一“冲突”的产物名词便也就自然地消逝了。关于世界历史目的实现的主体，马克思认为世界历史的主体是人类本身，世界历史在现实性上是由于资本的无限扩张以及外化为资本和资本家在全球范围内攫取资源的扩张开始的，世界历史目的不过是无产阶级推翻资产阶级从而摆脱资本对人的掌控和奴役从而获得自由与解放的过程。因此世界历史目的的达成与实现同时也是每个个体的人的目的的达成与实现，在此过程中弱小力量的个体为了实现自身目的必须借助共同体集合而形成的广大力量。国家和民族都是作为人的“个体”的整体集合而存在，是人的“个体”在实现自身目的进而实现世界历史目的的中间过程产物，随着世界历史终极目的的实现而完成了其存在的作用，进而自然地消失了。

从人的本质出发，从每个人的“个体”目的的实现出发，从个体借助共同体力量集合成为国家和民族出发，指明了无产阶级解放全人类进而解放自身以实现每个个体自身的自由、解放和全面发展这一推动世界历史向前发展的终极目的，这是马克思主义政党始终具备国际精神、中国共产党百年奋斗历史实践中始终坚持胸怀天下的根本理论逻辑。

（二）中华优秀传统文化天下观

中华文明“天下”思想的视野与情怀早在周朝就已经初步成型，天、地、人三道的关系与互动是中国古人体察世界的方式方法，其本质便是探求人之于天的关系。《周易·系辞下》有云：“古者包牺氏之王天下也，仰则观象于天，俯则观法于地，观鸟兽之文，与地之宜；近取诸身，远取诸物，于是始作八卦，以通神明之德，以类万物之情。”其所建构的卦爻系统解释了天地万物相互依存、飞鱼鸟兽共协共生的有机体系，点明了中华民族基于“天人合一，和合而生”宇宙秩序的统一天下观。进一步于此，古代先贤在体悟天道的同时，遵“帝”“命”形成了“万物一体”社会架构思想，强调了天、家、人三者之间的互动与联系，从而发端和涵养了中华民族“天下大同、协和万邦、万国咸宁、为政以德、义以为上”的天下情怀。至此，我们可以探明，“天下”思想并非一种取得绝对性胜利的计谋或者策略，“天下”是一种自西周以来在历朝实践中不断发展进而成熟的对于世界理解的思想体系，其本质是将世界万物囊括其中、凝练为一体，即“万物一体”，其内核是消除身份差异与“敌对的他者”，进而消除外部安全威胁的可能，从而达成真正的“天下大同”。

“天下大同”——基于“天下”思想的世界理想。《礼记》有云：“大道之行也，天下为公。”揭示了中华民族之于宇宙和人类社会治理运行规则“大道”的终极解释——“天下为公”，《吕氏春秋》亦云：“天下，非一人之天下也，天下之天下也。”都鲜明地揭示了天下必须是天下人所共有的天下，并非某一人、某一群体、某一民族、某一国家的，而是整个天下范围内所有人的天下。习近平总书记指出：“天下太平、共享大同是中华民族绵延数千年的理想。”[①]“天下大同”是天下持久和平、世界共享发展与进步的世界理想，表明了对中华文明自古以来的世界联系的外部表化和内在运行规律的透彻理解，进而希望同世界上所有不同的文化与文明进行广泛的基于和平与发展的交流，共同创造、享用和承担“天下大同”建设过程中的成果与责任，是社会“至善”和沟通“义以为上”的最终目标体现。

“协和万邦，万国咸宁”——基于“天下”思想的体系构建。无论是《尚书·尧典》：“克明俊德，以亲九族。九族既睦，平章百姓。百姓昭明，协和万邦”，还是《周易·乾·彖》：“首出庶物，万国咸宁”，皆体现出中华民族高于国家至上的“天下”情怀。“和合而生、亲仁善邻”的仁爱之情与“家国一体”为实现“天下”世界理想的中华文明提供秩序构建方案，即强调拓展基于对“个人”小我情怀的超越，在“小我”与“天下”间构建起以“礼”和“合”为基础的制度性沟通体系，进而更好地服务于各文明、各民族、各国家向着“天下”的“大我”格局进行自我扩展和和平交流，最终在实现“天下”世界理想的同时构建和巩固“天下”范围内所有社会的“至善”。在加速推进“天下大同”的同时亦构建了“义以为上”的良好个人道

① 习近平：《论坚持推动构建人类命运共同体》，中央文献出版社 2018 年版，第 84 页。

德情怀。

"为政为德，义以为上"——基于"天下"思想的执事道德旨归。在国家治理层面，"天下"思想首先内化为社会治理中王道与德政相统一的方法论，《荀子·王制》有云："彼王者不然，仁眇天下，义眇天下，威眇天下。仁眇天下，故天下莫不亲也；义眇天下，故天下莫不贵也；威眇天下，故天下莫敢敌也。"中华民族坚信，在自身实力与能力强大的基础上，在外事交往与内政统治中唯有"以德服天下"者，才能使天下人"心悦诚服""向之往之"。同时在王道施布与德政相辅的过程中还需要"礼行于义"。在执事交往中奉行"义以为上"有利于国与国之间、文明与文明之间、民族与民族之间、甚至个人与个人之间的良好沟通与实践，有利于社会的普遍"至善"和"天下大同"的实现。

基于"天下"思想、"天下大同"的世界理想、"协和万邦，万国咸宁"的体系构建、"为政为德，义以为上"的执事道德旨归在党的百年奋斗历史实践中无形地影响着党在各个时期的决策与发展，最终总结形成了十条党的百年奋斗历史经验之一的"坚持胸怀天下"。

二、中国共产党"坚持胸怀天下"的历史逻辑

党的十九届六中全会通过的《中共中央关于党的百年奋斗重大成就和历史经验的决议》中深刻指出："党的百年奋斗深刻影响了世界历史进程。"[①]"一百多年来，党领导人民进行伟大奋斗，在进取中突破，于挫折中奋起，在总结中提高，积累了宝贵的历史经验。"[②]习近平总书记在党的二十大报告中也指出："中国共产党是为中国人民谋幸福、为中华民族谋复兴的党，也是为人类谋进步、为世界谋大同的党。"[③]党正是自诞生之日起便通过革命建设与改革，得以将马克思主义政党的理论发展具象化、具体化，在各个时期不断认识、体会、深化和把握国内发展形势和世界发展潮流大势，在不同时期的革命、建设与改革中始终坚持胸怀天下，坚持"为

① 《中共中央关于党的百年奋斗重大成就和历史经验的决议》，人民出版社 2021 年版，第 64 页。

② 《中共中央关于党的百年奋斗重大成就和历史经验的决议》，人民出版社 2021 年版，第 65 页。

③ 习近平：《高举中国特色社会主义伟大旗帜　为全面建设社会主义现代化国家而团结奋斗——在中国共产党第二十次全国代表大会上的报告》，人民出版社 2022 年版，第 21 页。

中国谋发展、为世界谋和平、为人类谋进步”的世界情怀。通过自身不断奋斗发展、外交不断交流合作，推动中华民族从站起来、富起来到强起来，也为人类普遍发展和世界普遍和平作出了卓越贡献。

新民主主义革命时期，党自诞生起便始终坚持胸怀天下，深刻洞悉时代大势和人类和平发展何处去的世纪问题，把中国的前途命运与世界命运紧密相连，在“胸怀天下”的视野高度体察中国革命形势。1921 年，毛泽东在新民学会长沙会员大会上提出：“中国问题本来是世界的问题”。[①] 鲜明指出中国共产党和中国人民始终将自身命运与世界各国人民命运紧密相连。抗日战争时期，在中华民族危在旦夕之际，中国共产党坚持胸怀天下建立最广泛的抗日民族统一战线，成为世界反法西斯战争中的中流砥柱。中国是世界反法西斯战争在亚洲的主要战场，中国军民以巨大的牺牲阻挡了日本法西斯侵略者，为世界反法西斯战争的胜利、维护和巩固世界和平作出了巨大贡献。

社会主义革命和建设时期，党始终坚持胸怀天下，在与世界上新兴的独立民族国家和爱好和平的民主国家广泛交流沟通的同时，带领中国人民在国家建设中自力更生、艰苦奋斗，创造了社会主义革命和建设时期一系列伟大成就，实现了五千多年以来华夏大地最伟大的社会变革，完成了将一穷二白的落后东方大国建设成社会主义国家的伟大飞跃；面对美帝国主义的侵略，党领导中国人民志愿军抗美援朝，沉重打击了帝国主义力量，赢取了抗美援朝的胜利，维护了地区与世界范围内的和平与稳定，巩固了世界的和平发展；在与周边国家商讨边界问题、与亚非拉国家沟通交流的过程中确立了和平共处五项原则，提出了“三个世界”划分理论，积极开展对外援助，积极与世界上渴望发展、爱好和平的国家拓展国际间的合作与交流；鼓舞了世界范围内民族独立解放运动的发展，推动了社会主义在世界范围内的积极影响。

改革开放和社会主义现代化建设新时期，党深刻总结历史实践经验，在肯定过去的奋斗成就的同时也客观吸收借鉴了过去的经验教训。据此，以邓小平同志为主要代表的中国共产党人深刻把握冷战大背景下中国人民和世界人民都渴望进步与发展的诉求，作出创造性研判——当今时代的主

① 《毛泽东文集》第 1 卷，人民出版社 1993 年版，第 1 页。

题是和平与发展，并以此出发为中国和世界的发展巩固了和平的国际环境；洞悉时代发展大势，作出了实行改革开放的伟大抉择，开启了具有中国特色的社会主义事业的建设，实现了新中国成立以来党和国家历史上具有深远意义的伟大转折；在21世纪初积极加入WTO（世界贸易组织），参与全球经济体系的角色分工，积极响应、融入和推动经济全球化，为中国和世界的经济发展创造了新的格局，为人类社会的普遍进步作出了重大贡献。

中国特色社会主义进入新时代，中国的发展与世界的发展已经相互促进，密不可分。国际形势、人类命运已经深刻融入我国的发展之中，牵动着我国发展的质量和速率。为此，党坚持胸怀天下已经成为在当前背景下实现两个一百年奋斗目标、进而实现中华民族伟大复兴的必要条件，亦成为解决人类文明的普遍性问题、进而推动全球向前和平发展的积极影响因素。党和国家准确研判当前国内发展和国际形势发展风云变幻的实际情况，创造性地提出了“百年未有之大变局”的背景研判，并据此解决全球性普遍问题，切实落实世界范围内的和平与发展；创造性地提出了“一带一路”倡议，积极推进新型国际关系建设，在国内发展议题上创新性地提出统筹两个大局——同时兼顾和平与安全大局与同时兼顾国际国内两个大循环主体大局；创造性地提出了构建人类命运共同体理念，切实向推进全球治理能力和治理体系的现代化提供中国方案和中国智慧。

马克思主义的诞生便是为全世界的人类寻求解放，马克思主义世界历史理论的终极目的是全世界人类的自由与发展。中国共产党的百年奋斗历史实践一直践行着“为中国人民谋幸福，为中华民族谋复兴，为人类谋进步，为世界谋大同”。社会主义从来都是在开拓创新中耕耘成长，并且随着时代、科学与实践发展不断认识与体会从而不断开辟发展的新境界以更好地服务于“全人类解放”这一终极目的。

三、中国共产党“坚持胸怀天下”的现实逻辑

中国特色社会主义进入新时代，《中共中央关于党的百年奋斗重大成就和历史经验的决议》指出：“党始终以世界眼光关注人类前途命运，从人类发展大潮流、世界变化大格局、中国发展大历史正确认识和处理同外部世

界的关系”[①]。习近平总书记强调：“站在时代前沿观察思考问题，把党和人民事业放到历史长河和全球视野中来谋划，以小见大、见微知著，在解决突出问题中实现战略突破，在把握战略全局中推进各项工作。”[②]新时代需要中国共产党继续坚持胸怀天下，准确研判国际形势，精准定位中国角色，清晰判别中国与世界两个共存共生的大小系统，指明中国和世界未来的发展方向，以“天下”的眼光和情怀、以全球共治共享理念为指引不断深化参与全球治理，与世界爱好和平、渴望发展的国家共谋“人类未来何处去”这一世纪之问，巩固和促进全世界最普遍的和平与发展。

中国共产党需要坚持胸怀天下以应对新时代中国新发展阶段带来的问题和挑战。习近平总书记指出：“‘十四五’时期是我国全面建成小康社会、实现第一个百年奋斗目标之后，乘势而上开启全面建设社会主义现代化国家新征程、向第二个百年奋斗目标进军的第一个五年，我国将进入新发展阶段。”[③]新发展阶段是我国社会主义发展进程中一个重要的历史阶段，习近平总书记指出：“进入新发展阶段，国内外环境的深刻变化既带来一系列新机遇，也带来一系列新挑战，是危机并存、危中有机、危可转机。”[④]当前，我国社会主要矛盾已经转化为人民日益增长的美好生活需要和不平衡不充分的发展之间的矛盾，一些发展的突出问题尚未解决，生态保护任重道远，民生领域短板众多，社会文明水平需继续提高……新发展阶段的当前和今后一个时期，我国必将面对诸多重大困难与挑战，这就需要我们党坚持胸怀天下，在新时代的发展中体现大国担当。中国的发展在当今时代不仅深刻影响着每一个中国人，更影响着全世界范围内的稳定与发展，在充分借鉴过去历史经验的基础上立足于坚定树立中国特色社会主义伟大旗帜，坚定中国特色社会主义前进道路，辩证地探求新发展阶段中国内外的各种机遇与挑战。

中国共产党需要坚持胸怀天下以精准研判百年未有之大变局下的风云变幻的复杂国际形势，应对全人类发展的共同危机和普遍性问题。习近平

---

① 《中共中央关于党的百年奋斗重大成就和历史经验的决议》，人民出版社2021年版，第68页。

② 习近平:《在纪念邓小平同志诞辰110周年座谈会上的讲话》，人民出版社2014年版，第19页。

③ 习近平:《论把握新发展阶段、贯彻新发展理念、构建新发展格局》，中央文献出版社2021年版，第371页。

④ 习近平:《论把握新发展阶段、贯彻新发展理念、构建新发展格局》，中央文献出版社2021年版，第372页。

总书记在中国共产党与世界政党领导人峰会上的主旨讲话中提出："当今世界正经历百年未有之大变局，世界多极化、经济全球化处于深刻变化之中，各国相互联系、相互依存、相互影响更加密切。为了应对新冠肺炎疫情挑战、促进经济复苏、维护世界稳定，国际社会作出了艰苦努力，各国政党作出了积极探索，展现了责任担当。同时，一些地方战乱和冲突仍在持续，饥荒和疾病仍在流行，隔阂和对立仍在加深，各国人民追求幸福生活的呼声更加强烈。"[①]新时代新征程，中国共产党始终坚持胸怀天下，积极参与处理全球性问题。2013 年，习近平总书记正式发起"一带一路"倡议，与全世界绝大多数国家共谋建设与发展。根据世界银行的研究报告，共建"一带一路"倡议将使相关国家 760 万人摆脱极端贫困、3200 万人摆脱中度贫困[②]，彰显了中国共产党"和合而生、美美与共"的"天下"情怀。新时代新征程，中国共产党始终坚持胸怀天下，积极改善和发展国际形势，努力创造良好的国际关系，为处理全球性问题营造稳定持续的政治环境和必要的资源倾斜支持。党的二十大报告指出："中国坚持在和平共处五项原则基础上同各国发展友好合作，推动构建新型国际关系，深化拓展平等、开放、合作的全球伙伴关系，致力于扩大同各国利益的汇合点。"[③]新时代新征程，面临全球性问题频发，全球治理能力和治理体系无法应对当前世界局势，全球经济下行，保守主义和逆全球化主义抬头等形势，中国共产党始终坚持胸怀天下，创造性地提出推进构建人类命运共同体倡议，倡议变革全球治理体系，倡议继续扩大开放和交流，不断以中国的新发展为世界的发展和进步提供新机遇，贡献新源泉，为回答当今时代问题提供中国方案和中国智慧。党的二十大报告指出："中国始终坚持维护世界和平、促进共同发展的外交政策宗旨，致力于推动构建人类命运共同体。"[④]人类命运共同体的构建是中国为"当今人类何处去"所指明的方向，是世界各国

---

① 习近平：《加强政党合作　共谋人民幸福——在中国共产党与世界政党领导人峰会上的主旨讲话》，人民出版社 2021 年版，第 2—3 页。

② 中华人民共和国国务院新闻办公室：《中国政府白皮书汇编（2021 年）》上卷，人民出版社 2022 年版，第 216 页。

③ 习近平：《高举中国特色社会主义伟大旗帜　为全面建设社会主义现代化国家而团结奋斗——在中国共产党第二十次全国代表大会上的报告》，人民出版社 2022 年版，第 61 页。

④ 习近平：《高举中国特色社会主义伟大旗帜　为全面建设社会主义现代化国家而团结奋斗——在中国共产党第二十次全国代表大会上的报告》，人民出版社 2022 年版，第 60 页。

人民发展的前途所在。中国提出了全球发展倡议、全球安全倡议和全球文明倡议，愿同国际社会一起努力奋斗以建设一个持久和平、普遍安全、共同繁荣、开放包容和清洁美丽的新世界。

"坚持胸怀天下"，不仅是马克思主义政党自成立之日起便为全人类求解放所要求的世界视野，不仅是中华优秀传统文化"天下"思想在当今时代的实时表达，更是中国共产党自建党以来便秉持的雄伟胸襟和伟大抱负，是我们党百年奋斗历史实践过程中总结出来的宝贵经验。其理论逻辑、历史逻辑与现实逻辑统一于中国共产党百年的革命、建设和改革实践中，"坚持胸怀天下"就是中国共产党自身摸索出的一条参与世界、融入世界进而建设世界的伟大经验，对于人类未来发展方向新道路的开辟具有重要意义。

试论坚持人民至上的生成逻辑

广东省社会科学院　王洪琛

习近平总书记在党的二十大报告中指出："继续推进实践基础上的理论创新，首先要把握好新时代中国特色社会主义思想的世界观和方法论，坚持好、运用好贯穿其中的立场观点方法。"[①] 坚持人民至上，是中国共产党百年奋斗的重要历史经验，是习近平新时代中国特色社会主义思想的世界观和方法论。深入理解"坚持人民至上"的理论逻辑、历史逻辑和实践逻辑，深刻把握贯穿其中的立场观点方法，有助于我们用马克思主义观察时代、把握时代、引领时代，发挥习近平新时代中国特色社会主义思想的智慧引导作用，为全面建设社会主义现代化国家而团结奋斗。

近年来，学术界围绕"坚持人民至上"这个重大命题展开研究，致力于分析其理论内涵、把握其实践路径、诠释其价值伦理，作出了值得关注的成绩。尤其是关于习近平人民观的探析，从观念生成的角度明确了其理论基础、历史依据以及文化渊源，为进一步理解和把握"坚持人民至上"

① 习近平:《高举中国特色社会主义伟大旗帜　为全面建设社会主义现代化国家而团结奋斗——在中国共产党第二十次全国代表大会上的报告》，人民出版社 2022 年版，第 18—19 页。

的发展脉络和核心要义，奠定了良好的基础。[①]但综合来看，对于这一重大命题的研究，在深度和广度方面还有较大的拓展空间，尤其是对于贯穿其中的生成逻辑，还需要有更为专门与细致的探讨。本文延续既有思路，尝试对“坚持人民至上”的基本内涵、实践效应和未来指向等展开系统辨析和学理考察，以期深入理解与诠释这一重要命题的生成逻辑，推动学习宣传贯彻党的二十大精神，推动习近平新时代中国特色社会主义思想在南粤大地落地生根、结出丰硕成果。

一、人民性是马克思主义的本质属性

习近平总书记指出：“党的理论是来自人民、为了人民、造福人民的理论，人民的创造性实践是理论创新的不竭源泉。一切脱离人民的理论都是苍白无力的，一切不为人民造福的理论都是没有生命力的。”[②]这一重要论述重申了马克思主义的理论品格，揭示了党的理论创新的鲜明特质，并从实践源泉、服务对象与价值取向上具体剖析了党的理论具有蓬勃生机的根本原因。对“坚持人民至上”所蕴含的理论逻辑的揭示，证明了这样一个颠扑不破的真理：人民性是马克思主义的本质属性，是习近平新时代中国特色社会主义思想的理论落脚点。

党的理论是来自人民的理论。一百多年前，正是欧洲无产者的苦难、奋斗与牺牲，以及对无产阶级革命运动的历史性考察，激发了马克思和恩格斯深沉而系统的思考，并在《共产党宣言》这部标志着马克思主义诞生的纲领性文献中率先对未来社会作出如下预言：“代替那存在着阶级和阶级对立的资产阶级旧社会的，将是这样一个联合体，在那里，每个人的自由发展是一切人的自由发展的条件。”[③]自此以后，无产阶级和共产党人获得了认识世界和改造世界的强大思想武器。在马克思主义中国化的推进过程

---

① 参阅韩振峰、张悦：《习近平人民至上观探析》，《思想教育研究》2022年第9期；邓磊、周霞：《“坚持人民至上”的时代内涵与新时代践行的关键》，《社会主义研究》2022年第4期；罗成翼、贺汉魂：《人民至上：中国共产党百年奋斗的价值伦理》，《华南师范大学学报（社会科学版）》2022年第5期；康凤云、黄仁森：《近年来关于“人民至上”的研究述评》，《社会科学动态》2022年第7期。

② 习近平：《高举中国特色社会主义伟大旗帜 为全面建设社会主义现代化国家而团结奋斗——在中国共产党第二十次全国代表大会上的报告》，人民出版社2022年版，第19页。

③ 《共产党宣言》，人民出版社2014年版，第51页。

中，同样不断从人民斗争的伟大实践中汲取智慧和力量。早在抗日战争时期，毛泽东就饱含深情地指出："人民，只有人民，才是创造世界历史的动力。"[①]并从此确立了人民群众是历史创造者的唯物史观。邓小平理论、"三个代表"重要思想以及科学发展观，始终致力于从人民的伟大实践中获取理论创新的驱动力。而习近平总书记对作为党的理论创新源泉的"人民"的重视，更是散见于其一系列论著、讲话和报告中。总之，从党的理论的历史谱系不难看出，党的理论是来自人民的理论，人民立场是中国共产党的根本政治立场。

党的理论是为了人民的理论。在人类历史上，马克思主义第一次创立了人民实现自身解放的思想体系，阐述了无产阶级作为资本主义掘墓人所肩负的伟大历史使命。而在中国人民和中华民族的伟大觉醒中、在马克思列宁主义同中国工人运动相结合中应运而生的中国共产党，始终"把为中国人民谋幸福、为中华民族谋复兴确立为自己的初心使命"[②]，与人民同呼吸、共命运、心连心，把人民对美好生活的向往作为自己的奋斗目标。在强调要坚持和运用好"群众路线"这个毛泽东思想的"活的灵魂"时，习近平总书记指出，"党的一切工作，必须以最广大人民根本利益为最高标准。检验我们一切工作的成效，最终都要看人民是否真正得到了实惠，人民生活是否真正得到了改善，人民权益是否真正得到了保障。"[③]其中所体现的，不仅是对马克思主义唯物史观以及我党优良传统的继承，更是"像爱自己的父母那样爱老百姓"的深挚的人民情怀。

党的理论是造福人民的理论。在《〈黑格尔法哲学批判〉导言》中，马克思深刻指出："理论一经掌握群众，也会变成物质力量。"[④]马克思主义是科学的理论，更是实践的理论，以为人民提供具有时代内涵的价值规范为鹄，并在具体行动中追求实现合规律性和合目的性的统一。"掌握群众"的方式，就是通过"引导群众"改造世界，使精神力量变成物质力量，实现"造福人民"的终极目的。党的十八大以来，习近平总书记秉承"我将无我，不负人民"的执政理念，"对关系新时代党和国家事业发展的一系列

① 《毛泽东选集》第 3 卷，人民出版社 1991 年版，第 1031 页。

② 习近平：《在庆祝中国共产党成立 100 周年大会上的讲话》，人民出版社 2021 年版，第 3 页。

③ 《习近平谈治国理政》第 1 卷，外文出版社 2018 年版，第 28 页。

④ 《马克思恩格斯选集》第 1 卷，人民出版社 2012 年版，第 9 页。

重大理论和实践问题进行深邃思考和科学判断，就新时代坚持和发展什么样的中国特色社会主义、怎样坚持和发展中国特色社会主义，建设什么样的社会主义现代化强国、怎样建设社会主义现代化强国，建设什么样的长期执政的马克思主义政党、怎样建设长期执政的马克思主义政党等重大时代课题，提出一系列原创性的治国理政新理念新思想新战略”[①]，深化了对共产党执政规律、社会主义建设规律、人类社会发展规律的认识，展现出强大的真理力量。实践证明，“我们党的理论之所以得到亿万人民拥护，就在于始终秉承人民立场、坚持人民至上，是来自人民、为了人民、造福人民的理论，是人民利益、人民心声的集中表达。”[②]

相信谁、为了谁、依靠谁，是否站在最广大人民的立场上，是衡量一种思想理论先进性的根本尺度。“坚持人民至上”的理论逻辑，核心在于确立鲜明的价值指向，“反对本本主义”，通过问政于民、问计于民、问策于民，摆脱一切脱离人民的苍白理论，拒绝一切不为人民造福的僵死理论，永远从人民的创造性实践中汲取理论创新的不竭源泉。

二、让人民生活幸福是“国之大者”

习近平总书记指出：“人民是历史的创造者，是决定党和国家前途命运的根本力量。”[③]百年党史、七十多年中华人民共和国史、四十多年改革开放史，就是一部部浸润着党和人民奋斗、牺牲与创造的历史。在带领人民创造历史伟业的进程中，中国共产党人始终“常怀忧患之思，常念人民之托”，践行人民立场，把握人民愿望，向历史和人民交出了一份优异的答卷。眺望历史的纵深，我们不难看出：让人民生活幸福就是“国之大者”，是中国共产党历史使命与行动价值的充分体现。实际上，这正是“坚持人民至上”背后的历史逻辑。

新时代十年，我们党站稳人民立场，带领人民完成了脱贫攻坚、全面

---

① 《中共中央关于党的百年奋斗重大成就和历史经验的决议》，人民出版社 2021 年版，第 25—26 页。

② 黄坤明：《把握好习近平新时代中国特色社会主义思想的世界观和方法论》，《人民日报》2022 年 11 月 16 日。

③ 习近平：《决胜全面建成小康社会　夺取新时代中国特色社会主义伟大胜利——在中国共产党第十九次全国代表大会上的报告》，人民出版社 2017 年版，第 21 页。

建成小康社会的历史任务。以习近平同志为核心的党中央以人民福祉为念，坚持精准扶贫、尽锐出战，采取一系列惠民生、暖民心的举措，用心用情用力解决人民群众关心的急难愁盼问题。新时代十年，“全国八百三十二个贫困县全部摘帽，近一亿农村贫困人口实现脱贫，九百六十多万贫困人口实现易地搬迁，历史性地解决了绝对贫困问题，为全球减贫事业作出了重大贡献”①，提前十年完成《联合国2030年可持续发展议程》确定的减贫目标。海外学者、国际人士高度肯定中国减贫成就，并着力系统总结中国贫困治理的成果经验。美国库恩基金会主席罗伯特·库恩认为，“中国在2020年前消除极端贫困的重大行动，将被视为21世纪最伟大的世界故事之一。未来的历史学家在撰写我们这个时代的编年史时，中国的精准扶贫故事，很可能是其中的一个特写章节。”② 美国《行政情报评论》杂志认为，尽管消灭贫困一直以来被视为“乌托邦般的梦想”，“但在中国，这个梦想正变为现实”③。这场人类历史上规模最大的以“摆脱贫困”为目标的“战争”，是发生在新时代的三件大事之一，具有重大的现实意义和深远的历史意义。

新时代十年，我们党把握人民愿望，着力解决了人民最关心最直接最现实的利益问题。以习近平同志为核心的党中央以人民福祉为念，充分正视一系列长期积累以及新出现的突出矛盾和问题，“把最广大人民根本利益作为作出决策、定政策的最高标准”④，义无反顾地进行了具有许多新的历史特点的“伟大斗争”。通过实施全面加强党的建设、贯彻新发展理念、全面深化改革等一系列科学完整的战略部署，人民群众的获得感、幸福感、安全感得到大幅提高，人民生活得到全方位改善，“人均预期寿命增长到七十八点二岁。居民人均可支配收入从一万六千五百元增加到三万五千一百元。城镇新增就业年均一千三百万人以上。建成世界上规模最大的教育体系、社会保障体系、医疗卫生体系”⑤。

---

① 习近平：《高举中国特色社会主义伟大旗帜 为全面建设社会主义现代化国家而团结奋斗——在中国共产党第二十次全国代表大会上的报告》，人民出版社2022年版，第7—8页。

② 《罗伯特·库恩谈中国扶贫：21世纪最伟大的世界故事之一》，人民网，2019年10月17日，http://society.people.com.cn/n1/2019/1017/c428181-31405818.html.

③ 侯晓素：《海外媒体如何看中国扶贫》，《传媒》2018年第23期。

④ 中共中央宣传部：《中国共产党的历史使命与行动价值》，人民出版社2021年版，第9页。

⑤ 习近平：《高举中国特色社会主义伟大旗帜 为全面建设社会主义现代化国家而团结奋斗——在中国共产党第二十次全国代表大会上的报告》，人民出版社2022年版，第10—11页。

面对肆虐而来的新冠疫情，我们党集中人民智慧，带领人民打赢了疫情防控阻击战。以习近平同志为核心的党中央以人民福祉为念，坚持“人民至上、生命至上”，采取果断措施保护人民生命安全，充分体现中国共产党人的风骨，“从出生仅 30 多个小时的婴儿到 100 多岁的老人，从在华外国留学生到来华外国人员，每一个生命都得到全力护佑，人的生命、人的价值、人的尊严得到悉心呵护”[①]。同时，我们党不断激发广大人民顽强不屈的意志和坚韧不拔的毅力，在逆风而行中铸就伟大抗疫精神，并将其转化为实现中华民族伟大复兴的强大力量。疫情防控阻击战的胜利，是党和人民血肉联系的最佳例证，是中国共产党人担当精神的时代表达，也是中华优秀传统文化中仁爱理念的当代回响。

新时代十年的伟大变革是在党带领人民团结奋斗出来的，历史已充分证明：对于伟大、光荣、正确的中国共产党而言，人民是党治国理政的底气，“民心是最大的政治”[②]，让人民生活幸福是中国共产党人矢志不渝、毫不动摇的“国之大者”；对于伟大、光荣、英雄的中国人民而言，“党是中国人民在风雨来袭时最可靠的主心骨”[③]，始终代表最广大人民的根本利益。党与人民之间休戚与共、生死相依的关系，坚如磐石、牢不可破。坚持人民至上，是习近平新时代中国特色社会主义思想的政治灵魂。

三、深刻把握坚持人民至上的世界观和方法论

新征程上，深刻把握坚持人民至上的世界观和方法论，是不断开辟马克思主义中国化时代化新境界的必由之路，是全面建设社会主义现代化国家的必由之路。习近平总书记指出：“坚持以人民为中心的发展思想，不是一句空洞口号，必须落实到各项决策部署和实际工作之中。”[④]这就要求我们，不仅要从理念层面领会“为了谁”“依靠谁”等事关社会主义现代化事业的关键性问题，还要从实践层面落实中国共产党对人民的赤子深情与厚重责任，把“坚持人民至上”作为国家建设、民族复兴的重要方法予以长

---

① 《习近平谈治国理政》第 4 卷，外文出版社 2022 年版，第 99 页。

② 《习近平谈治国理政》第 4 卷，外文出版社 2022 年版，第 60 页。

③ 郭跃文：《团结奋斗时代要求的多重意蕴》，《广东社会科学》2022 年第 6 期。

④ 《习近平谈治国理政》第 4 卷，外文出版社 2022 年版，第 53 页。

期坚持。“空谈误国，实干兴邦”，在把握“坚持人民至上”的实践逻辑时，要着力凸显该理念蕴含的未来指向性，在坚持党的群众路线、发展全过程人民民主、坚持共同富裕和坚持人的全面发展等方面稳健推进、善作善成，用新的伟大奋斗书写生生不息的人民史诗。

必须坚持党的群众路线。“一切为了群众，一切依靠群众，从群众中来，到群众中去”的党的群众路线，作为毛泽东思想的“活的灵魂”，是我们党长期坚持的生命线和根本工作路线。党的十八大以来，以习近平同志为核心的党中央，从人民立场、人民主体、人民标准和人民至上等方面对其进行新的概括和提炼，形成了“江山就是人民，人民就是江山”“民心是最大的政治”“人民是新征程上的阅卷人”等理论论断，彰显出人民领袖深挚的人民情怀。而在实践层面，始终“自觉践行全心全意为人民服务的根本宗旨，把党的群众路线贯彻到治国理政全部活动之中，把人民对美好生活的向往作为奋斗目标，依靠人民创造历史伟业。”[①] 新征程上，我们一定要坚持好、运用好人民至上的立场观点方法，不忘初心、牢记使命，“真抓实干解民忧、纾民怨、暖民心，让人民群众获得感、幸福感、安全感更加充实、更有保障、更可持续”[②]，无愧时代，不负人民。

必须发展全过程人民民主。党的十八大以来，以习近平同志为核心的党中央，深化对民主政治发展规律的认识，提出全过程人民民主的重大理念，更加聚焦人民当家作主的过程性、完整性和实效性。正如习近平总书记所指出的，“全过程人民民主是社会主义民主政治的本质属性，是最广泛、最真实、最管用的民主。”[③] 这里的过程性，不仅体现在选举中的“投票环节”，还体现在包括民主选举、民主协商、民主决策、民主管理、民主监督等在内的全部参与实践中，是对人民主体地位的充分诠释。新征程上，我们一定要坚持好、运用好人民至上的立场观点方法，牢牢把握全过程人民民主的本质，坚持过程民主和成果民主的统一、程序民主和实质民主的统一、直接民主和间接民主的统一、人民民主和国家意志的统一，坚定不移走中国特色社会主义政治发展道路，加强人民当家作主的制度保障，全

① 《习近平谈治国理政》第 3 卷，外文出版社 2020 年版，第 135 页。

② 《习近平谈治国理政》第 3 卷，外文出版社 2020 年版，第 138 页。

③ 习近平：《高举中国特色社会主义伟大旗帜 为全面建设社会主义现代化国家而团结奋斗——在中国共产党第二十次全国代表大会上的报告》，人民出版社 2022 年版，第 37 页。

面发展协商民主，积极发展基层民主，巩固和发展最广泛的爱国统一战线，把人民当家作主“具体地、现实地体现到实现人民对美好生活向往的工作上来”[①]。

必须坚持共同富裕。共同富裕是社会主义的本质要求，是中国式现代化的本质要求。进入新时代，我国社会主要矛盾已经转化为人民日益增长的美好生活需要和不平衡不充分的发展之间的矛盾，人民对美好生活的向往变得尤为强烈。以习近平同志为核心的党中央，深刻把握发展新阶段、矛盾新变化，采取有力措施保障和改善民生，推动区域协调发展，全面建成小康社会，为扎实推进共同富裕奠定了良好基础。新征程上，我们一定要坚持好、运用好人民至上的立场观点方法，充分认识新发展阶段依然存在的不平衡不充分问题，城乡区域发展和收入分配差距较大问题以及群众在就业、教育、医疗等方面的诸多其他难题。要以增进民生福祉、提高人民生活品质为目标，完善分配制度，实施就业优先战略，健全社会保障体系，推进健康中国建设，促使资源、人才和技术向农村、基层、欠发达地区倾斜，主动解决地区差异、城乡差距、收入差距等问题，真正实现全面共富、全民共富、共建共富的良好局面，让高质量发展成果的阳光普照全体人民。

必须坚持人的全面发展。马克思主义经典作家历来高度重视人的全面发展问题，不仅深入阐明个体自由与人类发展的辩证关系，而且在《资本论》中进一步把社会主义、共产主义概括为“更高级的、以每一个个人的全面而自由的发展为基本原则”[②]的社会形式。党的十八大以来，以习近平同志为核心的党中央，坚持把马克思主义基本原理同我国具体实际相结合，以马克思主义中国化的理论成果指导丰富的社会实践，不断把科学社会主义的价值目标变为现实，持续推动人的全面发展。新征程上，我们要深入贯彻中国式现代化的本质要求，更好地满足人民在经济、政治、文化、社会、生态等诸多方面日益增长的多样化多层次多方面需求，凝聚起十四亿多中国人民的智慧和力量，激活人的主动性、创造性，促进人的全面发展，用新的伟大奋斗创造新的伟业。

---

① 《习近平谈治国理政》第4卷，外文出版社2022年版，第261页。

② 《资本论》第1卷，人民出版社2018年版，第683页。

综合来看，坚持人民至上的生成逻辑，呈现出理论与实践相印证、历史与现实相交织的辩证统一特征：党的理论来自人民、为了人民、造福人民，人民性是其天然的本质属性；百年伟业的顺利实现，尤其是新时代十年的伟大变革，是我们党坚持全心全意为人民服务根本宗旨的历史见证，是亿万人民发挥创造伟力的时代见证。在未来指向上，必须深入贯彻落实习近平新时代中国特色社会主义思想，深刻把握坚持人民至上的世界观和方法论，不负时代、不负人民，不断开辟马克思主义中国化时代化新境界，朝着实现中华民族伟大复兴的宏伟目标继续前进。

习近平新时代中国特色社会主义生态文明思想的理论来源

甘肃省社会科学院　袁凤香

习近平新时代中国特色社会主义生态文明思想是习近平新时代中国特色社会主义思想的重要组成部分。习近平新时代中国特色社会主义生态文明思想系统完备、内涵丰富、博大精深，蕴藏着深厚的理论基础、文化底蕴和丰富的实践经验。习近平新时代中国特色社会主义生态文明思想主要源自以下几个方面的理论与实践。

一、源自对中国传统哲学中生态伦理智慧的借鉴与吸收

中国古代哲学思想源远流长，博大精深，在人类历史上规定了我国文化的特质，塑造了中华民族的精神风貌，蕴含着炎黄子孙最丰富的生态智慧，其中蕴含的思想精华和道德精髓对生态文明建设有着极强的借鉴价值。中华文明延续了五千多年，积累了丰富的生态智慧，为习近平新时代中国特色社会主义生态文明思想提供了源头活水。特别是中国传统的儒家、道家和佛家思想中蕴含着丰富的生态伦理思想。

儒家先贤提倡“天人合一”，其基本内涵就是人与自然的和谐共生，这是绿色发展理念在我国形成和传播的天然土壤。“天人合一”强调顺应自

然，因地制宜，与自然协调一致，和谐共处。人类不应是单纯的自然保护主义者，而是以人与自然相统一为目标的自然认知者、保护者、改良者和调适者。儒家思想的“天人合一”、“民胞物与”、“依时而中”及“圣王之制”等思想反映出其生态伦理的精神旨归、文化关怀、行为规范和资源立法等。道家先贤提倡“道法自然”，其核心思想强调人要以尊重自然规律为最高准则，要崇尚自然、效法天地，强调人必须顺应自然的变化规律，达到“天地与我并生，万物与我合一”的境界。虽然并未明确地提出资源、环境、生态和空间等概念，但集中说明了不能以牺牲自然来满足人类无休止的欲望和索取。道家用“道法自然”“无用之用”阐释了对自然规律的尊重和万物的价值，并形成了寡欲节用的消费观及贵生戒杀的伦理规范。佛家先贤提倡“众生平等”，其主旨在于众生平等的慈悲精神，一切众生都有生存的权利和自由，人类自己怕受伤害、畏惧死亡，众生无不皆然，强调人与众生都有生存的权利，都有生存与发展的尊严。“众生平等”肯定了众生之间有着相互依赖、相互扶持的关系。佛家以“众生平等”作为其核心价值，并用“依正不二”来确立生态责任，追求圆融无碍的终极目标，这既是我们理想的一部分，也是当今建立起人与自然、与生态系统和谐的基本条件之一。“众生平等”思想对维护世界和平、保护生态环境及完善人格具有重要意义。

传统生态伦理思想为现代生态伦理学提供精神养料，并成为建设现代中国生态文明的文化渊源。习近平总书记指出：“中华文明传承五千多年，积淀了丰富的生态智慧。‘天人合一’、‘道法自然’的哲理思想，‘劝君莫打三春鸟，儿在巢中望母归’的经典诗句，‘一粥一饭，当思来处不易；半丝半缕，恒念物力维艰’的治家格言，这些质朴睿智的自然观，至今仍给人以深刻警示和启迪。”[①] 习近平生态文明思想，既有渊深博大的中国传统哲学的基因，又蕴含着中国传统哲学中的生态智慧，其系统性和现实性、操作性都升华到了一个前所未有的境界，为推进美丽中国建设、实现人与自然和谐共生的现代化提供了方向指引和根本遵循。

---

① 中共中央宣传部编：《习近平总书记系列重要讲话读本》，学习出版社、人民出版社 2014 年版，第 122 页。

二、源自对马克思主义生态观的传承与创新

马克思主义中蕴涵着丰富的生态观。马克思主义认为人是自然界的一部分。在《1844年经济学哲学手稿》中，马克思、恩格斯明确指出："人直接地是自然存在物"[①]，"人靠自然界生活……因为人是自然界的一部分"[②]。人类诞生于大自然，作为自然界的产物，也就必定有自己的自然规定性，其发展受制于生物学规律。马克思主义认为自然界是人的无机身体。在《1844年经济学哲学手稿》中，马克思、恩格斯明确指出："被抽象地孤立地理解的、被固定为与人分离的自然界，对人说来也是无。"[③]强调了人尽管比动物高明，但是必须依靠自然界，因此人对自然界的依赖性、从属性构成的人的受动性与人对自然界的主体性和主导性所构成的人的能动性是辩证统一的。马克思主义提出了人化自然观。在《1844年经济学哲学手稿》中，马克思、恩格斯明确指出："人的感觉、感觉的人性，都只是由于它的对象的存在，由于人化的自然界，才产生出来的。"[④]在这里，马克思主义在人类史上首次提出了"人化自然"的概念。马克思认为人化自然的重要特征是人类的劳动实践，人化自然的出现是劳动实践活动的必然结果。马克思主义认为人类的实践活动依旧受自然的制约，恩格斯在《自然辩证法》中也曾告诫过人们，"我们不要过分陶醉于我们人类对自然界的胜利。对于每一次这样的胜利，自然界都对我们进行报复"[⑤]。马克思提出"不以伟大的自然规律为依据的人类计划，只会带来灾难。"[⑥]马克思主义提出了人与自然和谐理论。马克思、恩格斯在《德意志意识形态》中写道"而且对实践的唯物主义者即共产主义者来说，全部问题都在于使现存世界革命化，实际地反对并改变现存的事物。……特别是人与自然界的和谐。"[⑦]马克思主义把整个人类社会看作是一个人与自然关系不断和谐的文明进程，揭示了生态环境问题产生的社会制度根源。马克思在《资本论》中指出"资本

① 《马克思恩格斯全集》第42卷，人民出版社1979年版，第167页。
② 《马克思恩格斯全集》第42卷，人民出版社1979年版，第95页。
③ 《马克思恩格斯全集》第42卷，人民出版社1979年版，第178页。
④ 《马克思恩格斯全集》第42卷，人民出版社1979年版，第126页。
⑤ 《马克思恩格斯选集》第3卷，人民出版社2012年版，第998页。
⑥ 《马克思恩格斯全集》第31卷，人民出版社1972年版，第251页。
⑦ 《马克思恩格斯全集》第1卷，人民出版社1995年版，第75页。

主义生产方式以人对自然的支配为前提”[①]。资本主义社会以这种文化观念为底蕴的生产方式及社会制度必然导致自然生态环境被破坏。“大工业和按工业方式经营的大农业共同发生作用”，在“更多地滥用和破坏劳动力，即人类的自然力”的同时，“更直接地滥用和在破坏土地的自然力”，从而“使劳动力精力衰竭”的同时，“造成了地力的浪费”。[②]从《资本论》的相关分析与阐述可以看出，资本逻辑与生态逻辑存在着内在机理上的矛盾与冲突，正是贪婪、剥削的资本逻辑的作用，造成了生态环境的恶化。

习近平生态文明思想，追本溯源，是在马克思主义生态观的基础上，结合人类文明发展经验教训的历史总结以及人类文明发展意义的深邃思考而逐步形成的，是对自然发展规律、经济社会发展规律、人类文明发展规律的最新认识，是马克思主义生态观的丰富与创新。

三、源自对西方可持续发展理论的扬弃与超越

20 世纪 70 年代以后，伴随着新科技革命和经济全球化的加速推进，世界各国普遍感觉到，在经济高速增长的背后，隐藏着日益严重的人口、资源、环境等问题，威胁着人类的生存和发展。在人口增加和经济增长的双重压力下，人类所居住的环境越来越不堪重负，生态平衡遭到破坏。为了治理环境污染，很多国家都付出了巨大的代价。特别是“世界八大公害事件”，持续恶化的生态危机使一些专家学者开始了反思与研究。在全球范围内，从《联合国人类环境宣言》、《我们共同的未来》、《21 世纪议程》到《联合国 2030 年可持续发展议程》，全世界对于人与自然的关系、发展与保护的关系的反思不断深入，提出并实施可持续发展理论。要实施这一理论，就必须把握人口、经济、资源、环境平衡点，在发展进程中确保人口规模、产业结构、增长速度都不超出当地水土资源承载能力和环境容量。可持续发展理论是在 20 世纪 80 年代由西方学者首先提出的，到 90 年代初成为全球范围的共识，中国学者也在这一时期引进和接受了可持续发展的概念。中国学者对可持续发展的概念和理论的认识是一个不断引进吸收、

① 《资本论》第 1 卷，人民出版社 2004 年版，第 587 页。

② 《资本论》第 3 卷，人民出版社 2004 年版，第 919 页。

创新与本土化，再引进吸收、再创新与本土化的过程。可持续发展理论明确要求既要满足当代人的发展需要，又要为子孙后代保留继续发展的潜力，为解决全球性生态危机指明了方向，为习近平生态文明思想提供了重要借鉴。在世界各国追求可持续发展的时代背景下，习近平生态文明思想既着眼国内国际两个大局，又站在实现中华民族伟大复兴的战略高度，既有对人类生态文明思想的扬弃和吸收，又有现代生态科学基础，是全人类优秀文化积淀融合的结晶。在此基础上，它结合中国的具体国情，扎根于中国大地，既深刻，具有先进的现代性；又接地气，具有可行的现实性，体现了中国特色社会主义理论开放包容、与时俱进的品格。从可持续发展看，习近平总书记深刻指出，“生态文明建设是关系中华民族永续发展的根本大计。”① “天育物有时，地生财有限。”生态环境没有替代品，用之不觉，失之难存。② 当今世界，国家发展模式林林总总，但唯有经济与环境并重、遵循自然发展规律的发展，才是最有价值、最可持续、最具实践意义的发展。几百年来，西方资本主义国家那种无节制地消耗资源、无限度地污染环境的发展模式，给自然生态系统带来了巨大破坏，在今天已经难以为继。习近平总书记多次引用恩格斯在《自然辩证法》中的论断告诫人们，人类不要过分陶醉于对自然界的征服，有着 14 亿人口的中国建设社会主义现代化，绝不能重复“先污染后治理，边污染边治理”的老路，绝不容许“吃祖宗饭、断子孙路”，必须高度重视生态文明建设，走一条绿色、低碳、可持续发展之路。2013 年 5 月 24 日，习近平总书记在十八届中央政治局第六次集体学习时指出，“在这个问题上，我们没有别的选择”。③ 要站在为子孙计、为万世谋的战略高度思考谋划生态文明建设，开辟一条顺应时代发展潮流、适合我国发展实际的人与自然和谐共生的光明道路。

四、源自对自然科学和社会科学理论的秉承与遵循

生态文明是人类社会发展的新阶段和新追求，生态学和人类生态学是

① 中共中央宣传部编：《习近平新时代中国特色社会主义思想学习纲要》，学习出版社、人民出版社 2019 年版，第 169 页。

② 《习近平关于社会主义生态文明建设论述摘编》，中央文献出版社 2017 年版，第 13 页。

③ 《习近平谈生态文明 10 大金句》，《人民日报海外版》2018 年 5 月 23 日。

生态文明建设的重要科学基础。最初的人类生态学的概念源自生态学。生态学就是研究生物与环境及生物与生物之间相互关系的生物学分支学科。目前，生态学已从生物学中的一门分支学科发展成为一个横跨自然科学和社会科学的学科群，为建设生态文明奠定坚实的科学基础。一个生态文明的社会是我们所期望的社会的一种发展形态，要实现这样一种社会发展形态，需要在实践上处理好两类基础性的问题，这两类基础性问题共同构成了生态文明实践及其实践程度的基础。第一类基础性问题是关于社会的生态化发展的生态学基础问题，社会的生态化发展意味着生态学的思想、原理或规律应当是我们在生态文明建设的过程中必须遵循的科学前提，它构成了社会发展的科学规定性和内在尺度。第二类基础性问题是在现实的社会发展中存在的各种反生态的社会现象和社会行为问题，这类问题对生态文明建设的正常运行构成了程度不同的消极影响，对这类问题的明确有助于我们发现现实社会与生态学的科学规定性之间存在的差距。此外，第二类基础性问题的提出依赖于我们对第一类基础性问题认识和把握的程度，也即第一类基础性问题构成了我们判断第二类基础性问题的参照系。

习近平生态文明思想源自对自然科学和社会科学理论的秉承与遵循。从自然科学看，一部人与自然的关系史，就是人类的发展史。人类作为文明史进程的主体，人类的社会活动对人与自然关系的调节起着主要的、决定性的作用。“保护生态环境就是保护生产力、改善生态环境就是发展生产力”[①]等科学论断，深刻揭示了自然生态作为生产力内在属性的重要地位，饱含尊重自然、谋求人与自然和谐发展的基本价值理念。面对环境和发展之间的矛盾，习近平总书记创造性地提出了“绿水青山就是金山银山”[②]的科学理念，要求通过大力发展生态农业、生态工业、生态旅游等方式，实现产业生态化和生态产业化的统一，将自然生态优势转化为经济社会优势，从而为我们走出一条人与自然和谐共生的现代化道路指明了方向。从社会科学看，人与自然是生命共同体，人类对大自然的伤害最终会伤及人类自身，这是无法抗拒的规律。中华民族要实现永续发展和伟大复兴，必须尊重自然、顺应自然、保护自然，认识和把握生态兴则文明兴、生态衰则文

① 《习近平谈治国理政》第1卷，外文出版社2018年版，第209页。
② 《习近平谈治国理政》第2卷，外文出版社2017年版，第393页。

明衰的文明发展规律，不断夯实中华民族永续发展和伟大复兴的生态环境基石。必须让这一文明发展规律成为每个社会成员的共同认知，从而自觉传播、实践人与自然和谐与共的绿色文明理念。深刻把握山水林田湖草是生命共同体的系统思想，提高生态环境保护工作的科学性、有效性。针对生态环境治理中各自为政、散兵游勇的弊端，在推进生态文明领域国家治理体系和治理能力现代化的过程中，习近平总书记运用系统思维创造性地提出，“山水林田湖是一个生命共同体，人的命脉在田，田的命脉在水，水的命脉在山，山的命脉在土，土的命脉在树。”[①]在这里，他用社会科学体系的“命脉”描述了“人—田—水—山—土—树”之间的生态依赖和物质循环关系，用“生命共同体”科学揭示了自然要素之间、自然要素和社会要素之间通过物质变换构成的生态系统的性质和面貌。他在党的十九大报告进一步提出，要统筹山水林田湖草系统治理；他还提出“人与自然是生命共同体”[②]的科学理念，明确人与自然之间的关系是通过物质变换而构成的有机系统、生态系统。这样，生命共同体的科学理念就为社会主义生态文明建设奠定了科学的世界观和方法论的基础。

五、源自全面深化改革和全面依法治国思想的发展与推进

党的十八大把生态文明建设纳入中国特色社会主义事业“五位一体”总体布局，党的十八届三中全会研究了全面深化改革的若干重大问题，强调面对新形势新任务，全面建成小康社会，进而建成富强民主文明和谐的社会主义现代化国家、实现中华民族伟大复兴的中国梦，必须在新的历史起点上全面深化改革。生态文明建设作为“五位一体”总体布局的重要组成部分，其成效攸关全面深化改革总目标的实现。深化生态文明建设是全面深化改革思想的重要组成部分，只有把握好全面深化改革大背景下我国生态文明建设亟待解决的问题，才能更加科学有效地推进生态文明建设。党的十八届三中全会提出深化生态文明体制改革的任务，这是推动我国新

---

① 《习近平谈治国理政》第1卷，外文出版社2018年版，第85页。

② 习近平：《推动我国生态文明建设迈上新台阶》，《求是》2019年第3期。

时期生态文明建设的科学部署，是打造美丽中国的根本保障。

建立系统完整的生态文明制度体系既是全面深化改革的重要内容，又是生态文明建设的核心任务。生态文明建设要突破瓶颈，迈上新台阶，必须加强生态文明制度体系建设。一方面，要彰显生态文明公平与责任相结合、惩罚与奖励相结合的原则；另一方面，要以生态文明的理念和原则进行制度体系建设。2015 年 9 月 11 日，习近平总书记主持召开中共中央政治局会议，审议通过了《生态文明体制改革总体方案》。2017 年 10 月 18 日，习近平总书记在党的十九大报告中指出，“加快生态文明体制改革，建设美丽中国”[①]。生态文明建设是人类社会可持续发展的重要保障，是推进依法治国的必然选择，也是打造生态平衡的有力手段。依法推进生态文明建设是我国依法治国战略的重要内容和迫切要求，而依法治国是建设中国特色社会主义和生态文明建设的法制保障。所以，我国的生态文明建设必须在依法治国环境下依法进行，通过建立健全生态文明建设法律体系、严格落实生态文明建设的法治模式、建立广泛的公众参与机制等措施推动我国的生态文明建设迈上新台阶，必须通过完善生态环境治理体系和提升治理能力来实现。“法律是治国之重器”，生态文明建设需要依靠法律武器的保障。而生态文明法治蕴含创新理念，“是国家借助法治手段调节人们之间生态利益、生态关系以及人与生态环境之间关系的法治过程，极具时代色彩”[②]。当出现有悖于生态环境建设的行为时，要用法律手段保护生态秩序，调控所有涉及环境的问题、纠纷，坚定社会成员的法律信念，树立共同治理环境污染的法律意识，形成良好的生态保护法治氛围，践行绿色发展理念，让人民与生态环境在法律这把大伞的庇护下和谐共生。因此，我国必须将涉及人民福祉、民族延续的生态文明建设纳入法治进程，坚持走法治化道路，借助法律震慑破坏环境的行为，规范管理涉及生态文明的事务。社会主义法治国家建设，将进一步完善生态文明相关的法律制度，形成良好的环境保护运作机制，保障生态文明健康发展。2013 年 5 月 24 日，习近平总书记在十八届中央政治局第六次集体学习时指出“只有实行最严格

① 习近平：《决胜全面建成小康社会　夺取新时代中国特色社会主义伟大胜利——在中国共产党第十九次全国代表大会上的报告》，人民出版社 2017 年版，第 50 页。

② 冯玉军：《习近平谈论思想确立的实践基础》，《法学杂志》2021 年第 1 期。

的制度、最严密的法治，才能为生态文明建设提供可靠保障。”[①]2018 年 5 月 18 日，他在全国生态环境保护大会上又强调：“用最严格制度最严密法治保护生态环境。要加快制度创新，增加制度供给，完善制度配套，强化制度执行，让制度成为刚性的约束和不可触碰的高压线。”[②]

六、源自中国改革开放的时代发展和实践要求

改革开放以来，党和政府始终注重生态文明建设。1978 年，党的十一届三中全会开始规划制定森林法、草原法、环境保护法等法律。1979 年 2 月，我国将每年 3 月 12 日确定为植树节，同年开始营造三北防护林。1983 年 12 月，第二次全国环境保护会议召开，确立环境保护为我国必须长期坚持的一项基本国策。1992 年开始，我国生态文明建设进入可持续发展阶段。1994 年 3 月，我国发布《中国 21 世纪议程》。1996 年 7 月，第四次全国环境保护会议提出保护环境的实质就是保护生产力。1997 年 9 月，党的十五大报告强调，在现代化建设中必须实施可持续发展战略。2000 年 11 月，国务院印发了《全国生态环境保护纲要》。2002 年开始，我国生态文明建设进入科学发展阶段。党的十六届三中全会提出，要坚持以人为本，树立全面、协调、可持续的发展观，促进经济社会和人的全面发展。2005 年，中央人口资源环境工作座谈会提出了生态文明的概念。党的十七大把建设生态文明列入全面建设小康社会的目标。党的十八大把生态文明建设与经济建设、政治建设、文化建设、社会建设一道列入“五位一体”总体布局。党的十九大将“坚持人与自然和谐共生”纳入新时代坚持和发展中国特色社会主义的基本方略，指出建设生态文明是中华民族永续发展的千年大计。

中国特色社会主义是一种既坚持科学社会主义的基本原则，又立足于中国国情的社会主义，这两个方面都要求建设中国特色社会主义必须把生态文明作为标准之一。社会主义的本质特征和核心价值在于创建一种以实现人的全面发展为宗旨，以真正满足属于人的功能和需求为主要内容的存

---

① 习近平：《论坚持人与自然和谐共生》，中央文献出版社 2022 年版，第 29 页。

② 《习近平谈生态文明 10 大金句》，《人民日报海外版》2018 年 5 月 23 日。

在方式，中国人民在建设中国特色社会主义伟大事业的进程中，也就必然会把建设生态文明作为一个重要的战略任务。中国特色社会主义是一种把“科学发展”作为基本发展战略的社会主义，这就决定了中国的发展不是一种西方传统式的发展，而是一种“绿色”的发展。并且中国特色社会主义是一种把构建社会主义和谐社会作为基本历史任务的社会主义，这就意味着实现人与自然之间的和谐是它的主要目标之一，走和谐发展的道路，也就是走生态文明建设的道路。生态文明社会就是最理想的和谐社会。

习近平生态文明思想是开放的、发展着的新思想，是对多年改革开放实践经验的精辟总结，是把建设生态文明与坚持中国特色社会主义完整统一起来的思想，这是对中国特色社会主义理论体系的重要发展和贡献。与此同时，习近平生态文明思想立足于社会主要矛盾发展变化，是践诺初心为民的实践要求。新时代，我国社会主要矛盾已经转化为人民日益增长的美好生活需要和不平衡不充分的发展之间的矛盾。人民美好生活需要日益广泛，对美好生态环境的需要日益增长。一汪清澈的河水，一片湛蓝的天空，一抹清新的空气，无不牵系着人民的福祉，关系着人民生活的幸福指数。民之所盼，政之所依。顺应人民群众从“求温饱”到“求环保”的热切期待，2018 年 5 月 18 日，习近平总书记在全国生态环境保护大会上强调，“生态环境是关系党的使命宗旨的重大政治问题，也是关系民生的重大社会问题。”必须“坚持生态惠民、生态利民、生态为民”，明确表明了以人民为中心的政治立场和价值取向。“我们要积极回应人民群众所想、所盼、所急，大力推进生态文明建设，提供更多优质生态产品，不断满足人民日益增长的优美生态环境需要。”以壮士断腕的勇气，矢志不渝做好“减法”，坚决打赢污染防治攻坚战。坚决打赢蓝天保卫战，“还老百姓蓝天白云、繁星闪烁”。“深入实施水污染防治行动计划，还给老百姓清水绿岸、鱼翔浅底的景象。”要“全面落实土壤污染防治行动计划，让老百姓吃得放心、住得安心。”要“持续开展农村人居环境整治行动，打造美丽乡村，为老百姓留住鸟语花香田园风光。”[①] 习近平生态文明思想来源于实践，但科学的理论形成之后，其目的在于用真理性的认识指导实践、改造世界。

---

① 习近平：《推动我国生态文明建设迈上新台阶》，《求是》2019 年第 3 期。

马克思“世界历史”思想及其对构建人类命运共同体思想的启示

新疆社会科学院　韩振丽　上海财经大学　刘心语

“世界历史”思想是马克思和恩格斯在其合著的《德意志意识形态》中提出来的。《德意志意识形态》是马克思主义哲学发展过程中最重要的经典著作之一，它的重要不仅在于它作为马克思主义哲学形成的标志，系统地提出和论证了实践唯物主义和唯物史观，完成了自《1844 年经济学哲学手稿》以来的哲学革命变革，它还首次提出和论述了“世界历史”思想。

一、历史逻辑：马克思“世界历史”思想的产生

（一）马克思以前的“世界历史”思想

所谓“世界历史”思想，所针对的是民族历史和地域历史。它所指的历史发展不仅具有民族性、地域性、特殊性、差异性，还具有世界性、统一性和共同性，各个民族的历史不仅以特殊性和差异性相区别，还以共同性和一致性而相互连接和相互统一。其实，这个思想所指的就是自古以来源远流长的、人类一直憧憬的“世界大同”的理想和各民族相互融合的善良愿望。换句话说，“世界历史”思想所指的就是世界大同、各民族能够相互融合，而融合的基础就是由民族历史走向世界历史。

“世界历史”思想并不是马克思首先提出来的，欧洲的思想界长期有着深厚的“世界历史”思想的思想传统，作为对民族史、民族之间有差异性也有共同性的最初思考，早在古希腊时期就提出来了。著名的古希腊历史学家希罗多德在其著名的《历史》一书中就或多或少地表现了人类历史的发展有一种世界性的因素在起作用，他认为历史发展事件千差万别、层出不穷，但是可以在事变或事件中找出他们的共同性，这个共同性的基点就是建立在世界性的基础之上的。

“世界历史”思想的科学的表达，达到一种科学的形态还是在近代。随着生产的发展，交往的扩大，人们的需要已经突破了本民族和地域的范围。于是，每个人和每个民族都在自觉不自觉地走向世界的历史。意大利的著名思想家维柯，在循环论的基础上，认为人类历史普遍经历三个发展阶段，即觉醒阶段、繁荣阶段及衰落阶段，每个民族的发展都共同经历这三个阶段。这三个阶段构成各自封闭的小的圆圈，但是每个圆圈又彼此相连接，构成了整个循环系统，而这样一个循环系统就把世界连接起来。

1784 年，康德在《从世界主义观点出发的世界通史观念》一书中就十分强调世界主义，强调世界通史。他认为人类的历史充满了狂妄、虚伪和残忍，而这种狂妄、虚伪和残忍往往是因为人们见识太小，局限在狭小的范围，只有走出狭小的地域，只有走向世界历史，人类的历史才可以走向繁荣。

有关“世界历史”思想的集大成者是黑格尔。他认为，人类历史发展绝不是杂乱无章的，而是有内部规律性的。主宰人类历史的，是人们对自由的追求；而人们对自由的追求，则走了一条太阳升落的路线（就是从东往西的路线）。黑格尔认为，人类历史的起点在中国，在中国的历史中只有君主一个人是自由的。然后这条路线接着向西，走到希腊和罗马，希腊和罗马对自由的追求就加深了一步，即少数人（奴隶主）追求和拥有自由。然后继续向西，到了日耳曼，他认为在那里，全体人都是自由的。黑格尔认为世界历史是有规律和内在机制的，由此表达了人类历史的共同性。但是黑格尔对“世界历史”的表述是自相矛盾的。欧洲人所具有的通病，就是欧洲中心论和资本主义中心论。如果这就是“世界历史”的话，他们的“世界历史”思想，从一开始就带有狭隘的民族主义和欧洲中心论，建立在唯心主义基础上，从根本上是错误的。但是，黑格尔通过精神的辩证运动来把握世界历史的本质和规律，虽然是唯心主义的，但却是非常深刻的，在历史哲学领域具有划时代的意义。

（二）马克思对“世界历史”思想的提升

“世界历史”思想首先在《德意志意识形态》当中提出绝非偶然。马克思的唯物史观诞生之前，在探讨有关世界历史的问题时，人的走向在哪里？人类历史繁荣差异性和共同性的关系如何？这是《德意志意识形态》诞生唯物史观的时候所要连带解决的一个问题。

《德意志意识形态》最重要的成果，是在实践唯物主义的基础上提出和表述了唯物史观。唯物史观可以说是《德意志意识形态》这本书最基本的内核。我们所理解的唯物史观，仅仅表明，历史发展的内涵，即人类历史的发展是在社会基本矛盾运动的基础上实现的。这个社会基本矛盾运动，就是生产力和生产关系与在这个基础上产生的经济基础和上层建筑之间的矛盾运动。这个社会基本矛盾运动构成了唯物史观的内核或内涵，但是，社会的发展也像任何事物的发展一样，不仅有它的内在性，还有他的外在性，外在性指社会基本矛盾运动是在多大的程度上展开的、是在什么空间规模上展开的，社会基本矛盾运动可以在一个很狭小的地区，也可以在一个很广阔的空间范围内。我们这个“世界历史”思想，就是指在人类历史发展的长河中，由一个从狭窄的民族和地域空间转向广阔的世界历史空间。

在人类历史的早期，社会的自然形态都是民族史和地域史。人类历史的早期，生产力水平很低，因此人们之间的交往很少，生活都是在孤立的基础上发展的。后来，由于生产力的发展，人们彼此交往增多了，相互依赖增多了，这个历史才逐渐冲破民族和地域的局限而走向广阔的世界空间。这个广阔的世界空间就表明社会基本矛盾运动这个基本内核不断地在扩大自己的空间范围，人类历史的整个发展由民族史和地域史走向世界历史，这是一个必然的趋势。在这个意义上，“世界历史”思想与社会基本矛盾运动和唯物史观是理和表的关系，也可以说是质和外在量的关系。正像任何量和空间对事物的发展都不是无所谓的一样，世界历史的形成对人类走向具有极其重要的意义。

我们可以看出，“世界历史”思想并不神秘，它和唯物史观是共生的关系。因此，在《德意志意识形态》系统地提出唯物史观之后，理所当然地把“世界历史”思想作为唯物史观的量的空间的方面同时提出来，这样，马克思就给我们提供了一个锐利的思想武器。我们认识和把握历史，不仅要认识历史发展的内在的社会基本矛盾运动，还要看到这个社会基本矛盾有一个从狭小的空间走向世界历史广阔空间的过程。这个过程，按照马克思的说法，也是自然历史过程。

二、理论逻辑：马克思“世界历史”思想及其主要观点

马克思的“世界历史”思想是对前人有关“世界历史”思想遗产的批判、改造和提升，以唯物史观为基础，对“世界历史”思想进行了创造性转化和创新性发展，从而创立了科学的“世界历史”思想。

从人的物质生产实践出发，马克思认为在历史发展中确实有一个由民族史向世界历史的转变趋势和转变过程。整个人类的历史就是不断交往、去除自身狭隘性、不断扩大活动范围的过程。但是，驱动这股历史巨流的，绝不是什么人类本性，而是生产力的不断发展。现在，每个国家、每个民族、每个人的需要都只有在世界范围内才能实现。马克思指出，近代生产力的发展、分工交往的扩大，冲破了中世纪的地域壁垒，把各个民族推向不可分割的联系和交往中，任何民族的生产和生活都只能在相互依赖和制约中才能维系，这个事实就决定了历史在越来越大的程度上成为世界的历史。于是，马克思就将自己的“世界历史”思想和前人的“世界历史”思想相区别，在唯物主义基础上，对“世界历史”思想进行升华，同时也找到了“世界历史”思想的现实基础——生产力的发展。换言之，历史向世界历史转变不是“自我意识”、宇宙精神或者某个形而上学怪影的某种纯粹的抽象行动，而是完全物质的、可以通过经验证明的行动，每一个过着实际生活的，需要吃、喝、穿的个人都可以证明这种行动。

马克思曾明确指出，“整个所谓世界历史不外是人通过人的劳动而诞生的过程，是自然界对人来说的生成过程”[①]，“无产阶级只有在世界历史意义上才能存在，就像共产主义——它的事业——只有作为‘世界历史性的’

① 《马克思恩格斯文集》第1卷，人民出版社2009年版，第196页。

存在才有可能实现一样”[①]。而“世界历史”是实现共产主义的必经途径。其一，世界历史的最终理论指向是人的自由和解放。人的发展是历史发展的核心。世界历史的价值旨趣是实现个体的人和全人类的彻底自由和解放，建立“自由人联合体”。共产主义不可能在小范围内实现，共产主义的实现需要世界历史的形成和各民族的贯通，地域性的共产主义不是真正的共产主义。其二，马克思把“世界历史”思想同无产阶级的历史使命联系起来，认为“世界历史”是实现共产主义的必经途径。马克思把世界历史的发展分为两个时期，一是资本主义的世界历史，这是世界历史的开创期；二是共产主义的世界历史，这是世界历史的最终归宿。马克思把对资本主义世界历史的批判和共产主义世界历史的构想有机结合，对资本主义的世界历史进行了深刻的历史性分析。

总之，“世界历史”思想是马克思唯物史观的重要组成部分，通过“世界历史”思想，马克思构建了历史的运动和人的解放、资本主义批判和共产主义构想辩证统一的逻辑框架，深化了马克思哲学“改变世界”的根本特征，为我们观察当代世界提供了一个有效的哲学框架和解释思路。

三、价值逻辑：“世界历史”思想对构建人类命运共同体思想的启示

马克思在《德意志意识形态》中提出“世界历史”思想后，就产生了一个如何实现“世界历史”思想的问题。当前，学术界对这个问题有很多的争论，这些争论主要是围绕“世界历史”思想的实践课题及其当代意义所展开的。中国特色社会主义进入新时代以来，习近平总书记深刻把握人类社会历史经验和发展规律，汲取中华优秀传统文化的思想智慧，从统筹中华民族伟大复兴战略全局和世界百年未有之大变局的战略高度，创造性地提出并不断丰富发展构建人类命运共同体的重要思想，为人类社会实现共同发展、长治久安、持续繁荣指明了方向、绘制了蓝图。2018 年，在纪念马克思诞辰 200 周年大会上，习近平总书记曾指出：“学习马克思，就要

① 《马克思恩格斯文集》第 1 卷，人民出版社 2009 年版，第 539 页。

学习和实践马克思主义关于世界历史的思想。”[①] 他强调，要站在世界历史的高度审视当今世界发展的趋势和难题，推动构建人类命运共同体，建设更加美好的世界。党的二十大报告明确指出：“中国始终坚持维护世界和平、促进共同发展的外交政策宗旨，致力于推动构建人类命运共同体。”[②]

（一）构建人类命运共同体思想是马克思“世界历史”思想的丰富与发展

当今时代，人类交往的世界性比过去任何时候都更深入、更广泛，各国相互联系和彼此依存比过去任何时代都更频繁、更紧密。一体化的世界就在那儿，谁拒绝这个世界，这个世界也会拒绝他。正是在对“建设一个什么样的世界、怎样建设这个世界”的深刻思考中，习近平总书记提出了“构建人类命运共同体”的重大命题，并从政治、安全、经济、文化、生态等方面阐述了构建人类命运共同体的总体框架和实践路径，即“建立平等相待、互商互谅的伙伴关系，营造公道正义、共建共享的安全格局，谋求开放创新、包容互惠的发展前景，促进和而不同、兼容并蓄的文明交流，构筑尊崇自然、绿色发展的生态体系”[③]。

从哲学的角度来看，构建人类命运共同体思想是以马克思“世界历史”思想为方法论基础，把世界历史的理论逻辑和人类社会发展的实践逻辑相结合，从“观察时代、解读时代、引领时代”的高度提出的应对当今时代全球性危机和现代性困境的一种新型全球文明观。面对世界历史的现实困境，时代呼唤一种新型文明观，从而开启人类发展的新空间。其一，构建人类命运共同体思想既注重价值理性，又注重工具理性。构建人类命运共同体思想强调和平与发展仍是当今时代的主题，利用资本大力发展生产力，创造出丰富的物质财富仍是各个民族和国家的当务之急。但同时也主张，要在世界范围内制定和形成一套合理有效的资本运行规范，确立资本运行的合理边界，以保证各个国家在发展本国生产力、追求本国利益时兼顾他

① 习近平：《在纪念马克思诞辰200周年大会上的讲话》，人民出版社2018年版，第22页。

② 习近平：《高举中国特色社会主义伟大旗帜　为全面建设社会主义现代化国家而团结奋斗——在中国共产党第二十次全国代表大会上的报告》，人民出版社2022年版，第60页。

③ 中共中央宣传部编：《习近平总书记系列重要讲话读本（2016年版）》，学习出版社、人民出版社2016年版，第265页。

国合理关切，在谋求本国发展中促进各国共同发展，体现了工具理性和价值理性的统一。其二，构建人类命运共同体思想既是一种价值追求，又是一种现实行动。构建人类命运共同体不仅表达了多元文明和谐共生的崇高理想，更蕴含着为了达到这种崇高理想的现实的实践追求。作为一种理念，构建人类命运共同体思想正在日趋成熟。作为一种现实，中国顺应时代发展大势，秉持共商共建共享的全球治理观，以中国实践推动人类命运共同体的构建。如我国提出“一带一路”倡议、积极参与气候变化国际合作、进一步扩大开放等，都表明中国正以自己坚实的行动去践行构建人类命运共同体的理念。

（二）构建人类命运共同体思想要坚持理论与实践相统一，不断推动构建人类命运共同体思想的理论完善和实践发展

马克思“世界历史”思想不仅是在解释世界历史，也是在创造性地探索世界历史进程发展的新路径，为无产阶级革命运动提供理论武器。马克思“世界历史”思想坚持理论与实践辩证统一的方法，他对现代资产阶级世界历史观的“扬弃”是一种革命性理论创新，这种革命性的创新本身也是一种实践探索。构建人类命运共同体思想是在继承马克思“世界历史”思想基础上的理论创新，在推进构建人类命运共同体的实践中也需要向科学的“世界历史”思想寻求理论指导。同时，实践是推进理论形成的源泉和理论发展的根本动力。人类命运共同体思想的提出源于实践发展，也必然要回到实践中进行不断探索，要结合时代的发展要求和实践要求，总结实践经验，深化理论认识，实现理论创新和实践探索相互作用。

在理论上，构建人类命运共同体就是完善人类命运共同体思想，创新各国共同发展的理念，最大程度寻求不同国家的“利益汇合点”。同时，要坚持以合作共赢为核心，各国同舟共济，携手打造人类命运共同体，推动建设新型国际关系。在实践上，推动构建人类命运共同体的实践平台，打造双边、多边区域命运共同体典范，进行试点试验，形成一系列积极成果，积累丰富的经验，为“朋友圈”持续扩容，为更大区域、更广范围、更多层次的命运共同体奠定基础。

构建人类命运共同体思想根植于世界历史当代发展实践的现实之路，是通向马克思所设想的“自由人联合体”这一真正共同体的必由之路。人

类命运共同体的理念与行动的出发点和落脚点用习近平总书记的话来阐释就是，“这个世界上一部分人过得很好，一部分人过得很不好，不是个好现象。真正的快乐幸福是大家共同快乐、共同幸福。我们希望全世界共同发展，特别是希望广大发展中国家加快发展。”[①]这种对全人类解放和自由而全面发展的价值追求，与“自由人联合体”的目标理想是高度一致的。因此，人类命运共同体是世界历史走向“真正的共同体”的必经之路上中国所提出的关键且可行的探索方案，它不仅使马克思“世界历史”理论在新时代得到了全新的诠释，还在全人类共同价值上使人类社会向“真正的共同体”迈出了重要的一步。

（三）构建人类命运共同体思想是以习近平同志为核心的党中央站在新时代的起点上应世情时情提出的重要方案

构建人类命运共同体思想从理论上说是马克思“世界历史”理论在今天的时代表达，从实践上说是当今世界百年未有之大变局下解决世界结构性冲突、构建全球治理新秩序的必经之路。构建人类命运共同体思想从世界历史的视阈下把握人类命运共同体思想的生成逻辑，既能阐明人类命运共同体思想产生的必然性，也能够明确人类命运共同体思想的时代价值和世界意义。人类命运共同体思想直面当今世界最重要的问题，是中国为回答世界之问、历史之问、时代之问贡献的中国智慧和中国方案。从这个意义上说，人类命运共同体思想是中国共产党对马克思主义和共产主义思想所作出的中国表达，是习近平总书记对21世纪马克思主义的原创性贡献。这一思想站在世界历史的道义制高点，彰显了当代中国共产党人敢于直面时代问题的勇气、善于解读时代问题的智慧和勇于引领时代发展的使命担当，展示了当代中国马克思主义者所具有的深邃的世界眼光和高尚的时代情怀，是结合实践和时代对马克思“世界历史”思想的丰富和发展。

构建人类命运共同体思想主张摒弃价值独断和话语霸权，强调平等交流和文明互鉴。人类命运共同体思想强调各个国家应该根据自己的历史文化传统和国情自主地选择自己的发展道路。不同国家和民族之间既有特殊价值，又有人类共同价值。在全面建设社会主义现代化国家、实现中华民

---

① 王毅：《坚持正确义利观　积极发挥负责任大国作用》，《人民日报》2013年9月10日。

族伟大复兴的历史进程中，中国将始终高举构建人类命运共同体旗帜，不断为人类文明进步作出新的贡献。

此外，构建人类命运共同体思想还有助于厘清马克思主义“世界历史”思想与经济全球化的关系。推动构建人类命运共同体是在当代的现实条件下，构建实事求是的、兼顾当下和未来的、兼顾人类整体的和民族国家的、可持续的“地球村”，是为人类历史未来发展缔造一种符合实际的、走向自由而全面的以人为旨归的、人类共存共处共享共赢的模式和道路。

基点·共识·功能：全人类共同价值与人类命运共同体的中国话语表达

湖南省社会科学院　马纯红

在党的二十大报告中，习近平总书记强调“促进世界和平与发展，推动构建人类命运共同体”[①]。今天，人类命运共同体和全人类共同价值已然成为吸引世界各国关注、参与并产生影响的热议话题，成为引领时代潮流和人类前进方向的鲜明中国话语表达。从基点、共识、功能的理论深度与实践向度，从“是什么”“为什么”“怎么办”的建构思路，探讨全人类共同价值与人类命运共同体的互构互为机理，及这一标识性概念背后的理论观照、价值追求与价值内核，对于新时代推动构建人类命运共同体、弘扬全人类共同价值意义重大。

一、基点：马克思世界历史理论的理论观照

马克思指出：“历史从哪里开始，思想进程也应当从哪里开始，而思想进程的进一步发展不过是历史过程在抽象的、理论上前后一贯的形式上的

① 习近平:《高举中国特色社会主义伟大旗帜　为全面建设社会主义现代化国家而团结奋斗——在中国共产党第二十次全国代表大会上的报告》，人民出版社 2022 年版，第 60 页。

反映”[①]。探讨全人类共同价值缘何出场，首先就要回到马克思主义的世界历史理论，从理论与实践相结合、历史与现实相融合的角度观照人类命运共同体的生成逻辑。

（一）“历史向世界历史的转变”内蕴全球历史发展的理论观照

马克思世界历史理论内容丰富而系统，深刻揭示了历史由民族的、国家的历史向世界历史转变的变革逻辑和基本规律。在马克思看来，整个历史无非是人类本性的不断改变，“历史向世界历史的转变，不是‘自我意识’、世界精神或者某个形而上学幽灵的某种纯粹的抽象行动，而是完全物质的、可以通过经验证明的行动，每一个过着实际生活的、需要吃、喝、穿的个人都可以证明这种行动。”[②]即是说，历史不外是各个世代的依次交替，而这种历史向世界历史的转变过程，从本质上而言，主体是人，是人的“类本质”的活动方式，“是推广以资本为基础的生产或与资本相适应的生产方式。创造世界市场的趋势已经直接包含在资本的概念本身中”[③]，是生产力发展基础上的生存方式的一种变革，是物质基础上的世界交往方式的一种变革。在这种变革中，“各个相互影响的活动范围在这个发展进程中越是扩大，各民族的原始封闭状态由于日益完善的生产方式、交往以及因交往而自然形成的不同民族之间的分工消灭得越是彻底，历史也就越是成为世界历史。”[④]正是由于资本主义生产力的不断发展，带来资本主义生产方式的产生和发展，人类交往的时空范围才发生由区域转变为全球的变革，历史也才由区域性历史发展成为世界历史。

在马克思这里，尽管当时并没有提出全球化的概念，但在马克思世界历史理论里，所提出的人的“类本质”的发展历史，以及基于生产力发展带来的人类社会交往方式的变革逻辑，实际上已经对人类社会全球化的发生和发展进行了理论概括和说明。全球化的历史洪流，让世界各国在地球村里不可能再作为单一的个体存在而独善其身。作为整个人类社会“类本质”的存在，世界各国无论是主动参与抑或是被动介入，都不可避免地卷

① 《马克思恩格斯选集》第2卷，人民出版社2012年版，第14页。
② 《马克思恩格斯选集》第1卷，人民出版社2012年版，第169页。
③ 《马克思恩格斯选集》第2卷，人民出版社2012年版，第713页。
④ 《马克思恩格斯选集》第1卷，人民出版社2012年版，第168页。

入全球化的历史洪流中，机遇同在，挑战同在，风险同在。全球化使人类交往的世界性比过去任何时候都更深入且广泛，各国普遍交往、相互沟通和彼此联系比过去任何时候都更频繁且紧密。在世界历史的宏大视野下，世界各国的历史最终统一于整个世界历史，世界历史的宏大叙事最终也都将由世界各国来共同书写。人类生存的世界格局，自此不可抗拒地形成了"你中有我，我中有你"的密切相拥的"共同体"。然而，世界原本就是丰富多彩的，世界各国原本就在政治、经济、文化、社会、生态等方面千差万别，但作为一个"共同体"，在面对各种全球危机、冲突与选择时，如何才能妥善处理好自身发展与世界局势的关系，如何才能形成一致或基本一致的共同行动，实现真正的求同存异、共同发展，其前提和基础即是需要形成一种价值共识去审视和思考这个世界。因此，全球化发展趋势实际上也是马克思世界历史理论意义上的"历史向世界历史的转变"的现实呈现，这种现实发展到今天该何去何从，"人类命运共同体"给出了科学答案，这也正是人类命运共同体的出场逻辑。

在人类命运共同体中，各个不同文化、不同信仰、不同体制的国家如何在求大同存小异中形成价值共识与发展共识，"全人类共同价值"给出了科学答案。质言之，全人类共同价值这一话语表达中，"全人类"的关键词强调其作为"类本质"的适用面向，指明这种共同价值不是仅适用于哪一个国家而是世界各国的普遍共适；"共同价值"的关键词则强调其作为"类本质"的价值面向，指明这种共同价值不是哪一个国家所独有的而是世界各国的普遍共识。

概言之，构建人类命运共同体之所以能成为解决世界历史宏大叙事中发生的一系列现代性世界历史发展危机的治理方案，答案就在于"和平、发展、公平、正义、民主、自由"的价值表达，能让人类社会在直面种种全球性危机时，能够找到并做出一种既能解决危机，又能维护全人类共同利益的共同选择，形成一种基于共识之上的最大价值公约数。

（二）"为人类求解放"内蕴历史主体的理论观照

习近平总书记指出："马克思主义博大精深，归根到底就是一句话，为人类求解放。”[①] 在马克思看来，“历史不过是追求着自己目的的人的活动而已”[②]，是现实的、活生生的人在创造历史。人民群众作为人类社会历史实践的主体，作为社会物质财富与精神财富的创造者和社会变革的推动者，在“历史向世界历史的转变”的历史进程中起到了决定性作用。由是，“历史向世界历史的转变”的演进才得以有了主体的推动力和能动性。亦是，实现人类的解放和个人的自由而全面发展是世界历史宏大叙事中的真正主题，“历史向世界历史”的转变让整个人类社会超越了“民族局限”和“地域局限”，最终才可能克服资本主义世界历史的局限性。坚持人在世界历史发展中的主体地位，并通过在未来社会建立一个“自由人联合体”，实现人类的解放和个人的自由而全面发展，是世界历史的最终指向和价值旨归。

马克思主义是为了人的解放的伟大理论，是推动人类社会发展的伟大思想，是人民的学问。“拥有马克思主义科学理论指导是我们党鲜明的政治品格和强大的政治优势。”[③] 中国共产党作为马克思主义政党，将马克思主义作为“真经”，在本质上具有非马克思主义政党无可比拟的先进性，坚持人民至上、坚持人的主体性，不仅全心全意为中国人民谋幸福，也真心实意为世界人民谋和平、谋发展、谋未来。马克思世界历史理论视域下，人实现真正的自身解放和自由而全面的发展，已经超越了民族和地域界限，超越了不同人群和不同阶级，是全人类的共同理想，需要作为世界历史宏大叙事主体的各国的共同努力。信仰马克思主义的中国共产党具有宽阔的世界情怀和人类情怀，在世界历史宏大叙事中充分表现出了自觉与担当。新时代中国共产党人提出构建人类命运共同体和“和平、发展、公平、正义、民主、自由”的全人类的共同价值，正是这种情怀的彰显和体现。今天，以全人类共同价值推动构建人类命运共同体，成为世界上越来越多的国家和人民的共识。习近平总书记指出：“我们要把自己的事情做好，这本身就是对构建人类命运共同体的贡献。我们也要通过推动中国发展给世界创造更多机遇，通过深化自身实践探索人类社会发展规律并同世界各国分

---

① 习近平：《在纪念马克思诞辰200周年大会上的讲话》，人民出版社2018年版，第8页。

② 《马克思恩格斯文集》第1卷，人民出版社2009年版，第295页。

③ 《高举中国特色社会主义伟大旗帜　奋力谱写全面建设社会主义现代化国家崭新篇章》，《人民日报》2022年7月28日。

享。”[①] 中国作为朝气蓬勃、潜力无限的新兴大国，中国共产党作为世界上最大的政党，将这种情怀与担当贯穿于包括中国人民在内的世界人民的自由而全面发展的追求当中，这种情怀不仅是对中国人民也是对世界人民，所追求的人的解放和自由而全面发展不仅仅局限于对中国人民也是对世界人民。

世界眼光和人类情怀，使得中国共产党能以开阔的视野和广阔的胸襟带领中国人民积极参与全球治理，在国际局势动荡不安、逆全球化暗流涌动的世界格局中，以负责任的态度和包容开放的姿态，提出“以全人类共同价值推动构建人类命运共同体”这一具有世界普遍意义和人类清醒理性的中国表达。习近平总书记指出：“世界命运握在各国人民手中，人类前途系于各国人民的抉择。中国人民愿同各国人民一道，推动人类命运共同体建设，共同创造人类的美好未来！”[②]“为人类求解放”是中国人民的追求，也是世界各国人民的追求，在这种追求之下，世界各国才能实现各美其美、美美与共的共荣共生局面。作为一种大格局、大智慧的中国方案和中国表达，以习近平同志为核心的党中央提出的全人类共同价值，因其马克思主义世界历史理论而更具理论生命力，为推动构建人类命运共同体提供了价值支撑和实现可能。

二、共识：全人类共同价值是符合人类文明进步的价值追求

价值共识是不同主体对价值达成的基本或根本一致的看法，所形成的基本或根本一致的观点和态度，是不同主体在价值理念上的一种共同认识。世界各国同在一个地球村，生活在历史和现实交汇的同一个时空里，面对不可逆的全球化发展趋势，世界各国不管是否愿意，实际上已经处在一个命运共同体中。世界各国千差万别，同在一个命运共同体中的实然境况与面对各种风险与挑战时可能爆发冲突的应然境况，都让全人类共同价值这一符合人类文明进步的价值追求更具备出场的合理性与必然性。

---

① 《习近平谈治国理政》第 3 卷，外文出版社 2020 年版，第 436 页。

② 《习近平谈治国理政》第 3 卷，外文出版社 2020 年版，第 47 页。

（一）推动构建人类命运共同体需要价值共识

价值观是一种思维或取向，是人们对事物的是与非、好与坏等作出的认知、理解、判断或抉择，在阶级社会中，阶级利益的差异与对立，决定了不同阶级的价值观呈现差异性。在“历史向世界历史的转变”的语境中，一方面，各国间的传统界限逐渐打破，由分散孤立的地域性存在状态转变为联系紧密的全域性存在状态，历史叙事由各国的“小世界历史”走向超越传统界限的“大世界历史”，各国间呈现为相互依存、彼此交融和普遍交往的“共生”样态。另一方面，世界本就丰富多彩，各国在历史、文化、制度、发展水平等不同环境中形成的价值观迥异。“世界历史”不只是表现为资本的全球流动和世界市场的开拓，各国大相径庭的价值观也内嵌于世界历史语境之中，各国不同价值观之间的交流、交融、交锋日益加剧。当需要对事物进行评判或做出选择时，各国在价值需求目标、价值需求层次、价值需求态度等方面彼此观念相异，往往会导致价值观念差异下的矛盾冲突，即价值冲突。这种冲突是由各国价值观层面多元与多样造成的，而无论是长或是短、是隐或是显，是强或是弱，又往往可能会造成价值无序进而引发各国间的鸿沟、对抗甚至争斗。

价值冲突无处不在，但价值共识仍有望形成。习近平总书记指出：“没有哪个国家能够独自应对人类面临的各种挑战，也没有哪个国家能够退回到自我封闭的孤岛。”① 当今世界，面对激荡全球的大变革、大调整、大挑战，各国在面对是合作还是排斥、是共赢还是零和、是尊重还是敌视、是封闭还是开放等诸多选择时，要么将自己国家的价值观凌驾于他国之上，强迫他国接受；要么彼此理解，彼此求同存异，在共同体格局下作出共荣共生的利益抉择。前一方法，显现为大国、强国、富国对小国、弱国、穷国的欺侮、压迫、支配、干涉甚至颠覆的霸权主义表现，负面效应是最终威胁世界和平与稳定；后一方法，则显现为各国作为利益攸关的“命运共同体”的一种全球治理新理念。世界各国，无论大与小、富与贫、强与弱，都希望处在一个和平与发展的世界，都希望保障公平与正义，都希望实现民主与自由，这样的希望超出了国别、民族的界限，可以成为全人类的价

---

① 《习近平谈治国理政》第3卷，外文出版社2020年版，第46页。

值支点和价值起点，进而成为价值共识。因此，全人类共同价值的提出，为破解时代课题贡献了中国智慧、中国担当与中国方案，为人类找到和衷共济、和合共生的出路提供了正确的价值指引，为画好不同文明求同存异的同心圆提供了普遍的价值共识。

（二）全人类共同价值对西方“普世价值”的根本性超越

价值共识不是一方对另一方居高临下、颐指气使，更不是一方对另一方肆意说教、甚至横加干涉。习近平总书记指出：“敌对势力在那里极力宣扬所谓的‘普世价值’。这些人是真的要说什么‘普世价值’吗？根本不是，他们是挂羊头卖狗肉，目的就是要同我们争夺阵地、争夺人心、争夺群众，最终推翻中国共产党领导和中国社会主义制度。”[①] 为何西方所谓的“普世价值”难以得到国际社会的认可，而全人类共同价值的世界共振效应却日益凸显，弄清二者的根本性区别，就能够走出所谓“普世价值”的迷雾，坚定全人类共同价值的信念。

从目的上看，西方国家宣扬所谓的“普世价值”，实则打着“民主、平等、自由”的旗号，向非西方国家特别是社会主义国家灌输西方的政治认同、政治道路、政治价值的历史合理性、实践合理性、价值合理性，进行政治和文化渗透。长期以来，一些西方国家为实现其独霸全球的政治野心和经济利益，利用话语优势，制造话语陷阱，鼓吹所谓的“普世价值”，试图将其作为全人类应当共同遵守的价值共识，并肆意干涉他国内政，侵犯他国主权，强迫他国走自己的道路，是一种局限且虚伪并带有欺骗性的“居高临下”的价值理念。而中国倡导的全人类共同价值，尊重各国独立选择自己道路，倡议了一种理性、客观、务实的价值理念，反对霸权主义和强权政治，推动各国在尊重、互利和平等的前提下共赢发展，以真诚的态度和务实的行动，为全人类共同价值诠释出完全不同于西方所谓“普世价值”的价值追求。

从理论实质上看，西方“普世价值”作为一种资本主义意识形态，以抽象人性论为逻辑起点，以绝对的普遍性为方法，将人性视为普遍的、超历史的和永恒的属性，来论证其在人类社会的存在及合理性。事实上，人

① 《习近平关于总体国家安全观论述摘编》，中央文献出版社 2018 年版，第 102 页。

性是具体的、历史的存在，并非形而上的超验存在，在这种话语体系和设置中，玄幻的人性替代了具体的人性，具象的人和主体往往被虚化的人和主体所遮蔽，现实中无法追求和实现真正的民主和自由，正如马克思所指出的，“这种交往形式中的旧的传统观念（在这些观念中，现实的个人利益往往被说成是普遍的利益）也就愈发下降为唯心的词句、有意识的幻想和有目的的虚伪。”[①] 而全人类共同价值以马克思主义理论为指导，彰显唯物史观历史主体的价值内蕴，批判性地超越了资产阶级的抽象人性论，坚持人民至上的价值导向，在分析现实社会中具体的、历史的、有血有肉的现实的个人基础上提出具体的人性论，关怀的是人类整体的命运和利益。

从根本特征上看，“普世价值”具有局限性、虚伪性、欺骗性。在生产资料私人占有的资本主义经济社会制度下的所谓民主，是少数人的民主，所谓自由，是少数人的自由。因此，这是一种马克思所批判的“虚假的民主”，再漂亮的话语包装和再精致的话语表达，都掩盖不了其背后的虚假实质，“自由主义的词句是资产阶级的现实利益的唯心的表达”[②]。反观全人类共同价值，其立基于全人类立场，以全人类共荣共生为价值目标和价值追求，超越民族、种族、国界和信仰，彰显价值道义，是全人类共同达成的价值共识，是完全不同于所谓“普世价值”的价值共识，是全面而不片面的、真实而不虚伪的、求同而能存异的价值。这也正是习近平总书记所指出的：“各国历史、文化、制度、发展水平不尽相同，但各国人民都追求和平、发展、公平、正义、民主、自由的全人类共同价值。”[③]

三、功能：全人类共同价值是构建人类命运共同体的价值内核

构建人类命运共同体既基于“历史向世界历史的转变”发展的客观事实，也顺应了全球格局发展变化的总体趋势，为全人类共荣共生的价值目标与要求画下了同心圆。全人类共同价值充分彰显了人类文明发展的价值共识，揭示了构建人类命运共同体内蕴的深邃价值内涵。就世界历史发展

---

① 《马克思恩格斯全集》第 3 卷，人民出版社 1960 年版，第 331 页。
② 《马克思恩格斯全集》第 3 卷，人民出版社 1960 年版，第 216 页。
③ 《习近平谈治国理政》第 4 卷，外文出版社 2022 年版，第 425 页。

的客观规律和人类文明发展统一性的历史必然性而言，全人类共同价值是构建人类命运共同体的价值内核，人类命运共同体是全人类共同价值的实践场域。

（一）全人类共同价值为构建人类命运共同体提供价值支撑

构建人类命运共同体，是为了建设一个持久和平、普遍安全、共同繁荣、开放包容、清洁美丽的世界。建设这样一个更加美好的世界，离不了和平与发展，少不了公平与正义，缺不了民主与自由。

就其内在关联性而言，其一，“和平与发展是我们的共同事业”[①]。纵观人类历史，历次战争特别是20世纪的两次世界大战均以铁的事实证明，战乱与冲突不仅给国际社会和世界人民带来了无穷的灾难，带来了国际秩序的失衡、失序和失范，也给世界经济的发展造成了严重的影响。和平事业需要一定的物质基础，发展经济则是维护世界和平的有力保障。马克思就指出：“在极端贫困的情况下，必须重新开始争取必需品的斗争，全部陈腐污浊的东西又要死灰复燃。”[②]可以说，和平与发展是实现世界各国共荣共生不可或缺的两个相互关联、不可分割的要素。其二，“公平正义是我们的共同理想”[③]。从整个世界范围看，国际社会能否真正实现公平正义决定了世界各国能否公正平等地生活在国际社会这个大家庭中。有了公平正义，各国和各国人民才能共同享受尊严，受到同等的尊敬，国家无论大小、强弱、贫富也才能一律平等。可以说，公平正义作为全人类共同的理想，既决定着全人类共荣共生的发展程度和建构程度，也是全人类共同价值从道义上、愿望上追求利益关系特别是分配关系合理性所内蕴的价值理念和价值标准。其三，“民主自由是我们的共同追求”[④]。在国家层面，各国的事务应该由各国人民自己来管，各国有真正的民主才能确保人民享有更加广泛、更加充分、更加真实的民主权利；在国际层面，世界的命运必须由各国人民共同掌握，全球事务应该由各国共同治理，国际关系民主化才能打破现代国际体系中的霸权主义、强权政治和大国沙文主义的固有现象。而实现自由而

---

① 《习近平谈治国理政》第4卷，外文出版社2022年版，第475页。
② 《马克思恩格斯选集》第1卷，人民出版社2012年版，第166页。
③ 《习近平谈治国理政》第4卷，外文出版社2022年版，第475页。
④ 《习近平谈治国理政》第4卷，外文出版社2022年版，第475页。

全面的发展更是人类社会的终极价值追求，无论是在个人层面还是国家层面，民主自由作为世界各国的共同追求，既反映了世界各国的政治价值观，也是积极构建不冲突、不对抗、相互尊重、合作共赢的新型大国关系的价值遵循。

总之，没有和平与发展，欠缺公平与正义，匮乏民主与自由，世界无论是要实现持久和平还是普遍安全，无论是要共同繁荣还是开放包容、清洁美丽，都难以在价值共识的前提下求同存异、同心同向同行。和平、发展、公平、正义、民主、自由的全人类共同价值无疑内在契合人类命运共同体的价值要求，为建设一个更加美好的世界提供了正确的价值指引和价值支点。

（二）人类命运共同体是全人类共同价值的实践场域

全人类共同价值出场于世界历史语境下全人类共荣共生的利益格局，是基于人类命运共同体的共同利益产生的一种价值共识，同人类命运共同体联系紧密。如果全人类没有共同利益和价值共识，那么人类命运共同体只能是海市蜃楼，如果没有人类命运共同体，全人类共同价值则缺失实践场域。

人类命运共同体基于世界各国“求同存异”“和而不同”而来，基于对各国文明尊重基础上的全人类共同价值，将更有效地融入世界各国推进发展、进而实现全人类利益的实践中；人类命运共同体基于各个国家、各个民族都享有公平的发展机会和权利，在人类追求幸福的道路上“一个国家、一个民族都不能少”的理念而来，强调世界各国和世界人民追求公平与正义的全人类共同价值，将更有效地推动世界各国不仅保障本国人民的公平与正义，还在更广泛的意义上保障世界人民的公平与正义；人类命运共同体基于各国人民有选择自己发展道路、自己制度模式的权利与自由的理念而来，强调世界人民追求民主与自由的全人类共同价值，将更有效地促进世界各国人民追求幸福、实现自由而全面的发展。正是在这一世界意义上，全人类共同价值在人类命运共同体这一实践场域中找到了坚实和广泛的实践空间。

概言之，构建人类命运共同体需要世界各国共同付出努力。全人类共同价值不是单向度的，而是综合性的，不是一国的，而是全世界的，超越了观念和意识的分歧，有利于不同国家间形成价值的最大共识，有利于不同文明间凝练价值的最大公约数。无论从马克思主义世界历史理论的理论维度，还是全球化语境下世界共荣共生大格局的实践向度，大力弘扬并坚持践行全人类共同价值，是推动构建人类命运共同体的必然要求。人类命运共同体和全人类共同价值的提出，亦正是新时代中国共产党人为解决全球性问题贡献的中国智慧和中国表达。全人类共同价值为构建人类命运共同体提供价值支撑，人类命运共同体为全人类共同价值提供实践场域，二者互构互为，是具有世界意义的中国话语标识性概念，是能产生话语所指和话语能指双重功效的中国话语表达。

习近平新时代中国特色社会主义思想在贵州的生动实践

贵州省社会科学院　张学立

党的十八大以来，在以习近平同志为核心的党中央坚强领导下，中国特色社会主义进入新时代，中国开始了新时代十年的伟大变革，贵州也迎来了“黄金十年”的新发展，彻底撕掉了千百年来绝对贫困的标签，实现了物质和精神两个层面的“千年之变”，初步走出了一条有别于东部、不同于西部其他省份的发展新路，被习近平总书记赞誉为党的十八大以来党和国家事业大踏步前进的一个缩影。这条新路，是在习近平新时代中国特色社会主义思想指引下开辟的，是习近平新时代中国特色社会主义思想在贵州的生动实践最集中的体现。

一、何以成就贵州新路

党的十八大以来，中国特色社会主义进入新时代，产生了习近平新时代中国特色社会主义思想。这一思想的主要创立者——习近平同志，掌舵领航中国这艘巨轮劈波斩浪一往无前。正是在伟大思想和人民领袖指引下，贵州新路才成就了贵州今天的成就、把准了贵州未来的航向。

（一）伟大时代呼唤贵州新路

长期以来，由于自然和历史的原因，贵州贫穷和落后的状况没有得到根本改变，“渐比中州”成为贵州人民的历史夙愿。自 2000 年开始实施的西部大开发战略，为贵州带来了难得的发展机遇，经济社会发展有了较大进步，但是与发达省份的差距仍然较大。

中国特色社会主义进入新时代，人民日益增长的美好生活需要和不平衡不充分的发展之间的矛盾上升为我国社会主要矛盾，必须坚持以人民为中心的发展思想，推动全体人民共同富裕取得更为明显的实质性进展。对贵州来说，解决这对矛盾，难点在贫困人口，重点也在贫困人口，必须以超常规思路和超常规手段打赢脱贫攻坚战。党中央，把贯彻创新、协调、绿色、开放、共享的新发展理念，推动高质量发展，统筹发展和安全摆在了前所未有的重要位置，这就要求贵州不能再走过去的老路，也不能走别人走过的弯路，而要走出一条符合新发展理念要求、符合高质量发展要求、符合安全要求、符合自身实际、发挥自身优势的新路。

（二）伟大思想孕育贵州新路

习近平新时代中国特色社会主义思想为贵州走出发展新路指明了方向。2011 年以来，习近平同志先后三次亲临贵州考察指导，多次就贵州工作发表重要讲话。这些系列重要指示从省域实际出发，以科学的思维方法指导贵州发展，书写了习近平新时代中国特色社会主义思想在贵州实践的崭新篇章，既是习近平新时代中国特色社会主义思想的重要组成部分，也是习近平新时代中国特色社会主义思想在贵州的具体化。

习近平新时代中国特色社会主义思想为贵州新路的形成和发展提供了沃土。从整体上来看，习近平新时代中国特色社会主义思想对贵州新路所涉及的发展方向、发展方式、发展动力、战略步骤、外部条件、政治保证等重大问题的回答提供了充足的思想养分，指明了什么是贵州新路、怎样走好贵州新路，为坚持和发展贵州新路提供了根本遵循。具体而言，习近平总书记关于区域协调发展、新发展理念、高质量发展等方面的重要论述，指引着贵州新路始终沿着正确的方向稳步前行。

（三）人民领袖指引贵州新路

习近平总书记以大国领袖的高屋建瓴，以胸怀“国之大者”的人民情怀，亲自指导贵州走出一条发展新路，创造了贵州赶超跨越“黄金十年”的发展奇迹。

1.“创新发展思路，发挥后发优势”[①]，“走新型工业化道路”[②]

2011年5月，时任中共中央政治局常委、国家副主席的习近平同志来到贵州考察，对贵州经济、政治、文化、社会、生态文明等领域的建设和发展作出了全面科学系统的指导，为贵州在新一轮西部大开发抢抓机遇指明了方向。他强调，贵州要牢牢把握国家实施新一轮西部大开发战略机遇，发挥“西南大通道”的重要作用，让富集的资源既支撑当地经济发展，又便捷通达东中部地区，为“赶”提供可能。他要求，要围绕加快转变经济发展方式主线，努力做到又好又快，在转变经济发展方式中实现跨越发展。他以极富战略的眼光指出，贵州要坚持走新型工业化道路，突破工业化和信息化两道门槛，提升传统优势产业竞争力，把新兴战略性产业作为新的增长点，在特色优势产业上取得新突破，推动工业朝着高端化、高新化方向发展，使经济发展走上科技引领、创新驱动的轨道。[③]

时隔不久，2012年1月，国务院印发《关于进一步促进贵州经济社会又好又快发展的若干意见》，这是新中国成立以来首次以国务院文件的形式从国家层面全方位支持贵州发展。文件提出贫困和落后是贵州的主要矛盾，加快发展是贵州的主要任务，明确了加速发展、加快转型、推动跨越的主基调，要求贵州努力走出一条符合自身实际和时代要求的后发赶超之路。

2014年3月，习近平总书记参加十二届全国人大二次会议贵州代表团审议时，要求贵州创新发展思路，发挥后发优势，正确处理好生态环境保护和发展的关系，因地制宜选择好发展产业，让绿水青山充分发挥经济社会效益，切实做到经济效益、社会效益、生态效益同步提升，实现百姓富、

---

① 《习近平李克强张德江俞正声刘云山王岐山张高丽分别参加全国人大会议一些代表团审议》，《人民日报》2014年3月8日。

② 《抓好开局之年工作　推动又好又快发展》，《人民日报》2011年5月12日。

③ 《抓好开局之年工作　推动又好又快发展》，《人民日报》2011年5月12日。

生态美有机统一。[①]

在习近平总书记的指引下，贵州顺利破解“赶”和“转”的双重压力，经济总量和人均生产总值实现了历史性突破，“云上”贵州迈入大数据时代，生态文明走向新时代，为下阶段走新路奠定坚实的基础。

2. “走出一条有别于东部、不同于西部其他省份的发展新路”

2015 年 6 月，习近平总书记再次亲临贵州视察，不仅为贵州指明了“培植后发优势，奋力后发赶超，走出一条有别于东部、不同于西部其他省份的发展新路”的总体发展思路，还从扶贫开发、正确处理生态环境保护和发展的关系、抢占大数据发展先机、打造内陆开放型经济新高地、推进经济结构性战略调整、发展特色高效农业等方面论述了具体路径。[②]他指出，对贵州来讲，贫困落后是主要矛盾，加快发展是根本任务。[③]要“培植后发优势，奋力后发赶超，走出一条有别于东部、不同于西部其他省份的发展新路”[④]。他要求，搞好经济结构战略性调整，推动新型工业化、新型城镇化、农业现代化、旅游产业化“四个轮子一起转”，挖掘发展潜力，培育发展动力，破解发展瓶颈，拓展发展空间，增强发展爆发力。他强调，深化改革开放是释放后发优势、实现后发赶超的必然要求，要大力深化改革开放，全方位扩大开放。

2017 年 10 月 19 日，习近平总书记在参加党的十九大贵州省代表团讨论时指出，贵州取得的成绩，是党的十八大以来党和国家事业大踏步前进的一个缩影。他再次向贵州提出殷切期望，希望大力培育和弘扬团结奋进、拼搏创新、苦干实干、后发赶超的精神，守好发展和生态两条底线，创新发展思路，发挥后发优势，决战脱贫攻坚，决胜同步小康，续写新时代贵州发展新篇章，开创百姓富、生态美的多彩贵州新未来。

这一时期，贵州大踏步走在新路上，按时打赢脱贫攻坚战，经济发展基本实现赶超进位，内生动力明显增强，服务业中的交通运输、金融、商贸、旅游产业都实现了较快发展，特别是大数据产业为经济发展注入了强劲动力。

---

① 《习近平参加贵州代表团审议时强调：要真正使贫困地区群众不断得到实惠》，人民网，2014 年 3 月 7 日，http://politics. people. com. cn/n/2014/0307/c70731-24567265.html.

② 《看清形势适应趋势发挥优势　善于运用辩证思维谋划发展》,《人民日报》2015 年 6 月 19 日。

③ 陈敏尔:《运用辩证思维　守住两条底线——深入学习习近平总书记在贵州调研时的重要讲话精神》,《求是》2015 年第 18 期。

④ 陈敏尔:《坚守两条底线　实施两大战略》,《人民日报》2016 年 3 月 7 日。

3. “在新时代西部大开发上闯新路”

2021 年 2 月，习近平总书记又一次亲临贵州视察并发表重要讲话，他希望贵州坚持稳中求进工作总基调，立足新发展阶段、贯彻新发展理念、构建新发展格局，坚持以高质量发展统揽全局，守好发展和生态两条底线，统筹发展和安全工作，在新时代西部大开发上闯新路，在乡村振兴上开新局，在实施数字经济战略上抢新机，在生态文明建设上出新绩，努力开创百姓富、生态美的多彩贵州新未来。他再次强调，要牢固树立绿水青山就是金山银山的理念，守住发展和生态两条底线，努力走出一条生态优先、绿色发展的新路子。他明确要求，要着眼于形成新发展格局，推动大数据和实体经济深度融合，培育壮大战略性新兴产业，加快发展现代产业体系。要积极释放消费需求，拓展消费新模式，把消费潜力充分释放出来。要发挥好改革的先导和突破作用，更多解决深层次体制机制问题，多做创新性探索，多出制度性成果。要积极参与西部陆海新通道建设，主动融入粤港澳大湾区发展，加快沿着“一带一路”走出去，以开放促改革、促发展。①

2022 年 1 月，国务院《关于支持贵州在新时代西部大开发上闯新路的意见》重磅发布。这是第二个从国家层面全面系统支持贵州发展的综合性政策文件，充分体现了以习近平同志为核心的党中央对贵州的高度重视和特别关怀。该文件赋予贵州“四区一高地”的主定位，明确了贵州闯新路的总体要求、重大任务、重大支持事项、保障措施，为贵州闯新路擘画了新蓝图新目标，为推动贵州在新时代西部大开发上闯新路、促进经济社会高质量发展提供了根本遵循。

从谋新路到走新路再到闯新路，习近平总书记对贵州新路的系列重要指示始终指引着贵州新路沿着正确的方向前行。贵州新路的成功实践，从一个侧面印证了习近平新时代中国特色社会主义思想的真理力量。

二、贵州新路的重大实践

在习近平新时代中国特色社会主义思想指引下，贵州按时打赢了脱贫

① 《向全国各族人民致以美好的新春祝福　祝各族人民幸福吉祥祝伟大祖国繁荣昌盛》，《人民日报》2021 年 2 月 6 日。

攻坚战，创建了脱贫攻坚的贵州样板；守好了发展与生态两条底线，经济社会发展各项指标位居全国前列，生态环境成为贵州最大的优势；大数据从无到有、从有到优，数字经济增速从2016年到2021年连续6年排名第一；以大开放带动大开发，内陆开放型经济试验区建设成效显著；毕节试验区实现了向建设贯彻新发展理念示范区的转换；新时代贵州精神极大地振奋了贵州干部群众走新路的精气神……这些都是习近平新时代中国特色社会主义思想在贵州生动实践的最突出和最具代表性的大事。

（一）贵州按时打赢脱贫攻坚战

贵州把习近平总书记对贵州工作的系列重要指示批示精神作为脱贫攻坚的战略指引，深入实施大扶贫战略行动，挟千钧之势、聚万壑之力，以贫困不除愧对历史的责任担当、不获全胜绝不收兵的坚定意志，打响了感天动地的脱贫攻坚大战，攻克了一个又一个贫中之贫、坚中之坚，实现了贵州大地的“千年之变”：66个贫困县全部摘帽，923万贫困人口全部脱贫，减贫人数、易地扶贫搬迁人数均为全国之最，在国家脱贫攻坚成效考核中连续5年为“好”，在贵州大地上书写了中国减贫奇迹的精彩篇章[①]，为全球减贫事业提供了有益借鉴和参考，创造了脱贫攻坚的贵州样板。

1. 以组合式方法创新推进精准扶贫施策

一是顶层设计上强化制度式扶贫。二是扶贫格局上践行共建共治的参与式扶贫。三是政策体系上全力实施协同式扶贫。

2. 以“4541”决策部署向绝对贫困发起总攻

一是坚决打赢脱贫攻坚“四场硬仗”。二是扎实开展“五个专项治理”。三是全力实施“四个聚焦”工程。四是推进一场振兴农村经济的深刻的产业革命。

3. 以系列精准管用的“贵州战法”提升脱贫攻坚成色

一是抓党建促扶贫。二是开展就业扶贫。三是实施金融扶贫。四是推进生态扶贫。五是大数据助力脱贫。六是深入开展文化扶贫。七是以社会保障兜底脱贫攻坚。八是坚持监督与激励并重。

---

① 《多彩贵州：非凡十年赶超跨越》，《人民日报》2022年10月16日。

（二）贵州牢牢守好发展与生态两条底线

习近平总书记对贵州生态文明建设多次作出重要指示。贵州省委、省政府坚决贯彻落实习近平总书记重要指示要求，经济社会发展和生态环境保护取得了卓有成效的成绩。2020 年全省地区生产总值达到 17826.56 亿元，经济增速连续 10 年居全国前 3 位、连续 3 年居第 1 位，经济总量在全国位次比 2010 年上升 6 位，位居全国第 20 位，人均地区生产总值达到 4.6 万元，比 2010 年增长 2.6 倍。

1. 大力发展绿色经济，构建守好两条底线的产业体系

贵州生态优势不断转化为经济优势，2021 年，绿色经济占 GDP（国内生产总值）比重提高到 45%，实现经济效益、社会效益、生态效益同步提升。

2. 加强生态系统修复，拓展守好两条底线的战略空间

全面推进国土空间规划体系建设，建成“多规融合”信息平台。持续开展国土绿化行动计划，以退耕还林、天然林保护、石漠化综合治理等重大生态修复工程为引领，森林覆盖率从 2011 年的 41.53%，稳步提高到 2021 年的 62.12%。持续打好污染防治“五场战役”，深入实施“双十工程”，生态环境质量持续改善，主要指标保持优良水平，生态环境高水平保护迈出坚实步伐。贵州深入贯彻落实习近平总书记关于长江经济带“共抓大保护、不搞大开发”[①] 的重要指示要求，强势推进水生态文明保卫战。

3. 深化制度改革创新，激发守好两条底线的动力活力

贵州以改革破题书写生态大文章，深化生态文明制度改革，大胆创新实践，形成了一批重要的制度成果，获得了宝贵经验，全面完成国家生态文明试验区批准的 34 项核心制度改革。贵州先后实施 100 多项生态文明制度改革，形成了一批在全国可复制推广的制度成果，对我国生态文明制度改革发挥了先行先试的积极作用。

4. 大力弘扬生态文化，构筑守好两条底线的精神高地

充分发挥贵州传统文化资源中蕴含着的丰富的生态智慧和生态价值，

① 《进一步推动长江经济带高质量发展　更好支撑和服务中国式现代化》，《人民日报》2023 年 10 月 15 日。

加强生态文化建设，筑牢生态文明建设思想根基，推动形成绿色低碳生活方式。

（三）贵州大数据实现突围

2015 年 6 月，习近平总书记在贵州调研时肯定“贵州发展大数据确实有道理”。[①] 他指出，面对信息化潮流，只有积极抢占制高点，才能赢得发展先机。[②]2021 年他在贵州考察时强调，“要着眼于形成新发展格局，推动大数据和实体经济深度融合，培育壮大战略性新兴产业，加快发展现代产业体系。”[③] 贵州以建设国家大数据综合试验区为抓手，坚定不移推进大数据战略行动，率先在大数据“突围战”中抢先机。今日之贵州，大数据产业从无到有，数字经济发展风生水起，大数据成为世界认识贵州的一张靓丽名片。

1. 厘清大数据发展思路，绘就发展蓝图

贵州省委、省政府高度重视大数据发展，实施大数据战略行动，绘就了大数据发展蓝图。一是纳入全省发展战略。二是形成总体发展思路。围绕数据从哪里来、数据放在哪里、数据如何应用“三大问题”，坚持数据是资源、应用是核心、产业是目的、安全是保障“四个理念”，构建国家级大数据内容中心、大数据服务中心、大数据金融中心、大数据创新中心“四个中心”，重点打造基础设施层、系统平台层、云应用平台层、增值服务层、配套端产品层“五个层级产业链”，发展大数据核心业态、关联业态、衍生业态“三类业态”，实现提升政府治理能力、推动转型升级、服务改善民生“三个目的”，逐步形成了贵州省大数据顶层设计的“344533”总体发展思路，绘就了大数据发展蓝图。“十四五”时期，以高质量发展统揽全局，着力在实施数字经济战略上抢新机，开启贵州数字经济发展新篇章。

2. 推进试验区建设，激发经济发展活力

一是强力推进大数据产业集聚发展试验。二是强力推进数据共享开放试验。三是强力推进大数据资源流通交易试验。四是强力推进数据中心整合利用试验。五是强力推进大数据国际合作试验。六是强力推进大数据制

① 《贵州大数据发展大事记》，《人民日报》2016 年 2 月 26 日。

② 《努力开创百姓富生态美的新未来》，《人民日报》2022 年 6 月 20 日。

③ 《努力开创百姓富生态美的新未来》，《人民日报》2022 年 6 月 20 日。

度创新试验。

3. 加强核心技术突破，培育发展竞争力

贵州大力推进技术创新，部分企业在核心技术上具有国内、国际领先水平，陆续产生了一批重大技术创新成果。一是部分企业在核心技术上具有领先优势。二是提升企业科技创新能力，新业态新模式不断涌现。

4. 与实体经济融合发展，推进产业转型

深入实施“万企融合”大行动，大数据成为贵州引领经济结构转型升级的重要推动力。一是开展数字经济提升行动。二是大数据与工业加快融合。三是大数据与农业加快融合。四是大数据与服务业加快融合。

5. 创新大数据治理方式，提升治理水平

将大数据同社会治理深度融合，大数据为提高贵州社会治理智能化水平开辟了广阔空间。一是大数据提升政府治理能力。二是大数据提升社会治理水平。深入推进大数据在社会治理、政务服务、民生保障等领域应用。

6. 搭建数字化交流平台，推动开放合作

不断拓展大数据国际合作空间，促进全省外向型经济发展。一是开拓大数据战略的国际化视野。二是推动大数据领域国际合作。

（四）贵州打造内陆开放型经济新高地

早在2011年，习近平同志在贵州考察时就希望“利用贵州近海、近边的条件，进一步完善相关政策，改善开放环境，加大开放力度，努力实现借力发展”[①]。2015年6月，在贵州贵安新区考察时要求贵安新区精心谋划、精心打造“内陆开放型经济新高地”。[②]2021年2月，在贵州考察时要求贵州“积极参与西部陆海新通道建设，主动融入粤港澳大湾区发展，加快沿着‘一带一路’走出去，以开放促改革、促发展”[③]。近年来，贵州坚持把对外开放作为后发赶超的战略支撑，以建设国家内陆开放型经济试验区为主抓手，推动开放型经济发展取得积极成效，以高水平开放助推高质量发展。

---

① 《谱写加速发展加快转型推动跨越的新篇章——习近平考察贵州纪实》，《贵州日报》2011年5月12日。

② 《看清形势适应趋势发挥优势　善于运用辩证思维谋划发展》，《人民日报》2015年6月19日。

③ 《向全国各族人民致以美好的新春祝福　祝各族人民幸福吉祥祝伟大祖国繁荣昌盛》，《人民日报》2021年2月6日。

1. 不断完善开放体制，支撑保障持续增强

通过不断完善开放型制度体系，加强地方立法促进开放发展，夯实开放型经济体系。一是不断完善开放型制度体系。二是积极开展地方立法实践。三是不断夯实开放型经济基础支撑。截至2021年底，全省高速公路通车里程突破8000公里，居全国第5位；高速铁路通车里程1527公里，贵阳成为全国十大高铁枢纽之一；贵阳机场跻身全国大型繁忙机场行列，高等级航道里程突破1000公里，居全国14个非水网省份第1位。

2. 不断拓展开放空间，内外循环更为畅通

积极参与“一带一路”建设和西部陆海新通道建设，加强贵州与大湾区、成渝地区合作，拓展开放空间，促进内外循环。一是积极参与“一带一路”建设和西部陆海新通道建设。二是积极融入粤港澳大湾区及成渝地区双城经济圈。深化与泛珠三角区域合作，深化“东部＋贵州”模式，建成了一批面向粤港澳大湾区的“菜篮子”“果园子”工程，重庆、成都、贵阳开通了环形高铁列车，成渝贵高铁经济带加快发展，共建渝黔合作先行示范区。

3. 聚集合力开放平台，投资贸易更为便利

建设好对外开放平台，简化贸易流程提升贸易效率，促进投资贸易便利化。一是加快建设国家级开放创新平台。二是简化对外贸易资金往来流程。三是不断提高货物进出口效率。四是提升贵州贸易竞争优势。

4. 大力提升政府效能，营商环境明显改善

不断深化“放管服”改革，提高行政效率为对外开放营造良好营商环境。一是不断提升政务服务效能。贵州省成为全国省直部门实施行政审批、行政权力事项数量较少的省份之一，省级网上政务服务能力连续五年位居全国前列。二是不断优化市场环境。三是不断加强营商环境评价考核。参照世界银行发布的《全球营商环境报告》和国际通行规则标准，开展营商环境第三方评估，发布年度省级和88个县市区营商环境评估报告。

（五）贵州毕节市建设贯彻新发展理念示范区

2018年7月，在毕节试验区建立30周年之际，习近平总书记对试验区工作作出重要指示：“着力推动绿色发展、人力资源开发、体制机制创新，

努力把毕节试验区建设成为贯彻新发展理念的示范区。”[①] 这是习近平总书记首次也是唯一一次明确要求一个地级市建设贯彻新发展理念示范区，五年来，毕节紧紧围绕习近平总书记指明的绿色发展、人力资源开发、体制机制创新三个方向，勠力开展建设贯彻新发展理念示范区的具体实践。

1. 在绿色发展上示范，打破“恶性循环”迈进“良性循环”

一是助绿复兴，用生态优先理念构筑生态安全屏障。二是向绿革新，把石漠化荒山打造成金山银山。三是点绿成金，把生态优势转化为经济优势。2021 年林下经济实现产值 49.01 亿元，联结农村人口 276853 人。

2. 在人力资源上开发，丢掉“人口包袱”盘活“人力资源”

一是志智双扶，用教育阻断“人口包袱”的代际传递。二是释放红利，把“人口大市”转变为“人力资源大市”。三是稳定饭碗，盘活闲散劳动力。

3. 在体制机制上创新，摒弃“制度桎梏”构建“政策红利”

一是凝聚合力，用多党合作汇聚统一战线磅礴力量。二是试示结合，构建一套有效衔接的制度体系。三是改革到底，用“实践效用”调适“顶层设计”方案。

（六）弘扬新时代贵州精神振奋走新路的精气神

习近平总书记高度重视精神所产生的强大动力。他多次肯定贵州干部展现出来的精神风貌，勉励贵州干部群众好日子是干出来的。特别是 2017 年 10 月，在参加党的十九大贵州省代表团讨论时，他希望贵州的同志大力培育和弘扬团结奋进、拼搏创新、苦干实干、后发赶超的精神。[②] 这就是新时代贵州精神，是贵州各族干部群众不畏艰险、奋力攀高、赶超跨越的真实写照，是续写新时代贵州高质量发展新篇章的强大精神动力。实践和事实雄辩证明，习近平新时代中国特色社会主义思想指引下的贵州新路，是一条符合自身实际、发挥自身优势的高质量发展新路，是一条加快缩小与全国发展差距的后发赶超新路，是一条立足新的历史方位、贯彻新发展理念的新路，是一条将制度优势转化为治理效能、彰显“中国之治”的新路，是一条彰显人类文明新形态、符合全人类共同价值的新路。这条新路呈现

---

① 《确保按时打赢脱贫攻坚战　努力建设贯彻新发展理念示范区》，《人民日报》2018 年 7 月 20 日。

② 《万众一心开拓进取把新时代中国特色社会主义推向前进》，《人民日报》2017 年 10 月 20 日。

出六个方面的显著特征："大踏步前进"是贵州新路最鲜明的特色，交通优先发展是贵州新路最重要的支撑，按时打赢脱贫攻坚战是贵州新路最厚实的底气，绿色发展是贵州新路最亮眼的底色，大开放带动大开发是贵州新路最有力的动能，新时代贵州精神是贵州新路最显著的标识。

习近平总书记关于“人大代表要更加密切联系群众”重要论述在长沙的生动实践与重要启示

湖南省社会科学院　蒋俊毅　谢振华

2020年9月17日，习近平总书记在湖南长沙召开的基层代表座谈会上强调：“人大代表要更加密切联系群众”[①]。这一重要论述深刻诠释了“人大代表为人民”的使命责任，为新时代人大代表更好履职尽责、为民服务提出了新期盼、新要求。近年来，长沙市人大及其常委会牢记习近平总书记的殷切嘱托，把密切人大代表与人民群众的联系作为新时代加强和改进人大工作的重要抓手、作为践行全过程人民民主的重要路径，推动人大代表深入群众、服务群众、示范群众，为奋进新征程推进人大工作高质量发展积累了宝贵经验和深刻启示。

一、深刻理解“人大代表要更加密切联系群众”重要论述的核心要义与实践要求

（一）深刻诠释了人大代表的初心使命和法定职责

习近平总书记指出：“人大代表肩负人民赋予的光荣职责，要忠实代表

① 《习近平谈治国理政》第4卷，外文出版社2022年版，第61页。

人民利益和意志，依法参加行使国家权力。”[①]这深入诠释了代表人民、为人民谋幸福是人大代表的初心所在、使命所系。《中华人民共和国地方各级人民代表大会和地方各级人民政府组织法》规定：地方各级人民代表大会代表应当与原选区选民或者原选举单位和人民群众保持密切联系，听取和反映他们的意见和要求。[②]《中华人民共和国全国人民代表大会和地方各级人民代表大会代表法》也在人大代表应当履行的义务中明确规定：与原选区选民或者原选举单位和人民群众保持密切联系，听取和反映他们的意见和要求，努力为人民服务。[③]实践表明，人大代表只有与人民群众保持密切联系，了解民情、反映民意、维护民利，工作才会有的放矢，才能更好地为党委和政府决策提供依据，才能更好地为人民群众服务，才能履职尽责、有效作为。做好新时代人大工作必须发挥人大代表来自人民、扎根人民的特点优势，自觉把“坚持人民至上、紧紧依靠人民、不断造福人民、牢牢植根人民”的要求贯彻到履职全过程和各方面。

（二）深刻阐明了人大代表在夯实党的执政根基上的独特作用

人民行使国家权力的机关是全国人民代表大会和地方各级人民代表大会。人民通过民主选举，产生自己的代表，组成各级人民代表大会，人民代表大会对人民负责、受人民监督，“一府一委两院”由人大产生、对人大负责、受人大监督。人民就是通过这一途径把国家政权掌握在自己手里，保障自己当家作主的权利。人民代表大会制度的强大生命力和巨大优势，就在于它深深植根于人民之中，它也是党领导人民跳出历史兴亡周期率的根本制度保证。人大代表受人民委托，代表人民管理国家和社会事务、管理经济和文化事业，将党的意志转化成国家意志、将人民的意志转化为国家意志，充分体现了人大代表在整个国家权力架构中的地位和作用。习近平总书记指出，“人大代表肩负人民重托，责任重大、使命光荣”[④]。人大代

---

① 《习近平谈治国理政》第4卷，外文出版社2022年版，第255页。

② 全国人民代表大会常务委员会法制工作委员会编：《中华人民共和国法律汇编（2015）》下册，人民出版社2016年版，第745页。

③ 《中华人民共和国全国人民代表大会和地方各级人民代表大会代表法》，人民出版社2010年版，第4页。

④ 全国干部培训教材编审指导委员会组织编写：《发展社会主义民主政治》，人民出版社、党建读物出版社2019年版，第77页。

表密切联系群众，能够最广泛地了解到人民群众的所思所想所盼，能够最广泛地汇聚民心民智民力，能够最广泛地代表人民群众的根本利益，能够最广泛地实现人民群众对国家治理的有效参与，在确保党的执政方针、路线、政策充分体现人民意志，提高党的执政能力和领导水平上具有不可替代的重要作用。加强和改进人大工作必须深刻把握人大代表密切联系群众对夯实党的执政根基的独特作用，通过多种方式加强各级人大代表与人民群众的联系，不断筑牢党执政兴国的基础。

（三）深刻指出了人大代表在坚持和完善人民代表大会制度、不断发展全过程人民民主中的重要地位和时代担当

2021年10月，党中央召开中央人大工作会议，对新时代坚持和完善人民代表大会制度、加强和改进人大工作作出全面部署、提出明确要求。[①]推进全过程人民民主建设是党的十八大以来民主政治建设的重大理论与实践成果。人民代表大会制度坚持国家一切权力属于人民，最大限度保障人民当家作主，一方面为全过程人民民主的完整制度程序提供支撑，另一方面则为全过程人民民主的完整参与实践提供平台。人大代表是人民代表大会的组成人员，是人民代表大会制度的具体实践者，更是实现和发展全过程人民民主的重要推动力量。习近平总书记关于“人大代表要更加密切联系群众”的重要论述，既深刻揭示了人大代表在发展全过程人民民主中的重要地位，也深刻阐明了人大代表密切联系群众对践行全过程人民民主的重要意义，更为新时代人大代表践行全过程人民民主提出了明确要求。坚持和完善人民代表大会制度、发展全过程人民民主必须要充分发挥人大代表密切联系群众的显著优势，推动人大代表更好地接地气、察民情、聚民智、惠民生，把各方面社情民意统一于最广大人民根本利益之中。

---

① 全国人民代表大会常务委员会办公厅编：《中华人民共和国第十三届全国人民代表大会第五次会议文件汇编》，人民出版社2022年版，第203页。

二、长沙落实“人大代表要更加密切联系群众”重要论述的做法、成效与经验

（一）拓展联系渠道贴近群众：持续深入开展“双联”活动，推动人大代表从“自然联系”群众上升到“自觉联系”群众

长沙坚持把开展密切联系群众活动作为拓宽人大代表密切联系群众渠道的重要举措，从2008年开始连续14年开展“双联”活动，不断深化机制创新，丰富活动内容形式，推动“双联”向“双联双述双评”升级，成为以示范带动、各级联动、代表主动为特点的密切联系群众工作品牌。注重制度保障，2008年出台《关于开展市人大常委会联系代表、代表联系人民群众“双联”活动的决定》，2013年出台《关于进一步深入开展“双联”活动的意见》，2016年制定《关于进一步深入开展“双联”活动的意见》，与时俱进完善“双联”制度建设。突出高位示范，不仅从全盘谋划部署推进“双联”活动，而且常委会领导带头开展、以身示范，主任会议成员直接联系72名代表，常委会组成人员直接联系296名代表，积极参与“双联”活动，充分发挥了密切联系群众的“头雁效应”。推动机制创新，2022年在天心区试点，创造性开展以“街道班子成员联系代表，代表联系人民群众；人大街道工委、人大代表向区人大常委会述职、人大代表向选民述职；评选优秀代表、评选先进联络站（点）”为主要内容的“双联双述双评”主题活动，推动“双联”活动深化和拓展，为“双联”工作品牌注入了新的活力。通过打造和不断擦亮密切联系群众的长沙品牌，在全市确立起相对固定的人大代表联系群众制度，丰富和拓展了人大代表密切联系群众的固定渠道，强化了人大代表密切联系群众的身份自觉和行动自觉，极大地活跃了代表小组，夯实了群众工作平台，调动了人大代表联系人民群众的积极性、主动性和创造性，激发人大代表全心全意为人民服务、“人民选我当代表、我当代表为人民”的履职热情。

（二）丰富履职方式服务群众：构建全域立体式履职方式，打通人大代表联系群众、服务群众的“最后一公里”

履职平台、履职方式是人大代表密切联系群众的重要依托。长沙市人大及其常委会坚持把建好履职平台、做实履职平台、用好履职平台作为践

行全过程人民民主、更好发挥代表作用的重要环节和有力抓手，在全市建立起功能定位明晰、立足基层、覆盖城乡、智慧便捷的人大代表联系群众工作平台和工作机制。1. 代表履职平台建设全覆盖。加强组织领导，完善政策保障，高质量建成人大代表联络站 901 个，169 个乡镇（街道）实现了代表活动实体平台的全覆盖，全市五级人大代表按照“就近划入、方便活动”的原则进入代表联络站开展活动，为人大代表密切联系群众建立起稳定的工作场所。2. 代表进站活动常态化。代表联络站坚持每月开展一次接待群众活动，每次活动时间不少于半天。各站点根据不同阶段的中心工作，结合代表的职业、专业和兴趣特长，组织开展丰富多样的活动，成为代表联系选民、了解社情民意、服务选民的阵地，涌现出“代表议事会”“民声工作室”“代表讲堂”等各具特色的工作品牌。3. 代表履职“线上线下”相结合。坚持线上平台和线下平台、实体平台与网络平台建设同步规划、同步建设，建优“长沙市人大代表履职服务云平台”，开设代表履职媒体专栏，开通 12345 政务服务便民热线“人大代表专用通道”，建成 7 个县级代表联系群众工作网络平台，构筑线上线下“双轮驱动”的联系群众履职新途径，确保代表联系和服务群众不掉线、不打烊。

通过建优做实用好代表活动室、代表联络站和网上平台“三位一体、线上线下”“双轮驱动”的代表工作履职平台体系，长沙市搭建起了群众反映、代表履职、部门协处、结果反馈全链条、全天候、零距离的“民意直通车”，有效发挥了代表联络站“宣传站、民意窗、连心桥、监督岗、大课堂”作用，推动全市五级人大代表进站履职成为常态，把联系接待群众的窗口延伸到田间、地头、车间，实现代表与群众“一对一”实时互动，有力打通了代表联系群众、服务群众的“最后一公里”。

（三）回应社会关切温暖群众：将解决急难愁盼问题作为密切联系群众的切入点，以为民办实事擦亮代表身份

密切联系群众、为民服务办实事是人大代表初心使命所在。长沙市人大及其常委会坚持以人民为中心的发展思想，将推动解决人民群众急难愁盼问题作为人大代表密切联系群众的切入点和落脚点，在解决人民群众最关心、最直接、最现实的利益问题上树牢代表身份、擦亮代表成色。1. 把为民服务解难题作为代表履职的重要方面。加强人大代表服务群众的制度

建设，以制度方式明确人大代表服务群众的职责和工作要求，对每位代表每年不定期深入选区调研、走访人民群众、参与群众座谈会、帮扶困难群众等进行明确的量化规定，强化人大代表服务群众的责任担当。2017 年至 2021 年全市市、县、乡三级人大代表走访联系群众 30 余万人次，收集意见建议 4 万余条，为基层和群众办实事 3.1 万余件，为群众落实帮扶物资或资金 19 亿元。2. 把为民办实事作为联系群众的活动主题。聚焦“我为群众办实事解难题”主题举办“人大常委会组成人员走访代表、人大代表联系群众”活动，连续开展以“奉献”“做服务人民群众的表率”为主要内容的“三讲三做当表率”活动，引导各级人大代表深入了解民情，真实反映民意，解决群众难题。3. 把提升代表建议办理质量作为办好实事的有效手段。鼓励代表深入基层、深入选民群众中开展调查研究，提出合理有效的建议。根据建议提出与办理规定，努力做到及时受理与交办、认真协调与督办。以多种形式加大对代表建议的督办力度，积极畅通常委会领导领衔、各专门委员会委员参与督办的有效机制，围绕重点难点建议开展集中视察，提高建议办理工作实效。

通过将密切联系群众与为民服务办实事紧密结合起来，既引导代表正确认识代表身份，始终忠于党，忠于人民，忠于宪法和法律，忠实代表人民利益和意志，以为民谋利的实际成效赢得广大人民群众的信赖和拥护；又让代表在联系群众、接触实际中发现带有普遍性、共性、典型性的问题，以代表建议、批评意见等法定方式，推动从制度上、法律上、政策上予以解决，极大提升了治理效能。

（四）深化民主参与激活群众：充分发挥代表在践行全过程人民民主中的重要作用，激活人民当家作主的“一池春水”

人大代表一头连着国家权力机关，一头系着广大人民群众，是人民群众有序参与政治活动的重要纽带。长沙市人大及其常委会立足“党委决策更加科学民主、人大依法监督更加务实有效、立法更加载满民情民意、政府执政为民更加积极主动”的目标导向，推动人大代表通过参与基层立法联系点建设和民生实事项目票决，让人民当家作主贯穿人大代表密切联系群众全过程各方面，不断激活人民当家作主的积极性主动性。一方面，高水平架好立法“连心桥”。大力推进基层立法联系点建设试点，建成全国人大常委会法工委基层立法联系点，2021年在全市确立8家基层单位作为首批市人大常委会基层立法联系点，涵盖县、乡两级人大、园区、社区、高校、律师事务所等，推动人大代表在基层立法联系点开展工作、联系群众，充分利用人大代表广泛联系人民群众的优势，不断夯实法律法规制定过程中的民意基础。通过建设广覆盖、多层次、宽领域、立体化的三级基层立法联系点，广泛倾听群众“心里话”，让群众的呼声期盼直达国家权力机关。2021年完成《中华人民共和国立法法》《中华人民共和国民事诉讼法》等9部法律草案的立法征询任务，上报900余条意见建议，经比对，有30余条在法律条款中得到了体现，为国家立法贡献了“长沙智慧”。另一方面，全面推行民生实事项目人大代表票决制。长沙市人大常委会办公厅制定《关于全市乡镇民生实事项目人大代表票决制工作的指导意见（试行）》，在全市74个乡镇全覆盖推行民生实事项目人大代表票决制，形成“党委决策部署、初选项目征集和项目实施由政府负责、实施项目由代表票决确定、实施过程由代表跟踪监督、完成结果由代表民主评价”的工作机制，2020年到2021年，共票决民生实事399件，投入资金17.18亿元，实现了从政府“配菜”到群众“点菜”的转变，民生实事项目从“为民做主”变为“由民做主”，充分体现了人民民主的真实性、优越性。这些举措充分吸纳人民群众参与重大事项决定的协商讨论，既让人民群众切切实实在每一项法律法规中感受到公平正义，在落实一桩桩民生实事中感受到民主决策带来的实惠；又为人大代表密切联系群众提供了更有实效的工作载体，丰富了人大代表密切联系群众的有效手段，为推动全过程人民民主在地方人大落地生根注入了新内容、赋予了新内涵、开辟了新领域。

（五）聚焦中心主题引导群众：将密切联系群众与围绕中心服务大局紧密结合起来，推动党的重大决策部署落地见效

深入贯彻落实习近平总书记关于人大工作要“坚持围绕中心、服务大局、突出重点”[①]的要求，坚持贯彻落实把党中央、省委、市委重大决策部署与人大代表密切联系群众结合起来，把支持代表依法履职与服务发展大局结合起来，把参与中心工作与发挥人大代表自身优势结合起来，引导人

① 《习近平谈治国理政》第4卷，外文出版社2022年版，第254页。

大代表在密切联系群众中宣传、落实党的方针政策，推动人大代表密切联系群众制度优势转化为治理效能。近年来，长沙市人大及其常委会紧紧围绕全市中心大局，紧扣市委工作重点，在密切联系群众上精准发力，开展“依法助力实施‘三高四新’战略、我为群众办实事解难题”“助力强省会、代表新作为”等活动，全市人大代表走访联系群众 3.4 万余名，收集事关实施“三高四新”战略、实施强省会战略、推进乡村振兴、保障改善民生等意见建议 2800 余条，推动为基层和群众办实事 7700 余件，为困难群众落实帮扶物资或资金 1940 万元。同时，全市五级人大代表踊跃投入疫情防控、复工复产等工作，捐资捐物达 1.5 亿元，用实际行动诠释了“人民选我当代表，我当代表为人民”的庄严承诺。这一系列举措将习近平总书记对人大代表和湖南工作的重要指示精神同代表工作实际紧密融合，为全市贯彻落实“三高四新”战略定位和使命任务、奋力实施强省会战略、促进高质量发展作出了积极贡献。

三、长沙落实“人大代表要更加密切联系群众”重要论述的重要启示

（一）人大代表是党和国家联系人民群众的桥梁，必须坚定政治身份，把围绕中心服务大局作为密切联系群众的首要职责使命

人大代表由人民选举产生，代表人民参加行使国家权力，肩负着为党和国家联系人民群众的纽带作用，必须始终把讲政治作为首要标准和要求。奋进新征程，要继续发挥好人大代表的“桥梁”作用，引导广大人民群众与党和国家同心同向、同频共振，确保人大代表更加密切联系群众工作沿着正确方向前行。一是要把讲好新时代十年伟大变革的里程碑意义作为当前人大代表密切联系群众的首要任务。要组织开展以“非凡十年”“奋进新征程”等为主题的人大代表基层微宣讲活动，充分发挥人大代表联系群众的身份优势，引导人民群众从新时代的伟大成就中感受到“两个确立”的决定性意义，增强人民群众奋进新征程的强大信心和坚定信念。二是强化人大代表主动当好国家政策法规宣讲员的使命感。通过教育、述职、考评与制度建设等方式，引导人大代表深入理解党的大政方针，对代表身份认识不走偏、肩负职责定位不走偏、履职行权范围不走偏，自觉向群众宣讲

宪法等国家法律法规和党的路线、方针、政策，不仅讲好政策是什么，而且讲好政策为什么的问题，把党的声音传递到千家万户。三是推动人大代表自觉做贯彻落实各级党委决策部署的带头人。把带头落实好党的政策列为人大代表执行职务、履行职责的重要内容，引导人大代表立足本职岗位，在党中央、省委和市委的重要决策部署中找准履职的切入点、工作的结合点和奋斗的着力点，以实干实绩彰显代表的先进性和代表性。

（二）为人民服务是人大代表肩负的神圣职责，必须始终坚守为民初心，把推动解决人民群众最直接最现实的利益问题作为密切联系群众的根本着力点

人大代表密切联系人民群众，归根到底是为了帮助推动解决人民群众的实际问题。奋进新征程，必须始终坚持以人民为中心，把推动增进人民福祉、改善社会民生作为密切联系群众的着力点，在密切联系群众中不断增强人民群众幸福感、获得感。一是鼓励支持人大代表当好群众“代言人”。持续加强代表履职管理，将密切联系群众作为代表依法履职的前提基础和关键环节，引导代表沉下心来扎实了解民情、听取民意，建立代表对群众急难愁盼问题及时反馈机制和群众关心热点难点问题转交“一府一委两院”办理法定程序，打通代表为民代言、促进解难题的堵点。二是强化代表深入基层群众调查研究、反映真情实情。把代表深入群众开展调查研究作为履职的刚性要求，推动形成人大代表密切联系群众主题调研机制，引导各级代表在调研基础上提出为民服务的好建议，形成金点子、好办法，促进人民群众关心的热点难点问题得到解决。三是建立完善代表参加各类公益活动、为民办好事实事机制。建立人大代表联系帮扶困难群众、关爱社会特殊群体、捐资助学等促进机制，推动代表经常进行走访慰问，主动为基层群众提供送文化、送教育、送医药、送法律、送技术等服务，帮助做好群众教育、引导、疏导工作。四是构建全过程群众反映问题办理机制。通过代表走访、代表接待群众信访、代表履职调研、代表持证视察等方式收集反映群众急难愁盼问题的建议，明确承办单位责任和问责措施，推动“多方督办”和“刚性督办”，及时向群众反馈办理结果，提高人大代表密切联系群众办实事的效率。

（三）能力水平是决定人大代表联系服务群众效能的关键因素，必须不断强化代表履职能力建设，打造适应时代变化、乐于联系群众、善于联系群众的人大代表队伍

打铁还须自身硬，代表选得准不准、履职优不优，直接影响代表密切联系人民群众的质效。奋进新征程，必须把提升代表履职能力作为促进代表更加密切联系群众的重要抓手，遵循代表工作规律，着力选优培优代表，增强代表履职本领，努力构建起能够充分代表人民、善于密切联系群众的人大代表队伍。一是选好乐于密切联系群众的人大代表。加强选民在代表提名、选举、监督的全过程参与，注重在各个行业领域、村级（社区）基层一线、新的社会阶层人士中推荐人大代表，在推荐代表候选人和联合审查过程中，更加注重候选人的政治担当和履职热情，特别是对连任代表密切联系群众的情况进行评价审查，把在实践中密切联系群众、政治素质高、履职能力强、群众基础好的人大代表选举出来。二是提升代表善于密切联系群众的能力。强化“密切联系”能力提升，把做群众工作列为代表培训的重要内容，办好能力“培训课”，坚持集中培训与日常重点培训相结合、线上培训与线下培训相结合，加强代表之间的交流与学习，邀请“密切联系群众”优秀代表授课讲课，全方位提升代表密切联系群众的综合能力。三是激发代表联系群众的行动自觉。持续开展密切联系群众优秀代表评选表彰活动，在人民代表大会上安排优秀代表典型发言，以“代表之声”和“代表访谈”等方式通过媒体推介代表密切联系群众先进事迹。建立人大代表亮身份机制，定期向全体代表和所在选区选民或选举单位通报代表履职情况，增强代表的价值实现感，强化代表密切联系群众的责任感。

（四）改革创新是提升人大代表密切联系群众效能的重要动力，要坚持深化代表联系群众的方式创新，不断推动代表联系群众信息化时代化多元化高效化

密切联系群众的方式方法和渠道是人大代表联系人民群众的重要平台和基本载体，关系人大代表能否广泛联系群众、充分凝聚人心，关系到人大代表密切联系群众的实际成效。奋进新征程，必须要坚持在实践中丰富人大代表联系人民群众的内容和形式，不断拓宽联系渠道，大力推动代表

积极回应社会关切，更好地接地气、察民情、聚民智、惠民生，提升代表联系群众的效率。一是发挥代表专长，提高代表密切联系群众的专业性。把充分发挥好各行业代表履职作用作为密切联系群众的重要方向，按照公职人员、企业业主、社会组织等不同分类提高代表联系群众的质量，推进人大代表分组开展活动机制创新，明确各级人大代表可以按照就地就近、便于组织的原则，结合专业特长混合编组开展活动，扩大代表对立法、监督等工作的参与，组建专业代表小组，邀请代表深度参与立法、执法检查、专题询问、专题调研。二是积极推进“智慧人大”平台建设。要加快推进“智慧人大”平台建设，进一步完善和提升代表联系群众的网络和手机平台功能，构建群众意见建议办理的协调对接平台、代表履职情况的工作监督平台，搭建更加便捷高效的联系平台。出台人大代表联系群众线上和线下平台建设的意见，针对微信公众号、网站等线上平台建设研究出台指导性意见，推进线上和线下平台建设和运行的规范化、制度化。三是健全代表活动平台。加强代表联络工作机构、代表服务中心、乡镇人大主席团、代表小组的工作和建设，统筹推进乡镇代表活动室、代表接待群众窗口和村（社区）代表联络站建设，真正把其建成代表服务群众的“连心站”、代表提升素质的“加油站”、代表改进作风的“示范点”。

以中国式现代化推进强国建设和民族复兴

深刻认识中国式现代化的基本内涵及其内在逻辑

河北省社会科学院　周振国

习近平总书记在党的二十大报告中深刻论述中国式现代化的性质、本质特征和发展道路，参照既有的各国现代化的共同特征，着力阐发了基于中国国情的中国特色，揭示了其丰富内涵，为以中国式现代化全面推进中华民族伟大复兴提供了理论指引和实践路径。

一、中国式现代化根本性质生成的历史逻辑

“中国式现代化，是中国共产党领导的社会主义现代化”[①]，这一准确定位，界定了中国式现代化的根本性质，这一根本性质的生成，是近代中国历史发展的必然逻辑，也是中国人民在历史比较中的共同选择。

当前，不少学者从现代性理论研究现代化的发展进程。现代性是一个有多重含义的概念，其内核在于对现代世界本质的揭示。马克思用现代性理论着力揭示资本的现代化，揭示其扩张、增殖的本性。所谓现代性是资

① 习近平:《高举中国特色社会主义伟大旗帜　为全面建设社会主义现代化国家而团结奋斗——在中国共产党第二十次全国代表大会上的报告》，人民出版社 2022 年版，第 22 页。

本运动即资本逻辑运行的结果，“只有资本才能创造出资产阶级社会”[①]。建立世界市场是资本自我增殖的需要，“资产阶级，由于开拓了世界市场，使一切国家的生产和消费都成为世界性的了”[②]。随之而来的是民族历史、区域历史成为“世界历史”。现代性在特定阶段上产生了绝对权力，构建了支配一切的从属关系，“使未开化和半开化国家从属于文明的国家，使农民的民族从属于资产阶级的民族，使东方从属于西方”[③]。于是，现代性开辟的“世界历史”就把世界上一切民族卷入资本主义文明中来。资本主义现代化在世界范围内推进，必然伴随着侵略、掠夺、剥削、殖民、压迫等野蛮和疯狂的行径，被压迫民族争取独立和自身走向现代化的抗争必然产生。1840年鸦片战争以后，中国人民的反抗斗争的根据也在于此。

拯救民族危亡、实现民族独立，是民族复兴的前提。许多仁人志士提出了一个又一个“救亡图存”的方案，都一一宣告失败。孙中山领导的辛亥革命虽然推翻了几千年的封建帝制，但是未能改变中国社会半殖民地半封建的性质和人民的悲惨命运。“西方的先生老是打东方的学生，学生企图用先生的思想武器打倒先生，只是幻想，必须有新的思想武器。”十月革命一声炮响，给中国送来了马克思列宁主义，马克思列宁主义在中国传播并与工人运动相结合，产生了中国共产党。中国共产党义无反顾地担负起救亡图存、民族复兴的使命，通过领导人民进行深刻的社会革命——由新民主主义革命到社会主义革命，夺取全国政权，建立社会主义制度，为发展中国现代化、实现中华民族的伟大复兴，创造了根本的政治前提和制度保证。

历史和人民选择了中国共产党，中国共产党没有辜负历史的选择和人民的期待，始终把实现中国的社会主义现代化作为为人民谋幸福、为民族谋复兴的奋斗目标，始终坚持在马克思主义基本原理与中国具体实际、中华优秀传统文化的结合中，不断探索实现现代化的途径。工业化是现代化的核心。党在过渡时期提出“一化三改”的总路线，把逐步实现国家社会主义工业化的任务和生产资料私有制的社会主义改造紧密结合、相互促进，并不断探索中国式工业化道路，建立了比较完善的工业体系和国民经济体

① 《马克思恩格斯全集》第30卷，人民出版社1995年版，第390页。

② 《马克思恩格斯选集》第1卷，人民出版社1995年版，第276页。

③ 《马克思恩格斯选集》第1卷，人民出版社1995年版，第277页。

系，为推进社会主义现代化奠定了物质基础。在大规模的社会主义建设中，确立了实现农业、工业、国防和科技现代化的目标，努力把我国建设成为具有现代农业、现代工业、现代国防和现代科技的社会主义强国。改革开放和社会主义现代化建设时期，邓小平设计了到21世纪中叶分“三步走”基本实现社会主义现代化的发展战略。党的十八大以来，在实现第二步战略目标——全面建成小康社会的基础上，以习近平同志为核心的党中央，规划了分“两步走”全面建成社会主义现代化强国的战略安排，带领全国人民开启了把我国建成富强、民主、文明、和谐、美丽的社会主义现代化强国的新征途。

以上简要的回顾表明，中国共产党始终坚持以马克思主义指导现代化道路，始终坚持社会主义现代化的发展方向，中国特色社会主义的基本属性与中国式现代化完全相通，只有中国特色社会主义道路才能实现中国式现代化。正如习近平总书记所强调的，“党的领导直接关系中国式现代化的根本方向、前途命运、最终成败”[①]。中国式现代化是中国共产党领导的社会主义现代化，这一科学结论规定和统领着中国式现代化的本质属性、发展道路、发展过程、发展归属。

二、中国式现代化的既定社会条件和价值目标

在“世界历史”的大背景下，现代化普遍地成为关乎每一个民族命运的目标，但是不同民族、不同国家的现代化并不能按照同一个模式来确立和推进，必须从自己的国情出发，形成独特的表现形式、运动方式。决定性的因素是各个民族、各个国家所处的“社会条件”和“历史环境”。马克思认为，这样的社会条件和历史环境仍是非常独特的、非常具体的，如果把起源于西欧资本主义的历史转换成一种公式而强加给任何一个民族，就只会得出完全无头脑的荒谬结论。中国式现代化不能照搬西方模式，不能跟在西方发达国家后面爬行，也不能单纯地追赶，而应当从自身的社会条件出发，着眼于超越式发展。

---

① 中共中央宣传部编：《习近平新时代中国特色社会主义思想学习纲要（2023年版）》，学习出版社、人民出版社2023年版，第55页。

中国式现代化是连续性和阶段性的统一，每个阶段都有变化了的现实社会条件。新中国成立初期，我们面临的社会条件是“一穷二白”，落后的农业国是基本国情，民族工业所占国民经济比例极低，西方学者说我们连一辆摩托车也造不出来。中国式现代化构想和理论转变为实践和运动，起点之低、推进之难，其艰难困苦是史无前例的。党领导人民坚持独立自主、自力更生、艰苦奋斗、发愤图强，经过十几个五年计划的实施，社会主义现代化建设取得巨大成就，并为新时期发展提供了经验和物质基础。改革开放和社会主义现代化建设新时期，邓小平用社会主义初级阶段概括基本国情，其基本特征是我国已经进入社会主义社会，但是还不发达，不够格，人口多，底子薄，需要通过改革开放，大踏步赶上时代，于是改革开放成为中国式现代化的强大助力和必由之路，社会主义市场经济成为中国式现代化运行的社会经济形态，我国的综合国力和人民生活水平都上了大台阶，为加快推进社会主义现代化提供了体制保证和物质条件。进入中国特色社会主义新时代，标志着中国式现代化进入新的发展阶段，以习近平同志为核心的党中央团结带领人民自信自强、守正创新，创造了新时代中国特色社会主义伟大成就，在如期实现第一个百年奋斗目标的起点上，开启了全面建设社会主义现代化国家的新征程。

新征程是在世界百年未有之大变局深刻发展的国际大背景下展开的，风高浪急，甚至无法避免惊涛骇浪，这是一个历史环境的大视野。国内既定的社会条件可以从多方面考察和阐述，党的二十大报告在阐述中国式现代化内涵时，提出了基本国情的一个重要方面：“中国式现代化是人口规模巨大的现代化。”[①]这是我们面对的既定的一个重要的社会条件。到目前为止，全球实现现代化的国家和地区不超过 30 个，总人口不超过 10 亿人。[②]我国十四亿多人口想整体向现代化进军，整体迈进现代化社会，其规模前所未有，其影响前所未有，其对世界现代化发展的贡献前所未有，值得中华民族自豪，值得每一个中国人自豪。与此同时，我们也必须清醒认识到如此规模巨大的现代化发展进程，其艰巨性和复杂性也前所未有。我们必须在实践中探索和借鉴各种复杂问题，深化对中国式现代化规律的认识，

---

① 习近平：《高举中国特色社会主义伟大旗帜　为全面建设社会主义现代化国家而团结奋斗——在中国共产党第二十次全国代表大会上的报告》，人民出版社 2022 年版，第 22 页。

② 鄢一龙：《实现人类历史上前所未有的伟大创举》，《人民日报》2022 年 12 月 20 日。

在发展路径、推进方式上创造出自己的优势，形成自己的特色。

马克思的现代性理论，一方面对资本主义现代化作了历史性肯定，另一方面又作了历史性批判，从总体上“扬弃”了资本主义现代化。资本主义现代化是将追求利润作为重要驱动力，以巨大的社会分化和对立为代价，财富向少数人集中，劳动者陷于贫困，物质财富愈丰富，人的世界愈贫困。马克思指明的现代化发展道路就是社会主义现代化道路，强调未来共产主义社会“把生产发展到能够满足所有人的需要的规模”，“所有人共同享受大家创造出来的福利”[①]。未来社会生产不再以追求最大利润为目标，以满足人的实际需要、促进人的全面发展为目标，未来社会将是以每个人自由全面发展为基础的“自由人联合体”。这就是中国式现代化追求的价值目标。

党的二十大报告指出：“中国式现代化是全体人民共同富裕的现代化。”这一结论充分反映了马克思主义基本原理，体现了中国特色社会主义本质，也是对我们党一贯主张的继承。新中国成立之初，毛泽东谈到建设富强国家目标时强调：“这个富，是共同的富，这个强，是共同的强，大家都有份”。[②]邓小平在改革开放之初就强调：“在改革开放中，我们始终坚持两条根本原则，一是以社会主义公有制经济为主体，一是共同富裕。”[③]江泽民、胡锦涛都有一系列论述。习近平总书记强调，“扎实推进共同富裕”。[④]全面建设社会主义现代化国家的进程，同时就是逐步实现全体人民共同富裕的过程。

以实现全体人民共同富裕为中国式现代化的价值目标，深刻揭示了中国式现代化“为了谁、依靠谁、谁享有”的内在逻辑。中国式现代化为了全体人民、依靠全体人民、成果由全体人民共享。其鲜明指向是维护和促进社会公平正义，坚决防止两极分化。

坚持实现全体人民共同富裕的现代化发展方向，必须正确认识改革开放以来我国社会结构、阶层结构、利益格局的深刻变化，必须限制资本逻

① 《马克思恩格斯选集》第1卷，人民出版社2012年版，第308页。

② 《毛泽东文集》第6卷，人民出版社1999年版，第495页。

③ 《邓小平文选》第3卷，人民出版社1993年版，第142页。

④ 习近平：《高举中国特色社会主义伟大旗帜　为全面建设社会主义现代化国家而团结奋斗——在中国共产党第二十次全国代表大会上的报告》，人民出版社2022年版，第46页。

辑的消极影响和破坏性作用，始终坚定人民立场、抵制资本立场，始终恪守从来不代表任何利益集团、任何权势团体、任何特权阶层的利益，并且勇于向党内被这些集团、团体、阶层裹挟的人开刀，坚决清除党、政府、军队中的隐患。真正以全体人民共同富裕的实际进展，以全体人民得实惠，来激发广大人民投身现代化建设的主体自觉和创造精神。

三、中国式现代化的道路展开

党的二十大报告关于中国式现代化的论述有五个方面，第三、四、五方面实际上展开了对中国式现代化道路的论述。

“中国式现代化是物质文明和精神文明相协调的现代化。”反映了社会主义现代化的根本要求，纠正了资本主义现代化物质丰富、精神贫乏甚至妨碍人自身精神世界发展的偏向。作为过程，中国式现代化的道路是两个文明相互协调相互促进的发展路径；作为结果，中国式现代化在创造巨大物质财富的同时，创造出巨大精神财富，占有人类文明的全部积极成果，形成人类文明新形态，占据人类思想道德的制高点。

“中国式现代化是人与自然和谐共生的现代化。”自然界是人类社会产生和发展的前提，也是人类生活资料、生产资料的来源。资本主义现代化、工业化，无止境地向自然界索取，造成了当代生态危机，并且将生态危机转嫁给发展中国家。中国式现代化要为后发国家提供人与自然和谐共生发展道路的选择，为生态环境治理提供中国智慧，维护当代人发展与后代人发展的代际公平，实现中华民族永续发展。

“中国式现代化是走和平发展道路的现代化。”这是对资本主义发达国家靠战争、殖民、掠夺等方式实现现代化的根本否定，突出了中国始终站在历史正确的一边，践行人类共同价值。一方面，我们的现代化不仅惠及中国人民，也惠及世界各国人民，体现中国共产党为中国人民谋幸福、为世界谋大同的担当；另一方面，我们的现代化在与各国的发展合作中，既用好国际市场和资源发展自己，又推动世界共同发展，积极吸收借鉴世界文明的积极成果，提升与时代共进的能力。

结语

中国式现代化与马克思主义有着历史性的必然联系。中国共产党探索和推进中国式现代化，与马克思主义中国化进程相契合，开辟了实现中华民族伟大复兴、创造人类文明新形态的发展之路，充分彰显出中国特色社会主义的勃勃生机、当代价值和世界意义。

科学社会主义原理视域下中国式现代化发展的实践逻辑

——基于《共产党宣言》的原理阐释

重庆社会科学院　吴大兵

作为马克思主义光辉文献的《共产党宣言》(以下简称《宣言》)，是一部深刻批评和揭露西方资本主义现代化发展异化、揭示无产阶级政党使命观、阐明科学社会主义基本原理的经典文献。那么基于《宣言》的基本原理，去认识和把握中国式现代化发展的实践逻辑，既是深化理论研究的需要，也是实践发展的现实需要，意义重大。

一、中国式现代化体现科学社会主义以人民为中心的价值追求

在现代化发展过程中，以欧美国家为主的资本主义国家，率先通过工业革命和社会政治改革，构筑起了以自由主义为政治基础、私有制为经济基础的现代化模式，但这一模式，所呈现的是以先进生产力为支撑，并在其掩盖下围绕“个人”的权益保障与“资本”的利润扩张的现代化。在现实中它们往往将这些矛盾和问题以政治、经济和战争等多种形式转嫁给后发展国家，进而体现出这一现代化模式背离“人”的悖论。马克思、恩格

斯从唯物史观出发，在《宣言》第一章“资产者和无产者”中通过对资本主义现代化发展的深刻批评，阐明“至今的一切社会都是建立在压迫阶级和被压迫阶级的对立之上的”[①]，资产阶级“用公开的、无耻的、直接的、露骨的剥削代替了由宗教幻想和政治幻想掩盖着的剥削”[②]。由此，他们从“劳动”“雇佣劳动者”的解放，特别是“人”的解放出发，号召全世界无产者联合起来，强调“他们获得的将是整个世界”[③]这一阶段性的历史任务与革命意义，并强调最终的目标是实现自由人的“联合体”[④]这一发展的根本目的。显然，在《宣言》中人民群众不仅是社会发展的实践主体，更是价值主体。

马克思主义人民主体价值取向，在实践层面是历史的也是具体的。它集中反映在共产党人具体的历史使命中，而历史使命又具有强烈的时代性。马克思、恩格斯在《宣言》中强调，“无产阶级经历了各个不同的发展阶段。它反对资产阶级的斗争是和它的存在同时开始的。”[⑤]无产阶级作为整个工人阶级当时的利益代表，“同时代表运动的未来”[⑥]，领导无产阶级革命的第一步就是“争得民主”，进而“一步一步地夺取资产阶级的全部资本”，使自己上升为统治阶级掌握一切生产工具，“并且尽可能快地增加生产力的总量”。[⑦]在完成这些基本任务的条件下，经过长期的努力和奋斗实现“每个人的自由发展”[⑧]的共产主义社会。《宣言》的这些论述，不仅阐明了无产阶级革命运动具有实现共产主义这一远大的理想，在革命不同的阶段还有每一阶段的具体任务目标，而且从领导力量的方向引领、物质基础的支撑、生产关系的革新等多维度揭示革命运动发展的基本问题。显然，《宣言》从历史唯物史观出发得出远大的理想，同时也提出不同发展阶段的任务和奋斗目标。这些深邃思想，对推进我国社会主义现代化发展无疑具有重要的启示意义。

---

① 《马克思恩格斯选集》第 1 卷，人民出版社 1995 年版，第 284 页。
② 《马克思恩格斯选集》第 1 卷，人民出版社 1995 年版，第 275 页。
③ 《马克思恩格斯选集》第 1 卷，人民出版社 1995 年版，第 307 页。
④ 《马克思恩格斯选集》第 1 卷，人民出版社 1995 年版，第 294 页。
⑤ 《马克思恩格斯选集》第 1 卷，人民出版社 1995 年版，第 280 页。
⑥ 《马克思恩格斯选集》第 1 卷，人民出版社 1995 年版，第 10 页。
⑦ 《马克思恩格斯选集》第 1 卷，人民出版社 1995 年版，第 293 页。
⑧ 《马克思恩格斯选集》第 1 卷，人民出版社 1995 年版，第 294 页。

发展是人类社会永恒的主题。不同事物的发展具有内在规定性，而内在其中的动力驱动从根本上决定着发展的方向选择和目的追求。人民性的主体价值观是马克思主义思想的逻辑起点，这在马克思主义唯物史观视域下集中体现为发展“为了谁”的问题。发展“为了谁”的问题，是理解一种理论的本质与立场，也是检视一个政党与国家的标尺，这是《宣言》中党的建设思想的逻辑起点，也应是中国式现代化发展应搞清楚的首要问题。《宣言》所蕴意的现代化人民性的价值主体张扬，昭示了中国式现代化的实践路径选择：一是始终坚持社会主义公有制。在推进中国式现代化建设中，人民主体性的价值导向，首要体现在劳动者在生产资料占有上的平等关系，公有制也自然成为内在的制度保障。我国的国情也决定了以公有制为主体、多种所有制经济共同发展的经济制度安排。这其中值得关注的是，国有资本、集体资本等公有资本在全社会资本结构中占据主体地位，发挥主导作用，体现着全体人民根本利益一致的经济关系；民营资本、外国资本等非公有资本，受社会主义公有制经济关系的影响和引导，其所体现的经济关系具有非对抗性和较强的合作性。二是积极推动全体人民共同富裕的实现。在发展的主体上，体现出全民性的特点和要求，尤其是发展的公平正义性，使富裕不仅仅局限于高收入群体，更要让低收入群体也实现富裕；从发展的领域上，中国式现代化共同富裕覆盖社会发展各方面，即全体人民生活达到富裕、精神达到富足、社会始终融洽和睦，是社会整体进入富裕的状态，形成覆盖经济、政治、文化、社会、生态等各方面的全面富裕格局。

二、中国式现代化体现科学社会主义坚持党的领导的基本原则

马克思、恩格斯在《宣言》中通过对资本、资产者和资产阶级政权本性的揭露，以及对无产阶级发展壮大的深入分析，指出“资产阶级的灭亡和无产阶级的胜利是同样不可避免的”[①]。但“灭亡”与“胜利”不可能自动到来，如何赢得这一胜利，在《宣言》第二章“无产者和共产党人”中，通过深入分析共产党人与无产者的关系，强调了共产党人“始终代表整个

① 《马克思恩格斯选集》第1卷，人民出版社1995年版，第284页。

运动的”利益观和“最坚决的”革命立场[①]；通过深入分析资本主义的剥削本性，也揭露了资本主义劳动异化的必然性，由此明确指出，“共产党人为工人阶级的最近的目的和利益而斗争，但是他们在当前的运动中同时代表运动的未来”[②]。显然，《宣言》正是在阐明了共产党人先进性的基础上，也进一步阐明了革命斗争的领导力量问题，即党的领导是无产阶级斗争的坚强力量保证这一实践要义。这一深刻的认识和洞见，无疑具有重要的启示意义。

值得关注的是，《宣言》还从理论和实践两个维度阐明了党“领导”的可能性和必然性。从理论上看，追溯《宣言》的产生，它是无产阶级革命导师马克思、恩格斯于1848年1月为世界第一个无产阶级政党“共产主义者同盟”制定的第一个“详细的理论和实践的党纲”[③]。它既是马克思、恩格斯对西欧无产阶级反对资产阶级斗争的经验总结和同资产阶级及其各种非科学的社会主义思潮进行斗争所取得的理论成果，又是马克思、恩格斯将科学理论运用于工人革命运动、创立无产阶级政党的实践的产物。列宁认为《宣言》是一部“天才”的作品，以“社会生活在内的唯物主义、最全面最深刻的发展学说辩证”开启了人类认识文明和创造文明的“新的世界观”。[④]无产阶级政党正是有了这一先进理论的武装，西欧工人运动开启了崭新一页，世界无产阶级运动才开始真正从自发走向自觉。恩格斯在后来的序言中还专门强调，马克思的理论不是“教条”，而是创新的理论、发展的理念。从实践看，发展是事物不变的规律。在《宣言》中马克思、恩格斯从发展的视角出发，不仅揭示了无产阶级政党的性质和使命，实际上在实现这些使命与任务中也深刻提出了政党在发展和建设中要注意的问题：通过自我革命保持党的先进性问题。

现代化是人类社会发展的现实表现，不同的社会制度决定着现代化道路的模式选择和发展前途，而其中最根本的是领导力量保证的问题，这也是中国式现代化发展要搞清楚的关键问题。无疑，《宣言》所揭示的党的领导的科学理论及其实践特质的内涵意义，对中国式现代化建设无疑是极其重要

① 《马克思恩格斯选集》第1卷，人民出版社1995年版，第285页。
② 《马克思恩格斯选集》第1卷，人民出版社1995年版，第306页。
③ 《马克思恩格斯选集》第1卷，人民出版社1995年版，第248页。
④ 《列宁选集》第2卷，人民出版社2012年版，第416页。

的。面向现代化建设新征程新使命新任务，有效应对风险、化解矛盾、解决问题，需进一步加强新时代党的建设新的伟大工程，全面增强党的领导能力，其中最关键的有两个方面：一方面，要强化以科学理论指引的现代化。理论是实践的指南。作为中国共产党人理应全面认识和把握好中国式现代化理论，坚定中国式现代化道路选择，“世界上既不存在定于一尊的现代化模式，也不存在放之四海而皆准的现代化标准”[①]，“坚持以中国式现代化推进中华民族伟大复兴，既不走封闭僵化的老路，也不走改旗易帜的邪路”[②]。厘清中国式现代化建设社会主义的性质，强调中国共产党的领导的方向引领和力量保证；强调为人民谋幸福、为民族谋复兴，“是全体人民共同富裕，是人民群众物质生活和精神生活都富裕”[③]的中国式现代化的目的旨归；强调坚持把国家和民族发展放在自己力量的基点上、把中国发展进步的命运牢牢掌握在自己手中的发展方式。中国式现代化道路“创造了人类文明新形态”[④]，这是中国现代化理论的与时俱进和开拓创新，更是新时代新征程伟大实践的行动指南。另一方面，要强化“自我革命”。历史昭示，中国共产党之所以成为一个伟大、光荣、正确的党，就在于在马克思主义指导下、在革命斗争的大风大浪中和长期历史实践过程中锻造了勇于自我革命的精神特质，从而激励和鞭策共产党人敢于坚持真理、修正错误，确保革命、建设和改革的节节胜利。习近平总书记强调，“越是长期执政，越不能忘记党的初心使命，越不能丧失自我革命精神”[⑤]，尤其是在中国式现代化新征程上，党面临的“四大考验”将长期存在，“四大危险”也将长期存在。这就要求共产党人在现代化建设实践中，要有“刀刃向内、敢于自我革命”的思想自觉，自觉广泛听取意见、认真检视反思，坚持真理、修正错误，克服缺点、去腐生肌，增强自我革命本领，高扬共产党人忠诚担当的本色，从而励精图治、奋发图强、勇担历史，推动中国式现代化建设迈上新台阶。

---

① 习近平：《新发展阶段贯彻新发展理念必然要求构建新发展格局》，《求是》2022 年第 17 期。

② 《高举中国特色社会主义伟大旗帜　奋力谱写全面建设社会主义现代化国家崭新篇章》，《人民日报》2022 年 7 月 28 日。

③ 《习近平谈治国理政》第 4 卷，外文出版社 2022 年版，第 142 页。

④ 《为促进中国和世界各国交流沟通　推动构建人类命运共同体作出新贡献》，《人民日报》2022 年 8 月 27 日。

⑤ 《全党必须始终不忘初心牢记使命　在新时代把党的自我革命推向深入》，《人民日报》2019 年 6 月 26 日。

三、中国式现代化体现科学社会主义坚持独立自主的发展方式

《宣言》在阐述无产阶级革命运动时，指出了随着资产阶级的发展，无产阶级作为一支独立的力量走向了历史舞台，“它在自己的发展进程中要同传统的观念实行最彻底的决裂”[①]。随着作为资产阶级掘墓人的无产阶级的不断壮大，1892 年，恩格斯基于波兰革命实际，在《宣言》波兰文版的序言中指出，“欧洲各民族的真诚的国际合作，只有当每个民族在自己家里完全自主的时候才能实现。”[②]1893 年，基于世界革命的发展需要，恩格斯在《宣言》意大利文版的序言中进一步强调，“不恢复每个民族的独立和统一，那就既不可能有无产阶级的国际联合，也不可能有各民族为达到共同目的而必须实行的和睦的与自觉的合作。”[③]显然，《宣言》不仅阐明了独立自主是无产阶级革命队伍鲜明的阶级属性，更阐明了独立自主是无产阶级革命最基本的形式。

实际上，马克思、恩格斯在《宣言》中，还进一步阐明了无产阶级坚持独立自主的发展方式的两个基本前提。一是具有主动的历史精神。众所周知，《宣言》在 19 世纪 40 年代无产阶级革命运动蓬勃发展的关键时刻，在如何回答共产主义这个“幽灵”“从哪里来”“往哪里去”这一重大历史问题的关键节点上，通过对资本主义的产生和发展分析、对共产党人的分析以及对形形色色各种思想的批判，深刻阐明了无产阶级政党“是什么、要干什么”这个根本问题。特别是提出两个“不可避免”势在必然，但历史不会自动变成历史，因而《宣言》号召无产阶级必须自觉起来开展斗争，“全世界无产者，联合起来！”[④]《宣言》的这些论述，不仅展示了马克思、恩格斯强烈的历史主动精神，更揭示了无产阶级政党担负历史使命必备强烈的历史主动精神这一要求。二是把握中心任务。马克思、恩格斯在《宣言》第一章的开篇即指出，“至今一切社会的历史都是阶级斗争的历史。”[⑤]

① 《马克思恩格斯选集》第 1 卷，人民出版社 1995 年版，第 293 页。
② 《马克思恩格斯选集》第 1 卷，人民出版社 1995 年版，第 267 页。
③ 《马克思恩格斯选集》第 1 卷，人民出版社 1995 年版，第 269 页。
④ 《马克思恩格斯选集》第 1 卷，人民出版社 1995 年版，第 307 页。
⑤ 《马克思恩格斯选集》第 1 卷，人民出版社 1995 年版，第 272 页。

这一重要论断是对马克思主义矛盾分析法的活用，揭示了社会主要矛盾决定和影响着社会发展的重要规律。在接下来对资本主义发展的批判中，无论是分析资产阶级对“专制君主国”的斗争、建立自己的政权以及开拓世界市场等，还是进一步对生产力和生产关系矛盾进行分析，揭示无产阶级联合起来革命及其担负的历史任务，其实践逻辑的基本思路就是：围绕社会主要矛盾转变而不断调整社会发展的任务内容。《宣言》中的这一洞见，其本来目的是揭露资本主义剥削的本性，但也从社会生产力与生产关系这一基本矛盾视角，揭示了社会发展不同阶段主要任务确定的依据。

面向新发展新征程，坚持自信自立是基本要求。坚持自信自立就是要坚持独立自主、自力更生，坚持把国家和民族发展放在自己的力量基点上，坚持把中国发展进步的命运牢牢掌握在自己手中。从当前来看，一方面，要切实发扬历史主动精神。历史主动精神就是对社会发展规律的把握和遵从，在马克思主义唯物史观视域下，体现的就是对解放无产阶级和全人类的使命担当。纵观中国式现代化推进的过程，中国式现代化之路走的是一条以国家主导、集社会资源、基稳定秩序、借后发优势、籍持续发展、行跨越战略的现代化[①]，解决的是落后就要挨打、发展才能自强这个根本问题，而中国共产党人的主动历史担当精神始终相伴其中、不断彰显。党的二十大报告以高度的历史自觉，从“两个一百年”奋斗目标的确定、新“三步走”战略的谋划，擘画了现代化强国的宏伟蓝图，十年的奋进前行，解决了亿万人口脱贫问题，全面建成了小康社会，社会制度不断完善，中华民族迎来“强起来”的不可逆转的伟大转变。切实发扬历史主动精神成为中国共产党人新时代必备的能力和本领。另一方面，要善用矛盾分析法把握党的中心任务。推动现代化目标的实现和任务的完成，根本上还在于准确把握发展中的主要矛盾的变化。尤其是把握矛盾分析方法，以正确认识党和国家事业所处的历史方位和发展阶段，成为党明确阶段性中心任务、制定路线方针政策的根本依据。面向新征程，需要我们进一步善用矛盾分析法，积极推动构建新发展格局，推动高质量发展，推动人的全面发展，确保建成现代化强国如期实现。

---

① 林尚立:《政党与现代化：中国共产党的历史实践与现实发展》,《政治学研究》2001 年第 3 期。

四、中国式现代化体现科学社会主义构建人类文明新形态的文明担当

在《宣言》中，马克思、恩格斯在论及资本主义时发展地指出，资本主义在建立自由开放市场的早期，历史的任务就是彻底地冲破封建主义的统治束缚，通过“日甚一日地消灭生产资料、财产和人口的分散状态”[①]，获得更多的雇佣劳动者。而最根本问题的解决，主要是依靠建立起与资本主义自由市场相适应的社会制度和政治制度，也就是彻底消灭封建专制统治使资产阶级上升为统治阶级，这样资本主义才能生存和持续发展。值得关注的是，马克思、恩格斯在《宣言》中通过对资本主义资本本性的深入考察，深刻指出：“资产阶级除非对生产工具，从而对生产关系，从而对全部社会关系不断地进行革命，否则就不能生存下去。”[②]马克思、恩格斯深刻批驳了资本主义的快速发展及其扩张，“使一切国家的生产和消费都成为世界性的了”，使“民族的片面性和局限性日益成为不可能”[③]，使“工人没有祖国”[④]。谋求人类解放是马克思主义的鲜明主题。“两个必然”“两个绝对不会”理论由此产生，共产党人的历史使命呈现在历史舞台。在此基础上，马克思、恩格斯进一步强调指出，随着生产力的高度发展、生产关系的深刻变革，未来的共产主义社会，将是这样一个代替那存在着阶级和阶级对立的资产阶级旧社会的联合体，“在那里，每个人的自由发展是一切人的自由发展的条件”。[⑤]深入审视《宣言》，其所揭示的共产党人的共产主义远大理想，也蕴意了马克思、恩格斯对人类社会发展普遍诉求矢志不渝的关怀。尤其是关于“自由人的联合体”的描述，我们不难看到马克思、恩格斯宏大的历史视域、强烈的历史主动性，特别是他们从人自身发展的结果、全人类发展的全局和未来，深刻揭示了人类社会发展的必然规律，其“共同体”的价值理念，无疑也是构建人类命运共同体理念的重要思想之源。

现代化是一个过程，不仅要体现出它在特定历史地域的运动特质，在

---

① 《马克思恩格斯选集》第 1 卷，人民出版社 1995 年版，第 277 页。
② 《马克思恩格斯选集》第 1 卷，人民出版社 1995 年版，第 275 页。
③ 《马克思恩格斯选集》第 1 卷，人民出版社 1995 年版，第 276 页。
④ 《马克思恩格斯选集》第 1 卷，人民出版社 1995 年版，第 291 页。
⑤ 《马克思恩格斯选集》第 1 卷，人民出版社 1995 年版，第 294 页。

人类走向文明进步的视域下，它也更需要彰显人类的普遍诉求。也就是说，人类文明总是建立在人们对社会规律的认识之上，现代文明的价值往往是以一种普遍文明的形态呈现出来。中华文化主张“民胞物与”“协和万邦”“天下大同”，憧憬“大道之行，天下为公”的美好世界。世界在走向现代化的过程中取得了骄人的成绩，但工业化导致的全球气候变化、单边主义、贸易保护主义、贸易摩擦、网络安全问题，以及智能技术、生物技术发展带来的伦理问题，为全球社会的治理提出了新挑战，于是，任何一个国家的独善其身都无济于事，寻求合作才是解决问题的通途。

“十四五”时期是全面建设社会主义现代化国家开局起步的关键时期，搞好这五年的发展对于实现第二个百年奋斗目标至关重要。但前进路上，世界百年未有之大变局加速演进，世界之变、时代之变、历史之变的特征更加明显，需要应对的风险和挑战、需要解决的矛盾和问题比以往更加错综复杂，中国式现代化更需体现科学社会主义构建人类文明新形态的文明担当。推进和拓展中国式现代化，必须坚持和平发展合作共赢，弘扬和平、发展、公平、正义、民主、自由的全人类共同价值，遵循“一个和平发展的世界应该承载不同形态的文明，必须兼容走向现代化的多样道路”[①]理念，促进和而不同、兼收并蓄的文明交流对话，在互利合作中取长补短，在交流互鉴中共同发展，推动构建人类命运共同体，做世界和平的建设者、全球发展的贡献者、国际秩序的维护者。一方面，要倡导构建合作共赢的新型国际伙伴关系。要摒弃你输我赢、赢者通吃的“零和”思维，推动构建相互尊重、公平正义、合作共赢的新型国际关系，高质量共建“一带一路”，积极参与全球治理体系变革，同世界各国一起共同发展、合作共赢，以现代化建设新成就为世界带来更多机遇、作出更大贡献。另一方面，以正确的策略和顽强的意志进行斗争。要坚持原则性和灵活性的统一，把握时、度、效，及时调整斗争策略，合理选择斗争方式，从而团结一切可以团结的力量，调动一切积极因素，在斗争中争取团结、在斗争中谋求合作、在斗争中争取共赢，为推动中华民族伟大复兴事业团聚最广泛力量，为构建人类文明新形态提供中国智慧。

---

① 《习近平著作选读》第2卷，人民出版社2023年版，第515页。

中国式现代化是马克思主义中国化的历史必然

广西社会科学院　谢柱军

中国是有着5000多年灿烂文明的古老国度，在漫长的历史长河中，中国的综合国力曾处于世界首位。然而，西方资本主义工业革命后，中国曾一度落后于西方发达国家。随着马克思主义传入中国并形成中国化的马克思主义最新成果，中国革命和现代化建设都发生了翻天覆地的变化。当前，中国革命已经取得成功，我们有理由相信中国式现代化是马克思主义中国化的历史必然。

一、中国式现代化与马克思主义中国化的意涵

中国式现代化与马克思主义中国化之间的关系问题值得深入研究，有必要认真分析两者的关系，梳理历史发展的脉络，从中总结经验，从而增强道路自信和理论自信。

（一）中国式现代化

中国式现代化的主要研究内容包括中国式区别于别的方式的主要特征、中国式现代化的主要路径以及党中央、国务院关于中国式现代化的重要

部署。

中国式，顾名思义，就是中国特有的方式或者形式，是具有鲜明特征的、区别于其他国家或者政权选择的方式，有着明显的中国特征的方式或者形式。

中国式现代化，就是中国正在进行的中国特有的现代化方式，是中国建设社会主义现代化强国的必由之路，也是前人从来没有运用过的现代化方式，具有明显的中国特色社会主义特征。中国式现代化的指导思想是习近平新时代中国特色社会主义思想。中国式现代化的本质要求包括“构建人类命运共同体”和“创造人类文明新形态”，体现中国人民“达则兼济天下”的思想和胸怀。

习近平总书记关于中国式现代化的重要论断。党的二十大报告指出，以中国式现代化全面推进中华民族伟大复兴。[①] 中国式现代化的中国特色是人口规模巨大、全体人民共同富裕、物质文明和精神文明相协调、人与自然和谐共生、走和平发展道路。[②]

（二）马克思主义中国化

马克思主义。马克思主义包括马克思主义哲学、马克思主义政治经济学和科学社会主义三大重要组成部分。马克思主义传入中国并得到快速传播，随着中国共产党的诞生，马克思主义在中国革命和社会主义建设中发挥了重要作用。

马克思主义中国化。马克思主义中国化坚持把马克思主义基本原理同中国具体实际相结合、同中华优秀传统文化相结合，运用马克思主义的立场观点方法，研究和解决中国革命、建设和改革中的实际问题；就是总结中国革命、建设和改革的实践经验，从而认识和掌握客观规律，为马克思主义理论宝库增添新的内容；就是运用中国人民喜闻乐见的民族语言来阐述马克思主义理论，使之成为具有中国特色、中国风格、中国气派的马克思主义。习近平新时代中国特色社会主义思想是马克思主义中国化的最新理论成果。

---

① 《习近平著作选读》第 1 卷，人民出版社 2023 年版，第 18 页。

② 《习近平著作选读》第 1 卷，人民出版社 2023 年版，第 18—19 页。

（三）马克思主义基本原理“两个结合”的重要论断

马克思主义基本原理从“一个结合”发展到“两个结合”的理论总结，先后经历了80多年时间，是中国共产党革命和建设实践的经验总结。

马克思主义基本原理同中国具体实际相结合。1938年毛泽东提出“马克思主义中国化”的命题，开辟了中国革命的新境界，也开辟了运用马克思主义的新境界。1949年中华人民共和国成立，中国共产党运用中国化的马克思主义，取得新民主主义革命的胜利，建立了社会主义基本制度。

马克思主义基本原理同中华优秀传统文化相结合。中华民族优秀文化传统根植于中国人民的内心，习近平新时代中国特色社会主义思想汲取中华民族的醇厚文化营养。

二、马克思主义中国化的历史进程

（一）俄国十月革命一声炮响给中国送来了马克思列宁主义

中国革命在黑暗中摸索，终于推翻了清朝封建统治，但很快革命成果被窃取，孙中山不得不带领革命党人开展“二次革命”。袁世凯、张勋复辟，妄图开历史倒车，终究失败。

不愿做奴隶的中国人民寻求救国真理。中国共产党的诞生是开天辟地的大事变，给中国社会带来全新的变革。中国共产党在为人民服务宗旨的指导下，凝聚了强大的力量，而这些力量的真正来源是马克思主义真理。

马克思列宁主义为中国革命指明了方向。自从中国人民找到了马克思主义，成立了马克思主义政党，便以马克思列宁主义为指导开展革命和建设工作。

中国共产党领导中国人民改写了中国历史。中国共产党领导中国人民推翻了“三座大山”的压迫，开辟了建设社会主义中国的新征程，推进改革开放，让中国人民完成了从站起来到富起来的过程，进而进入强起来的新时代。中国的历史就是这样被改写的，改变了过去被西方强国霸凌的状况。

（二）中国革命的胜利正是因为运用了中国化的马克思主义

因为运用了中国化的马克思主义，不断发展马克思主义，把为人民谋解放谋幸福放在重要位置，所以，中国共产党领导中国人民取得了革命成功。

坚持人民当家作主争取最广泛的群众基础。走群众路线，实行人民民主专政，使中国共产党赢得了广泛的民意基础，坚持中国共产党的领导也就得到了广大人民的拥护。

坚持民主集中制走出中国特色革命道路。坚持民主集中，既有民主又有集中，强调党的集中统一领导，以实际的发展业绩让人民明白只有中国特色的革命道路才能让人民翻身得解放。

敢于自我革命不断净化革命队伍，保持初心坚持履行使命。延安整风运动使中国共产党的革命队伍建设得到进一步加强，部队战斗力也得到了提升。

（三）马克思主义的"行"、中国共产党的"能"与中国特色社会主义道路的"好"

马克思主义真的行。马克思主义自创立以来，就号召"全世界无产者，联合起来！"指导包括中国、苏联、越南、朝鲜、古巴等国家取得了社会主义革命的胜利。苏联虽然已经不存在，但其在中国革命和建设过程中曾经给予中国无私的援助，同样，中国也无私援助过越南、朝鲜等国家。社会主义意识形态国家暂时处于少数地位，但并不意味着马克思主义不行，而且西方资本主义国家根据马克思主义基本原理创造了福利经济学并指导国家治理，在一定程度上缓和了阶级矛盾。

中国共产党真的能。中国共产党之所以能，是因为中国化了的马克思主义真的行。马克思主义中国化的真正实践者是中国共产党和中国人民。中国共产党扎根在人民中间，汲取无穷力量，为人民服务，所以中国共产党真的能。

中国特色社会主义道路真的好。随着中国的综合国力增强，某些西方资本主义国家开始对中国进行打压，脱钩、断链、制裁之声不绝于耳，对中国构成较大威胁。但这也恰好证明中国特色社会主义道路真的可以让中国富起来强起来，是真的好。

三、中国式现代化的历史逻辑

中国式现代化是一种历史选择，是马克思主义中国化发展到一定阶段的历史产物，也是不可阻挡的发展趋势。

（一）兼容并包的中华文化使中国式现代化成为可能

马克思是德国人，创立了马克思主义学说之后反而被驱逐出自己的国家。但马克思主义传入中国后，经过中国化的创新发展，最终指导中国建设社会主义现代化强国。现在欧洲人要学习马克思主义，可能要来中国才能学到真传。

中华民族同世界各民族交往交流交融的中国式过程。中华民族与世界其他国家民族的“三交”史，是中华文明走向世界的过程，主要是友好交往而不是殖民掠夺，是和平发展而不是“零和”博弈。

中国式现代化是中国在和平崛起中为人类文明发展作出的重要贡献。中国和平崛起是注定要成功的，任何国家和任何力量都无法阻挡。借助二战之后建立起来的国际贸易体系，中国与世界各国进行公平交易，积累了一定的财富。但是，人均收入水平还比较低，与发达国家还有较大差距。中国式现代化还有较长的路要走，将为人类文明作出贡献。

（二）中国式现代化与西方传统现代化方式的区别

中国没有殖民的传统，与世界各国人民和平共处，承诺互不干涉内政，与西方殖民主义有着本质的区别。中国的现代化是自力更生的现代化，具有明显的中国特色。

中华民族文化的特质决定中国所走的现代化道路。中华文化兼容并包，善于吸纳世界各国优秀文化的精华。总体而言，中华民族并不好斗，不主动吞并别的国家和民族，走的是和平发展的道路。

中国式现代化与中国式崛起惠及世界各国。习近平总书记提出构建人类命运共同体，与中华民族优秀传统文化“世界大同”的思想一脉相承，符合马克思主义真理要求，世界各国将与中国实现合作共赢。中国式现代化将能够为世界创造人类文明新形态。

（三）只有中国式现代化才可能使中国真正实现现代化

照搬照抄西方现代化的道路对中国而言行不通。西方国家的现代化进程与中国不同，殖民掠夺并不是中国要走的路。中国也不会主动对外发起战争，走的是和平发展崛起新路径。

碳达峰、碳中和的要求以及中国的人口总量决定中国式现代化与众不同。与西方发达国家所走过的现代化道路不一样，中国必须履行“2030年之前实现碳达峰，2060年之前实现碳中和”的承诺。作为世界上人口最多的发展中国家，中国的现代化路径也注定与众不同。

中国式现代化之路是世界上其他任何国家都没有尝试过的道路。中国式现代化是中国特有的现代化方式，没有现成的道路可以复制，必须依靠中国人民结合中国具体实际和中华优秀传统文化进行自我设计和完善。

四、马克思主义中国化的历史必然

中国式现代化是马克思主义中国化的理论必然，同时，中国式现代化也必然依靠中国人民运用中国化之后的马克思主义和马克思主义中国化最新成果来实现。

（一）马克思主义中国化使中国革命从星星之火燃成燎原之势

在第一次国共合作失败后，中国革命由高潮转入低潮，中国共产党人用武装反抗国民党的镇压，坚持用马克思主义真理武装全党，总结第五次反“围剿”失败的惨痛教训，开始了二万五千里长征，并在运动战中不断发展壮大，审时度势开展第二次国共合作，赶走日本侵略者，最终夺取解放战争胜利。

坚持政治建军，党指挥枪。在是否组建自己武装力量的问题上，建党初期在党的内部有过争论，最后采纳了毛泽东的意见，“枪杆子里出政权”。通过三湾改编，把支部建在连上；召开古田会议，强化了党对军队的领导。直到现在，党指挥枪这一条规定没有改变过。

坚持土地革命，农村包围城市。毛泽东从调查研究中发现开展农民运动的重要性。为了应对有关人士对农民运动的责难，他在经历 32 天考察之后写下《湖南农民运动考察报告》。他领导了秋收起义，提出农村包围城市的战略主张。

坚持群众利益高于一切，为人民谋解放。在推进中国革命实践和现代化建设的过程中，中国共产党人始终坚持以民为本，为解放中国人民而浴血奋战，迎来了全国胜利。执政为民，全心全意为人民服务，努力让人民生活幸福。

（二）马克思主义中国化使中国改革开放获得成功

中国实施改革开放是关键一招，也是结合中国具体实际运用马克思主义解决中国人民富起来问题的关键之举。马克思主义是发展的理论，不走封闭僵化的老路，坚持改革开放不动摇。进行对外开放是中国共产党总结了建国之后近 30 年建设经验的重要选择，发展生产力，解放生产力，学习国外先进技术和管理经验，引进技术并加以消化吸收和创新。

不走改旗易帜的邪路，坚持以马克思主义为指导开展改革开放。坚持中国共产党的领导，坚持全面从严治党，强调“东西南北中，党是领导一切的”[①]。高举新时代中国特色社会主义思想的伟大旗帜，中国共产党将带领 14 亿多中国人民取得中国式现代化建设的胜利，建成社会主义现代化强国。

不走西方资本主义国家设计的歧路，坚定走中国特色社会主义康庄大道。中国特色社会主义道路是中国人民在中国共产党领导下总结出来的适合中国发展的正确道路，也是马克思主义中国化理论指导下形成的特有之路，是中国人民的正确选择。中国的发展也必将证明这条道路是中国的唯一正确出路。

（三）马克思主义中国化是中国式现代化的重要思想保障

马克思主义中国化的重要性不言而喻，对中国式现代化的成功与否起到决定性的指导作用。2021 年 7 月 1 日，习近平总书记在建党 100 周年的讲话中指出，马克思主义是我们立党立国的根本指导思想，是我们党的灵

---

① 中共中央宣传部编：《习近平新时代中国特色社会主义思想学习纲要》，学习出版社、人民出版社 2019 年版，第 68 页。

魂和旗帜。[①]

运用马克思主义中国化的最新成果——习近平新时代中国特色社会主义思想来指导中国式现代化伟业。党的十八大之后，习近平新时代中国特色社会主义思想体系加速形成，成为新时代中国特色社会主义建设的重要思想保障。全党全国应以习近平新时代中国特色社会主义思想主题教育为契机，加快推进中国式现代化建设。

以推进中国式现代化进程不断发展和完善马克思主义。马克思主义是开放和发展的，中国式现代化的进程中，将积累更多理论和实践基础，进一步完善马克思主义。在中国式现代化建设过程中，中国遇到前所未有的挑战，必须依靠发展和完善马克思主义并将其运用于建设实践才能取得成功。具体而言，就是各级各部门要坚持运用习近平新时代中国特色社会主义思想解决实际问题。

为世界上有需要的发展中国家提供现代化的中国范式。中国的现代化过程与世界其他国家有着紧密的联系，中国也积极与世界各国共同构建人类命运共同体，建设“一带一路”，共享中国发展红利。中国范式的现代化路径，将为其他发展中国家提供很好的参考。

---

① 习近平:《在庆祝中国共产党成立100周年大会上的讲话》，人民出版社2021年版，第12页。

中国式现代化理论的独特品格

广东省社会科学院　何满雄　曾　欢　张造群

党的二十大擘画了全面建成社会主义现代化强国、以中国式现代化全面推进中华民族伟大复兴的宏伟蓝图，明确了新时代新征程党和国家事业发展的目标任务。习近平总书记在报告中创造性地概括提出并深入阐述中国式现代化理论，是党的二十大的一个重大理论创新，是科学社会主义的最新重大成果，标志着中国式现代化理论体系的初步形成。这一理论体系坚持运用辩证唯物主义和历史唯物主义，正确回答时代和实践提出的重大问题，既超越于西方资本主义现代化理论，又不同于传统社会主义现代化理论，体现出鲜明的理论品格，深化了对共产党执政规律、社会主义建设规律、人类社会发展规律的认识。

一、阶级性与人民性的辩证统一

能否做到阶级性与人民性的辩证统一，决定着现代化的根本性质、发展方向及历史进步性。在政党政治下，阶级性集中体现于执政党性质。习近平总书记强调："政党的价值理念、领导水平、治理能力、精神风貌、意志品质直接关系国家现代化的前途命运。”[①] 他还指出：“现代化道路最终能否走得通、行得稳，关键要看是否坚持以人民为中心。”[②] 中国式现代化是中国共产党领导的社会主义现代化，以马克思主义为理论基石，以坚持党的领导为根本保障，以实现人的自由而全面发展为价值旨归，彰显了阶级性与人民性的辩证统一。

资本至上逻辑决定了西方现代化的资本本质和“少数”属性。马克思、恩格斯在《共产党宣言》中指出：“过去的一切运动都是少数人的，或者为少数人谋利益的运动。无产阶级的运动是绝大多数人的，为绝大多数人谋利益的独立的运动。”[③] 资本家是资本的人格化，由其为代表所形成的资产阶级政党，服务的对象只能是资本而非人民。西方资本主义国家，不管是两党制还是多党制，其实质都是少数人对多数人的统治。政党作为国家与社会中介的功能愈益弱化，政治精英与普通民众之间的分裂愈益严重，其“人民”定位与“去人民化”实践的冲突，导致一些西方政党深陷代表性危机。[④] 西方资产阶级政党领导下的现代化并没有实现大多数人的民主、自由、平等，反而为资本压榨劳动者、实现少数人的自由创造条件和提供保障。尽管随着全球一体化的深入发展，资本压榨劳动者的行为变得更加隐蔽，但其本质逻辑并没有改变。西方现代化理论是在资本主义生产关系基础上形成的、反映资产阶级利益和伦理道德的意识形态，本质上是服务于资本、维持资本主义存续与发展的理论。

实现阶级性与人民性、党的领导与人民主体的有机统一，是中国式现代化相对于西方现代化的资本本质和“少数”属性的根本区别和显著先进性所在。一方面，党的领导是中国式现代化的根本保证。习近平总书记指出：“党的领导直接关系中国式现代化的根本方向、前途命运、最终成败。”[⑤] 深刻阐明了党的领导是中国式现代化最鲜明的特征和最突出的优势，是推进中国式现代化必须坚持的首要原则。党的领导决定中国式现代化的根本性质，中国式现代化与西方现代化最根本的区别，就在于中国式现代

① 习近平：《携手同行现代化之路》，《人民日报》2023 年 3 月 16 日。

② 习近平：《携手同行现代化之路》，《人民日报》2023 年 3 月 16 日。

③《共产党宣言》，人民出版社 2018 年版，第 39 页。

④ 于海青：《西方政党的“人民”定位及其实践悖论》，《人民论坛》2020 年第 24 期。

⑤《正确理解和大力推进中国式现代化》，《人民日报》2023 年 2 月 8 日。

化是在中国共产党领导下坚持和发展中国特色社会主义的现代化。党的领导确保中国式现代化锚定奋斗目标行稳致远，激发建设中国式现代化的强劲动力，凝聚建设中国式现代化的磅礴力量，一以贯之推进我国社会主义现代化建设。另一方面，坚持以人民为中心是中国式现代化的本质要求和重大原则。习近平总书记指出，“现代化不仅要看纸面上的指标数据，更要看人民的幸福安康。”[①] 中国共产党领导下的中国式现代化，始终坚持人民至上理念，聚焦人民对美好生活的向往，顺应人民对文明进步的渴望，着力推动人的全面发展、社会全面进步，努力实现物质富裕、政治清明、精神富足、社会安定、生态宜人，让现代化更好地回应人民各方面诉求和多层次需要，突出现代化方向的人民性，充分彰显了党性与人民性的高度统一。中国式现代化坚持发挥人民群众的主体作用，强调“人民是历史的创造者，是推进现代化最坚实的根基、最深厚的力量”[②]“全面建成社会主义现代化强国，人民是决定性力量”[③]，坚持党的群众路线，发展全过程人民民主，充分激发全体人民的主人翁精神，充分激发全体人民的积极性主动性创造性。中国式现代化彰显了发展为了人民、发展依靠人民、发展成果由人民共享，超越了资产阶级政党领导的、为资本家谋利益、由少数人统治多数人的西方现代化。

二、工具理性与价值理性的辩证统一

理性体现了人类的一种创造性和自觉性，工具理性和价值理性是人类理性呈现的两种样态。[④] 世界现代化的形成和发展，始终伴随着工具理性和价值理性的冲突。工具理性就是追求工具手段的最大化效率或效用，根据可能产生的结果来进行行为的指导；价值理性，是指所选择的工具手段与其带来的结果大小无关，而与其伦理的、宗教的、美学的，或者责任感、荣誉感相关。工具理性与价值理性虽然相互矛盾，但又相互依存，可以通

---

① 习近平：《携手同行现代化之路》，《人民日报》2023 年 3 月 16 日。

② 习近平：《携手同行现代化之路》，《人民日报》2023 年 3 月 16 日。

③ 习近平：《在第十四届全国人民代表大会第一次会议上的讲话》，《人民日报》2023 年 3 月 14 日。

④ 高盼：《从工具理性僭越到价值理性回归："微时代"大学生思想政治教育的困境与出路》，《现代职业教育》2021 年第 27 期。

过协调实现统一。能否实现工具理性与价值理性的有机统一，关乎现代化发展的动力与前景。中国式现代化注重消解工具理性与价值理性的紧张，推动二者相协调、相融合、相统一，克服西方现代化工具理性膨胀、价值理性衰微的弊病，超越西方现代化走向单向度的人的发展态势。

西方现代化是以资本逻辑为主导、以实现资本增殖为价值旨归的现代化，工具理性凌驾于价值理性之上，导致人与人、人与自然、人与自身关系的异化。其一，资本主义现代化的根本目的是实现剩余价值的无限增殖，资本主义生产方式在实现剩余价值增殖的同时，强化了对工人的剥削，使工人成为实现剩余价值的工具。人只有作为物的存在才能在物质利益交换中体现人自身的价值，而劳动则被异化成为实现资本增殖的唯一方式。“资本家对工人的统治，就是物对人的统治，死劳动对活劳动的统治，产品对生产者的统治”[①]。其二，西方资本主义现代化创造了以往一切时代所无法比拟的生产力，但也使社会的现代化进程处于不断物化之中。工具理性主导了西方现代化进程，资本逻辑成为社会共同的价值准则，社会被资本所物化，人的存在的意义、人的价值与获得感都以资本的数量来衡量。其三，在资本逻辑作用下，西方资本主义现代化为追求更多的财富和剩余价值，不断扩大生产，无节制地开发和利用自然资源，造成环境污染和地球生态系统的失衡。总之，正如韦伯所言：“我们这个时代，因为它所独有的理性化和理智化，最重要的是，因为世界已经被除魅，它的命运便是那些终极的、最高贵的价值，已经从公共生活中销声匿迹。”[②]

中国式现代化实现了从资本逻辑向人的逻辑的转换升华，实现了从纯粹工具理性向价值理性的守望回归，推动工具理性与价值理性的融合发展，展现出强大的生存力、发展力、持续力。一是追求效率与公平的有机统一。中国式现代化既坚持发展是第一要务、科技是第一动力，推动践行新发展理念，推动高质量发展，又坚持以人民为中心的发展思想，扎实推动全体人民共同富裕，努力实现更高质量、更有效率、更加公平、更可持续、更为安全的发展，克服西方现代化片面强调发展主义、资本增殖的偏颇。二是推动物质文明与精神文明相协调。“物质富足、精神富有是社会主义现代

① 《马克思恩格斯文集》第8卷，人民出版社2009年版，第469页。

② ［德］马克斯·韦伯：《学术与政治》，冯克利译，生活·读书·新知三联书店1998年版，第121页。

化的根本要求。”[①] 中国式现代化将解放生产力、发展生产力作为本质要求和根本任务，不断夯实现代化的物质基础。同时中国式现代化既是物质生产力不断提升的过程，也是人的精神世界不断丰富的过程，强调以社会主义核心价值观引领中国式现代化，不断满足人们的精神文化生活需求，克服西方现代化病症。三是坚持资本手段与人民至上有机结合。中国式现代化既肯定资本的积极作用，坚持在社会主义制度下规范和引导资本健康发展，正确处理资本和利益分配问题，真正让资本为人服务，又坚持把人的自由而全面发展作为价值旨归，将全体人民对美好生活的向往、对共同富裕的期盼与强国建设目标有机结合起来，消解经济发展中资本与劳动的对立及劳动异化问题。

三、历史性与现实性的辩证统一

传统与现代的关系问题是世界现代化理论的重要内容。在从传统社会向现代社会转型的过程中，传统与现代之间不可避免会出现矛盾与冲突。对待传统的态度不同，就会形成不同的现代化道路和现代化图景。如何处理二者的关系，事关民族、国家的历史延续、文明传承。习近平总书记指出：“抛弃传统、丢掉根本，就等于割断了自己的精神命脉。”[②] 中国式现代化坚持把马克思主义与中华优秀传统文化相结合，既巩固了文化主体性、保持了文明延续性，又赋予中国式现代化以深厚的文明底蕴。

西方经典现代化理论把“传统”等同于“落后”、“现代”等同于“先进”，从而将“传统”与“现代”对立起来。在西方经典现代化理论中，传统的概念不是来自对历史经验或社会现实的提炼和总结，只是作为现代的对立面而存在，是现代化之外的“剩余”，凡是不属于现代的东西都被贴上了传统的标签。[③] 以加布里埃尔·阿尔蒙德为代表的正统现代化理论者，不仅把世界各国截然分为现代化国家和传统国家两类，而且认为包括中国在内的

① 习近平:《高举中国特色社会主义伟大旗帜　为全面建设社会主义现代化国家而团结奋斗——在中国共产党第二十次全国代表大会上的报告》，人民出版社 2022 年版，第 22 页。

② 习近平:《把培育和弘扬社会主义核心价值观作为凝魂聚气强基固本的基础工程》,《人民日报》2014 年 2 月 26 日。

③ 唐爱军:《构建中国式现代化理论体系的三重论域》,《当代世界与社会主义》2022 年第 6 期。

传统第三世界国家，只有摒弃传统社会的历史积累，引进和采纳现代性的全部价值标准，推行“全盘西化”发展范式，才能过渡到现代社会。西方现代化理论本质上是西方启蒙运动以来单线进步历史观和西方殖民者“文明—野蛮”的两分世界图式的新版本。[①] 一些后发国家或地区正是照搬了西方现代化模式，盲目推进全面西化，没有正确处理传统与现代的关系，导致出现历史断裂、文化错位、社会混乱的局面，甚至引发本民族文明的衰败乃至民族主体性的丧失。

中国式现代化理论坚持“两个结合”，注重在传承和弘扬中华优秀传统文化基础上推进中国式现代化，实现传统与现代的有机融合、历史性与现实性的辩证统一。习近平总书记多次强调指出，“中华优秀传统文化是中华文明的智慧结晶和精华所在，是中华民族的精神命脉，是中华民族的突出优势，是我们在世界文化激荡中站稳脚跟的根基。”[②] 中国共产党作为中华优秀传统文化的继承者、弘扬者，坚持把中华优秀传统文化作为党的理论创新的“根”，以强烈的文化自觉和文化自信，不断推动中华传统优秀文化创造性转化、创新性发展，将中华文明精华注入党的创新理论，推动中华优秀传统文化与中国式现代化实现良性互动与同行共进。中国式现代化在对中华传统文化既反思、批判又继承、超越的辩证统一发展过程中，推动了中华优秀传统文化的现代性蜕变和现实性展开，为自身发展充盈了丰厚的传统智慧，拓展了中国特色社会主义道路的文化根基。中国式现代化蕴含的独特世界观、价值观、历史观、文明观、民主观、生态观等，具有鲜明丰厚的中华文明内涵和底蕴，是对世界现代化理论和实践的重大创新，推动中国实现从传统文明到现代文明的历史性飞跃，超越了西方现代化把传统和现代二元对立、以现代性取代传统性的文明观。

四、自主性与开放性的辩证统一

自主是一个国家保持自身独立性、实现内生性发展的根本要求，开放是实现国家繁荣发展必不可少的条件。没有独立的开放、没有开放的独立，

① 梁孝:《西方现代化理论的意识形态反思——一种方法论的视角》,《齐鲁学刊》2021 年第 6 期。

② 《党的二十大报告辅导读本》，人民出版社 2022 年版，第 405 页。

都不可能实现可持续的现代化发展。发展中国家在实现民族独立后均面临着现代化的路径选择问题，如何正确处理自主性与开放性的关系是决定后发国家能否实现现代化的关键。中国在探索现代化进程中，从洋务运动、维新变法、辛亥革命到社会主义革命、建设和改革，如何处理自主和开放的关系始终是中国现代化运动的关键问题。习近平总书记指出："我们开放的大门永远是敞开的，同时一定要定下心来，一心一意走自己的路，而且要建立这样的一种自信，就是我们一定会把自己的事业办好，屹立于世界民族之林。"[①] 中国式现代化始终从现实的世情和国情出发，坚持走自己的路，坚持开放发展、合作发展、共赢发展，体现了自主性和开放性的辩证统一。

西方现代化理论主张的全面开放、"新自由主义"，实质是要使后发国家形成低端锁定、依附发展。在世界现代化进程中，发达国家凭借其先发优势建立了以资本主义国家为主导的"中心—外围"的国际发展格局。自20世纪以来，许多发展中国家照搬照抄西方模式，实施全面开放，结果被"锁定"在世界经济体系的低端，依附于发达国家主导的分工体系。到了20世纪80年代之后，西方国家在全球推动"华盛顿共识"，许多按此模式改革、转型的发展中国家的经济命脉实质被西方资本掌控，由此失去经济乃至政治独立性，并形成更深化的依附性发展。这些国家走依附型现代化发展道路，以丧失独立性与自主性为代价参与全球经济体系，非但没有实现经济社会的发展，反而导致国民经济发展失衡、政治混乱、社会动荡，现代化建设水平也难以再向上突破。

中国式现代化正确认识和处理同外部世界的关系，既不走封闭僵化的老路，也不走改旗易帜的邪路，是坚持独立自主的"活的灵魂"与改革开放的"关键一招"有机结合的结晶。首先，中国式现代化坚持独立自主开拓前进的道路。独立自主是中华民族精神之魂，是我们立党立国的重要原则，是我们党百年奋斗的重要历史经验。中国式现代化坚持中国的事情必须由中国人民自己作主、自己来处理，既遵循世界现代化发展规律，又不是照搬照抄和简单移植，而是根据中国国情和社会发展现实进行创新，坚定不移探索适合中国国情的现代化发展道路，摆脱世界经济体系中初级生

---

① 《"探索试验蹚出来一条路子"》,《人民日报》2022年4月15日。

产者和依附发展者的地位，在全球产业链、创新链、价值链中逐步由低端走向中高端，破除"中心—依附"结构的桎梏，实现对后发国家依附型现代化道路的超越。其次，在推进高水平对外开放中增强独立自主的能力。习近平总书记强调："任何国家追求现代化，都应该秉持团结合作、共同发展的理念，走共建共享共赢之路。"[①] 中国式现代化坚持"改革开放是决定中国命运的关键一招"，大力推进高水平对外开放，着力构建新发展格局，用好两个市场、两种资源，拓展了发展空间、提高了发展质量、增强了发展动力，仅用几十年时间就走完了西方发达国家几百年走过的工业化历程，创造了经济快速发展和社会长期稳定两大奇迹，把中国发展进步的命运牢牢掌握在自己手中。最后，中国式现代化在守正创新中推进高水平对外开放。守正创新是中国式现代化理论创新与实践创造的重要方法论遵循。面对以美国为首的西方国家的强力贸易围堵、技术封锁、政策打压，习近平总书记指出："我们要始终把国家和民族发展放在自己力量的基点上、把中国发展进步的命运牢牢掌握在自己手中，坚定信心、守正创新，奋力谱写全面建设社会主义现代化国家新篇章。"[②] 无论国际风云如何变幻，我们都坚定不移走好自己的路、做好自己的事情，坚持创新思维与底线思维，着力提升科技创新能力、实现科技高水平自立自强，着力拓展国际"朋友圈"、开创合作新空间，既开辟经济发展的新领域新赛道，形成国际竞争新优势，又为充满不确定性的世界注入更多确定性。

五、民族性与世界性的辩证统一

现代化的民族性与世界性，实质就是现代化的个性与共性、特殊与普遍、个别与一般的关系。各个民族各个国家既有基于其历史传统、文化积淀、基本国情之上的独特的文化、文明发展道路，同时又具有遵循人类社会发展规律所形成的共性、普遍发展特征。习近平总书记指出："一个国家走向现代化，既要遵循现代化一般规律，更要符合本国实际，具有本国特色。中国式现代化既有各国现代化的共同特征，更有基于自己国情的鲜明

① 习近平：《携手同行现代化之路》，《人民日报》2023年3月16日。

② 《心往一处想劲往一处使推动中华民族伟大复兴号巨轮乘风破浪扬帆远航》，《人民日报》2022年10月18日。

特色。”[①] 中国式现代化的强大生命力和显著先进性，就在于突破了以教条主义态度对待马克思主义的束缚，打破了西方现代化理论主张的“现代化=西方化”的迷思，坚持理论联系实际，辩证处理个性与共性、特殊与普遍、个别与一般的关系，不断推进实践基础上的理论创新，创造了人类文明新形态，指引人类文明进步的发展方向。

西方现代化的民族性与世界性统一于资本性是必然趋向。马克思指出：“在资产阶级社会里，资本具有独立性和个性，而活动着的个人却没有独立性和个性。”[②] 资本原则就是资本统治的原则，在资本主义社会，人的活动、人与自然的关系按照资本的要求服从于某种先验的结构和秩序。资本主义越是发展，资本力量越是强大，资本主义社会就会越来越彰显出资本性特质，不管是个人还是国家、民族，都会成为资本增殖的工具。资产阶级国家不过是资产阶级统治无产阶级的工具，民族主义不过是披上了民族外衣的资产阶级利益而已。[③] 西方现代化理论倡导的“现代化=西方化”，实质上就是主张全盘西化，走资本主义道路。这必然要求在文化思想上接受西方普世价值，在经济发展上接受自由主义，这就是一个“去民族性”、走向西方化的过程，根本在于为资本、为霸权服务。推进西方现代化的过程，也是资本主义“按照自己的面貌为自己创造出一个世界”[④] 的过程，在实践上推动了资本对世界的一元化统治。事实上，西方现代化理论非但不能治好西方国家自身的“病态”现代化，反而使按照西方现代化理论建设的现代化后发国家形成了“依附”发展，这些后发国家一方面使自身陷入现代性危机，另一方面成为西方资本“割羊毛”的对象。

中国式现代化坚持民族性与世界性的辩证统一，它是我们强国建设、民族复兴的康庄大道，也为人民实现自由和解放、人类从必然王国走向自由王国开辟了正确道路。一是中国式现代化具有深厚的中华文明底蕴，是在我国历史传承、文化传统、经济社会发展的基础上长期发展、渐进改进、内生性演化的结果。习近平总书记指出，“如果没有中华五千年文明，哪里有什么中国特色？如果不是中国特色，哪有我们今天这么成功的中国特色

---

① 《正确理解和大力推进中国式现代化》，《人民日报》2023 年 2 月 8 日。

② 《共产党宣言》，人民出版社 2018 年版，第 44 页。

③ 马拥军：《跨国资本统治下的世界竞争新格局》，《天津社会科学》2016 年第 2 期。

④ 《共产党宣言》，人民出版社 2018 年版，第 32 页。

社会主义道路？”[①]中国式现代化，深深植根于中华优秀传统文化，体现科学社会主义的先进本质，借鉴吸收一切人类优秀文明成果，代表人类文明进步的发展方向，展现了不同于西方现代化模式的新图景，是一种全新的人类文明形态。二是中国式现代化彰显了坚持用科学的理论指导实践的文明自觉，拓展了发展中国家走向现代化的路径选择。中国式现代化理论是中国现代化建设基础上的理论创新，体现了中国共产党人高度的辩证思维和历史思维，深刻揭示现代化发展规律、人类社会发展规律，对如何正确处理关系现代化的根本性、长远性的重大关系作出了科学辩证的回答，引领开创了全面协调可持续发展的全新现代化道路。三是中国式现代化体现了胸怀天下的人类情怀和大同追求，既借鉴吸收一切人类优秀文明成果，又积极反哺世界文明发展。中国式现代化秉持全人类共同价值，推动文明互学互鉴，坚持以中国新发展为世界提供新机遇，欢迎各国人民搭乘中国发展的“快车”“便车”，既造福中国人民，又促进世界共同发展，是我们强国建设、民族复兴的康庄大道，也是中国谋求人类进步、世界大同的必由之路，与各国携手共建人类命运共同体，携手共行天下大道。总之，中国式现代化理论既推进了对人类现代化发展规律的新认识，也彰显了牢牢扎根本土的鲜明中国特色，充分体现了中国共产党既为人民谋幸福、为民族谋复兴，又为人类谋进步、为世界谋大同的初心使命、历史担当。

---

① 《习近平谈治国理政》第 4 卷，外文出版社 2022 年版，第 315 页。

中国式现代化蕴含的发展逻辑

云南省社会科学院　刘雪璟

一、中国式现代化发展逻辑的问题提出

党的二十大报告指出："在新中国成立特别是改革开放以来长期探索和实践基础上，经过十八大以来在理论和实践上的创新突破，我们党成功推进和拓展了中国式现代化。"①发展，是中国共产党带领中国人民成功推进和拓展中国式现代化的目标要求和内生动力，成为解决中国式现代化进程中现实问题的要务和关键。目前，学界对中国式现代化的逻辑研究主要从历史逻辑、理论逻辑、实践逻辑、价值逻辑展开，阐释了中国式现代化的历史道路进程、理论来源依据、实践做法及效果、价值体现及意义，但鲜有把发展作为显性的逻辑主线来探讨中国式现代化内在蕴含的发展尺度和发展意蕴。发展作为事物新陈代谢的规律，表征事物螺旋式前进的运动，已经成为人类现代化的根本方式和核心价值。现代化发展一般遵循从应激性转向内生性、从低级阶段转向高级阶段、从局部转向整体、从不充分不均衡转向充分均衡的内在逻辑，高质量、高水平、高效能的发展成为发展

① 习近平:《高举中国特色社会主义伟大旗帜　为全面建设社会主义现代化国家而团结奋斗——在中国共产党第二十次全国代表大会上的报告》，人民出版社2022年版，第22页。

的价值追求，内在地诉诸发展的要素条件、组合方式、资源配置、运行机制、模式范式在数量与质量上的有机统一。中国式现代化在遵循发展逻辑的一般规律基础上，体现了自身发展的特殊规律，是一个统筹质的有效提升和量的合理增长的动态发展过程，蕴含着依靠发展建立联系和深化拓展的逻辑。把握中国式现代化蕴含的发展逻辑，深化对中国式现代化发展的规律性认识，推动中国式现代化实现高质量、高水平、高效能的发展。

二、中国式现代化发展逻辑的主要内容

（一）发展“价值—定位”逻辑：发展是解决一切问题的关键

发展定位建立在对发展的作用、功能、意义等价值确认上。明确的发展定位，为发展的目标任务、方式途径、实施举措提供明确依据。在中国式现代化的发展进程中，中国共产党始终把发展视为解决一切问题的关键。新中国成立以后，毛泽东指出社会主义革命和建设“目的不在于建立一个新的政府、一个新的生产关系，而在于发展生产”[①]，这从社会基本矛盾运动规律看到发展生产力是解决物资匮乏、积贫积弱、经济所有制问题的关键。党的十一届三中全会以后，邓小平立足世界发展的时代主题提出“要发展自己”“发展才是硬道理”[②]的命题，强调发展的普遍规律性。江泽民从推动社会主义现代化建设进程的全局视域提出：“必须把发展作为党执政兴国的第一要务，不断开创现代化建设的新局面。”[③]胡锦涛在总结国内外现代化发展经验基础上提出科学发展观并指出“科学发展观，是用来指导发展的，不能离开发展这个主题”[④]。习近平总书记继承和丰富了中国共产党治国理政的发展思想，作出关于发展的新观点新论断，提出“准确把握新发展阶段，深入贯彻新发展理念，加快构建新发展格局”[⑤]，明确了中国式现代化发展

---

① 中共中央文献研究室编：《毛泽东　邓小平　江泽民论科学发展》，中央文献出版社、党建读物出版社 2009 年版，第 10 页。

② 《邓小平文选》第 3 卷，人民出版社 1993 年版，第 82、377 页。

③ 江泽民：《全面建设小康社会　开创中国特色社会主义事业新局面》，人民出版社 2002 年版，第 13 页。

④ 胡锦涛：《在中央人口资源环境工作座谈会上的讲话》，《人民日报》2004 年 4 月 5 日。

⑤ 习近平：《论把握新发展阶段、贯彻新发展理念、构建新发展格局》，中央文献出版社 2021 年版，第 469 页。

的历史方位、指导原则、路径选择。从发展“价值—定位”的逻辑演进看，中国式现代化必须靠发展来推动，依靠发展实现从传统到现代的优化升级和成功转型，依靠发展不断增强自身发展的生存力、竞争力、持续力。

（二）发展“目标—任务”逻辑：全面建成社会主义现代化强国

发展目标规定着发展的根本方向和道路，决定着不同阶段的发展任务。中国式现代化通过完成各个历史时期的阶段性任务而趋向目标实现。在革命时期，毛泽东在党的七大上提出：“中国人民及其政府必须采取切实的步骤，在若干年内逐步地建立重工业和轻工业，使中国由农业国变为工业国。”[①] 在建设时期，周恩来在三届全国人大一次会议上首次完整提出四个现代化的目标任务：“把我国建设成为一个具有现代农业、现代工业、现代国防和现代科学技术的社会主义强国，赶上和超过世界先进水平。”[②] 在改革时期，邓小平明确提出“中国式的四个现代化”概念：“我们要实现的四个现代化，是中国式的四个现代化”,“是‘小康之家’”。[③] 党的十八大确立了到 2020 年实现全面建成小康社会的宏伟目标，伴随脱贫攻坚全面取胜如期兑现了第一个百年奋斗目标。党的十九大提出了决胜全面建成小康社会，开启全面建设社会主义现代化国家新征程，把我国建设成为富强民主文明和谐美丽的社会主义现代化强国的历史任务，明确了全面建成社会主义现代化强国的“两步走”战略。党的二十大提出“以中国式现代化全面推进中华民族伟大复兴”，并提出到 2035 年我国发展的总体目标和未来五年的主要任务。从发展“目标—任务”的逻辑演进看，战略目标规划实现从局部到整体的层层递进，表明对建设什么样的社会主义现代化强国、怎样建设社会主义现代化强国的规律性认识不断深化，体现了目标与过程在整体性与渐进性上的统一。

---

① 《毛泽东选集》第 3 卷，人民出版社 1991 年版，第 1081 页。

② 中共中央文献研究室编：《建国以来重要文献选编》第 19 册，中央文献出版社 1998 年版，第 483 页。

③ 《邓小平文选》第 2 卷，人民出版社 1994 年版，第 237 页。

（三）发展“动力—驱动”逻辑：以创新驱动为核心解决社会主要矛盾

矛盾是推动事物发展的根本动力。在中国式现代化的发展进程中，解决不同时期社会主要矛盾成为推动社会基本矛盾得以解决的动力所在。1956 年党的八大指出，我国社会主要矛盾是人民对于建立先进的工业国的要求同落后的农业国的现实之间的矛盾，是人民对于经济文化迅速发展的需要同当前经济文化不能满足人民需要的状况之间的矛盾。1981 年党的十一届六中全会指出，我国所要解决的主要矛盾是人民日益增长的物质文化需要同落后的社会生产之间的矛盾。2012 年党的十八大以来，我国社会主要矛盾已经转化为人民日益增长的美好生活需要和不平衡不充分的发展之间的矛盾。中国式现代化的不断发展正是在解决矛盾的过程中推进的。在中国式现代化的社会矛盾运动中，归根到底在于发展生产力并体现社会主义生产方式的优越性。“社会主义阶段的最根本任务就是发展生产力，社会主义的优越性归根到底要体现在它的生产力比资本主义发展得更快一些、更高一些，并且在发展生产力的基础上不断改善人民的物质文化生活。”① 科技作为第一生产力，是提升全要素生产率的关键要素，科技创新必然成为发展动力中的驱动因素，是经济社会发展的核心支撑。从发展“动力—驱动”的逻辑演进看，社会主要矛盾是一个发展过程，表征着一定历史时期社会问题的阵痛，有赖于以科技创新为驱动的生产力解放和发展。中国式现代化的发展加快关键核心技术攻关，以高水平自立自强的核心技术为高质量发展提供内在驱动和持久支撑。

（四）发展“主体—能力”逻辑：领导力量、根本力量、组织力量“三主一体”

任何现代化事业的发展都诉诸人本质力量的主体性存在。在中国式现代化的时空场域中，组织化主体及其主体关系构成发展主体。首先，中国共产党作为中国式现代化的领导力量，同中国式现代化的发展道路具有内在一致性。坚持中国共产党的领导，不仅能确保中国的现代化沿着正确方

---

① 《邓小平文选》第 3 卷，人民出版社 1993 年版，第 63 页。

向和道路前进，而且能“凝聚起现代化发展的多样化主体力量，更好地办成分散的个体力量难以办成的大事、难事”[①]。其次，人民群众是中国式现代化的根本力量。中国共产党提出以人民为中心的发展思想，强调发展为了人民、发展依靠人民、发展成果由人民共享。同时尊重人民群众的首创精神，依靠人民群众的智慧和实践推动中国式现代化的发展。最后，党的各级组织以及各种社会组织是中国式现代化的组织力量。党的各级组织通过宣传党的主张、贯彻党的决定、领导基层治理、团结动员群众、推动改革发展来发挥组织主体的政治功能和组织功能。各种社会组织通过提供公益服务、化解社会矛盾、推进交流合作等来体现组织主体的社会功能。主体能力与发展效能呈正相关，主体既要有同中国式现代化发展相适应和相匹配的一般性能力，又要有体现自身主体地位及其功能价值的独特性能力。从发展“主体—能力”的逻辑演进看，“三主一体”的主体结构明确了各类主体所处的地位及其所应承担的职权和义务。在党委领导、政府主导、社会参与的主体格局下，组织化主体具有增强人力、物力、财力等要素聚合性和效用性的优势，促使多元资源得到集成运用。

（五）发展“模式—方式”逻辑：以绿色方式为主导的全面协调发展模式

发展模式是为了实现发展目标而选择和实行的某种模型，发展方式是其具体表现，主要指向经济社会与自然环境的关系问题。人类进入工业文明时代以来，资本主义发展模式一度成为人类现代化发展的主导模式，贯穿其中的资本逻辑以追求利润最大化为目的，资本主义在征服自然、扩张侵略过程中攫取暴利后，更加看重经济效益而忽略生态效益，或者把生态危机进行转嫁，造成环境公害、资源枯竭、消费异化、温室效应、生态失衡等一系列全球性生态环境危机，并以“生态帝国主义、生态殖民主义的霸凌行为，又使广大发展中国家的环境状况雪上加霜”[②]。中国提出“努力建设人与自然和谐共生的现代化”[③]的崭新命题，得出“保护生态环境就是保

① 项久雨：《中国式现代化的显著优势》，《马克思主义研究》2022 年第 5 期。

② 解保军：《人与自然和谐共生的现代化——对西方现代化模式的反拨与超越》，《马克思主义与现实》2019 年第 2 期。

③ 《习近平谈治国理政》第 4 卷，外文出版社 2022 年版，第 360 页。

护生产力，改善生态环境就是发展生产力，决不以牺牲环境为代价换取一时的经济增长”[①] “生态环境保护和经济发展是辩证统一、相辅相成”[②] 的深刻认识，以绿色生产方式和生活方式对人与自然的关系进行结构性调整，坚持走生产发展、生活富裕、生态良好的文明发展道路，在节能减排、降低损耗、保护环境的基础上，创造优质生态产品，创建优美生态环境，既建设美丽中国，又建设绿色世界，形成自然和文化的叠加发展效应。从发展“模式—方式”的逻辑演进看，以绿色方式为主导的全面协调发展，在于彻底改变过去那种以牺牲生态环境为代价换取一时一地经济增长的思路和做法，使资源、生产、消费等要素相匹配相适应，从根本上缓解经济发展与资源环境约束的矛盾。

（六）发展“制度—机制”逻辑：发挥制度保障作用和推动机制调适性完善

国家制度生成于经济制度基础上的政治制度、法律制度及意识形态的共同构成，对社会各领域的具体制度和运行机制起着统领作用。国家职能的实现依靠国家制度及其相应机制的运转推行发挥作用。中国共产党成立后，建立了“在无产阶级领导下的一切反帝反封建的人们联合专政的民主共和国”[③]，确立了现代化的社会主义性质。新中国成立后，党和国家通过完成对生产资料私有制的社会主义改造，建立起社会主义经济制度，确立了人民代表大会制度、中国共产党领导的多党合作和政治协商制度、民族区域自治制度，为实现社会主义国家人民当家作主提供了制度保证。改革开放以后，党和国家确立了社会主义初级阶段公有制为主体、多种所有制经济共同发展的基本经济制度和按劳分配为主体、多种分配方式并存的分配制度，以创新精神对经济社会各领域的制度进行深化改革，为中国式现代化提供了充满新的活力的制度保证。新时代以来，党和国家在长期实践发展中坚持和完善中国特色社会主义制度，并且推动制度设计转化为制度落实的运转机制，特别是集中力量办大事的资源调配机制、主体联动机制、协同治理机制，有效支撑起中国经济社会的快速发展和社会全局的长期稳

① 《中共中央关于党的百年奋斗重大成就和历史经验的决议》，人民出版社 2021 年版，第 51 页。

② 《习近平谈治国理政》第 4 卷，外文出版社 2022 年版，第 361 页。

③ 《毛泽东选集》第 2 卷，人民出版社 1991 年版，第 675 页。

定。从发展“制度—机制”的逻辑演进看，中国式现代化的发展正是有了体现现代化的社会主义性质、立足具体实际和现实需要、根据时代变化及时调整和革新的制度体系，并将其转化为实际运行机制，才实现了国家与社会的资源整合、优势互补、良性互动，促成了制度优势向治理效能的转化。

（七）发展“基础—条件”逻辑：立足客观发展基础和创造有利发展条件

任何发展都是在既定基础和一定条件下推进的，发展基础和发展条件成为影响发展进度和效度的重要因素。首先，在全面深化改革的发展进程中，党和国家对经济体制、政治体制、文化体制、社会体制、生态文明体制、国防和军队改革、党的建设制度改革作出部署，构建了具有鲜明中国特色和强大自我完善能力的先进制度，形成了更为完善的制度保证。其次，对生产力和生产关系、经济基础和上层建筑领域进行变革性实践，在破解社会各领域发展难题中实现突破性、超越性、转型性的全方位发展，使中国进入“一个动态、积极有为、始终洋溢着蓬勃生机活力的过程”①。最后，中国共产党和中国人民在理想信念、价值理念、道德观念上所具有的同质性精神追求、精神动力、精神状态、精神实践的精神体系，为中国式现代化的发展提供了更为主动自觉和积极昂扬的精神力量。从发展条件看，中国仍处于“一球两制”的激烈竞争和“资强社弱”的世界格局中，中国式现代化同时面临着挑战与机遇，但中国在应对世界性挑战和全球性问题中展示出了独特优势，中国式现代化对人类现代化的积极贡献和借鉴价值愈渐凸显。从发展“基础—条件”的逻辑演进看，中国面临着来自国内外的多重挑战和来自主客观的诸多问题，同时也具备着应对挑战和破解问题的机遇优势和有利条件。发展要充分考虑既有基础和主客观条件的可能性，并以规律性认识作用于增强发展基础和发展条件的可塑性，在积极应对风险挑战中释放发展潜能和彰显发展实力。

---

① 《深入学习坚决贯彻党的十九届五中全会精神　确保全面建设社会主义现代化国家开好局》，《人民日报》2021 年 1 月 12 日。

（八）发展“思维—理念”逻辑：注重发展的系统性、协同性、可持续性

发展思维对形成发展理念和进行发展实践具有先导性和牵引性作用。运用系统思维、协同思维、可持续性思维认识发展的实践运动，是把握发展规律的唯物辩证法。现代化事业是一个涵盖经济社会全部内容和诸多要素的有机系统，涉及多层次区域和多元化主体，关涉党建、经济、政治、文化、社会、生态、军事、国防、外交等各个方面，这些要素及其之间的关系运动，不断进行物质、能量、信息等的交换，彼此依赖、交互作用、相互制约，影响着中国式现代化的整个发展状态和发展进程。在开放条件下，经济全球化使资源配置从国家内部扩大到全球范围，促进产业链、供应链、价值链、创新链深度融合，对协同性发展提出资源合理配置与共享的更高要求。从发展的内生诉求看，不断深化对发展规律的认识从而实现可持续发展，是人类现代化的普遍追求，在社会存在与自然存在相统一、能动性与受动性相统一的发展进程中实现人类的永续发展。从发展“思维—理念”的逻辑演进看，中国式现代化的发展蕴含着系统性、协同性、可持续性的发展思维，因而在整体性战略谋划和实施中形成了“一体联动”的发展模式，在新型工业化、信息化、城镇化、农业现代化进程中实现了“叠加并联”，在克服阻力、防控风险、应急处突的发展中实现了“后发赶超”。当前，中国式现代化进入新的发展生命周期，发展“思维—理念”的与时俱进更能促成科学有效的发展行动。

三、中国式现代化发展逻辑的路径原则

（一）坚持发展目的性与发展规律性的统一

人类社会历史发展有其客观规律，不以人的主观意志为转移，但人在其中具有历史主动性，能够在遵循历史规律的基础上创造有利条件推动历史发展。当前，中国式现代化的战略目标、任务、步骤已经明确，关键在于作出和运用合乎发展逻辑的规律性认识。具体来说要立足新发展阶段、贯彻新发展理念、构建新发展格局，把握中国式现代化发展进程中的发展坐标、发展理念和发展依据。“进入新发展阶段”意味着我国发展进入新的历史方位和发展阶段，体现着对发展阶段的历史主动性认识，是推动发展

的基本定位。新发展理念是在新发展阶段推动各领域高质量发展的理念引领，内在地要求深化对经济社会发展本质要求和基本规律的认识及运用，推动全方位、多层面、各领域的发展。建立以国内大循环为主体、国内国际双循环相互促进的新发展格局，是在新的历史条件下重塑中国经济发展新优势的整体性重大战略部署[①]，需要把握蕴含其中的供求关系规律、市场经济规律和经济全球化发展规律，促成各种生产要素在生产、分配、流通、消费各个环节的有机衔接和良性循环，塑造我国在规则规制、管理治理、话语权和影响力等方面的竞争新优势。

（二）坚持发展量积性与发展质跃性的统一

具有持久生命力的发展，要符合事物发展螺旋上升的运动规律，促成发展量积性与发展质跃性的统一。一个国家在经历高速增长和形成发展规模后，必须推动实现从量的扩张转向质的提高的根本性转变，才能实现高质量的现代化发展。当前，中国式现代化发展已经进入以质取胜的高质量发展时期，要在解决“有无”问题的基础上进一步解决“优劣”“高低”“长短”的质性问题，以及平衡与否、充分与否的质效问题。一方面，围绕国家战略需求、重点领域需求、民生需求加快发展，聚焦产业质量变革创新，综合运用新一代信息技术、人工智能、生物技术、新能源、新材料、新装备等打造新的增长引擎，打造技术、质量、管理创新策源地，推动战略性新兴产业融合集群发展，并以现代化产业体系建设为抓手带动乡村全面建设、促进区域协调发展、提高城市化水平、推进高水平对外开放。另一方面，需要把产业链同创新链、价值链、服务链对接融合起来，以满足民生需求和增进民生福祉为立足点，提升教育、就业、社保、医疗等基本公共服务体系的服务专业化水平，增强公共服务的均衡性和可及性，在发展中保障和改善民生，实现成色更足、质感更优的高质量发展。

（三）坚持发展物质性与发展精神性的统一

在工业化主导的现代化进程中，资本寻求生产规模化和普遍化的同时

---

① 周树春:《把握好阐释好中国现代化新征程的发展大逻辑》,《人民论坛·学术前沿》2020 年第 22 期。

又规制生产规模化和普遍化，必然使人的发展受到以物为纽带的社会关系的制约。资本无限式地追求价值增殖的“非理性一面”，把人的发展引向片面化和残缺化，使人自身陷入拜金主义、虚无主义、个人主义的误区和困境，创造出异己力量。[①] 中国式现代化内涵的发展逻辑在于通过人本逻辑的发展克服资本逻辑的主宰，以高度发达的社会生产方式取代资本主义生产方式，“使每一个社会成员都能够完全自由地发展和发挥他的全部力量和才能”[②]，使人的逻辑摆脱物的依赖而确立驾驭资本逻辑的认识及能力，“保证他们的体力和智力获得充分的自由的发展和运用”[③]，以不断获得精神性发展而实现人类幸福的现代化追求。实现物质与精神协同发展的中国式现代化，需要更加注重发挥思想观念、精神意志、价值导向的主观能动性作用，在理想信念、价值理念、道德观念上增强同质性精神追求、精神动力、精神状态、精神实践的精神力量，通过精神活动创造出改造物质世界的观念意识、心智水平、心理条件、情绪能力等主观条件。同时，塑造各方面均衡发展和全面发展的人，普遍性提高社会文明程度，推动实现人的全面发展和社会的全面进步。

（四）坚持发展区域性与发展整体性的统一

事物的普遍有机联系是我们把握事物系统性存在的前提，现代化发展内在地要求从整体上推动各个区域形成结构合理与功能互补的发展布局及其关系形态。当前，党和国家就区域发展作出区域重大战略、区域协调发展战略、主体功能区战略、新型城镇化战略等一系列顶层设计，需要进一步在区域发展的协同性和均衡性上推动实施。一方面，在协同性上通过打造土地、组织、人才、资本、产业、机制等各种资源要素相互支撑和补充的资源链，协同促进中东西部、城市城镇乡村、内地沿海的区域性发展，以区域性资源整合增强发展的整体效应。同时，以需求侧为导向，运用智能技术赋能区域现代化治理，改变政府自上而下和传统招商引领的运作模式，探索建立区域治理“一网统管”体系和平台，实现数据汇聚互联共享、整合资源统一监管、监测预警超前研判的智能化区域联动模式。另一方面，

① 毕国帅、张琳:《中国现代化道路对资本逻辑的超越》,《理论视野》2020 年第 9 期。
② 《马克思恩格斯选集》第 1 卷，人民出版社 2012 年版，第 302 页。
③ 《马克思恩格斯选集》第 3 卷，人民出版社 2012 年版，第 814 页。

在均衡性上要通过人才政策引导和财政支付转移倾斜来增加发展机会的平等性和合理性，实现脱贫攻坚和乡村振兴有效衔接，缩短发育程度、发展速度、发展规模、发展水平等方面的结构性差异和层次性差距。

（五）坚持发展安全性与发展开放性的统一

现代化前所未有地打破了时空界限而使各国发展进入到彼此紧密联系的世界性场域，世界各国相互联系和相互依存的程度空前加深。每个国家的现代化发展都面临着如何看待和处理发展与安全、发展与开放的关系问题。在不确定性和不稳定性因素叠加传导的形势态势中，要更加注重发展的系统性、协同性、可持续性，着力增强高水平安全能力和高水平开放能力，构建高水平安全和高水平开放共同促进高水平发展的格局，为推动中国式现代化的高质量发展提供持久性支撑的发展能力。一方面，坚持总体国家安全观，走中国特色国家安全道路，统筹发展和安全，突出风险意识，善于预判风险，感知苗头隐患，下好先手棋、打好主动仗，为发展营造安全稳定的环境；另一方面，对标国际高标准经贸规则，利用两个市场、两种资源，营造市场化、法治化、国际化一流营商环境，形成更高水平开放型经济新体制，走开放式创新之路，扩大国际科技交流合作，为高质量发展塑造新动能新优势；再一方面，尊重多元化发展模式，积极践行多边主义，增强对话合作的实效性，促进全球发展的平衡性、共生性、繁荣性，更好地体现中国式现代化发展效益对世界现代化进程的发展贡献。

中国式现代化的主体逻辑与时代新人塑造

河北省社会科学院　覃志红

实现现代化是中国人民不懈追求的百年梦想。党的二十大报告深刻阐述了中国式现代化的科学内涵、中国特色与本质要求，科学描绘了新的历史条件下全面建设社会主义现代化国家的宏伟蓝图，彰显出中国式现代化独特的主体逻辑。中华民族伟大复兴已进入不可逆转的历史进程，中国式现代化道路创造了人类文明新形态。实现中华民族千秋伟业，致力于人类和平与发展崇高事业，就需要着力培养时代新人，凝聚力量，牢牢掌握高质量发展的主动权。

一、中国式现代化的主体自觉逻辑凸显时代新人战略的价值

只有正确地认识自我，才能清楚主体需要是什么，历史定位在哪里，进而明确目标方向，探索实践路径。无论是主体还是人的主体性都是在历史进程中生成的。历史主体可以是单个的个人，也可以是以集体方式形成的人，即社会共同体，如民族、国家、政党等。“一个民族、一个国家，必

须知道自己是谁，是从哪里来的，要到哪里去”[①]。

中国式现代化是在“历史转变为世界历史”的全球化背景下提出来的。中国最初是在西方资本主义全球扩张的“压力”下被动卷入现代化历史进程的。一批批开明人士和先进分子率先“开眼看世界”，通过师夷长技、师夷制度、师夷文化尝试融入现代工业文明进程。然而，在帝国主义殖民扩张和侵略的背景下，想要跟随西方的资本主义道路被证明是走不通的。许多中国人开始意识到，没有民族的独立、国家的富强和人民的解放，现代化发展只能成为空中楼阁。“在近代以后中国社会的剧烈运动中，在中国人民反抗封建统治和外来侵略的激烈斗争中，在马克思列宁主义同中国工人运动的结合过程中，1921 年中国共产党应运而生。从此，中国人民谋求民族独立、人民解放和国家富强、人民幸福的斗争就有了主心骨，中国人民就从精神上由被动转为主动”[②]。中国共产党自诞生之日起，就是中国人民和中华民族的先锋队，具有强烈的民族主体意识，对中华文明的主体性有深切认知，具有高度的民族自觉和鲜明的文化自信，始终高举马克思主义旗帜，把为中国人民谋幸福、为中华民族谋复兴作为自己的初心和使命。

一部中国式现代化新道路开创的历史，就是一段中国共产党人带领全国各族人民，以马克思主义为指导，坚持把各种现代性理论资源与中国具体实际相结合，逐渐摸索出一条不同于西方资本主义的现代化实践道路的奋斗历程，它同时也与中华民族“站起来、富起来、强起来”的发展历程高度契合。“中国式现代化既基于自身国情、又借鉴各国经验，既传承历史文化、又融合现代文明，既造福中国人民、又促进世界共同发展，是我们强国建设、民族复兴的康庄大道，也是中国谋求人类进步、世界大同的必由之路。”[③]政党主体性、人民主体性与民族主体性的高度统一，是中国式现代化不同于其他国家现代化主体逻辑的一个显著特色。

---

① 《习近平谈治国理政》第 1 卷，外文出版社 2018 年版，第 171 页。

② 习近平：《决胜全面建成小康社会　夺取新时代中国特色社会主义伟大胜利——在中国共产党第十九次全国代表大会上的报告》，人民出版社 2017 年版，第 13 页。

③ 《习近平出席中国共产党与世界政党高层对话会并发表主旨讲话》，《人民日报》2023 年 3 月 16 日。

历史不过是追求着自己目的的人的活动而已。人类一切历史都是由主体的劳动创造的，每代人只能在上代人留下的物质生产条件的基础上活动，并受其制约。因而主体自觉首要的是要明确历史定位、主体需求、发展阶段，认清民族传统，进而明确目标方向，探索实践路径。在现实层面，主体自觉还体现为行动主体源自较高程度认同与理解的积极的行动自觉。没有共产党的领导，无产阶级自发的阶级意识在很大程度上只能停留在自发的阶段而达不到自觉。正是在中国共产党坚强领导下，才不断激发了强有力的主体自觉，推动了多方主体的共同行动，实现了全社会智慧和力量的高度集聚，为党和国家各项事业发展提供了充足动力。

在中国革命、建设和改革的曲折进程中，中国共产党和中国人民愈发深深感到，中华民族的伟大复兴与坚持走社会主义道路是紧密联系在一起的。因而，中国的现代化道路是中国特色社会主义现代化之路，一方面要坚持科学社会主义基本原则，反映社会主义本质规定，体现社会主义优越性；另一方面要顺应世界现代化潮流，遵循现代化规律，实现现代化跃升。要走坚持中国共产党的领导、从中国实际出发、体现世界现代化规律的新型现代化之路，要以实现中华民族伟大复兴的中国梦为历史使命，以促进人民的解放和发展为目标。党的二十大报告明确宣告，新时代党的中心任务就是团结带领全国各族人民全面建成社会主义现代化强国、实现第二个百年奋斗目标，以中国式现代化全面推进中华民族伟大复兴。在这里人民主体性、政党主体性、民族主体性高度统一，进一步彰显了中国式现代化的主体自觉逻辑。

培养能够担当历史使命、传播新型文明的共产主义新人，是实现共产主义的客观要求。究其本质特征，共产主义新人指向人类未来的前景目标，追求“每个人的全面而自由的发展”。中国共产党作为马克思主义政党，一贯重视新人的培养。党的十八大以来，以习近平同志为核心的党中央立足当代中国具体实际和世界历史发展大势提出“培养担当民族复兴大任的时代新人”[①]（以下简称“时代新人”）的重大战略，这是以习近平同志为核心的党中央必须抓好后继有人这个根本大计的主体自觉，同时也为新时代中国青年的成长成才提供了基本遵循和科学指引。

---

① 《习近平谈治国理政》第4卷，外文出版社2022年版，第339页。

二、中国式现代化的主体实践逻辑彰显时代新人塑造的目标

中国式现代化的主体并非抽象的存在，而是受制于自然和社会的物质条件，在实践中现实生成的。无论是民族主体性还是政党主体性在实践中都将具化为现实的个人的真实存在与历史实践。一方面，“自然界是人为了不致死亡而必须与之处于持续不断的交互作用过程的、人的身体”①，自然界向人类提供生存空间、生活资料，“是人的无机的身体”②，坚持人与自然和谐共生原则是保证人类社会永续发展的基本条件。中华民族在与自然的不断相处中，很早便生成了“天人合一”“道法自然”等睿智的自然观，其中蕴含着人与自然的和谐共生关系。人民群众作为历史的创造者，同样也是构建人与自然生命共同体的实践主体。在世界现代化进程中全球生态问题关乎整个人类命运，生态文明建设越来越引起各国各民族的普遍重视。各主权国家推动生态文明建设必须依靠人民群众的力量，以满足人民群众的需求为使命，才能得到人民群众的拥护和支持。

另一方面，“这些个人的一定的活动方式，是他们表现自己生命的一定方式、他们的一定的生活方式。个人怎样表现自己的生命，他们自己就是怎样。因此，他们是什么样的，这同他们的生产是一致的——既和他们生产什么一致，又和他们怎样生产一致。因而，个人是什么样的，这取决于他们进行生产的物质条件。”③ 马克思的唯物史观和现实社会演进历程表明，人的全部生命活动的动力和根据来源于自身需要，人必须通过劳动、实践以满足自身需要，而新的需要又在劳动实践过程中产生，人正是在不断满足自身需要的劳动实践活动中推动着人类社会不断向前发展的。

从一定意义上说，社会的主要矛盾就是主体需要的集中体现。伴随中国的现代化进程，在现代化的不同阶段，社会的主要矛盾及其所决定的主要发展任务有明显的不同。从鸦片战争到中华人民共和国成立，帝国主义和中华民族、封建主义与人民大众的矛盾占支配地位，甚至新中国成立初期直至社会主义改造完成，谋求民族独立、稳固人民政权、争取人民解放

---

① 《马克思恩格斯选集》第 1 卷，人民出版社 2012 年版，第 55—56 页。

② 《马克思恩格斯文集》第 1 卷，人民出版社 2009 年版，第 55 页。

③ 《马克思恩格斯文集》第 1 卷，人民出版社 2009 年版，第 520 页。

仍是主要任务。党的八大提出我国社会的主要矛盾是：人民对于建立先进的工业国的要求同落后的农业国的现实之间的矛盾，人民对于经济文化迅速发展的需要同当前经济文化不能满足人民需要的状况之间的矛盾。党的十一届六中全会提出的我国社会主要矛盾是：人民日益增长的物质文化需要与落后的社会生产之间的矛盾。党的十九大提出，我国社会主要矛盾已经转化为人民日益增长的美好生活需要和不平衡不充分的发展之间的矛盾。历史反复证明，只有正确认识和准确把握社会主要矛盾的变化，才能清楚地把握主体需要的变化，才能制定出正确的现代化战略、方针和政策。中国共产党坚持人民至上，把实现人民对美好生活的向往作为现代化的出发点和落脚点。从“抗日救国的先锋”① 到无产阶级革命新人，再到“四有新人”② 以及“四个新一代”③，直至堪当民族复兴大任的“时代新人”，不同阶段的“新人”样态各有不同，体现了伴随主体实践的发展变化，主体认知和主体责任也随之改变，对“新人”的设想日益具体化，从而实现了由理想向现实的转化。

“现代化的本质是人的现代化”④，人不仅是现代化的实践主体，是最活跃、最积极的因素，也是现代化的价值主体和终极目的。党的二十大报告精辟指出“教育、科技、人才是全面建设社会主义现代化国家的基础性、战略性支撑”⑤。进而提出要深入实施科教兴国战略、人才强国战略、创新驱动发展战略，来强化现代化建设的人才支撑，进一步释放人的主体意识和主人翁意识，积极发挥人的创造性，增强人的持续进取向上的内动力。随着中国特色社会主义进入新时代，以习近平同志为核心的党中央将培养堪当民族复兴大任的时代新人作为主要目标和重大战略提出来，党的二十大报告又在勾画推进文化自信自强、铸就社会主义文化新辉煌的宏伟蓝图中

---

① 中共中央文献研究室、中央档案馆编：《建党以来重要文献选编》（1921—1949）第 16 册，中央文献出版社 2011 年版，第 288 页。

② 中共中央文献研究室编：《十五大以来重要文献选编》（中），人民出版社 2001 年版，第 842 页。

③ 《新华日报》编：《新中国 70 年大事记》（1949.10.1—2019.10.1）（中），人民出版社 2020 年，第 1278 页。

④ 中共中央文献研究室编：《十八大以来重要文献选编》（上），中央文献出版社 2014 年版，第 594 页。

⑤ 习近平：《高举中国特色社会主义伟大旗帜　为全面建设社会主义现代化国家而团结奋斗——在中国共产党第二十次全国代表大会上的报告》，人民出版社 2022 年版，第 33 页。

再次提出了培养时代新人的战略任务。

三、中国式现代化的主体建构逻辑涵养时代新人的精神价值

全面建成社会主义现代化强国、以中国式现代化全面推进中华民族伟大复兴的新征程需要强化主体建构，凝聚力量，牢牢掌握发展的主动权。主体建构在不同时期具有不同的作用：在现代化没有实现以前，主体建构是现代化的推进器；在实现现代化之后，主体建构消融于现代化，成为现代化社会的维护者。这里所谓的主体建构主要指历史主体性的全方面体现与系统构建。既表现于中国共产党的历史主体性生成、熔铸于百年奋斗历程，发挥、体现于党领导与执政的方方面面，与党开辟伟大道路、创造伟大事业、取得伟大成就内在相关，也体现于民族精神的熔铸，更体现于现代化进程的承载主体——广大人民群众的思维和行为方式的现代转化。

中国式现代化是中国共产党带领中国人民从站起来、富起来到强起来的伟大历史进程，体现出政党主体引领主导的鲜明逻辑。“全面建设社会主义现代化国家、全面推进中华民族伟大复兴，关键在党。”[①] 中国共产党的领导是中国式现代化最鲜明的特色、最显著的优势和最有力的保证。坚持和加强党的全面领导是中国式现代化的本质要求，是推进中国式现代化的首要原则。作为一个使命型政党，“中国共产党对中国式现代化的领导力来自广大人民，来自伟大的学习传统，来自深刻的自我革命，来自源远流长的精神谱系，来自战略谋划与组织执行力”[②]。中国共产党的精神谱系植根于中华文明，是我们党优良传统和优秀品质的集中体现，体现了共产党人的精神血脉，是党强大领导力的重要来源，对中国式现代化的发展起到重要的引领作用。中国式现代化事业与中国共产党人精神谱系是同源而生、同向而行的，中国共产党人精神谱系贯穿于中国式现代化建设的全过程，为其提供了强大的精神滋养与内在支撑，是推动中国式现代化事业不断发展的精神之本、动力之源。实践证明，中国共产党人精神谱系具有强大的精

① 习近平：《高举中国特色社会主义伟大旗帜　为全面建设社会主义现代化国家而团结奋斗——在中国共产党第二十次全国代表大会上的报告》，人民出版社 2022 年版，第 63 页。

② 李文堂：《中国式现代化与中国共产党的领导力》，《中国领导科学》2022 年第 6 期。

神推动力、精神凝聚力、精神支撑力和精神创造力，能够有效激发推动中国式现代化事业发展的主体力量，夯实其信念、坚定其意志、增强其定力、提升其信心。

“一个民族的复兴需要强大的物质力量，也需要强大的精神力量。没有先进文化的积极引领，没有人民精神世界的极大丰富，没有民族精神力量的不断增强，一个国家、一个民族不可能屹立于世界民族之林。”[①] 主体建构自身的发展对现代化的发展来说是非常重要的，将决定着现代化的成败。

海纳百川的包容精神，使中华民族更善于吸收和容纳其他民族的思想智慧，使中国能够与外民族减少矛盾共同发展，也促进了中华文化的繁荣和发展。从古至今，海纳百川一直是中华民族推崇的思想智慧，坚信“君子和而不同”。现代化是人类社会发展的大趋势，但并没有定于一尊的模式。任何文明都不可能在自我封闭中独立发展，坚持独立自主不是闭门造车，对于一切人类优秀文明成果、国外先进经验，要保持开放心态，虚心学习、善于借鉴，同时也要立足中国实际消化吸收，坚持以我为主、为我所用，处理好借鉴与自立、开放与自主的辩证关系，既不数典忘祖，也不故步自封。只有在准确把握现代化规律的基础上，通过制定和实施系统、协调的战略，妥善处理各种社会矛盾和利益关系，很好地驾驭现代化，现代化过程才能比较平稳，才能少付出些代价。

培养担当民族复兴大任时代新人的新战略不仅是在“中国特色社会主义进入新时代”历史方位下的新判断，也是为解决新的社会主要矛盾提出的新要求，更是赋予新时代的每一个人，尤其是青年人以新的使命，同时涵养着时代新人的精神价值。党的二十大报告强调要“弘扬以伟大建党精神为源头的中国共产党人精神谱系，用好红色资源，深入开展社会主义核心价值观宣传教育，深化爱国主义、集体主义、社会主义教育，着力培养担当民族复兴大任的时代新人”[②]。

这里仅以雷锋精神为例。雷锋精神是中国共产党精神谱系在社会主义建设时期的集中体现，它的产生、丰富与发展有着深厚的社会土壤和群众基础，它的出现契合了社会主义建设时期“自力更生，艰苦奋斗，万众一

① 习近平：《在文艺工作座谈会上的讲话》，人民出版社 2015 年版，第 5 页。

② 习近平：《高举中国特色社会主义伟大旗帜　为全面建设社会主义现代化国家而团结奋斗——在中国共产党第二十次全国代表大会上的报告》，人民出版社 2022 年版，第 44 页。

心，奋发图强”的时代要求。雷锋精神一方面是中国共产党人精神谱系的组成部分，另一方面从个体精神层面与当代普通民众奋斗和追求幸福的时代主题相贴近，再一方面则是中华民族优秀传统文化的表征，同时具有人类共同价值意义，是民族精神的最好写照。实践证明，雷锋精神不但是中国共产党人精神谱系中的一部分，也是中华民族永恒的精神印记，它已内化为中华民族的文化基因，成为中国人民共有的精神财富，具有永不磨灭的时代价值。

时代需要继续弘扬传承雷锋精神。新时代我国社会主要矛盾已经转化为人民日益增长的美好生活需要和不平衡不充分的发展之间的矛盾。我们已经迈上全面建设社会主义现代化国家、以中国式现代化推进实现中华民族伟大复兴的新征程。中国共产党、中国社会需要政治信仰的支撑，中国共产党人要坚持和彰显初心使命，民族复兴要激发精神和凝聚力量，文化的创造性转化与创新性发展需要社会主义核心价值观来引领，建设现代化强国要在民众中倡导社会文明新风尚。在奋斗与幸福成为主旋律的新时代，如何奋斗？何为幸福？对于这些摆在每个当代中国人面前的现实问题，我们尤其需要雷锋精神来给我们思想启迪与精神引领。雷锋那种坚定的理想信念、谦逊感恩的品质、大爱无疆的胸怀、忘我奉献的精神、勤俭节约的美德、爱岗敬业的坚守和钻研进取的锐气，在现时代仍具有积极的示范引领作用，成为雷锋精神与时俱进的时代内涵。

建设社会主义现代化强国离不开有理想、有自信、求进取的时代新人。要以站稳人民立场的价值指引筑牢时代新人的理想信念；以宽广胸怀塑造谦逊勤俭、无私奉献的品格；以热爱生活、爱岗敬业、肯钻研历练本领；在自强不息、锐意进取的奋斗中培养担当。在学习雷锋精神中培养时代新人的主体精神、历史主动精神，需要构筑中国价值、中国精神和中国力量。

历史·实践·价值：中国式现代化的三个维度

河北省社会科学院　王少军

习近平总书记在党的二十大报告中全面深刻地阐述了中国式现代化的丰富内涵、本质要求、战略部署，擘画了中国式现代化的壮丽图景，吹响了“以中国式现代化全面推进中华民族伟大复兴”的前进号角。习近平总书记指出，“一百年来，中国共产党团结带领中国人民进行的一切奋斗、一切牺牲、一切创造，归结起来就是一个主题：实现中华民族伟大复兴。”[①] 中国式现代化是基于中华民族伟大复兴的历史使命，在长期革命、建设、改革和发展的过程中，努力探索形成既符合现代发展规律、又立足中国实际的发展道路。因此，研究中国式现代化，必须从近代以来中国式现代化的历史演进、实践探索和价值追求来考察，力求从百年历史发展中汲取智慧，从伟大实践中总结经验，在时代变化中明确价值旨归。

一、中国式现代化的历史维度

中国式现代化由“历史”而来，是鸦片战争以来中国人民在“国家蒙辱、人民蒙难、文明蒙尘”的历史场域下，民族意识逐步觉醒，为争取民

---

① 习近平：《在庆祝中国共产党成立 100 周年大会上的讲话》，人民出版社 2021 年版，第 3 页。

族独立、人民解放和实现国家富强、人民富裕的中华民族伟大复兴而接续奋斗的伟大成就和经验总结。从中国式现代化发展的历史历程来看，中国式现代化路向选择与救亡图存相重合、与民族复兴梦想相一致，贯穿党百年奋斗历程的始终，其生成演进的历史过程呈现出多层次、多阶段特点，经历了学习模仿、自主探索和创新发展阶段。

（一）中国式现代化的学习模仿

鸦片战争爆发后，在与英国侵略者的抗争过程中，林则徐等基于“必须时常探访夷情，知其虚实，始可定控制之方”的战略思维，“开眼看世界”，呼吁向西方学习军事技术，试图“师夷长技以制夷”，体现了中国人民在面对西方侵略压力下对现代化的萌芽式探索。但是，林则徐、魏源等人仅仅是在封建主义的堡垒上凿一个瞭望世界的窗口，其主张并没有得到实践性的验证。

而把学习西方现代军事技术落到实处的则是曾国藩、李鸿章、张之洞、左宗棠等洋务运动的倡导者。面对第二次鸦片战争和太平天国运动的双重压力，他们开办近代军事企业、民用企业，创立新式军队，兴办新学，派遣留学生，培养西式人才，翻译西方著作等，希望在不改变封建专制制度的前提下，学习西方先进技术，将西方现代技术成果为自己所用，以达到“富国强兵”的目标。可以说，洋务运动的影响虽然遍及经济、政治、社会、文化以及军事等各个领域，但只是一种被动层面的现代化，充其量也就是一种器物层面的革新。

洋务运动的失败，使新兴的资产阶级意识到中国社会的病根在于封建专制统治的黑暗和腐朽，由此开启了近代中国政治革新的救国运动。其中，以康有为、梁启超等为代表的资产阶级改良派发起了维新运动，企图效仿日本明治维新，试图建立君主立宪制政体，但最终以失败告终。以孙中山等为代表的资产阶级革命派，在总结洋务派和维新派等失败的历史经验中，认识到只有推翻封建统治，才能改变国家，挽救国家的危亡。孙中山领导的辛亥革命，推翻了封建君主专制统治，但是终因其革命的不彻底性使得中国最终也没有走上资本主义现代化的道路。

辛亥革命失败后，陈独秀、胡适、鲁迅等一批先进知识分子开始将目光投向思想文化领域，企图从思想文化领域祛除封建愚昧、根治封建痼疾。

在新文化运动中，民主和科学开始传入中国并逐步生根发芽，加上俄国十月革命后马克思列宁主义在中国的广泛传播，引发了五四运动，五四运动“使中国先进的知识分子看到了中国变革的社会力量和社会基础”，标志着从洋务运动发端的近代意义上的现代化的结束和现代意义上的现代化的开始，也是中国现代化的转折点。可以说，中国的现代化从此开始从单纯器物模仿、制度变革、文化启蒙转向全面转型。

十月革命一声炮响，给中国送来了马克思列宁主义。在中国人民和中华民族的伟大觉醒中，在马克思列宁主义同中国工人运动的紧密结合中，中国共产党应运而生。从此，中国人民谋求民族独立、人民解放和国家富强、人民幸福的斗争有了主心骨，中国人民从精神上由被动转为主动。正如习近平总书记指出的那样，“实现中华民族伟大复兴是近代以来中华民族最伟大的梦想。中国共产党一经成立，就把实现共产主义作为党的最高理想和最终目标，义无反顾肩负起实现中华民族伟大复兴的历史使命，团结带领人民进行了艰苦卓绝的斗争，谱写了气吞山河的壮丽史诗。”[①]

（二）中国式现代化的自主探索

鸦片战争的爆发唤醒了无数仁人志士，激发了他们的救国热情。他们掀起了数次向西方学习的浪潮，从追寻器物现代化、到模仿制度现代化再到探寻文化现代化，都未能带领中国走出困境，究其根本，就在于没有清醒认识到中国的现代化必须立足中国具体实际。直到中国共产党成立，开始带领中国人民探索符合国情的现代化之路。以毛泽东同志为主要代表的中国共产党人认识到，“马克思主义必须和我国的具体特点相结合并通过一定的民族形式才能实现”[②]，深刻把握历史发展的必然性与民族独立的紧迫性，以国家独立、人民解放为目标，摆脱了“三座大山”的压迫，为现代化发展提供了政治统一、创造了稳定环境。毛泽东在党的七大上作报告时强调，“中国工人阶级的任务，不但是为着建立新民主主义的国家而斗争，而且是为着中国的工业化和农业近代化而斗争。”[③]这一目标的提出，标志

---

① 习近平：《决胜全面建成小康社会　夺取新时代中国特色社会主义伟大胜利——在中国共产党第十九次全国代表大会上的报告》，人民出版社 2017 年版，第 13 页。

② 《毛泽东选集》第 2 卷，人民出版社 1991 年版，第 534 页。

③ 《毛泽东选集》第 3 卷，人民出版社 1991 年版，第 1081 页。

着中国迈出了自主探索现代化建设的步伐，为现代化发展开辟了富有中国特色的思路。

新中国成立之初，中国共产党人就认识到现代化对于国家发展、民族复兴的重要性，致力于寻找“一条适合中国的路线”。毛泽东在党的八大开幕词中指出，“要把一个落后的农业的中国改变成为一个先进的工业化的中国”[①]，把建立一个完整的工业体系作为工作的重中之重。1959年底，毛泽东进一步完善了社会主义现代化建设的构想：“建设社会主义，原来要求是工业现代化，农业现代化，科学文化现代化，现在要加上国防现代化。”[②]这是对中国式现代化的初次阐释。

党的十一届三中全会以正确的战略策略带领中国现代化发展摆脱困境，将党和国家的工作重点转移到了社会主义现代化建设上，开辟了契合时代潮流、符合具体实际的社会主义现代化建设道路。邓小平明确提出了“走自己的道路，建设有中国特色的社会主义”[③]的论断，适时提出了“中国式现代化”命题和“中国式现代化道路”的概念，“我们搞的现代化，是中国式的现代化。我们建设的社会主义，是有中国特色的社会主义。”[④]我们党开始有意识地把中国现代化与在西方国情基础上生成的现代化相区别，形成了中国经济发展、政治改革和文化创新的“中国特色社会主义道路、理论、制度、文化”[⑤]。

（三）中国式现代化的创新发展

党的十八大以来，我们党在已有基础上继续前进，不断实现理论和实践上的创新突破，成功推进和拓展了中国式现代化，进一步深化了对中国式现代化的认识，初步构建了其理论体系，使其更加清晰、科学、可感可行。中国共产党带领全国各族人民向着全面建成社会主义现代化强国、实现第二个百年奋斗目标奋勇前进，以中国式现代化全面推进中华民族伟大复兴。

---

① 中共中央文献研究室编：《建国以来重要文献选编》第9册，中央文献出版社1994年版，第36页。

② 中共中央文献研究室编：《毛泽东文集》第8卷，人民出版社1999年版，第116页。

③ 习近平：《在纪念邓小平同志诞辰110周年座谈会上的讲话》，人民出版社2014年版，第6页。

④ 《邓小平文选》第3卷，人民出版社1993年版，第29页。

⑤ 习近平：《在庆祝改革开放40周年大会上的讲话》，人民出版社2018年版，第11页。

上述表明，中国共产党百年奋斗的伟大实践和经验，为中国式现代化的发展奠定了坚实基础、创造了充分条件，为中国人民和中华民族找到了一条既摆脱西方现代化道路的固定程式又镌刻着中国特色、中国风格、中国智慧的中国式现代化道路。

二、中国式现代化的实践推进

中国式现代化是中国共产党团结带领中国人民革命、建设、改革和发展伟大实践取得的伟大成就和经验总结。习近平总书记指出，“实践证明，中国式现代化走得通、行得稳，是强国建设、民族复兴的唯一正确道路。”[①]

（一）中国式现代化的奠基与实践

1921年中国共产党诞生后，中国人民真正找到了前进的方向。在中国共产党的领导下，全国各族人民英勇奋斗、艰辛探索，经过28年艰苦卓绝的斗争，取得了新民主主义革命的胜利，为实现现代化创造了“根本社会条件”；新中国成立后，党团结带领全国各族人民完成社会主义革命，初步建立了社会主义制度，进行以工业现代化为核心的四个现代化建设，初步实现了我国从传统农业国向工业国的历史转型，为中国式现代化建设奠定“根本政治前提和宝贵经验、理论准备、物质基础”[②]；党的十一届三中全会以来，开启建设中国特色社会主义道路、改革开放和社会主义创新发展，为中国式现代化提供了“充满新的活力的体制保证和快速发展的物质条件”[③]，为中国式现代化探索和实践奠定了重要基础。

（二）中国式现代化的拓展与实践

党的十八大以来，中国特色社会主义进入新时代。以习近平同志为核心的党中央立足中华民族伟大复兴战略全局和世界百年未有之大变局，统筹推进“五位一体”总体布局，协调推进“四个全面”战略布局，推动党和国家

① 《正确理解和大力推进中国式现代化》，《人民日报》2023年2月8日。

② 《党的二十大精神专题十二讲》，人民出版社2023年版，第30页。

③ 中共中央宣传部编：《习近平新时代中国特色社会主义思想学习纲要（2023年版）》，学习出版社、人民出版社2023年版，第53页。

事业取得历史性成就、发生历史性变革，中国特色社会主义进入新时代。中国经济发展在新时代十年取得了重大成就，国内生产总值突破百万亿元大关，人均国内生产总值超过了一万美元，国家经济实力、科技实力、综合国力跃上新台阶。[①]在经济总量不断增加的同时，经济结构也不断优化，城市化率有了显著提高，社会发展有了很大进步，中国式现代化实践进一步展开。

推进中国式现代化是一项前无古人的开创性事业，不仅需要理论的指引，更需要整体谋划和系统推进。党的二十大报告进一步系统阐释了中国式现代化的内涵、本质、特征和推进中国式现代化必须坚持的五大原则，对推进中国式现代化作出“两步走”的战略安排，并且从领导力量、制度建设、经济建设、政治建设、文化建设、社会建设、生态文明建设、对外交往、文明形态九个方面提出要求，确保现代化各个领域的顺利推进。

三、中国式现代化的价值旨归

党的二十大报告明确概括了中国式现代化是人口规模巨大的现代化、全体人民共同富裕的现代化、物质文明和精神文明相协调的现代化、人与自然和谐共生的现代化、走和平发展道路的现代化这五个方面的现代化、体现了中国特色，深刻揭示了中国式现代化的科学内涵。中国式现代化蕴含的独特世界观、价值观、历史观、文明观、民主观、生态观等及其伟大实践，是对世界现代化理论和实践的重大创新。[②]

中国式现代化经历了近代以来的多次尝试，直至以马克思主义为指导的社会革命激活了中华文明的内生活力。在中国共产党的领导下，植根于中华优秀传统文化沃土的中国式现代化，借鉴吸收一切人类优秀文明成果，展现了不同于西方现代化模式的新图景，是一种全新的人类文明形态。不仅打破了“现代化 = 西方化”的迷思，拓展了发展中国家走向现代化的路径选择，形成了中国式现代化，为人类对更好社会制度的探索提供了中国方案、中国智慧；而且其蕴含的独特价值观，体现在“以人民为中心”的价值立场、“坚持共同富裕”的价值原则、“民族伟大复兴”的价值目标和“建

① 《中共中央关于党的百年奋斗重大成就和历史经验的决议》，人民出版社 2021 年版，第 36 页。

② 《正确理解和大力推进中国式现代化》，《人民日报》2023 年 2 月 8 日。

设美好世界”的价值超越。

（一）“以人民为中心”的价值立场

中国共产党领导的社会主义现代化，不是少数人的现代化，而是着眼于最广大人民利益的现代化，因此是人口规模巨大的现代化。中国式现代化，把人的现代化放在现代化建设的突出位置和核心环节，重视促进人的全面发展和社会全面进步的统一性，是以全体人民为中心的全面发展的现代化。

党的根基在人民、血脉在人民、力量在人民，人民是党执政兴国的最大底气。党的最大政治优势是密切联系群众，党执政后的最大危险是脱离群众。党代表中国最广大人民的根本利益，没有任何自己特殊的利益，从来不代表任何利益集团、任何权势团体、任何特权阶层的利益，这是党立于不败之地的根本所在。习近平总书记强调，“江山就是人民，人民就是江山。中国共产党领导人民打江山、守江山，守的是人民的心。”[①] 在中国式现代化的科学理论体系中，不论是五个方面的中国特色、九个方面的本质要求，还是五个重大原则，都深深体现了以人民为中心的发展思想。中国式现代化归根结底，是真正意义上的人的现代化。

（二）“坚持共同富裕”的价值原则

“实现共同富裕不仅是经济问题，而且是关系党的执政基础的重大政治问题”[②]，是以人民为中心重大原则的体现。中国式现代化包含着“坚持共同富裕”的价值原则，这个原则关乎社会主义的本质，离开这个原则，中国式现代化就偏离了社会主义的方向，共同富裕也就不可能实现。

1992年，邓小平在南方谈话时从生产力与生产关系相结合的角度，明确把“消灭剥削，消除两极分化，最终达到共同富裕”视为社会主义的本质和奋斗追求。改革开放进程中，中国式现代化打破平均主义，做大了“蛋糕”，实现了人民生活从温饱不足到总体小康、再到全面小康的跨越，为全体人民的共同富裕提供了坚实的物质和文化基础，彰显了社会主义现代化的优越性。进入新时代，中国式现代化更加注重“蛋糕”的做大、切

① 习近平：《高举中国特色社会主义伟大旗帜　为全面建设社会主义现代化国家而团结奋斗——在中国共产党第二十次全国代表大会上的报告》，人民出版社2022年版，第46页。

② 《习近平谈治国理政》第4卷，外文出版社2022年版，第171页。

好与分好问题，朝着全体人民的共同富裕积极有为地努力。习近平总书记指出，“共同富裕本身就是社会主义现代化的一个重要目标。我们不能等实现了现代化再来解决共同富裕问题，而是要始终把满足人民对美好生活的新期待作为发展的出发点和落脚点，在实现现代化过程中不断地、逐步地解决好这个问题。”[①] 党的十九届五中全会明确指出“十四五”时期要“扎实推动共同富裕”，明确提出到2035年基本实现社会主义现代化，全体人民共同富裕取得更为明显的实质性进展。党的二十大更是明确强调“中国式现代化是全体人民共同富裕的现代化”。

（三）“民族伟大复兴”的价值目标

中国式现代化是党团结带领全国各族人民坚持走自己的路成功开创出来的。开创和推进中国式现代化本身不是目的，其价值目标是要解决中华民族的生存性危机、发展性问题，最终实现伟大复兴。

近代以来，中华民族曾尝试从器物、制度、思想等层面走西方现代化道路，但均以失败告终，民族危机持续加重。中国共产党深刻认识到，国家富强、民族振兴、人民幸福，都需要通过实现现代化来保障。但是，西方现代化的排他性，决定了中国不可能通过资本主义现代化来化解危机、实现自强。改变民族命运、实现现代化，必须走自己的路。在新中国成立特别是改革开放以来的长期探索和实践基础上，中国共产党成功开创了中国式现代化道路，不仅解决了中华民族的生存性危机，而且解决了中国的发展性问题，使中国大踏步赶上了时代。经过党的十八大以来在理论和实践上的创新突破，中国人民成功推进和拓展了中国式现代化。中国式现代化始终朝着实现中华民族伟大复兴的方向发展，在新时代展现出全面推进中华民族伟大复兴的历史伟力。

（四）“建设美好世界”的价值超越

中国式现代化原本在于发展自己，但是，随着中国式现代化的成功推进和拓展，这种现代化道路和模式越来越具有世界意义。

中国式现代化是中国共产党领导的社会主义现代化，是社会主义基本

① 习近平：《全党必须完整、准确、全面贯彻新发展理念》，《求是》2022年第16期。

制度和发展道路基础上的现代化，是具有中国特色和社会主义本质属性的现代化。中国式现代化代表了人类文明进步的发展方向，超越了以资本为中心的西方现代化，超越了以两极分化为特征的西方现代化，超越了被资本逻辑异化了的片面的以“物质主义”为中心的“单向度”西方现代化，超越了以高消耗、高排放、牺牲人类自然环境为代价的西方现代化，超越了以对外侵略扩张掠夺、具有殖民色彩和寄生性特征的西方现代化，破解了人类社会发展的诸多难题，拓展了发展中国家走向现代化的途径，为人类的现代化探索提供了中国方案。

习近平总书记指出，“中国共产党将致力于维护国际公平正义，促进世界和平稳定。中国式现代化不走殖民掠夺的老路，不走国强必霸的歪路，走的是和平发展的人间正道。”[①] 中国式现代化是走和平发展道路的现代化，中国始终站在历史正确的一边、站在人类文明进步的一边，在坚定维护世界和平与发展中谋求自身发展，又以自身发展更好地维护世界和平与发展，推动建设持久和平、普遍安全、共同繁荣、开放包容、清洁美丽的世界，体现了宽广的全球视野、博大的天下情怀、强烈的历史担当。

中国共产党是胸怀天下的政党，“四为四谋”——为中国人民谋幸福、为中华民族谋复兴，为人类谋进步、为世界谋大同，是中国式现代化的政治方向和奋斗目标。中国共产党的领导是中国式现代化的本质要求，也是中国式现代化的价值取向。

结语

中国式现代化是接续推进的，是在现代化历史进程中不断丰富和发展的，是在理论和实践的不断创新突破中形成的，是中国共产党领导中国人民长期实践探索所取得的重大历史成就，是科学社会主义的最新伟大成果，是对西方现代化理论与实践的超越，展现了人类社会现代化的另一幅图景，拓展了发展中国家走向现代化的路径选择。因此，深入研究中国式现代化的历史演进、实践探索和价值旨归，有助于我们更为深刻地理解和把握中国式现代化丰富的科学内涵、独特的理论品格和重要的价值旨向。

---

① 习近平：《携手同行现代化之路》，《人民日报》2023 年 3 月 16 日。

从“选择”到“超越”
——中国共产党开创中国式现代化道路的历程与经验

河北省社会科学院　王　昆

党的二十大提出，我国要在21世纪中叶实现全面建成社会主义现代化强国。在对中国式现代化未来发展进行部署和展望的同时，我们党也对中国式现代化理论进行了阐释和完善，为全面建成社会主义现代化强国和中华民族伟大复兴提供了理论指南。中国式现代化是世界历史发展的必然，也只有放在世界历史的大背景中去考察，才能深刻理解和把握中国式现代化的内涵和意义。面对当今世界百年未有之大变局和中华民族伟大复兴战略全局，对于作为世界第二大经济体的中国而言，可谓机遇和挑战并存。我们要深入研究中国共产党开创中国式现代化道路的历程和经验，全面把握现代化建设的普遍性规律，为全面建成社会主义现代化强国提供借鉴和启示，为人类对美好社会制度的探索提供中国方案。

一、中国共产党以中国式现代化开启中华民族伟大复兴之路

1840年鸦片战争以来，在西方列强坚船利炮的进攻下，我国逐渐沦为半殖民地半封建社会，在帝国主义和本国封建势力的压迫下，中华民族和

中国人民都面临着严重的生存危机，独立自强的中国人民为了取得民族独立和人民幸福进行了不懈探索。

（一）现代化是近代以来中国人民寻求民族复兴的选择共识

19 世纪 40 年代，西方资本主义国家为了扩大原料产地和销售市场，用武力打开了中国的大门，中国从此被卷入世界市场。它们用各种方式掠夺中国领土，勒索中国“赔款”，在中国国土上瓜分“势力范围”，设租界、驻军队，并利用不平等条约控制中国的通商口岸、交通线和海关，操纵中国财政和经济命脉，支配中国政治。中国丧失了国家主权，前所未有的劫难使中华民族面临着五千多年来最严重的生存危机。与此同时，人们也看到，西方资本主义国家的政治制度和科学技术都比中国先进，意识到我们在这两方面落后于资本主义国家，纷纷要求学习外国，认为“要救国，只有维新，要维新，只有学外国”。为挽救民族危亡，无数仁人志士纷纷远渡重洋向西方学习。从洋务运动、维新变法、辛亥革命到五四运动，人们尝试了技术引进、制度变革和革命重建等各种现代化方案，但均以失败而告终。他们的实践反复证明，走西方现代化道路无法实现中华民族的伟大复兴。

（二）马克思主义给中国共产党指明了现代化新路

正当中华民族处于迷茫之时，十月革命送来了马克思主义。马克思主义认为，现代化大致分为两大阶段：第一阶段是资本主义现代化阶段，第二阶段则是共产主义（含社会主义）现代化阶段。如何实现第二阶段的现代化，马克思提出了“跨越卡夫丁峡谷”的设想：打破对资本主义现代化路径的依赖，跨越资本主义制度下对内压榨、对外掠夺的原始积累阶段，即跨越资本主义生产关系和经济制度，而借鉴社会生产力和现代经济运行制度。实践中，俄国十月革命胜利后建立了第一个社会主义国家，为落后国家“跨越卡夫丁峡谷”提供了现实经验和借鉴。恩格斯还提出了民族独立是“跨越卡夫丁峡谷”的必要前提。在饱受帝国主义侵略的旧中国，只有先取得民族独立，才能走上独立发展的现代化道路，即马克思设想的第二阶段的共产主义（含社会主义）现代化。1921 年，接受了马克思列宁主义的中国先进知识分子组织成立了中国共产党，提出通过革命实现民族独立、最终建立共产主义社会的目标纲领，担负起领导广大无产阶级、实现中华民族复兴的责任与使命，找到了适合中国社会发展的现代化道路。

二、中国共产党开创中国式现代化道路的主要历程

中国共产党成立后，以马克思主义为指导，以共产主义为目标，以中国基本国情为出发点，在百年奋斗历程中开创了一条中国式现代化新路。

（一）建立独立的社会主义国家，在争取民族独立中起步

鸦片战争以后的中国，逐渐在政治、经济和外交上都丧失了部分主权，一个独立的中国沦为了半殖民地半封建社会。如何在这样性质的社会中实现现代化，成为中国共产党必须解决的重大时代课题。恩格斯指出："排除民族压迫是一切健康而自由的发展的基本条件。"[①]从世界上其他国家成功走上现代化道路的实践来看，也都是以国家主权独立为前提。毛泽东从中国当时的社会性质出发，指出"帝国主义和中华民族的矛盾，封建主义和人民大众的矛盾，这些就是近代中国社会的主要的矛盾"[②]，中国革命的任务"就是对外推翻帝国主义压迫的民族革命和对内推翻封建地主压迫"[③]。

在俄国十月革命胜利后，人类历史开始进入社会主义发展阶段，我国从五四运动后就进入了新民主主义革命阶段，其前途和趋势是社会主义。由此出发，毛泽东认为，中国共产党领导的整个革命运动，包括了民主主义革命和社会主义革命两个阶段，在第一个革命阶段，中国革命的主要敌人就是帝国主义的资产阶级和本国的封建地主阶级。大革命时期，我们党和国民党合作，进行反对帝国主义的革命；土地革命时期，我们党探索以农村包围城市革命的道路，动员了广大农民参加革命战争，建立了自己领导的人民军队；抗日战争时期，我们党联合一切爱国主义力量，把日本侵略者赶出了中国；解放战争时期，我们党彻底推翻了国民党反动统治，建立人民民主专政的国家政权，彻底结束了旧中国半殖民地半封建社会的历史，彻底结束了近代以后一百多年中国人民任人欺凌的悲惨命运，从根本

① 《马克思恩格斯文集》第 10 卷，人民出版社 2009 年版，第 472 页。
② 《毛泽东选集》第 2 卷，人民出版社 1991 年版，第 631 页。
③ 《毛泽东选集》第 2 卷，人民出版社 1991 年版，第 637 页。

上改变了中国社会的发展方向，为实现国家富强、人民幸福和中华民族的伟大复兴开辟了广阔道路。

（二）将农业国转变为工业国，在社会主义改造和建设中开局

按照毛泽东对中国革命的分析，在取得民族独立后，中国就将进入第二阶段的革命，即社会主义革命阶段。新中国成立初期我国的现代性工业产值只占国民经济总产值的百分之十左右，还有大约百分之九十的分散的个体农业经济和手工业经济，整体处于十分落后的状况，这就需要在两个阶段之间安排一个从资本主义到社会主义的过渡时期，才能使我国尽快摆脱落后的农业国现状。为此，我们党提出“使中国由农业国变为工业国”[①]、由新民主主义社会转变为社会主义社会的发展方向和奋斗目标，这是比民族独立更艰苦的历史任务。

1952 年底，我国国民经济恢复的任务已基本完成，党中央从我国实际情况出发，于 1953 年 9 月正式提出了党在这个过渡时期的总路线和总任务：“要在一个相当长的时期内，基本上实现国家工业化和对农业、手工业、资本主义工商业的社会主义改造”[②]。实质是将生产资料的资本主义私有制改变为生产资料的社会主义公有制。通过第一个五年计划的实施，大批旧中国没有的基础工业部门一个个建立起来，一大批工矿企业兴办起来，为我国建立独立完整的工业体系奠定了基础。到 1956 年，党的八大提出国内的主要矛盾，已经是人民对于建立先进的工业国的要求同落后的农业国的现实之间的矛盾、人民对于经济文化迅速发展的需要同当前经济文化不能满足人民需要的状况之间的矛盾，这就成为党和全国人民要集中力量解决的主要任务。1964 年底，周恩来明确提出，要“在不太长的历史时期内，把我国建设成为一个具有现代农业、现代工业、现代国防和现代科学技术的社会主义强国，赶上和超过世界先进水平”[③]，四个现代化从此成为党和全国各族人民的共同奋斗目标和强大的精神力量。在短短 30 年的时间里，我们党就领导人民在旧中国一穷二白的基础上，建立起独立的比较完整的工业体系和国民经济体系，有效维护了国家主权和安全，积累起在

① 《毛泽东选集》第 3 卷，人民出版社 1991 年版，第 1081 页。
② 《周恩来选集》下卷，人民出版社 1984 年版，第 104—105 页。
③ 《周恩来选集》下卷，人民出版社 1984 年版，第 439 页。

一个社会生产力水平十分落后的东方大国进行社会主义现代化建设的重要经验。

（三）拓展为四个现代化，在改革开放中奠基

"文化大革命"结束后，我们党对社会主义建设进行了深刻反思，认为社会主义要赢得与资本主义相较的优势，就必须大胆吸收和借鉴人类社会创造的一切文明成果，吸收和借鉴世界各国包括资本主义发达国家的一切反映现代社会化生产规律的先进生产经营方式、管理方式，于是在党的十一届三中全会作出了改革开放的重大决策。邓小平指出，我们要在中国实现四个现代化，必须在思想政治上坚持社会主义道路、坚持无产阶级专政、坚持共产党的领导、坚持马列主义毛泽东思想，这是实现四个现代化的根本前提。[①] 随着党和国家工作重点的转移和改革开放的展开，争取一个有利于我国现代化建设的国际和平环境越来越成为全党的共识。邓小平根据国际形势变化，作出"和平和发展是当代世界的两大问题"的战略判断，提出坚持和平共处五项原则的独立自主外交政策，为我国现代化建设赢得较长时间的和平环境提供了可能。

一切从实际出发是我国现代化建设的基本经验。邓小平强调，要使中国实现四个现代化，必须从中国实际的两个重要点出发：一是底子薄，一是人口多、耕地少。[②] 基于这样的基本国情，邓小平在会见日本首相大平正芳时对中国式现代化进行了初步阐释："我们要实现的四个现代化，是中国式的四个现代化。我们的四个现代化的概念，不是像你们那样的现代化的概念，而是'小康之家'。"[③] 此后，我们党制定了较长时期内现代化发展的"三步走"战略：第一步，实现国民生产总值比 1980 年翻一番，解决人民的温饱问题；第二步，到 20 世纪末使国民生产总值再增长一倍，人民生活达到小康水平；第三步，到 21 世纪中叶，人均国民生产总值达到中等发达国家水平，基本实现现代化。[④]

---

① 《邓小平文选》第 2 卷，人民出版社 1994 年版，第 164—165 页。

② 《邓小平文选》第 2 卷，人民出版社 1994 年版，第 163—164 页。

③ 《邓小平文选》第 2 卷，人民出版社 1994 年版，第 237 页。

④ 中共中央宣传部编：《中国特色社会主义学习读本》，学习出版社 2013 年版，第 69 页。

（四）创新性提出全面现代化，在中国特色社会主义新时代超越

从党的十八大开始，中国特色社会主义进入了新时代，我国社会主要矛盾已经转化为人民日益增长的美好生活需要和不平衡不充分的发展之间的矛盾。基于这一发展实际，我们党作出了高质量发展的科学部署，中国式现代化建设事业得到了快速发展。经过党和全国人民的接续奋斗，到建党一百周年的时候，我国稳定解决了十几亿人的温饱问题，打赢了人类历史上规模最大的脱贫攻坚战，实现了第一个百年奋斗目标，在中华大地上全面建成了小康社会。

在我国现代化建设突飞猛进的时候，人类现代化进程却又一次来到历史的十字路口。当今的国际形势瞬息万变，多重挑战和危机交织叠加，世界经济复苏艰难，发展鸿沟不断拉大，生态环境持续恶化，冷战思维阴魂不散。面对这些影响全人类发展的问题，我们党对资本主义现代化和其他社会主义现代化进行了对比与反思，不断完善和发展中国式现代化道路，提出了中国式现代化理论：中国式现代化是人口规模巨大的现代化，是全体人民共同富裕的现代化，是物质文明和精神文明相协调的现代化，是人与自然和谐共生的现代化，是走和平发展道路的现代化。相比于资本主义现代化，它超越了资本主义人口规模较小、贫富两极分化、单一物质文明片面发展、人与自然对立和殖民掠夺的现代化。随着对中国式现代化规律认识的深化，党的二十大站在更高的历史起点上，适时提出全面建成社会主义现代化强国的奋斗目标，并作出了分"两步走"的战略安排："从二〇二〇年到二〇三五年基本实现社会主义现代化；从二〇三五年到本世纪中叶把我国建成富强民主文明和谐美丽的社会主义现代化强国"[①]。这一战略安排，赋予了中国式现代化更丰富的内涵，创造了人类文明新形态，为人类现代化发展开辟了崭新道路。

三、中国共产党开创中国式现代化道路的成功经验

中国式现代化既基于自身国情、又借鉴各国经验，既传承本国历史文

---

① 习近平：《高举中国特色社会主义伟大旗帜　为全面建设社会主义现代化国家而团结奋斗——在中国共产党第二十次全国代表大会上的报告》，人民出版社2022年版，第24页。

化、又融合现代文明，既造福中国人民、又促进世界共同发展的现代化，是我们强国建设、民族复兴的康庄大道，也是中国谋求人类进步、世界大同的必由之路。总结中国共产党开创中国式现代化道路的经验，可以为我国全面建成社会主义现代化国家、实现民族复兴提供经验借鉴，为广大发展中国家独立自主迈向现代化提供全新选择。

（一）推动马克思主义中国化时代化发展，使中国式现代化道路既符合世界发展趋势又呈现中国特色

马克思主义揭示了人类社会发展的规律，是我们认识世界、改造世界的科学真理。坚持和发展马克思主义，从理论到实践都需要马克思主义者持续的努力探索。中国共产党一经成立，就把马克思主义写在了自己的旗帜上。一百多年来，在中国现代化建设的实践中，我们党不断把马克思主义基本原理同中国具体实际相结合、同中华优秀传统文化相结合，不断推进马克思主义中国化时代化，及时回答中国之问、世界之问、人民之问、时代之问，推动中国式现代化一次次跨越式发展。首先，中国式现代化是符合世界发展趋势的现代化。在马克思主义理论指导下，我们党找到了人类社会发展的规律，确定中国革命的前途是社会主义，这就决定了中国式现代化只能是社会主义的现代化，从确立工业化到四个现代化再到人类命运共同体，中国式现代化一直沿着人类社会发展的方向同步前进。其次，中国式现代化是呈现中国特色的现代化。从独立自主解决中国问题，到建设中国式的小康社会，再到“大同世界”理念下的人类命运共同体，无一不深深体现了中华优秀传统文化的特点。实践证明，中国式现代化与西方现代化道路有着显著区别，它深深植根于中华优秀传统文化，体现了科学社会主义的先进本质。我们要继续推动马克思主义中国化时代化，用全面建成社会主义现代化强国的具体实践不断推动中国式现代化理论的发展，善于用新的理论指导新的实践，就一定能够让马克思主义在中国大地上展现出更强大、更有说服力的真理力量。

（二）把握不同历史阶段的主要矛盾，分阶段完成中国式现代化建设目标

唯物辩证法认为，矛盾是事物发展的动力，在矛盾中起支配作用的是

主要矛盾。正确分析社会主要矛盾是我们党领导中国式现代化建设的基础。新民主主义革命时期，党依据我国社会性质的变化，分析认为帝国主义和中华民族的矛盾、封建主义和人民大众的矛盾这两大矛盾是近代中国的主要矛盾，中国的革命应先后分为民主主义革命和社会主义革命两个阶段进行，制定了通过武装革命取得新政权的政策；社会主义革命和建设时期，党的八大提出，人民对于建立先进的工业国的要求同落后的农业国的现实之间的矛盾以及对于经济文化迅速发展的需要同当前经济文化不能满足人民需要的状况之间的矛盾是社会的主要矛盾；党的十一届三中全会召开后，党认为我国所要解决的主要社会矛盾是人民日益增长的物质文化需要同落后的社会生产之间的矛盾，制定了社会主义初级阶段的基本路线，旨在把中国建设成为一个繁荣、民主、文明、和谐、美丽的社会主义现代化强国；进入中国特色社会主义新时代，我国社会主要矛盾已经转化为“人民日益增长的美好生活需要和不平衡不充分的发展之间的矛盾”[①]，党据此作出了全面建成社会主义现代化强国的分“两步走”的战略安排。我们党对不同历史时期社会主要矛盾的准确把握，是我们党制定科学战略部署和稳步开创中国式现代化之路的主要依据。我们要紧紧围绕各个历史时期的社会主要矛盾推进各项工作，不断推进中国式现代化分阶段分目标实现，直至最终实现共产主义。

（三）发扬独立自主精神，打造原版的中国式现代化新图景

独立自主是中华民族的精神之魂。人类历史上没有哪一个民族、哪一个国家可以通过依赖外部力量、照搬外国模式、跟在他人后面亦步亦趋实现强大和振兴。什么样的现代化最适合自己，本国人民最有发言权，“发展中国家有权利也有能力基于自身国情自主探索各具特色的现代化之路”[②]。走自己的路，是党的全部理论和实践立足点，更是党百年奋斗得出的历史结论。自从中国共产党担负起中华民族伟大复兴的历史使命，就以独立自主开辟了中国式现代化道路。中国式现代化是根据中国具体国情、由中国人民自主选择的道路，它既“不是简单套用马克思主义经典作家设想的模板，

① 《党的二十大报告辅导读本》，人民出版社 2022 年版，第 7 页。

② 习近平：《携手同行现代化之路——在中国共产党与世界政党高层对话会上的主旨讲话》，人民出版社 2023 年版，第 3 页。

也不是其他国家社会主义实践的再版，更不是国外现代化发展的翻版”[①]。一百多年来，我们党在充分把握世界现代化发展规律和借鉴其他国家现代化建设经验的基础上，坚持把国家和民族发展放在自己力量的基点上，坚持中国的事情必须由中国人民自己主张、自己处理，取得了新民主主义革命、社会主义革命和建设、改革开放和社会主义现代化建设、新时代中国特色社会主义建设的伟大胜利，推动中华民族伟大复兴进入不可逆转的历史进程。历史和实践充分证明：独立自主是党百年奋斗得出的基本经验，不论过去、现在和将来，我们都要把国家和民族发展放在自己力量的基点上，坚持民族自尊心和自信心，坚定不移走自己的路。

（四）以自我革命推进社会革命，在把握历史主动中创新中国式现代化道路

自我革命是我们党跳出治乱兴衰历史周期率的第二个答案。先进的马克思主义政党不是天生的，而是在不断自我革命中淬炼而成的。一部中国共产党百年历史，就是一部不断自我革命的历史，经过一百多年的不懈奋斗，我们党领导人民迎来了从站起来、富起来到强起来的伟大飞跃，实现了中国社会的伟大变革。中国共产党之所以能取得这样伟大的成就，最根本的一条就是牢牢掌握了“打铁必须自身硬”、勇于“刀刃向内”的自我革命这一重要法宝。习近平总书记指出，“坚持全面从严治党。不断增强党自我净化、自我完善、自我革新、自我提高的能力，始终保持党同人民群众的血肉联系”[②]。党的十八大以来，党通过不断进行自我革命，大大提高了领导现代化建设的能力和水平，在引领中国式现代化发展中牢牢掌握了主动权。但是，我们党依然面临着执政考验、改革开放考验、市场经济考验、外部环境考验，以及精神懈怠危险、能力不足危险、脱离群众危险、消极腐败危险。我们必须牢记党的自我革命永远在路上，必须持之以恒推进全面从严治党，要在中国特色社会主义的伟大实践中不断接受严格的思想淬炼、政治历练、实践锻炼、专业训练，才能持续提高党的领导能力和执政水平，以党的自我革命推动社会革命，不断开辟中国式现代化发展新境界。

---

① 习近平：《论中国共产党历史》，中央文献出版社 2021 年版，第 211 页。

② 中共中央党史和文献研究院编：《十九大以来重要文献选编》（上），中央文献出版社 2019 年版，第 18 页。

周恩来对中国的现代化建设思考与探索及其启示

河北省社会科学院　王彦坤

2023年，是周恩来同志诞辰125周年。全国人民至今深深怀念他、颂扬他，不仅在于他对人民鞠躬尽瘁的公仆实践，更在于作为新中国第一任总理，他在特定历史条件下对中国现代化建设的不懈探索。在他离开我们46年后，党的二十大擘画了全面建设社会主义现代化国家的宏伟蓝图，提出以中国式现代化全面推进中华民族伟大复兴的使命任务。在新时代新征程上，周恩来在探索过程中的思想实践，成为我们今天实现党的第二个百年奋斗目标的宝贵精神财富。

一、为圆强国梦：周恩来对中国现代化的艰难探索

现代化，如今已经成为世界各国面临的艰巨课题和不懈奋斗的目标。从动态上说现代化指工业革命以来，人类利用不断增长的知识和能力改造自然、社会和人，实现从传统经济向现代经济、传统社会向现代社会、传统政治向现代政治、传统文明向现代文明的深刻变化，是现代市场经济基础上的工业化、法治化和民主化。自从英国开始工业革命以来，整个世界步入现代化的历史进程，西方各国通过数百年发展已率先跻身现代化国家

行列，广大发展中国家如今奋发努力，也以各具特色的发展战略向现代化目标挺进。

鸦片战争后，近代中国被强行卷入现代化潮流。从洋务运动发展近代工业，坚持“中学为体，西学为用”的器物层次革新，到戊戌变法、辛亥革命对封建君主专制制度的制度性变革，再到以“民主”“科学”武器抨击封建专制制度和文化的新文化运动的观念性变革，以及“实业救国”“教育救国”等形形色色的现代化努力，缓慢而艰难曲折地驱动着中国现代化车轮。但是，在强大而根深蒂固的封建势力抵抗面前，在帝国主义侵略势力压迫面前，所有形形色色的现代化努力统统宣告失败，多少有关中国富强的美好设想和滔滔宏论化为泡影，多少仁人志士面对严酷黑暗的现实扼腕长叹。直到俄国十月革命的胜利，才使绝望的中国人民找到了一条实现现代化的崭新道路。这就是通过新民主主义革命，彻底推翻阻碍中国现代化的帝国主义、封建主义和官僚资本主义“三座大山”，然后实现向社会主义的转变，走向繁荣富强的现代化。

经过 28 年英勇奋斗和千百万革命先烈流血牺牲，五星红旗终于在天安门广场冉冉升起，变受尽欺侮凌辱的中国为独立自主的中国成为现实，变贫穷落后的中国为繁荣富强的现代化中国成为可能。而将这可能变为现实，则成为中国共产党和中国人民面临的更加艰难的百年课题，自然也成为新中国第一任总理——周恩来面对的艰难课题。1949 年全国工业产值 140 亿元，只有 1937 年的一半；产业工人只有 300 万人，只占全国人口的 0.6%；钢产量仅 15 万吨；近亿人挣扎在死亡线上，人均国民收入仅 66 元。对此，他这样说过，我们所接受的旧中国满目疮痍，是一个破烂摊子。

早在 1949 年，周恩来主持起草的《中国人民政治协商会议共同纲领》就提出“发展新民主主义的人民经济，稳步地变农业国为工业国”[①]。面对旧中国遗留的贫穷落后且满目战争疮痍的经济基础，周恩来认为“首先必须医治好战争的创伤，恢复被破坏了的工业和农业”[②]。为此，他主持制止通货膨胀、稳定物价和统一全国财政经济工作，恢复工业、农业和交通等各项生产事业，制定各项经济政策、法令，采取各种有力措施，恢复市场、安

① 中共中央文献研究室编：《建国以来重要文献选编》第 1 册，中央文献出版社 1992 年版，第 2 页。

② 《周恩来年谱（1949—1976）》上卷，中央文献出版社 1997 年版，第 68 页。

排人民生活，使国民经济迅速恢复。在此基础上，周恩来协助毛泽东制定了“在一个相当长的时期内，逐步实现国家的社会主义工业化，并逐步实现国家对农业、对手工业和对资本主义工商业的社会主义改造”[①]的过渡时期总路线，开始勾勒新中国未来现代化的宏伟蓝图。在1954年一届全国人大会议上，周恩来首次指出：“如果我们不建设起强大的现代化的工业、现代化的农业、现代化的交通运输业和现代化的国防，我们就不能摆脱落后和贫困，我们的革命就不能达到目的”[②]。这是我们党最早将四个现代化作为我国的经济发展战略目标。随着对社会主义建设规律认识的深化，1956年党的八大上，周恩来首次明确阐明我国经济建设的总目标：“我国社会主义工业化的主要要求，就是要在大约三个五年计划时期内，基本上建成一个完整的工业体系”[③]。

在我们这个贫穷落后的国度，进行现代化探索，不仅面对低下且极不平衡的生产力发展水平，面对着传统的封建主义思想残余和小农意识的羁绊，还面对着帝国主义的包围封锁和社会主义兄弟国家的不平等待遇，更面对着我们国家自己高度集中统一的政治经济体制的束缚和党内“左”的思想观念的严重干扰，周恩来对现代化的探索出现曲折是不可避免的。1956年初我国经济工作出现急躁冒进和齐头并进的倾向，周恩来与陈云较早发现并提出这一问题。从1960年起，周恩来和其他中央领导人提出并实施“调整、巩固、充实、提高”的方针，使国民经济走出了困境。1964年，周恩来在三届全国人大一次会议上提出“今后发展国民经济的主要任务，总的说来，就是要在不太长的历史时期内，把我国建设成为一个具有现代农业、现代工业、现代国防和现代科学技术的社会主义强国，赶上和超过世界先进水平。为了实现这个伟大的历史任务，从第三个五年计划开始，我国的国民经济发展可以按两步来考虑：第一步，建立一个独立的比较完整的工业体系和国民经济体系；第二步，全面实现农业、工业、国防和科学技术的现代化，使我国经济走在世界的前列”[④]。在1975年四届全国人大一次会议上作《政府工作报告》时，他重申四个现代化的宏伟目标和

① 《毛泽东著作选读》下册，人民出版社1986年版，第704页。

② 《习近平谈治国理政》第4卷，外文出版社2022年版，第151—152页。

③ 《周恩来年谱（1949—1976）》上卷，中央文献出版社1997年版，第618页。

④ 《周恩来年谱（1949—1976）》中卷，中央文献出版社1997年版，第695—696页。

分“两步走”的设想，强调指出：“今后的十年，是实现上述两步设想关键的十年。”①

二、宝贵精神财富：周恩来对现代化的理论探索

在对中国现代化的艰难探索过程中，周恩来呕心沥血，不仅在实践上进行了坚忍不拔的努力，还在现代化理论方面进行了不懈探索。他所阐述的现代化思想，对我们今天进行现代化建设具有重要的借鉴作用。

（一）经济建设工作在国家生活中已经居于首位

作为新中国的第一任总理，周恩来深知，改变我国贫穷落后面貌，实现现代化，必须牢牢将经济建设放在国家生活中的首位。早在1949年，周恩来就明确指出：“生产是我们新中国的基本任务”②。国民经济恢复任务完成后，他在一届全国人大一次会议作的《政府工作报告》中指出：“经济建设工作在整个国家生活中已经居于首要的地位”③，这是因为“我国伟大的人民革命的根本目的，是从帝国主义、封建主义和官僚资本主义的压迫下面，最后也从资本主义的束缚和小生产的限制下面，解放我国的生产力，使我国国民经济能够沿着社会主义的道路得到有计划的迅速的发展，以便提高人民的物质生活和文化生活的水平，并且巩固我们国家的独立和安全”④。他认为，“把我国建设成为一个强大的社会主义的现代化的工业国家，这是一个很伟大而艰巨的任务”⑤，完成这个任务，就需要“我们人人都要关心提高我们国家的生产力。只有生产不断地增加，不断地扩大，才能逐步地克服我们人民的贫困，才能巩固我们革命的胜利，才能有我们将来的幸福”⑥。在三大改造过程中，他明确指出：“生产是中心，三大改造也要以生产来推动。一切都要靠生产，生产是主要的环节”⑦。1961年，他指出“现在中国很穷，

---

① 《邓小平年谱（1975—1997）》上卷，中央文献出版社2004年版，第5页。
② 《周恩来选集》下卷，人民出版社1984年版，第4页。
③ 《周恩来选集》下卷，人民出版社1984年版，第133页。
④ 《周恩来选集》下卷，人民出版社1984年版，第132页。
⑤ 《周恩来选集》下卷，人民出版社1984年版，第144页。
⑥ 《周恩来选集》下卷，人民出版社1984年版，第144页。
⑦ 《周恩来经济文选》，中央文献出版社1993年版，第253页。

很落后，离富强的要求还很远，需要几十年才能赶上。因此我们党和国家的政策和指导思想是一切为了有利于生产关系的改进、生产力的发展和物质财富的增加。”[①] 在三年经济困难后的 1962 年，他再次重申我们“现在面临着社会主义建设的伟大任务”，强调，“现在要团结一切可以团结的力量，动员更多可以动员的因素，来参加社会主义建设，扩大我们的民主生活。这就是我们的新任务”。[②] 即使在“文化大革命”时期社会秩序全面混乱的情况下，周恩来仍然强调经济工作一定要紧紧抓住，生产不能停。周恩来关于“经济建设工作在国家生活中已经居于首位”的思想，成为邓小平倡导的“以经济建设为中心”思想的先导。

（二）积极稳妥推进经济建设，反对急躁冒进

在周恩来看来，经济工作居于首位，并不意味着经济建设可以脱离生产力状况和经济规律，而是必须根据发展的实际可能，积极稳妥地推进经济建设，反对任何急躁冒进和右倾保守。1956 年 1 月，周恩来指出：“我们应该努力去做那些客观上经过努力可以做到的事情，不这样做，就要犯右倾保守的错误；我们也应该注意避免超越现实条件所许可的范围，不勉强去做那些客观上做不到的事情，否则就要犯盲目冒进的错误”[③]。同年 2 月，他又明确指出：“经济工作要实事求是”，“社会主义积极性不可损害，但超过现实可能和没有根据的事，不要乱提，不要乱加快，否则就很危险”。[④] 为此，他主张深入群众，调查研究，准确了解实际情况，以此实事求是地制定和执行国民经济计划、经济政策，使经济建设稳定健康发展。

（三）正确处理经济建设中各种关系

国民经济的发展是一个庞大的社会系统工程，地区、产业、部门、行业等各个方面存在着错综复杂的关系，众多关系处理的状况直接影响经济建设的速度和成效。作为中国经济工作的“总管”，周恩来重视正确处理各

---

① 《周恩来百周年纪念——全国周恩来生平和思想研讨会论文集》上册，中央文献出版社 1999 年版，第 393 页。

② 《周恩来选集》下卷，人民出版社 1984 年版，第 388—389 页。

③ 《周恩来传（1898—1976）》（下），中央文献出版社 2008 年版，第 1103 页。

④ 《周恩来选集》下卷，人民出版社 1984 年版，第 190 页。

种关系，并在实践中提出许多正确的思想观点。早在新中国成立初期，他就强调整体观念，提出正确处理城乡关系（即工农关系）、内外关系、工商关系、公私关系、劳资关系和上下关系（即中央和地方的关系）。1956 年毛泽东发表《论十大关系》后，他特别强调在优先发展重工业的同时，切实重视农业在国民经济中的基础地位和轻工业的发展。在 1956 年党的八大上，他又着重提出领导经济建设必须正确处理的四个关系：一是根据需要和可能，合理地规定国民经济的发展速度，把计划放在既积极又稳妥可靠的基础上，以保证国民经济比较均衡地发展；二是使重点建设与全面安排相结合，以便国民经济各部门能够按比例地发展；三是增加后备力量，健全物资储备制度；四是正确处理经济建设和财政的关系。①

（四）实现科学技术现代化是实现四个现代化的关键

新中国成立初期，在我们国家还受到帝国主义的包围封锁处于相对封闭的年代，周恩来敏锐地观察到“现代科学技术正在一日千里地突飞猛进”的现实，他在 1956 年中共中央召开的关于知识分子问题会议上的报告中指出：“各个生产部门的生产技术和工艺规程，正在日新月异地变革，保证了生产过程的进一步加速和强化，资源的有用成分的最充分利用，原材料的最大节约和产品质量的不断提高”，而“科学是关系我们的国防、经济和文化各方面的具有决定性的因素”，他预言，现代科技的最新成就使“人类面临着一个新的科学技术和工业革命的前夕”。面对我国科学技术的落后状况，周恩来大声疾呼：“我们必须急起直追，力求尽可能迅速地扩大和提高我国科学文化力量，而在不太长的时间里赶上世界先进水平”。②根据当代世界经济和科技发展的趋势和我国经济发展的要求，经过长时间的深思熟虑，他在 1963 年提出：“我们要实现农业现代化、工业现代化、国防现代化和科学技术现代化，把我们祖国建设成为一个社会主义强国，关键在于实现科学技术的现代化”③。周恩来“科学是关系我们的国防、经济和文化各方面的决定性因素”的思想，无疑成为邓小平“科学技术是第一生产力”思想的先导。

---

① 《周恩来选集》下卷，人民出版社 1984 年版，第 218—222 页。

② 《周恩来选集》下卷，人民出版社 1984 年版，第 180—181 页。

③ 《周恩来选集》下卷，人民出版社 1984 年版，第 412 页。

（五）建设社会主义需要长期艰苦奋斗

周恩来认为改变我们国家贫穷落后的面貌，建成社会主义现代化强国，必须依靠全国人民的长达百年的艰苦奋斗。1957 年，他强调“在我们这样落后的经济基础、落后的文化基础上，我们的知识这么有限，我们对于建设、对于科学的经验这么少，建设也许比革命更困难”[①]。他在 1962 年二届全国人大三次会议上所作的《政府工作报告》中郑重提出，“要把我们的国家建设成为一个具有现代工业、现代农业、现代科学文化的社会主义国家，是一个艰巨的、也是十分光荣的任务。为了完成这个伟大的任务，我国人民需要进行长期的奋斗。”[②]他对社会主义建设艰巨性作出的估计，是基于对我国国大、物博、人多、任重这个基本国情的深刻理解。也正是对建设社会主义建设艰巨性的深刻认识，他提出树立长期艰苦奋斗的思想，树立节约的观念，坚持勤俭建国的方针。他同步强调在我们这个国家大、人口多、底子薄的情况下进行经济建设，必须树立节约观念，必须提倡勤俭持家，勤俭办一切企业事业，任何浪费都将不利于我国社会主义建设。

三、昭示与使命：让中国式现代化在 21 世纪变成现实

在周恩来离开我们后的 40 多年里，我们党领导人民进行了社会主义现代化建设的伟大实践，先后解决温饱问题，实现总体小康、全面小康。踏上全面建设社会主义现代化国家新征程，我们要以习近平新时代中国特色社会主义思想为指导，全面贯彻落实党的二十大精神，学习借鉴周恩来对现代化建设探索的思想理论和精神风范，埋头苦干、担当作为，踔厉奋发、勇毅前行，应对风险挑战，经受重大考验，赢得历史主动，努力将中国式现代化宏伟蓝图变成人民美好生活的幸福现实。

（一）高瞻远瞩中国式现代化未来，我们必须立足长期艰苦奋斗

新时代新征程，我们党所处的历史方位和实践基础发生了深刻变化，

① 《周恩来年谱（1949—1976）》中卷，中央文献出版社 1997 年版，第 27 页。
② 《周恩来年谱（1949—1976）》中卷，中央文献出版社 1997 年版，第 467 页。

改革发展稳定任务之重、治国理政考验之大都前所未有。全面建设社会主义现代化国家，是一项伟大而艰巨的事业，前途光明，任重道远。当今世界百年未有之大变局加速演进，国际环境不稳定性不确定性明显增加，单边主义、保护主义、霸权主义对世界和平与发展构成威胁。当前和今后一个时期，我国改革发展面对的形势环境变化之快、矛盾风险挑战之多前所未有，“船到中流浪更急、人到半山路更陡”。在这样的新环境下，我们要全面推进中国式现代化，必须增强忧患意识，坚持底线思维，做到居安思危、未雨绸缪，准备经受风高浪急甚至惊涛骇浪的重大考验，勇立时代潮头，更加努力地锐意进取、攻坚克难，敢于斗争、善于斗争，励精图治、艰苦奋斗，向着中国式现代化的宏伟目标踔厉奋发、砥砺前行。

（二）坚定不移解决发展不充分不平衡的这个社会主要矛盾，坚定不移将高质量发展作为现代化建设的首要任务

毋庸置疑，我国今天仍处于社会主义初级阶段，社会主要矛盾是人民日益增长的美好生活需要和不平衡不充分的发展之间的矛盾，推动高质量发展则是适应我国社会主要矛盾变化、以中国式现代化全面推进中华民族伟大复兴的必然要求。高质量发展是全面建设社会主义现代化国家的首要任务。发展是党执政兴国的第一要务。没有坚实的物质技术基础，就不可能全面建成社会主义现代化强国。我们要把推动高质量发展的要求贯彻到经济社会发展的全过程各领域，完整、准确、全面贯彻新发展理念，加快构建新发展格局，深入实施科教兴国战略、人才强国战略、创新驱动发展战略，着力提升科技自立自强能力，推动产业转型升级，推动城乡区域协调发展，推动经济社会发展绿色化、低碳化，不断壮大我国经济实力、科技实力、综合国力，统筹推进，真正实现经济社会发展量的增长和质的提高的有机统一。

（三）以系统思维处理现代化建设的重大关系，实现经济、社会和人的现代化的同步推进和相互促进

中国式现代化建设是一项庞大的系统工程，其内部关系呈现出人们难以想象的复杂程度，发生着难以预料的动态性变化。这种复杂关系处理的结果，直接影响中国式现代化建设进程。因此，我们必须统筹兼顾、系统

谋划、整体推进，高度重视和正确处理顶层设计与实践探索、战略与策略、守正与创新、效率与公平、活力与秩序、自立自强与对外开放等一系列重大关系。我们既要使规划和政策体系体现时代性、把握规律性、富于创造性，又要在实践中大胆探索，通过改革创新来推动事业发展；既要增强战略的前瞻性、全局性、稳定性，又要灵活机动、随机应变、临机决断，在因地制宜、因势而动、顺势而为中把握战略主动；既要毫不动摇坚持中国式现代化的中国特色、本质要求和重大原则，确保中国式现代化的正确方向，又要把创新摆在突出位置，充分激发全社会的创造活力；既要创造比资本主义更高的效率，又要更有效地维护社会公平；既要进一步推进“放管服”改革，加强法治建设，又要优化营商环境，激发市场活力和社会内生动力，真正实现法治、德治、自治的深度融合；既要强调独立自主、自立自强、集中精力办好自己的事情，也要毫不动摇地坚持对外开放，把握“两个大局”，不断扩大对外开放水平，充分利用国内国际两种资源，善于拓展国内国际市场，推进中国式现代化发展。

（四）牢固树立科技是第一生产力的观念，以科技自主创新驱动高质量发展

当今时代，科技创新极大地拓展了人类认知的广度、深度、精度，是经济社会发展的重要引擎，也是应对许多全球性挑战的有力武器，日益成为影响世界现代化进程的关键变量。必须看到，我国科技创新能力还不够强，仍有不少“卡脖子”难题亟待解决，迫切需要更好地发挥科技作为第一生产力的关键作用。进入新发展阶段，我们要努力实现高水平科技自立自强，更加坚持科技是第一生产力的思想，坚持创新在我国现代化建设全局中的核心地位，占领全球新一轮科技竞争制高点，加快实施创新驱动发展战略，健全新型举国体制，强化国家战略科技力量，提升国家创新体系整体效能，必须集聚力量加快推进原创性、引领性、颠覆性科技攻关；不断深化体制机制改革，塑造新引擎、培育新动能，促进科研成果转化、创新资源配置、引育战略性科技人才；补短板、强能力，合理统筹区域、领域创新平台和创新项目布局，不断用创新创造改变生活、引领发展，以科技现代化助推，推动中国式现代化行稳致远。

深刻把握新时代十年伟大变革的重大意义

黑龙江省社会科学院　陈晓辉　程　琳

党的二十大召开的第二天，习近平总书记参加党的二十大广西代表团讨论时，提出了学习贯彻党的二十大精神“五个牢牢把握”的要求，其中，“要牢牢把握过去 5 年工作和新时代 10 年伟大变革的重大意义”[①]居于首位。为什么这一条居于首位？是单纯基于逻辑的考量吗？党的二十大报告由引言、正文（共 15 个部分）和结束语共 17 个部分组成，通篇 32522 个字，其中，正文第一个部分“过去五年的工作和新时代十年的伟大变革”占整个报告约五分之一的文字量。由此看来，讲透过去五年工作和新时代十年伟大变革，不仅是基于逻辑的需要，而且还有更深远的意义。

一、彰显了新思想的实践伟力

“一个民族要走在时代前列，就一刻不能没有理论思维，一刻不能没有思想指引。”[②]新时代十年的伟大变革和伟大成就，根本原因在于有习近平新时代中国特色社会主义思想指引。正是基于此，党的二十大报告总结新

① 《心往一处想劲往一处使推动中华民族伟大复兴号巨轮乘风破浪扬帆远航》，《人民日报》2022 年 10 月 18 日。

② 习近平：《在党史学习教育动员大会上的讲话》，人民出版社 2021 年版，第 11 页。

时代十年的第一个成就就是创立了习近平新时代中国特色社会主义思想。其余十五个成就则是坚持习近平新时代中国特色社会主义思想的价值立场、贯彻其主要内容和运用其思想中的方法取得的伟大成就。

（一）坚持人民至上，使全体人民开启了美好生活模式

坚持人民至上是习近平新时代中国特色社会主义思想的根本立场。这一立场贯穿于新时代中国特色社会主义方方面面的建设中。

经济领域贯彻了共享的新发展理念。新时代我们扎实推进全体人民共同富裕，实现全体人民共同富裕既是我们党的性质和宗旨的要求，也是社会主义的本质要求。基于此，我们充分尊重人民群众的历史主体地位，尊重人民群众的首创精神，不断提高人民群众的创造活力；完善分配制度，构建初次分配、再分配、第三次分配协调配套的制度体系，人民群众共享发展成果，进一步彰显了社会主义制度的优越性。

政治领域发展了全过程人民民主。新时代我们积极发展全过程人民民主，充分保障人民当家作主。人民民主是社会主义的生命。习近平总书记提出“全过程人民民主”这一重大论断，深刻揭示了社会主义民主政治的本质属性，进一步巩固了我国生动活泼、安定团结的政治局面，开启了中国特色社会主义民主政治的崭新阶段。

文化领域提升了人民的精神面貌。新时代我们弘扬主旋律，引导全国各族人民广泛践行社会主义核心价值观，使全体中华儿女的中国特色社会主义共同理想更加坚定；弘扬中华优秀传统文化，人民群众的道德水准和文化素养显著提高。

社会领域全方位改善了人民的生活。新时代我们始终关注人民群众最直接最现实的问题，人均预期寿命继续增长，居民人均可支配收入不断增加，教育体系、社会保障体系、医疗卫生体系规模不断扩大、质量不断提升。

生态领域优化了人民的生存环境。新时代我们加强生态环境保护力度，坚决打赢蓝天、碧水、净土保卫战，防污治污一体推进，生态文明制度更加健全，重污染天气、城市黑臭水体基本消除，生态环境保护成果十分显著。贯穿民本逻辑的“五位一体”建设，使人民群众获得感、幸福感、安全感更加充实、更有保障、更可持续，开启了美好生活模式。

（二）践行主要内容，取得了多领域的成就

党的十九大、十九届六中全会把新思想的主要内容概括为“十个明确”“十四个坚持”“十三个方面成就”。其中，“十个明确”是新思想的理论层面，包括新时代中国特色社会主义的本质特征、总任务、主要矛盾、总布局、发展方式等十个方面。这十个方面，前后呼应、逻辑严谨，既有理论又有实践，既包含“是什么”，又包含“怎么做”，构成了“当代中国马克思主义、21世纪马克思主义”的思想理论框架。

“十四个坚持”是新思想的方略层面，包括新时代中国特色社会主义的领导核心、价值取向、改革发展、民主法治、生态保护、强党兴国等十四个方面。这十四个方面，对新时代党领导人民治国理政的大政方针进行了系统的总结，并指出了具体的实施路径。“十四个坚持”既是对过去党领导人民取得的举世瞩目成就的高度凝练总结，又为新时代党和国家事业继续向前提供了行动指南，是新时代坚持和发展中国特色社会主义的根本遵循。

“十三个方面成就”是新思想的实践层面，全面系统总结了党的十八大以来，党领导人民在建设中国特色社会主义中取得的历史性成果、发生的历史性变革。

三个层面共同构建起了习近平新时代中国特色社会主义思想的理论体系和逻辑架构。除了第二条“坚持以人民为中心”外，“十四个坚持”的内容与“十三个方面成就”是一一对应的关系。“十三个方面成就”涉及坚持党的全面领导、全面从严治党、经济建设、社会建设等多个方面。党的二十大报告总结了新时代取得的十六条成就，除了一、四条外，其余的十四条或者是“十三个方面成就”的细化，或者是“十四个坚持”的具体化，都是坚持“十个明确”而取得的伟大成就。

（三）运用系统观念，取得了全方位的成就

系统观念是习近平新时代中国特色社会主义思想的重要方法，党的二十大又将“坚持系统观念”提升到了习近平新时代中国特色社会主义思想世界观和方法论的高度。新时代全方位成就的取得与系统观念的运用密切相关。坚持山水林田湖草沙一体化保护，促进了人与自然的和谐共生。山水林田湖草沙是一个有机统一的整体，其中的各个要素相互影响，相互

促进，是不可分割的生态系统。运用系统观念促进生态环境保护，科学运用自然科学相关知识，统筹陆地、海洋，平原、丘陵、高山，河流、湖泊，地上、地下等关系，治山、治水、治林、治田、治湖、治草、治沙一体推进，保持生态系统正常运转和平衡。

统筹国内、国际两个大局，实现了国家现代化治理水平与国际影响力双提升。党的十九届四中全会将推进国家治理体系和治理能力现代化确立为全面深化改革的总目标，继续深化党和国家机构改革，促进党和国家制度更加完善，问题解决更加有效，社会局面更加稳定。新时代我们推动构建人类命运共同体，奉行真正的多边主义，同世界各国一道共同破解发展难题，向世界贡献了更多的中国智慧、中国方案、中国力量。

统筹发展和安全，一定程度上实现了高质量发展和高水平安全的良性互动。新时代我们全面统筹发展和安全，既把更为安全的发展环境贯穿到推动高质量发展的过程中，又通过高质量发展提高国家的安全实力和确保安全的能力，实现了二者的协同发展、动态平衡。在推动高质量发展的过程中，着重从安全角度出发，善于分析和研判前进道路中将会遇到的风险和挑战，“坚持底线思维，做到居安思危、未雨绸缪，准备经受风高浪急甚至惊涛骇浪的重大考验”①。

二、凸显了新道路的巨大优势

相对于西方式的现代化，中国式现代化是一条新道路。自开启现代化进程以来，西方的现代化虽然一度在工业化、市场化、城镇化、法治化等方面处于领先地位，但在消除贫困、环境污染、社会发展等方面却陷入了困境。新时代十年的实践表明，中国式现代化可以摆脱这些困境。

（一）中国式现代化消除了绝对贫困

贫困是人类社会发展中长期存在的“绊脚石”，许多西方发达国家至今也没有彻底摆脱这一“绊脚石”，但是这一世界性难题在进入新时代的社会

① 习近平：《高举中国特色社会主义伟大旗帜　为全面建设社会主义现代化国家而团结奋斗——在中国共产党第二十次全国代表大会上的报告》，人民出版社2022年版，第26页。

主义中国却得到了彻底解决。中国特色社会主义进入新时代以来，以习近平同志为核心的党中央将打赢脱贫攻坚战、完成全面建成小康社会的历史任务，放在治国理政的重要位置。根据我国新的历史方位的变化，党中央因时、因势、因地不断调整优化脱贫政策。中国共产党始终坚持全国一盘棋，充分发挥集中力量办大事的优势，人力、物力、财力有效调动，扶贫工作领导机构不断创新，党中央居中掌舵、各省市独当一面，县乡一级冲锋在前，定点扶贫、产业扶贫、异地搬迁、建档立卡等创新性扶贫政策效果显著，中国减贫事业的科学化、精准化不断增强。正是基于对中国式现代化道路社会主义性质和目的的认识，我们走出了一条扶贫、扶智、扶志一体推进，配套政策持续发力的独具中国特色的脱贫攻坚道路。

党的十八大以来，经过全党全国各族人民的共同努力，全国 832 个贫困县全部摘帽，12.8 万个贫困村全部出列，近 1 亿农村贫困人口实现脱贫，我国提前 10 年完成了《联合国 2030 年可持续发展议程》确定的减贫目标，创造了人类减贫史上的奇迹。在完成脱贫攻坚、全面建成小康社会的历史任务之后，我国进一步巩固脱贫攻坚成果，建立长效监测体系，防止规模性返贫现象的发生，接续推进乡村振兴，向逐步实现共同富裕的目标迈进。现在，全体中国人民“正在意气风发向着全面建成社会主义现代化强国的第二个百年奋斗目标迈进”①。

（二）中国式现代化实现了生态环境保护的全局性变化

在人类走向工业时代、实现现代化的进程中，西方发达国家普遍走的是一条“先污染后治理”的道路，这似乎成了不可逾越的鸿沟。改革开放后相当长的时期内，粗放式的发展使我国的生态环境受到极大破坏。党的十八大以来，我们党把生态文明建设作为中华民族永续发展的根本大计来抓，将生态文明建设纳入“五位一体”总体布局，提出生态文明建设的总目标，践行绿水青山就是金山银山的理念。这一系列重大举措和战略部署，意味着我国建设社会主义生态文明，不是为了单纯追求经济增长的被迫之举，而是全面建设社会主义现代化国家、实现中华民族伟大复兴的题中应有之义。我国从严治污、系统治理，使天蓝、地绿、水清的中国呈现在世

---

① 《习近平谈治国理政》第 4 卷，外文出版社 2022 年版，第 3 页。

人面前，向世人展示了中国式现代化是追求“人与人”“人与自然”和谐共生的现代化，是不同于西方“人剥削人”“人与自然对立”的现代化。

这一殊勋茂绩，不仅对中华民族长远发展有着深刻的影响，而且也深刻影响了整个地球，对地球的生态恢复作出了突出贡献。据卫星数据显示，近年来全球新增的绿化面积中，约四分之一来自中国，中国的占比居全球首位。2017 年至 2019 年，中国连续三年获得联合国最高环保荣誉“地球卫士奖”，中国生态文明建设的成功实践，为世界各国建设生态文明、治理环境污染提供了“中国样板”，越来越多的国家分享中国的成功经验，中国已成为全球生态文明建设的重要参与者、忠实实践者、不可或缺的引领者。

（三）中国式现代化踏上了高质量发展的轨道

进入 21 世纪第二个十年，世界经济进入“小冰河期”，传统的发展模式难以为继，许多国家发展乏力。而在同一时期的中国经济，不仅量增而且质升，社会主义市场经济体制更加完善，乡村振兴迈上新的更大台阶，现代化产业体系更加完备，区域发展的协调性进一步增强，经济发展的平衡性、协调性、可持续性明显增强。高质量发展是中国式现代化的本质要求，是全面建设社会主义现代化强国的首要任务，没有坚实的物质技术基础不可能实现我们既定的发展目标。基于此，我们加快推进科学技术自立自强，坚决打好关键核心技术攻坚战，许多领域实现了新突破。“嫦娥”系列飞天揽月、“天问一号”造访火星、“雪龙 2 号”挺进极地等大国重器惊艳世界，港珠澳大桥跨洋过海、“东数西算”网络神州等超级工程捷报频传，5G、云计算、工业机器人等最新应用领先全球。我国拥有世界上数量最多的研发人员，已经进入创新型国家行列。中国制造、中国质造、中国智造正在共同发力，科教兴国战略、人才强国战略、创新驱动发展战略正在深入实施，关键核心技术攻坚战正在向纵深推进，创造令世界更加刮目相看的崭新奇迹。这得益于我国走上了高质量发展的轨道，得益于我们总结新中国成立 70 多年，改革开放 40 余年，尤其是中国特色社会主义进入新时代十年进行社会主义建设的成功实践和宝贵经验，从而探索出了中国式现代化的发展模式。

三、昭示了新征程的起航进路

回顾过去是为了昭示未来。经过全党全国各族人民共同努力，2020 年，我们如期实现了第一个百年奋斗目标，在延绵五千多年的古老中国全面建成了小康社会，开启了全面建设社会主义现代化国家的新征程。新征程需要新进路，新时代十年的实践可以昭示起航新征程的进路。

（一）以践行“两个维护”走稳新征程

新时代十年的伟大变革和成就充分彰显了以习近平同志为核心的党中央驾驭国内外复杂局面高超的政治智慧和坚定的战略定力，彰显了习近平新时代中国特色社会主义思想的实践伟力。新征程上，只有毫不动摇坚持中国共产党的领导，才能确保中国特色社会主义事业始终在正确的轨道上运行。前进道路上，我们仍然会面临来自各方面的风险和考验，有时甚至是惊涛骇浪。在风险隐患交汇的严峻挑战中，能否化险为夷、转危为安，关键在党，关键在全党能否在思想上团结统一，在意志上锲而不舍，在行动上步调一致。如果想做到此，就必须深刻领悟“两个确立”的决定性意义，坚决做到“两个维护”，将维护习近平同志党中央的核心、全党的核心地位，维护党中央权威和集中统一领导，作为走好新的“赶考”之路的使命和责任，作为坚持和加强党的全面领导的要求。

前进道路上，要毫不动摇坚持以习近平新时代中国特色社会主义思想为指导。党的二十大报告指出：“实践告诉我们，中国共产党为什么能，中国特色社会主义为什么好，归根到底是马克思主义行，是中国化时代化的马克思主义行。”[①] 新时代十年的伟大变革，用实践向世人宣告了习近平新时代中国特色社会主义思想的正确性，面对前进道路上的不确定性因素，面对实践给我们提出的新问题，我们要把握好习近平新时代中国特色社会主义思想的世界观和方法论，坚持好、运用好贯穿其中的立场观点方法，奋力谱写马克思主义中国化时代化崭新篇章。新时代十年的伟大变革充分彰显了在世界百年未有之大变局加速演进的国际环境中启航的新征程，不

① 习近平:《高举中国特色社会主义伟大旗帜　为全面建设社会主义现代化国家而团结奋斗——在中国共产党第二十次全国代表大会上的报告》，人民出版社 2022 年版，第 16 页。

仅会面临新的战略机遇，而且还要应对更加错综复杂的风险和挑战。中国人民要在新征程中稳舵前行，就必须坚决做到“两个维护”。

（二）以奋发昂扬的精神状态走好新征程

精神状态决定事业的成败。新时代十年之所以能克服艰难险阻取得前所未有的成就，与全党全国各族人民奋发昂扬的精神面貌有直接关系。全面建设社会主义现代化国家是一项伟大而艰巨的事业。在困难面前，需要全党践行伟大建党精神，敢闯敢试，不懈怠不气馁。在救国救民的革命战争年代，伟大建党精神集中表现为：井冈山精神、长征精神、延安精神、西柏坡精神等，激励全党百折不挠、浴血奋战。在社会主义建设和改革时期，伟大建党精神集中表现为：改革开放精神、“两弹一星”精神、雷锋精神、塞罕坝精神等，激励全党自力更生，奋发图强。进入新时代，伟大建党精神的内涵不断丰富，集中表现为：脱贫攻坚精神、抗疫精神等，激励全党自信自强、守正创新，在伟大建党精神的感召下，中国特色社会主义事业不断推向前进。可见，无论是在革命战争时期还是和平建设时期，伟大建党精神都不断激励我们前进，是我们党从弱小走向强大的精神动力，是推动我们党的事业从胜利走向新的胜利的精神源泉。

在责任面前，需要党员、干部践行担当精神，实干苦干、争先创优。“不忘初心，牢记使命”就是勇于担责，要把这份责任内集于胸，外化于行。广大党员、干部要以是否践行初心使命作为衡量自己工作的标准，时常对照分析。处在新的历史时期，面对新的历史挑战，全体党员、干部要继续发扬斗争精神，敢于斗争、善于斗争，敢于斗争、敢于胜利。在问题面前，需要全国人民继续保持奋发有为的精神，不断探寻解决问题的正确途径，更加紧密地团结在以习近平同志为核心的党中央周围，不断把新时代中国特色社会主义向前推进。

（三）以解决问题为导向奋进新征程

历史总是在不断解决问题中前进的。新时代十年，党和国家事业取得了伟大成就，其中一条很重要的经验就是坚持问题导向，攻克了许多长期没有解决的难题。党的二十大报告在充分肯定党和国家事业取得举世瞩目成就的同时，也明确指出我们的工作还存在着一些不足，主要有：“发展不平衡不充分问题仍然突出，推进高质量发展还有许多卡点瓶颈，科技创新能力还不强；确保粮食、能源、产业链供应链可靠安全和防范金融风险还须解决许多重大问题；重点领域改革还有不少硬骨头要啃；意识形态领域存在不少挑战；城乡区域发展和收入分配差距仍然较大；群众在就业、教育、医疗、托育、养老、住房等方面面临不少难题；生态环境保护任务依然艰巨；一些党员、干部缺乏担当精神，斗争本领不强，实干精神不足，形式主义、官僚主义现象仍较突出；铲除腐败滋生土壤任务依然艰巨，等等。”①

针对此，我们要在中国共产党的领导下，不断增强问题意识，着眼于影响改革发展稳定的重大问题，关乎人民群众日常生活的现实问题，危害党的先进性、纯洁性的突出问题，以及在新的实践中遇到的其他新问题。新征程上，我们只有以解决这些问题为工作的突破口，才能向人民交出满意的答卷。

① 习近平:《高举中国特色社会主义伟大旗帜　为全面建设社会主义现代化国家而团结奋斗——在中国共产党第二十次全国代表大会上的报告》，人民出版社 2022 年版，第 14 页。

“八八战略”：指引浙江推进中国式现代化建设继续走在前列的总纲

浙江省社会科学院　胡海良　黄　宇　傅　歆

2023年是“八八战略”实施20周年，习近平总书记作出重要批示，深刻揭示了“八八战略”形成过程和全局意义，充分肯定了浙江20年来一张蓝图绘到底、深入实施“八八战略”所取得的巨大成就，进一步明确了浙江在新征程上深入实施“八八战略”的使命任务、战略路径和目标要求。2003年7月，时任浙江省委书记的习近平同志在中共浙江省委第十一届四次全体会议上总结改革开放20多年来浙江发展的成功经验，立足浙江新世纪发展实际，全面系统地总结、概括了推进浙江未来新发展的战略，即进一步发挥“八个方面的优势”、推进“八个方面的举措”，即“八八战略”。20年来，在“八八战略”指引下，浙江依据全国改革大局，结合浙江实际不断推动改革向纵深发展，而今站在以高质量发展奋力推进中国式现代化建设的新征程上，“八八战略”将继续指引浙江奋力前行。实践证明，“八八战略”是习近平同志亲自擘画实施的引领浙江发展、推进浙江各项工作的总纲和总方略，是中国特色社会主义在省域层面的创举，是中国式现代化地方先行探索的总战略，是习近平新时代中国特色社会主义思想在浙江萌发的集中体现。新时代新征程，浙江将始终坚持以“八八战略”为指导，自觉运用“八八战略”蕴含的世界观和方法论解决以高质量发展推进中国式现代化建设中的实际问题与具体困难，在新时代的创新实践中奋力谱写马克思主义中国化时代化新篇章。

一、“八八战略”是习近平新时代中国特色社会主义思想世界观和方法论最初孕育的成果

党的二十大报告指出：“实践告诉我们，中国共产党为什么能，中国特色社会主义为什么好，归根到底是马克思主义行，是中国化时代化的马克思主义行。”[①]党的十八大以来，以习近平同志为核心的党中央从理论和实践的结合上系统回答了“新时代坚持和发展什么样的中国特色社会主义、怎样坚持和发展中国特色社会主义”，“建设什么样的社会主义现代化强国、怎样建设社会主义现代化强国”和“建设什么样长期执政的马克思主义政党、怎样建设长期执政的马克思主义政党”等一系列重大时代课题，用科学的世界观和方法论推进理论创新，取得了重大理论创新成果，集中体现为习近平新时代中国特色社会主义思想。浙江是习近平新时代中国特色社会主义思想重要萌发地，“‘八八战略’和‘四个全面’在精神上是契合的”[②]。“八八战略”作为战略的首次提出，体现出习近平新时代中国特色社会主义思想的世界观和方法论的最初孕育，体现了问题导向的创新动力、凸显自信自立的精神气质、反映守正创新的发展原则、坚持以系统观念进行总体谋划、彰显以人民为中心的价值追求、展现胸怀天下的宽广眼界，指引并推动浙江实现跨越式发展、走在全国前列。

（一）“八八战略”体现问题导向的创新动力

敢于直面问题、勇于探索创新，是中国共产党百年奋斗的实践勇气与宝贵品格。习近平总书记强调，“问题是创新的起点，也是创新的动力源”[③]，“要有强烈的问题意识，以重大问题为导向，抓住重大问题、关键问题进一

① 习近平：《高举中国特色社会主义伟大旗帜　为全面建设社会主义现代化国家而团结奋斗——在中国共产党第二十次全国代表大会上的报告》，人民出版社2022年版，第16页。

② 葛慧君：《以“八八战略”为总纲率先全面建成更高水平的小康社会》，《人民日报》2017年4月12日。

③ 习近平：《在哲学社会科学工作座谈会上的讲话》，人民出版社2016年版，第14页。

步研究思考，找出答案”[①]，“只有聆听时代的声音，回应时代的呼唤，认真研究解决重大而紧迫的问题，才能真正把握住历史脉络、找到发展规律，推动理论创新”[②]。“八八战略”是习近平同志在总结浙江经济社会发展经验、深入分析面临挑战问题的基础上提出来的积极面对与解决浙江发展问题的成果。

20年前，浙江发展迈入新阶段，先于全国遭遇新问题、面对新挑战，如何破解实践难题，成为摆在浙江省委面前的一道坎。2002年，全民创业的浙江带来了财富的快速增长，浙江人均GDP达到2033美元，成为全国第一个人均GDP超过2000美元的省份；[③]2005年，浙江人均GDP约为3363美元，成为全国第一个人均GDP突破3000美元门槛的省份。[④]根据学界研究，现代化进程中人均GDP3000美元是国际公认的“中等收入陷阱”，也就是说，人均GDP3000美元是一个门槛——由此初步站上现代化的台阶，但这也是一道坎儿——由此将面临更加激烈的挑战。这表明，经过改革开放以来20多年的艰苦创业，浙江积累了走在前列的优势和财富，但也遭遇到发展的瓶颈，经济发展与资源支撑、生态环境的矛盾日益凸显，原有的粗放式发展方式已经不可持续，不能适应新发展的需要，“中等收入陷阱”横亘于前进的道路之上。时任浙江省委书记的习近平同志将当时浙江遭遇的挑战概括为“成长的烦恼”：“结构需要优化，产业需要升级，企业需要扩张，要素需要保障，环境需要保护，市场需要更大的空间，经济增长需要从根本上转变”[⑤]。“八八战略”的提出，正是直面现实发展中的重大问题，以战略思维推进浙江新发展的思考与探索，理性分析自身优势与弱项，强化、激发与培育现有及潜在优势，补齐发展的短板，为浙江新一轮改革发展提供支撑。

---

① 《习近平关于全面深化改革论述摘编》，中央文献出版社2014年版，第38页。

② 习近平：《在哲学社会科学工作座谈会上的讲话》，人民出版社2016年版，第14页。

③ 中共浙江省委政研室：《人均GDP2000到3000美元阶段浙江的发展趋势》，《今日浙江》2003年第22期。

④ 王美福、潘强敏：《站在新的发展起点　更应注重经济增长的质量——浙江与人均GDP3000美元国家和地区的比较研究》，《浙江统计》2006年第5期。

⑤ 习近平：《干在实处　走在前列——推进浙江新发展的思考与实践》，中共中央党校出版社2006年版，第111页。

（二）“八八战略”凸显自信自立的精神气质

自信自立，是中国共产党人的精神气质，是马克思主义者内心坚定的外在表现，是习近平新时代中国特色社会主义思想内在的精神特质。“八八战略”初步凸显了这一特征。独立自主是毛泽东思想活的灵魂之一，也是习近平新时代中国特色社会主义思想的重要品格之一。习近平总书记指出：“走自己的路，是党的全部理论和实践立足点，更是党百年奋斗得出的历史结论。”[①]党百年奋斗的成功道路是党团结带领亿万人民独立自主探索开辟出来的。中国的问题必须从中国基本国情出发，由中国人自己来解答。从浙江来看，改革开放以来，一无资源、二无政策的浙江，在党的富民政策感召下，发扬“四千精神”，敢闯敢干、敢为人先，依靠自身力量，在改革开放和发展社会主义市场经济的进程中闯出了一条推进浙江发展的新路。

回顾浙江的发展历程，“八八战略”的制定已呈现出强烈的自信自立意识。早在 2003 年 7 月 18 日，习近平同志在浙江文化体制改革和文化大省建设座谈会上的讲话中提出：“改革开放以来，浙江在政策并无特殊、陆域资源并不丰富的情况下，成为全国经济发展最好最快的省份之一，其深层原因，就在于文化的力量，在于浙江深厚的文化底蕴，在于浙江能够较好地适应市场经济的文化传统，在于浙江人‘自强不息、坚韧不拔、勇于创新、讲求实效’的人文精神。”[②]浙江人这种植根于浙江历史与文化丰厚土壤所形成的自信自立，使他们克服一切困难、实干拼搏，创造了骄人的业绩，为我国改革开放写下了浓墨重彩的一笔。“八八战略”推进浙江新发展，进一步凸显浙江人自信自立的内在特质与精神风貌。

（三）“八八战略”反映守正创新的发展原则

习近平总书记主持召开二十届中央全面深化改革委员会第一次会议时强调：“守正创新、真抓实干，在新征程上谱写改革开放新篇章。”[③]马克思主义是我们的理论基础和行动指南，是我们推进马克思主义中国化时代化

---

① 习近平：《在庆祝中国共产党成立 100 周年大会上的讲话》，人民出版社 2021 年版，第 13 页。

② 习近平：《干在实处　走在前列——推进浙江新发展的思考与实践》，中共中央党校出版社 2006 年版，第 294 页。

③《守正创新真抓实干　在新征程上谱写改革开放新篇章》，《人民日报》2023 年 4 月 22 日。

的基本遵循。我们必须始终坚持马克思主义的指导地位，与时俱进地推进马克思主义中国化时代化。对待马克思主义的科学态度一是“老祖宗不能丢”[①]；二是要讲“老祖宗没有说过的话”[②]。守正，方能不偏离正道；创新，才能闯出新路。马克思主义“是发展着的理论，而不是必须背得烂熟并机械地加以重复的教条”[③]。马克思主义与习近平新时代中国特色社会主义思想既一脉相承、又与时俱进。

“八八战略”是习近平同志在浙江工作期间团结带领省委一班人，在深入基层作了大量调查研究的基础上，把马克思主义普遍真理与浙江的具体省情相结合，科学把握时代脉搏、立足发展实际，提出的有助于浙江新发展、具有开创性意义的理论成果和实践典范。“八八战略”立足于浙江当时的实际情况，注重扬长避短、取长补短，高度重视发展的质量和效益，是一份贯彻中央精神、为浙江经济社会发展量身打造的顶层设计方案。2015 年 5 月 26 日，习近平总书记在浙江考察时指出，“我在浙江工作时，省委就提出了‘八八战略’。这不是拍脑瓜的产物，而是经过大量调查研究提出来的发展战略，聚焦如何发挥优势、如何补齐短板这两个关键问题。”[④]“八八战略”是时任浙江省委书记的习近平同志立足浙江实际，应对资源短缺等“先天的不足”和发展方式粗放等“成长的烦恼”，谋划浙江新一轮改革开放的重大成果，从理论到实践充分体现出守正创新这一马克思主义的发展原则。

（四）“八八战略”坚持以系统观念进行总体谋划

坚持系统观念是把握和运用马克思主义世界观与方法论的具体体现。习近平总书记指出：“必须坚持系统观念。只有用普遍联系的、全面系统的、发展变化的观点观察事物，才能把握事物发展规律。”[⑤]这为我们在新时代认识世界、改造世界指明了方向。在浙江工作期间，习近平同志着手从省域层面探索社会主义现代化的先行，对浙江新发展进行了总体谋划，特别

---

① 《邓小平文选》第 3 卷，人民出版社 1993 年版，第 369 页。

② 《邓小平文选》第 3 卷，人民出版社 1993 年版，第 91 页。

③ 《马克思恩格斯选集》第 4 卷，人民出版社 2012 年版，第 588 页。

④ 《一步一履总关情——习近平总书记在浙江考察纪实》，《浙江日报》2015 年 5 月 30 日。

⑤ 习近平：《高举中国特色社会主义伟大旗帜 为全面建设社会主义现代化国家而团结奋斗——在中国共产党第二十次全国代表大会上的报告》，人民出版社 2022 年版，第 20 页。

是对于浙江在率先跨越人均 GDP3000 美元大关后，如何跳出“中等收入陷阱”、如何发挥优势、如何补齐短板等关键问题，系统分析浙江在经济、政治、文化、社会、生态等各发展领域的优势，进而提出引领浙江发挥优势、补齐短板、继续走在前列的总战略。“八八战略”是引领浙江新发展的总纲，是在总体谋划基础上作出的重大战略决策，在推动经济转型升级、深化改革扩大开放、统筹城乡区域协调发展、增强社会大平安、增强文化软实力、重视绿色生态、全面从严治党等方面起到系统性引领作用，为浙江建成全面小康注入了强大动力，也为党中央谋划全面深化改革的战略部署提供了重要的实践经验。

（五）“八八战略”彰显以人民为中心的价值追求

人民至上是马克思主义的基本观点。马克思主义认为，人民群众是历史的创造者，是社会物质财富和精神财富的创造者，是推动社会历史发展的决定力量。“八八战略”坚持人民至上，充分调动全省人民创业创新的积极性，从省域层面初步探索了以人民为中心的发展思想，着眼于浙江的全面小康与未来发展，强调进一步发挥体制优势、释放市场主体活力，进一步发挥区位优势，提升开放质量，进一步发挥块状特色产业优势、加快先进制造业基地建设，将强省与富民联结在一起；强调发挥城乡协调发展优势、推进城乡一体化建设；强调发挥山海资源优势、大力发展海洋经济，推进欠发达地区跨越式发展，让全体民众共享改革发展成果、共享美好生活；强调发挥生态优势，打造“绿色浙江”，让全省民众共享山更绿、水更清、天更蓝的生态环境；强调发挥环境优势，推进“五大百亿”工程，让民众在办事创业中有更多的获得感、幸福感、安全感；强调发挥人文优势，推进科教兴省、人才强省，加快建设文化大省，满足城乡居民的文化需求。“八八战略”着眼大局、立足长远、心系人民，为更好地满足人民群众在经济、政治、文化、社会、生态等各层面的需求作出了战略安排。

“八八战略”坚持“民有所呼，我有所应；民有所求，我有所为”，把群众呼声作为抓发展的第一信号，浙江省委提出并主持建立了为民办实事长效机制，确定了就业再就业、医疗卫生等为民办实事十大重点工作领域，建立了民情反映、民主决策、责任落实、投入保障和督查考评五大工作机制，把为民办实事纳入制度化、规范化、经常化轨道。“八八战略”提出后，浙江省委通过一次次全会的专项研究，先后作出了平安浙江、文化大省、法治浙江、生态省建设等决策部署，紧密结合本省实际在各领域推进科学发展，推动全省各项工作走在全国前列。

（六）"八八战略"展现胸怀天下的宽广眼界

坚持胸怀天下，反映了马克思主义人类解放的世界历史视野。《共产党宣言》指出："无产者在这个革命中失去的只是锁链。他们获得的将是整个世界。"[①] 习近平总书记指出，"马克思主义博大精深，归根到底就是一句话，为人类求解放。"[②] 马克思主义立足人民立场，坚持胸怀天下，展现了世界视野，为我们党以世界眼光、宽广胸襟观察世界指明了方向，提供了根本遵循。

早在浙江工作期间，习近平同志就强调，要胸怀天下，将浙江发展放到全国、世界的大局中去谋划、去考量。习近平同志在《要有世界眼光和战略思维》一文中指出："各级党政'一把手'要站在战略的高度，善于从政治上认识和判断形势，观察和处理问题，善于透过纷繁复杂的表面现象，把握事物的本质和发展的内在规律。要努力增强总揽全局的能力，放眼全局谋一域，把握形势谋大事，以'登东山而小鲁'、'登泰山而小天下'的气度和胸襟，始终把全局作为观察和处理问题的出发点和落脚点，以全局利益为最高价值追求，以世界眼光去认识政治形势，把握经济走势，了解文化态势；用战略思维去观察当今时代，洞悉当代中国，谋划当前浙江，切实把本地、本部门的工作放到国际国内大背景和全党全国全省的工作大局中去思考、去研究、去把握，不断提高领导工作的原则性、系统性、预见性和创造性。"[③] 这是习近平同志立足省域实际、为推进浙江新发展而提出的胸怀天下的方法论。

早在 2004 年，着眼国际国内两个市场，审视东西交汇、海陆相接的地理禀赋，习近平同志就指出，要处理好内源发展和对外开放、外向拓展的关系，构筑对内对外开放新格局，提出浙江要实现从"外贸大省"向"开放大省"的跨越，一盘开放发展的"大棋"就此落子。2005 年，浙江整合

① 《马克思恩格斯选集》第 1 卷，人民出版社 2012 年版，第 435 页。

② 习近平：《在纪念马克思诞辰 200 周年大会上的讲话》，人民出版社 2018 年版，第 8 页。

③ 习近平：《之江新语》，浙江人民出版社 2007 年版，第 20 页。

宁波港和舟山港，一个崭新的东方大港雄姿初露。这是“发挥港口优势，发展海洋经济”的前瞻与洞察，是“跳出浙江发展浙江”的气魄和胸襟，由此浙江人创造出了三个浙江——10万平方公里陆域的浙江、中国的浙江、世界的浙江，在更为广阔的空间内实现了更大发展。[①]

综上，“八八战略”的成功理论创新以及由此带来的丰硕实践成果，充分证明了这一战略的科学性、有效性、预见性，其中一些战略部署已经从省域治理方略上升为国家战略：从法治浙江到法治中国，从平安浙江到平安中国，从文化大省到文化强国，从生态省建设到美丽中国建设，等等，从中可以看出“五位一体”总体布局和“四个全面”战略布局的思想萌芽。

二、以“八八战略”为指导，在以高质量发展推进中国式现代化建设新征程上继续走在前列

“八八战略”是习近平同志在浙江工作期间为浙江量身打造、指引浙江新发展的总纲和总方略，是习近平总书记留给浙江的最为珍贵的财富。20年来，浙江始终坚持以“八八战略”为指引，在推动经济、政治、文化、社会、生态以及对外开放等方面探索创新、接续奋斗，实现了从经济大省向经济强省、从对内对外开放向深度融入全球、从总体小康向高水平全面小康的历史性跃迁。“八八战略”是深入调查研究、从实践上升到理论的成果，“八八战略”指引下浙江所取得的成就是科学理论付诸实践的结果。践行习近平总书记赋予的新嘱托新期望，浙江将按照党的二十大、浙江省第十五次党代会提出的目标，继续沿着习近平总书记指引的路子走下去，忠实践行“八八战略”，坚决捍卫“两个确立”，增强“四个意识”、坚定“四个自信”、做到“两个维护”，坚决守好“红色根脉”，全面贯彻新发展理念，构建新发展格局，创新驱动实现高质量发展，数字化改革提升省域治理效能，始终坚持以“八八战略”为指引，自觉运用“八八战略”所蕴含的世界观和方法论来解决新阶段改革发展遇到的新问题，奋力谱写共同富裕先行与省域现代化先行新篇章。

---

① 蒋伟：《“八八战略”蕴含的战略思维》，《浙江日报》2023年5月15日。

（一）以“八八战略”为指引，扎实推进共同富裕，打造共同富裕示范区，谱写共同富裕先行新篇章

共同富裕是社会主义的本质要求，是中国式现代化的重要特征。习近平总书记强调：“我们说的共同富裕是全体人民共同富裕，是人民群众物质生活和精神生活都富裕，不是少数人的富裕，也不是整齐划一的平均主义。”①2021年5月，中共中央、国务院印发《关于支持浙江高质量发展建设共同富裕示范区的意见》，作出了“支持浙江高质量发展建设共同富裕示范区”的重大决策，给出了2025年浙江省推动高质量发展建设共同富裕示范区取得明显实质性进展、2035年浙江基本实现共同富裕的时间表。

20年来，浙江始终坚持以“八八战略”为指引，改革发展取得了跨越性成就，为浙江扎实推动共同富裕奠定了坚实的基础。浙江以解决地区差距、城乡差距、收入差距为主攻方向，以先富带后富逐步缩小差距，在共同富裕示范区建设上稳步前进。2022年城乡居民收入较2010年都翻了一番以上，其中，城镇常住居民人均可支配收入71268元，农村常住居民人均可支配收入37565元，分别连续22年、38年居全国省区第一。浙江三大差距持续缩小，山海协作工程深入实施，城镇化率从63.2%提高到73.4%，城乡居民收入倍差从2.37缩小到1.90，地区居民收入最高最低倍差从2013年的1.76缩小到1.58，家庭年可支配收入20万元—60万元群体比例超过30.6%。浙江健全为民办实事长效机制，基本公共服务均等化实现度超过98%，高等教育毛入学率从49.5%提高到66.3%，居民主要健康指标接近高收入经济体水平，最低生活保障年标准突破1万元。这一系列成就为浙江打造共同富裕示范区奠定了坚实的基础。

如今，高质量发展建设共同富裕示范区，更要深刻领悟和科学运用“八八战略”所内含的“优势论”，补齐“短板论”，不断发挥浙江优势，进一步补齐短板，长足推进浙江高质量共同富裕示范区建设。建设共同富裕示范区，高质量发展是基础。在浙江，大产业、大平台、大项目构建起浙江经济发展的坚实底盘；以民营企业为代表的千千万万市场主体蓬勃发展，成为高质量发展的活跃细胞。浙江将进一步推动浙江民营企业发展，实施

① 《习近平谈治国理政》第4卷，外文出版社2022年版，第142页。

转型升级、华丽蝶变，促使民营经济进一步跃升，更好擦亮浙江发展的这张“金名片”。

（二）以“八八战略”为指引，干在实处永无止境、走在前列要谋新篇、勇立潮头方显担当，奋力实现社会主义现代化先行，谱写中国式现代化新篇章

党的二十大报告指出：“以中国式现代化全面推进中华民族伟大复兴。”[①] 中国式现代化是中国共产党领导的社会主义现代化，既有各国现代化的共同特征，更有基于自己国情的中国特色。中国式现代化是人口规模巨大的现代化，是全体人民共同富裕的现代化，是物质文明和精神文明相协调的现代化，是人与自然和谐共生的现代化，是走和平发展道路的现代化。中国式现代化是前无古人的宏大事业，不是敲锣打鼓、轻轻松松就能实现的，需要不断探索前行。这一时代重任历史地落在浙江人民的肩上。浙江人民将重整行装再出发，撸起袖子加油干。

“八八战略”是指引浙江实现共同富裕先行的总战略，也是指引中国式现代化浙江新篇章的总战略。浙江主动对照党的二十大决策部署，深刻领会中国式现代化的中国特色和本质要求，牢牢把握推进中国式现代化的重大原则，进一步明确浙江在推进中国式现代化进程中的政治站位、历史方位、职责定位，在谱写中国式现代化浙江篇章中再展雄风、再立新功、再创辉煌。对于浙江来说，必须紧紧抓住战略机遇，要牢牢把握高质量发展这个首要任务，更好统筹质的有效提升和量的合理增长，以高质量为追求，以效率变革、动力变革促进质量变革，充分用好叠加红利，更有针对性地补短板、强弱项、固底板、扬优势，不断开辟发展新领域新赛道，持续塑造发展新动能新优势，以高质量发展的大突破实现新一轮竞争洗牌的大突围，发出推动高质量发展的最强音。

2023 年 1 月，浙江省委召开大会，系统部署三个“一号工程”，即数字经济创新提质“一号发展工程”、营商环境优化提升“一号改革工程”、“地瓜经济”提能升级“一号开放工程”，要求全省上下迅速行动起来，力

---

① 习近平：《高举中国特色社会主义伟大旗帜 为全面建设社会主义现代化国家而团结奋斗——在中国共产党第二十次全国代表大会上的报告》，人民出版社 2022 年版，第 21 页。

求在创新、改革、开放三大领域实现突破性进展。[①]作为中国数字经济强省，浙江将更大力度实施数字经济创新提质作为“一号发展工程”。2021年，全省数字经济增加值达到3.57万亿元，居全国第四，较“十三五”初期实现翻番，占GDP比重达到48.6%，居全国各省（区）第一；数字经济核心产业增加值达到8348.3亿元，居全国第四，五年年均增长13.3%，两倍于GDP年均增速，数字经济在地区经济中的支柱地位凸显，稳定基本盘、引领增长的作用更加明显，已成为浙江省经济高质量发展的“金名片”。2021年，全省数字经济核心产业规模以上企业7089家，比2015年的4486家净增加2603家；数字经济核心产业增加值达到8348亿元，按可比价计算，比上年增长13.3%，增速比GDP快4.8个百分点；2016年至2021年，年均增长13.6%，比同期GDP年均增速快6.7个百分点，六年来，数字经济核心产业增加值占GDP的比重依次分别为8.8%、9.4%、9.5%、10.0%、10.9%和11.4%，累计提高2.6个百分点。2022年，浙江省数字经济核心产业增加值达到8977亿元，比上年增长6.3%，较“十三五”初期实现翻番，占GDP比重提升至11.6%，产业数字化指数连续3年位居全国第一。[②]数字经济的快速发展有力推进了经济结构的优化调整，成为推动浙江经济高质量发展的新动能。浙江将更大力度实施数字经济创新提质‘一号发展工程’，持续推动产业能级、数据价值、创新模式、普惠共享、数字赋能实现跃升，全力构建以数字经济为核心的现代化产业体系，为中国式现代化的经济高质量发展路径贡献浙江样板。

作为民营经济大省，一流的营商环境是支撑经济高质量发展的重要“生命线”。多年来，浙江坚持有为政府、有效市场同向发力，突破了资源小省的发展瓶颈，进一步打开了发展空间。截至2022年底，浙江民营企业达322万户，占企业总数92.05%，在全省经济中占比不断加大、影响力不断提升。2022年，浙江民营百强企业入围营收达166.69亿元，同比增长16.87亿元，14家企业营收突破1000亿元；在浙江为主制、修订的国家和行业标准中，民营企业主导的占70.54%。另外，个体工商户是浙江数量最多的经营主体，全省有个体工商户645万，是全省企业数量的1.8倍，

① 《浙江出台意见服务保障三个“一号工程”：聚焦服务提质、改革提能、治理提效三大行动》，《中国环境报》2023年4月13日。

② 参见《浙江省数字经济发展白皮书（2022年）》。

带动就业约 1300 万人，约占全省就业人口的 30%。浙江聚焦市场经营主体全生命周期，持续深化商事制度改革，全方位加强服务赋能，为市场经营主体营造了一流的营商环境，极大地激发了浙江人敢闯敢拼敢为人先的创业热情。浙江的营商环境，在全国居于领先地位。全国工商联“2022 年万家民营企业评价营商环境”中，浙江营商环境满意度总得分在全国各省（区、市）中排名第一，实现“三连冠”；浙江的营商环境均衡度也处于全国前列。浙江将对标国际一流，锚定全国最好，树立更高标准，打造一流营商环境升级版。具体来说，就是加快从便捷服务到增值服务、从具体的事的解决到治理创新、从要素开放到制度开放、从能创业到开新局、从外在激励到内生驱动、从创造财富到成就卓越六个方面“全面升级”。未来，浙江将大力推进营商环境优化提升“一号改革工程”，吸引更多的民营企业到营商环境一流的浙江来创业创新。

作为中国市场经济先发地区，开放发展是浙江经济的鲜明标识。2004 年 8 月 10 日，时任浙江省委书记的习近平同志在《之江新语》发表题为《在更大的空间内实现更大发展》的文章，生动地阐述了一种“地瓜理论”：地瓜的藤蔓向四面八方延伸，为的是汲取更多的阳光、雨露和养分，但它的块茎始终是在根基部，藤蔓的延伸扩张最终为的是块茎能长得更加粗壮硕大。[①] 这里形象地把浙江本地的企业比做“地瓜”，企业在国内外延伸的产业、开拓的市场就是“地瓜的藤蔓”。浙江创新形成市场和资源“两头在外”的高增长模式，即“地瓜经济”。“八八战略”实施 20 年来，浙江省外贸进出口总额年均增长 13.5%，占全国的比重从 20 年前的 6.8% 提升至 2022 年的 11.1%，居全国第三位。浙江“走出去”与“引进来”相结合，对外实际投资、实际使用外资分别跃居全国第二、第五位。2022 年，浙江进出口总额达到 4.68 万亿元，同比增长 13.1%，规模居全国第三位，出口贡献率继续保持全国首位，进出口、进口贡献率居全国第二位。浙江企业的“藤蔓”开始不断伸向全国乃至世界各地，浙江有 600 多万省外浙商和 200 多万海外浙商“闯天下”。如今，“地瓜经济”进入 3.0 时代，越来越多的浙江企业“走出去”，企业更加壮大，在浙江的根也扎得更深。实施“地瓜经济”提能升级“一号开放工程”，这是顺应新变化和新趋势、高质量

① 习近平：《之江新语》，浙江人民出版社 2007 年版，第 72 页。

建设开放强省、提升开放能级和发展更高水平开放型经济的战略举措。浙江将大力实施“地瓜经济”提能升级“一号开放工程”，力争形成发展新优势。

新时代新征程，浙江将牢牢把握高质量发展首要任务，坚持稳字当头、稳中求进，深入实施“八八战略”，强力推进创新深化改革、攻坚开放提升和三个“一号工程”，以关键性抓手、集成性政策、牵引性项目求突破，塑造整体新优势。

（三）以“八八战略”为指引，守好“红色根脉”，发扬与时俱进的浙江精神，创造浙江发展的新辉煌

“八八战略”引领浙江新发展，“红色根脉”精神动力助力“八八战略”显威力。没有“八八战略”引领，人们将失去前进方向；没有精神动力，一切行动将失去活力。党的十八大以来，浙江坚持以习近平新时代中国特色社会主义思想为指导，以“八八战略”为指引，以守好“红色根脉”为政治担当，坚决贯彻落实习近平总书记一系列重要指示精神，当好“红色根脉”传承人、守护者，争创社会主义现代化先行省，以“浙江之窗”展现“中国之治”，以“先行示范”展现“共同富裕”。

浙江是中国革命红船起航地，一百多年前，党的一大在嘉兴南湖红船上胜利闭幕，通过了中国共产党的第一个纲领、第一个决议，选举产生了党的第一个中央机关，庄严宣告了中国共产党的诞生。同时，浙江是习近平新时代中国特色社会主义思想重要萌发地，习近平同志在浙江工作期间创造性作出的“八八战略”重大决策部署，是习近平新时代中国特色社会主义思想在浙江萌发与实践的集中体现，始终引领着浙江干在实处、走在前列、勇立潮头。党的十九大闭幕后，习近平总书记率领中央政治局常委来到嘉兴南湖红船之畔，深刻指出这里是我们党梦想起航的地方、是我们党的根脉，赋予浙江赓续革命传统、守好“红色根脉”的特殊使命。“红色根脉”是党在浙江百年奋斗最鲜明的底色，习近平新时代中国特色社会主义思想在浙江萌发与实践赋予其新内涵和新时代标识。“红色根脉”蕴含着党的初心使命，蕴含着以伟大自我革命引领伟大社会革命的基因密码，是浙江精神之源、使命之源、力量之源。新时代新征程，浙江将赓续“红色根脉”，在全面建设社会主义现代化国家的新征程上，不断开拓创新，踔厉

奋发，取得新的成就。

浙江精神是浙江的“根”和“魂”，是推动浙江发展进步的“精神支柱”。正如习近平同志所指出的，“浙江精神作为中华民族精神的重要组成部分，是浙江人民在千百年来的奋斗发展中孕育出来的宝贵财富。浙江精神世代传衍，历久弥新，始终激励着浙江人民励精图治，开拓创新，显示出强大的生命力和创造力”①。从“一有雨露就发芽，一有阳光就灿烂”②到“走遍千山万水、说尽千言万语、想尽千方百计、吃尽千辛万苦”③；从“自强不息、坚韧不拔、勇于创新、讲求实效”④到“求真务实、诚信和谐、开放图强”⑤；从“干在实处、走在前列、勇立潮头”到“干在实处永无止境、走在前列要谋新篇、勇立潮头方显担当”⑥。浙江精神一脉相承又与时俱进。与时俱进的浙江精神是浙江一座取之不尽的思想宝库，是一笔用之不竭的精神财富。新时代新征程，我们站在一个新的历史起点上，必须与时俱进地丰富发展浙江精神，进一步激发浙江人民的创造热情，开辟更加和谐美好的未来。

共同富裕，不仅是物质上的，也包括精神层面。新时代新征程，促进人民精神生活与物质生活都富裕，是实现人民共同富裕的重要方面，是促进人的全面发展、社会全面进步的内在要求，也是使新时代中华民族精神大厦巍然屹立的必由之路。我们必须大力弘扬与时俱进的红船精神和浙江精神，坚持以文化人、以文培元、以文铸魂，大力推进以人为核心的现代化，在共同富裕中实现精神富有，在精神富有中促进共同富裕。实践证明，“求真务实、诚信和谐、开放图强”⑦的与时俱进的浙江精神，是助力“八八战略”的不竭动力，是始终激励着浙江干部、群众不断解放思想、抢抓机遇、干在实处、走在前列、勇立潮头的强大精神动力。

---

① 习近平：《与时俱进的浙江精神》，《浙江日报》2006年2月5日。

② 习近平：《干在实处　走在前列——推进浙江新发展的思考与实践》，中共中央党校出版社2006年版，第316页。

③ 习近平：《之江新语》，浙江人民出版社2007年版，第144页。

④ 习近平：《干在实处　走在前列——推进浙江新发展的思考与实践》，中共中央党校出版社2006年版，第318页。

⑤ 习近平：《与时俱进的浙江精神》，《浙江日报》2006年2月5日。

⑥《干在实处永无止境　走在前列要谋新篇　勇立潮头方显担当》，《浙江日报》2018年7月10日。

⑦ 习近平：《与时俱进的浙江精神》，《浙江日报》2006年2月5日。

新征程上，浙江将忠实践行“八八战略”，奋力推进“两个先行”，在实施三个“一号工程”中建功立业。只要坚定不移地沿着“八八战略”指引的路子走下去，浙江共同富裕先行和省域现代化先行的崭新篇章必将闪耀在之江大地上。

成都中国式现代化城市建设的历程、成效及基本经验

成都市社会科学院　陈　艺

党的二十大作出“以中国式现代化全面推进中华民族伟大复兴”的重大部署。城市是现代化的重要载体，现代化城市是中国式现代化的重要组成部分，是建设现代化强国的重要引擎。成都不仅是我国西部地区经济规模最大、发展水平最高、创新能力最强的超大特大城市之一，亦是国家中心城市、成渝极核城市，现代化建设基础雄厚、比较优势突出、战略机遇叠加，肩负着建设践行新发展理念的公园城市示范区的使命和任务，积极探索中国式现代化城市发展新路，先后经历了萌芽、起步、快速发展和加速发展四个阶段，取得了成效及经验，在认识上不断深入、实践上不断丰富，积极推进和拓展了中国式现代化。

一、中国式现代化的理论分析

（一）现代化理论

现代化是一个复杂的历史现象和发展过程。从历史现象看，现代化被广义地看作是一场由西方社会发端，后传递至全球范围内的至今仍在进行的人类文明转型发展的变化，涉及由工业革命带来的经济、政治、科技、

文化、思维等人类社会生活方方面面的深刻变革；从发展过程看，现代化被看作是国家通过工业化进程而成为世界经济社会发展前沿的过程，尤其特指近代资本主义兴起后，经济落后国家通过科技和产业革命，在经济和技术上赶上世界先进水平的发展过程。

现代化理论试图分析现代化的动力、过程、结果以及模式等，从而说明为什么发达国家实现了现代化，而欠发达国家为什么没有实现现代化，进而指明欠发达国家如何实现现代化。20 世纪 50 年代以来，围绕现代化这个复杂现象和过程，形成了经典现代化理论、经济发展理论、政治发展理论、依附理论、世界体系理论、依附发展理论等学派众多、观点不一的现代化理论，涉及经济学、社会学、历史学、政治学等众多社会科学领域。

从众说纷纭的现代化理论中可以归结一个更为普遍的“兼具规律性与多样化”的结论：虽然成为世界先进、达到发达水平的目标基本趋同，现代化进程中也存在关于工业化、市场化、信息化、经济全球化等方面的一些共同规律，但从整体上看，世界并不存在一个定于一尊的现代化模式和放之四海而皆准的现代化标准。虽然先发现代化国家的经验对后发国家现代化道路选择具有借鉴意义，但后发外源性国家的现代化路径与先发内源性国家现代化路径有所不同。即使就后发外源性国家现代化而言，也会有不同的现代化道路。因此，选择什么样的现代化道路，首要是由一个国家的国情决定的，成功的现代化道路一定是符合其基本国情的。

（二）中国式现代化

党的二十大报告指出，中国式现代化，是中国共产党领导的社会主义现代化，既有各国现代化的共同特征，更有基于自己国情的中国特色。中国式现代化是人口规模巨大的现代化，是全体人民共同富裕的现代化，是物质文明和精神文明相协调的现代化，是人与自然和谐共生的现代化，是走和平发展道路的现代化。党的二十大报告也明确了中国式现代化的本质要求：坚持中国共产党领导，坚持中国特色社会主义，实现高质量发展，发展全过程人民民主，丰富人民精神世界，实现全体人民共同富裕，促进人与自然和谐共生，推动构建人类命运共同体，创造人类文明新形态。中国式现代化，不仅有中国共产党领导下中华民族实现伟大复兴的历史和实践逻辑，也有其深刻的理论逻辑和重要的理论价值。中国式现代化以“人民中心论”“本国国情论”“文明协调论”“和平发展论”为内核对世界现代化理论作出了原创性贡献，宣告了“历史终结论”的破产，超越了西方经济发展理论，打破了发展中国家依附发展理论的教条，开创了发展中国家现代化的新路径和人类文明新形态。[①]

（三）中国式现代化城市

城市现代化是不断演进的动态发展过程。全球各国城市已经历和正在经历的现代化主要包括两个阶段：第一阶段是城市由农业时代向工业时代、农业社会向工业社会、农业文明向工业文明逐步转变，也称第一次现代化；第二阶段是随着信息技术的飞速发展，城市由工业经济向知识经济、由工业社会向知识社会、由工业文明向知识文明加快转变，也称第二次现代化。目前，发达国家已普遍完成第一次现代化，正在进行第二次现代化，发展中国家则面临实现第一次现代化和探索第二次现代化的重要过渡期[②]。

现代化城市在经济、社会、文化、生态等方面实现现代化目标，表现出要素的集约性、结构的开放性、高度信息化和全面网络化的基本特征，其发展阶段与城市现代化阶段在时间维度上具有高度的一致性。中国式现代化城市是人口众多、建设有序、运行高效、和谐宜居、环境优美、富有活力，让人民生活更美好的城市，具有经济高质高效、动能充盈充沛、人民安居乐业、城乡共富共美、社会和谐和顺等特征[③]。中国式现代化城市更注重以人民为中心的发展思想，高质量发展、高品质生活、高效能治理，把增进民生福祉、促进人的全面发展、扎实推进共同富裕作为现代化城市建设的出发点和落脚点。在中国式现代化之路上，城市是责无旁贷的“主战场”。在未来较长一个时期，中国式现代化将继续表现为以城市为中心的现代化。

党的二十大报告指出，坚持人民城市人民建、人民城市为人民，提高城市规划、建设、治理水平，加快转变超大特大城市发展方式，实施城市

---

① 中国式现代化研究课题组：《中国式现代化的理论认识、经济前景与战略任务》，《经济研究》2022年第8期。

② 何传启主编：《中国现代化报告2011——现代化科学概论》，北京大学出版社2011年版，第113页。

③ 何传启主编：《中国现代化报告2011——现代化科学概论》，北京大学出版社2011年版，第113页。

更新行动，加强城市基础设施建设，打造宜居、韧性、智慧城市。这为中国式现代化城市建设提供了方向指引和重要遵循。根据中国式现代化城市的内涵特征，可将中国式现代化城市建设设定为六个维度，即经济实力、创新驱动、共同富裕、城市文明、绿色低碳、现代治理，这六个维度是相互关联的有机整体，共同在更大程度上实现人的全面发展。

二、成都现代化城市建设的发展历程

成都现代化发展历程，大致可以划分为四个阶段：

（一）萌芽阶段：19 世纪末到 20 世纪中叶

19 世纪末到 20 世纪中叶是成都早期现代化的萌芽阶段。作为历史上的西南消费中心，随着工商业的发展和外来商贾的到来，清末民初的成都即出现了早期现代化的萌芽。但由于清朝覆灭后，民国初年四川陷入军阀混战，导致其早期现代化受阻，特别是工业化进程变得十分缓慢。但这一阶段，城市的政治行政体制却出现了较为显著的现代化变革，文化教育也得到一定程度的发展。这一时期大致可以划分为四个特征不同的发展时期：1901 年到 1914 年，外来思想的进入带来了现代化的萌芽；1915 年到 1935 年，受政治局势影响早期现代化进程出现徘徊，进入艰难发展时期；1936 年到 1941 年，局势的短暂稳定带来了早期现代化的初步发展；1942 年到 1949 年，受政治局势影响现代化发展进入相对滞后和衰退时期。

（二）起步阶段：20 世纪中叶到改革开放

新中国成立后，成都现代化进程进入起步阶段。1949 年，社会经济仍表现出典型的传统社会特征，工业总产值占国内生产总值的比重仅 9.7%，绝大部分工业日用品由外地提供。1953 年开始，全国重工业优先发展战略启动了工业化进程，成为全国“一五”计划、“二五”计划和“三线建设”的重点区域之一，奠定了工业经济的基础，初步形成了地方工业体系；同时也为成都聚集了大批人才、技术、产业基地等科技要素，在工业化的带动下，经济现代化水平有了一定程度提升，成为西部地区重要的工业城市和科技中心。但由于受计划经济体制以及“大跃进”“文化大革命”等影响，一方面工业化发展的成果并没能惠及现代化所涉及的各个领域，1949 年到 1978 年这 30 年间，人均 GDP 仅从 77 元提升到 449 元，城市化率徘徊在 20% 左右，城乡居民生活水平改善程度有限；另一方面包括工业化在内，现代化进程在时起时伏中艰难前进，呈现出波动、倒退、徘徊的特征。

（三）快速发展阶段：改革开放到 2011 年

改革开放后，成都经济发展进入快速发展时期，尤其在邓小平南方谈话后，大批乡镇企业、“三资”企业和民营企业不断涌现，工业、服务业呈现多点分布、快速发展的格局。现代化产业体系初步形成，农业产业化、工业高科技化、服务业现代化初显成效。产业结构不断优化调整，三次产业比重由 1978 年的 31.8∶47.2∶21.0 调整为 2011 年的 4.8∶45.9∶49.3。2003 年开始实施城乡统筹发展战略，在工业化带动城市经济迅速发展的同时，非农产业在以中心城区为核心载体的空间范围内聚集，城市发展的规模效应明显体现出来，同时限制城乡人口流动的“农转非”等政策也有所放松，城市化也进入加速发展阶段。2010 年获批国家服务业综合改革试点城市、全国首批旅游综合改革试点城市，成为西部重要的现代服务业和总部经济的集聚基地。2011 年非农业人口达到了 386.2 万人，中心城区非农业人口达到了 228.9 万人，发展成为全国为数不多的特大城市，先后被国家列为计划单列市、“三中心一枢纽”、副省级城市、西南地区重要的中心城市。这一时期呈现为第一次现代化水平快速提升的关键时期。

（四）新时代全面发展阶段：2012 年至今

进入新时代，成都肩负着多重国家战略叠加下的时代使命，开启建设社会主义现代化城市的新征程。2018 年，“公园城市”理念首次在成都提出；2020 年，中央财经委员会第六次会议明确支持成都建设践行新发展理念的公园城市示范区；2021 年，党中央、国务院印发《成渝地区双城经济圈建设规划纲要》。2021 年，成都经济继续保持平稳上升的态势，全年 GDP 为 1.53 万亿元，增速为 8.0%；农村现代化进展迅速，2021 年常住人口城镇化率达到 79.48%，分别高出全省及全国平均水平 21.68 和 14.76 个百分点，成为全省城市化水平最高的地区；三次产业比重进一步发生变化，由 2012 年的 4.3∶46.6∶49.1，到 2021 年的 2.9∶30.7∶66.4。本阶段由传统工业化、城市化转向新型工业化、信息化、城镇化、农业现代化“新四化”同步发展阶段，“五大建设”统筹推进，城市规模不断扩大，从特大中心城市迈入超大城市行列。实现从省会城市到区域中心城市再到国家中心城市、成渝极核城市的历史跨越，城市极核主干能级前所未有的快速提升。以城带乡、城乡融合的新型城乡关系开始形成。服务业发展迅速，现代服务功能全面扩展，工业经济向服务经济转型升级。立足新发展阶段特征，以建设践行新发展理念的公园城市示范区为统领，在中国式现代化城市发展道路上探索创新，率先走出一条超大城市现代化之路，成为本阶段现代化发展的重要内容。

三、成都现代化城市建设的成效

随着经济社会持续发展，成都现代化进程不断加快，城市现代化水平不断提升，人民生活水平明显提高，环境资源质量逐步改善，经济社会发展取得历史性成就、发生历史性变革。

（一）经济综合实力不断提升

GDP 从 2012 年 8619.6 亿元增长到 2021 年 1.99 万亿元，年均增长 9.8%，2021 年经济总量位居全国城市第七位、副省级城市第三位，形成万亿级电子信息产业和 8 个千亿级产业集群，人均 GDP 达到 94622 元。城镇居民、农村居民人均可支配收入达到 52633 元、29126 元，城乡居民收入比缩小至 1.81∶1。综合经济实力的稳步提升为城市现代化建设打下了良好的基础。

（二）城市基础设施建设全面夯实

城市枢纽能级实现跨越式跃升，“一市两场”航空枢纽格局加快形成。公共交通机动化出行分担率达到 65%，轨道交通运营规模及服务水平全国领先。市政基础设施不断完善，城市供水处于中西部领先、全国一流水平。城市燃气管道 5.49 万公里，供应能力基本满足供给需求。城市高压线网建设更加完善，形成了较为完备的输（配）变电设施体系。城市信息通信基础设施总体水平居中西部前列，拥有较完善的信息网络和强大的信息传输交换能力。基础设施建设的不断夯实在现代化城市发展中的基础支撑力和引导驱动力愈发强劲。

（三）宜居优势更加彰显

空气质量优良天数从 214 天增加到 299 天，优良率达 81.9%。地表水断面优良水体比例从 70.5% 提升至 95.4%，锦江水生态治理受到习近平总书记肯定。森林覆盖率提升至 40.3%，建成区绿化覆盖率达 45.1%，建成各类公园 1300 多个，绿道累计建成 5583 公里，新增公园面积 43 平方公里，入选由中国政府和联合国人居署共同发起并发布的国际可持续发展试点城市名单。生态优先、绿色发展，为中国式现代化城市发展探索了新的道路。

（四）城市软实力不断提升

实体书店、博物馆数量分别位居全国第一位、第二位。在 2020 年度全国公共服务质量总体满意度测评中位列第一。新型文化业态加快发展，2021 年文创产业增加值实现 2073.84 亿元，首次突破 2000 亿元，同比增长 14.83%，占地区生产总值 10.4%。建成新时代文明实践中心 3323 个，连续五届荣获全国文明城市称号。城市文化软实力的提升为现代化建设注入了持久的精神动力。

（五）民生福祉持续改善

2012 年到 2021 年，全市基本公共服务等民生支出占财政支出比重一直保持在 65% 以上的高位水平。2017 年到 2021 年，累计投入 9100 亿元，实施重大民生项目 649 个，新增学位 52.5 万个，三甲医院达 54 家、总量居全国第二，城市社区养老服务设施全覆盖，城乡居民人均可支配收入分别增长 46.6% 和 56.5%，基本医疗保险参保人数居全国第四，年均新增就业超 20 万人，累计救助困难群体 259.5 万人，自 2009 年起，连续 15 年蝉联“中国最具幸福感城市”榜首。持续改善的民生确保了现代化建设成果惠及全体人民。

（六）治理方式转变和效能不断提升

全面推行以转变政府职能为核心的规范化服务型政府建设，推进规范化服务型政府建设和依法行政紧密结合，实现了从全能政府向服务型政府转变。加强和创新城市治理，从设立城乡社区发展治理委员会，到明确构建“街道、社区、小区”三级党组织架构，再到建立起促进治理“三张清单”、推进市域社会治理现代化、全面启动实施“智慧蓉城”，建立了党建引领城乡社区发展治理的制度机制体系，初步实现了全面提高党委领导城市工作能力和持续巩固党在超大城市群众基础的初心使命。

四、成都现代化城市建设的基本经验

改革开放以来，成都充分发挥在西部现代化建设中龙头带动功能和作用，现代化城市建设水平不断提升，为四川省以及全国现代化建设积累经验、探索路子。2018 年 2 月，习近平总书记在四川天府新区考察时首次提出“公园城市”理念之后，成都由公园城市“首提地”到“示范区”，逐步探索出以践行新发展理念的公园城市示范区为统领的中国式现代化城市建设的独特道路。

（一）坚持党的领导是根本保证

党的领导是走好中国式现代化道路的根本保证，只有在党的旗帜下团结成“一块坚硬的钢铁”，才能凝聚起现代化建设的磅礴力量。成都始终增强“四个意识”、坚定“四个自信”、做到“两个维护”，以党的政治建设为统领，时刻保持全面从严治党永远在路上、党的自我革命永远在路上的警醒，不断砥砺把严的主基调长期坚持下去的韧劲，持续压实抓好党建是最大政绩的责任，为现代化发展提供更为坚强的政治引领和政治保障。以党建引领基层治理创新，“一核多元、赋能基层”的发展治理模式突出了基层党组织的政治优势和组织优势，推动了“三治”融合，有效破解基层党建引领城市社区治理的困境，推动形成团结奋斗、共建共治共享的强大合力，形成全面动员、协同攻坚的现代化发展的生动实践。

（二）坚持人民至上是价值导向

共同富裕是中国式现代化的重要特征，对共同富裕的追求贯穿中国式现代化全过程。现代化最终的实现标准要看群众的满意度、认可度，城乡居民的幸福指数是成都现代化发展的关键指标。成都坚持发展为民价值导向、民生优先实践指向，探索促进共同富裕的体制机制、政策体系，既做大“蛋糕”，也分好“蛋糕”，确保现代化建设成果惠及全体人民。持续创新举措优化创新创业环境，鼓励共同奋斗创造美好生活。以高质量发展扩大就业容量、提升就业质量，拓宽财产性、经营性收入渠道，推动教育、医疗、文化等基本公共服务均等化、标准化，着力解决“一老一小”、住房保障等民生问题。加快实施老旧城区改造、特色街区创建，形成社会综合治理防风险、保平安和社区发展治理强基础、惠民生的互促格局，努力让生活在成都的每一个人都感受温暖、融入城市、安宁无忧。

（三）坚持创新发展和提升开放水平是关键路径

城市的现代化，首先体现在经济的现代化上，体现在更加先进的产业结构上，体现在居民拥有更高的收入和享受更为健全的生活福利上。成都坚持创新发展，加快推进经济现代化建设。聚焦重点、创新突破、强化特色，系统推进全面创新改革，统筹推动科技、制度、管理等各方面创新，加快建设创新引领的现代化经济体系。坚持开放发展，提升开放水平。在国家战略和世界城市体系中谋篇布局，构建立体多项战略通道、建强高能级开放平台、优化国际化营商环境，加快形成以制度创新为支撑的开放新优势和核心竞争力，加快建设国际国内双循环门户枢纽城市和内陆开放经济高地，发展更高层次开放型经济，使现代化建设更具有国际标准、更有务实的内容。

（四）坚持城建为民是基础支撑

现代化的城市要有一流的城市基础设施，以及完善优越的城市功能，汇聚要素的能力更强，对周边地区的辐射力更为突出，城市运行和治理的信息化、数字化水平更高。成都坚持人民城市人民建、人民城市为人民，在充实内涵、优化结构和提升能级上下功夫。城市建设和发展依据城市性质和总体规划，城市规模逐渐扩大，城市格局由单中心向多中心大都市城市组团发展。综合交通枢纽基本骨架初步形成，城市道路密度得到提高。城市市政基础设施不断完善，城市综合服务功能增强。以提升城市品质为着力点，全面推进城市有机更新，通过城市建设和城市功能的现代化，构建起一流的城市基础设施体系，形成优越的城市功能，充分彰显了成都作为国家中心城市的地位。

（五）坚持生态优先绿色发展是实践指向

中国式现代化是人与自然和谐共生的现代化，尊重自然、顺应自然、保护自然，是全面建设社会主义现代化国家的内在要求。成都生态本底良好，始终坚持“绿水青山就是金山银山”的重要理念，在城市功能现代化建设的过程中厚植生态本底，将直观上的绿水青山和内涵上的绿色发展有机统一起来，将绿色化的动态过程与最终享受的静态绿色成果有机统一起来，在思维理念、价值导向、空间布局、生产方式等方面，大幅提高绿色化程度。以实现碳达峰、碳中和目标为引领促进城市绿色低碳发展，推动空间、产业、交通、能源四大结构优化调整。着眼保持和强化城市生态宜居优势，大力实施铁腕治霾、重拳治水、科学治堵、全域增绿，推动中心城区水体治理达标，加快构建绿色交通体系，让人民群众普遍感受到生态建设和绿色发展的成效。

（六）坚持培根铸魂是力量之源

中国式现代化，是既有强大硬实力的现代化，又有强大软实力的现代化。作为历史文化名城，成都有着 4500 多年文明史和 2300 多年的超稳定城市文化气质的积淀，在现代化发展中立足本地，珍视天府文化资源禀赋，不断探索满足人民日益增长的文化生活需求的实现路径。充分发挥成都历史上作为消费城市的传统优势，率先进行文化体制机制创新试点，争创“国家公共文化服务体系示范区”。通过不断挖掘成都特色文化和资源优势，在充满古蜀文明色彩的天府文化浸润下保护、传承和利用好天府文化，推动中华优秀传统文化创造性转化、创新性发展，繁荣发展文化事业和文化产业，不断丰富群众精神世界，全方位提升城市国际影响力和美誉度，把成都建设成为“蜀风雅韵、中国气派、别样精彩”的世界文化名城，再展蜀川盛景，为现代化城市建设增添人文和文化魅力。

（七）坚持发展和安全是必然要求

现代化城市建设面临着各种风险，安全是发展的前提，发展是安全的保障。防范化解重大社会风险、建立健全城市公共安全治理体系是现代化城市建设的基本要求。成都增强忧患意识、树立底线思维，全面落实总体国家安全观，坚持以系统观念统筹发展与安全，着眼于超大城市治理体系和治理能力现代化，树牢全周期管理理念，建设韧性城市，围绕城市生命线、公共安全、生产安全、自然灾害等领域，推动城市治理智能便捷、灾害防治高效及时、安全防线牢固坚韧、社会环境稳定有序。推进新型智慧城市建设，加快完善智慧蓉城总体架构，探索全周期公共安全治理体系，以智慧治理提升城市韧性安全确保现代化成效。坚决守牢安全发展底线，实现高质量发展和高水平安全良性互动。

新时代共同富裕的平等观内涵探要

安徽省社会科学院　范秋雨

共同富裕蕴含着丰富而深刻的平等理念，本文将共同富裕蕴含的关于平等的基本观点概言为共同富裕的平等观。共同富裕的平等观系统地回答了关于平等的一系列基本问题，如什么是平等（平等的含义），谁的平等（平等的主体），什么的平等（平等的客体），什么样的平等（平等的特征），为什么要平等（平等的基础和价值），怎么样平等（平等的原则和途径）等，即关于平等的三大基本问题：什么是平等，为什么要平等，怎么样平等，从而彰显出其深刻的理论内涵。共同富裕的平等观是“两个结合”和马克思主义平等观中国化时代化的结晶，既坚持了马克思主义基本原理，又具有中国特色和时代特色，是中国特色社会主义新时代的平等观。全面深入研究共同富裕的平等观的内涵，对深入理解共同富裕的价值旨归、本质要义和实践要求，进一步领会、弘扬和传播中国特色社会主义平等观具有重要意义。

一、“共同富裕”何以作为平等观提出

平等是人类长久的实践追求和理论主题，诸多思想家都发表过关于平等的见解。然而，平等是历史的、具体的。不同社会历史条件下，平等具

有不同内涵，与之相适应的平等观也呈现不同面向。平等是社会主义的独特标识，社会主义平等突破资产阶级的狭隘眼界，是更高级、更彻底的平等，社会主义平等观是更科学、更彻底的理论。在西方话语霸权下，如何彰显中国特色社会主义平等观的独特内涵，使之在世界范围内得到传播和认同，仍是一个重大的理论和实践课题。本文认为，结合马克思主义平等观、中华优秀传统文化以及党的平等理论和实践，提炼一个承载新时代平等观的标识性概念，使平等这一抽象、宏大的概念具象化、中国化或许是可行途径的第一步。进言之，共同富裕可以作为中国特色社会主义平等观的鲜明符号和标识性概念，理由如下：

（一）共同富裕体现马克思主义基本原理，具有科学性

共同富裕彰显物质与精神、生产力与生产关系、经济基础与上层建筑的辩证统一，坚持重点论和两点论，既牢牢抓住物质、生产力、经济基础等矛盾主要方面，又强调精神、生产关系、上层建筑的反作用，以经济高质量发展夯实物质基础，坚持和完善中国特色社会主义所有制和分配制度，以人民为主体共建共享物质共同富裕和精神共同富裕。

（二）共同富裕契合中华优秀传统文化，具有民族性

共同富裕具有公共、平等、大同、富民、互助、自强等丰富意涵，契合中华优秀传统文化中天下为公、大同世界的社会理想，为政以德、政在养民的政治理念，民为邦本、民贵君轻的民本思想，和衷共济、守望相助的家国情怀，自强不息、厚德载物的道德品格，等贵贱均贫富、损有余补不足的平等观念，呈现浓郁的中国特色，实现马克思主义基本原理同中华优秀传统文化的结合。

（三）共同富裕展现党的奋斗历程，具有历史性

近代以来，“中华民族面对着两大历史任务：一个是求得民族独立和人民解放；一个是实现国家繁荣富强和人民共同富裕。前一任务是为后一任务扫清障碍，创造必要的前提。”[①] 一百多年来，中国共产党带领中国人民

① 《江泽民文选》第 2 卷，人民出版社 2006 年版，第 2 页。

脚踏实地、矢志不渝推进共同富裕，历史性地消灭了绝对贫困，全面建成小康社会，建成世界最大的社会保障体系，形成世界上规模最大的中产阶级群体，人民生活水平发生翻天覆地的变化，谱写出气势恢宏的人类史诗。

（四）共同富裕符合新时代历史方位，具有现实性

新时代是逐步实现全体人民共同富裕的时代。党的十八大以来，党中央把共同富裕摆在更加突出的位置，在理论和实践方面都取得重大创新和突破。党的十九大、十九届五中全会、二十大、二十届一中全会擘画共同富裕前景目标，并作出战略部署，提出到2035年共同富裕取得实质性进展，到21世纪中叶基本实现全体人民共同富裕。共同富裕成为新时代的最强音。

（五）共同富裕与平等耦合共进，具有一致性

共同富裕体现社会主义平等的精髓，并能基本包含社会主义平等的全部内涵。共同富裕是平等的政策载体，平等是共同富裕的价值内核，二者耦合共进，推进共同富裕就是促进平等，促进平等必然要求推进共同富裕。

二、什么是平等：平等的含义、主体、客体、特征

平等具有历史性，而不是“永恒的真理”，人类历史上出现过形形色色的平等，脱离历史阶段抽象地谈论平等是无意义的。在社会主义历史时期，特别是在社会主义初级阶段，什么是平等？一言以蔽之，平等就是共同富裕。

（一）平等的含义

《马克思主义大辞典》的定义是：平等是“作为社会关系主体的人（包括自然人和法人）在人格尊严和社会政治、经济、文化等方面的法律地位上受到同等对待，平等地享有权利和承担义务”。[①]《布莱克维尔政治学百科全书》的定义是：平等“是指分配上的平等，即人与人之间应在财产分配、

① 徐光春主编：《马克思主义大辞典》，崇文书局2017年版，第88页。

社会机会和（或）政治权力的分配上较为平等”[①]。这些定义都将平等与政治、经济、文化或者财产等联系起来。前者偏重“作为相同对待的平等”，强调平等的地位、权利和义务，但忽视了体现为数量、价值等“作为相同性的平等”，因而难以量化，最终可能会局限在法定权利平等的范围内。后者将平等理解为财产、机会和政治权力的分配，虽然体现了平等的“相同性”和“相同对待”的内涵，但却将平等窄化在分配领域，忽视了最为基础的生产，因此最终是难以实现的，或者只能是表面的平等。

相反，共同富裕对平等的定义就深刻得多。“共同”体现对生产关系（包括分配关系）的要求，共同占有、共同使用、共同参与、共同享有；“富裕”体现对生产力的要求，实现发达、充分、富足并使全体人民生活达到富裕水平的生产力。共同富裕抓住生产力与生产关系基本矛盾，“坚持以人民为中心的发展思想……保证人民平等参与、平等发展权利，使改革发展成果更多更公平惠及全体人民”[②]，既体现地位、权利的法定平等，也体现数量上的结果平等，既体现分配平等，也更加重视生产的基础性地位，是在普遍富裕基础上更高层次的平等。

（二）平等的主体

平等具有阶级性。在阶级社会，平等只有限地存在于统治阶级内部，广大人民群众毫无平等可言。虽然，资产阶级喊出“自由、平等、博爱”的口号，“宣布有产者和无产者、剥削者和被剥削者的形式上或法律上的平等”[③]，但这只是资产阶级欺骗被压迫阶级撒的弥天大谎，剩余价值的发现戳穿了资本家平等的谎言，现代资本主义社会“也是人数不多并且仍在不断缩减的少数人剥削绝大多数人的庞大机构”[④]。

共同富裕是全体人民共同富裕，共同富裕的平等主体是全体人民。“全面建成小康社会，一个也不能少；共同富裕路上，一个也不能掉队。”[⑤]全体人民是一个总的概念，关键是处理好先富与后富的关系。按照邓小平的

① ［英］米勒、［英］波格丹诺主编：《布莱克维尔政治学百科全书》，邓正来译，中国政法大学出版社 2002 年版，第 244 页。

② 《习近平谈治国理政》第 2 卷，外文出版社 2017 年版，第 40 页。

③ 《列宁选集》第 4 卷，人民出版社 2012 年版，第 216 页。

④ 《马克思恩格斯文集》第 3 卷，人民出版社 2009 年版，第 461 页。

⑤ 《习近平谈治国理政》第 3 卷，外文出版社 2020 年版，第 66 页。

设想，在先富带动后富阶段，“发达地区要继续发展，并通过多交利税和技术转让等方式大力支持不发达地区”[①]，当前的表现就是要解决好地区、城乡差距和收入差距问题，实现城乡平等、地区平等。除此之外，共同富裕还关注民族平等、男女平等、残健平等等，促进民族地区繁荣发展，保障女性平等就业不受歧视，尊重残疾人、关心残疾人，特别是在上述人群与贫困人口有较大重合的情况下，共同富裕的平等关注就具有更为现实的意义。

共同富裕是世界各国人民的共同愿望。中国共产党为人民谋幸福、为民族谋复兴、为世界谋大同，共同富裕虽然是面向国内的政策，但也具有世界意义，世界人民共同富裕符合党的外交方针和基本主张。习近平总书记提出人类命运共同体理念，强调国家不分大小、强弱、贫富一律平等，都有自主选择社会制度和发展道路的权利，都有平等参与地区和国际事务的权利，都有共同享受发展成果的权利。世界的长久繁荣稳定不可能建立在一批国家富裕而另一批国家长期贫穷的基础上，各国共同发展，世界才能更好发展。习近平总书记在亚太经合组织第二十九次领导人非正式会议上提出:“坚持开放包容，建设共同富裕的亚太。我们要坚持发展为了人民、发展依靠人民、发展成果由人民共享，促进亚太全体人民共同富裕”。[②]因此，共同富裕的主体是可以分场景适当延伸的，一般意义上是指全体中国人民，在区域共同发展语境中可以指国际区域内全体人民，在人类命运共同体语境中可以指世界人民。

（三）平等的客体

平等的客体、内容或“什么的平等”是当代西方平等主义讨论的核心问题，主要有三种分析路径：福利平等、资源平等和能力平等。福利平等要求：“一种分配方案在人们中间分配和转移资源，直到再也无法使他们在福利方面更平等，此时这个方案就做到了平等待人。”[③]福利是个人偏好的满足，或者是快乐、幸福的感受，是非常主观的，和人际比较难以量化。资源平等要求平等地分配每个理性人都想要的社会资源，如“基本的善”，

---

① 《邓小平文选》第3卷，人民出版社1993年版，第374页。

② 习近平:《团结合作勇担责任　构建亚太命运共同体》,《人民日报》2022年11月19日。

③ ［美］罗纳德·德沃金:《至上的美德：平等的理论与实践》，冯克利译，江苏人民出版社2008年版，第4页。

包括权利、自由、机会、收入和财富等[①]。资源平等"致力于某种形式的物质平等"[②]，然而，人利用资源的能力存在差异，即使平等的社会资源也会产生事实上的不平等。阿玛蒂亚·森提出能力平等，"能力就是生活内容向量的集合，反映了人们能够选择过某种类型的生活的自由"[③]。他将自由视为最重要的能力，但是自由的概念十分复杂，使得能力平等具体是指哪些能力变得含混不清。需要注意的是，西方平等主义理论是在资本主义制度下探讨分配正义问题，并不适合作为共同富裕平等内容的分析模式。

共同富裕平等的内容是立体的，渗透平等的全要素，贯穿平等的全过程，涵盖平等的全方位。从平等的要素来看，共同富裕的平等包括权利平等、机会平等、规则平等、能力平等等。党的十八大报告明确指出："建立以权利公平、机会公平、规则公平为主要内容的社会公平保障体系"[④]。精准扶贫也要求扶贫要与扶智、扶志相结合，激发贫困群众脱贫致富的内在动力，提高自我发展的能力。从平等的过程来看，共同富裕在基点、起点、过程和结果等平等的全过程发力。"在整个发展过程中，都要注重民生、保障民生、改善民生，让改革发展成果更多更公平惠及广大人民群众，使人民群众在共建共享发展中有更多获得感。"[⑤]从平等内容的各方面看，共同富裕同"小康社会"一样，是内涵不断延展的概念，从最初表达物质富裕到强调"是人民群众物质生活和精神生活都富裕"[⑥]，富裕的内容在不断丰富。当前，共同富裕还要体现"五位一体"总体布局的要求。共同富裕要"普遍达到生活富裕富足、精神自信自强、环境宜居宜业、社会和谐和睦、公共服务普及普惠"[⑦]。全要素、全过程、全方位的平等的内容不是彼此孤立，而是互联互通的。权利平等是平等的基点，共同富裕把平等放在社会

---

① ［美］约翰·罗尔斯：《正义论（修订版）》，中国社会科学出版社 2009 年版，第 48 页。

② ［美］罗纳德·德沃金：《至上的美德：平等的理论与实践》，冯克利译，江苏人民出版社 2008 年版，第 3 页。

③ ［印］阿玛蒂亚·森：《论经济不平等 / 不平等之再考察》，社会科学文献出版社 2006 年版，第 258 页。

④ 胡锦涛：《坚定不移沿着中国特色社会主义道路前进　为全面建成小康社会而奋斗——在中国共产党第十八次全国代表大会上的报告》，人民出版社 2012 年版，第 14—15 页。

⑤ 《习近平关于全面建成小康社会论述摘编》，中央文献出版社 2016 年版，第 157 页。

⑥ 《习近平谈治国理政》第 4 卷，外文出版社 2022 年版，第 142 页。

⑦ 《中共中央国务院关于支持浙江高质量发展建设共同富裕示范区的意见》，《人民日报》2021 年 6 月 11 日。

主义权利平等的牢固基点上；机会平等和规则平等是平等的起点，共同富裕让每个人获得发展自我和奉献社会的机会，相同地适用规则；能力平等是平等的过程，共同富裕尊重人民的主体地位，激发群众致富的内生动力，促进群众掌握和运用致富的能力；结果平等覆盖“五位一体”全方位的内容，人民群众平等共享经济、政治、文化、社会、生态文明等方面发展的成果。

（四）平等的特征

共同富裕蕴含的平等符合马克思主义对社会主义平等的一般阐述，又体现出鲜明的时代特色，具有全民性、全面性、历史性、阶段性、总体性、差异性等特征。在平等的主体上具有全民性，共同富裕是全体人民共同富裕。在平等的客体上具有全面性，共同富裕是包含物质富裕、精神富裕、权利富裕、交往富裕和生态富裕的全面富裕。在平等的实现程度上具有历史性，共同富裕是在社会主义初级阶段生产力基础上的共同富裕，无法实现“各尽所能，按需分配”[①]的真正的平等，富裕和平等的程度都要结合生产力发展状况量力而行。在平等的实现过程上具有阶段性，共同富裕是让一部分地区、一部分人先富起来，先富带动后富，最终达到共同富裕，是分阶段实施的，需要循序渐进、有条不紊地推进。在平等的最终实现上具有总体性，全国范围内和全体人民总体上都达到富裕才是真正实现共同富裕，习近平总书记指出：“像全面建成小康社会一样，全体人民共同富裕是一个总体概念”[②]。在平等的具体实现上具有差异性，共同富裕不是同步富裕、同等富裕，不同地区和人群在富裕的时间上有先有后，在富裕的程度上也存在一定合理的差异。

三、为什么要平等：平等的基础和价值

平等并不是不证自明的，一些平等没有得到普遍的共识，特别是经济平等，有人赞成，也有人反对。“为什么要平等？”仍是一个需要论证的问

① 《马克思恩格斯文集》第 3 卷，人民出版社 2009 年版，第 436 页。
② 《习近平谈治国理政》第 4 卷，外文出版社 2022 年版，第 146 页。

题。在伦理学中通常有两种论证方式：道义论和功利论，道义论揭示平等的基础，功利论彰显平等的价值，共同解答为什么要平等的问题。

（一）平等的基础

康德著名的道德律令“把一切人当作目的而非仅仅是手段”[①]，提出平等的道义论基础。康德认为，人是具有理性的目的王国的成员，每个人都有不可替代的绝对价值，是平等的。同康德一样，恩格斯也认为人作为人的相同性是平等的重要基础，“一切人，作为人来说，都有某些共同点，在这些共同点所及的范围内，他们是平等的”[②]。但是，恩格斯反对先验的、形而上学的道德观念，他认为平等以及平等的观念都是历史的，“要从这种相对平等的原始观念中得出国家和社会中的平等权利的结论，要使这个结论甚至能够成为某种自然而然的、不言而喻的东西，必然要经过而且确实已经经过几千年。”[③]

共同富裕的平等观提出更为具体的道义论基础。一是共同富裕是社会主义和中国特色社会主义的根本原则和本质要求，是社会主义优越性的重要体现。社会主义平等要求比资本主义平等更进一步，不仅要政治平等，而且还要经济平等，是在比资本主义更高生产力发展水平、更快经济发展速度基础上的平等。二是共同富裕是中国式现代化的重要特征和本质要求。西方式现代化产生巨大的贫富差距，中国式现代化着力促进全体人民共同富裕，防止两极分化。三是共同富裕是人民的共同期盼。“民之所盼，我必行之”[④]。人民期盼美好生活，不仅期盼物质文化生活更为富裕，而且还期盼社会更加公平正义。四是共同富裕体现中国共产党的初心使命、性质和宗旨。中国共产党是中国特色社会主义事业的领导核心，共同富裕既是时代和人民赋予党的重任，也是党向人民和历史作出的庄严承诺。

① ［德］伊曼努尔·康德：《道德形而上学原理》，上海人民出版社 2012 年版，第 37 页。
② 《马克思恩格斯文集》第 9 卷，人民出版社 2009 年版，第 109 页。
③ 《马克思恩格斯文集》第 9 卷，人民出版社 2009 年版，第 109 页。
④ 《习近平谈治国理政》第 4 卷，外文出版社 2022 年版，第 65 页。

（二）平等的价值

一些西方学者认为，平等是一个需要警惕的价值，因为平等与效率存在矛盾，与自由不相容，并且会侵犯人的权利。这些西方学者眼中的平等是资本主义的平等，不是共同富裕的平等。在他们的理论视域中，共同富裕是不可能实现的，一部分人的富裕必然以另一部分人的贫穷为代价，这是经济社会发展的“铁律”，平等等同于削峰填谷，劫富济贫，会使社会丧失活力。共同富裕的平等观认为，平等包括经济平等是值得追求的理想，对政党、国家、社会和个人都具有重要价值。

首先，共同富裕夯实党的执政基础。党的根基在人民，力量在人民，人民拥护是保证红色江山永不变色的关键因素。共同富裕使人民过上美好生活，成为稳固党执政根基的定海神针。其次，共同富裕维护社会稳定。“当前，全球收入不平等问题突出，一些国家贫富分化，中产阶层塌陷，导致社会撕裂、政治极化、民粹主义泛滥，教训十分深刻！”[①] 扎实推进共同富裕，保障社会公平正义，防止两极分化，可以保持社会长期稳定，国家长治久安。再次，共同富裕促进经济发展。共同富裕激发人民的积极性、主动性、创造性，为经济高质量发展提供动力和基础。“高质量发展需要高素质劳动者，只有促进共同富裕，提高城乡居民收入，提升人力资本，才能提高全要素生产率，夯实高质量发展的动力基础。”[②] 最后，共同富裕促进人的自由全面发展。共同富裕指向人的自由全面发展，为人的自由全面发展积累物质基础。共同富裕实现平等和自由的统一，这种自由全面发展是平等的发展，不是一部分人的特权，“每个人的自由发展是一切人的自由发展的条件”[③]。

四、怎么样平等：平等的原则和途径

共同富裕的路子应该怎么走？中国共产党一直在探索。党的十八大以来，党中央把共同富裕摆在更加突出的位置，对共同富裕作出系统谋划和

① 《习近平谈治国理政》第4卷，外文出版社2022年版，第141—142页。
② 《习近平谈治国理政》第4卷，外文出版社2022年版，第141页。
③ 《共产党宣言》，人民出版社2018年版，第51页。

全面部署，共同富裕的原则和途径逐渐清晰，深刻回答了怎么样平等的问题。

（一）平等的原则

一是坚持社会主义基本经济制度。社会主义基本经济制度“既有利于激发各类市场主体活力、解放和发展社会生产力，又有利于促进效率和公平有机统一、不断实现共同富裕”[①]，适应我国社会生产力发展水平，规定我国社会主义社会性质，是保障社会主义平等的制度基础。二是坚持高质量发展。平等不能以牺牲经济发展为代价，社会主义平等需要较高发展水平的生产力为基础，社会主义不是共同贫穷，而是共同富裕，从部分先富到先富带动后富，实现共同富裕的各个阶段都是在发展中进行的。新时代，我国经济已由高速增长阶段转向高质量发展阶段。高质量发展是适应社会主要矛盾变化、符合经济发展规律、促进我国经济社会健康发展的必然选择。三是鼓励勤劳创新致富。共同富裕不是不劳而获，也不能靠投机取巧，更不能违法犯罪，共同富裕要靠勤劳智慧创造。政府、社会为个人提供平等的教育和致富机会，取缔非法收入，鼓励勤劳创新，创造公平竞争的社会环境。个人要明确作为致富主体的意识，利用社会提供的有利条件和环境，提高自我发展的能力。四是尽力而为，量力而行。推进共同富裕和促进平等都需要一定的经济基础。在当前经济条件下，我国坚持以人民为中心的发展思想，以更大的力度、更实的举措，着力让改革发展成果更多更公平地惠及人民。同时，要统筹需要和可能、当前利益和长远利益、局部利益和整体利益，把保障和改善民生建立在经济发展和财力可持续的基础之上。五是循序渐进，久久为功。共同富裕是一个长期过程、系统工程，急不得也等不得。共同富裕有若干阶段，每个阶段内也有先后之分，要准确判断所处方位，既不盲目超越也不迟疑滞后，在保持经济社会健康发展的基础上有条不紊地推进共同富裕。

（二）平等的路径

一是提高发展的平衡性、协调性、包容性。深入实施区域协调发展战

① 《习近平谈治国理政》第 4 卷，外文出版社 2022 年版，第 184 页。

略、区域重大战略、乡村振兴战略，不断缩小城乡、区域发展和收入差距，在源头上促进平等。二是构建初次分配、再分配、第三次分配协调配套的制度体系。初次分配既要重视效率，也要重视公平，尊重市场基础作用，完善政府职能，建立公平的分配秩序，提高劳动报酬在初次分配中的比重，完善按要素分配政策。再分配更加重视公平，通过税收征收、财政支出、公共转移支付等方式缩小收入差距，促进基本公共服务均等化。发挥第三次分配的补充作用。“提低”“扩中”“调高”“取非”，努力形成橄榄型收入分配格局。三是推动形成勤劳创新致富的社会风尚。破除垄断，反对腐败，打击各种获取非法收入行为，提高群众知识技能水平，创造公平竞争的良好环境，弘扬社会主义核心价值观，弘扬奋斗精神、创新精神，为群众增添自立自强的致富信心和勇气。四是完善维护社会公平正义的制度机制。全面深化改革，打破利益固化藩篱，畅通社会向上流通渠道，促进机会平等，完善和发展中国特色社会主义制度，保障人民平等参与、平等发展、平等享有的权利。

中国式现代化视域下
共同富裕的理论内涵及实践路径探析

新疆社会科学院　张　涛　胡延龙

中国式现代化道路上的共同富裕是以马克思主义理论为指导，融合了中国古代社会大同思想而形成的伟大梦想。共同富裕与中国式现代化建设密切相关，脱离了现代化建设谈共同富裕是空中楼阁。以习近平新时代中国特色社会主义思想为指导，坚持“五位一体”总体布局和“四个全面”战略布局，不断推动中国式现代化发展是实现共同富裕的正确途径。

一、共同富裕是中国式现代化的重要特征

（一）共同富裕彰显了中国式现代化的中国特色

共同富裕是中国式现代化与资本主义现代化最为明显的区别。资本主义现代化片面追求经济价值，造成贫富两极分化、环境污染严重、生物种类减少。中国式现代化与资本主义现代化不同之处主要体现在人口规模、幸福标准、富裕群体、发展道路以及人与自然的关系五个方面。中国式现代化所追求的是物质文明与精神文明的全面发展，追求的是人与自然的和谐共处，追求的是全体人民的共同富裕。物质富足是共同富裕得以实现的物质基础，也是中国式现代化的发展目标。实现共同富裕是中国共产党的

初心与使命，体现了中国特色社会主义的本质要求。

（二）共同富裕体现了中国式现代化的人民立场

实现共同富裕是党的奋斗目标与动力源泉，正如习近平总书记所说“但愿苍生俱饱暖，不辞辛苦出山林”[①]。党的一大确立了共产主义奋斗目标，提出了消除阶级区分的口号。1939 年毛泽东提出“为人民服务”，并在党的七大将这一宗旨写入党章。党的成立顺应时代与人民的需要，其目的是带领人民走向富裕，走向幸福，走向美好未来。党的十八大以来，在党中央的科学领导下，在人民群众的不断努力下，我们克服了重重困难，特别是克服了新冠疫情与国际反华势力的干扰，最终实现了全国脱贫，并在此基础上进一步完成了全面建成小康社会的历史任务，为共同富裕的实现奠定了良好的基础。

（三）全体人民共同富裕是中国式现代化的奋斗目标

长久以来，我国社会主义现代化建设与共同富裕密不可分。早在新民主主义时期，毛泽东便提出了通过合作社来实现集体化，进而逐步走向富裕的设想，1953 年共同富裕被正式提出，1954 年周恩来提出四个现代化的构想。改革开放后，邓小平通过对“怎样建设社会主义”这一问题进行的深入思考，将四个现代化与共同富裕创新结合，提出了小康社会的概念。在党的二十大报告中，习近平总书记阐述了中国式现代化的基本特征、总体目标以及战略部署，并进一步从经济、科技、治理、文化、生态、军事等方面详细叙述了中国式现代化的主要内容，明确指出了“中国式现代化是全体人民共同富裕的现代化”[②]。

（四）共同富裕的中国式现代化推动人类文明进步

共同富裕为世界发展贡献了中国智慧。“世界那么大，问题那么多，国际社会期待听到中国声音、看到中国方案，中国不能缺席。”[③]生产资料私人占有既是资本主义制度的根基又是其发展的障碍，资本主义福利制度虽

① 人民日报评论部编著：《习近平用典》第一辑，人民日报出版社 2018 年版，第 5 页。

② 《党的二十大报告辅导读本》，人民出版社 2022 年版，第 20 页。

③ 《国家主席习近平发表二〇一六年新年贺词》，《人民日报》2016 年 1 月 1 日。

然在一定程度上缓解了国内矛盾，但却因此造成负担过重、发展减缓的被动局面。我国的共同富裕是以社会主义公有制为基础，以按劳分配为主体，以实现物质与精神共同发展为目标，是将国家、企业、社会、人民等紧密团结在一起，形成发展合力的正确道路。共同富裕是比资本主义福利制度更加科学的发展模式，实现了人人共建、人人共享的社会形态，对人类文明发展史产生重大意义。

二、中国式现代化共同富裕的理论内涵

（一）共同富裕理论在社会主义建设中与时俱进

1921 年党的一大将废除私有制作为奋斗纲领；土地革命时期，党中央提出“打土豪分田地”的口号，满足了农民的土地需求；1947 年党中央颁布了《中国土地法大纲》，废除了封建土地制度，调动了农民积极性，推动了生产力的发展；1953 年党的第一代中央领导集体在《关于发展农业生产合作社的决议》中完整提出了共同富裕思想；1956 年党带领人民完成了三大改造，为共同富裕奠定制度基础；1978 年党的第二代中央领导集体根据国家发展的实际情况，对共同富裕思想进行了进一步完善，提出“先富带动后富”思想，改革开放成功推动了我国生产力的快速发展，我们实现了让少数人先富起来的第一阶段目标，现在正向第二阶段目标前进，即先富带动后富，走向共同富裕；1994 年国家颁布实施了《国家八七扶贫攻坚计划（1994—2000 年）》，旨在减少贫困人数，推进共同富裕；2007 年党的十七大报告提出了全面建设小康社会的奋斗目标；2020 年党的十九届五中全会提出到 2035 年共同富裕取得实质性进展的奋斗目标；2022 年党的二十大报告进一步对共同富裕作出重要战略部署。

（二）共同富裕是物质富饶充足与精神富足充盈的统一

物质充实、分配公平是实现共同富裕的基础。“凡治国之道，必先富民”[①]。物质资料是人类生存与发展的必要条件，只有满足物质需求后，人类才能有更多的精力去追求精神世界的丰富。共同富裕实现的前提条件就是

① 人民日报评论部编著：《习近平用典》第二辑，人民日报出版社 2018 年版，第 7 页。

要不断创新科学技术，以最小的能源消耗与最低的环境污染来为人们创造更多的物质财富。20 世纪末，我国的主要矛盾是人民日益增长的物质文化需要同落后的社会生产之间的矛盾，随着我国经济的发展，这一矛盾逐步得到解决。当前我国发展不平衡不充分的问题比较突出，城乡居民收入差距大，不同地区的居民收入差距大，尤其是东部发达地区与西部偏远地区居民收入差距依然明显。“蛋糕”要做大，同时也要切好。只有“蛋糕”公平地分配给每个社会成员，才能更好地调动他们去做大“蛋糕”的积极性。

精神富足、团结互助是实现共同富裕的保障。“物质贫困不是社会主义，精神贫乏也不是社会主义。”[①] 汉代辞赋家枚乘的代表作《七发》通过吴客与楚太子的对话，揭示了过度贪求物质享受的后果，启示人们要有健康向上的精神追求。共同富裕涵盖了物质与精神两个方面，共同富裕的实现不能局限于一方，假使实现了物质文明的高度发达，但没有与之匹配的精神文明加以自我限制与约束，其最终结果无论对整个国家、民族还是对每个社会成员都是场灾难。改革开放以来，人们物质生活水平不断提高，随之而来的是享乐主义与奢靡之风的蔓延，造成自然资源的浪费。加强精神文明建设不能走“先污染后治理”的工业化发展老路，要在创造物质文明的同时加强精神文明建设。进入新时代以来，我国社会主要矛盾发生重大变化，人们追求美好生活的意愿愈发强烈，在发展经济的同时推动社会主义精神文明建设，深入挖掘中华优秀传统文化，为人们提供积极向上、种类丰富、形式多样的文化产品，满足人们的精神需求。

（三）共同富裕是循序渐进的漫长旅程

共同富裕不是虚幻缥缈的传说，更不是一蹴而就的成功，要正确看待共同富裕前进道路上的困难与挫折，树立正确的发展观。1938 年武汉会战结束后，国内出现“速胜论”与“亡国论”两种声音。毛泽东综合分析国内外局势后提出了“持久战”的观点。共同富裕同其他任何事物一样，都是一个由量变到质变的发展过程。回忆往昔，从邓小平提出建设“小康社会”的目标开始，到 2020 年底实现全国脱贫，再到 2021 年全面建成小康社会，我国用了不足 50 年的时间就实现了 14 亿人的小康梦，这不仅是我

① 《党的二十大报告辅导读本》，人民出版社 2022 年版，第 16 页。

国社会主义建设的重要成就，更彰显了我国全面实现共同富裕的决心。在此基础上，坚持以习近平新时代中国特色社会主义思想为指导，不断深化理论学习，全面贯彻执行党中央的决策部署，扎实推进共同富裕，确保到2035年取得实质性进展。共同富裕的实现不会一帆风顺，只能是在曲曲折折的道路上，坚定目标，一步一个脚印地向前推进，正如习近平总书记所说“志之所向，无坚不入，锐兵精甲，不能御也”①。

三、中国式现代化视域下共同富裕的实现路径

（一）必须坚持党的领导，完善社会保障制度

中国共产党科学阐述了共同富裕的基本内涵。共同富裕不是少数人的富裕，资本主义社会的富裕是少数人的富裕，社会财富掌握在少数资本家手中，我国是人民民主专政的社会主义国家，人民是国家的主人，国家财富掌握在人民手中是我国可以实现全体人民共同富裕的基础；共同富裕不是同步富裕，历史经验教训证明，受主客观因素限制，齐头并进地实现共同富裕道路行不通，根据生产力发展要求，适当调整政策，激发群众创造财富的热情，以便使一部分人先富裕起来；共同富裕是全体人民的富裕，改革开放以来，我国经济迅速发展，一些人在这一过程中积累了财富，过上了富裕的生活，另外一些人依旧徘徊在贫困线的边缘，国家适时调整政策，在2020年底我国实现了全国脱贫，2021年全面建成小康社会；共同富裕是物质富裕与精神富裕的辩证统一，贫穷不是社会主义，人民群众生活水平提高的前提是发展生产力，不断创造物质财富来满足人民群众的生活需求，片面追求物质享受不是共同富裕，共同富裕的一半是精神富裕，过度追求物质享受将损害自己的身心健康、浪费宝贵的物质资源、对社会产生消极影响，在创造物质财富的同时，加强精神文明建设，二者相辅相成，最终实现共同富裕。

中国共产党科学规划了共同富裕的实现路径。确立并不断完善社会主义基本经济制度建设，社会主义基本经济制度是我国作出改革开放重大决策后进行的伟大创造，是对我国当时所有制形式与分配方式的重要调整，

---

① 人民日报评论部编著：《习近平用典》第一辑，人民日报出版社2018年版，第233页。

社会主义基本经济制度的确立与不断完善是实现共同富裕的根本保障；推动区域协调发展，缩小地区差距，我国实施改革开放后，靠近沿海的东部地区获得较快发展，而处于内陆的中西部地区发展相对落后，尤其是资源缺乏的西部地区发展更为缓慢，党中央从各区域发展实际情况出发，一是实施了西部大开发战略，促进了边疆少数民族地区的经济发展与社会稳定，二是实施了中部崛起战略，巩固了我国能源与粮食安全，三是实施了东北振兴战略，推动了我国制造业的转型升级与“双循环”发展格局的构建；完善社会保障制度，推动共同富裕发展，社会保障制度能在一定程度上调节不同阶层的利益关系，弥补市场经济的不足之处，是实现共同富裕不可缺少的重要保障，社会保险项目种类多、覆盖范围广、受益群体庞大，全面增强了低收入群体的抗风险能力，是社会保障制度的重要组成部分，社会救济与社会福利保障了残疾、受灾等生活无保障群体的基本生活需求。

（二）优化经济体制，调整收入分配方式

“构建高水平社会主义市场经济体制。”① 改革开放所取得的成就证明了社会主义市场经济是适合我国国情的经济制度，但随着时代发展，我国经济发展出现一些新情况，比如居民虚拟财产比重增大、民营企业融资困难、垄断资本有所抬头等。经济体制的优化是适应经济形式发展的必要举措，是推动经济健康增长、稳步增长的重要方法，尤其是在共同富裕冲锋号已经吹响的情况下，进一步优化我国的经济体制则显得尤为重要。党的二十大分别从企业制度、金融体制、社会信用、金融监管、产权保护等方面提出了诸多举措，将进一步解放生产力，为实现共同富裕提供物质保障。

“分配制度是促进共同富裕的基础性制度。”② 与社会主义市场经济制度相匹配的是我国以按劳分配为主体的分配制度，这一制度确保了我国在经济快速增长的同时不会造成严重的两极分化，是适合我国国情不可动摇的基本分配制度。但随着时代的进步以及经济发展模式的多样化，按劳分配不断受到多种因素挑战，对当前分配制度进行适当调整，增加居民合理收入，更能进一步调动人民群众投身到共同富裕的建设中来。党的二十大提

① 《党的二十大报告辅导读本》，人民出版社 2022 年版，第 26 页。

② 《党的二十大报告辅导读本》，人民出版社 2022 年版，第 42 页。

出了“完善按要素分配政策制度”[①]，“多渠道增加中低收入群众要素收入”[②]，鼓励企业与个人积极参与社会福利事业等多项举措推进共同富裕。

（三）积极引导大众创业，实现更加充分就业

坚持部门联动，营造良好创业环境。每年新增高校毕业生及退伍军人较多，就业形势不容乐观，政府部门需要做好相关服务工作，营造良好的就业环境，鼓励这一高素质群体进行创业，以创业来带动就业。工商部门放宽注册条件、简化注册流程，为创业者提供便捷的工商登记服务；财政部门加大财政支持力度、实施税收优惠政策、设立创业专项基金，帮助创业者降本增效；司法部门为创业者提供免费的法律援助；银行为创业者提供咨询、借贷、结算等一站式服务。

拓宽就业渠道，完善技能培训。高校毕业生与农民工是当前我国就业重点群体，针对这两类人群分别采取不同的应对措施帮助就业。高校毕业生具有较强的知识储备、开阔的思维、灵活应变能力以及学习能力，高校应加强对毕业生的就业帮扶，积极为毕业生搭建求职就业平台，政府部门加大对公益性岗位的开发力度，引导大学生到社会工作服务站工作，为毕业生就业托底。产业结构升级，导致部分农民工失业，而一些企业却出现招不到人情况，结构性就业矛盾突出，政府部门一方面推动企业与职业院校合作，为农民工的职业技能提升与再就业创造条件，另一方面对农民工的岗前培训给予一定的培训补助，调动农民工学习积极性。

（四）提升县乡医疗服务能力，铸牢卫生健康根基

医疗资源分配不均一直以来是人们关心的热点问题，省级医院的医疗人才、科研经费及仪器设备都有着得明显的优势，县级医院往往人才缺乏、设备陈旧，这一点在新冠疫情封控解除后表现较为突出，多地出现医疗挤兑情况。优化医疗资源配置，提升县级医院与乡镇医院的服务能力，既是对人们医疗需求的满足，又是对突发公共卫生事件的预备。

“发展壮大医疗卫生队伍，把工作重点放在农村和社区。”[③]在《中国卫

---

① 《党的二十大报告辅导读本》，人民出版社 2022 年版，第 42 页。

② 《党的二十大报告辅导读本》，人民出版社 2022 年版，第 42 页。

③ 《党的二十大报告辅导读本》，人民出版社 2022 年版，第 44 页。

生健康发展评价报告（2022）》发布会上，第十四届全国政协委员、经济委员会副主任，中国国际经济交流中心常务副理事长毕井泉对我国城乡居民的医疗健康现状进行了系统分析，详细对比了十年间我国人均寿命、癌症患者生存率以及婴儿死亡率，肯定了我国医疗水平的进步。同时他也分析了我国医疗服务的不足之处，其中一点就是农村居民的寿命低于城市居民，在一定程度上体现了医疗资源分配不均的问题。农村与社区医疗队伍的建设，要从人才引进与专业能力提升两方面发力。统筹安排好乡村医生的薪资和待遇问题，打造一支专业化医疗服务队伍。试行定向培养农村医学生，在提高医学水平的同时扩充医疗队伍。

“促进中医药传承创新发展。”[①] 农村居民收入较低，中医药相对于西药有着价格低、副作用小的优势，适当提升中医药在心脑血管、糖尿病等慢性病的用药比例，能减轻农村居民的经济负担。近年来日本的汉方药深受中国游客的青睐，汉方药形成于江户时代，最早是由遣唐使带回日本，其根源在中国。中医药学是中华民族的智慧结晶，其在心脑血管等慢性病的治疗、参与癌症等重大疾病的协同治疗方面有着独特的优势。当前中医药发展存在治疗规范化程度不够、中药材农残超标、药品同质化严重、中医理论基础薄弱与疗效评价标准不一等问题。充分发挥中医药在守护百姓生命健康的优势，要深入科学研究，利用分子生物学技术等现代科学手段来推动中药发展；扩大中医药大学的招生规模，系统培养中医专业人才；加强交流合作，推进中西医结合，发挥各自优势。

（五）繁荣发展文化事业，满足文化精神需求

加大中华优秀传统文化的传播力度。信息技术时代，与流量经济迅速发展相对应的是精神文化产品消费的快速增加，人们对精神文化的需求增大。“《2021 中国网络视听发展研究报告》对我国 2020 年网络用户的使用情况进行了统计，其中网络视听用户多达 9.44 亿，短视频用户多达 8.73 亿”[②]，互联网已逐步成为人们汲取文化的重要渠道，加大对中华优秀传统文化的挖掘与弘扬力度，奖励优秀文艺创作者，用内容丰富、形式多样的文

① 《党的二十大报告辅导读本》，人民出版社 2022 年版，第 44 页。

② 袁思渝：《青少年群体使用短视频的隐忧和引导》，《新闻传播》2022 年第 19 期。

艺作品来满足人们的精神需求。

加强对互联网平台的正向引导。改革开放40多年来，在经济突飞猛进的同时人们受多元思潮侵袭严重，拜金主义、享乐主义泛滥，尤其是自媒体兴起后，虚假信息的传播速度加快、影响范围扩大。加强对互联网平台的管控与正向引导，健全网络平台的推送机制、审查机制、举报机制、奖励机制，将不良思想的危害程度降至最低，同时加大普法宣传力度，促使网民逐步树立起法律意识，自觉维护网络健康环境。

推动社会主义核心价值观融入日常生活。社会主义核心价值观是对社会主义价值体系的高度概括，将社会主义核心价值观融入人们日常生活，有利于人们在点滴生活中无意识地培养起良好的行为习惯，自觉推动精神文明建设。加强爱国精神、奉献精神、奋斗精神的宣传教育，促使人们学会处理国家、集体与个人之间的关系。在义务教育阶段加强“四史”的宣传力度，利于中小学生深刻理解社会主义建设的不易，从小培养学生的爱国情怀。企事业单位深入推进精神文明创建工作。乡村社区加大社会主义核心价值观融入村规民约的力度。居民家庭积极运用社会主义核心价值观培育良好家风。

共同富裕是中国式现代化的重要特征

河北省社会科学院　杨春娟

习近平总书记指出，共同富裕是中国特色社会主义的本质要求，是中国式现代化的重要特征，要扎实推进共同富裕。这是我们党着眼党和国家事业发展全局、立足我国发展新的历史阶段作出的重大战略部署。准确把握共同富裕是中国式现代化的重要特征这一论断的深刻内涵，对于新时代坚定不移走好中国式现代化新道路、实现第二个百年奋斗目标、全面建成社会主义现代化强国，具有重要的理论和实践意义。

一、追求共同富裕贯穿中国式现代化的探索历程

“共同富裕，是马克思主义的一个基本目标，也是自古以来我国人民的一个基本理想。”[①] 马克思、恩格斯曾指出，“无产阶级的运动是绝大多数人的，为绝大多数人谋利益的独立的运动”[②]，在未来社会“生产将以所有的人富裕为目的”[③]。可见，共同富裕是马克思、恩格斯所设想的未来社会的重要特征。实现共同富裕，是中华民族的崇高理想，是人民群众的共同期盼，

① 《习近平谈治国理政》第 2 卷，外文出版社 2017 年版，第 214 页。

② 《马克思恩格斯选集》第 1 卷，人民出版社 2012 年版，第 411 页。

③ 《马克思恩格斯文集》第 8 卷，人民出版社 2009 年版，第 200 页。

也是我们党百年奋斗的目标追求。一部中国史，就是一部中华民族同贫困作斗争的历史。从孔夫子的“不患寡而患不均，不患贫而患不安”、孟子的“老吾老以及人之老，幼吾幼以及人之幼”，到《礼记·礼运》描绘的“小康”社会和“大同”社会的状态[①]，反映出中国人民自古以来对幸福生活、共同富裕的期盼和憧憬。然而，由于缺乏制度基础和物质条件，这些思想理念只能停留在对美好社会的憧憬之中。近代以后，由于封建统治的腐朽和西方列强的入侵，中国政局动荡、战乱不已、民不聊生，贫困的梦魇严重困扰着中国人民。为摆脱贫困和挽救民族危机，无数仁人志士开始寻求变革，谋求自强，探索现代化道路。为此，中国人民先后进行了太平天国运动、洋务运动、戊戌变法、义和团运动和辛亥革命等多种尝试，但都以失败告终。十月革命的一声炮响，为中国送来了马克思主义，探索中国式现代化道路的重任，历史地落在了中国共产党身上。

中国共产党的百年奋斗史，就是中国式现代化的百年探索史。中国共产党自成立之日起，就把为人民谋幸福、为民族谋复兴作为初心使命，团结带领人民在探索现代化道路的过程中，为创造人民的美好生活进行了长期艰辛奋斗。在新民主主义革命时期，我们党团结带领广大农民“打土豪、分田地”，实行“耕者有其田”的土地制度，帮助贫苦人翻身得解放，就是为了让人民摆脱贫困，过上好日子。新中国的成立、社会主义基本制度的确立，为当代中国一切发展进步奠定了根本政治前提和制度基础，开启了在社会主义道路上进行现代化建设的历史征程。改革开放和社会主义现代化建设新时期，邓小平明确指出：“社会主义的本质，是解放生产力，发展生产力，消灭剥削，消除两极分化，最终达到共同富裕。”[②]江泽民强调：“实现共同富裕是社会主义的根本原则和本质特征，绝不能动摇。”[③]胡锦涛强调：“使全体人民共享改革发展的成果，使全体人民朝着共同富裕的方向稳步前进。”[④]这些重要论述，为我们党团结带领人民朝着实现共同富裕的目标不断迈进指明了前进方向。改革开放使中国发生了翻天覆地的变化，

---

① 《习近平谈治国理政》第 2 卷，外文出版社 2017 年版，第 214 页。

② 《邓小平文选》第 3 卷，人民出版社 1993 年版，第 373 页。

③ 《江泽民文选》第 1 卷，人民出版社 2006 年版，第 466 页。

④ 中共中央文献研究室编：《十六大以来重要文献选编》（中），中央文献出版社 2006 年版，第 712 页。

在成功开辟中国特色社会主义道路的基础上，实行社会主义市场经济体制，“实现了从生产力相对落后的状况到经济总量跃居世界第二的历史性突破，实现人民生活从温饱不足到总体小康、奔向全面小康的历史性跨越，为中国式现代化提供了充满新的活力的体制保证和快速发展的物质条件”[①]。

进入新时代，我国社会主要矛盾已经转化为人民日益增长的美好生活需要和不平衡不充分的发展之间的矛盾。人民对美好生活的向往，就是我们的奋斗目标。以习近平同志为核心的党中央统揽伟大斗争、伟大工程、伟大事业、伟大梦想，对新时代中国特色社会主义发展作出重大战略部署，提出在全面建成小康社会的基础上，到 2035 年基本实现社会主义现代化，到 21 世纪中叶把我国建成富强民主文明和谐美丽的社会主义现代化强国。党的二十大又把全面建成社会主义现代化强国、实现第二个百年奋斗目标、以中国式现代化全面推进中华民族伟大复兴，确立为新时代新征程党的中心任务。我们党还进一步深化对中国式现代化的内涵和本质的认识，概括形成中国式现代化的中国特色、本质要求和重大原则，初步构建中国式现代化的理论体系，使中国式现代化更加清晰、更加科学。中国式现代化是我们党领导全国各族人民在长期探索和实践中历经千辛万苦、付出巨大代价取得的重大成果，我们必须倍加珍惜，始终坚持，不断拓展和深化，并向着实现共同富裕的目标稳步迈进，更好满足人民日益增长的美好生活需要。

二、共同富裕体现了中国式现代化的目标追求

富裕是各国现代化追求的目标，共同富裕则是中国式现代化的目标追求。中国式现代化是全体人民共同富裕的现代化，它既不是其他国家社会主义实践的再版，也不是国外现代化发展的翻版，而是中国共产党带领人民成功开创的人类社会迈向现代化的新版。中国式现代化赋予共同富裕以全新的时代内涵。

共同富裕是全民富裕，不是少数人的富裕。西方现代化是以两极分化

① 《正确理解和大力推进中国式现代化》,《人民日报》2023 年 2 月 8 日。

为表征的现代化，“富者累巨万，而贫者食糟糠”[①]是其真实的写照。这种以资本为主导、少数人获取利益最大化的现代化，只能实现少数人的富裕，不能解决所有人的共富问题。与西方现代化不同，中国式现代化是以全体共富取代两极分化的现代化。消除贫困、改善民生、实现共同富裕，是社会主义的本质要求，是中华民族千年追求的梦想，是我们党初心不改、前仆后继的使命担当。这就决定了中国式现代化必将是实现所有人的共同富裕，而不是少数人的独富。在脱贫路上，全民小康“一个都不能少”，就是明显的例证。正如习近平总书记所强调的，“我们决不能允许贫富差距越来越大、穷者愈穷富者愈富，决不能在富的人和穷的人之间出现一道不可逾越的鸿沟。”[②]中国式现代化打破了西方现代化下财富向少数人集中的“宿命”，为解决财富鸿沟、中等收入陷阱等问题提供了智慧方案。对此，英国著名学者马丁·雅克曾这样分析，“全体人民共同富裕”的中国式现代化不仅为中国未来发展开启众多全新可能性，也将为破解世界难题提供新思路。

共同富裕是全面富裕，而不仅仅是物质富裕。全面富裕，既包括物质富裕，也包括精神富裕，是物质富裕和精神富裕的统一。共同富裕是社会主义的本质特征和目标追求，物质贫乏不是社会主义，精神空虚也不是社会主义。我们要建设的现代化，是物质文明和精神文明全面发展的社会主义现代化。实现共同富裕，既要提供良好的物质条件，又要提供良好的精神条件。正如习近平总书记所指出的，共同富裕不仅要促进人民物质生活的共同富裕，也要同时促进精神生活的共同富裕。要坚持“两手抓、两手都要硬”，正确处理物质文明与精神文明的关系，把精神文明建设贯穿于改革开放和现代化全过程、渗透到社会生活各方面。共同富裕是物质富裕和精神富裕的统一，需要齐抓共建、相互促进、同步发展，让人民物质富足、精神富有，从而有效推进中国式现代化进程。

共同富裕是共建富裕，不是自然而然实现的。幸福生活都是奋斗出来的，不是等来的、要来的、靠来的。共同富裕要靠勤劳智慧来创造，需要人人参与、人人奋斗、人人享有。要鼓励人们通过辛勤劳动、诚实劳动、诚信合法经营来增收致富，创造更多普惠公平的条件以增强发展能力，给

① 《习近平关于社会主义经济建设论述摘编》，中央文献出版社 2017 年版，第 25 页。

② 习近平：《把握新发展阶段，贯彻新发展理念，构建新发展格局》，《求是》2021 年第 9 期。

更多人创造致富机会，形成人人参与的发展环境，让每一个人都能获得人生出彩和实现梦想的机会。实现共同富裕不是轻轻松松就能实现的，唯有共同奋斗、不懈奋斗、凝聚共识、形成共同奋斗的良好氛围，才能在共建共享和高质量发展中实现共同富裕。

共同富裕是逐步富裕，不是同时同步同等富裕。实现共同富裕是一项长期艰巨的任务，是一个逐步推进的过程，不可能一蹴而就。由于各地资源禀赋、发展起点、发展速度、发展阶段以及发展效果各不相同，每个人的发展能力也各有差别，因此各地在推进共同富裕的进程上会有所差异，不可能完全同步；不同人群实现共同富裕的程度也会有高有低，时间上也会有先有后，不可能齐头并进。为此，邓小平提出“先富带后富”的方针，即一部分有条件的地区先发展起来，一部分地区发展慢点，先发展起来的地区带动后发展起来的地区，最终达到共同富裕。党的十八大以来，以习近平同志为核心的党中央团结带领全国人民，创造了打赢脱贫攻坚战、全面建成小康社会的历史奇迹，开启了扎实推动共同富裕的历史阶段。在此基础上，党中央进一步明确了共同富裕的时间表和路线图，提出实施“两步走”战略，从 2020 年到 2035 年，基本实现社会主义现代化，全体人民共同富裕迈出坚实步伐；从 2035 年到 21 世纪中叶，把我国建成富强民主文明和谐美丽的社会主义现代化强国，“全体人民共同富裕基本实现，我国人民将享有更加幸福安康的生活”①。共同富裕的奋斗目标从“迈出坚实步伐”到“基本实现”，表明党中央坚定的决心，也给全国人民以坚定的信心。

三、实现共同富裕彰显中国式现代化的本质要求

在全面建设社会主义现代化国家新征程中能否坚持共同富裕，不仅是一个经济问题，而且是关系党的执政基础的重大政治问题。党的二十大报告提出了中国式现代化的本质要求，其中之一就是实现全体人民共同富裕。共同富裕承载了新时代人民对美好生活的向往和期盼，把实现人民对美好生活的向往作为中国式现代化建设的出发点和落脚点，彰显了中国式现代

① 习近平：《决胜全面建成小康社会 夺取新时代中国特色社会主义伟大胜利——在中国共产党第十九次全国代表大会上的报告》，人民出版社 2017 年版，第 28—29 页。

化的鲜明价值底色。进入新时代，我国社会主要矛盾已经转化为人民日益增长的美好生活需要和不平衡不充分的发展之间的矛盾，人民对美好生活的向往更加强烈，以习近平同志为核心的党中央坚持以人民为中心的发展思想，紧扣我国社会主要矛盾变化，积极回应人民群众所想、所盼、所急，不断把为人民造福事业推向前进。因此，党的二十大报告不仅强调全体人民共同富裕是中国式现代化的重要特征，而且强调实现全体人民共同富裕是中国式现代化的本质要求，并且明确了到2035年我国发展的总体目标，其中之一就是“人的全面发展、全体人民共同富裕取得更为明显的实质性进展”[①]。由此可见，实现全体人民的共同富裕在中国式现代化建设全局中处于重要地位。

共同富裕是中国特色社会主义的本质要求，中国式现代化又是中国共产党领导的社会主义现代化，社会主义决定了中国式现代化的性质和方向。中国式现代化是全体人民共同富裕的现代化，是中国特色社会主义在发展道路上的具体化，是实现中华民族复兴目标的必然选择和必由之路。只有实现全体人民共同富裕，以中国式现代化全面推进中华民族伟大复兴的宏伟蓝图才会如期实现。随着我国全面建成小康社会、开启全面建设社会主义现代化国家新征程，“我们必须把促进全体人民共同富裕摆在更加重要的位置，脚踏实地、久久为功，向着这个目标更加积极有为地进行努力，促进人的全面发展和社会全面进步，让广大人民群众获得感、幸福感、安全感更加充实、更有保障、更可持续”[②]。

四、在中国式现代化新征程中扎实推进共同富裕

中国式现代化是全体人民共同富裕的现代化，是实现全体人民共同富裕的正确道路。在强国建设、民族复兴新征程中，实现全体人民共同富裕，是一项艰巨而长期的任务，需要扎实推进，多管齐下，久久为功。

坚持和加强党的全面领导。中国式现代化是中国共产党领导的社会主义现代化，党的领导直接关系中国式现代化的根本方向、前途命运、最终

① 习近平:《高举中国特色社会主义伟大旗帜　为全面建设社会主义现代化国家而团结奋斗——在中国共产党第二十次全国代表大会上的报告》，人民出版社2022年版，第24页。

② 习近平:《在全国脱贫攻坚总结表彰大会上的讲话》，《人民日报》2021年2月26日。

成败。坚持党的领导，能够确保中国式现代化锚定奋斗目标行稳致远。在新征程中推进共同富裕，要充分发挥党的集中统一领导和我国社会主义制度的政治优势，做好共同富裕的顶层设计，不断探索促进共同富裕的制度、政策和工作体系，确保“共同富裕路上，一个也不能掉队”[①]，走出一条具有中国特色的共同富裕之路。党的十九届六中全会提出“促进共同富裕”的目标，在前进道路上，我们党要勇于改革创新，不断破除各方面体制机制弊端，为中国式现代化注入不竭动力。只要坚持和加强党的全面领导，咬定目标不放松，一张蓝图绘到底，就一定能够在促进全体人民共同富裕的道路上不断迈出坚实步伐。

坚持以人民为中心的发展思想。实现共同富裕体现了以人民为中心的根本立场。新时代人民对美好生活的向往是我们的奋斗目标。满足人民对美好生活的向往，就要维护人民根本利益，增进民生福祉，不断实现发展为了人民、发展依靠人民、发展成果由人民共享，让现代化成果更多更公平地惠及全体人民。各级党组织要始终坚持以人民为中心的发展思想，处理好政府与市场的关系，兼顾公平与效率，在不断做大“蛋糕”的同时还要分好“蛋糕”，通过完善分配制度、强化就业优先政策、健全社会保障体系、推进健康中国建设等举措提高人民生活品质，更好解决区域、城乡、收入分配差距等问题，促进社会公平，逐步实现全体人民共同富裕。

坚持以高质量发展为主题。高质量发展是全面建设社会主义现代化国家的首要任务。当前我国发展不平衡不充分的问题仍然突出，发展仍是解决我国一切问题的关键。习近平总书记指出，“在高质量发展中促进共同富裕”[②]，这为我国实现共同富裕指明了方向。新时代新阶段，以推动高质量发展为主题，必须坚定不移贯彻新发展理念，以深化供给侧结构性改革为主线，坚持质量第一、效益优先，切实转变发展方式，推动质量变革、效率变革、动力变革，使发展成果更好地惠及全体人民，为实现共同富裕奠定更为坚实的物质基础。

实现巩固拓展脱贫攻坚成果同乡村振兴有效衔接。巩固拓展脱贫攻坚成果是全面建成社会主义现代化强国、实现第二个百年奋斗目标的必然要

① 《习近平谈治国理政》第3卷，外文出版社2020年版，第66页。

② 《习近平谈治国理政》第4卷，外文出版社2022年版，第144页。

求，也是推动全体人民共同富裕取得更为明显的实质性进展的重要内容。党的二十大报告指出，全面建设社会主义现代化国家，最艰巨最繁重的任务仍然在农村。没有乡村振兴和农民的富裕，就没有全体人民的共同富裕。促进农村农民共同富裕，是扎实推进全体人民共同富裕的重点任务之一。为此，要切实做好巩固拓展脱贫攻坚成果同乡村振兴有效衔接的各项工作，接续推进脱贫地区发展和群众生活改善，努力使贫困地区实现产业兴旺、生态宜居、乡风文明、治理有效、生活富裕。要坚持把解决好“三农”问题作为全党工作的重中之重，坚持农业农村优先发展，走中国特色社会主义乡村振兴道路，让低收入人口和欠发达地区共享发展成果，在现代化进程中不掉队、赶上来，进一步缩小城乡差距，不断推动全体人民共同富裕取得更为明显的实质性进展。

发展好 心态才好

——平衡发展、共同富裕与社会心态

福建社会科学院 曲鸿亮 陈 蕾

党的二十大提出以中国式现代化全面推进中华民族伟大复兴的中心任务，明确指出共同富裕是基于国情的中国式现代化的五个方面的特色之一。社会心态与共同富裕密切相关，它折射经济社会发展和个人家庭生活状况，反映人们对治国理政的评价看法，是社情民意的晴雨表，也是党和政府治国理政成效的衡量器。了解一个地方的社会心态，能够反映当地群众对共同富裕的看法，以及从一个侧面看出平衡发展、共同富裕的成效。

2018 年、2021 年、2022 年，我们对福建省社会心态情况做了连续调研（问卷调查和调查座谈），调查结果较为真实地反映了全省各界人员的社会心态情况，从而看出福建省不同地区发展的协调性、均衡性情况，以及推进共同富裕的实际效果。通过调查，我们深深感受到平衡发展、共同富裕是构筑良好社会心态的物质基础，实现共同富裕是以中国式现代化全面推进中华民族伟大复兴的必由之路。

一、“全体人民共同富裕的现代化”是中国式现代化的本质要求

党的二十大提出：“从现在起，中国共产党的中心任务就是团结带领全国各族人民全面建成社会主义现代化强国、实现第二个百年奋斗目标，以中国式现代化全面推进中华民族伟大复兴。”[①]习近平总书记在论述中国式现代化的特色时指出，中国式现代化是人口规模巨大的现代化；中国式现代化是全体人民共同富裕的现代化；中国式现代化是物质文明和精神文明相协调的现代化；中国式现代化是人与自然和谐共生的现代化；中国式现代化是走和平发展的现代化。在这五个方面特色中，与共同富裕直接相关的是人口规模巨大和全体人民共同富裕。

中国式现代化既伟大又艰巨。之所以伟大，是因为在拥有 14 亿人口的中国实现现代化，将使世界上迈入现代化的人口翻一番多，彻底改写现代化的世界版图。与中国彻底摆脱绝对贫困、为国际减贫事业作出巨大贡献一样，人口规模巨大的现代化是人类发展史上前所未有的大事，必将产生深远影响。之所以艰巨，是因为这是迄今为止人类历史上难度最大的现代化。共同富裕是人类文明发展中的难题，西方发达国家虽然现代化了，但在社会财富不断增长的同时，长期存在贫富悬殊、两极分化。拉美国家在追求西方式现代化的过程中，在人均 GDP 达到 2000 美元时期，同样出现了失业率持续攀升和贫富悬殊、两极分化，各种社会矛盾凸显和激化，社会动荡不安，坠入“拉美陷阱”之中。历史经验告诉我们，资本主义不能也无法解决共同富裕的难题，这是由资本主义制度的内在矛盾所决定的。

共同富裕是中国人自古以来的理想追求。从孔子的“不患寡而患不均，不患贫而患不安”，孟子的“老吾老以及人之老，幼吾幼以及人之幼”到《礼记·礼运》描绘的“小康”社会、“大同”社会的状态，都体现了人们对幸福生活、共同富裕的期盼和憧憬。共同富裕是马克思、恩格斯设想的未来社会的重要特征，在《共产党宣言》中，马克思、恩格斯指出，“无产阶级的运动是绝大多数人的，为绝大多数人谋利益的独立的运动”[②]，马

---

① 习近平:《高举中国特色社会主义伟大旗帜　为全面建设社会主义现代化国家而团结奋斗——在中国共产党第二十次全国代表大会上的报告》，人民出版社 2022 年版，第 21 页。

② 《共产党宣言》，人民出版社 2018 年版，第 39 页。

克思在《政治经济学批判（1857—1858年手稿）》中写到，未来社会“生产将以所有人的富裕为目的”[①]。毛泽东、邓小平都对共同富裕有过论述。新中国成立后，毛泽东指出，“现在我们实行这么一种制度，这么一种计划，是可以一年一年走向更富更强的，一年一年可以看到更富更强些。而这个富，是共同的富，这个强，是共同的强，大家都有份”[②]。1990年，邓小平指出：“社会主义最大的优越性就是共同富裕，这是体现社会主义本质的一个东西。”[③]党的十九大提出，到2035年“全体人民共同富裕迈出坚实步伐”，从2035年到21世纪中叶“全体人民共同富裕基本实现”。党的十九届五中全会提出，到2035年“人均国内生产总值达到中等发达国家水平，中等收入群体显著扩大，基本公共服务实现均等化，城乡区域发展差距和居民生活水平差距显著缩小”，“人民生活更加美好，人的全面发展、全体人民共同富裕取得更为明显的实质性进展”。[④]习近平总书记在党的二十大报告中进一步指出，“中国式现代化是全体人民共同富裕的现代化。共同富裕是中国特色社会主义的本质要求，也是一个长期的历史过程。我们坚持把实现人民对美好生活的向往作为现代化建设的出发点和落脚点，着力维护和促进社会公平正义，着力促进全体人民共同富裕，坚决防止两极分化。”

在14亿人口的中国实现全体人民共同富裕，已经历史地落到中国特色社会主义和中国共产党人的肩上。

二、获得感、幸福感、安全感、公平感、信任感是社会心态的衡量器

2023年3月5日，习近平总书记在参加十四届全国人大一次会议江苏代表团审议时强调，“必须以满足人民日益增长的美好生活需要为出发点和落脚点，把发展成果不断转化为生活品质，不断增强人民群众的获得感、幸福感、安全感。”[⑤]幸福感、获得感、安全感、公平感、信任感这“五

① 《马克思恩格斯文集》第8卷，人民出版社2009年版，第200页。

② 《毛泽东文集》第6卷，人民出版社1999年版，第495页。

③ 《邓小平文选》第3卷，人民出版社1993年版，第364页。

④ 《中国共产党第十九届中央委员会第五次全体会议公报》，人民出版社2020年版，第8页。

⑤ 《谱写“强富美高”新江苏现代化建设新篇章》，《人民日报》2023年3月6日。

感”，是体现人民群众心态的直观指标，最能说明社会心态的实际状况。

2018 年福建省社会心态调查（样本数 690）数据显示，受访者中 79.3% 认为自己的幸福感强烈，78.9% 满意自己的获益情况，82.5% 认为我们的社会安全，70.8% 认为社会信任感强烈，59.4% 认为社会公平感强烈。在民生总体评价方面，90.4% 认可近年来我省保障和改善民生成效。

2021 年福建省社会心态调查（样本数 597）数据显示，受访者中 96.48% 满意自己的生活状况，87.61% 满意自己的获益情况，99.66% 认为我们的社会安全，对社会诚信的评价平均分为 8.01 分（满分 10 分，其中 65.84% 打出 8 分以上高分，打 10 分的有 24.46%），95.64% 认为公平正义有提高，认可我国社会变得更加公平正义（其中 51.09% 认为“明显提高”，44.55% 认为“有所提高”）。在民生总体评价方面，98.66% 认可近年来我省保障和改善民生成效。

2022 年福建省社会心态调查（样本数 4324）数据显示，受访者在幸福感方面，96.34% 满意自己的生活状况；在获得感方面，91.93% 满意自己近年来在经济社会发展中的获益情况；在安全感方面，99.48% 认为我们的社会安全；在信任感测评方面，对社会诚信的评价平均分达 8.44 分（满分 10 分，其中 76.56% 打出 8 分以上高分，打 10 分的有 36.57%）；在公平感方面，90.34% 认为公平正义有提高，认可我国社会变得更加公平正义（其中 49.97% 认为“明显提高”，40.37% 认为“有所提高”）。在民生总体评价方面，89.36% 认可近年来我省保障和改善民生成效。（见表 1）

表 1　不同年份福建民众的“五感”和民生评价对比（%）

年份	幸福感	获得感	安全感	信任感	公平感	民生评价
2018（N=690）	79.3	78.9	82.5	70.8	59.4	90.4
2021（N=597）	96.48	87.61	99.66	8.01 分	95.64	98.66
2022（N=4324）	96.34	91.93	99.48	8.44 分	90.34	89.36

以上“五感”的相关数据，反映出福建省社会心态的状况是积极向上、总体稳定的，能够反映和衡量人们社会心态变动的基本情况。

三、社会主要矛盾变化凸显发展与社会心态的正比例关系

党的十九大报告明确指出，“新时代我国社会主要矛盾是人民日益增长

的美好生活需要和不平衡不充分的发展之间的矛盾，必须坚持以人民为中心的发展思想，不断促进人的全面发展、全体人民共同富裕。”[①] 党的二十大进一步把全体人民共同富裕归结为中国式现代化的重要特色和本质要求。实现全体人民的共同富裕，解决发展不平衡不充分的问题是根本之策。

物质决定精神，人们的物质生活水平决定了人们的精神追求和心态是否理性平和、积极向上。改革开放以来，我国人民生活显著改善，社会治理明显改进。同时，随着时代发展和社会进步，人民对美好生活的向往更加强烈，对民主、法治、公平、正义、安全、环境等方面的要求日益增长。

从调查情况看，人民群众在满意当前生活状况的同时展现出对美好生活的向往，也反映了社会主要矛盾的变化。

2021 年的调查显示，“更满意的收入”是受访者对未来美好生活最期待的方面。对美好生活最期待方面的选择，位列前三项的是：“更满意的收入”（74.54%）、“更可靠的社会保障”（42.38%）、“更高水平的医疗卫生服务”（34.84%）。（见图 1）从城乡分布看，城镇（77.01%）和农村（70.76%）的受访者都把“更满意的收入”列为首选；其次为“更可靠的社会保障”，42.11% 的城镇和 42.80% 的农村受访者选择此项；排在第三的略有不同，城镇有 34.90%

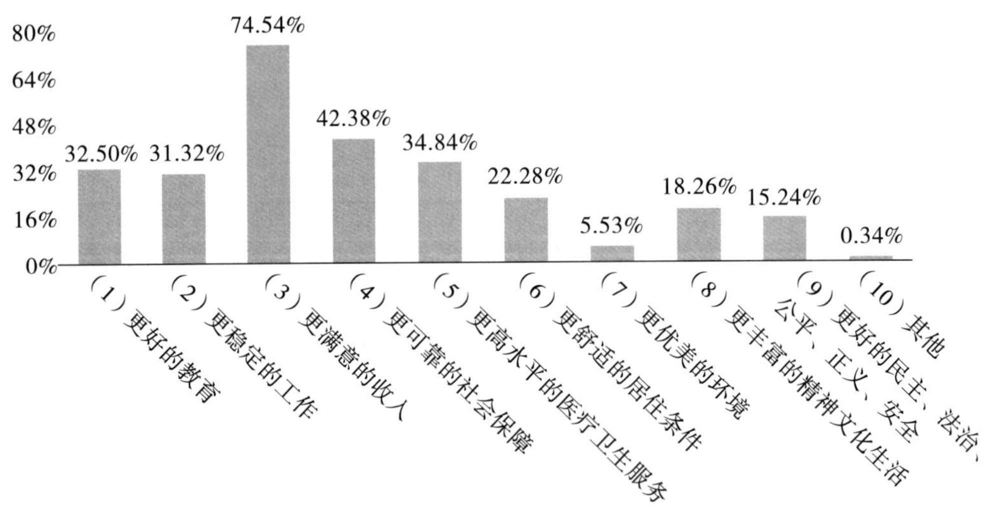

图 1　对未来美好生活最期待方面的选择排序（2021 年）

① 习近平：《决胜全面建成小康社会　夺取新时代中国特色社会主义伟大胜利——在中国共产党第十九次全国代表大会上的报告》，人民出版社 2017 年版，第 19 页。

的人选择“更高水平的医疗卫生服务”，农村有 36.86% 的人选择“更稳定的工作”。由此可见城镇与农村人群对美好生活期待的些微差别。（见表 2）

表 2　城镇、农村受访者对未来美好生活最期待方面的选择排序（2021 年）

	城镇		农村		合计	
	人数	占比	人数	占比	人数	占比
（1）更满意的收入	278	77.01	167	70.76	445	74.54
（2）更可靠的社会保障	152	42.11	101	42.80	253	42.38
（3）更高水平的医疗卫生服务	126	34.90	82	34.75	208	34.84
（4）更好的教育	118	32.69	76	32.20	194	32.50
（5）更稳定的工作	100	27.70	87	36.86	187	31.32
（6）更舒适的居住条件	80	22.16	53	22.46	133	22.28
（7）更丰富的精神文化生活	75	20.78	34	14.41	109	18.26
（8）更好的民主、法治、公平、正义、安全	55	15.24	36	15.25	91	15.24
（9）更优美的环境	18	4.99	15	6.34	33	5.53
（10）其他	1	0.28	1	0.42	2	0.34
总人数	597					

2022 年的调查数据显示，96.34% 受访者对目前个人和家庭生活状况表示满意，其中表示“非常满意”的 40.88%、“比较满意”的 34.77%、“基本满意”的 20.69%。（见图 2）从城乡分布看，95.98% 城镇受访者满意当前生活状况，其中 40.07%“非常满意”、34.76%“比较满意”、

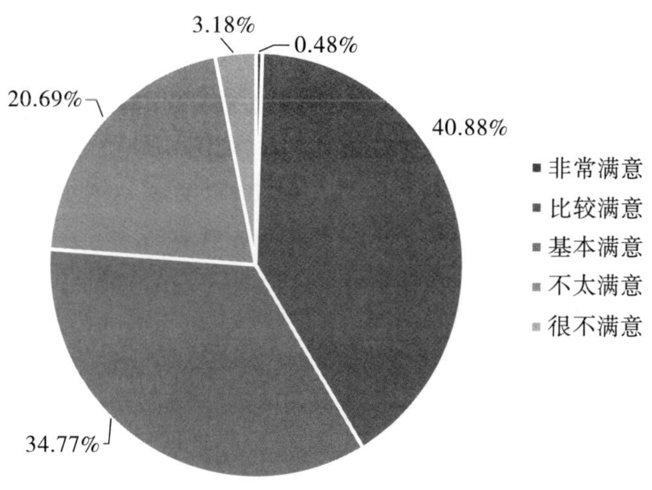

图 2　对个人生活状况的评价（2022 年）

21.15%“基本满意”；97.17% 农村受访者满意当前生活状况，其中42.76%“非常满意”、34.79%“比较满意”、19.62%“基本满意”。农村群体高于城镇 1.19 个百分点。

从 2022 年的数据看，收入、社会保障、工作稳定与医疗保障是人民群众对未来美好生活追求的普遍期盼。对美好生活最期盼方面的选择位列前四项的是：“更满意的收入”（58.05%）、“更可靠的社会保障”（48.43%）、“更稳定的工作”（38.38%）、“更高水平的医疗卫生服务”（34.06%）。（见图 3）从城乡分布看，城镇（58.87%）和农村（56.13%）的受访者都把“更满意的收入”列为首选；其次为“更可靠的社会保障”，44.97% 的城镇和44.86% 的农村受访者选择此项；排在第三的为“更稳定的工作”，37.04% 的城镇和 41.49% 的农村受访者选择此项；排在第四的为“更高水平的医疗卫生服务”，34.80% 的城镇和 32.36% 的农村受访者选择此项。

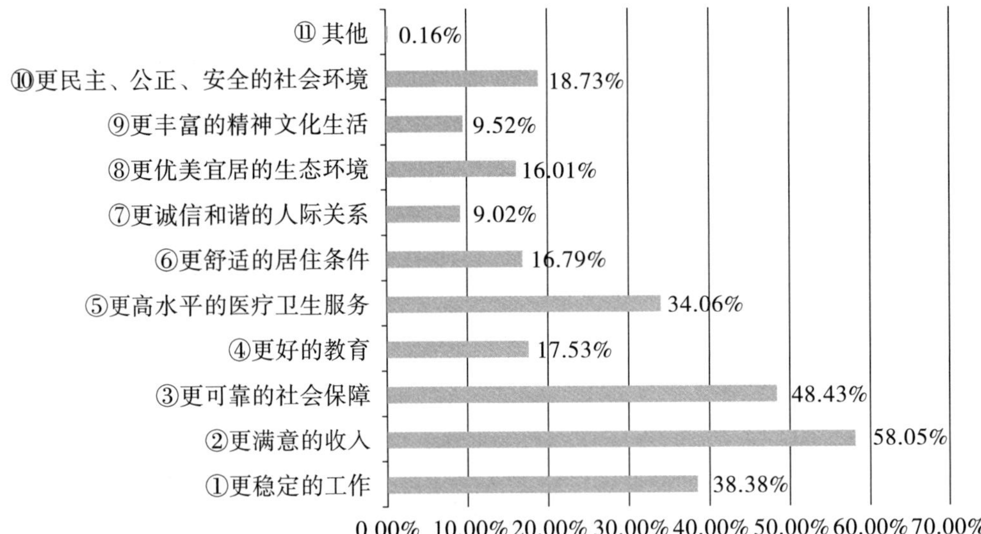

图 3 对未来美好生活最期待方面的选择排序（2022 年）

共同富裕状况直接影响社会心态。纲举目张，抓住了社会主要矛盾，以及矛盾的主要方面，解决了发展不平衡不充分的问题，共同富裕就能够取得明显进展并逐步实现。如何实现平衡发展、充分发展，达成共同富裕，成为新时代社会主要矛盾的主要方面。发展与共同富裕之间是正比例关系，我们的调查数据也显示，社会心态与共同富裕同样清晰地表现为正比例关系，即发展和共同富裕实现得越好，社会心态就越理性平和、积极向上。

四、平衡发展共同富裕是社会建设的奋斗目标和紧迫任务

实现全体人民的共同富裕，是中国特色社会主义的本质要求。共同富裕体现我们党的性质和根本宗旨，是党的重要使命和奋斗目标，是中国现代化建设的必由之路。提出共同富裕，是党中央对全面建设社会主义现代化国家提出的新的更高的要求。习近平总书记指出："我们说的共同富裕是全体人民共同富裕，是人民群众物质生活和精神生活都富裕，不是少数人的富裕，也不是整齐划一的平均主义。"① 精神生活的富裕，就包括社会心态的自尊自信、理性平和、积极向上，这是精神生活极其重要的一部分。

扎实推动共同富裕，除了正确处理好增长与分配的关系，更必须坚决贯彻以人民为中心的发展思想，全力推进高质量发展，让全体人民共享发展成果。我们所说的高质量发展，就是顺应和满足人民日益增长的美好生活需要的发展，是体现新发展理念的发展，创新成为第一动力、协调成为内生特点、绿色成为普遍形态、开放成为必由之路、共享成为根本目的的发展。作为根本目的的共享发展，其本质就是覆盖全体人民的共同富裕。因此，"党中央强调，人民对美好生活的向往就是我们的奋斗目标，增进民生福祉是我们坚持立党为公、执政为民的本质要求，让老百姓过上好日子是我们一切工作的出发点和落脚点，补齐民生保障短板、解决好人民群众急难愁盼问题是社会建设的紧迫任务。"②

平衡发展是实现共同富裕的重要途径。问卷调查数据和实地调查显示，福建省的发展平衡性较好，不同地区之间的发展协调性较强。从 2022 年福建省不同地区民众对"五感"和民生保障的认知评价看，对自己生活状况的满意度最高地区为三明（97.56%），最低为莆田（95.38%）；对获益情况满意度最高为漳州（93.35%），最低为莆田（91.00%）；安全感最强为三明（100%），最弱为南平（99.02%）；公平感最强为莆田（98.76%），最弱为南平（87.38%）；对社会诚信打分（信任感指标，满分为 10 分），最高为漳州（平均

---

① 《习近平谈治国理政》第 4 卷，外文出版社 2022 年版，第 142 页。

② 《中共中央关于党的百年奋斗重大成就和历史经验的决议》，人民出版社 2021 年版，第 47 页。

分 8.69），最低为宁德（平均分 8.20）；对民生状况评价最高为福州（98.35%），最低为南平（96.50%）。这组数据显示，福建全省各地在“五感”和民生的评价方面，差距很小，除公平感评价之外，其他数据的差别均小于 3%。

根据相关统计数据，2022 年福建地区生产总值达到 5.31 万亿元，首度突破 5 万亿元关口，居全国第八位，经济增速位于全国首位。全年人均地区生产总值 126829 元，比上年增长 4.3%。[①] 国家统计局公布的数据显示，2022 年全国居民人均可支配收入 36883 元，比上年名义增长 5.0%，扣除价格因素，实际增长 2.9%。[②]31 个省市自治区中，福建以 43118 元位居第七位，2022 年居民人均可支配收入跑赢全国线。据国家统计局福建调查总队住户抽样调查，2022 年福建居民人均可支配收入 43118 元，比上年增加 2459 元，增长 6.0%，扣除价格因素实际增长 4.1%。分城乡看，城镇居民人均可支配收入 53817 元，增长 5.2%，扣除价格因素实际增长 3.3%；农村居民人均可支配收入 24987 元，增长 7.6%，扣除价格因素实际增长 5.7%。[③]

从社会心态角度和国家统计数据看，福建省沿海和山区发展的协调性、均衡性好，发展不平衡的问题不突出，在共同富裕道路上向前迈进的步伐走得比较扎实。

五、平衡发展共同富裕是社会心态稳定平和的基石

基础不牢，地动山摇。实现平衡发展、共同富裕是维持社会心态稳定的物质基础，也是培育自尊自信、理性平和、积极向上的社会心态的基石。发展好，心态才好。

（一）实现平衡发展共同富裕，才能解决好群众“最期盼”“最担忧”“最主张”的问题

2021 年调查数据显示，人们对美好生活最期盼的是：“更满意的收

---

① 福建省统计局、国家统计局福建调查总队：《2022 年福建省国民经济和社会发展统计公报》，福建省统计局，2023 年 3 月 14 日，http://tjj.fujian.gov.cn/xxgk/tjgb/202303/t20230313_6130081.htm.

② 《2022 年居民收入和消费支出情况》，国家统计局，2023 年 1 月 17 日，http://www.stats.gov.cn/xxgk/sjfb/zxfb2020/202301/t20230117_1892129.html.

③ 《去年福建居民人均可支配收入增长 6.0%》，《福建日报》2023 年 1 月 19 日。

入”（74.54%）、“更可靠的社会保障”（42.83%）、“更高水平的医疗卫生服务”（34.84%）。最主张“应该获得更多”排序的前四位是：科技工作者（59.29%），军人（40.03%），务农农民（34.34%），农民工（30.49%）。最担忧的安全问题排序的前四位为：个人信息安全（72.36%），食品药品安全（57.96%），生态环境安全（30.15%），交通安全（27.47%）。

2022 年调查数据显示，人们对美好生活最期盼的是：“更满意的收入”（58.05%）、“更可靠的社会保障”（48.43%）、“更稳定的工作”（38.38%）。最主张“应该获得更多”排序的前四位是：科技工作者（48.61%），工人 / 农民工（47.81%），军人（47.22%），务农农民（42.77%）。最担忧的安全问题排序的前四位为：个人信息安全（54.03%），食品药品安全（52.30%），疫情防控安全（32.56%），人身安全（27.42%）。

民生保障关乎人民群众的直接利益。“人民群众对美好生活的向往就是我们的奋斗目标”[①]，只有顺应人民群众的需求，尽最大努力去满足“最期盼”、化解“最担忧”、落实“最主张”，特别是改善收入、住房、医疗、教育和养老，进一步做好“六稳”“六保”工作，认真落实惠民政策，才能扎扎实实提高人民群众的获得感、幸福感、安全感、信任感和公平感。而这一切，都必须依靠高质量发展和共同富裕才能实现。

（二）实现平衡发展共同富裕，必须关注和解决群众急难愁盼问题

人民群众面临的急难愁盼问题，是影响社会心态最直接、最重要的因素。所谓急难愁盼问题，就是老百姓的身边事，它直接关系民生。只有解决好人民群众的急难愁盼问题，才能真正化解发展的不平衡不充分，推进全体人民的共同富裕，不断满足人民群众对美好生活向往的愿望。

（三）实现平衡发展共同富裕，必须尤为关注农村发展农民富裕

习近平总书记在党的二十大报告中强调，“全面建设社会主义现代化国家，最艰巨最繁重的任务仍然在农村。”强国必先强农，没有农民的富裕就

---

① 《人民对美好生活的向往　就是我们的奋斗目标》，《人民日报》2012 年 11 月 16 日。

没有全体人民的共同富裕，没有农业农村的现代化，就难以实现中国式现代化。全面推进乡村振兴，落实好党和国家的富民政策，让老乡们的日子越过越红火，让农村和城镇的发展一样好，是均衡发展共同富裕的题中之意，也是全党全国工作的重中之重。

（四）实现平衡发展共同富裕，福建人民面对台湾才能心态更加笃定和自豪

闽台一家亲。对福建民众来说，台湾问题绝对是影响心态的一大因素。改革开放以来，福建经过40多年的快速发展，特别是党的十八大以来的高质量发展超越，新发展阶段福建建设迈上了新台阶，经济总量已超过台湾，共同富裕取得明显成效。面对台湾，福建人的底气更足了，能够以更加平和的心态平视台湾。在2022年的调查中，99.42%受访者认为作为福建人感到十分自豪。这都有助于贯彻落实新时期党解决台湾问题的总体方略，做好台湾人民工作，争取台湾民心，推进国家和平统一。

（五）实现平衡发展共同富裕，必须推进分配公平提高二次分配的有效性

分配不公直接影响社会心态，也是衡量社会是否公平正义的重要指标，促进分配公平更是缩小贫富差距、实现共同富裕的重要抓手。在改革发展的过程中，各级党政机关要更加关注一次分配的公平性，通过政策和法律，进一步实现合理分配、公平分配，让人民群众切实共享改革成果。要从制度层面调整行业间收入差距过大产生的分配不公现象，实行源头治理，着力解决省内地区间收入差距制约欠发达地区的收入提高问题，特别要注重二次分配的有效性，用财政转移支付等手段实现社会效益最大化，使基层群众、特别是困难群体切实有感，在持续推进共同富裕中不断提升社会的公平感。

中国式现代化传承中华文明的三重逻辑

广东省社会科学院　张　冰

中国式现代化是由中国共产党领导的，以中华文明为深厚底蕴、以社会主义制度为本质规定、以人的全面发展为价值旨归的现代化发展道路。中国式现代化不是凭空创造出来的，而是中华文明河流奔涌至现代的智慧结晶，标注着中国探索现代化的主体身份和民族特色。传承中华文明，是中国式现代化迥异于西方现代化及其他社会主义现代化的底色特征，也是中国式现代化成功推进拓展的重要因素。在新征程上，理清中国式现代化与中华文明的内在关联，阐明中国式现代化形成发展的文明驱动和文化塑造逻辑，揭示中国式现代化传承中华文明的逻辑必然和现实必须，对于理解中国式现代化的重要意义、价值特征和实践要求，增强全党全社会团结奋进新征程的自信自觉，具有重要意义。

一、合规律性：中华文明滋养中国式现代化的基本理据

合规律性，指的是人类社会运动受客观规律支配，同时人类也必须符合客观规律才能达到对客观事物的真理性认识。中华文明是世界上独一无二的五千多年不曾中断的文明体。作为古老中华文明与现代社会发展要素的融合产物，中国式现代化“深深植根于中华优秀传统文化，体现科学社

会主义的先进本质，借鉴吸收一切人类优秀文明成果，代表人类文明进步的发展方向，展现了不同于西方现代化模式的新图景，是一种全新的人类文明形态”[①]。古老中华文明能够影响现代中国发展，乃是人类社会演进特别是中华文明发展的客观规律使然。

（一）传统与现代辩证统一的历史规律

现代化概念及理论都源于西方。在西方主流语境中，现代是与传统或前现代对立的概念范畴。现代性作为现代化的本质特征和思维状态，一方面表达的是客观意义上与传统（前现代）的时空断裂状态；一方面体现的是主观意义上与传统（前现代）决裂的思维方式和价值取向，代表着把古代、传统作为“他者”的心境、思维和价值取向。然而，丰富多彩的现代文明形态特别是中国式现代化的成功实践充分证明：现代性与传统之间并非简单的二元对立关系，现代与传统之间并不存在一条清晰的边界；古老文明不仅可以与现代文明嫁接融合，而且具有开辟新发展道路、创造新文明形态的可能性。总体而言，传统与现代的辩证统一关系大体可以体现为三个方面。

其一，从社会转型维度上看，任何一个国家的现代化都是从特定历史制度文化土壤中缓慢生长出来的，现代性动力深深扎根于传统（前现代）之中。传统性与现代性在世界历史发展进程中本就是密不可分的，古代文化构成现代世界的实质性基因之一。西方主流现代化理论之所以无视这一历史事实，将现代性与前现代性断裂开来[②]，一方面是出于理性主义的自负（或者说理性僭妄）；一方面则是有意地为“西方胜过东方”的殖民主义理论作张本，所谓“先进理论”的外衣之下，包裹的实际上是霸权主义的意识形态内核。中国是典型的后发现代化国家，并且是在西方早期现代化国家强迫下“被动”进入现代化的。一百多年以来，古今中外不同制度和文化激烈碰撞交锋，使得中国的现代化道路呈现出压缩式、叠加式的特征。同时，由于中国未如西方早期现代化国家一样历经“思想启蒙—国家创建—工业革命—现代制度构建”的漫长发展过程，其现代化呈现出跨时空、

① 《正确理解和大力推进中国式现代化》，《人民日报》2023 年 2 月 8 日。

② 沈湘平：《中国式现代化道路的传统文化根基》，《中国社会科学》2022 年第 8 期。

跨界域的糅合特色。

其二，从文化创新维度上看，一个民族或国家的文化演进往往滞后于、却又深层制约着制度变迁，传统与现代的延承关系充分体现于缓慢而持重的文化发展轨迹之中。西方现代性的诞生，最早源于继承并超越前人的文艺创作风格创新之举，其代表的与其说是与传统的决裂，不如说是对传统的批判继承。近代中国遭遇西方文明冲击之后，先后经历从器物到制度再到文化的次第变革，又历经若干次大规模的中西文化论争，最终走向与民族文化和解、融汇古今中西的道路。可见，文化创新建立在文化传承的基础之上，文化只能在传承中创新、在接续中进步。

其三，从社会心理变迁维度上看，人作为“历史的人”和“社会的人”的结合体，本能地需要从历史传统中寻找心理依托和通向未来的路径，这是把握传统与现代辩证统一关系的心理基础。现代社会通常被看作“祛魅”的时代，即是指现代人从传统神性权威控制中摆脱出来，开始以独立个体的方式“自由”地面对世界，以理性主义方式处理现实问题。但事实上，现代人在实现“祛魅”的同时，无时不处于“启蒙之后”的迷茫、空虚、焦虑、怨恨等心理危机当中。为了摆脱这种精神“无根性”，回归传统价值观念和生活方式成为现代人自然而普遍的选择。

可见，无论从社会转型、文化创新，还是从心理变迁的角度上，现代性并不是对传统的反抗与否定，而是从传统中生发出来的，二者辩证统一于人类社会的历史发展进程。这是理解中华文明何以能够滋养中国式现代化的逻辑前提。

（二）中华文明迭代创新的演进规律

中华文明的绵延不绝、历久弥新，源于强大的自我革新、创新发展能力。中国拥有一百万年的人类史、一万年的文化史、五千多年的文明史。在五千多年文明史的发展中，中华文明大体经历过三次来自内部或外部力量的大规模冲击，每一次都依靠自身强大的文化自省力、文化包容力和文化创新力，成功实现凤凰涅槃、浴火重生，以崭新的面貌重新屹立于世界民族之林。

第一次冲击是魏晋南北朝时期的五胡乱华。从西晋末年起的一百余年间，塞外众多游牧民族进入黄河流域与当地汉族人杂居，陆续建立数个非汉族政权，并在文化上与当时儒家主导的汉族文化发生直接冲突。然而最终结果是，胡汉文化在交流碰撞中不断趋同融合，中华文明迎来历史上第一次大规模迭代更新。第二次冲击是起自西汉、盛于隋唐的佛教入华。佛教的六道轮回、因果报应和神不灭等观念，与中国的儒家文化和道家文化在学术义理、社会秩序影响等方面发生激烈冲突，佛教一度被视为严重威胁到中华文明根本的“外国夷狄之教”。然而随着时代变迁，儒释道三家学说在长期互鉴中不断融合互补，中华文明在外来文化的冲击下，不仅没有走向衰落，反而激发出自我革新的力量，开启了文明发展的新方向。第三次冲击是近代的西学东渐。与前两次不同，这一次古老中华文明面对的是完全异质的西方现代文明，遭遇到的是来自开放型西方海洋文明的全方位挑战，中华文明在这一攻势之下几乎要全面溃败。但经过百年的历史变迁，中华文明既未被西方文明吞噬或边缘化，也未陷入“中国本位”的自我封闭陷阱，而是在融汇古今中西的基础上，开辟出新的发展空间。《诗经·大雅·文王》开篇称：“文王在上，於昭于天。周虽旧邦，其命维新”。几千年前，中华民族的先民们就秉持“周虽旧邦，其命维新”的精神，开启了缔造中华文明的伟大实践[①]，并推动中华文明在坎坷跌宕中生发壮大、于艰苦卓绝中绵延拓展。

（三）中华优秀传统文化对接现代的运作规律

中华优秀传统文化是五千多年中华文明的精髓，是中华民族的“根”和“魂”。中国式现代化厚植于中华文明的丰厚沃土，生成于马克思主义基本原理同中国具体实际以及中华优秀传统文化相结合的丰富实践。中华文明包含拼搏进取、积极向上的价值观，并且具有对接世俗化、理性化、大众化等现代人文精神的天然属性和独特品质。一百多年前，马克思主义受到中国先进革命志士欢迎并且迅速上升为主导意识形态，就是因为其在道德理想、价值追求和实践方法上与中华优秀传统文化具有内在的契合性。之后，马克思主义能够成功实现中国化和时代化，也侧面反映了中华文明的内在包容性、开放性和创新性。另外，现代社会极大提升了物质生产的

---

① 中共中央党史和文献研究院编：《十九大以来重要文献选编》（上），中央文献出版社 2019 年版，第 737 页。

效率和人民生活的水平，但在处理人与物关系、人与自然关系、人与社会关系、人与自身关系、国家与国家关系等方面却面临大量未解难题。对此，中华文明也展现出其超越时空、跨越国度的应用价值。这一价值，构成中国式现代化区别乃至超越西方现代化的底层逻辑，展示出人类文明新形态的特有魅力。

二、合价值性：中国式现代化与中华文明精神特质的内在契合

合价值性，指的是人类活动是有目的的对象性活动，人在实践中往往根据需要构建自身与对象的关系，从而带有鲜明的价值取向。在党的十九届五中全会第二次全体会议上，习近平总书记首次提出“中国式现代化”概念，并阐述了中国式现代化的五大特征。在此基础上，党的二十大进一步明确了中国式现代化的本质要求、重大原则及战略部署，初步形成中国式现代化理论体系，体现出中华民族独特的价值立场。

其一，人口规模巨大，是中华文明演进发展的基础背景，也是中国式现代化必须面对的客观国情。中国自古地广人多，这一独特的历史条件和资源禀赋，逐渐培育出多元一体的大国治理思维和政治文化，如“六合同风”的大一统理念、“家国一体”的爱国精神、“和而不同”的秩序思维、“民为邦本”的恤民情结等。我们党能够团结带领十四亿多人口整体迈进现代化，一定程度上就是汲取了传统大国治理的制度文化经验，形成了以党的集中统一领导为核心的民主政治制度，展现出集中力量办大事的体制优势，创造了经济快速发展和社会长期稳定“两大奇迹”，日益走近世界舞台中央。

其二，全体人民共同富裕，与中国传统民本理念和均平思想一脉相承，集中体现了中国式现代化的公平正义观念。传统中国一方面倡导“治国之道，富民为始”“民亦劳止，汔可小康”的强国富民思想，一方面推崇“损有余而补不足”“不患寡而患不均”的均贫富观和“大道之行，天下为公”的至高理想。中国传统的均贫富思想与科学社会主义的平等观具有内在契合性。马克思深刻批判了资本主义以等价交换为基础的虚假平等观，认为这不过是无视资本家拥有财产所有权、无产阶级丧失财产与法律权利的形

式平等，而不是包括政治、经济、文化等一切社会权利和地位的实质平等。中国式现代化以全体人民共同富裕为旨向，强调全体人民“一个也不能少”“一个也不掉队”，着力使人民群众在迈向共同富裕的道路中拥有更加充实、更有保障、更可持续的获得感、幸福感、安全感。

其三，物质文明和精神文明相协调，与中国传统厚德载物、利义合一的人文精神紧密相连，集中体现了中国式现代化对于物质富足和精神富有的双重追求。中华民族自古注重物质文明和精神文明的协调并重，一方面尊重人民丰衣足食的利益需求，一方面强调讲信修睦、以义制利，致力于创造物质充裕、道德高尚、公平正义的大同世界。科学社会主义的人学观与传统中国的义利观内在一致。人的解放和自由全面发展是马克思主义全部学说的主题和最高价值的追求，这里的“自由全面发展”既包括人在物质需求满足的前提下各种能力的充分释放，也包括意识形态精神方面的丰富发展。中国式现代化将以中华人文精神融入社会主义发展全过程，既注重夯实人民幸福生活的物质条件，又大力发展社会主义先进文化，努力实现物的全面丰富和人的全面发展有机统一。

其四，人与自然和谐共生，与中国传统天人合一的生态观内在相通，集中体现了中国式现代化尊重自然、顺应自然、保护自然的价值取向。传统中国生态观认为人与万物一体，主张以仁爱之心平等对待自然万物，确保生态系统的平衡。由这一理念扩展而成的顺天应时的生态利用观、仁爱万物的伦理追求、回归自然的生态人生观，共同塑造了中国传统生态智慧，与科学社会主义的自然观遥相呼应。科学社会主义主张人是自然界的一部分，人类依靠与自然的互动生产、生活、发展，只有善待自然，才会获得自然的馈赠。中国式现代化综合中国传统生态观与科学社会主义关于生态文明建设的思想精华，秉持绿水青山就是金山银山理念，坚持走生产发展、生活富裕、生态良好的协调发展道路，开辟了中华民族永续发展的广阔前景。

其五，走和平发展道路，与中国传统协和万邦、亲仁善邻的观念息息相通，集中体现了中国式现代化为人类谋进步、为世界谋大同的价值追求。中华民族在对外交往上自古秉承“强不执弱，众不劫寡，富不侮贫，贵不傲贱”精神，倡导“万物并育而不相害，道并行而不相悖”“和而不同”，主张民胞物与、协和万邦、天下大同，从文化源头上塑造了中国爱好和平、永不称霸的品格特质。中国共产党从成立伊始，始终站在人类发展大潮流、世界变化大格局、中国发展大历史的角度认识和处理与外部世界的关系，致力于推动构建人类命运共同体。中国式现代化融合传统大同思想与社会主义和平发展观，高举和平、发展、合作、共赢的旗帜，坚持立己达人，努力在维护世界和平与发展中谋求自身发展，以自身发展更好地维护世界和平与发展。

习近平总书记指出，“如果没有中华五千年文明，哪里有什么中国特色？如果不是中国特色，哪有我们今天这么成功的中国特色社会主义道路？”①中华优秀传统文化赋予中国式现代化鲜明的中国特色，成为全世界炎黄子孙共通共享的文化符号和精神标识；与此同时，中国式现代化也推动中华优秀传统文化融入当代文明，与现代化交互砥砺，不断焕发出蓬勃旺盛的文化生命力。

三、合目的性：以中华优秀传统文化涵养中国式现代化的道路自觉

合目的性，指的是人在认识和实践活动中是有意识、有方向的。中国共产党作为中华优秀传统文化的忠实继承者、弘扬者和建设者，在领导人民进行革命、建设、改革的伟大实践中，自觉肩负起传承发展中华文明的历史责任，从“一个结合”到“两个结合”，不断推动马克思主义扎根中国，与中华优秀传统文化精华相贯通，同人民群众日用而不觉的共同价值观念相融通，走出一条不同于西方的中国式现代化道路。

（一）理论自觉：从“一个结合”到“两个结合”

马克思主义作为一种外来思想，其进入中国并不断实现中国化、时代化的过程，也是古老中华文明与现代思想成功融合、互促发展的过程。俄国十月革命胜利后，人类历史诞生了第一个社会主义文明形态。随后，马克思主义学说与中华优秀传统文化融合，开启了中国化进程；中华文明经由科学社会主义真理力量的淬炼锻造，迸发出强大的生机活力，促使中华

① 《习近平谈治国理政》第4卷，外文出版社2022年版，第315页。

民族迎来有史以来最广泛、最深刻、最伟大的社会革新。

“两个结合”是中国共产党基于唯物史观，立足中华文明本位与优势，探索推进革命建设事业发展的重大理论和实践创新成果。坚持马克思主义基本原理同中国具体实际相结合，是中国共产党经过一次次革命失败的经验教训之后，为摆脱“左”倾思想影响，反对教条式、机械化地照搬马克思主义的做法而提出的重要论断。这一思想最早诞生于毛泽东 1930 年撰写的《反对本本主义》一文，其本质上就是回答如何辩证地看待马克思主义普遍原理与中国特殊国情的关系问题。20 世纪 50 年代中期，在开始全面建设社会主义之际，毛泽东又提出“第二次结合”的要求，号召“以苏为鉴”，独立自主找到“一条适合中国的路线”[①]，迈上“中国工业化的道路”[②]。在此基础上，中国共产党逐步形成了四个现代化的发展战略。改革开放和社会主义现代化建设新时期，中国共产党与时俱进地对“什么是现代化、怎样实现现代化”进行了总结思考。邓小平指出，四个现代化就是“中国式的现代化”。进入新时代，推进和拓展中国式现代化面临新的任务要求。

以习近平同志为核心的党中央在党百年华诞的重大时刻和两个一百年历史交汇的关键节点，在“第一个结合”的基础上，明确提出了坚持马克思主义基本原理与中华优秀传统文化相结合的重要论断。“第一个结合”和“第二个结合”都以坚持马克思主义基本原理为前提，但不同的是，“第一个结合”侧重于强调社会现实，“第二个结合”侧重于强调历史文化传统。后者并不是另辟新路，而是在前者基础上的拓展和延伸，因为马克思主义基本原理同中国具体实际结合的过程，同样包含着对中国传统文化的改造和继承。[③]换言之，两个“结合”都包含着文化传承、文明接续的要素，只不过“第一个结合”中的文化要素是广义的，“第二个结合”中的文化要素是狭义的；将“第二个结合”单列出来，主要是为了突出文化在当前经济社会发展中更为基本、更为深层、更为持久的影响。“两个结合”理念的提出和不断完善，充分体现了我们党推进马克思主义中国化、时代化的理论

① 中共中央文献研究室编：《建国以来重要文献选编》第 13 册，中央文献出版社 1996 年版，第 418 页。

② 中共中央文献编辑委员会编：《毛泽东著作选读》下册，人民出版社 1986 年版，第 796 页。

③ 李毅：《从“一个结合”到“两个结合”：不断开辟马克思主义中国化时代化新境界》，《马克思主义研究》2022 年第 12 期。

创新的努力，充分彰显了我们党将伟大斗争、伟大工程、伟大事业、伟大梦想与五千多年中华文明合流接脉，以中国式现代化接续古老中华文明，在传承弘扬中华文明过程中推进和拓展中国式现代化的雄伟抱负和博大胸襟。

（二）行为自觉：从“两有”、“两相”到“两创”

“两个结合”的提出，体现了新时代中国共产党在推动现代化发展道路上主动接续千年文化传统的精神自觉；“两创”方针的提出与具体实践，则彰显出新时代中国共产党积极推进文化创新发展、以中华优秀传统文化涵养中国式现代化的行为自觉。

“两创”方针提出之前，习近平总书记先后提出“两有”“两相”方针。“两有”即是倡导有区别地对待、有扬弃地继承传统文化；“两相”即是强调中华优秀文化必须与当代中国文化相适应、与现代社会相协调。2014 年 9 月 24 日，习近平总书记首次提出“两创”，即“实现传统文化的创造性转化、创新性发展”的重要论述。[①] 相对于“两有”重在强调继承问题,“两相”重在强调转化问题，“两创”侧重于强调继承之后的创新和创造，旨在将继承与创新紧紧结合起来。进一步讲，创造性转化与创新性发展之间具有次序递进的关系，创造性转化是指“按照时代特点和要求，对那些至今仍有借鉴价值的内涵和表现形式加以利用、扩充、改造和创造性的诠释，赋予其新的时代内涵，激活其生命力”；创新性发展是指“按照时代的新进步新进展，对中华优秀传统文化的内涵加以补充、拓展、完善，发展其现代表达形式，增强其影响力和感召力”。[②] 前者侧重于强调“存量意义”的调适和转型，意在突出文化的“适应性”；后者侧重于强调“增量意义”的拓展和创新，意在突出文化的“应用性”。总之，从“两有”到“两相”再到“两创”，充分体现出我们党在新的历史条件下对于文化发展规律和文化发展路径认识的深化，以及以文化自信推进中国特色社会主义现代化建设的历史主动。新时代十年以来，我们党围绕贯彻“两创”方针开展了一系列文化建设实践，并将这一实践与推进和拓展中国式现代化融为一体，不断推进

---

① 习近平：《在纪念孔子诞辰 2565 周年国际学术研讨会暨国际儒学联合会第五届会员大会开幕会上的讲话》,《人民日报》2014 年 9 月 25 日。

② 陈来：《二十世纪思想史研究中的“创造性转化”》,《中国哲学史》2016 年第 4 期。

中华优秀传统文化同当代社会相适应、同现代化进程相协调，为强国建设和民族复兴提供了精神动力和价值支撑。

党的二十大报告中指出，中国共产党的中心任务“就是团结带领全国各族人民全面建成社会主义现代化强国、实现第二个百年奋斗目标，以中国式现代化全面推进中华民族伟大复兴”①。把握中国式现代化与中华文明的内在传承关系，理清中国式现代化是什么、由何而来、向何处去等一系列问题，是实现新时代新征程使命任务的前提条件。中国式现代化传承中华文明，既是社会发展和文化创新规律作用的使然，也是中国共产党主动探索建构的结果，体现出合规律性、合价值性和合目的性的有机统一。传承中华文明，是中国式现代化得以形成、并成功推进和拓展的重要因素，也是其有别于西方现代化和其他社会主义现代化的标志特征。认清其中的内在逻辑，有助于加深对中国式现代化重要意义、价值特征和实践要求的理解，增强团结奋进新征程的自信自觉。

① 习近平:《高举中国特色社会主义伟大旗帜　为全面建设社会主义现代化国家而团结奋斗——在中国共产党第二十次全国代表大会上的报告》，人民出版社 2022 年版，第 21 页。

坚持全面依法治国
为大力推进中国式现代化提供法治保障

山东社会科学院　刘秉鑫

法治兴则民族兴，法治强则国家强。习近平总书记曾指出：“一个现代化国家必然是法治国家”[①]，这表明法治是现代化国家建设的重要基石，也是国家治理现代化的必要条件，现代化和法治内在联结、相互依存、伴生发展。党的二十大报告深刻阐释了中国式现代化的中国特色、本质要求和重大原则，把全面依法治国作为新时代党和国家事业发展的重要方面进行专章论述、专门部署，提出在法治轨道上全面建设社会主义现代化国家，凸显了国家治理在中国式现代化中的重要地位。随着中国式现代化的深入推进，全面依法治国将承载更多使命，发挥更为重要的作用。

一、全面依法治国与中国式现代化间的逻辑机理

党的二十大报告明确指出“更好发挥法治固根本、稳预期、利长远的保障作用，在法治轨道上全面建设社会主义现代化国家”[②]，揭示了深化全面

① 习近平：《论坚持全面依法治国》，中央文献出版社 2020 年版，第 130 页。

② 习近平：《高举中国特色社会主义伟大旗帜　为全面建设社会主义现代化国家而团结奋斗——在中国共产党第二十次全国代表大会上的报告》，人民出版社 2022 年版，第 40 页。

依法治国与中国式现代化的紧密联系。这不仅是对人类历史进入现代社会以来，以法治促进现代化普遍规律的切实遵循，更是社会主义内在本质与新时代中国特色社会主义发展的现实需要，其实质是一场事关国家治理的深刻革命。

（一）全面依法治国是中国式现代化的制度保障

唯有全面依法治国，才能有效地保障国家治理体系的系统性、规范性和协调性。党的十八大以来，党中央把法治建设摆在党和国家工作全局的重要位置，提出“全面依法治国”这个重大部署，将其纳入“四个全面”战略布局，为全面建设社会主义现代化国家奠定了良好的法治基础。

全面依法治国为巩固党的长期执政地位提供了制度保障。在现代化建设的过程中，制度优势是一个国家最为重要的优势。中国共产党作为领导现代化事业发展的核心力量，要善于运用法治思维和法治方式，不断完善党内法规、法律体系和法律制度，在法治建设中加强党的建设，使其领导和执政更加坚强有力。为了确保各级党组织、领导干部在宪法、法律和党内法规的框架内开展工作，必须坚持从严治党，加强党的内部管理，依据规章制度开展工作，确保党内治理和党的执政以制度化、程序化的方式开展，不断夯实党的执政基础，巩固党的执政地位。

全面依法治国为国家治理体系和治理能力的现代化提供了制度保障。宪法确立我国根本政治制度和经济制度，确立政权组织形式与国家结构形式，明确公民基本权利和义务，为建设中国式现代化提供了制度依据。中国式现代化的实现需要具备先进的治理体系和治理能力，法治是其中不可或缺的要素。以法律形式确立国家制度和治理体系，可以使其具备规范性、系统性、协调性和稳定性，更好地发挥制度优势和治理效能，为中国式现代化建设提供坚实的制度保障。因此，党和国家应该不断加强法治建设，完善法律法规和制度体系，落实全面依法治国的战略部署，推动国家治理体系和治理能力的现代化进程。

（二）全面依法治国为中国式现代化提供系统支撑

社会主义现代化国家建设的各项工作都必须在法治轨道上推进，全面依法治国是中国式现代化的内在要求，这就要求在推进中国式现代化进程中同步推进法治建设，确保各方面制度系统集成、协同高效，实现制度体系和治理效能的衔接转化，确保国家治理体系的系统性、规范性、协调性，不断提高国家治理体系和治理能力的现代化水平。

全面依法治国为中国式现代化提供价值导向。中国式现代化的核心价值在于以人民为中心。共同富裕不仅是社会主义的本质要求、中国式现代化的重要特征，还是全面依法治国的重要价值方向。为实现人民对美好生活的向往，中国式现代化必须坚持市场与政府相结合、效率与公平相统一的原则，在整体富裕、普遍富裕的过程中，不断维护和促进社会公平正义。新时代人民对美好生活的需求越来越高，不仅要求物质和文化生活更加丰富，还要求社会更加公平、公正。因此，必须加快建设法治社会，实现依法行政，实行公正司法，不断满足人民群众对法治的新要求和新期待。

全面依法治国为中国式现代化提供秩序规范。习近平总书记指出，“用明确的法律规范来调节社会生活、维护社会秩序，是古今中外的通用手段”。[①] 中国式现代化面临着前所未有的艰巨和复杂的挑战，为适应其发展进程中的巨大变革和利益调整的需要，党的十八大以来，我们不断总结经验，坚持科学立法，不断增强立法的系统性、整体性、协同性、时效性。全面依法治国通过确立稳定的制度机制和行为规范，对各种利益关系予以规范、调整和保护，从而稳定社会预期，维护现代化进程中的社会秩序，为现代化提供牢固基础、持久动力和广阔空间。

（三）中国式现代化赋予依法治国新的要求

中国式现代化既有各国现代化的共同特征，更有基于自己国情的中国特色，具有社会主义制度与实现现代化发展的双重任务，是在中国特色社会主义道路和制度支撑下开展的现代化。依法治国不仅是手段更是目的，是我国巩固和维护发展中国特色社会主义制度的必要内容。从某种意义上而言，这种基于社会制度的现代化对法治的内涵、方向、作用与意义进行了拓展与深化，亦将“解蔽”部分为西方社会所遮蔽的本真内容。

依法治国的保障对象从个体扩展到总体，体现中国式现代化的法治方向。从根本上说，中国式现代化不仅表现为技术、经济和政治等领域与传

① 习近平：《论坚持全面依法治国》，中央文献出版社 2020 年版，第 19 页。

统形态的脱离，还包括人的思想、行为、态度、价值观念等方面的根本性转变。在法治层面，法治的意义在于指引人的思想与行为，促进或促成“自发式秩序”的形成，西方现代化道路中建立了以服务个体为核心的法治秩序，而在我国社会主义制度下，依法治国所维护的是总体的人，即从最广大人民根本利益出发的全局考量，所服务的乃是“自觉式秩序”，最终落脚点在于“人的现代化”。

依法治国为经济社会发展提供制度化、规范化支撑，筑牢中国式现代化的治理基础。在西方现代化的进程中，法治的主要指向是保障和促进市场经济的发展，充分发挥“看不见的手”的力量并为之提供秩序保障。在我国社会主义制度下，依法治国是为整个经济社会的运行发展提供制度化、规范化的支撑，确保经济社会各方面系统、有序地运行。中国式现代化是一场持续的攻坚战，既要面临来自内部利益关系格局、经济发展模式的深度调整，又要面临来自外部的政治、经济、文化等方面的风险挑战。推进中国式现代化必须坚持和完善中国特色社会主义法治体系，加强涉及民生领域、新兴领域、涉外领域的法治体系建设，加快形成严密的法治监督体系和有力的法治保障体系，以法治之力应对各类风险，不断为中国式现代化提供有力的法治保障。

二、全面依法治国建构了中国式现代化的发展路径

中国式现代化从自发到自觉，从实践到理论再从理论到实践，全面依法治国为中国式现代化的发展路径提供了法理基础、制度框架和实践体系。

（一）全面依法治国夯实了中国式现代化的法理基础

全面依法治国强化了中国式现代化的公平正义性。“公平正义”作为一般意义上的价值概念，其在社会层面的实现离不开法治。党的十八大以来，党中央高度重视法治之于社会公正的重要作用，大力健全中国特色社会主义法治体系，推进司法责任制改革，推进建设法治政府、法治社会、法治国家，强调健全相关法治保障制度，致力于营造良好的法治环境，强化对弱势群体的法治关怀，为中国式现代化发展中公平正义的践行和落实提供强有力的保障。

全面依法治国明确了中国式现代化共同富裕的目标导向。实现人民共同富裕是中国式现代化的重要目标任务，实现共同富裕不仅是经济问题，还是一项重大的社会治理问题。我国以作为国家根本大法的宪法形式维护了反映人民共同意志和根本利益的中国特色社会主义制度，为实现共同富裕提供了坚强政治保证。随着市场经济深化发展，贫富差距问题已成为我国的重要社会问题，坚持把全面依法治国、不断把国家治理体系和治理能力现代化、中国式现代化相结合，从制度和法治上为共同富裕提供了重要抓手与路径。

全面依法治国夯实了中国式现代化以人民为中心的价值基础。人民是历史的创造者，是社会主义伟大事业的建设者。在现阶段，我国社会主要矛盾是人民日益增长的美好生活需要和不平衡不充分的发展之间的矛盾，人民群众对美好生活的向往体现在民主、法治、公平、正义、环境等方面，经济社会诸多领域面临深层变革。历史实践证明，法治是一种有效的社会治理与权益保护方式，坚持以人民为中心，就要全面推进依法治国，依法保障人民权益、反映人民愿望、增进人民福祉。随着全面依法治国的进一步实施，国家和经济社会生活才能真正在法治轨道上运行，人民所享有的自由而全面发展的空间条件还将进一步拓宽。

（二）全面依法治国形塑了中国式现代化的制度框架

一个现代国家必然是法治国家，现代化与法治内在联结、相互依存。全面依法治国是一套中国特色社会主义的社会治理制度，深刻回答了如何运用宪法和法治保障推进中国特色社会主义政治、经济、文化、社会等各项具体制度建设等一系列重大问题，为中国式现代化发展提供了整套完备稳定的制度框架。

全面依法治国为推进中国式现代化的实践提供了路径依据与方向保证。新中国成立以来，中国共产党领导中国人民在革命、建设与改革过程中积累了丰富经验。新时代以来，中国现代化进程中长期积累的历史宝贵经验、方向路径等理论成果写入宪法，以使之长期化、制度化，为我国现代化之路提供了明确的预期与方向。党的十八大以来，我国加快重点领域立法，截至 2022 年 6 月底，制定修改法律、行政法规 730 余件次，现行有效法律

292件、行政法规598件，中国特色社会主义法律体系日趋科学完善。[①]

全面依法治国为在中国式现代化道路上坚持党的全面领导提供了政党治理框架。中国特色社会主义最本质的特征是中国共产党领导，中国特色社会主义制度的最大优势是中国共产党领导，中国共产党是中国式现代化的主导者和推动者。我国宪法以根本大法的形式确立了在历史和人民选择中形成的中国共产党的领导地位，并将党领导下的多党合作与政治协商制度写进了宪法，使全国各主要政治力量可以积极参与到中国式现代化伟大事业的建设中来，更好地为实现中国式现代化的目标任务强基固本、聚力铸魂。

全面依法治国为提高中国式现代化抗风险能力提供了机制框架。中国式现代化进程离不开和平稳定的环境，随着经济社会的快速发展，各类社会矛盾风险逐渐积聚。面对社会主要矛盾的转变以及新挑战，必须加快国家法治建设，建立健全国家法律制度框架体系，不断提高依法治国的能力水平，各级党政机关要主动将法治思维和法律知识应用于深化改革、推动发展、化解矛盾、维护稳定、应对风险等各项工作，积极营造社会和谐稳定的有利环境。

（三）全面依法治国规范了中国式现代化的实践体系

习近平总书记指出："我们坚持和发展中国特色社会主义，推动物质文明、政治文明、精神文明、社会文明、生态文明协调发展，创造了中国式现代化新道路，创造了人类文明新形态。"[②]中国式现代化是"五个文明"相协调的现代化，中国式现代化实践体系是中国特色社会主义事业"五位一体"总体布局的积极部署，全面依法治国以法治形式规范了中国式现代化的实践体系。

全面推进依法治国是社会主义政治文明和社会文明的新发展。法治是政治文明与社会文明的核心内容之一，法治建设的进程彰显着政治文明与社会文明的进程。我国以宪法的形式明确了我国社会主义的基本经济制度、中国共产党的领导地位和人民主体地位，明确提出"依宪治国""在法治轨道上

---

① 《开辟全面依法治国新境界》，《人民日报》2022年7月29日。

② 《习近平谈治国理政》第4卷，外文出版社2022年版，第10页。

推进国家治理体系和治理能力现代化"，标明了建设法治中国的政治方向，是社会主义政治文明发展的新的里程碑。党的十八大以来，坚持全民普法、加强法治宣传和教育成为一项重要的法治工作，全民法治观念显著提升，社会主义核心价值观浸润人心，社会治理法治水平明显提高，人民群众的法治思维、法治思想、法治理念逐渐成熟，社会文明中的法治内涵日益丰富。

推进物质文明和精神文明相协调的现代化必须坚持全面依法治国。物质富足、精神富有是社会主义现代化的根本要求。统筹推进物质文明和精神文明相协调发展，需要充分发挥法治的保障作用。当前，我国社会主要矛盾已经转化为人民日益增长的美好生活需要和不平衡不充分的发展之间的矛盾。中国式现代化的首要任务即要努力实现充分平衡的发展以回应人民日益增长的美好生活需要。在法治领域，人民群众的民主政治、公平正义需求日趋强烈，部分经济领域乱象依然广泛存在，应进一步深化法治领域改革，以法治之力解决制约物质文明与精神文明协调发展的各类问题。

法治成为生态文明建设的坚实保障。推进中国式现代化必须坚持可持续发展，坚持节约优先、保护优先、自然恢复为主的方针，坚定不移走生产发展、生活富裕、生态良好的文明发展道路。一段时间以来，我国生态环境保护中存在诸多突出问题，这与体制不健全、制度不严格、法治不严密、执法不到位、惩处不得力有密切关系。党的十八大以来，生态文明体制改革发展迅速，许多环境治理体系、治理模式通过立法的形式固定下来，生态文明建设已成为当前立法的重点领域。保护生态环境必须依靠制度、依靠法治，要加强环境相关立法，完善制度配套，强化制度运行，明确"用最严格制度最严密法治保护生态环境"①，进一步完善生态文明法律规范、法治实施、法治监督和法治保障体系②，努力让法治成为我国生态文明建设的坚强保障。

三、在法治轨道上全面建设社会主义现代化国家

只有通过在法治轨道上推进国家治理和治理能力现代化，将制度优势

① 《习近平谈治国理政》第3卷，外文出版社2020年版，第363页。

② 吕忠梅：《习近平法治思想的生态文明法治理论》，《中国法学》2021年第1期。

转化为效能优势，才能为中国式现代化提供坚实保障，实现党和国家长治久安。建设社会主义现代化国家是一项复杂的系统工程，随着各项制度不断成熟、定型，国家治理能力和治理体系将在全面推进党和国家各方面工作法治化的基础上逐步实现制度化、程序化、规范化、法治化。

为实现中国式现代化，必须完善以宪法为核心的中国特色社会主义法律体系。科学完备的法律体系是中国式现代化的规范基础，也是建设法治国家、法治政府和法治社会的基本前提。要不断完善以宪法为核心的中国特色社会主义法律体系，加强宪法监督和法律实施，并加强针对重点领域、新兴领域和特殊领域的立法工作。同时，要尊重法律发展的基本规律，坚持科学立法、民主立法和依法立法，以增强立法的科学性、整体性和人民性。

为实现中国式现代化，需要大力推进法治政府和法治中国建设。法治政府建设是全面依法治国的重点任务和主体工程，中国式现代化需要同步推进经济、政治、文化、社会、生态文明建设。我们必须在各项工作中严格执法、公正执法，提高政府依法履职的水平。要坚持以人民为中心推进法治政府建设，要切实做到权为民所用、情为民所系、利为民所谋。要持续深化政府体制和行政执法体制改革，转变政府职能，提高行政效率和公信力，实现依法履职和服务群众的有机结合，注重解决人民群众关切的急难愁盼问题和突出问题，不断提升人民群众的获得感、幸福感和满意度。

为实现中国式现代化，必须积极推进更加公正、公平、公开的司法。所谓公正司法，就是受到侵害的权利一定会得到保护和救济，违法犯罪活动一定要受到制裁和惩罚。公正司法事关人民切身利益，事关社会公平正义，事关社会和谐和国家稳定。根除影响公正司法的深层次根源，关键在于司法体制改革，需要加快建设公正、高效、权威的社会主义司法制度，规范司法运行，强化监督制约，建立司法机关相互配合、相互制约、相互监督的体制机制。在新时代新征程中，必须牢牢把握社会公平正义这一法治价值追求，坚持司法为民，更好地回应并满足人民群众在民主、法治、公平、正义、安全、环境等方面日益增长的新关切、新要求、新期待。

为实现中国式现代化，需要加快建设法治社会。法治社会是构筑法治国家的基石，是一项长期而基础性的工程。要深入开展法治宣传教育，提高全民法治观念，营造学法守法用法的氛围，增强全民法治观念，推动遵法守法成为全体人民的共同追求和行动自觉。要加快建设覆盖城乡的现代化公共法律服务体系，使法治观念深入每个人心中。要传承中华优秀传统法律文化，使信法仰法、厉行法治、学法守法蔚然成风，不断增强全面依法治国、推进国家治理现代化的精神动力。

四、开局之年，以法治之力推进中国式现代化

习近平总书记在学习贯彻党的二十大精神研讨班开班式上强调，“推进中国式现代化必须抓好开局之年的工作”。[①]2023 年是全面推进中国式现代化的开局之年，我们要坚持以习近平新时代中国特色社会主义思想为指导，深入学习贯彻习近平法治思想，全面贯彻落实党的二十大精神，坚定不移全力推进中国式现代化进程。全面依法治国是一个系统工程，需要整体谋划，注重系统性、整体性、协同性。我们要紧紧围绕中国式现代化谋划推进法治工作，坚持法治国家、法治政府、法治社会一体建设，坚持中国特色社会主义法治道路，勇于创新，敢于斗争，筑牢以中国式现代化全面推进中华民族伟大复兴的法治根基。

① 《正确理解和大力推进中国式现代化》，《人民日报》2023 年 2 月 8 日。

深刻领悟构建“三个体系”的内在逻辑

黑龙江省社会科学院　董伟俊

党的二十大报告指出，深入实施马克思主义理论研究和建设工程，加快构建中国特色哲学社会科学学科体系、学术体系、话语体系，这与习近平总书记在2016年5月17日哲学社会科学工作座谈会上强调的着力构建中国特色哲学社会科学是内在统一的逻辑关系，为繁荣发展哲学社会科学事业指明了方向。哲学社会科学学科、学术、话语“三个体系”是一个有机整体，学科体系是支撑，学术体系是核心，话语体系是目标，三者相辅相成、互相促进、相得益彰。构建“三个体系”是一项系统工程，要坚持系统观念、顶层设计、统筹把握、整体推进，努力形成全方位、全领域、全要素的哲学社会科学体系。

一、实施培根铸魂行动，巩固马克思主义指导地位

中国特色哲学社会科学，特就特在坚持以马克思主义为指导，体现继承性、民族性、原创性、时代性、系统性、专业性的鲜明特点。只有自觉用马克思主义的立场观点方法指导哲学社会科学，才能把握好哲学社会科学发展方向；只有旗帜鲜明地坚持马克思主义指导地位，哲学社会科学才能培根铸魂，真正向实向用、有所作为。要把深入学习研究、宣传阐释习近

平新时代中国特色社会主义思想作为首要任务，把党的创新理论与中国式现代化生动实践相结合，推动马克思主义中国化时代化最新成果落地见效。

一要切实发挥马克思主义对哲学社会科学的引领作用。深入实施马克思主义理论研究和建设工程，加强马克思主义基本原理、马克思主义发展史传播史、当代中国马克思主义政治经济学等重点领域、前沿领域研究，建好重点马克思主义学院，夯实马克思主义相关理论在各学科中的基础地位，把马克思主义世界观方法论贯穿到学科建设、教材编写、课堂教学、课题研究、学术交流、成果评价等环节。

二要深化拓展习近平新时代中国特色社会主义思想研究阐释。充分发挥社科研究机构、人文社科基地和新型智库的平台作用，深入研究阐释习近平新时代中国特色社会主义思想的丰富内涵、核心要义、精神实质、实践要求，重点研究阐释习近平经济思想、法治思想、生态文明思想、强军思想、外交思想，从理论主题、体系架构、逻辑结构、概念范畴等方面作出有深度的学理阐发。充分发挥国家社科基金课题等各类社科课题的导向作用，将习近平新时代中国特色社会主义思想蕴含的重大命题、重要论述、重要概念作为哲学社会科学研究的着力点，更好引领相关学科的学术研究、学科构建。充分发挥爱国主义教育基地、革命遗址的教育示范作用，建好红色文化资源中心，传承以伟大建党精神为源头的中国共产党人精神谱系，夯实“四个自信”的思想基础和学理支撑。

三要坚持以学术创新推动党的理论创新。坚持以人民为中心的研究导向，深化马克思主义中国化时代化规律研究，深化中国特色社会主义道路、理论、制度、文化研究，深化中华文明与中国特色社会主义关系研究，深刻把握中国特色社会主义发展的理论逻辑、历史逻辑和实践逻辑，深刻解读中国奇迹背后的道理、学理、哲理，为丰富和发展党的创新理论学术体系贡献力量。

二、实施学科跃升行动，丰富完善学科体系

学科是一定科学领域知识系统的集合，既是体现特色的关键，也是彰显影响的标志。要按照突出优势、拓展领域、补齐短板、完善体系的要求，持续优化学科专业结构，促进基础学科健全扎实、重点学科优势突出、新

兴学科和交叉学科创新发展、冷门学科代有传承，打造适应中国式现代化建设和地方经济社会发展需要的学科体系。[①]

一要优化学科设置和布局。围绕党和国家战略需求，贯彻落实国家学科建设规划，加快完善对哲学社会科学具有支撑作用的学科，注重与产业发展、社会就业需求、学术发展前沿趋势相衔接，调整优化学科结构，做强做大优势学科，加快发展大数据、人工智能、生物技术等新兴、交叉学科，重视发展具有重要文化价值和传承意义的冷门、“绝学”学科，形成特色鲜明、定位清晰、布局合理、优势突出的学科体系。

二要巩固学科发展基础。持续实施哲学社会科学学科体系创新工程，在高校“双一流”二期建设中设立基础学科培育建设项目，优化学科体系创新、高层次人才发展、创新平台建设支持计划，加大持续稳定支持力度。

三要提升学科发展质量。以马克思主义理论学科为引领，加强哲学、法学、教育学、管理科学与工程、中国语言文学、外国语言文学等优势学科建设。加强中共党史党建、数字经济、知识产权等亟需和空白学科的建设及培育布局。加强考古学、边疆史学等特色学科差异化发展。打造大数据与管理工程优势学科群。推进高水平大学、科研机构优势特色学科建设成效评价，围绕质量内涵、建设成效、优势特色、服务贡献等要素，强化学科建设导向与评价导向。

四要加快学科交叉融合发展。围绕国家重大需求，促进哲学社会科学与自然科学、工程技术科学相互渗透、融合发展。加快国家安全学、区域国别学等交叉学科布局。聚焦基础科学前沿研究和经济社会发展重点领域需求，探索新文科建设的有效路径，加快推进文科类专业存量调整和增量优化，积极发展文科类新兴专业，完善文科资源平台体系。支持有代表性的企业和社会组织依托市场、行业、社会资源，开展学科前沿研究，培育新的学科增长点。推进产学研用协同创新，推动跨区域的省际、校际合作办学。

三、实施学术创新行动，打造风格鲜明的学术体系

坚持唯真求实、守正创新，不断创新学术理论体系、学术研究组织体

① 习近平：《在哲学社会科学工作座谈会上的讲话》，人民出版社 2016 年版，第 23 页。

系、学术平台支撑体系、学术评价考核体系，增强哲学社会科学的主体性、原创性和竞争力，提升咨政建言服务水平。

一要创新学术理论体系。理论创新的过程就是发现问题、分析问题、解决问题的过程。一切有影响的哲学社会科学研究成果都是时代、社会和实践的产物。哲学社会科学最大的作用是生产思想产品，最大的不足是受思想观念束缚，习惯于躲进书斋搞研究。应当加强学术基本理论研究，强化问题意识和问题导向，穷尽所有问题，善于从实践的源头汲取理论创新的活水。

二要强化学术平台支撑。融通古今中外各种资源，特别是要把握好马克思主义、中华优秀传统文化、国外哲学社会科学三方面资源。加强基础研究和应用研究“双轮驱动”、有机融合，推动哲学社会科学继承创新、自主创新、引进吸收再创新。广泛运用互联网和大数据技术，加强哲学社会科学图书文献、网络、数据库等基础设施和信息化建设，构建系统集成、资源共享、协同高效、方便快捷的研究信息化平台，为哲学社会科学创新发展提供有力支撑。

三要加强新型智库建设。目前，智库建设存在重数量、轻质量，重形式传播、轻内容创新等问题，要把重点放在提高研究质量、推动内容创新上，建设一批特色鲜明、制度创新、引领发展的专业化高端智库。要建立完善需求对接机制，加强决策部门同智库机构的信息共享和互动交流，把党政部门政策研究同智库机构对策研究紧密结合起来，打造决策影响力、学术影响力和社会影响力更强的智库品牌。

四、实施话语提升行动，加快话语体系建设

坚持以中国传统、中国实践、中国问题作为学术话语建构的出发点和落脚点，提炼具有地方特色、全国影响、世界彰显的标识性学术概念，助力中国特色社会主义制度优势、发展优势、文化优势转化为理论和话语优势。

一要推进政治话语学理化。加强对当代政治话语的学理研究，将党的创新理论成果的核心思想、关键话语体现到各学科领域，运用哲学社会科学各学科概念、范畴、理论，深化对党的创新理论的研究阐释，形成富有

学理性的表述方式、表达风格，在理论阐释、课题研究和宣传宣讲中，实现政治话语与学术话语良性互动。持续改进文风，提升传播内容的知识性、可读性，用群众听得懂的语言讲群众听得懂的道理，讲好中国故事，传播中国声音。坚持对象化、分众化、互动化和通俗化理论宣讲，促进政治话语和生活话语的日常转换。在国家重大政策发布过程中，作出学理化阐释，增强政治话语的影响力。

二要推进学术话语大众化。坚持研究与普及并重，把理论渊源讲清楚，把现实问题讲明白，持续推出厚实透彻、“接地气”的研究成果，推进学术成果的通俗化、大众化表达。充分利用有关学习平台、讲坛等融媒体资源，积极参与社会公共科普服务，推动社会科学普及交流协作和资源共享，以及优秀成果创作、展示、转化和奖励。加强政策解读、学术传播的大众化话语体系培训。

三要推进中国话语国际化。充分依托区位条件、外国语言文学学科优势，通过对中国理念、中国主张的学术话语转化，打造易于国际社会理解和接受的新概念新范畴新表述。聚合多方资源，实现多学科联合，利用重要国际会议论坛、外国主流媒体等平台和渠道发声，提供高质量话语供给。进一步打通政治话语、学术话语、大众话语和国际话语，打造融通中外的新概念、新表述，让中国声音、中国观点变成世界语言，形成国外民众易于接受的话语叙事。

红色文化话语体系在中国式现代化进程中的建构初探

河北省社会科学院　尹　渊

党的二十大报告中强调，要“坚守中华文化立场，提炼展示中华文明的精神标识和文化精髓，加快构建中国话语和叙事体系”[①]。红色文化承载着党和人民百余年来追求的伟大梦想，是我们党在无数血与火的考验、生与死的洗礼中始终坚持科学真理、牢记初心使命的集中体现，是中华民族特有精神标识的高度凝聚，是具有中国特色的社会主义先进文化的充分彰显。因此，红色文化话语体系是构建具有中国特色和民族特色话语体系的应有之义。在新时代，红色文化话语体系作为一种思想、理论和文化样态的存在，有助于表达党的思想体系和理论体系，增进人们对中国式现代化的理解和认同，向全世界“展现可信、可爱、可敬的中国形象”[②]，不断推动中国式现代化全面发展。

① 习近平:《高举中国特色社会主义伟大旗帜　为全面建设社会主义现代化国家而团结奋斗——在中国共产党第二十次全国代表大会上的报告》，人民出版社 2022 年版，第 45—46 页。

② 习近平:《高举中国特色社会主义伟大旗帜　为全面建设社会主义现代化国家而团结奋斗——在中国共产党第二十次全国代表大会上的报告》，人民出版社 2022 年版，第 46 页。

一、建构红色文化话语体系对于推进中国式现代化意义重大

红色文化话语体系生成于中国共产党带领中国人民进行革命、建设和改革的伟大社会实践之中，是深刻理解和科学把握中国式现代化的重要表达途径，为推进中国式现代化提供了话语保障，统一了思想行动，凝聚了价值共识。

（一）红色文化话语体系可以为中国式现代化提供话语保障

从红色文化话语体系对理论的表达性来看，我们党根植于本国国情，对中国革命、建设、改革道路和方向问题作了一系列有益探索，"坚持马克思主义基本原理同中国具体实际相结合……不断推进马克思主义中国化"[①]，在守正创新中建立了中国共产党的理论体系。这一理论体系包含着我们党在一百多年发展中的历史经验和历史成就的总结性说明、系统性阐释和规律性概括，红色文化话语体系正是基于这一理论体系构建的指导实践的思想和理念，是这一理论体系的外在表达形式。在中国式现代化进程中，红色文化话语体系通过对中国共产党理论体系的表达、阐述、传播，发挥着介绍、解释、评价的作用，满足了对中国式现代化道路合法性的理论表达需要，有助于提高受众群体对中国式现代化理论的认知程度，确保中国式现代化建设道路的稳定和方向的正确。

从红色文化话语体系对实践的适应性来看，"思想、观念、意识的生产最初是直接与人们的物质活动，与人们的物质交往，与现实生活的语言交织在一起的"[②]。红色文化话语体系是对特定时代下社会生活的系统思考与回应，随着社会的变迁不断更新和调整以适应社会实践的需要。以对中国特色社会主义总体布局的认知为例，社会主义过渡时期结束后，国内主要矛盾本质上是先进制度和落后生产力之间的矛盾。为了发展生产力，我们党提出了四个现代化的建设构想，此后伴随物质文明成果的极大丰富，面对精神建设相对滞后、政治建设有待加强、社会建设相对缓慢的问题，我们

① 习近平：《在哲学社会科学工作座谈会上的讲话》，人民出版社 2016 年版，第 9 页。

② 《马克思恩格斯全集》第 3 卷，人民出版社 1960 年版，第 29 页。

党革新话语体系，相继提出包括经济和文化在内的“两位一体”总体布局，包括经济、文化和政治在内的“三位一体”总体布局，包括经济、文化、政治和社会在内的“四位一体”总体布局。随着中国特色社会主义进入新时代，“我国社会主要矛盾已经转化为人民日益增长的美好生活需要和不平衡不充分的发展之间的矛盾”[①]，不仅对经济、政治、文化、社会方面的建设提出更高要求，同时环境污染、资源短缺等生态问题也在日益凸显。面对新形势和新问题，党在十八大报告中提出了“全面推进经济建设、政治建设、文化建设、社会建设、生态文明建设”[②]的“五位一体”总体布局。由此可见，红色文化话语体系在对社会实践的思考与回应中，不断更新着自己的语言符号和表达内容来适应认知和实践的发展需要，从理论适应实践发展的意义来讲，红色文化话语体系提供适应中国式现代化建设发展的话语解释。

（二）红色文化话语体系可以为中国式现代化统一思想行动

一方面，红色文化话语体系是对中华民族优秀传统文化的继承发展，蕴含着深厚的民族情感，凝聚了受众群体对中国共产党领导下的中国式现代化道路的拥护和信赖。比如对中华民族优秀传统文化中“民为贵，社稷次之，君为轻”、“君，舟也；民，水也。水能载舟，亦能覆舟”“天下之治乱，不在一姓之兴亡，而在万民之忧乐”等民本思想的继承与发展，我们党提出“全心全意为人民服务是党的根本宗旨”“群众路线是党的生命线和根本工作路线”“人民对美好生活的向往就是我们的奋斗目标”“党的一切工作必须以最广大人民根本利益为最高标准”等话语表达，使红色文化话语体系与中国式现代化道路具有共同的文化基础和民族记忆，有助于在话语传播中激发民族情感，增强受众群体对中国式现代化道路的自豪感、认同感和归属感。

另一方面，红色文化话语体系所呈现的人物、事迹、精神、传统、作风等，蕴含爱国主义、集体主义、社会主义等价值观念和道德标准，是中国特色社会主义核心价值观的重要组成部分。通过对社会主义共同理想的

---

① 《习近平谈治国理政》第 4 卷，外文出版社 2022 年版，第 113—114 页。

② 《习近平谈治国理政》第 2 卷，外文出版社 2017 年版，第 79 页。

表达，描述了中国式现代化道路的光明前景，符合受众群体对未来的共同意愿和期许，同时把个人幸福融入国家富强、民族复兴，推动了受众群体的价值共识达成和思维方式转变。在推进中国式现代化进程中，红色文化话语体系以实现社会主义共同理想为实践基础，凝结了民族复兴的伟大梦想和强国建设的宏伟目标，在不断塑造先进人物形象、传播先进人物事迹、弘扬民族精神和时代精神、发扬优良传统和作风中，实现与中国特色社会主义核心价值的聚合，有助于在话语实践中培育价值认同，激发受众群体对中国式现代化建设的使命感、责任感和担当感。

（三）红色文化话语体系可以为中国式现代化凝聚价值共识

红色文化话语体系在历史与现实贯通中对“为什么出发”的历史之问作出说明，指出：“为了人民、依靠人民、人民共享成果是中国共产党领导人民实现中国式现代化的根本宗旨和行动指南”[①]，有助于将人民群众紧密团结在党的周围，勠力同心推进中国式现代化建设。中国共产党一开始就把为民族谋复兴、为人民谋幸福的使命担当镌刻在旗帜上、熔铸于血液中，在理论创新和实践创造中始终坚持人民至上，坚守人民立场，践行为民情怀，塑造了“执政为民、立党为公”的政治形象，赋予了红色文化话语体系鲜明的人民性特征。针对中国式现代化过程中的实践需要，中国共产党以维护最广大人民群众的根本利益为出发点和落脚点，创造了“全过程人民民主”“全体人民共同富裕”等语言符号，体现了人民群众共同的利益诉求，为社会各阶层、不同利益群体展开交流沟通搭建了“桥梁”，是凝聚改革发展共识的有效载体。

红色文化话语体系在民族与世界融合中对“世界怎么了、我们怎么办？”的时代之问作出回应，形成了“四个共同倡导”的思想理念，“反映了世界各国人民普遍认同的价值理念，凝聚了不同文明的价值共识”[②]。在资本逐利性、贪婪性影响下形成的以资本为逻辑的西方现代化道路，面对资源有限性和资本扩张无限性的固有矛盾，采用剥削、掠夺的方式来实现其

---

① 郗芙蓉、王蕾：《中国式现代化的人民性特质》，人民论坛网，2022 年 11 月 7 日，http://www.rmlt.com.cn/2022/1107/659664.shtml.

② 《〈中共中央关于党的百年奋斗重大成就和历史经验的决议〉辅导读本》，人民出版社 2021 年版，第 433 页。

对价值增殖和资本积累的需求，在现代化建设中表现为一种非此即彼的对立对抗关系，无力解决贫富差距、文明差异、环境破坏、资源紧缺等全人类社会发展中普遍存在的问题，而中国式现代化在实践中通过对中华民族优秀传统文化“大同社会”思想和马克思主义“共产主义”思想的继承发展，创造性地提出了人类命运共同体，要求共同倡导尊重世界文明多样性、弘扬全人类共同价值、重视文明传承和创新、加强国际人文交流合作[①]，突出了全人类共同的价值追求，为世界各个国家、民族提供了普遍的价值标准。

二、中国式现代化进程中红色文化话语体系遭遇的困境分析

踏上全面建设社会主义现代化新征程，我们无法避免地面对新形势、新任务和新问题，在红色文化话语体系的表达上，我们“还处于有理说不出、说了传不开的境地”[②]，面临着红色文化话语体系与其内容表达的失调、红色文化话语体系与其叙事实践的失衡、红色文化话语体系与其育人效果的离散等困境。

（一）红色文化话语体系与其内容表达的失调

一是红色文化话语体系内容的滞后性发展削弱了表达的解释力。在当前红色文化学科尚未设立的背景下，红色文化的相关研究常常被引入党史、党建、思想政治教育等研究领域，红色文化的研究领域广而不专、研究方向多而不精，难以为红色文化话语体系提供时代性的学理支撑，特别是随着历史发展和现实社会的持续变化，红色文化原有的革命话语、政治话语、传统话语等面临着巨大的冲击与解构，使其更加难以满足新时代的多元需求，因而亟需开展红色文化内容的体系化研究，不断提炼红色文化符号和红色精神内涵，推动红色文化话语转换和创新，增强红色文化话语体系在新空间、新场域中的解释力。

二是红色文化话语体系内容的政治化宣传削减了表达的说服力。“统治

---

① 习近平：《携手同行现代化之路》，《人民日报》2023年3月16日。

② 《习近平谈治国理政》第2卷，外文出版社2017年版，第346页。

阶级的思想在每一时代都是占统治地位的思想。”[①]红色文化话语体系是中国共产党思想体系和理论体系的重要表达途径，强调政治性和权威性的内容表达，使红色文化话语内容与人们的生活世界实践没有很好地融合，造成红色文化话语体系的说服力降低。

三是红色文化话语体系内容受商业化冲击蒙蔽了表达的真实性。在市场化下，各种红色文学、红色影视、红色歌剧等作品层出不穷，呈现百花齐放、百家争鸣的局面，但是由市场化带来的弊端，我们也不能忽视。

（二）红色文化话语体系与其叙事实践的失衡

一是西方资本逻辑制约着叙事议题的理性设置。从理论层面上来说，西方资本逻辑和话语逻辑是相互作用、相互补充的两个理论框架，西方话语逻辑是对其资本逻辑的抑制和反思，由自由、平等和权利等构成的西方话语逻辑的基本范畴，确保了资本逻辑运行中的理性思考，为评判发展过程中出现的经济、政治、文化、社会和生态问题提供了话语表达与思维方式。但是，资本“是一种以物为中介的人和人之间的社会关系”[②]，在其自身趋利性、扩张性和无序性的影响下，资本逻辑化身为一种强调物质至上的逻辑，导致某些西方话语逻辑为资本逻辑带来的负面影响进行辩护，对不直接产生经济效益的议题，如人的异化、贫富差距、资源短缺、环境污染等问题，进行粉饰打扮、转移议题、混淆是非，造成议题设置缺乏理性思考。

二是西方话语霸权主导下造成叙事的认知偏见。西方资本主义国家在现代化进程中具有先发优势，他们凭借发达经济和先进技术在话语塑造和话语传播中占据主导地位，通过话语霸权在政治、经济、文化等领域，形成和塑造符合自身思维方式、价值观念和表达方式的国际舆论、国际规则和国际标准。西方话语的强势导致人们对中国式现代化的认知常常出现偏差，对红色文化话语体系的叙事实践提出了更高要求，要在坚持历史与现实贯通、民族与世界融合中，把话语讲出来、讲明白、讲透彻，消除西方话语霸权主导下带来的认知偏见。

---

① 《马克思恩格斯全集》第3卷，人民出版社1960年版，第52页。

② 《马克思恩格斯全集》第44卷，人民出版社2001年版，第877—878页。

（三）红色文化话语体系与其育人效果的离散

一方面就话语表达主体而言，话语表达主体主导着话语交往实践的内容和目标，直接影响着话语交往实践的育人效果。一是红色文化话语体系传播队伍结构需要优化，仅仅依靠某一单一领域专业人才所组成的传播队伍已不适用当前多元化人才背景下的发展需要，无法为红色文化话语体系传播提供多种视角和方式，造成传播盲点。二是红色文化话语体系传播队伍素质需要提高，信息科学技术的发展在革新话语传播方式和手段、提高话语传播效率的同时，也给话语传播带来了信息泛滥、信息失真等问题，导致话语沟通的交流障碍和表达的信任危机，使话语传播举步维艰。

另一方面就话语表达客体而言，红色文化本身的历史代际性传承，使人们出现对红色历史记忆的淡化、红色文化情感认同的障碍、红色文化信仰认同的薄弱、红色文化价值认同的偏差等认知问题，特别是在文化多元化的影响下，人们的文化需求和关注点发生了变化，对红色文化的兴趣和关注度也有所下降，人们对红色文化的认同程度持续降低，难以实现人们对红色文化话语体系的理解、接受与支持。

三、中国式现代化进程中红色文化话语体系建构的实践路径

红色文化话语体系为推进中国式现代化建设提供了强大的思想理论支撑和精神文化力量，具有重要的现实意义和文化价值。在遵循“由谁来说—说些什么—对谁来说—如何来说”的话语逻辑基础上，把问题导向贯穿始终，在话语主体方面坚持以我为主，在话语内容方面坚持有所侧重，在话语客体方面坚持人民立场，在话语方式方面坚持开拓创新，不断增强红色文化话语体系对中国式现代化的引领力、解释力、说服力和传播力。

（一）坚持以我为主，确立红色文化话语体系建构的根本遵循

一是立足本国具体实际情况。世界上任何一种文化都不可能单独存在，要使文化充满活力、蓬勃发展，离不开文化之间的碰撞与交流，“对我国传统文化，对国外的东西，要坚持古为今用、洋为中用，去粗取精、去伪存

真，经过科学的扬弃后使之为我所用”[①]。要注意在交流融合中始终保持红色文化的独特性，只有保持红色文化的独特性，才能在交流融合中不断构筑属于红色文化的民族标识、精神特点和文化价值等，实现自信自觉，增强对自我身份的认同，避免被西方话语和文化所束缚，陷入西方话语霸权下“说不清事实”“讲不明道理”的窘境。这要求我们在吸收其他文化精华的同时，强调把中国国情、民族特色、人民需求作为现实考量，使红色文化的内涵和价值高度契合现实需要，不断创造出富有中国特色、民族特点、生活气息的红色文化符号、语言和话语。

二是坚持马克思主义的指导。中国共产党以马克思主义为指导，以中华民族优秀传统文化为根基，在领导中国人民进行革命、建设和改革的过程中创造了红色文化理论。在新的历史方位下，红色文化话语体系全面阐释中国式现代化的深刻内涵，这离不开红色文化理论为其提供强大的思想动力和坚实的理论支撑，必须要通过守正创新推动红色文化理论的创造性转化和创新性发展。关键是坚持马克思主义指导地位的不动摇，深入挖掘红色文化的现代化内涵和价值，加深人们对红色文化理论的理解与掌握，在坚定对红色文化的认同中筑牢思想防线，抵御各种西方错误社会思潮和文化的冲击。

（二）坚持有所侧重，明确红色文化话语体系的内容结构

一是对党员干部选择侧重保持先进性和纯洁性的话语内容。“中国式现代化，是中国共产党领导的社会主义现代化”[②]，保持党的先进性和纯洁性是我们党在应对风险和挑战后取得一个又一个成就的重要法宝，是我们党在百年奋斗历程过后依然保持旺盛生命力和顽强斗争力的根本所在，可以说，能否保持党的先进性和纯洁性是决定中国式现代化建设成败的关键性因素。对党的创新理论进行话语阐释，增强党员干部对马克思主义的信仰和共产主义的信念，使党员干部在对中国式现代化道路的理论认同中实现凝心聚魂，增强党员干部对强国复兴的信心，使党员干部在守初心与担使命中时刻保持对中国式现代化道路前进方向和奋斗目标的政治清醒，增强党员干

① 《习近平谈治国理政》第1卷，外文出版社2018年版，第156页。

② 习近平：《高举中国特色社会主义伟大旗帜　为全面建设社会主义现代化国家而团结奋斗——在中国共产党第二十次全国代表大会上的报告》，人民出版社2022年版，第22页。

部对党的理解与信任，使党员干部自觉传承党的优良传统、自觉贯彻党的路线方针政策。

二是对中国人民选择侧重树立核心价值观的话语内容。“核心价值观，承载着一个民族、一个国家的精神追求，体现着一个社会评判是非曲直的价值标准。”①社会主义核心价值观代表了全体中华儿女共同的理想追求和道德准则，不仅是对中华民族优秀传统文化和红色文化的传承，也是对中国特色社会主义现代化建设中价值导向的凝练，更为推进中国式现代化提供了一套公认的行为价值标准和行为准则。在话语表达时，红色文化话语体系要紧密契合社会主义核心价值观，从红色人物、红色事迹、红色精神和红色传统等话语内容中挖掘核心价值，使红色文化话语体系在迎合现代化建设的个人和社会需要中赢得广泛认同，以应对社会转型带来的价值观念多元化和碎片化的挑战，坚定民族文化自信、维护民族精神独立、推动民族气质升华，引导广大人民群众积极投身中国式现代化建设的伟大事业。

三是对世界人民选择侧重介绍人类文明新形态的话语内容。“党领导人民成功走出中国式现代化道路，创造了人类文明新形态”②。中国共产党在中国式现代化道路中创造的人类文明新形态，承载着世界人民对美好生活和光明前景的期盼。因此，红色文化话语体系要在人类文明新形态的语境下，以马克思主义为指导，探索中华民族优秀传统文化与世界其他文化之间的契合点，选择契合中国人民和世界人民思想观念和价值追求的红色文化话语表达内容，如“一带一路”、“世界大同”、人类命运共同体等，“不断寻求最大公约数、扩大合作面”③，在话语交往中“展现可信、可爱、可敬的中国形象”④，提升世界人民对中国式现代化道路和人类文明新形态的认同。

---

① 《习近平谈治国理政》第1卷，外文出版社2018年版，第168页。

② 《中共中央关于党的百年奋斗重大成就和历史经验的决议》，人民出版社2021年版，第64页。

③ 《习近平谈治国理政》第2卷，外文出版社2017年版，第450页。

④ 习近平：《高举中国特色社会主义伟大旗帜　为全面建设社会主义现代化国家而团结奋斗——在中国共产党第二十次全国代表大会上的报告》，人民出版社2022年版，第46页。

（三）坚持人民立场，掌握红色文化话语体系的逻辑链条

一是传承“为人民服务”的红色基因，把握红色文化话语体系的逻辑起点和逻辑终点。从“群众路线”，到“三个有利于”、“三个代表”、“以人为本”，再到“人民至上”，“为人民服务”的红色基因在中国共产党的一言一行、一举一动中被深深镌刻在其骨子上，融入其血脉中。“为人民服务”是红色文化话语体系“对谁来说”的思考结果，表明了红色文化话语体系的根本立场和价值追求，构成了红色文化话语体系逻辑链条上的起点和终点。从逻辑起点来看，红色文化话语体系的表达要回应人民群众迫切关注的问题，反映人民群众强烈表达的诉求；从逻辑终点来看，它体现在人民群众对话语表达的理解程度中，表现为接受或拒绝、认可或驳斥、肯定或否定等，要求红色文化话语体系根据人民群众的理解情况不断调整其表达内容和方式，满足人民群众的根本利益。

二是树立“以人民为中心”的评价标准，搭建红色文化话语体系的逻辑中介。“我们党来自人民、植根人民、服务人民，党的根基在人民、血脉在人民、力量在人民。”[①]树立以“人民为中心”的评价标准，“就应当认真学习群众的语言”[②]，在红色文化话语体系的表达与理解之间建立有效沟通，为确保红色文化话语权提供坚实的群众基础和可靠的力量保证。这要求红色文化话语体系在表达中要根据人民群众的接受环境运用相匹配的语言，以更贴合话语受众对象外部环境的词语，增强红色文化话语表达的亲和力和感染力；要根据人民群众的接受需求选择针对性的内容，以满足个人和社会的发展需要，增强红色文化话语表达的解释力和说服力；要根据人民群众的接受特点采取多元化的方式，不断扩大红色文化话语的表达范围和影响。

（四）坚持开拓创新，丰富红色文化话语体系的表达方式

一是在话语表达方法上要坚持多层次、立体式、多样化。社会转型带来了多层次、多方面的多元文化需求，要求红色文化话语表达坚持宏观、

---

① 《习近平谈治国理政》第1卷，外文出版社2018年版，第367页。

② 《毛泽东选集》第3卷，人民出版社1991年版，第851页。

中观和微观层面的红色文化内容相互贯通、相互联系。确立红色文化内容的多种层面，为形成多元化的表达方式创造了必要条件，比如我们讲红色理论，不能只讲理论本身，还要借助其他层面的红色文化内容，选取红色遗址、红色博物馆、红色纪念馆等红色符号，通过理论宣传、主题教育、红色文旅等形式，激发受众群体的红色情怀，使抽象、概念的理论变得具体、形象，增强了话语表达效果。

二是在话语表达途径上要坚持传统媒体与现代媒体相结合。互联网的飞速发展推动了红色文化传播方式的变革，必须准确把握以互联网为基础的现代媒体传播态势，推动新旧媒体融合，形成传播合力。要准确认识当前信息高速传播和无限扩散的特点，主动应对传播过程中信息失真和泛滥带来的问题与挑战。信息失真使信息的真实性、正确性、可信性遭到削弱，要强调传统媒体的权威性，借助传统媒体对信息的筛选、整合和发布，减少新媒体舆论场中的信息噪音，实现新旧媒体平台同步推送、同频共振，确保信息传播的时效性和实效性。

红色资源赋能乡村振兴的现实境遇与优化路径

江西省社会科学院　黎　康　戴　丽

红色资源广泛分布于我国乡村地区，在乡村产业发展、乡村精神文明建设、乡村治理体系建设等领域具有独特价值，为乡村社会经济全面发展注入强劲动力。《中共中央国务院关于做好2023年全面推进乡村振兴重点工作的意见》要求，扎实推进乡村发展、乡村建设、乡村治理等重点工作，加快建设农业强国、建设宜居宜业和美乡村，为全面建设社会主义现代化国家开好局起好步打下坚实基础。伴随乡村生态、社会、文化、经济价值日益凸显，如何传承和弘扬革命文化以助力乡村高质量发展，如何让红色传统中蕴含的宝贵精神财富转化为乡村振兴的正向能量场，如何让红色基因承载起外部环境的深刻变迁而焕发出新的时代价值，如何活化利用红色资源以培育特色优势主导产业，是开创全面推进乡村振兴新局面、促进全面建设社会主义现代化国家目标实现的应有之义。

一、红色资源赋能乡村振兴的作用机理

（一）用好红色资源，助力打造美丽宜居乡村

兼顾“物质支撑”和“价值赋予”。整合红色文化资源、发展红色文旅

产业、塑造红色文化品牌，有助于持续释放红色资源赋能村美民富业强的发展红利。井冈山走出了一条“红色引领、绿色发展，产业为根、立志为本”的特色发展之路，打造形成了一个全山覆盖、全域循环的“红色综合体”，实现在全国率先脱贫“摘帽”。井冈山每4人中就有1人从事旅游相关产业，贫困发生率从2014年初的13.8%降至2017年的0.42%，农村居民人均可支配收入从2017年的9606元增至2021年的14551元。乡村红色文旅产业快速发展，实现了群众就近就地就业创业增收的同时，也显著增强了群众的精神力量，激活了更多农村居民创新创业的积极性。人民群众自觉接受革命精神洗礼，在艰苦奋斗、苦干实干中坚定用自己双手创造幸福生活的信念，构筑起自立自强、奋发向上的精神基座，与时俱进、砥砺奋进的精神在乡土中国蔚然成风。

守好“绿水青山”和“金山银山”。辽阔的乡村既是奇山秀水、历史遗存的承载地，也是田园风光、民俗风情的富集地，拥有巨大的资源整合空间和产业融合潜力。江西革命老区在“两山”理论指引下，依托红色、古色、绿色资源禀赋全面推进乡村振兴，形成了瑞金、井冈山革命遗址与红色景区建设相结合、宁都革命遗址与特色乡镇建设相结合、金溪革命遗址与休闲农业旅游相结合、青原区革命遗址与传统村落保护相结合的“江西模式”。[①] 保护和提炼具有鲜明特征和广泛象征意义的文化符号，是记忆乡村历史、延续乡村文脉的重要内容。通过立足乡村聚落、地域风貌和文化特色，推进文化景观要素和生产、生活、生态景观要素有机融合，以此为基础对乡村空间进行整体打造和综合修复，有助于开创农文旅融合发展的新局面，提升乡村田园风光的吸引力，也“让乡亲们的生活芝麻开花节节高”[②]，红色资源活化利用的综合效益不断扩大。

（二）弘扬革命精神，助益共建乡村精神家园

为增强精神力量提供滋养。伴随现代性的不断推进，我国城乡结构发生深刻变化，人民群众的物质生活水平得到了极大提高，“农村真穷、农民真苦、农业真危险”得到了极大缓解，而“农民真焦虑”却成为很多农民

① 康勇卫：《乡村建筑遗迹类旅游资源研究：以江西省为例》，华中科技大学出版社2021年版，第160—161页。

② 习近平：《论“三农”工作》，中央文献出版社2022年版，第228页。

的真实写照。[①]马克思主义认为，人类的社会生活由物质生活和精神生活组成，其中，物质生活起决定作用，精神生活具有相对独立性并对物质生活产生反作用。革命精神集中展现了中国共产党的崇高理想、宗旨意识和优良传统，凝聚了共产党人艰苦奋斗、牺牲奉献、开拓进取的实践品格，是丰富群众精神文化生活最有说服力的教材。日益改善的乡村文娱环境和丰富多彩的精神文化活动赋予了乡村生活以意义和快乐，提升了人民群众的获得感和幸福感，激励群众在创造美好生活的奋进历程中感知革命精神、领悟革命精神，挺立起继承革命志、建设新乡村的坚定信念，激发出愿意在乡村生活，并努力振兴乡村的活力和动力。

为凝聚价值共识汇聚动能。革命精神中所蕴含的理想信念、道德秩序、精神向往等，能够为群众充盈精神生活提供凝聚力和战斗力，增强人们在乡村生活的身份认同感和精神归属感，筑牢共建美好家园、共享美好生活的共同体理念。文化反哺最重要的社会意义在于它改变了文化或文明传承的方向，或者说造就了一种全新的文化传承方式。[②]红色文化产业的广阔前景吸引越来越多的人才回归故里，把曾经共享过同一公共文化空间、对乡土有着共同文化记忆的本地精英和外出精英重新黏合在一起。这些乡村精英群体熟知本地情况、具有相同或相似的心理和文化维系力，他们以乡情、乡愁为纽带，用其学识所长、奋斗经验、人脉资源反哺桑梓，在共同的文化活动中消解困顿、塑造记忆，以共识性的信仰支撑和文化力量打造实现乡村振兴的共有精神归属地和集体文化能量场。

（三）传承红色基因，助推构筑良序善治格局

夯实乡村治理根基。红色治理资源和现代治理手段相互嵌合，有助于缓释空间分布式存在、社会流动性提速、传统治理机制超载等社会治理风险。一方面，红色文化价值引领数字治理方向。红色资源承载着中国共产党的宗旨意识和为民情怀，标注了数字治理以人民为中心的核心旨归。这就要求充分尊重需求表达、保护民众权利，使技术赋权控制在合理范围内，防范工具主义、技术脱嵌侵蚀人文精神、忽视人文关怀，让技术回归其服

① 吕德文：《巨变时代中国乡村生活的重建》，《文化纵横》2018年第3期。

② 周晓虹：《文化反哺：生发动因与社会意义》，《青年探索》2017年第5期。

务社会发展、增进民生福祉的应有定位。另一方面，数字治理品牌有助于增进红色文化认同。整合基层社会平安建设资源，推进社会治理大数据平台与公共安全视频资源、村级智慧安防小区管理平台、各成员单位的社会治理数据信息系统及时、有效、安全对接，有助于提升发现问题、处置矛盾和化解风险的效率，提升群众对基层治理的安全感、满意度。保障村民异地知情权、参与权和表达权的行使，落实在线办结反馈、监督评价机制，通过流程可回溯、办理可留痕、结果可视化压实并重塑乡村治理责任，有助于优化科学决策、智慧服务和精准回应的能力，强化群众对政府和社区的认同和信任。

优化乡村治理效能。整体性传承和弘扬红色基因，有助于推动自治、德治、法治实践效能的整体跃升，对推进乡村社会实现良序善治颇具启发性。首先，将红色基因融入精神供给、思政教育，能潜移默化地影响个体的理想信念、思维模式、精神向往，有助于激发基层自治活力，增强群众自我管理、自我服务、自我教育、自我监督的能力。其次，红色基因中蕴含的宝贵精神财富有助于厚植人们的家国情怀，形成对社会成员的价值牵引和道德约束，进而达成以共同价值取向为基础的善治氛围，最大限度地增加和谐因素，提升基层治理效能。最后，从红色基因中汲取规范社会行为、调节社会关系、维护社会稳定的治理智慧，能为形成具有刚性约束力的法律规范提供价值支撑，法治运行则为红色基因规范化表达、组织化实施以及全过程融入社会治理提供了法治保障。

二、红色资源赋能乡村振兴的待解难题

（一）保护力度有待加强

受制于基础设施、管理水平、保护意识等因素的影响，部分地区不具备规模化运用数字技术勘查、处理、储存、展示、共享红色资源的条件，红色资源保存状况总体上并不理想，部分革命遗址因难以进行实时管理和风险预警而出现损毁乃至消失迹象。以江西为例，据调查，江西省 2344 个革命遗址中，目前保存状况好的 404 个，占总数 16.6%，而保存状况差的

215 个，占总数 10.1%，还有 397 个革命遗址已经消失，占总数的 16.4%。[①] 问题主要包括革命烈士纪念设施存在墓体碑体损坏、环境恶劣、管理缺失、利用不当，革命遗址存在非法侵占破坏、坍塌损毁、未落实“四有”（有保护标识、有保护机构、有保护范围、有记录档案）和消防安全保护要求、管理不善，革命人物旧居、故居存在未设定保护级别、无人看管、破坏、专项管理和保护资金欠缺、开发利用程度低，红军标语存在风化、模糊、脱落等。红色遗存保护和修缮的力度直接关乎红色资源活化利用的程度，因此，有必要加强对红色资源的预防性保护、整体性保护。

（二）资源挖掘有待增效

红色资源禀赋对于改变落后地区面貌、带动群众脱贫致富具有不可低估的价值。但在现实语境中，大部分革命遗址分布于偏远落后的山区，受自然条件、资金缺口、交通通达度、人才短板等因素影响，部分地区资源挖掘成效不显著。例如，一些资源尚未开发，江西境内存在一批具有历史文化价值和观赏游憩价值的旅游空白点，总数量高达 2000 多个，具有巨大的开发潜力。[②] 又如，资源内涵挖掘不够，大量红色资源以传统平面、静态陈列为主，难以匹配现代审美观念及受众针对性体验需求，尤其是革命精神具有不可视性，更需要借助科技手段进行创新表达。再如，资源开发关联度较低，红色资源与传统文化、自然资源等资源要素的耦合度不高，没能充分展示历史文脉的传承性和地域文化的独特性，容易滋生低层次开发、破坏性开发、定位不明确、重复性建设等问题，造成红色资源浪费。

（三）价值转化有待深入

景区体量较小、团队游客为主、免费预约制等导致红色旅游客源消费支出总体不高，客源市场较为狭窄，对地方经济社会发展的拉动作用相对有限。《中国红色旅游发展报告（2022）》发布的各省（区、市）红色旅游发展具体指数排名中，红色旅游发展资源指标排名全国前十位的分别是湖南省、福建省、四川省、江苏省、江西省、河北省、辽宁省、陕西省、广

---

① 中共江西省委党史研究室编:《江西省革命遗址通览》（上），中共党史出版社 2014 年版，第 4 页。

② 朱虹:《江西旅游战略》，二十一世纪出版社集团 2017 年版，第 276 页。

东省、山东省，而在旅游经济发展水平指标排名中，上述省份进入全国前十位的只有四个，分别是广东省（第 4 位）、福建省（第 5 位）、江苏省（第 6 位）、湖南省（第 10 位）。[①] 可以看出，红色资源的经济转化价值未得到充分彰显。全国 300 处红色旅游经典景区遍布各省，而红色主题性旅游活动具有较强的时效性，客流多集中于重大纪念日、节假日等时段，这就意味着提升红色旅游吸引力面临较为激烈的市场竞争。红色资源品牌不鲜明、旅游产品功能单一、推介渠道不畅、宣传效果不佳、服务品质不高等问题都会不同程度影响游客的停留时间和重游意愿，从而进一步消解红色资源的价值转化动能。

三、红色资源赋能乡村振兴的优化路径

（一）促进协同开发，增强红色文化自信

明确开发定位。遵循乡村发展一般规律和红色资源应有功能，统筹把握“红色根据地，爱国主义教育”和“发展红色旅游”之间的关系[②]，以红色资源活化实现爱国主义教育和红色基因传承功能，以红色旅游发展释放乡村生态涵养、休闲观光、文化体验价值，推动乡村实现“由表及里、形神兼备的全面提升”[③]。锚定开发目标，推动红色资源转化为发展优势，深层次契悟红色文化精髓，建立根植于本土的文化自信。既要放大“内涵”，将民族、民俗、生态等资源囊括进来进行整体规划，扩大乡村发展的“资源空间”，也需要缩小“重点”，围绕经济基础、人才资源、资金技术、服务配套等进行合理规划。不应盲目追求大体量、大规模、大资金，也不宜刻意模仿、简单复制，而是要因地制宜、因时制宜，聚焦特而精的发展思路。

协调多方参与。充分发挥地方政府在红色资源开发实践中的引导作用，主要表现在制定统一规划、搭建创意平台、完善配套政策、基础设施建设、行业监督管理等方面。由地方文旅集团、文投公司等作为开发主力军，投

---

① 王金伟主编：《中国红色旅游发展报告（2022）》，社会科学文献出版社 2022 年版，第 26—27 页。

② 习近平：《论“三农”工作》，中央文献出版社 2022 年版，第 24 页。

③ 中央农村工作领导小组办公室组织编写：《习近平关于“三农”工作的重要论述学习读本》，人民出版社、中国农业出版社 2023 年版，第 16 页。

资建设红色旅游基地、党性教育基地、特色产业园、文化广场、商业街等。加强革命文物单位与文化企业、科技企业的合作，完善资金扶持、数据支持、产权服务、风险管理等方面的配套。广泛汇聚多元主体参与红色资源活态传承与乡村振兴的融合发展，凸显全体人民同心同向推进共同富裕的文化理想和文化担当，有助于让人们在共同信仰的相互确证中凝聚精神力量、提升文化自信。

发挥主体作用。让乡村具备可持续发展内驱力的关键在于夯实群众基础，这就要求充分调动当地居民参与红色资源开发、革命老区改造的积极性，整合农村党员、留守人员、返乡人员、退役军人、退休人员等，鼓励其成为红色文化守望者、红色历史讲解员、红色产业参与人，不仅能为本地居民就近就地就业提供更多便利、共同分享地区发展成果，也有助于将农村富余劳动力聚合起来统一调度。由于历史原因，部分革命遗址产权归属较为复杂，产权属于国家、集体所有的使用单位，包括文物、企业、学校、军队、旅游等部门，还有一些属于个人或其他所有，在一定程度上制约了红色资源的保护利用。可探索运用购买、产权置换、以修代租、长期租用、股份分红等模式，盘活存量资产、增加居民财产性收入，带动当地群众参与红色资源活态传承与创新发展。

（二）提升传播质量，筑牢红色文化认同

增强红色文化感召力。重视红色文化认同内化，以厚重的红色文化底蕴牵引着群众从对红色文化的认知、共鸣走向文化认同和文化自觉。推进红色文化对“口味”下乡，针对不同群体定制宣讲“菜谱”，以组合活动、平易近人、故事演绎、联系实际的方式阐释革命历史、弘扬红色传统，承载起人民群众内心深处对乡土的美好记忆与精神依恋，焕发群众对红色文化的深刻体认与坚定信心，提升本地居民对本地文化的归属感、自豪感，让红色文化扎根乡土、直抵人心。同时，依托虚拟数字空间延展乡村精神生活场景，以短视频、直播阅读等形式趣味化、通俗化表达红色文化，有效对接多元化、差异化、个性化精神生活需要，生动展现新时代人民群众的精神追求和实践品格，通过文化濡润引导群众在生产生活中自觉传承和践行红色文化，激活群众奔赴美好生活、推进乡村振兴的主体意识和行动力量。

扩大红色文化影响力。搭建红色文化资源开放共享平台，开发红色"云游学""云微课""云对话"等模式，向广大党员和群众提供结构虚拟但场景真实的远程红色研学服务，增进语音交互、感官交互和行为交互等交互体验，营造沟通式、沉浸式、情感式的红色文化体验氛围，以此传递精神力量、激发情感共鸣、展现文化魅力。在红色文化资源共享中保持本地特色，依托新型基础设施建设推进本地红色资源信息全景展现和统一管理，塑造和推广本地红色文化中革命人物的典型形象，锁定受众从红色文化品类到红色文化品牌的认知，以目的地形象的情感成分为基础推进红色文化品牌格调进阶，让红色文化更具吸引力。把握重要契机、主动设置议题，整合运用口碑营销、网络营销、名人营销、节庆营销、影视营销、赛事营销等，增强红色文化在公共舆论场的主动权和话语权，提升红色品牌影响力和社会关注度。

提升红色文化传播力。有效对接当代受众的媒介接触习惯和资讯需求，通过虚拟现实、增强现实、混合现实等扩展现实技术推动媒介全要素融合，营造虚实结合的数字化传播环境，增强红色文化传播效力。从抖音、快手、微视、西瓜视频等短视频类平台切入，与网络达人合作推介网红打卡村庄、当地革命故事、红色旅游线路等，以此制造话题、传播热点、吸引流量，并根据完播率、转发率、评论率、点赞率等指标调整内容生产方向和宣传策略，优化红色文化传播效果。在单平台积累一定流量后，探索布局全渠道引流，融合短视频、资讯、社交、音频等平台资源，打造公众号、微信群、论坛等私域流量池，通过稳定运营、增加曝光、丰富互动形成稳定的关注群体，让红色资源蕴含的精神信念依托多元媒介转化为群体的价值共识和生活观念，以此提升红色文化传播效能。

（三）强化技术应用，丰富红色文化体验

数字化保护。"红色资源是不可再生、不可替代的珍贵资源"①。通过资料检索、实地调查、深度访谈、数据采集等方式收集、统计、整理红色资源所携带的历史、艺术和科学信息，为挖掘好红色传统、研究好红色历史、编纂好红色书籍奠定基础。利用遥感卫星监测、AI识别、红外热成像检测

① 《习近平关于社会主义精神文明建设论述摘编》，中央文献出版社2022年版，第167页。

等技术对红色遗址、遗迹的数量、形态、完好程度进行普查监测，根据感知映射和实体反馈完成对红色资源的动态更新和长势监测。对红色资源进行三维扫描并建立数字模型，基于采集的数据集开展革命文物虚拟修复，再现文物原始形态及内在完整的文化信息。建立红色资源数据库，集成各终端文物保护信息，提取数据统一要素归档，实现红色资源的科学管理和永久保存。统一和完善红色资源获取、传递、技术等标准，通过媒介平台共享存储数据，为不同群体提供红色资源数据检索服务。

数字化展示。红色资源数字化展示应当聚焦人民群众的文化体验需求，深耕价值内容、丰富精神体验。其一，提升场景叙事能力，通过新体验技术，以地面、墙面互动投影，时间长廊，虚拟翻书等方式全景式、立体式、延伸式展陈革命文物和红色遗产，挖掘红色文化内涵所具有的精神供给功能，通过场景复原、内容互动、沉浸体验增强红色文化传承的在场有效性。其二，拓展展品叙事空间，利用5G、3D全息投影，VR全景直播等技术打造数字博物馆，贯通“官网、APP、公众号”三位一体服务渠道，开发智慧导览、语音讲解、爱心助老等服务，实现线上虚拟空间参观与线下现实场景展示同频同步。其三，丰富红色主题演艺，把红色故事、历史事件、重要人物衍生创编成沉浸式情景体验剧、舞台剧、实景影画等，强化文化创意以提升红色教育影响力和红色旅游吸引力。

数字化改造。发挥前沿科技优势，支持以5G、AI、云计算、XR（扩展现实）等为代表的新型基础设施建设，推动红色旅游目的地的数字化、网络化、智慧化改造升级，助推红色文化资源搭载新体验、新场景。强化智慧红色旅游景区建设，以游客互动体验为中心，扩大新技术在红色景区经营、管理、服务等场景的深度应用，如提供分时预约、刷脸识别、无接触服务等，提升红色景区的运营效率和服务能力。构建智慧监管平台，推动运营商大数据、游客基础数据、景区视频数据、票务数据等多重数据互联互通，分析预测客流量、游客画像、适游指数、客流走向、驻留时长，以此完善景观设计、展陈布局、解说方式、安防预警等，实现红色景区资源前置性调配供给。

（四）盘活全域资源，凸显红色文化引领

拓展“大产品”。以红色资源为核心，引入科技元素、时尚元素，推动红色文化底蕴具象化、现代化，在此基础上不断提升红色产品的文化内涵。

以高质量供给对接市场增量和消费升级的需求，定制开发兼具观赏性、实用性、教育性、趣味性的红色旅游产品、红色文创产品，如以数字技术设计红色旅游纪念品，让红色资源背后的文化和历史实现真实可信的数字化发行、收藏和鉴赏。深度提炼乡土特色、民俗风情，将红色元素融入农特产品、手工制品、预制菜等包装设计，定制推广一批“红色风情 IP”“红色风物 IP”“红色风味 IP”等吸引物组合。借助“子弹时间”、多机位立体拍摄技术，以“红色 + 直播 + 电商”的模式宣传当地乡土风情、展示地方革命历史、推介特色农产品、实现流量落地承接，促进红色产品品牌效益不断外溢。

深耕“大产业”。借助新技术深挖红色目的地的红色历史、红色人物、红色故事，培育“云观博”“云游览”“云演艺”“云直播”等红色文旅产业数字化新业态。依托红色资源与旅游、农业、生态、康养等产业的高度关联性，延伸发展“红色 + 特色小镇”“红色 + 休闲农庄”“红色 + 美丽庭院”“红色 + 养生山庄”“红色 + 户外运动”等，以红色旅游带动乡村旅游、山水旅游、康养旅游等内涵式增长，构建支撑乡村振兴的红色文旅融合发展大格局。发展具有创新引领和彰显地域红色文化特色的夜间经济消费业态，打造夜市、夜食、夜赏、夜购、夜娱、夜节、夜宿等夜间红色旅游活动场景，丰富夜间红色文化体验项目，如夜间光影秀，挖掘夜间红色旅游消费热点，与美食、购物等传统夜间产业跨界合作，释放夜间红色经济发展新动能，打造夜间红色旅游业态链。

构筑“大市场”。突破既有市场局限，充分挖掘红色文化资源的物质载体和精神载体，通过资源整合、立体打造、线路设计形成红色资源与自然资源、历史文化、民族文化、民俗文化等相映成趣的资源互动互补格局，最大限度延展乡村发展空间。积极策应政策机遇，将体量过小、遗存较少、分布较散的景点串联起来，提高红色景点的可进入性和通达性，形成一批能充分彰显文化内涵和地方特质的红色旅游带或红色走廊。深化区域合作，重视与具有相同红色文化内涵的周边区域的联动协作，在党建共治、资源共享、线路共连、文化共生、产业互动、转引互推、客流互送、人才交流等方面加强交流与沟通，以红色文化共融共生提升区域发展向心力。

高质量发展格局下社会治理效能提升研究

河北省社会科学院　徐　颖

一、高质量发展与社会治理关系的文献述评

党的二十大提出以中国式现代化全面推进中华民族伟大复兴，全面建成社会主义现代化强国是党的中心任务。高质量发展是全面建设社会主义现代化国家的核心任务。社会治理作为社会主义现代化国家的一个重要方面，自然也包含在高质量发展之中。对于什么是高质量发展，社会治理与高质量发展的关系如何，学界从各自的学科给出不同的界定。

马雪松等从政治学角度审视高质量发展，认为权力的规范运行是高质量发展的支撑条件，权利的充分行使是高质量发展的价值归宿，利益的均衡分配是高质量发展的实质内容。在此基础上，推出高效能治理是新发展阶段推进高质量发展的可行思路。[①] 高培勇等认为高质量发展是一个总括性理念，经济高质量是社会高质量和治理高质量的输出，中国迈向发达国家的核心经济机制在于要素质量升级和创新，但需要社会高质量和制度高质量作为前提；高质量经济社会需要高质量治理结构支撑。[②] 韩雷等认为高质

① 马雪松、冯修青：《国家治理现代化视域下高质量发展的内在机理与实现路径》，《云南社会科学》2022 年第 1 期。

② 高培勇等：《高质量发展的动力、机制与治理》，《经济研究》2020 年第 4 期。

量发展的理论框架应该包括核心目标、战略规划、资源有效配置和有效社会这四个基本要素的有机结合，其基本逻辑是在核心目标指引下研判主要矛盾，依据主要矛盾制定战略规划，通过战略的实施促进资源有效配置和社会有效运转。[①]邓子纲等认为社会治理是社会建设的一项重大任务，高质量的发展必须提高社会治理的质量，建设一个稳定、有序、充满活力的社会。[②]

从学界对高质量发展与社会治理的关系论述中可以看出，高质量发展是中国式现代化的必经阶段，高质量发展必然包含社会治理的高质量，即社会治理效能的提升问题。鉴于此，本文探讨了在高质量发展的格局下，社会治理效能提升遇到的障碍和优化的实践路径。

二、高质量发展对社会治理效能提升的内在规定性

高质量发展是中国式现代化的阶段性表达，因此中国式现代化的内在规定性也是高质量发展的内在规定性。中国式现代化对社会治理的要求是社会治理要实现中国式的现代化。中国式的社会治理现代化，可以从四个维度来理解："以人民为中心"的价值规定性、"实现人的自由而全面的发展"的目标规定性、"柔性治理"的方式方法规定性、"多元共治"的主体规定性。高质量发展对社会治理效能提升的内在规定性也是从以上四个维度来阐释。

（一）价值规定性：以人民为中心

中国式社会治理现代化的逻辑起点是"具体的每个人"，社会治理现代化的价值规定性即社会治理要以实现社会中具体的每个人的各种需求满足为价值追求。那么如何实现这一价值规定性，就是要"以人民为中心"。如何做到"以人民为中心"，是衡量社会治理效能提升的重要指标，也是对高质量发展格局下社会治理效能的考验。"以人民为中心"的社会治理，就是要求社会治理系统的各个环节、各个元素、各个系统、各个机制等的设置都围绕着满足"具体的每个人"的需求为出发点和落脚点，按照马斯洛人

① 韩雷、钟静芙：《高质量发展的内涵解读、理论框架及实现路径》，《湘潭大学学报》（哲学社会科学版）2021年第6期。

② 邓子纲、贺培育：《论习近平高质量发展观的三个维度》，《湖湘论坛》2019年第1期。

的需求理论和社会发展阶段论来看，“以人民为中心”的社会治理具有历史性、阶段性、现实性等特征。在新时代，“以人民为中心”的社会治理核心是满足人民对美好生活、美好社会的期盼，因此社会治理效能的提升也是围绕满足人民的美好生活展开。

（二）目标规定性：实现人的自由而全面的发展

马克思主义认为，人类社会的终极目标是实现人的自由而全面的发展，即实现人类的真正解放。高质量发展下的社会治理是中国式社会治理现代化的阶段性表达，也是人类社会历史的一个重要组成部分，其目标虽然具有特殊的阶段性，但也要与人类社会最终的目标相一致，即社会治理效能提升的最终目标是实现人的自由而全面的发展。虽然鉴于社会历史发展的局限性、社会生产力发展的不充分性等现实条件的影响，在现阶段，人的自由而全面的发展很难实现，但社会治理实践也要始终向着社会治理效能的终极目标迈进。

（三）方式方法规定性：柔性治理

社会治理效能提升，从“效能”二字的含义我们可以看到，“效能”更多的是从经济学意义的角度来理解。但从中国式现代化社会治理的价值要求或者高质量发展下的社会治理价值要求来看，“效能”并不只是经济学意义上的理解，更应该是社会学意义上的理解。社会学意义上的“效能”，不应只有数量上的提升，更要有质量上的提升，尤其是要注重品质上的提升，而对这个“品质”的理解，更多体现的是人文性的关怀。因此，社会治理效能提升，在高质量发展阶段，就是要将传统方式方法的“硬性治理”升级为“柔性治理”。“柔性治理”是中国式社会治理现代化价值规定性中“以人民为中心”在方式方法上提出的要求。那么，什么是“柔性治理”？就是要求治理过程中，所有方式方法的采用都要体现对人的尊重。人民需要什么，我们就提供什么；人民需要什么样的方式，我们就提供什么样的方式。

（四）主体规定性：多元共治

中国式社会治理现代化的价值和目标规定性，决定了社会治理主体的规定性是多元共治。“多元共治”就是要构建“人人有责、人人尽责、人人共享的社会治理共同体”。这一规定性，可以真正实现社会治理的现代化与人的现代化的统一，最终实现人类社会的终极目标。“多元共治”，其核心是如何理解多元，按照党中央的重要文献、理论界的要求和阐释，我们可以将“多元”理解为“每个人”，在此基础上“多元共治”可以解释为在社会各方面条件都比较充分的时候，实现每个人都能参与的社会治理。

三、社会治理效能提升实践障碍与高质量发展内在规定性要求的差距审视

社会治理效能提升在实践过程中，受到各方面条件的限制，遇到了很多的障碍，这与高质量发展的内在规定性要求产生了差距，对这一差距作出正确的审视，有助于我们找到社会治理效能提升的突破口，进而提出有效的优化路径。

（一）实践中体制机制的缺陷，导致“以人民为中心”的价值目标难以真正落实到位

“以人民为中心”的价值目标，大家耳熟能详，但在实践中，鉴于现在科层管理体制“条块划分”严重、权责不统一等现象突出，尤其是在社会治理的过程中，大部分的任务和职责都积压在基层，而基层又是人、财、物等资源相对匮乏的区域，这就注定了在社会治理过程中，存在不能真正实现“以人民为中心”，而是以“上级的工作”为中心的现象，这一现象直接影响了社会治理的效能提升。

（二）实践中市场经济体制的缺陷，导致“实现人的自由而全面的发展”的终极目标被忽视

“实现人的自由而全面的发展”是人类社会发展的终极目标，也是中国式现代化社会治理的终极目标。但由于所处历史阶段的局限性和现实性，我们现在必须坚持以社会主义市场经济体制为配置社会资源的主要方式。社会主义市场经济也是市场经济，很难摆脱市场经济的局限性，就是也会出现市场失灵、市场被资本控制等严重的社会现象。在这样的经济社会环

境下，人民的思维方式多以实现当前利益最大化为导向，很少能够看到长远的未来设计。尤其是普通的民众，为了一家的生计，只能精打细算自己手里的那点“利益”，很难形成大的社会格局，即往“人的自由而全面的发展”的方向努力。这样的现实下的人口素质，限制了社会治理效能的提升。

（三）实践中政绩观考核的缺陷，导致方式方法的“硬性治理”难以变成“柔性治理”

人民是“国之大者”，人民的幸福是党和政府的初心和使命。实践中的社会治理主体初心是美好的，但能力是骨感的。鉴于实践中各种资源要素的匮乏，或者是工作任务短平快的要求，在社会治理实践中，真正能做到“柔性治理”的并不多，大多的社会治理主体都是为了完成自己的本职工作，为了完成上级交代的任务，采用了“硬性治理”。只要不出问题、不出矛盾、没有民众上访就万事大吉的心理存在在不少社会治理主体的工作当中，这种现象也影响了社会治理效能的提升。

四、努力推动社会治理效能提升的高质量发展路径

社会治理效能提升，需要不断完善的社会基础条件，从上述差距审视中我们可以看出，社会治理效能提升的高质量发展路径应该从以下几个方面展开。

（一）以“智治支撑”实现社会治理领域体制机制扁平化

当前“以人民为中心”的社会治理理念和价值未真正落实到位的主要原因是体制机制的限制。因此，要打破这种科层制的体制机制的限制，就是要充分用好“智治支撑”。

一是建立高质量的智慧社会治理工作体系。应包括一支队伍统管，一个平台统调，一张网格统揽，一套机制统筹。逐步打造一支包括大量专兼职力量的社会工作者队伍。依托综合治理中心构建智慧治理中心，并轨运行公安指挥中心、数字管理中心、信访接待中心，打通“城市大脑”“镇街中脑”“社区小脑”“小区微脑”，实现“一屏观天下”。推动数字孪生网格建设，党建、政法、公安、城管、环保、教育、水务等部门资源实现“网

格化配置”，人、事、地、物、组织等治理要素实现“网格化集成”。形成“前端发现报告—网上分流移动—部门联动处置—全程跟踪督办—办结回访问效”的联动响应机制。

二是建立高质量的智慧社会治理制度体系。要发挥中国特色社会主义的制度优势，重点加强党建引领智慧社会治理。增强党组织引领发展治理功能，构建发展治理同频共振的推进机制。创新党领导社会治理的体制，构建“党建+”的统领统筹协同机制，织密建强“党建+治理”的组织体系。五级联动的动力主轴，区域党建互联互动的“条块协同”，党建引领社会发展治理的“网格融合”。完善权责明晰、重心下移的社会治理机制，让各类组织聚集主业主责，实现授权赋能，减负增效。要以各级党组织为主导构建区域大党建格局，以完备的社区基层治理为基础和依托，社区基层治理形成完备高效的社区党委、网格党支部、楼道党小组、党员中心户的纵向组织机制。运用数字化技术推动社会治理格局的形成，完善党委领导、政府负责、社会协同、公众参与、法治保障的社会治理体制。

三是建立高质量的智慧社会治理工具体系。智慧社会治理的工具体系是否完备、健全、高效，直接影响着数字技术赋能社会治理的效果。要积极建设共享型的社会公共资源大数据库，建设精细化的社会公共服务感知系统，建设网络状的社会治理指挥系统，建设交互式的社会治理云平台，同时以生态融合、健康医养、人文教育、绿色出行、休闲娱乐、创新创业、共建共治七大场景的营造为抓手，不断实现高质量的智慧社会治理工具体系建设。

（二）培育“有效市场”和“美好社会”的价值氛围

有效市场是现阶段创造极大的社会物质财富的重要手段，是社会发展离不开的重要工具。美好社会是社会发展的重要目标。当前，二者在市场经济的缺陷下存在着矛盾，即人们在市场经济的调节下不断追求利益的最大化，而忽略了对美好社会终极价值的追求，因此需要对二者作出平衡。

一是对“有效市场”进行价值宣传和培育。首先，建立科学合理的体制机制对社会主义市场经济进行有效的管制和监督，尤其是要对资本的合理使用和运转作出科学的制度规范。其次，对社会大众进行马克思主义经济学理论的宣传和教育，让大众对资本有正确的价值判断和审视，进而形成正确的利益观。

二是对“美好社会”终极价值的宣传和培育。对“美好社会”的终极价值即人类社会的终极发展目标“实现人的自由而全面的发展”进行广泛的宣传和教育，让每一个人都意识到“市场经济”只是人类社会发展中的一个阶段，它只是一个阶段的工具，并不是终极价值。这个阶段终究会过去，人类社会的终极目标是实现人的自由而全面的发展。

三是对中国的传统文化进行现代化的阐释和宣传。中国传统文化中的“家国天下”的三维境界是我们现代社会亟需的价值。这一价值观可以平衡当前市场经济的缺陷对美好社会价值的冲击，即个人利益的最大化与整体人类社会价值观的缺失。鉴于古文的历史性、晦涩性，很多人不想去了解，也没有时间了解的现实状况，可以通过打造传统文化名家，利用文化名家对大众进行普及和教育。

（三）运用智慧系统实现“柔性治理”

“柔性治理”的重点是突破传统“硬性治理”的科层管理体制障碍，实现对人的需求的精准满足和定位，在当下时代条件下，应运用智慧系统不断实现“柔性治理”。

一是建设“社会治理人口大数据”集成管理平台。“柔性治理”的首要任务就是知道人民的需求、满足人民的需求。社会治理工作应熟悉掌握辖区内空间地理信息、人口信息、法人信息等基础治理数据，可以充分利用人口普查、网格巡查等机会自建治理基础数据库。同时，建设基层政务信息化管理平台，为跨业务、跨平台的信息开放接口，形成基层社会治理大数据中心、政务应用集成管理中心，为社会治理的智能化、精细化、精准化奠定数据和平台基础。

二是构建“柔性化”社会治理智能应用供给体系。“柔性治理”应积极采用智能化的设备来感应人民的具体需求。这就要求社会治理智能应用体系的构建需要围绕人的感受（安全感、归属感、舒适感、幸福感），人的需求（教育需求、健康需求、养老需求、交往需求），人的发展（职业进阶、素质提升、群体融合）等来实现，运用智能互联技术推动公共服务的社会化、精准化、智能化、精细化供给。

三是以社区柔性为基本单元。社区是人民花费大部分时间的具体活动场域，社区建设水平直接影响了人民的生活和生命质量。因此，积极构建“柔性社区”是“柔性治理”的重点依托。“柔性社区”应围绕社区公共服务配置、社区生活服务供给、政务服务下沉社区、社区志愿服务参与、社区服务载体运营等几个方面开展来不断满足人民的要求。要不断深化基本公共服务制度改革，优化社区公共服务设施布局，加强全龄人群公共服务供给。要建立社区生活服务供需对接机制，健全服务供给链条，拓展服务供给渠道。要加强街镇便民服务中心标准化建设，推进政务服务向城乡社区延伸。要推动社区服务载体市场化运营，加强社区综合服务集成化供给。

（四）积极打造高质量的“多元共治”

当前，在数字时代下，创造“多元共治”的氛围和各方面条件。

一是“多元共治”主体治理能力和治理意愿提升。“多元共治”的治理主体要具备完全自主的治理能力和治理意愿并不是一蹴而就的事情，这需要整个社会的努力。当前“多元治理”主体必须要紧跟信息技术革命的浪潮，学会数字治理能力。政府要构建包含企业、高等院校、科研院所等技术研发中坚力量的创新系统，推进多学科交叉融合和交流，主攻当前“杀手锏”技术并为这些创新力量提供资金、人才和管理等政策支持，打造良好的创新发展环境。同时重点关注弱势群体所面临的技术空间挤压问题，避免公务人员技术知识与治理知识错配，尤其是需要注重公共精神的培育等。

二是社会治理主体协同机制和模式创新。社会治理主体协同机制和模式要从两个维度来考虑。一个是乡村维度，当前表现的主要特点是国家管得太少，那么国家如何增强对乡村治理的“多管”？主要是增加乡村资源的配置，加大对乡村社会数字化的人、财、物的投入，探索具有特色的区域性乡村社会多元主体协同机制，重点突出自治与德治的功能发挥，兼以法治治理。另一个是城市维度，当前表现的主要特点是国家管得太多，国家如何放心放手城市社会治理？最主要的是探索合作互补型合作机制，国家和政府要转变治理理念，强调城市空间各主体的协作，城市各主体如何能公平、积极、有效的合作互补是城市社会治理的协同机制和模式建立的出发点和重点。

三是社会发展共同体打造。多元主体的协同需要具备一定的基础，具体指主体所处的人文环境建设和自然环境建设的储备。因此，为了达到高效的多元主体协同，应该积极通过“五大行动”构建社会发展共同体。一是实施社会空间品质提升行动，提升整个社会的社区品质、老旧城区社区改造、乡村社区资源活化。二是实施社会场景营造赋能行动，以场景营造赋能美好生活，以场景营造激发内生动能，以场景营造筑牢生态本色。三是实施社会商业发展繁荣行动，完善规划引领与政策支撑体系，推动市民服务与消费场景叠加，推动市场供给与社会供给统一。四是实施社会生态价值转化行动，推动社会生态体系经济价值、社会价值、人文价值的转化。五是实施社会文化创生行动，推动社会文化浸润式培育，推动社会文化延续性传承，推动社会文化创造性转化。

现代化进程中跨区域矛盾纠纷化解的行动逻辑与优化路径

江苏省社会科学院　黄　科

一、问题的提出

习近平总书记在党的十九届五中全会上指出，要“构建源头防控、排查梳理、纠纷化解、应急处置的社会矛盾综合治理机制”[①]。国家“十四五”规划进一步提出，要“完善人民调解、行政调解、司法调解联动工作体系，建立调处化解矛盾纠纷多元化解机制”[②]。从社会矛盾综合治理的实践看，全国各地都以县域为单位，坚持和发展新时代“枫桥经验”，不断创新治理模式和完善治理机制。但是，随着我国发展环境的深刻变化，社会风险不确定性加大、传递共振增强，社会矛盾在超越县域范围内跨领域传导、跨区域传输、跨层级传递现象频发。因此，无论是社会矛盾的防控、排查，还是化解、处置，都迫切需要关注跨县域联合调处这一综合治理的重要领域。然而，检视社会矛盾跨域治理的现实场景，基于人民性、公共性、现代性建构的社会治理体系，在面对跨域性、复合性和扩散性的社会矛盾时，却

① 《中国共产党第十九届中央委员第五次全体会议文件汇编》，人民出版社 2020 年版，第 63 页。
② 《中国共产党第十八届中央委员第三次全体会议文件汇编》，人民出版社 2013 年版，第 71 页。

在一定程度上呈现出碎片化、自利化和低效化的“逆现代性”特征。那么，如何理解这种“逆现代性”特征？它在何种程度上影响着社会矛盾综合治理，又该如何化解？它对推进社会治理现代化有何深远影响？这些都是重要的现实问题，也是有意义的理论问题。

二、社会矛盾跨域联调的行动逻辑

化解社会矛盾跨域联调的集体行动困境，本质上是行动规则的重构。跨域社会矛盾涉及多元行动主体以及跨县域的治理空间，这个治理空间隶属于大一统的国家治理格局，但由于条块分割的行政格局又被赋予了很大的相对自主性，因而形成了一个特殊的政策和权力空间。要重构这一治理场域中的行动规则，就必须理解这个空间场域中多元主体的行动逻辑和行动策略。

（一）社会矛盾跨域联调的行动场域

社会矛盾跨域治理涉及多区域、多层级的行动主体，包括基层党组织、基层政府和社会行动者，这三者在社会矛盾跨域综合治理的权责边界内共同构成了一个特殊的政策场域和空间场域。行动主体既处在一个政党科层结构的责权体系内，又处在一个跨域治理网络之中。其中多元行动主体受到来自多元网络治理需求和政党科层治理要求的双重约束，因而始终存在角色冲突。从跨域联调的实践看，基层党组织、基层政府和社会行动力量在跨地区、跨部门调解行动网络中既受到网络治理中合作共识和平等参与的价值影响，也受到官僚科层体系的地方主义和属地利益的观念影响；既受到部门协作和相互信任的规则主义约束，也受到竞合关系和特殊主义的影响；既受到资源共享、协调联动的效能需求影响，也受到功能分割、资源壁垒的能力约束影响。由此可见，角色冲突带来责任下移、责任规避、责任虚位，并因此引发的集体行动困境似乎是跨域联调行动的一种必然后果。角色冲突本质是一种责任关系混乱的结果，要破解这一治理困局就需要回归到责任体系的重构，打造责权清晰的矛盾调处行动网络。

（二）社会矛盾综合治理的行动策略

克罗齐耶认为，行动体系是还原性机制的集合形式，行动策略提供了观察行动体系的重要途径。[①]破解跨域联调的集体行动困境需要重新审视现有矛盾调处的行动策略，从而为优化行动体系提供方向。在社会矛盾综合治理方式演变进程中，三类主体由于角色不同产生了不同的治理策略。改革开放前，化解社会矛盾的方式主要是政治手段和行政手段，而改革开放后，社会矛盾综合治理纳入法治体系之中，法治手段更加得到重视。[②]从历时性看，这种行动策略的变化可以归结为政治策略、管治策略和法治策略在不同时期的角力。对于行动体系而言，三种行动策略在社会治理现代化进程中都有现实价值。

第一，“政治”策略：基于“权威—动员”的党组织推动方式。从党组织参与社会矛盾综合治理的历史看，它至少包括三个行动层面的内涵：在认知层面，通过对矛盾发展规律的认知，将矛盾认识作为一种社会群体性共识的知识建构；在参与层面，直接承担在民主协商责任、参与重大决策、推动政策设计、形成权威组织架构等层面发挥影响力；在动员层面，依托全覆盖的基层党组织权威性，发挥共产党员先锋模范作用，深入群众、发动群众，动员各方力量化解矛盾纠纷。[③]

第二，管治策略：基于“政令—约束”的科层推动方式。毋庸置疑，基于“控制权”关系建构的科层体系在当前社会矛盾调处中仍扮演着重要角色。科层体系一方面通过政策设计，明确行动规则、行动目标、行动方案，进而协调综合治理主体关系，比如2019年召开的全国调解工作会议要求，“到2022年基本形成以人民调解为基础，人民调解、行政调解、行业性专业性调解、司法调解优势互补、有机衔接、协调联动的大调解工作格局”[④]；另一方面，通过健全激励机制，把树立典型、考核评价、奖励问责结合起来，激发不同主体参与治理的积极性，比如广东佛山把矛盾综合治

① ［法］米歇尔·克罗齐耶、埃哈尔·费埃德伯格：《行动者与系统——集体行动的政治学》，张月等译，上海人民出版社2007年版，第27页。

② 朱力：《中国社会矛盾70年演变与化解》，《学海》2019年第6期。

③ 朱力：《未来几年我国重大社会矛盾的走势——基于219位基层党政一把手的经验判断》，《江苏社会科学》2016第6期。

④ 《构建大格局　化解小矛盾》，《人民日报》2019年5月15日。

理绩效纳入地方综合考核的指标。保障能力建设也是科层体系中重要一环，通过探索建立各种联动平台，实现资源集中，提升矛盾调处的集约化处理能力。

第三，法治策略：基于“利益—均衡”的多元推动方式。在全面依法治国背景下，通过法律法规、制度机制、正式或非正式协议等方式协调多元矛盾调处主体行动，厘清党委政府的权责边界，提供社会力量参与矛盾调处的合法渠道、保障矛盾双方纠纷化解的合法权益，成为当前矛盾化解的主要方式。比如，2015 年厦门出台《厦门经济特区多元化纠纷解决机制促进条例》，2021 年江西出台《江西省矛盾纠纷多元化解条例》、上海正式实施《上海市促进多元化解矛盾纠纷条例》，多地立法成果相继出台，有效推动形成合理衔接、相互协调的矛盾纠纷化解体系。

（三）社会矛盾跨域联调的行动路径

实践证明，社会矛盾综合治理的三类策略在面对复杂性、动态性的矛盾调处问题时仍然存在集体行动的责任困境。其实问题的根源不在于联调策略的选择，而在于以往策略的使用是以构建稳定的制度体系为目标，期待以制度约束行动的行动逻辑，注定困难重重。因为，基于制度约束而进行的一体化行动设计不可避免地带来“同一性”问题，即在高度复杂的社会中基于消除差异的制度总是存在滞后性和局限性，只能通过不断地完善制度加以弥补，因而不可避免地存在各种协同困境，进而导致联调行动呈现被动性、短期性和低效性特征。因此，必须跳出“制度—关系”的逻辑框架，回归行动主义的本质，从行动者的视角看待维系联调行动所需要的基本要素，进而建立促进联调行动的相应规则。

行动主义认为，社会治理是一种治理网络，在社会治理场域中，治理效度取决于治理主体的价值取向、信任关系和合作能力。对于社会矛盾跨域治理行动体系而言，它的行动网络应该是立体的，它以责任为边界，以价值共识、关系互信、能力共促为基础。因此，要提升社会矛盾综合调处的行动效能，以往通过制度来明确责权关系的方式远远不够，还必须在价值共识、关系互信、能力共促三个层面上立体推进，在价值层面以公共利益为导向凝结合作共识，在结构层面以法治为规范建立互信关系，在能力层面以有效性为原则实现联调行动目标，进而构建跨域联调的责任共同体网络，促成具有主动性、公正性和长效性特征的跨域联调行动。

三、构建社会矛盾跨域联调的责任共同体行动网络

治理共同体是一种关系体系，基于共同体打造的行动网络则是建立在共同的价值观念、稳定的社会关系和强大的治理效能之上。① 党的十九届五中全会提出的“建设人人有责、人人尽责、人人享有的社会治理共同体”②，就把责任放在共同体建设的首位。同理，在跨域矛盾联调的治理场域中，把构建责任体系作为焦点，打造责任共同体行动网络，理应是破解当前联调困境的必然路径。

（一）塑造基于公共性导向的价值理念共识网络

认知干预是促进有组织集体行动的有效方式。站在社会治理的角度，跨域矛盾调处行动本质是维护社会利益。矛盾联调的行动主体只有树立起基于公共价值追求的合作精神，才能培养出主体意识、参与意识和担当意识。从社会矛盾跨域联调的行动实践看，社会矛盾跨域联调行动主体的价值倾向有三个层面：政治领域中追求实现人民利益诉求的价值取向；政府领域强调科层体系协作高效的价值取向；社会领域中平等参与的价值取向。只有把这三个层面的价值倾向统一到区域共识之中，培育理念共识，才能促成更为主动的跨域联调行动。当然，从行动本质来看，公共精神培育涉及“角色转化”的行动，即行动主体将“社会身份”规训为“合作角色”的过程，实现各行动主体的“他在性自我”的认知状态，而要实现这种角色规训需要一种引导性力量。③ 基层党组织恰好符合这一需求，作为基层治权的合法性主体，它对社会矛盾的认知判断影响着矛调政策的制定。权威网络深入到基层各个角落影响着具体的治理行为，强大的动员能力在矛盾调处之中发挥着巨大作用。因此，在构建跨域联调行动主体的价值共识网

---

① 张贤明、张力伟：《社会治理共同体：理论逻辑、价值目标与实践路径》，《理论月刊》2021年第1期。

② 《中国共产党第十九届中央委员会第五次全体会议公报》，人民出版社2019年版，第13—14页。

③ 孔繁斌：《公共性的再生产：多中心治理的合作机制建构》，江苏人民出版社2008年版，第225页。

络中必须重视和发挥基层党组织引领作用。

（二）构建基于合法性基础的信任关系共建网络

如果说共识是责任共同体的思想基础，那么信任关系则是行动基础，缺乏信任的联调行动不可避免地要面临“道德风险”，增加违约防范的治理成本，导致联调行动不可持续。

首先，形成信任关系需要明确清晰的责权定位。在跨域联调行动中，基层党组织、基层政府和社会组织的角色定位必须进一步明晰，由三者构成的行动者关系网络也要进一步厘清责任范围和权力边界。

其次，形成信任关系需要强调参与主体的平等地位。社会矛盾跨域联调不仅有基层党委政府中的公检法、信访、市场监管等机关单位参与，还需要行业协会、商会、市场调解委员会、心理机构、第三方评价组织等社会力量的参与。要发挥这些多元力量的积极性，就必须尊重他们在联调行动中的主体地位，给予参与者充分的角色尊重和权利保障，畅通其参与矛盾联调的途径和诉求表达的渠道。

最后，形成信任关系需要合理的利益引导方式。虽然信任关系不排除利益诉求，但利益关系不能主导合作关系，而是应当作为促进信任关系的一种手段。由于基层主责和属地管理的要求，跨域矛调行动主体不可避免地有着地方利益考量，需要建立利益引导机制进行合理调适。当然，构建坚实长久的信任关系网络必须以合法性为导向，否则就会陷入“空转”的窠臼。在全面依法治国背景下，从法治角度完善法治体系，明确各行动主体参与矛盾联调的责任和权利，建立利益引导机制，保障社会主体参与联调的渠道，将是破解职责同构、部门主义等合法性难题的重要途径。

（三）形成基于有效性原则的联调能力共促网络

责任不仅是共识理念也是一种行动能力。跨域联调行动涉及多元行动主体，以及由行动主体构成的多层级的大调解工作网络和跨区域的矛盾调处综合平台。要达成矛盾调解的目标，就需要责任主体在多层级、跨区域的治理场域中实现功能、资源、程序上的有机联通，提升跨域社会矛盾综合治理能力，破除因行动主体和治理模式不同造成的“行动壁垒”和“能力恐慌”。

首先，要实现不同行动主体的功能互补。不同行动主体由于能力不同，在跨域联调领域发挥着不同作用。比如，基层党组织具有强大的动员协调能力，基层政府具有较强的资源配置能力，社会力量具有利益协调的天然优势，跨域联调需要充分发挥这三者的功能潜力，形成联调合力。

其次，必须推动跨域治理资源高效共享。跨域联调行动涉及政策、经费、信息、平台、队伍等多种资源，需要综合各地资源力量，在政策顶层设计、经费支持保障、信息共通共享、平台互联共建、队伍深层联动等多个层面加强一体化建设。

最后，要促进各类程序有序衔接。社会矛盾跨域联调涉及人民调解、司法调解、行政调解等领域中跨区域的调解、仲裁、行政裁决、复议、诉讼等多个环节的衔接，也涉及不同区域矛盾预警、识别、分析和处置程序的协同问题，因此，需要站在跨域治理角度综合统筹，促进各类资源有机衔接。

值得注意的是，通过功能互补、资源共享和程序衔接提升跨域联调综合治理能力的共同努力，仍然绕不开科层体系的行动规则。从跨域综合治理的现状看，处于政党科层制和跨域治理场域中的多元行动主体利用科层规则实现资源的高效调配，仍是促成联调行动的有效手段。

四、社会矛盾跨域联调行动的优化机制

机制是行动规则的集合。责任共同体行动网络为破解社会矛盾跨域联调困境提供了行动路径。在社会矛盾跨域治理中，站在多元行动者角度，采取合适的行动规则，促成理念共识、关系共建、能力共促的行动网络，对于开展具有公正性、主动性、长效性特征的联调行动至关重要。

（一）构建党委领导的多元主体共识共治机制

党委领导是社会治理的核心要素。在推动党组织向基层延伸、实现党在基层的组织和工作“两个覆盖”的大背景下，发挥党的全面领导能力，凝聚合作共识，促进形成党委领导、政府负责、社会协同参与的跨域联调行动体系，始终是破解联调困境的主要抓手。当前不少地区都在探索跨区域党建新模式，打造多层次、扁平化、融合式区域党建，出现了诸如毗邻

党建、跨域共建、党建矩阵等多种形式，对推进跨域矛盾联调有着积极作用。因此，应当在已有探索的基础上把社会矛盾跨域联调的目标需求融入跨域党建共建之中，鼓励基层探索和创新以党建共建促进跨域综合治理的新模式。

一方面，聚焦“共情”，建立分层分类的认识干预机制。政党的价值理念、政府的行政伦理以及社会组织的社会责任都属于“情感治理”范畴。针对基层党组织、基层政府和社会组织在“情感”方面投入的不足，有针对性地在“人民至上”的价值理念、协作联动的价值理念、公平参与的价值理念等公共精神方面加强基层组织的学习培训，利用不同区域的红色资源、文化传统加强交流互动，形成情感共鸣、角色认同，凝聚联动共识。

另一方面，聚焦“共治”，完善党委牵头的协商沟通机制。跨域治理涉及矛盾双方的利益协调和协调主体的利益诉求，协商主体的权威性公正性十分重要。因此，要发挥基层党组织在社会治理中的权威性和动员能力的优势，建立不同层级党组织牵头的协商议事机制，推动涉及重大矛盾问题、重大利益协调问题的多层级多主体参与协商，从根源上化解矛盾冲突。

（二）完善法治推动的多方参与共联共建机制

法治也是规则之治，打造责权清晰、平等参与和利益均衡的跨域矛盾联调行动网络必须依靠法治规则。从社会治理实践看，社会矛盾调处体系在厘清各行动主体的责权关系和参与权利上一直在努力。自“枫桥经验”强调发挥基层自治力量的作用后，在宏观政府层面的社会矛盾调处主体责权越来越明晰，党的十九届四中全会就明确提出，要完善党委领导、政府负责、民主协商、社会协同、公众参与、法治保障、科技支撑的社会治理体系①。在此基础上，一些发达地区也在先行探索矛盾纠纷多元化解的法治化路径，比如2021年杭州颁布的《杭州市社会矛盾纠纷多元化解办法》、2022年深圳出台的《深圳经济特区矛盾纠纷多元化解条例》，都对行政区域内多元主体的责权关系进行了细化。同时，这些政策文件也关注到了跨行政区域、跨部门、跨行业的社会矛盾调处问题，以及社会力量协同治理的重要性，但由于缺少具体可操作性的细则，基层的实践探索缺乏法理支

① 《中国共产党第十九届中央委员会第四次全体会议公报》，人民出版社2019年版，第13页。

撑，联调行动存在合法性质疑。随着党和国家机构改革的深入，地方立法权不断扩容，在基层跨域联调实践的基础上，以地方立法的形式建构跨域联调行动规则，进一步明确主体责权、畅通平等参与渠道、均衡各方利益诉求是构建责任共同体的必然选择。

首先，要建立责权商定机制。在跨域联席会议、跨域调解委员会等基层自发联络协商机制的基础上，经充分协商，从政治责任、法律责任、道德责任和社会责任等层面，以区域立法的方式明确基层联调主体的责权关系，特别是明确协商委员会、治保委员会和人民调解委员会等基层协调创新组织在协调议事中的职责。

其次，要完善社会力量参与保障机制。充分尊重市场力量、基层社会力量在跨域矛盾调处中的角色，依法保障社会力量的知情权、参与权和监督权，支持由行业协会、商会、市场调解委员会等牵头的专业性矛调机构在跨域治理中发挥积极作用，畅通社会从业者、公益律师、社会名流等力量提供跨区域的矛盾纠纷调处服务。

最后，要建立分类激励引导机制。在跨域信访维稳、环境保护、土地纠纷等领域建立利益补偿机制，解决属地管理带来的调解主体冲突；在跨域劳动保障、医疗卫生、交通事故等领域加大财政购买第三方服务的力度，调动社会力量的积极性；在跨域联调行动中建立典型激励机制和责任追究机制，激发基层调解干部队伍活力。

（三）健全科层协同的多级需求共担共促机制

当前，发挥科层体系的资源配置优势仍然是提升跨域联调行动效能的有效手段。依托科层体系层级网络的协同能力，促进制度、平台、队伍、数据高效融通，打造优势互补、有机衔接、协同联动的跨域联调工作格局，是破解跨域联调功能性责任困境的重要方式。从实践看，全国各地都在设立多级社会矛盾纠纷调处化解中心，这种基于科层体系的集成治理模式在基层社会矛盾联调中发挥着越来越重要的作用①，但跨域治理对这种集成治理模式的资源配置能力提出了更高要求，因此需要进一步提升科层体系的

① 史云桐:《“集成治理”的实现形式及其内在逻辑——以社会矛盾纠纷调处化解中心为例》,《南京社会科学》2021年第12期。

协同能力。

一是完善多级协同联动机制。围绕重点行业、重点领域、重点区域矛盾纠纷的排查化解，建立“党委领导、政府负责、社会协同、人民参与”的联调机制，推动人民调解与司法调解、行政调解“三调联动”，司法所和基层法庭之间的“所庭联动”，公安和派出所之间的“所所联动”等工作模式，同时，也要建立跨域功能对接机制，使矛盾纠纷调处化解中心在跨域矛盾纠纷调处中发挥牵头协调作用。

二是建立资源共享机制。破解行动壁垒，需要在打造跨域信息化综合平台，建立跨域矛盾纠纷调处救助基金、跨域联调行动补助基金，完善跨域调解干部交流机制，建强跨域共享调解员队伍等方面下功夫，形成平台共联、队伍共建、数据共享的联调行动保障体系。

三是构建标准化的过程衔接机制。要完善矛盾预警、识别、分析、处置等社会矛盾协同调处过程的标准化体系，推动不同区域在矛盾纠纷的预防与分解、调处信息的收集与反馈、调处过程的控制与监督、调处结果的处理和通报等方面，实现全流程的深度融合。

习近平在福建对卫生与健康工作的实践探索与理论贡献

福建社会科学院　刘艳飞

习近平总书记一直以来高度重视卫生事业发展，把人民健康放在优先发展的战略地位，多次强调“没有全民健康，就没有全面小康”[①]。他在党的二十大报告中提出推进健康中国建设，在2035年要建成健康中国。早在福建工作期间，习近平同志就非常关心群众健康，在推进医疗保险、医疗机构和药品生产流通体制“三项改革”，提高乡村医疗卫生条件，提倡全民健身等健康生活方式等方面，作出了重要部署和探索。习近平同志在福建工作时期对卫生与健康工作的探索，与党的十八大以来习近平总书记卫生与健康重要论述精神一脉相承，从“三医改革”到“三明经验全国推广”，从提出“乡有卫生院、村有卫生室”到“优质高效的乡村医疗卫生体系”，从“治理餐桌污染”、“坚守环保底线”、“坚持预防为主”到“推进健康中国战略”，是习近平总书记以人民健康为中心，不断强化卫生健康制度保障、统筹推进城乡医疗卫生一体化、全方位全周期保障人民群众健康等重要论述精神的重要实践来源。

① 《习近平关于全面建成小康社会论述摘编》，中央文献出版社2016年版，第147页。

一、习近平在福建对卫生与健康工作的探索与升华

（一）从“三医改革”到“三明经验全国推广”，不断强化卫生健康制度保障

医疗卫生体制改革是个世界性难题，对健康的无限需求和有限医疗资源之间的矛盾是医疗卫生改革的根本矛盾，是医疗卫生体制改革的长期核心问题，在我国当前的医疗卫生事业改革中尤为突出。习近平关心人民健康，重视从医疗保险、医疗机构、药品生产流通体制“三项改革”中深化医疗体制改革，指导形成三明经验在全国推广，不断强化卫生健康制度保障。党的二十大报告提出“深化医疗卫生体制改革，促进医保、医疗、医药协同发展和治理”[①]，进一步把三明市“三医联动”的核心要义上升到了全党、国家要求。

习近平同志在福建工作期间，多次强调要同步推进医疗保险、医疗机构和药品生产流通体制“三项改革”。早在2000年，时任福建省省长的习近平同志发表在《发展研究》上的《突出重点　把握关键　努力提升福建经济综合竞争力》一文中，就对医疗体制改革提出了自己的思考，提出要“全面实施医疗保险制度改革，积极推进多种形式的补充医疗、商业性医疗保险和农村合作医疗改革，对特殊困难人群实施社会救助，建立健全多层次的医疗保障体系”。[②]2001年习近平，对当时福建面临的经济形势和主要任务进行分析时再次撰文，针对如何深化医改进一步提出“大力推进医疗保险、医药卫生体制和药品生产流通‘三项’改革”[③]联动的改革思路。2002年习近平在福建省第九届人民代表大会第五次会议上进一步指出，现在群众对医疗服务还不够满意，要“深化‘医疗保险、医疗机构、药品生产流通体制’三项改革，通过深化改革，降低药品价格，降低医疗成本，真正让老百姓得到实惠”。[④]习近平离开福建到浙江就职期间，依然高度重视三医联动改革，提出要深入进行城镇职工基本医疗保险制度、医疗卫生体

① 习近平：《高举中国特色社会主义伟大旗帜　为全面建设社会主义现代化国家而团结奋斗——在中国共产党第二十次全国代表大会上的报告》，人民出版社2022年版，第49页。

② 习近平：《突出重点　把握关键　努力提升福建经济综合竞争力》，《发展研究》2000年第5期。

③ 习近平：《当前福建经济形势和主要任务》，《发展研究》2001年第1期。

④ 习近平：《坚定信心　奋发有为　把福建的现代化建设事业继续推向前进——2002年1月23日在福建省第九届人民代表大会第五次会议上的报告》，《福建省人民政府公报》2002年第4期。

制和药品生产流通体制改革，逐步完善医疗费用的分担机制、医疗机构的竞争机制和药品流通的市场运行机制。①

“三医联动”的改革思路在福建生根发芽，三明市强化政府责任、取消以药补医机制、实行医院院长和医生年薪制、强化“三医联动”：首先，改革政府领导体制，党政“一把手”承担领导和推进医改第一责任人责任，涉及医改的主要职能部门由一位领导分管，充分信任、支持、授权，破除“九龙治水”格局；其次，改革医保管理体系，成立医保局和医保中心，把药品、价格、医保三个要素整合到一个平台，使各方利益在一个框架下平衡；最后，改革医疗卫生服务提供体系，对县域医疗卫生资源进行重构、再造，组建总医院，实现县乡村、人财物一体化。医药、医保、医疗“三医联动”增强了改革的系统性、整体性和协同性，改革取得积极成效。习近平总书记多次听取三明医改情况汇报，对三明医改的方向和改革的成效给予了充分的肯定，并嘱托要注意总结推广。“十四五”开局之年习近平总书记再次亲临三明，指出三明医改体现了“人民至上、敢为人先”的精神，全国各地要因地制宜借鉴三明医改的成功经验，要“继续深化医药卫生体制改革，增加医疗资源，优化区域城乡布局，做到大病不出省，一般病在市县解决，日常疾病在基层解决，为人民健康提供可靠保障”②，进一步为“十四五”期间继续深化医疗卫生体制改革、提升人民健康水平、建设健康福建，指明了道路、提振了信心。

（二）从“乡有卫生院、村有卫生室”到“优质高效的乡村医疗卫生体系”，推进城乡医疗卫生一体化

习近平关心人民疾苦，特别重视乡村医疗卫生条件的提高，提供了重要指导。从早期在福建提出“乡有卫生院、村有卫生室”，到党的十八以来重视推进城乡医疗卫生一体化发展，保障城乡居民公平享有基本医疗卫生服务，到提出“要健全适应乡村特点、优质高效的乡村医疗卫生体系”目标，到党的二十大报告提出“促进优质医疗资源扩容和区域均衡布局”，是

① 瞿孝志：《为人民群众提供全方位全周期健康服务——习近平医疗卫生思想探析》，《观察与思考》2017 年第 11 期。

② 《情暖山海间　奋进正当时——习近平总书记在福建考察纪实》，《福建日报》2021 年 3 月 30 日。

习近平以人民为中心、心系人民健康并一以贯之的重要体现，推动我国乡村地区医疗卫生资源实现“从无到有”“从少到多”“从有到优”的改革目标序贯推进。

1992 年，习近平在主持编制《福州市 20 年经济社会发展战略设想》时就指出，要“增加卫生投入，加强医疗卫生机构和设施建设，健全与社会经济相适应的卫生服务体系，扩大医疗卫生社区服务；加强农村乡镇卫生院、县防疫站和县妇幼保健所‘三项’卫生建设……力争 1995 年 95% 的乡镇卫生院健全达标，村卫生所覆盖率达到 98%。1998 年全市实现人人享有初级卫生保健的战略目标”。[①] 习近平主政福建期间，全省“城乡医疗卫生服务质量有所提高，疾病控制和卫生监督工作进一步加强，县级医疗机构和乡镇中心卫生院建设有新进展，‘农民健康教育行动’取得实效，妇幼保健工作不断发展”[②]。

党的十八大以来，以习近平同志为核心的党中央高度重视和加强乡村医疗卫生体系建设，从完善基础设施条件、人员队伍建设、机构运行机制等方面采取一系列举措，持续提升乡村医疗卫生服务能力，基本实现了农民群众公平享有基本医疗卫生服务。2022 年，习近平总书记主持召开中央全面深化改革委员会第二十七次会议，审议通过《关于进一步深化改革促进乡村医疗卫生体系健康发展的意见》等，在主持会议时强调“要健全适应乡村特点、优质高效的乡村医疗卫生体系，让广大农民群众能够就近获得更加公平可及、系统连续的医疗卫生服务”。[③]

（三）从“治理餐桌污染”、“坚守环保底线”、“坚持预防为主”到“推进健康中国战略”，全方位全周期保障人民群众健康

为积极应对健康问题和挑战，2015 年党的十八届五中全会明确提出推进健康中国建设，并于 2016 年出台了《“健康中国 2030”规划纲要》，健康中国正式上升为党和国家的战略。习近平总书记又在党的十九大报告中

① 习近平主编：《福州市 20 年经济社会发展战略构想》，福建美术出版社 1993 年版，第 26 页。

② 习近平：《坚定信心 奋发有力 把福建的现代化建设事业继续推向前进——2002 年 1 月 23 日在福建省第九届人民代表大会第五次会议上的报告》，《福建省人民政府公报》2002 年第 4 期。

③ 《健全关键核心技术攻关新型举国体制 全面加强资源节约工作》，《人民日报》2022 年 9 月 7 日。

进一步强调，要“实施健康中国战略”[①]。习近平健康中国战略的提出，并不是一蹴而就提出的新战略，而是经过了长时间的实践和酝酿。

健康中国是以大健康为核心的创新发展理念，不是停留在完善基本医疗卫生服务体系上，而是要求从单一疾病治疗模式，向“健康—亚健康—疾病—康复”全程健康转变，全周期维护和保障人民健康。从试图治疗或修复疾病的反应模式，转变到积极的和整体的方法解决、从根源防止人和社会弊病，追求健康的生产方式、生活方式和环境的健康。习近平在福建工作期间就非常关心健康生活方式的重要性，无论是治理餐桌污染，还是对全民健身路径的探索，都体现出习近平对健康的理解，不仅仅是停留在建立高水平的医疗体系，而是包含饮食健康、体育锻炼、疾病预防等在内的全方位健康模式，这与健康中国大健康战略为人民群众提供全方位、全周期健康服务的思想一脉相承。

治理餐桌污染。2001 年，时任福建省省长的习近平同志作出批示：“‘餐桌污染’是一个事关人民群众身体健康和生活安全……应引起我们的高度重视”[②]。省政协委员金铁平在当年省两会期间提交“加强食品的管理、检查和监督”的提案，也得到了习近平的高度重视，当时就要求相关主管部门尽快拿出整改措施，使政协提案落到实处。建立了由 23 个部门组成的治理“餐桌污染”、建设“食品放心工程”联席会议，注重系统性、整体性和协调性。在习近平的支持下，福建省将治理餐桌污染、建设食品放心工程列为为民办实事项目。[③]

坚守环保底线。时任福州市委常委、组织部长的王文贵同志在采访回忆录中提到，习近平同志坚守底线，在环保问题上从来不让步，“有一家外资企业，生产过程中会产生很多苯，这种东西会影响人体健康，近平同志就要求这家企业必须达到环保标准，对工人也要做好防护，对他们的健康不能产生任何危害，如果做不到就得停产”[④]，并要求当时的餐饮企业每个商

① 习近平：《决胜全面建成小康社会　夺取新时代中国特色社会主义伟大胜利——在中国共产党第十九次全国代表大会上的报告》，人民出版社 2017 年版，第 48 页。

② 《闽山闽水物华新——习近平福建足迹》（上），人民出版社、福建人民出版社 2022 年版，第 139 页。

③ 《改革争先　击水中流——习近平总书记在福建的探索与实践·改革篇》，《福建日报》2017 年 7 月 17 日。

④ 《习近平在福州》，中央党校出版社 2020 年版，第 155 页。

户都必须按照环保标准做好油烟改造。

坚持预防为主。坚持预防为主是习近平关于卫生与健康工作实践的重要方针，并一以贯之。早在1992年，习近平编制《福州市20年经济社会发展战略设想》时便提出，要坚持预防为主的方针，健全完善城乡三级医疗预防保健网络，做好医疗卫生保健工作。[①]2016年，习近平总书记在全国卫生与健康大会上的讲话指出，要坚定不移贯彻预防为主方针，坚持防治结合、联防联控、群防群控，努力为人民群众提供全生命周期的卫生健康服务。[②]2020年在应对新冠疫情时，习近平总书记强调，“要构筑强大的公共卫生体系，完善疾病预防控制体系，建设平战结合的重大疫情防控救治体系”[③]，为我国取得抗疫伟大胜利指明了努力方向。

二、理论贡献：丰富和发展了马克思主义人类健康观

（一）对健康定位的新把握：人民健康是社会文明进步的基本标识

人民健康不仅是一种生命意义上的价值追求，也是检验一个社会文明进步程度的标准之一。“人民健康是社会文明进步的基础。”[④]社会文明与物质文明、政治文明、精神文明、生态文明是一个有机融合的联合体，社会文明的进步体现着社会建设的成果与产出，社会文明的发展目标与构建社会主义和谐社会息息相关。实现个人的全面发展是社会文明进步的标志，个人健康作为实现人的全面发展的基本要件，是人类社会文明发展的逻辑旨归，也是社会文明进步的价值体现。

习近平总书记强调，人民健康与国家综合国力和可持续发展能力紧密相关。如果健康水平、病患救助、传染性疫病控制等得不到很好解决，不仅损害人民健康权益，也使得社会付出高昂治理成本。百年来，在中国共产党的领导下，中华民族经历了站起来、富起来、强起来的伟大飞跃，人

① 习近平主编：《福州市20年经济社会发展战略设想》，福建美术出版社1993年版，第12页。

② 《习近平在全国卫生与健康大会上强调 把人民健康放在优先发展战略地位 努力全方位全周期保障人民健康》，《人民日报》2016年8月21日。

③ 《习近平谈治国理政》第4卷，外文出版社2022年版，第105页。

④ 《习近平关于社会主义社会建设论述摘编》，中央文献出版社2017年版，第100页。

民拥有健康的身体、心理成为社会文明进步的显著标志，也是人民健康事业的价值取向。在新冠疫情肆虐期间，我们党领导人民打响了一场疫情防控的人民战、总体战、阻击战，展现了强大的预警、防控和纠治能力，用“防护网”“隔离墙”为维护人民健康提供了有力保障。

（二）对健康功能的新认识：人民健康是经济社会发展的基础保障

健康关系人民群众切身利益，人民健康与国家经济社会发展密切相关，只有人人拥有健康的体魄和心灵，才能更有信心、更有能力实现党和国家的发展目标。人民健康不仅是人民群众的切身需要和内心呼唤，也是实现“两个一百年”奋斗目标的内在要求。建党百年来，中国共产党始终把为人民谋幸福作为党的一切工作的出发点和落脚点。

新时代以来，习近平总书记提出要从更高层次认识经济社会发展规律，坚持创新、协调、绿色、开放、共享的新发展理念。人民健康事业是社会主义建设的重要组成部分，只有深刻把握新发展理念的核心旨归，才能不断为人民健康事业注入新的动力，才能更好地实现人民健康事业的愿景目标。新冠疫情发生以来，习近平总书记多次指出，“经济社会是一个动态循环系统”，“要统筹推进疫情防控和经济社会发展工作”。[①] 习近平总书记把人民健康摆在中国特色社会主义事业发展的战略地位，深化了马克思主义对健康功能的认识，人民健康不仅关系着人民群众的幸福感和获得感，还是经济社会发展的基础保障。始终做到用发展的最新成果惠及人民健康，用发展的力量维护人民健康，把人民健康贯穿发展的始终，彰显党的初心与使命，推动人民健康治理体系和治理能力现代化。

（三）对健康目的的新阐释：人民健康集中诠释党的人民立场

习近平总书记明确要求党委和政府要承担起责任与义务，用发展的眼光和全局的视野推动人民健康优先发展，这也体现了人民健康、党的领导、国家发展的辩证统一关系，彰显了党的领导在人民健康事业中的引领地位，

---

① 中共中央党史和文献研究院编：《习近平关于统筹疫情防控和经济社会发展重要论述选编》，中央文献出版社2020年版，第82、138页。

阐明了人民健康与国家发展的内在逻辑，昭示了保障人民健康是国家发展的价值定向。

中国共产党坚持人民健康为人民的政治立场，不仅要破解制约人民健康事业发展的关键性问题，还要解决长期困扰人民健康事业发展的基础性问题。具有深厚人民情怀的习近平总书记总结了人民群众对于医疗健康的普遍期盼：看得上病、看得好病，不得病、少得病，看病更舒心、服务更体贴。[①] 这也为以提升健康效能为主要目标的卫生健康政策供给与资源投放明确了重点着力方向：加强顶层设计，完善国民健康政策体系，为人民健康提供政策保障。同时，在应对新冠疫情这场大考中，为确保不因重大传染性疾病而影响人民健康，习近平总书记把疫情防控斗争视为“一场疫情防控的人民战争”，始终秉持人民立场，用实际行动履行“对中国人民健康负责”“保护人民身体健康”“维护人民健康福祉”“增进人民健康福祉”“维护人民健康安全的健康之路”的庄严承诺，彰显了习近平总书记的人民情怀和人民至上理念，同时也彰显了一个国家对待生命的道德水平和价值追求。

三、习近平对卫生与健康工作的实践经验与理论贡献对建设健康中国的实践指引

（一）坚持党对卫生与健康工作的领导

人民健康事业是党中央立足“两个一百年”奋斗目标，对新形势下人民健康工作作出的制度性、系统性、全局性安排。新时代的历史方位下，人民健康事业是党满足人民美好生活向往、增强人民获得感的根基性事业。因此，人民健康事业必须在党的领导下，努力加快医疗卫生健康领域体制机制改革创新力度，落实城乡基本医疗保险和大病救助保险制度，落实“医药分家”政策，从根本上解决“以药养医”的历史顽疾，并且引导人民群众转变健康理念与生活方式，从“看病吃药”转变为“自我保健”，优化就医环境与健康环境，统筹做好健康服务与健康保障。尤其是要建立健全医疗卫生健康领域法律规章，将习近平总书记关于人民健康重要论述精神

① 《习近平关于全面建成小康社会论述摘编》，中央文献出版社 2016 年版，第 101 页。

融入国家医疗卫生健康事业中长期发展规划中，重点抓好与人民健康保障密切相关的制度机制建设。

（二）坚持把健康放在优先发展的战略地位

健康是人民从事社会生产与获得美好生活的基础，把人民健康摆在更加突出的位置，推动将健康融入各项政策，使全体人民享有更高水平的健康服务、健康环境，这不仅是由中国共产党“以人民为中心”的政党属性所决定的，也是无产阶级政党与资产阶级政党相区别的鲜明标志。坚决贯彻习近平总书记关于“没有全民健康，就没有全面小康”[①]的重要论述精神，把人民健康放在优先发展的战略地位，以普及健康生活、优化健康服务、完善健康保障、建设健康环境、发展健康产业为重点，努力全方位、全周期保障人民健康，为实现“两个一百年”奋斗目标、实现中华民族伟大复兴的中国梦打下坚实健康基础。

（三）坚持深化医疗卫生体制改革

坚持人民至上，以增进群众健康为目标，不断破解医改工作的痛点、难点、堵点问题，努力为人民群众提供更好的医疗卫生和健康服务。深化和推广三明医改经验，促进医保、医疗、医药进一步协同发展和治理。进一步推动优质医疗资源扩容和区域均衡发展，以农村和基层社区为重点，进一步发展壮大医疗卫生工作队伍。坚持预防为主，加强对常见慢性病患者的健康管理，提高基层防治未病和健康管理的能力。创新医防协同、医防融合体制机制，不断构建强大的公共卫生防治体系，提高对重大疫情的防控和预警能力等。

（四）坚决维护人民公平共享健康权益

健康需要是民众想要平等获得一切权利所必须具备的前提性、基础性要件，维护公平正义的价值指向是满足人民健康需要的基本前提，也是中国特色人民健康事业持续发展的内在要求。以习近平总书记“让改革发展

① 《习近平关于社会主义社会建设论述摘编》，中央文献出版社2017年版，第147页。

成果更多更公平惠及全体人民"[①]为指引，坚决站稳人民立场，随时倾听民声、回应民需，把维护公平正义作为人民健康事业发展的"生命线"；强化法治手段和宣教手段运用，努力把公平正义观纳入人民健康的整体系统中，不断促进医疗卫生健康领域普遍公平正义的实现，保证人民能够平等享有健康权利，维护健康权益的公平正义。

（五）秉持伟大抗疫精神统筹安全和发展

面对百年变局和新冠疫情，以习近平同志为核心的党中央带领中国人民和中华民族共同铸就了"生命至上、举国同心、舍生忘死、尊重科学、命运与共"[②]的伟大抗疫精神。未来，要以伟大抗疫精神为指引，统筹人民健康安全和经济发展，进一步加大药品和疫苗科研攻关，深入开展爱国卫生运动，加强公共卫生基础设施建设，提升全社会的健康意识和健康素养，筑牢疫情防控的社会防线，为经济社会发展创造良好的人民健康环境。

---

① 习近平：《决胜全面建成小康社会　夺取新时代中国特色社会主义伟大胜利——在中国共产党第十九次全国代表大会上的报告》，人民出版社 2017 年版，第 45 页。

② 《习近平谈治国理政》第 4 卷，外文出版社 2022 年版，第 98 页。

坚持党的全面领导与全面从严治党

习近平总书记关于党的建设重要思想的原创性贡献

河南省社会科学院　刘　刚

党的十八大以来，习近平总书记着眼于中华民族千秋伟业，立足于新时代坚持和发展中国特色社会主义伟大实践，以马克思主义政治家、思想家、战略家的远见卓识和雄韬伟略，围绕“建设什么样的长期执政的马克思主义政党、怎样建设长期执政的马克思主义政党”这一重大课题进行了深邃思考和科学判断，提出了一系列具有原创性的党建新理念新思想新战略和一整套体现时代要求的管党治党方略方案，形成了习近平总书记关于党的建设的重要思想。这一重要思想，对于丰富和发展马克思主义建党学说作出了重大实践贡献，体现在党的全面领导、全面从严治党、党的建设总体布局、党的性质宗旨和使命任务、管党治党具体方法和策略、马克思主义政党与人民群众的关系、党的自我革命与社会革命的关系等多个层面。这一重大成果，是马克思主义建党学说中国化时代化的最新理论结晶，是中国共产党党建理论的重大创新发展，是习近平新时代中国特色社会主义思想的重要党建篇章，为新时代党的建设提供了根本遵循和行动指南。

一、突出强调坚持和加强党的全面领导，进一步丰富和发展了马克思主义政党关于党的领导的学说

在党的全面领导方面，习近平总书记鲜明提出“中国特色社会主义最本质的特征是中国共产党领导，中国特色社会主义制度的最大优势是中国共产党领导，党是最高政治领导力量”[①]等重要论断，把坚持和加强党的全面领导作为新时代党的建设的根本原则和全面从严治党的核心，以全新视野揭示了党的全面领导与党的建设、党的事业的内在关系，从战略上把握了党建工作的本质，进一步丰富和发展了马克思主义政党关于党的领导的学说，深化了无产阶级政党关于巩固党的领导地位、坚持党的建设根本原则的规律性认识。

在实践中，以习近平同志为核心的党中央围绕坚持和加强党的全面领导作出一系列重大决策部署，将党的领导地位写入宪法、写进党章，明确了党的领导制度是我国的根本领导制度；颁布修订宣传、统一战线、政法等一系列工作条例，健全总揽全局、协调各方的党的领导制度体系；出台中央政治局加强和维护党中央集中统一领导的若干规定，强化请示报告、政治监督、政治巡视等制度，完善坚定维护党中央权威和集中统一领导的各项制度，保证了“全党在政治立场、政治方向、政治原则、政治道路上同党中央保持高度一致”[②]；在重要领域设立党中央决策议事协调机构，加强党中央对涉及党和国家事业全局的重大工作的集中统一领导；不断深化党和国家机构改革，强化党的组织在同级组织中的领导地位，把党的领导落实到国家治理各领域各方面各环节；不断健全组织体系，形成上下贯通、执行有力的严密体系，使党的领导遍布经济社会发展的各领域各方面各环节。党的十八大以来，党中央权威和集中统一领导得到有力保证，党的领导制度体系不断完善，党的领导方式更加科学，全党思想上更加统一、政治上更加团结、行动上更加一致，党的政治领导力、思想引领力、群众组织力、社会号召力显著增强。[③]

---

① 习近平：《决胜全面建成小康社会　夺取新时代中国特色社会主义伟大胜利——在中国共产党第十九次全国代表大会上的报告》，人民出版社 2017 年版，第 20 页。

②《中共中央关于党的百年奋斗重大成就和历史经验的决议》，人民出版社 2021 年版，第 29 页。

③《中共中央关于党的百年奋斗重大成就和历史经验的决议》，人民出版社 2021 年版，第 29 页。

二、鲜明提出坚持全面从严治党，深化了无产阶级政党关于从严管党治党的规律性认识

在全面从严治党方面，习近平总书记强调，“打铁必须自身硬，办好中国的事情，关键在党，关键在党要管党、全面从严治党”[①]，鲜明提出“从严治党，关键是要抓住领导干部这个‘关键少数’，从严管好各级领导干部”“严肃党内政治生活是全面从严治党的基础。党要管党，首先从党内政治生活管起；从严治党，首先要从党内政治生活严起”[②]等重大要求，把全面从严治党作为党的建设的鲜明主题，纳入“四个全面”战略布局，通过管全党、治全党，抓思想从严、抓管党从严、抓执纪从严、抓治吏从严、抓作风从严、抓反腐从严，把严的要求贯彻到管党治党全过程、落实到党的建设各方面，确保了党在新时代坚持和发展中国特色社会主义的历史进程中始终成为坚强领导核心，丰富了马克思主义政党关于从严治党的学说，深化了无产阶级政党关于加强自身建设、从严管党治党的规律性认识。

在实践中，以习近平同志为核心的党中央以永远在路上的清醒和坚定，坚持严的主基调，突出抓住“关键少数”，落实主体责任和监督责任，强化监督执纪问责，把全面从严治党贯穿于党的建设各方面。从人民群众反映强烈的作风问题抓起，以制定和执行中央八项规定破题，以上率下改进工作作风，坚决纠正形式主义、官僚主义、享乐主义、奢靡之风“四风”问题。坚持和发扬党的优良传统和作风，倡导树立良好家风，反对特权思想和特权现象，解决群众反映强烈、损害群众利益的突出问题，刹住了一些过去被认为不可能刹住的歪风，纠治了一些多年未除的顽瘴痼疾。坚持纪严于法、执纪执法贯通，坚持把纪律挺在前面，用好监督执纪“四种形态”，强化政治纪律和组织纪律，带动廉洁纪律、群众纪律、工作纪律、生活纪律严起来，让铁的纪律真正成为党员干部的日常习惯和自觉遵循。党的十八大以来，经过坚决斗争，全面从严治党的政治引领和政治保障作用充分发挥，党的自我净化、自我完善、自我革新、自我提高能力显著增强，管党治党宽松软状况得到根本扭转，反腐败斗争取得压倒性胜利并全面巩

---

① 《中共中央关于党的百年奋斗重大成就和历史经验的决议》，人民出版社 2021 年版，第 30 页。

② 习近平：《在庆祝中国共产党成立 95 周年大会上的讲话》，《求是》2021 年第 8 期。

固，消除了党、国家、军队内部存在的严重隐患，党在革命性锻造中更加坚强。[①]

三、系统部署以党的政治建设统领党的建设各项工作，是对党的建设总体布局的一个重大调整和创新

在党的建设总体布局方面，习近平总书记明确提出新时代党的建设总要求，强调要“把抓好党建作为最大的政绩”[②]，“全面推进党的政治建设、思想建设、组织建设、作风建设、纪律建设，把制度建设贯穿其中，深入推进反腐败斗争”[③]。把党的政治建设摆在首位，把纪律建设作为全面从严治党的治本之策，把二者共同纳入新时代党的建设“5+2”的总体布局，把制度建设贯穿党的建设全过程和各方面，是对党的建设总体布局的一个重大创新和重大调整。把党的建设新的伟大工程推进到了新阶段，进一步丰富和发展了对马克思主义政党关于党的建设内容的学说，深化和拓展了无产阶级政党关于党的建设具体内容及其相互关系的规律性认识。

在实践中，以习近平同志为核心的党中央制定和颁布《关于新形势下党内政治生活的若干准则》，严明政治纪律和政治规矩，坚决治理“七个有之”问题，坚决清除阳奉阴违的“两面人”，以精准有力的政治监督确保党中央大政方针和决策部署贯彻落实。先后组织开展党的群众路线教育实践活动、“三严三实”专题教育、“两学一做”学习教育、“不忘初心、牢记使命”主题教育、党史学习教育、习近平新时代中国特色社会主义思想主题教育等，引导广大党员干部特别是领导干部筑牢信仰之基、补足精神之钙、把稳思想之舵，保持共产党人的政治本色，挺起共产党人的精神脊梁，全党不忘初心、牢记使命的思想根基更加牢固。明确提出并贯彻落实新时代党的组织路线，明确新时代好干部标准，突出政治素质要求，树立正确用人导向，努力培养造就一支具有铁一般信仰、铁一般信念、铁一般纪律、

① 《中共中央关于党的百年奋斗重大成就和历史经验的决议》，人民出版社 2021 年版，第 33—34 页。

② 习近平：《在党的群众路线教育实践活动总结大会上的讲话》，人民出版社 2014 年版，第 16 页。

③ 习近平：《决胜全面建成小康社会　夺取新时代中国特色社会主义伟大胜利——在中国共产党第十九次全国代表大会上的报告》，人民出版社 2017 年版，第 62 页。

铁一般担当的干部队伍。坚持党管人才原则，实行更加积极、更加开放、更加有效的人才政策，深入实施新时代人才强国战略，加快建设世界重要人才中心和创新高地，聚天下英才而用之。不断健全组织体系，以提升组织力为重点，增强党组织政治功能和组织功能，完善上下贯通、执行有力的组织体系，树立大抓基层的鲜明导向，推动党的组织和党的工作全覆盖，基层党组织的战斗堡垒作用和共产党员的先锋模范作用充分彰显。党中央召开各领域党建工作会议作出有力部署，推动党的建设全面进步。坚持依规治党，把加强党内法规制度建设摆在突出位置，形成比较完善的党内法规体系，严格制度执行，党的建设科学化、制度化、规范化水平明显提高。

四、深刻阐释坚持江山就是人民、人民就是江山，进一步丰富了马克思主义政党关于党的性质宗旨和使命任务的学说

在马克思主义政党与人民群众的关系方面，习近平总书记指出“民心是最大的政治”[①]“全党必须牢记，为什么人的问题，是检验一个政党、一个政权性质的试金石”[②]；强调“江山就是人民、人民就是江山”“中国共产党根基在人民、血脉在人民、力量在人民。中国共产党始终代表最广大人民根本利益，与人民休戚与共、生死相依，没有任何自己特殊的利益，从来不代表任何利益集团、任何权势团体、任何特权阶层的利益”[③]；提出要牢记我们党全心全意为人民服务的宗旨，始终坚持以人民为中心的发展思想，始终把人民对美好生活的向往作为奋斗目标，进一步丰富了马克思主义政党关于党的执政基础、执政宗旨的学说，深化和拓展了无产阶级政党与人民群众关系的规律性认识，深刻回答了中国共产党“从哪里来、是什么样、向何处去”的根本问题。

在实践中，以习近平同志为核心的党中央把为中国人民谋幸福、为中华民族谋复兴确立为中国共产党的初心使命，将不忘初心、牢记使命作为

① 《习近平谈治国理政》第4卷，外文出版社2022年版，第57页。

② 《习近平谈治国理政》第3卷，外文出版社2020年版，第35页。

③ 习近平：《在庆祝中国共产党成立100周年大会上的讲话》，人民出版社2021年版，第11—12页。

加强党的建设的永恒课题和全体党员、干部的终身课题，通过接续开展党的群众路线教育实践等集中教育活动，把刹住“四风”问题作为巩固党心民心的重要基础，密切党同人民群众的血肉联系，始终把人民利益摆在至高无上的地位，让改革发展成果更多更公平惠及全体人民，朝着实现全体人民共同富裕不断迈进；以追求人民幸福、民族复兴为己任，始终将自己作为中国人民和中华民族的整体性代表。党的十九届六中全会公报指出，全党要牢记中国共产党是什么、要干什么这个根本问题，把握历史发展大势，坚定理想信念，牢记初心使命，始终谦虚谨慎、不骄不躁、艰苦奋斗，不为任何风险所惧，不为任何干扰所惑，决不在根本性问题上出现颠覆性错误，以咬定青山不放松的执着奋力实现既定目标，以行百里者半九十的清醒不懈推进中华民族伟大复兴。[①]

五、着重论述坚持以党的自我革命引领社会革命，给出了无产阶级执政党跳出治乱兴衰历史周期率的第二个答案

在党的自我革命与社会革命的关系方面，习近平总书记强调“要把新时代坚持和发展中国特色社会主义这场伟大社会革命进行好，我们党必须勇于进行自我革命，把党建设得更加坚强有力”[②]，指出“自我革命关键要有正视问题的自觉和刀刃向内的勇气”[③]，深刻指出勇于自我革命是中国共产党区别于其他政党的显著标志，第一次提出自我革命是跳出治乱兴衰历史周期率的第二个答案，以伟大自我革命引领伟大社会革命，确保党始终不变质、不变色、不变味，深化管党治党的政治担当和政治自觉，开辟了百年大党自我革命的新境界，丰富和发展了马克思主义政党关于先进性和纯洁性的学说，进一步深化拓展了对长期执政条件下无产阶级政党永固执政地位、永葆青春活力的规律性认识。

在实践中，以习近平同志为核心的党中央把党风廉政建设和反腐败斗争摆到前所未有的新高度，坚持不敢腐、不能腐、不想腐一体推进，惩治

① 《中国共产党第十九届中央委员会第六次全体会议公报》，人民出版社 2021 年版，第 15—16 页。

② 《以时不我待只争朝夕的精神投入工作　开创新时代中国特色社会主义事业新局面》，《人民日报》2018 年 1 月 6 日。

③ 《习近平谈治国理政》第 4 卷，外文出版社 2022 年版，第 32 页。

震慑、制度约束、提高党悟一体发力，坚持无禁区、全覆盖、零容忍，坚定不移“打虎”“拍蝇”“猎狐”，以“得罪千百人、不负十四亿”的意志，以猛药去疴、重典治乱的决心，以刮骨疗毒、壮士断腕的勇气，坚持重遏制、强高压、长震慑，坚持受贿行贿一起查，坚持有案必查、有腐必惩，不断清除一切损害党的先进性和纯洁性的因素，不断清除一切侵蚀党的健康肌体的病毒，打出了一套自我革命的“组合拳”，形成了一整套党自我净化、自我完善、自我革新、自我提高的制度规范体系，确保我们党永葆旺盛生命力和强大战斗力，以党永不变质确保红色江山永不变色。党的十八大以来，截至 2022 年 4 月，全国纪检监察机关共立案审查调查 438.8 万件、470.9 万人。党的十九大以来，截至 2022 年 4 月，全国查处民生领域侵害群众利益问题 49.6 万个，给予党纪政务处分 45.6 万人。[①] 通过充分发挥全面从严治党的政治引领和政治保障作用，我们党坚持真理、修正错误，强化党的先进纯洁、团结统一，以伟大自我革命引领伟大社会革命，以伟大社会革命促进伟大自我革命。我们党在应对国内外各种风险挑战的历史进程中始终成为全国人民的主心骨，带领人民在新的征程上不断取得新的伟大胜利，引领和推动新时代中国特色社会主义航船劈波斩浪、一往无前。

① 当代中国研究所：《新时代这十年（2012—2022）》，人民出版社 2023 年版，第 53、103 页。

习近平总书记关于全面从严治党重要论述的理论创新及世界意义

安徽省社会科学院　戚　嵩

党的十八大以来，习近平总书记围绕全面从严治党发表了一系列重要论述，深刻阐述了新时代党的建设的一系列重大理论和实践问题，创造性回答了新时代为什么推进全面从严治党、怎样推进全面从严治党的重大党建问题，创新发展了马克思主义党建理论，也为世界各国执政党建设提供了中国智慧、中国方案。

一、习近平总书记关于全面从严治党重要论述的理论创新

（一）思想建设中的“补钙论”

马克思主义政党始终将思想建党作为党的建设的基本原则和根本要求。中国共产党将其贯穿于中国革命、建设和改革的整个过程。党的十八大以来，以习近平同志为核心的党中央高度重视思想建设，并抓住了党员干部理想信念问题这一思想建设的核心问题，把坚定理想信念作为党的思想建设的首要任务，旗帜鲜明地指出，“革命理想高于天”“坚定理想信念，坚守共产党人精神追求，始终是共产党人安身立命的根本。对马克思主义的信仰，对社会主义和共产主义的信念，是共产党人的政治灵魂，是共产党

人经受住任何考验的精神支柱”。[①] 我们党之所以能够经受一次次挫折而又一次次奋起，归根到底是因为我们党有远大理想和崇高追求。“现实生活中，一些党员、干部出这样那样的问题，说到底是信仰迷茫、精神迷失。”[②] 习近平总书记生动形象地指出：“对共产党人来说，理想信念是精神之‘钙’，精神上缺了‘钙’，就会得‘软骨病’，就会导致政治上变质、经济上贪婪、道德上堕落、生活上腐化”[③]。

坚定理想信念，重点是要解决好世界观、人生观、价值观这个“总开关”问题。习近平总书记反复强调世界观、人生观、价值观的极端重要性，他要求“全党同志一定要坚守共产党人精神家园，把改造客观世界和改造主观世界结合起来，切实解决好世界观、人生观、价值观问题，练就共产党人的钢筋铁骨，铸牢坚守信仰的铜墙铁壁，矢志不渝为中国特色社会主义共同理想而奋斗”[④]。党的二十大报告再次强调要“加强理想信念教育，引导全党牢记党的宗旨，解决好世界观、人生观、价值观这个总开关问题”[⑤]。

思想建设“补钙论”，形象生动而又敏锐地洞察了党内存在的种种问题的根源，深刻地把握了党的思想建设的关键，为新时代抓好思想建党这个根本指明了方向，提供了基本遵循。

（二）组织建设中的“关键少数论”

为政之要，惟在得人；治国理政，关键在人。党的组织建设关键是干部的选任、培养和管理，全面从严治党重在从严管权、从严治吏。习近平总书记对新时代全面从严治党背景下的组织建设提出了一个新的论断，就是“抓住领导干部这个‘关键少数’”[⑥]。历史和现实告诉我们：解决中国的问题，关键在党；解决党自身的问题，关键在党的各级领导干部。

---

① 中共中央文献研究室编：《十八大以来重要文献选编》（上），中央文献出版社 2014 年版，第 80、113 页。

② 中共中央文献研究室编：《十八大以来重要文献选编》（上），中央文献出版社 2014 年版，第 80—81 页。

③ 习近平：《在党的群众路线教育实践活动第一批总结暨第二批部署会议上的讲话》，《党建研究》2014 年第 2 期。

④ 习近平：《在纪念陈云同志诞辰 110 周年座谈会上的讲话》，《人民日报》2015 年 6 月 13 日。

⑤ 习近平：《高举中国特色社会主义伟大旗帜　为全面建设社会主义现代化国家而团结奋斗——在中国共产党第二十次全国代表大会上的报告》，人民出版社 2022 年版，第 65 页。

⑥ 《习近平谈治国理政》第 3 卷，外文出版社 2020 年版，第 287 页。

习近平总书记要求，“关键少数”要发挥“关键作用”。“高级干部要清醒认识自己岗位的特殊重要性，增强自律意识、标杆意识、表率意识，模范遵守党章。”[①]各级领导干部特别是领导干部中的“关键少数”要积极作为、敢于担当，更好地带领群众干事创业，真正发挥“关键作用”。

“关键少数”内涵丰富，特色鲜明，直击治党治吏的核心，点出了管党治党的重点。党员领导干部特别是高级领导干部这个“关键少数”直接关系到党组织能否健康发展、能否保持生机和活力、能否以上率下起引导作用。抓住领导班子和领导干部这个“关键少数”，就抓住了全面从严治党的“牛鼻子”。

（三）作风建设中的“打铁论”

党的作风建设是马克思主义政党建设的构成部分，也是中国共产党的优良传统。党的作风是党的形象，关系人心向背，关系党的生死存亡，以习近平同志为核心的党中央对此有极为清醒的认识和深刻的把握。习近平总书记指出，“工作作风上的问题绝对不是小事，如果不坚决纠正不良风气，任其发展下去，就会像一座无形的墙把我们党和人民群众隔开，我们党就会失去根基、失去血脉、失去力量”[②]“新形势下，我们党面临着许多严峻挑战，党内存在着许多亟待解决的问题。尤其是一些党员干部中发生的贪污腐败、脱离群众、形式主义、官僚主义等问题，必须下大力气解决。全党必须警醒起来。”[③]针对作风建设的严峻形势和艰巨任务，习近平总书记提出了“打铁论”，他指出：“打铁还需自身硬。我们的责任，就是同全党同志一道，坚持党要管党、从严治党，切实解决自身存在的突出问题，切实改进工作作风，密切联系群众，使我们的党始终成为中国特色社会主义事业的坚强领导核心。”[④]

领导干部特别是高级干部作风如何，对党风政风乃至整个社会风气的

---

① 《习近平著作选读》第1卷，人民出版社2023年版，第532页。

② 《更加科学有效地防治腐败　坚定不移把反腐倡廉建设引向深入》，《人民日报》2013年1月23日。

③ 中共中央文献研究室编：《十八大以来重要文献选编》（上），中央文献出版社2014年版，第70页。

④ 中共中央文献研究室编：《十八大以来重要文献选编》（上），中央文献出版社2014年版，第70页。

走向具有重要影响。习近平总书记毫不讳言地指出："确实，脱离群众的种种问题，主要表现在领导机关、领导干部中"[①]。正因如此，他不断强调，"先禁己身而后人，打铁还需自身硬""正人必先正己，正己才能正人"，党的群众路线教育实践活动"必须坚持领导带头，首先从中央政治局做起"。习近平总书记强调："全党看着中央政治局，要求全党做到的，中央政治局首先要做到"，而且，他还向全党郑重承诺，"中央政治局同志从我本人做起"。[②]

（四）反腐败斗争中的"无禁区、全覆盖、零容忍"论

腐败是社会毒瘤，与党的性质、宗旨水火不相容。党的十八大以来，以习近平同志为核心的党中央高度重视党风廉政建设和反腐败斗争，把腐败问题提高到事关党和国家生死存亡的高度。习近平总书记一再提醒全党对腐败问题高度重视，明确指出，"大量事实告诉我们，腐败问题越演越烈，最终必然会亡党亡国！"[③]近年来我们党内发生的严重违纪违法案件，性质非常恶劣，政治影响极坏，令人触目惊心。面对反腐败斗争所面临的严峻形势，习近平总书记旗帜鲜明地向全党全社会提出了反腐败"无禁区、全覆盖、零容忍"的重要思想。

习近平总书记提出："要坚持'老虎'、'苍蝇'一起打，既坚决查处领导干部违纪违法案件，又切实解决发生在群众身边的不正之风和腐败问题。要坚持党纪国法面前没有例外，不管涉及到谁，都要一查到底，决不姑息。"[④]在十八届中央纪委三次全会上，习近平总书记向全党明确宣告："全党同志要深刻认识反腐败斗争的长期性、复杂性、艰巨性，以猛药去疴、重典治乱的决心，以刮骨疗毒、壮士断腕的勇气，坚决把党风廉政建设和反腐败斗争进行到底""反腐败高压态势必须继续保持，坚持以零容忍态度

① 中共中央文献研究室编：《十八大以来重要文献选编》（上），中央文献出版社2014年版，第317页。

② 《习近平关于党的群众路线教育实践活动论述摘编》，党建读物出版社、中央文献出版社2014年版，第52、55—56页。

③ 《习近平关于党风廉政建设和反腐败斗争论述摘编》，中央文献出版社、中国方正出版社2015年版，第3页。

④ 中共中央文献研究室编：《十八大以来重要文献选编》（上），中央文献出版社2014年版，第135页。

惩治腐败”。[①]

所谓“无禁区”，是指党纪国法面前人人平等，党内监督没有禁区、没有例外，党内不允许有不受制约的权力，也不允许有不受监督的特殊党员，原中共中央政治局常委周永康因腐败被查办，就是反腐“无禁区”的生动体现。所谓“全覆盖”，是指坚持“老虎”“苍蝇”一起打，既坚决查处领导干部违纪违法案件，又切实解决发生在群众身边的不正之风和腐败问题。所谓“零容忍”，就是指坚持有腐必反、有贪必肃，“凡是损害党的先进性和纯洁性的病症都要彻底医治，凡是滋生在党的肌体上的毒瘤都要坚决祛除”，“党内决不允许有腐败分子藏身之地”，“不管腐败分子跑到天涯海角，也要把他们绳之以法”。[②]只有“无禁区”，才能“全覆盖”；只有“全覆盖”，才能“零容忍”。

反腐败“无禁区、全覆盖、零容忍”论，不仅表明了执政党的旗帜、立场、态度，而且体现了我们党立党为公、执政为民的理念，以及对唯物辩证法的深刻运用，为党的十八大以来的反腐败斗争指明了方向。党的十八大以来，以习近平同志为核心的党中央坚定不移地推进党风廉政建设和反腐败斗争，以壮士断腕、刮骨疗毒的决心强力反腐。从“反腐败斗争形势依然严峻复杂”到“反腐败斗争压倒性态势正在形成”，再到“反腐败斗争压倒性态势已经形成”，反腐工作取得了丰硕成果，不仅得到了全国人民的高度肯定，也得到了国际社会的普遍好评。

（五）制度建设中的“笼子论”

制度带有根本性、全局性、稳定性和长期性特征，党的建设的关键是制度建设。改革开放以来，邓小平在总结“文化大革命”教训的基础上明确提出了制度建设的重大课题。他指出：“我们过去发生的各种错误，固然与某些领导人的思想、作风有关，但是组织制度、工作制度方面的问题更重要”[③]，必须“从制度上保证党和国家政治生活的民主化、经济管理的民主

① 《强化反腐败体制机制创新和制度保障　深入推进党风廉政建设和反腐败斗争》，《人民日报》2014年1月15日。

② 《习近平关于党风廉政建设和反腐败斗争论述摘编》，中央文献出版社、中国方正出版社2015年版，第7、9、100页。

③ 《邓小平文选》第2卷，人民出版社1994年版，第333页。

化、整个社会生活的民主化”[①]。党的十八大以来，我们党深入总结了改革开放以来党的制度建设的经验，把制度建设摆在更加突出的位置，将从严治党贯穿于制度建设之中。习近平总书记明确提出了制度建设“笼子论”的新思想，他指出：“要加强对权力运行的制约和监督，把权力关进制度的笼子里，形成不敢腐的惩戒机制、不能腐的防范机制、不易腐的保障机制。”[②]

在习近平总书记看来，“建章立制非常重要”，其重要性在于，如果“没有健全的制度，权力没有关进制度的笼子里，腐败现象就控制不住”。[③]习近平总书记认为，制度建设的关键在于务实管用，他明确指出，“制度不在多，而在于精，在于务实管用，突出针对性和指导性”[④]。制度要管用，首先要在严密性上下功夫。要扎牢制度篱笆，必须严防“牛栏关猫”，要构建内容协调、程序严密、配套完备、有效管用的制度体系，避免制度漏洞。

制度的生命力取决于制度的执行，要狠抓制度的执行，要真正把权力关进制度的笼子里，而不是把制度当成摆设。不狠抓制度执行，再好的制度也是一纸空文。制度的震慑力、生命力在于制度执行的彻底性，必须反对选择性的执行，破除权力、金钱的干扰。习近平总书记指出：“要坚持制度面前人人平等、执行制度没有例外，不留‘暗门’、不开‘天窗’，坚决维护制度的严肃性和权威性，坚决纠正有令不行、有禁不止的行为，使制度成为硬约束而不是橡皮筋。”[⑤]

二、习近平总书记关于全面从严治党重要论述的世界意义

（一）为世界各国共产党重树信心

近年来，随着全面从严治党取得新进展和中国特色社会主义取得巨大成就，特别是习近平总书记对于新时代建设一个什么样的党、怎样建设党的认识更加深刻，中国特色社会主义日益呈现理论、道路、制度、文化上

---

① 《邓小平文选》第 2 卷，人民出版社 1994 年版，第 336 页。

② 中共中央文献研究室编：《十八大以来重要文献选编》（上），中央文献出版社 2014 年版，第 136 页。

③ 《习近平关于党的群众路线教育实践活动论述摘编》，党建读物出版社、中央文献出版社 2014 年版，第 70、270 页。

④ 习近平：《在党的群众路线教育实践活动总结大会上的讲话》，《人民日报》2014 年 10 月 9 日。

⑤ 习近平：《在党的群众路线教育实践活动总结大会上的讲话》，《人民日报》2014 年 10 月 9 日。

的优势和自信。同时，自 2008 年国际金融危机以来，许多西方资本主义国家在经济、政治上陷入困境。西方政党遭遇凝聚力不断下降、组织日益萎缩、社会功能弱化、治国理政乏力等种种危机，西方传统主流政党党组织日趋松散、“大党不大”，党的基层组织、党员个人作用不断弱化，政党精英领袖领导力进一步丧失，治国无方，无力带领国家走出困境；西方主流政党空心化，党员老化、党员流失现象严重。西方政党政治极化、政党民粹化、政府停摆……西方国家近年来层出不穷的乱象，让西方政党政治“现代民主精髓”神话彻底破灭。比如，2016 年 6 月的英国脱欧公投、11 月的特朗普当选美国总统、12 月的意大利修宪公投、2017 年差点又飞出一只“黑天鹅”的法国大选。通过比较和反思，世界无产阶级政党重新树立信心，找到前进方向，焕发生机活力。

虽然国际共产主义运动从总体上仍处于低潮，但中国共产党始终坚持马克思主义基本原理和本国实际相结合的基本经验，得到世界各国共产党的认同，成为它们探索具有本国国情的改革发展道路的有益指南。

（二）为社会主义国家执政党建设提供了中国方案

马克思主义执政党怎么建设，是一个世界性的问题。1917 年俄国十月革命的胜利，诞生了人类历史上第一个无产阶级掌握政权的国家，实现了科学社会主义从理论到实践的飞跃。列宁作为世界历史上第一个社会主义国家的创立者、世界历史上第一个无产阶级执政党的领袖，对马克思主义执政党建设进行了开拓性的探索和实践。他在领导俄国无产阶级夺取政权和建设社会主义的实践中，创造性地运用马克思主义解决了建立和巩固新型无产阶级政党的一系列问题，创立了较为完整的建党学说。但是苏联共产党在后来的岁月中未能解决好自身建设问题，在思想建设、组织建设、作风建设等方面都存在严重问题，党的领导层逐步官僚化和特权化，严重脱离人民群众，党的生命力逐渐衰竭，思想理论出现重大错误，最终走向了改旗易帜的邪路。与此相反，中国共产党通过不断加强自身建设，在社会主义大国捍卫了社会主义伟大事业。

党的十八大以来，中国共产党勇敢应对国内外各种风险和考验，把握时代脉搏，引领时代发展。通过自我革命，不断增强党自我净化、自我完善、自我革新、自我提高的能力，形成了具有普遍意义的建设方案和经验，全面从严治党以及治国理政的辉煌成就获得了世界普遍赞誉。这不仅极大地鼓舞了世界上现存社会主义国家执政党不断探索加强自身建设之法、不断探索具有本国特色的社会主义道路，而且也激励着转型国家及西方发达国家中的共产党积极探索当代西方工人运动和社会主义道路。“老挝巴特寮通讯社社长顺通说，中共全面从严治党，培养党员队伍过硬的政治素质，这样的经验为各国政党树立了良好榜样。”① “可以这样说，21 世纪，以中国共产党为代表的社会主义国家执政党通过不断加强自身建设捍卫了社会主义伟大事业，击破了多党轮流执政模式一统天下的神话，世界社会主义运动筑底反弹，呈现出不断升扬的态势。”②

（三）为世界政党治理提供了中国经验

“政党是治理国家不可缺少的工具”③，但是政党只有先治理好自身才能治理好国家。如何确保执政党清廉高效、长期持续运转、提高执政能力、实现良性治理，是世界政党普遍需要解决的一个难题。世界政党各异，其意识形态和组织方式不同，成为执政党后各国的政党制度也不同，但只要成为执政党，就必须面对自身治理的问题。20 世纪后期，一些长期执政的老党、大党最终没能逃脱“其兴也勃焉，其亡也忽焉”的历史周期率，原因虽然千差万别，但根本原因还是自身治理出现了问题。反腐倡廉是党自身治理的重要内容和基本保障，根本原因就在于，任何政党执政以后，都面临着失去政权的危险，而在和平建设时期，危险主要来自执政党内部的腐败。

习近平总书记说道：“近年来，一些国家因长期积累的矛盾导致民怨载道、社会动荡、政权垮台，其中贪污腐败就是一个很重要的原因。大量事实告诉我们，腐败问题越演越烈，最终必然会亡党亡国！我们要警醒啊！”④以加强党的作风建设为切入点，不断健全反腐倡廉法规制度体系，把权力关进制度的笼子，把加强纪律建设作为全面从严治党的治本之策，持续推

① 《为各国政党树立榜样》，《人民日报》2018 年 1 月 14 日。

② 单孝虹：《习近平全面从严治党思想的理论创新及其世界意义》，《毛泽东思想研究》2018 年第 3 期。

③ ［美］希尔斯曼：《美国是如何治理的》，曹大鹏译，商务印书馆 1986 年版，第 327 页。

④ 中共中央文献研究室编：《十八大以来重要文献选编》（上），中央文献出版社 2014 年版，第 81 页。

进全面从严治党，令百岁之年的中国共产党永葆青春活力，令世界对中国共产党刮目相看。

总之，党的十八大以来，我们党勇于自我革命，坚持多举措坚定不移推进全面从严治党，以作风建设为全面从严治党破题，以重拳反腐为全面从严治党破局，以党内监督作为全面从严治党重要抓手，以建章立制为全面从严治党固本培元，全面从严治党的伟大实践试出了人心向背，厚植了党的执政根基，锻造出具有更加旺盛生命力和顽强战斗力的党，为党和国家各项事业发展提供了坚强政治保证，为世界政党治理提供了中国智慧。

（四）为世界各国政党治国提供了中国方案

从建党之初只有 50 多人的小党，发展到现在具有 9800 多万名党员，领导全国 14 亿人民的大党、执政党，并且在 74 年的执政生涯中，取得了西方发达国家需要几百年才能取得的成就。归根到底，主要归功于全面从严治党。中国共产党的成功在世界政党史上都是个奇迹，也为世界各国的政党治国提供了中国方案。

中国共产党是为中国人民谋幸福的党，也是为人类进步事业而奋斗的党。中国共产党是世界上最大的政党。中国共产党所做的一切，就是为中国人民谋幸福、为中华民族谋复兴、为人类谋和平与发展。

中国共产党为世界和平安宁作贡献。中国共产党人深知和平的可贵，也具有维护和平的坚定决心。中国将高举和平、发展、合作、共赢的旗帜，始终不渝地走和平发展道路，积极推进全球伙伴关系建设，主动参与国际热点难点问题的政治解决进程。中国将积极参与全球治理体系改革和建设，推动国际政治经济秩序朝着更加公正合理的方向发展。中国无论发展到什么程度，都永远不称霸，永远不搞扩张。

中国共产党为世界共同发展作贡献。中国共产党从人民中走来、依靠人民发展壮大，历来有着深厚的人民情怀，不仅对中国人民有着深厚情怀，而且对世界各国人民有着深厚情怀，不仅愿意为中国人民造福，也愿意为世界各国人民造福。长期以来，中国为广大发展中国家提供了大量无偿援助、优惠贷款，提供了大量技术支持、人员支持、智力支持，为广大发展中国家建成了大批经济社会发展和民生改善项目。今天，成千上万的中国科学家、工程师、企业家、技术人员、医务人员、教师、普通职工、志愿者等正奋斗在众多发展中国家广阔的土地上，同当地民众手拉手、肩并肩，帮助他们改变命运。

中国共产党为世界文明交流互鉴作贡献。他山之石，可以攻玉。中国共产党历来强调树立世界眼光，积极学习借鉴世界各国人民创造的文明成果，并结合中国实际加以运用。马克思主义就是中国共产党从国外学来的科学真理。我们党不断推进马克思主义中国化时代化大众化，使之成为指导中国共产党领导中国人民不断前进的科学理论。中国共产党将以开放的眼光、开阔的胸怀对待世界各国人民的文明创造，愿意同世界各国人民和各国政党开展对话和交流合作，支持与各国人民加强人文往来和民间友好。

面向未来，中国共产党愿同世界各国政党加强往来，分享治党治国经验，开展文明交流对话，增进彼此战略信任，同世界各国人民一道，推动构建人类命运共同体，携手建设更加美好的世界！①

总之，随着全面从严治党的纵深推进和中国特色社会主义事业的深入展开，全面从严治党的世界意义将更加广泛地显现出来。

① 习近平:《携手建设更加美好的世界——在中国共产党与世界政党高层对话会上的主旨讲话》，《人民日报》2017年12月2日。

“三个务必”的思想要义、逻辑理路与实践指向

黑龙江省社会科学院　陈　静

在胜利实现第一个百年奋斗目标、开启迈上第二个百年奋斗新征程的重要历史时刻，习近平总书记在党的二十大报告中，向全党发出了“三个务必”的伟大号召，即“全党同志务必不忘初心、牢记使命，务必谦虚谨慎、艰苦奋斗，务必敢于斗争、善于斗争”[①]。“三个务必”是习近平总书记立足新的历史方位，面对国际国内新形势，面对中国共产党所肩负的新的历史使命，在坚持“两个务必”的基础上，对全党同志提出的根本政治要求，旨在教育引导全党要永葆“赶考”的清醒与坚定，永葆解决大党独有难题的清醒与坚定，走好新时代新征程的“赶考”之路。

一、全面理解“三个务必”的思想要义

从毛泽东提出“两个务必”到习近平总书记作出“三个务必”的重要论断，寓意宏远、内涵深邃。一方面，它昭示了我们要把党的优良传统接

① 习近平:《高举中国特色社会主义伟大旗帜　为全面建设社会主义现代化国家而团结奋斗——在中国共产党第二十次全国代表大会上的报告》，人民出版社 2022 年版，第 1 页。

续传承带入强国复兴的新征程，另一方面，它又是基于对建党百年奋斗经验的深刻总结，回应新形势、新任务与新挑战的理论创新，体现了新征程对全党提出的更高要求与期待。“三个务必”的内容更为全面更为系统，是对“两个务必”的理论升华。“三个务必”的提出，彰显了中国共产党作为百年大党在朝着第二个百年奋斗目标迈进的新征程上的政治清醒、历史自信和使命担当，体现了一个成熟的马克思主义执政党强烈的使命担当、深沉的忧患意识和强烈的斗争精神，其丰富的思想要义需要我们深入学习、全面理解、系统把握。

（一）“务必不忘初心、牢记使命”深刻诠释了党百年奋斗始终坚守的价值立场

“务必不忘初心、牢记使命”是习近平总书记对中国共产党根本宗旨的时代诠释和伟大号召，是新时代新征程向全党发出的永葆先进性的冲锋号与动员令，这一重要论断饱含了中国共产党强烈的政治自觉和历史主动精神。

1. “不忘初心、牢记使命”展示了对无产阶级政党鲜明属性和根本宗旨的坚守

马克思、恩格斯在《共产党宣言》中指出：“共产党人不是同其他工人政党相对立的特殊政党。他们没有任何同整个无产阶级的利益不同的利益”[①]。无产阶级政党根基在人民、血脉在人民、力量在人民，人民性是无产阶级政党的本质属性。中国共产党自诞生以来，就将人民至上融入了自己的血脉，始终走在时代前列，得到人民衷心拥护是我们党生存、发展和壮大的根本所在。“务必不忘初心、牢记使命”昭示的是中国共产党的性质和宗旨、理想和信念，彰显了作为马克思主义政党的固有属性。

2. “不忘初心、牢记使命”铸就了中国共产党的百年辉煌

初心和使命是激励中国共产党人不断前行的动力源泉。中国共产党在不忘初心、牢记使命的目标引领下，历经革命、建设和改革，领导中华民族实现了从站起来到富起来的伟大飞跃，迎来了强起来的伟大飞跃，这三大历史性飞跃，深刻改变了中华民族发展的方向和进程，深刻改变了中国

---

① 《共产党宣言》，人民出版社 2018 年版，第 41 页。

人民和中华民族的前途和命运，也深刻改变了世界发展的趋势和格局。“不忘初心、牢记使命”体现了党对百年奋斗历史经验和优良传统的深刻总结。始终坚持人民立场、始终坚守初心使命，是铸就党的百年辉煌的力量之源。

3. “不忘初心、牢记使命”展示了新时代中国共产党人的价值追求

进入新时代，中国共产党坚持以人民为中心的发展思想，把人民对美好生活的向往作为奋斗目标，以“为中国人民谋幸福，为中华民族谋复兴”作为党的初心使命，是对中国共产党的宗旨在新时代的深刻诠释。党的二十大强调“务必不忘初心、牢记使命”，就是在迈向全面建设社会主义现代化国家的新的长征路上，再次庄严宣告人民至上是党的永恒价值追求，就是要求全体共产党员始终秉持全心全意为人民服务的宗旨，把人民放在心中最高位置。今天，坚持人民至上、以人民为中心的理念已深深融入新征程上中国共产党人的血脉之中。

（二）“务必谦虚谨慎、艰苦奋斗”鲜明强调了党在新时代新征程的优良作风品质

“务必谦虚谨慎、艰苦奋斗”是习近平总书记对毛泽东在党的七届二中全会上提出的“两个务必”的时代诠释和新的伟大号召，是对党的优良作风传统的再强调、再动员、再部署，是党团结带领全国各族人民以中国式现代化不断推进中华民族伟大复兴的作风保障。

1. “务必谦虚谨慎、艰苦奋斗”体现了马克思主义政党观的内在要求

马克思在《路易·波拿巴的雾月十八日》一文中对资产阶级革命和无产阶级革命作了对比性分析。马克思认为，资产阶级革命“为时短暂，很快就达到自己的顶点”[①]，这是由于在革命不断取得胜利后，“每天都充满极乐狂欢”，“长期沉溺于消沉状态”。[②]而无产阶级革命与之完全相反，常常“自己批判自己”，在前进过程中停下脚步将已完成的事件重新推演，不断反思自己的行为。马克思据此得出基本结论，与资产阶级革命相比，无产阶级革命更长远、更能取得最终胜利。

① 《马克思恩格斯选集》第1卷，人民出版社2012年版，第672页。

② 《马克思恩格斯选集》第1卷，人民出版社2012年版，第672页。

2. 保持谦虚谨慎是对党的历史教训的深刻总结

回望党的历史，我们会发现，什么时候我们做到谦虚谨慎，什么时候我们就能一往无前、取得胜利。而一旦不能保持谦虚谨慎，党内就会滋长骄傲的风气、产生自满的情绪，给党的事业发展带来巨大伤害。党史上“曾经有过几次表现了大的骄傲，都是吃了亏的”①。1944 年 4 月 12 日，毛泽东在延安高级干部会议上作《学习和时局》的讲演时，深刻回顾了党的历史上曾经有过的几次大的骄傲，即未能始终保持谦虚谨慎给党的事业带来的损害。因此，1949 年，在中国革命即将取得全国性胜利的关键历史节点，为了防止发生革命胜利之后“其亡也忽焉”的悲剧，使全党同志能够经受住在夺取全国政权后的执政考验，毛泽东在党的七届二中全会上高瞻远瞩地提出了“两个务必”重要论断，为全党始终保持谦虚谨慎的精神状态奠定了重要基础。

3. 艰苦奋斗是中国共产党鲜明的政治本色

艰苦奋斗是党带领人民战胜各种困难风险、不断走向胜利的显著政治优势，是中国共产党人的鲜明政治本色和优良传统。回首党已经走过的百年历史征程，中国共产党之所以能够从小到大、从弱到强、一次次从挫折中奋起、在奋起中不断成熟，其中一条为世所公认的原因就是，一代又一代中国共产党人始终秉持艰苦奋斗的信念，始终坚持谦虚谨慎的作风。习近平总书记指出，“现在，我们国家面貌和人民生活发生了翻天覆地的变化，但艰苦奋斗精神永远不能丢，丢了就会腐化堕落。今天，我们强调艰苦奋斗，不是要求党员、干部像当年那样过‘红米饭，南瓜汤，挖野菜，也当粮’的日子，而是要永葆艰苦奋斗本色，不丢勤俭节约的传统美德，不丢廉洁奉公的高尚操守”②，这就要求我们在任何条件与情况下都要始终秉持我们党的优良品质。

（三）“务必敢于斗争、善于斗争”集中反映了党应对各种风险考验所应具备的能力本领

“务必敢于斗争、善于斗争”是习近平总书记在深刻洞悉新形势新使命的

---

① 《毛泽东选集》第 3 卷，人民出版社 1991 年版，第 947 页。

② 习近平：《论中国共产党历史》，中央文献出版社 2021 年版，第 114 页。

基础上，向全党同志提出的能力本领要求，彰显了对未来发展的必胜信心。

1.“敢于斗争、善于斗争”体现的是马克思主义的本质属性

马克思主义者始终不讳言矛盾与斗争，秉持承认矛盾、正视矛盾，直面斗争、敢于斗争的科学态度。马克思主义诞生的标志《共产党宣言》就是一部斗争的宣言书，全文有32处用到“斗争”一词，它强调“至今一切社会的历史都是阶级斗争的历史”[①]。恩格斯《在马克思墓前的讲话》中高度评价了马克思为实现人类解放而斗争的一生，指出：“斗争是他的生命要素”[②]。马克思主义是在斗争中发展的，斗争精神是马克思主义固有的理论品格，是马克思主义者的基本精神底色。因此，马克思主义政党应以斗争为基本手段和精神动力，将增强斗争意识、提高斗争本领作为政党的执政要求。

2.“敢于斗争、善于斗争”体现的是不信邪、不怕鬼、不怕压的勇气

敢于斗争是党领导人民战胜一切困难和一切强敌的精神状态。习近平总书记指出：“建立中国共产党、成立中华人民共和国、实行改革开放、推进新时代中国特色社会主义事业，都是在斗争中诞生、在斗争中发展、在斗争中壮大的”[③]，这段论述是对马克思主义基本观点的坚定传承。“无数事实告诉我们，唯有以狭路相逢勇者胜的气概，敢于斗争、善于斗争，我们才能赢得尊严、赢得主动。”[④]斗争精神成为新时代中国共产党践行初心使命、赓续前行的重要精神力量。

3.“敢于斗争、善于斗争”体现的是掌握斗争本领，依靠斗争赢得未来的必胜信念

中国共产党的发展史就是一部波澜壮阔的斗争史，是一部敢于斗争、善于斗争，在斗争中求生存、在斗争中求发展、在斗争中求胜利的历史。“敢于斗争是我们党的鲜明品格。我们党依靠斗争走到今天，也必然要依靠斗争赢得未来。”[⑤]中国革命的伟大胜利、当代中国的一切发展进步、新时代十年的伟大变革，都是党团结带领全国各族人民艰苦奋斗、坚决斗争、

---

① 《马克思恩格斯选集》第1卷，人民出版社2012年版，第400页。

② 《马克思恩格斯文集》第3卷，人民出版社2009年版，第602页。

③ 《发扬斗争精神增强斗争本领　为实现“两个一百年”奋斗目标而顽强奋斗》，《人民日报》2019年9月4日。

④ 《筑牢理想信念根基树立践行正确政绩观　在新时代新征程上留下无悔的奋斗足迹》，《人民日报》2022年3月2日。

⑤ 《习近平谈治国理政》第4卷，外文出版社2022年版，第80页。

战胜各种风险挑战的结果。70多年前发生的抗美援朝的伟大斗争，就是我们党百年奋斗史上敢于斗争、善于斗争的光辉典范，正如彭德怀在《关于中国人民志愿军抗美援朝工作的报告》中指出的，抗美援朝的伟大胜利向世界证明："一个觉醒了的、敢于为祖国光荣、独立和安全而奋起战斗的民族是不可战胜的"。[①] 新征程上我们更要弘扬这种不畏强敌、敢于斗争的精神，以斗争赢得主动、赢得未来。

二、准确把握"三个务必"的逻辑理路

"三个务必"在内容上有三个方面，体现了不同维度的要求，但却是一个相互联系、相互贯通的有机整体，体现了认识论与方法论的辩证统一、思想与行动的辩证统一。这种辩证统一聚焦在一个目标指向上，就是对建设长期执政的马克思主义政党如何走好新征程的"赶考"之路的深刻思考与应对答案，其内在逻辑需要我们深刻思考、深度把握。

（一）"务必不忘初心、牢记使命"从长期执政的根本要求层面，回答了新征程中国共产党应强化什么样的价值立场和政治自觉

"务必不忘初心、牢记使命"深刻诠释了党的根本宗旨，体现了共产党鲜明的政治立场和价值立场，回答了"务必谦虚谨慎、艰苦奋斗"和"务必敢于斗争、善于斗争"是为了什么的根本问题。人民立场是中国共产党的根本政治立场，是马克思主义政党区别于其他政党的显著标志，是党的底气、底蕴和底色，也是党的力量之源。毛泽东提出了全心全意为人民服务是党的根本宗旨的理念。习近平总书记强调，"必须坚持以人民为中心的发展思想""把人民对美好生活的向往作为奋斗目标"[②]，体现了马克思主义政党的性质宗旨和不懈奋斗的永恒价值追求。而要实现人民幸福、民族复兴的初心和使命，就必须继承和发扬党"谦虚谨慎、艰苦奋斗"的优良传统，永远保持中国共产党人的奋斗精神和永不懈怠的精神状态。从革命到执政，从建设到改革，从进入新时代到全面建设现代化国家新征程，中

① 彭德怀：《关于中国人民志愿军抗美援朝工作的报告》，《人民日报》1953年9月13日。

② 习近平：《决胜全面建成小康社会　夺取新时代中国特色社会主义伟大胜利——在中国共产党第十九次全国代表大会上的报告》，人民出版社2017年版，第19、21页。

国共产党依然面临着“四大风险”“四大考验”，面临着反腐败斗争呈现的“四个任重道远”的新的阶段性特征，不忘初心、牢记使命是党的建设的永恒课题，因此必须始终勇于自我革命，始终敢于斗争、善于斗争。

（二）“务必谦虚谨慎、艰苦奋斗”从长期执政的作风保障层面，回答了新征程中国共产党应保持什么样的政治品格和精神状态

“务必谦虚谨慎、艰苦奋斗”体现了实现中华民族伟大复兴必须永葆党的优良作风的要求，回答了战胜困难夺取胜利何以可能的问题，成为“务必不忘初心、牢记使命”“务必敢于斗争、善于斗争”的具体着力点和有力保障。“务必谦虚谨慎、艰苦奋斗”彰显了中国共产党的政党品格与精神风范，深刻诠释了百年大党生机盎然、历久弥新的基因密钥。谦虚谨慎是中国共产党人勇攀高峰、锐意进取的思想前提，艰苦奋斗是人们认识世界、改造世界过程中展现出来的一种百折不挠、英勇顽强的优良品格，二者相互区别，彼此支撑、互为前提，是改造主观世界和改造客观世界的有机统一。全面建成社会主义现代化强国、以中国式现代化全面推进中华民族伟大复兴是一项前无古人的伟大创造，因此，中国共产党人必须时刻铭记社会主义事业的长期性和艰巨性，不能有“松口气、歇歇脚的想法”，要始终以谦虚谨慎、艰苦奋斗的优良作风，团结一切可以团结的力量，应对风险战胜挑战，从而向人民和历史交出新的优异答卷。毛泽东在党的七届二中全会上提出了“两个务必”，历史事实证明了毛泽东的远见与洞见。在提出“两个务必”重要论断不久，就发生了震惊全国的“刘青山、张子善贪腐案”，成为新中国成立后反腐第一案，案件的出现足以说明毛泽东的论断极具预见性。1952 年刘青山和张子善被判处死刑，对腐败分子起到了极大的震慑作用。中国共产党全面执政 70 多年，“谦虚谨慎、艰苦奋斗”已经成为党在四个历史时期“不忘初心、牢记使命”“敢于斗争、善于斗争”的强大精神力量和重要政治保证，成为中国共产党人的重要“传家宝”。

（三）“务必敢于斗争、善于斗争”从长期执政的动力支撑层面，回答了新征程中国共产党应具备什么样的政治本领和路径方法

“务必敢于斗争、善于斗争”体现了全面推进中华民族伟大复兴的本领要求，回答了前进道路上我们该怎么干的问题。“务必敢于斗争、善于斗

争”充分体现了中国共产党人“不忘初心、牢记使命”，“谦虚谨慎、艰苦奋斗”的行动自觉。斗争精神是马克思主义政党的固有品质与内在要求，是中国共产党的优良传统和政治优势，也是共产党人的鲜明品格。当前，世界之变、时代之变、历史之变正以前所未有的方式展开，国内外形势之复杂、变化之快给中国共产党治国理政带来的风险考验前所未有。只有敢于斗争、善于斗争，不断清除一切损害党的先进性和纯洁性的有害因素，才能使党永远不变质、不变色、不变味，确保党始终成为中国特色社会主义的坚强领导核心。“敢于斗争、善于斗争”贯穿于党的百年奋斗始终。党的十八大以来，以习近平同志为核心的党中央统筹“两个大局”，精准把握新矛盾新挑战新特征新要求，以“越是艰险越向前”的昂扬斗志，推动中国特色社会主义进入新时代，取得了党和国家事业一系列历史性成就，发生了一系列历史性变革。我们相信，无论时代如何发展、环境如何变化，中国共产党人将始终坚守勇于斗争、善于斗争的精神，因为“务必不忘初心、牢记使命”“务必谦虚谨慎、艰苦奋斗”都向全党提出了“务必敢于斗争、善于斗争”的本领要求。

三、切实贯彻“三个务必”的实践指向

“三个务必”是在强国建设民族复兴的时代背景下提出的。贯彻落实“三个务必”，不仅要弄懂其科学内涵，理解其重大意义，更为关键的是要按照时代与使命要求，切实将“三个务必”体现到行动上。而践行“三个务必”是一个理论认同、能力提升、制度约束、优化环境的渐进演进历程。新征程上贯彻落实“三个务必”，必须坚持整体推进、系统部署、全面贯彻。

（一）坚持理论认同，筑牢贯彻“三个务必”的思想根基

“理论上清醒，政治上才能坚定。”[①] 理论认同既是中国共产党人对“三个务必”积极践行的思想基础，也是自觉贯彻的行动基础。第一，坚持理论学习是夯实“三个务必”的根本途径。理论素养是领导干部综合素养的

① 《习近平谈治国理政》第2卷，外文出版社2017年版，第35页。

核心。只有不断用马克思主义理论武装头脑，深刻把握马克思主义的真理力量和实践伟力，才能在复杂严峻的斗争形势中提升对大局的把握、对政治方向的把握，从而坚定政治立场、掌握斗争策略、提升斗争本领。“三个务必”作为新时代中国共产党人坚守的政治品格，更要求中国共产党人通过不断学习马克思主义基本原则和经典著作，不断提升自我认知、思想自觉，确保在理论上保持清醒和坚定。第二，扎实开展学习贯彻习近平新时代中国特色社会主义思想主题教育，增强全党践行“三个务必”的政治自觉、思想自觉、行动自觉。2022 年 3 月 1 日，习近平总书记在中央党校（国家行政学院）中青年干部培训班开班式上的讲话中指出：“党员干部一定要加强理论学习、厚实理论功底，自觉用新时代党的创新理论观察新形势、研究新情况、解决新问题，使各项工作朝着正确方向、按照客观规律推进”。[①] 习近平新时代中国特色社会主义思想是当代中国马克思主义、21 世纪马克思主义，它以深邃的思想承载着党的初心使命。在全党深入开展学习贯彻习近平新时代中国特色社会主义思想主题教育，必将更好地推动全党不断增强坚守初心使命的政治自觉、思想自觉和行动自觉，始终保持谦虚谨慎、艰苦奋斗的优良作风，始终保持敢于斗争、勇于斗争的意志品格，教育引导广大党员干部经受思想淬炼、精神洗礼，深刻体悟“三个务必”的生成逻辑、思想内涵、精神实质、实践要求，铸牢全党对“三个务必”的理论认同与思想根基。

（二）坚持能力提升，筑牢贯彻“三个务必”的本领支撑

党员干部素质能力是否合格到位，直接关系到党员干部能否贯彻好“三个务必”。一方面，“三个务必”作为一种重要精神品质，是党员根本能力素质高低的重要评判标准，另一方面，党员干部能力是否过硬也决定着“三个务必”能否得到很好落实。政治能力作为领导干部的首要能力要求，起着管方向、管根本的重要作用。因此，在实践中践行“三个务必”，必须以提升党员干部能力为核心，以不断提高党员干部政治“三力”为关键抓手。第一，要不断提高党员干部的政治判断力，切实站稳政治立场、增

① 《筑牢理想信念根基树立践行正确政绩观　在新时代新征程上留下无悔的奋斗足迹》，《人民日报》2022 年 3 月 2 日。

强政治意识，深刻领悟"两个确立"的决定性意义，增强"四个意识"、坚定"四个自信"、做到"两个维护"；第二，不断提高党员干部的政治领悟力，增强对初心使命的认识和认同，从政治上感悟党的创新理论，深化认识、掌握精髓，全面把握党中央精神实质，不断转化为继续前行的奋斗力量；第三，不断提高党员干部的政治执行力，新时代中国共产党承载的使命任务更加艰巨，党员干部必须以党的创新理论为指导，以更加坚定的意志和品质，发扬谦虚谨慎、艰苦奋斗的精神去完成各项目标任务。

（三）坚持制度约束，筑牢贯彻"三个务必"的刚性保障

"制度是关系党和国家事业发展的根本性、全局性、稳定性、长期性问题。"① 号召党员干部做到"三个务必"是加强党的建设的永恒课题，必须形成常态、确保长效。牢记和践行"三个务必"，在注重思想引导、精神感召、能力提升的同时，还需增强制度供给、健全制度体系，探索建立管根本、利长远、重实效的制度支撑。只有建立和落实与"三个务必"相适应的规章制度，将其升华为党的制度成果，"才能持续发挥激励、约束作用"②。党的十八大以来，以习近平同志为核心的党中央将拓展和完善制度建设贯穿全面从严治党、深化党的自我革命始终，相继颁布了一批具有根本性、全局性、长效性的党内法规制度。截至 2022 年 6 月，全党现行有效党内法规 3718 部，其中，党中央制定的中央党内法规 221 部，中央纪委以及党中央有关部门制定的部委党内法规 170 部，省、自治区、直辖市党委制定的地方党内法规 3327 部，已经形成比较完善的党内法规体系③，为全党牢记和践行"三个务必"提供了制度遵循。党的十九届四中全会提出建立"不忘初心、牢记使命"的制度，必须认真研究和探索确立"不忘初心、牢记使命"的制度机制，使之成为全党的思想共识、价值追求和行为规范，发挥制度规范对"三个务必"的警示、引导和保障作用，确保全党牢记和践行"三个务必"。

---

① 《习近平谈治国理政》第 3 卷，外文出版社 2020 年版，第 185 页。

② 中共中央文献研究室编：《十八大以来重要文献选编》（上），中央文献出版社 2014 年版，第 332 页。

③ 中共中央办公厅法规局：《充分发挥依规治党的政治保障作用》，《人民日报》2022 年 6 月 26 日。

（四）坚持涵养净化，筑牢贯彻“三个务必”的良好政治生态

政治生态关系着党的形象和人心向背。优良的政治生态是全党践行“三个务必”的重要保障，反之则会妨碍“三个务必”的贯彻落实。习近平总书记说“政治生态好，人心就顺、正气就足；政治生态不好，就会人心涣散、弊病丛生”[①]。党的十八大以来，在党中央的坚强领导下，全党持之以恒整顿“四风”，坚持无禁区、全覆盖、零容忍惩治腐败，党内政治生态得以净化，党风、政风和社会风气得以匡正。但同时，危害党内政治生态的因素依然存在。政治生态受到污染就要强力反腐，让歪风邪气无所遁形，让每一个人都能在“山清水秀”的生态中清爽呼吸、干净办事。营造良好政治生态，也如同自然环境治理一样不可能毕其功于一役，需要多管齐下、久久为功。为此，新时代新征程，我们要不断净化党内政治生态，优化中国共产党人牢记和践行“三个务必”的政治环境，始终保持风清气正的政治生态，解决大党独有难题，助推中国共产党人自觉践行“三个务必”。

综上，“三个务必”具有强烈的宗旨意识、奋斗意识、忧患意识和斗争意识，彰显了鲜明的目标导向、实践导向、问题导向，标志着党对自身使命担当的理解上升到了新高度、对历史主动精神的把握迈上了新台阶，是走好新征程“赶考”之路必须坚持的重要政治遵循和根本政治要求，要求我们在深刻牢记的基础上积极践行。

---

① 习近平：《在第十八届中央纪律检查委员会第六次全体会议上的讲话》，人民出版社 2016 年版，第 14 页。

深刻认识和把握“三个务必”的丰富内涵和根本要求

河北省社会科学院　李鉴修

习近平总书记在党的二十大报告中指出：“全党同志务必不忘初心、牢记使命，务必谦虚谨慎、艰苦奋斗，务必敢于斗争、善于斗争，坚定历史自信，增强历史主动，谱写新时代中国特色社会主义更加绚丽的华章。”[①]这是对党的百年奋斗历史经验的全面总结，是对新时代全面从严治党伟大实践的理论升华，是对百年大党如何永葆青春的时代课题的科学回答，彰显了百年大党坚定的战略自信和高度的战略清醒，彰显了中国共产党人自警自励的政治智慧和求真务实的政治品格，体现了新时代中国共产党人强烈的历史自觉和责任担当。从“两个务必”到“三个务必”，既是时间上的跨越，更是认识上的飞跃，是我们党在新的历史起点、新的“赶考”之路上发出的新号召，为奋进新征程、建功新时代指明了方向。

① 习近平:《高举中国特色社会主义伟大旗帜　为全面建设社会主义现代化国家而团结奋斗——在中国共产党第二十次全国代表大会上的报告》，人民出版社 2022 年版，第 1—2 页。

一、务必不忘初心、牢记使命

不忘初心、牢记使命是继续前进的动力源泉。中国共产党以人民幸福、民族复兴为己任，把阶级的使命与民族的使命集于一身，在艰苦卓绝的实践探索中百炼成钢，逐步确立起把马克思列宁主义同中国实际相结合、实事求是的思想路线，独立自主地团结带领中国人民探索中国革命、建设和改革的正确道路，从根本上改变了中国人民和中华民族的前途命运，书写了中华民族几千年历史上最恢宏的史诗，中华民族伟大复兴展现出前所未有的光明前景。正如习近平总书记所指出的："中国产生了共产党，这是开天辟地的大事变，深刻改变了近代以后中华民族发展的方向和进程，深刻改变了中国人民和中华民族的前途和命运，深刻改变了世界发展的趋势和格局。"[①]总结长期历史经验，我们党已经形成这样的共识，"一切向前走，都不能忘记走过的路；走得再远、走到再光辉的未来，也不能忘记走过的过去，不能忘记为什么出发。面向未来，面对挑战，全党同志一定要不忘初心、继续前进。"[②]

不忘初心，方得始终。牢记初心使命，以百姓心为心，与人民同呼吸、共命运、心连心，是党的初心，也是党的恒心。在历史的长河里，践行初心使命就能凯歌高奏，偏离初心使命难免误入歧途，正所谓"百代兴盛依清正，千秋基业仗民心"。奋进新征程、建功新时代，我们必须牢记初心，担当使命，紧紧围绕新时代中国共产党的使命任务，以中国式现代化推进中华民族伟大复兴。

要牢记中国共产党是什么、要干什么这个根本问题。这一问题从党的百年奋斗历史和成就中得到了证明。一百多年来，中国共产党领导人民浴血奋战、百折不挠，创造了新民主主义革命的伟大成就；自力更生、发愤图强，创造了社会主义革命和建设的伟大成就；解放思想、锐意进取，创造了改革开放和社会主义现代化建设的伟大成就；自信自强、守正创新，创造了新时代中国特色社会主义的伟大成就，实现了中华民族从站起来、富起来到强起来的历史性飞跃，书写了中华民族几千年历史上最恢宏的史

---

① 习近平：《在庆祝中国共产党成立 100 周年大会上的讲话》，人民出版社 2021 年版，第 3 页。

② 习近平：《在庆祝中国共产党成立 95 周年大会上的讲话》，人民出版社 2016 年版，第 8 页。

诗，创造了彪炳史册的人间奇迹。实践证明，党的百年奋斗从根本上改变了中国人民的前途命运，开辟了实现中华民族伟大复兴的正确道路，展示了马克思主义的强大生命力，深刻影响了世界历史进程，锻造了走在时代前列的中国共产党。我们透过党的百年光辉历程和重大成就，可以深切感知党的形象具体而生动。党的二十大对实现第二个百年奋斗目标作出分两个阶段推进的战略安排："从二〇二〇年到二〇三五年基本实现社会主义现代化；从二〇三五年到本世纪中叶把我国建成富强民主文明和谐美丽的社会主义现代化强国。"[①]也就是说，奋进新征程，实现第二个百年奋斗目标，我们必须全面提升物质文明、政治文明、精神文明、社会文明、生态文明，实现国家治理体系和治理能力现代化，不断提高综合国力和国际影响力，实现全体人民共同富裕，使人民享有更多获得感、幸福感、安全感。

要坚定理想信念。中国共产党人的崇高理想就是要实现共产主义。从李大钊提出"试看将来的环球，必是赤旗的世界"的热情呐喊，到夏明翰"砍头不要紧，只要主义真，杀了夏明翰，还有后来人"的大义凛然，鲜明体现了共产党人的执着追求和浩然正气，有力诠释了"革命理想高于天"的无私胸怀和高尚境界。一代代共产党人为了理想信念，前赴后继、顽强奋斗，毫不保留地奉献青春和精力，抛头颅、洒热血，鞠躬尽瘁、死而后已，领导人民把贫穷落后的中国变成日益走向繁荣富强的新中国，使得中华民族伟大复兴的梦想前所未有地展现在我们面前。正是有了无数共产党人为了崇高理想的不懈拼搏和奋斗，我们才取得了举世瞩目的辉煌成就，我们比历史上任何时期都更接近中华民族伟大复兴的目标。我们要坚定对马克思主义的信仰、对社会主义和共产主义的信念，矢志不移贯彻执行党在社会主义初级阶段的基本路线和基本纲领，做好当前每一项工作。要弘扬伟大建党精神及其精神谱系，筑牢共产党人的精神家园，经受住各种风浪甚至惊涛骇浪的考验。要把人民对美好生活的向往当作我们的奋斗目标，知行合一，笃行不怠，善始善终，善作善成，坚定不移为实现既定目标而奋斗。

要坚持以人民为中心的发展思想。坚持人民至上，以咬定青山不放松

① 习近平：《高举中国特色社会主义伟大旗帜　为全面建设社会主义现代化国家而团结奋斗——在中国共产党第二十次全国代表大会上的报告》，人民出版社 2022 年版，第 24 页。

的执着奋力实现既定目标，让现代化建设成果更多更公平惠及全体人民。我们党之所以历经沧桑而风华正茂、饱经磨难而生机勃勃，书写出中华民族几千年历史上最恢宏的史诗，靠的就是广大共产党人坚持党的群众路线，始终与人民同呼吸、共命运、心连心。新征程上，我们要坚持把人民对美好生活的向往作为我们的奋斗目标，始终与人民想在一起、干在一起，想问题、作决策、办事情都要站在群众的立场上，通过各种途径了解群众的意见和要求、批评和建议，真抓实干解民忧、纾民怨、暖民心，让人民群众获得感、幸福感、安全感更加充实、更有保障、更可持续。

二、务必谦虚谨慎、艰苦奋斗

谦虚谨慎、艰苦奋斗，是对“两个务必”的鲜明体现和凝练概括，蕴涵着中华民族五千多年文明历史的精神血脉，是共产党人一以贯之的优良传统、优良作风和始终坚守的政治本色，体现着开拓进取、奋发有为的精神状态，是奋进新征程的忧患意识和坚强决心。毛泽东早就说过：“谦虚谨慎，不骄不躁，是全党应取的态度。谦虚则不骄，谨慎则不躁，骄与躁是革命工作的大敌”[①]，他还说：“我们民族历来有一种艰苦奋斗的作风，我们要把它发扬起来”[②]。改革开放以后，邓小平告诫说，“我们还要夹着尾巴做人，要很谨慎，并且要艰苦奋斗，艰苦奋斗还是要讲，一点不能疏忽，要勤俭办一切事情，才能实现我们的目标。”[③]进入新时代，习近平总书记强调：“无论什么时候我们都不能骄傲自满，党不能骄傲自满，国家不能骄傲自满，领导层不能骄傲自满，人民不能骄傲自满，而是要增强忧患意识、慎终追远，始终保持艰苦奋斗的作风。”[④]无论什么时候都“不能骄傲自满”“始终保持艰苦奋斗的作风”，这是一个成熟马克思主义政党应有的可贵品质。党的十九大报告告诫全党，“一定要保持艰苦奋斗、戒骄戒躁的作风，以时不我待、只争朝夕的精神，奋力走好新时代的长征路。”[⑤]党的

① 《毛泽东文集》第3卷，人民出版社1996年版，第445页。

② 《毛泽东著作专题摘编》(下)，中央文献出版社2003年版，第2133页。

③ 中共中央文献研究室编:《十三大以来重要文献选编》(上)，人民出版社1991年版，第3页。

④ 习近平:《在庆祝中华人民共和国成立65周年招待会上的讲话》,《人民日报》2014年10月1日。

⑤ 《习近平谈治国理政》第3卷，外文出版社2020年版，第54页。

二十大报告重申“务必谦虚谨慎、艰苦奋斗”，这是对我国几千年历史治乱规律的深刻洞察，是对党百年奋斗历史经验的深刻总结，饱含着对党长期执政、国家长治久安、人民幸福安康的深刻忧思，旨在告诫全党“好传统一点都不能丢。在实现中华民族伟大复兴的新征程上，必然会有艰巨繁重的任务，必然会有艰难险阻甚至惊涛骇浪，特别需要我们发扬艰苦奋斗精神”[①]，必须永远谦虚谨慎、永远艰苦奋斗。

谦虚谨慎、艰苦奋斗，增强了我们党的“赶考”自觉和历史主动精神。以史为鉴，可以知兴替。翻开中国的历史长卷，不难发现，王朝的兴衰更迭、社会的动荡变迁，无不有其内在的规律性，其中之一就是“忧劳可以兴国，逸豫可以亡身”。也就是说，艰苦创业、励精图治，就能长治久安；骄傲自满、贪图安逸，必然走向衰亡。中国过去的政权，由于历史和阶级的局限，最终未能跳出历史周期率的怪圈。早在延安整风时期，党中央把郭沫若的《甲申三百年祭》作为整风文件之一印发全党，警示全党以李自成农民起义军的失败教训“为鉴戒，不要重犯胜利时骄傲的错误”。[②]1945年7月，黄炎培在和毛泽东的谈话中感慨古今执政者“政怠宦成”“人亡政息”“求荣取辱”导致国家败亡的教训，提出了“历史周期率的支配力”，希望中国共产党能找到一条道路，跳出历史周期率。[③]西柏坡时期，面对即将夺取的全国性胜利，毛泽东满怀忧患意识，准确把握中国革命发展变化的形势，深入思考政权更迭的规律，形象地把“执政”比喻为“进京赶考”，并从辩证唯物主义出发，认为无产阶级政党对历史周期率并不具有天生的免疫力，能否跳出周期率，要看代表人民掌握政权的执政者能不能保持政治本色，能不能对跳出周期率时刻保持高度警惕性，他认为只有执政者的自觉与人民群众的监督两者结合起来，才能打破历史铁律。在党的七届二中全会上，他指出：“这一点现在就必须向党内讲明白，务必使同志们继续地保持谦虚、谨慎、不骄、不躁的作风，务必使同志们继续地保持艰苦奋斗的作风。”[④]毛泽东还指出：“可能有这样一些共产党人，他们是不曾被拿

---

① 《习近平谈治国理政》第3卷，外文出版社2020年版，第336页。

② 《毛泽东文集》第3卷，人民出版社1996年版，第228页。

③ 《毛泽东年谱（1983—1949）》（修订本）中册，中央文献出版社2013年版，第610—611页。

④ 毛泽东：《在中国共产党第七届中央委员会第二次全体会议上的报告》，人民出版社2004年版，第24页。

枪的敌人征服过的，他们在这些敌人面前不愧英雄的称号；但是经不起人们用糖衣裹着的炮弹的攻击，他们在糖弹面前要打败仗。”①这些论述是总结历代政权兴亡的经验教训时，对走出历史周期率的深刻认识；是处于伟大历史转折时，面对成绩时的自觉和清醒把握；是展望未来、面对艰巨任务时的担当和坚定追求。

新时代，全面建设社会主义现代化国家，是一项伟大而艰巨的事业，前途光明，任重道远。在这个承前启后的关键时刻，面对更加光荣的使命、更加艰巨的任务，全党必须继续谦虚谨慎、艰苦奋斗，全力办好自己的事，以“赶考”的清醒和坚定答好新时代的答卷。

要坚持不懈用习近平新时代中国特色社会主义思想凝心铸魂。理论上的成熟是政治上坚定的前提，而理论一旦被群众掌握就能成为强大的有力武器。中国共产党始终高度重视理论指导并善于进行理论创新。马克思主义以科学的、人民的、实践的、不断发展的和开放的理论，始终站在时代前沿，它源于特定时代而又超越时代，随着实践的变化而发展。习近平新时代中国特色社会主义思想是当代中国马克思主义、21 世纪马克思主义。要在学懂弄通做实上下功夫，读原文、悟原著、学原理，做马克思主义的忠实信仰者、笃定践行者。要把马克思主义同中国的实际相结合，突破对马克思主义教条的和形而上学的理解，贴近实际、贴近生活、贴近群众，以我们正在做的事情为中心，着眼于马克思主义的实际运用，着眼于对实际问题的理论思考，着眼于新的实践和新的发展，不断丰富和发展马克思主义。要坚持马克思主义中国化时代化的世界观和方法论，抓好思想理论建设这个根本，抓好党性教育这个核心，抓好道德建设这个基础，引导党员干部牢固树立马克思主义世界观、人生观、价值观，筑牢党员干部经受住任何考验的精神支柱，做到“富贵不能淫，贫贱不能移，威武不能屈”。

要保持党同人民群众的血肉联系。人民群众是历史的创造者。中国共产党在革命、建设和改革的发展历程中，始终与人民群众想在一起、干在一起，不断从人民群众的实践中汲取智慧和力量，形成了密切联系群众的强大政治优势，为党领导人民取得革命、建设、改革事业一个又一个胜利提供了根本保证。毛泽东早在延安时就指出，“我们这个队伍完全是为着解

---

① 《毛泽东选集》第 4 卷，人民出版社 1991 年版，第 1438 页。

放人民的，是彻底地为人民的利益工作的”[①]。我们党从一开始就把为人民服务写在自己的旗帜上，要求“把屁股端端地坐在老百姓的这一面”[②]，“与人民利益适合的东西，我们要坚持下去，与人民利益矛盾的东西，我们要努力改掉”[③]。中国共产党人始终坚持“一切为了群众、一切依靠群众，从群众中来，到群众中去”的群众路线。十年来的伟大成就是党和人民一道拼出来、干出来、奋斗出来的。奋进新征程，我们正在经历广泛而深刻的社会变革，我们必须准备经受风高浪急甚至惊涛骇浪的重大考验。我们还有许多“雪山”“草地”需要跨越，还有许多“娄山关”“腊子口”需要征服，这是前无古人的伟大事业，必须以如履薄冰的精神状态，虚怀若谷，与人民群众一道铸就铜墙铁壁，共克时艰。要保持清醒头脑，团结一致，奋发进取，一切贪图安逸、不愿继续艰苦奋斗的想法都是要不得的，一切骄傲自满、不愿继续开拓前进的想法都是有害的。要持之以恒推进党的自我革命。新征程上，党面临的“四大考验”“四种危险”将长期存在，我们要落实新时代党的建设总要求，以党的政治建设为统领，健全全面从严治党制度规范体系，全面推进党的自我净化、自我完善、自我革新、自我提高，使我们党始终成为中国特色社会主义事业的坚强领导核心，始终成为中国人民最可靠、最坚强的主心骨。

要坚持一张蓝图绘到底。政贵有恒，治须有常。以中国式现代化推进中华民族伟大复兴，是中国共产党人带领人民追求崇高理想、开辟光明未来的光荣使命，标志着一种人类文明新形态的开创和诞生。这一事件及其过程，不可能一帆风顺，不可能一蹴而就，不可能一劳永逸。我们要善始善终，知行合一，发扬钉钉子精神，抓铁有痕、踏石留印，常抓不懈，久久为功。习近平总书记曾经指出，“如果社会主义在中国没有取得今天的成功，如果中国共产党领导和我国社会主义制度也在苏联解体、苏共垮台、东欧剧变那场多米诺骨牌式的变化中倒塌了，或者因为其他原因失败了，那社会主义实践就可能又要长期在黑暗中徘徊了，又要像马克思所说的那样作为一个幽灵在世界上徘徊了。”[④]由于中国特色社会主义不断成功，冷

---

① 《毛泽东选集》第 3 卷，人民出版社 1991 年版，第 1004 页。

② 《习近平谈治国理政》第 4 卷，外文出版社 2022 年版，第 64 页。

③ 《毛泽东文集》第 3 卷，人民出版社 1996 年版，第 210 页。

④ 习近平：《学习马克思主义基本理论是共产党人的必修课》，《求是》2019 年第 22 期。

战结束后世界社会主义万马齐喑的局面得到很大程度的扭转，社会主义在同资本主义竞争中的被动局面得到很大程度的扭转，社会主义优越性得到很大程度的彰显。要坚定道路自信、理论自信、制度自信、文化自信，不为任何风险所惧，不为任何干扰所惑，以“功成不必在我”的精神境界和“功成必定有我”的历史担当，保持历史耐心和战略定力，在实现第二个百年奋斗目标、实现中华民族伟大复兴的新征程上努力创造无愧于时代的新业绩。要继续保持反腐败高压态势，坚持以零容忍态度惩治腐败，让每一个干部牢记“手莫伸，伸手必被捉”的道理，严格遵守八项规定，明大德、守公德、严私德，“见善如不及，见不善如探汤”，时刻心存敬畏，不要心存侥幸。

三、务必敢于斗争、善于斗争

敢于斗争、善于斗争，是中国共产党人鲜明的政治品格和政治优势，是党和人民不可战胜的强大精神力量。斗争创造历史，斗争成就伟业。党和国家的事业，是在斗争中诞生、在斗争中发展、在斗争中壮大的。当前，我国发展进入战略机遇和风险挑战并存，不确定、难预料因素增多的时期，这对我们的斗争精神、斗争本领都提出了更高要求。只有坚持底线思维、发扬斗争精神，知难而进、迎难而上，与一切风险挑战进行斗争，在斗争中化解矛盾、破解难题，才能从一个胜利走向又一个胜利。

中国共产党是在斗争中诞生的马克思主义政党，灵魂深处铭刻着斗争的烙印、镶嵌着斗争的基因。一部中国共产党的历史，就是一部敢于斗争、善于斗争的历史，是在斗争中求得生存、获得发展、赢得胜利的历史。党的十八大报告指出，“发展中国特色社会主义是一项长期的艰巨的历史任务，必须准备进行具有许多新的历史特点的伟大斗争”。[①] 党的十九大报告则把统揽“伟大斗争、伟大工程、伟大事业、伟大梦想”作为使命任务，强调“社会是在矛盾运动中前进的，有矛盾就会有斗争。我们党要团结带领人民有效应对重大挑战、抵御重大风险、克服重大阻力、解决重大矛盾，必须进行具有许多新的历史特点的伟大斗争，任何贪图享受、消极懈怠、回避

① 《胡锦涛文选》第 3 卷，人民出版社 2016 年版，第 622 页。

矛盾的思想和行为都是错误的"[①]，要求全党充分认识伟大斗争的长期性、复杂性、艰巨性，发扬斗争精神，提高斗争本领，不断夺取伟大斗争新胜利。在庆祝中国共产党成立 100 周年大会上，习近平总书记指出："以史为鉴、开创未来，必须进行具有许多新的历史特点的伟大斗争。"[②]在庆祝中国共产主义青年团成立 100 周年大会上号召青年要"做敢于斗争、善于斗争的模范，带头迎难而上、攻坚克难，做到不信邪、不怕鬼、骨头硬"[③]。习近平总书记根据国内外形势变化，在许多场合反复强调，要发扬斗争精神、增强斗争本领，强调"我们党依靠斗争创造历史，更要依靠斗争赢得未来"[④]。党的二十大提出"三个务必"重大战略思想，明确要求"务必敢于斗争、善于斗争"，就是要告诫全党"一味退让只能换来得寸进尺的霸凌，委曲求全只能招致更为屈辱的境况"[⑤]。因此，敢于斗争、善于斗争，是一个不断发展变化的历史过程。在新的"赶考"之路上，只有发扬斗争精神、不断增强斗争本领，才能提高防风险、迎挑战、抗打压的能力，依靠顽强斗争打开事业发展新天地。

我们党依靠斗争赢得过去，更要依靠斗争赢得未来。纵观百年党史，党和人民取得的一切成就都是艰苦斗争、团结奋斗的结果。在革命战争年代，我们党领导人民同仇敌忾，推翻了帝国主义、官僚资本主义和封建主义"三座大山"，在与国内外敌人艰苦卓绝的斗争中，一次又一次地从挫折和失败中奋起，经过 28 年浴血奋战，实现了民族独立和人民解放。新中国成立后，在革命、建设、改革的各个历史时期，面对国内外严峻复杂的风险挑战，我们党团结带领全国人民迎难而上、坚决斗争，坚持和发展了中国特色社会主义。党的十八大以来，我们党面临形势环境的复杂性和严峻性、肩负任务的繁重性和艰巨性世所罕见、史所罕见，以习近平同志为核心的党中央领导全党全国人民开展伟大斗争，在应对重大挑战、抵御重大风险、克服重大阻力、解决重大矛盾中推动党和国家事业取得历史性成就、发生历史性变革，把发展进步的命运牢牢掌握在自己手中。当前，世界百

① 《习近平谈治国理政》第 3 卷，外文出版社 2020 年版，第 12 页。

② 习近平:《在庆祝中国共产党成立 100 周年大会上的讲话》，人民出版社 2021 年版，第 17 页。

③ 习近平:《在庆祝中国共产主义青年团成立 100 周年大会上的讲话》，《人民日报》2022 年 5 月 11 日。

④ 《习近平谈治国理政》第 4 卷，外文出版社 2022 年版，第 83 页。

⑤ 《中共中央关于党的百年奋斗重大成就和历史经验的决议》，人民出版社 2021 年版，第 56 页。

年未有之大变局加速演进，中华民族伟大复兴正处于关键时期，世界之变、时代之变、历史之变正以前所未有的方式展开。我们面临的各种斗争不是短期的而是长期的。我们必须清醒认识前进道路上的风险、考验和挑战，不断提高见微知著、灵活应变的能力，做到因势而谋、应势而动、顺势而为、乘势而上，以自觉的斗争实践开创事业发展新局面，在自觉的伟大斗争中赢得历史主动，谱写新时代中国特色社会主义更加绚丽的华章。

要明确斗争任务。党的事业是前无古人的开创性事业。敢于斗争、善于斗争，首先要明确斗争的方向、立场和原则。要坚持中国共产党领导和我国社会主义制度不动摇，面对危害党的领导和我国社会主义制度，危害我国主权、安全、发展利益，危害我国核心利益和重大原则，危害我国人民根本利益，危害我国实现中华民族伟大复兴中国梦的风险挑战，要保持头脑清醒、立场坚定，做政治上的明白人，牢牢把握正确斗争方向和斗争主动权，敢于出击、敢战能胜，攻而克之、战而胜之。

要发扬斗争精神。积极向上的精神状态是开展工作的前提，斗争更是如此。没有良好的精气神，就没有旺盛的斗争动力，为人民服务更是无从谈起。党的十八大以来，我们党心怀“国之大者”，将面临的压力转化为前进的动力，始终保持积极向上的思想状态，统筹国内与国际、生产与生活、发展与安全，坚决打好脱贫攻坚、污染防治、防范化解重大风险等攻坚战，妥善应对世纪疫情和各种不确定因素，坚决开展反霸权、反分裂、反干涉重大斗争，维护国家尊严和核心利益，为全面建设社会主义现代化国家、全面推进中华民族伟大复兴创造了有利的政治环境和外部条件。

要讲究斗争艺术。既要敢于斗争，更要善于斗争，注重策略方法，讲求斗争艺术，做到有理、有利、有节。做到善于斗争、敢于胜利，不仅要有斗争精神、斗争意志，还要有游刃有余的斗争策略、灵活机动的方式方法。既要注重牵住“牛鼻子”，善于抓主要矛盾、抓矛盾的主要方面，又要合理选择斗争方式、把握斗争火候，在原则问题上寸步不让，在策略问题上灵活机动。根据形势需要，把握时、度、效，及时调整斗争策略，团结一切可以团结的力量，调动一切积极因素，才能在斗争中争取团结，在斗争中谋求合作，在斗争中争取共赢。

要提高斗争本领。斗争本领不是与生俱来的，必须经受严格的思想淬炼、政治历练、实践锻炼、专业训练，在复杂严峻的斗争中经风雨、见世面、壮筋骨、长才干。要夯实敢于斗争、善于斗争的思想根基，主动投身到各种斗争中去，以顽强的斗争精神、坚韧的斗争意志、高超的斗争本领，锤炼“逢山开路、遇河架桥”的魄力和胆识，提高政治判断力、政治领悟力和政治执行力，在各种重大斗争考验中做到守土有责、守土尽责，召之即来、来之能战、战之必胜。要增强沉着应对、攻坚克难的韧性和本领，努力提升各项技能，理论和实际相结合，将书本上的理论转化为工作中的行动。要加强政治历练和实践锻炼，在不断摸索中总结出适合自己的工作方法，在党和人民最需要的地方矢志奉献，在担苦担责担难中经受考验、增长才干。

坚持“三个务必”的时代价值及实践指向

广州市社会科学院　陈　卓

1949 年 3 月，在党的七届二中全会上，毛泽东提出了“两个务必”的要求，即“务必使同志们继续地保持谦虚、谨慎、不骄、不躁的作风，务必使同志们继续地保持艰苦奋斗的作风”①。“两个务必”语重心长、发人深省，是在中国共产党即将赢得革命胜利、夺取全国政权的重大转折关头对即将面临的困难和挑战的清醒认知，是对历史发展规律的深刻把握。

2022 年 10 月，习近平总书记在党的二十大报告中提出了“三个务必”，即“全党同志务必不忘初心、牢记使命，务必谦虚谨慎、艰苦奋斗，务必敢于斗争、善于斗争”②。“三个务必”的提出，是在总结历史经验、把握发展规律的基础上，对“两个务必”的继承与发扬，两者在内涵上一脉相承又与时俱进。从“两个务必”到“三个务必”，体现了新时代中国共产党人对党的创新理论和优良作风的传承与发展。“两个务必”为“进京赶考”提供了坚强有力的思想保证，是中国共产党崇高责任感和使命感的体现。而今天的我们比历史上任何时期都更接近、更有信心和能力实现中华民族伟大复兴的目标，实现中华民族伟大复兴进入了不可逆转的历史进程。站

---

① 《毛泽东选集》第 4 卷，人民出版社 2009 年版，第 1438—1439 页。

② 习近平:《高举中国特色社会主义伟大旗帜　为全面建设社会主义现代化国家而团结奋斗——在中国共产党第二十次全国代表大会上的报告》，人民出版社 2022 年版，第 1 页。

在新的历史起点上，提出的“三个务必”新要求，是对中国共产党所处历史方位、面临形势挑战、党情发展变化进行深刻剖析后的重大论断，是中国共产党高度自觉和忧患意识的体现，是面对新时代新征程上的使命任务，是对全党和全国人民提出的更新、更高、更严的政治要求和行动纲领。

一、坚持“三个务必”的时代价值

“三个务必”的提出蕴含了我们党百年奋斗历程中和新时代十年伟大变革中的宝贵经验和思想感悟，是从我们党的伟大实践中凝练出来的精神密码，是带领全党和全国各族人民从一个胜利走向另一个胜利的制胜法宝。坚持“三个务必”是时代发展的必然选择，是实现中国式现代化和中华民族伟大复兴的重要保障。

（一）厚植了民族复兴的精神根基

牢记“三个务必”是汇聚精神动力、实现中华民族伟大复兴的关键所在。伟大的事业孕育伟大的精神。习近平总书记在“七一”重要讲话中凝练概括的“坚持真理、坚守理想，践行初心、担当使命，不怕牺牲、英勇斗争，对党忠诚、不负人民”[①]的伟大建党精神，树立起了新时代中国共产党人的精神丰碑。党的百年奋斗历程，就是一部伟大建党精神的锻造史，伟大建党精神展现了中国共产党人坚定的政治立场、昂扬的精神面貌和踏实的工作作风，凝聚了中国共产党人艰苦奋斗、不怕牺牲、勇往直前的宝贵品格。

“三个务必”是对伟大建党精神的进一步阐释，深刻反映了中国共产党的执政规律和建设规律，科学回答了如何在国内外形势复杂多变的情况下，实现中华民族的伟大复兴。“不忘初心、牢记使命”彰显了伟大建党精神的显著特征，是共产党人“坚持真理、坚守理想，践行初心、担当使命”的直接体现，要求我们党始终保持同人民群众的血肉联系，始终不要忘记为什么出发，铭记从中国共产党自诞生之日起就确立的“为中国人民谋幸福、为中华民族谋复兴”的使命任务。“谦虚谨慎、艰苦奋斗”彰显了伟大建党

① 习近平：《在庆祝中国共产党成立 100 周年大会上的讲话》，人民出版社 2021 年版，第 8 页。

精神的核心要义，是共产党人“对党忠诚、不负人民”的直接体现，“对党忠诚、不负人民”不是空喊口号、纸上谈兵，要靠“谦虚谨慎、艰苦奋斗”来实现。“敢于斗争、善于斗争”彰显了伟大建党精神的本质要求，是中国共产党人“不怕牺牲、英勇斗争”的直接体现，中国共产党历来就是敢于斗争、敢于胜利的伟大的政党，从一次次的困难险阻中磨炼成了不屈不挠的斗争意志和善作善成的斗争本领。

“三个务必”同时也是中国共产党人精神谱系中许多革命精神的深刻诠释。从新民主主义革命时期的井冈山精神、长征精神、抗战精神等，到社会主义革命和建设时期的抗美援朝精神、雷锋精神、“两弹一星”精神等，到改革开放和社会主义现代化建设新时期的改革开放精神、抗洪精神、女排精神等，再到中国特色社会主义新时期的脱贫攻坚精神、抗疫精神等，无一不与“三个务必”所蕴含的精神元素相一致。在2023年2月，习近平总书记对深入开展学雷锋活动作出重要指示强调，要深刻把握雷锋精神的时代内涵，让雷锋精神在新时代绽放更加璀璨的光芒[①]，而践行“三个务必”是新时代发扬雷锋精神的内在要求和关键所在。

（二）凝聚了团结奋斗的磅礴伟力

团结奋斗是中国共产党和中国人民最显著的精神标识。党的二十大报告指出，“团结就是力量，团结才能胜利”“团结奋斗是中国人民创造历史伟业的必由之路”[②]。在百年奋斗历程中，党和人民取得的一个又一个的伟大成就、战胜的一个又一个的艰难险阻，靠的就是团结奋斗，而“三个务必”就是党带领全国各族人民团结奋斗的制胜法宝。

“不忘初心、牢记使命”，是中国共产党带领人民团结奋斗的基本前提。初心凝聚人心，使命汇聚力量，中国共产党自诞生之日起，就把“人民”写在了自己的旗帜上，为人民利益而奋斗、始终坚持以人民为中心的发展思想，是我们党攻坚克难、创造奇迹的根本所在。“谦虚谨慎、艰苦奋斗”是中国共产党带领人民团结奋斗的核心要义。我们党之所以能在不同历史

---

① 《深刻把握雷锋精神的时代内涵　让雷锋精神在新时代绽放更加璀璨的光芒》，《人民日报》2023年2月24日。

② 习近平：《高举中国特色社会主义伟大旗帜　为全面建设社会主义现代化国家而团结奋斗——在中国共产党第二十次全国代表大会上的报告》，人民出版社2022年版，第70页。

时期战胜各种风险挑战、不断夺取新的伟大胜利，关键就在于时刻保持谦虚谨慎的优良作风、不断发扬艰苦奋斗的革命精神，这种忧患意识和精神状态，是应对和经受风高浪急甚至惊涛骇浪的重大考验的强大精神力量和重要政治保证。“敢于斗争、善于斗争”是中国共产党带领人民团结奋斗的重要抓手，百年党史，就是一部波澜壮阔的斗争史，新时代十年的伟大变革，为中华民族伟大复兴积累了雄厚的物质基础和强大的精神动力，但我国发展所要面临的风险挑战依然存在，甚至更加凶险，这对我们的斗争精神提出了更高要求，唯有敢于斗争、善于斗争，在斗争中争取团结，才能在新的伟大斗争中创造新的历史伟业。

（三）是走好新的“赶考”之路的必然要求

纵观党的百年奋斗历程，在中国共产党的领导下，全党和全国各族人民始终牢记以艰苦奋斗为核心的“两个务必”精神内涵，创造了许许多多的伟大成就。在庆祝中国共产党成立100周年大会上，习近平总书记指出：“过去一百年，中国共产党向人民、向历史交出了一份优异的答卷。现在，中国共产党团结带领中国人民又踏上了实现第二个百年奋斗目标新的赶考之路”[①]。党的二十大报告深刻总结了过去五年的工作和新时代十年的伟大变革，可以看到，我们不论是在理论创新、制度创新、实践创新，还是在政治、经济、民生、科教、外交等方方面面都取得了跨越式的发展。这些变革对党、对人民、对社会主义现代化建设、对马克思主义中国化时代化的发展都有着深远影响。

面向未来，站在新的历史起点，党的二十大报告明确提出新时代新征程上党的中心任务，即“团结带领全国各族人民全面建成社会主义现代化强国、实现第二个百年奋斗目标，以中国式现代化全面推进中华民族伟大复兴”[②]。党的中心任务的确立，也就对全党在政治、思想、作风等方面提出了更高要求。“三个务必”是与新时代新征程党的中心任务相适应，并服务于这一中心任务的总要求，它促使着全党在新的“赶考”之路上，始终保持着正确的政治方向、昂扬的精神状态和顽强的斗争意识。

---

① 《习近平谈治国理政》第4卷，外文出版社2022年版，第15页。

② 习近平:《高举中国特色社会主义伟大旗帜　为全面建设社会主义现代化国家而团结奋斗——在中国共产党第二十次全国代表大会上的报告》，人民出版社2022年版，第21页。

在推进中国式现代化、实现中华民族伟大复兴的道路中还有很多问题要解决。在此关键时刻，党中央提出“三个务必”的新要求，深刻体现了我们党的政治自觉、思想自觉、行动自觉、历史自觉，再次警醒全党和全国人民不忘初心、接续奋斗。实现中华民族伟大复兴是一项伟大而艰巨的事业，前途光明、任重道远，必须时刻保持顽强拼搏的韧劲和锲而不舍的精神。事业越是伟大、任务越是艰巨，越要不忘初心、牢记使命，牢牢把握正确的前进方向，时刻以坚定的理想信念、顽强的奋斗精神、鲜明的目标要求，团结带领全国人民去克服一个又一个的困难，实现一个又一个的胜利。

二、坚持“三个务必”的实践指向

“三个务必”既是思想作风，更是实践操守。只有将“三个务必”从思想层面转化到具体实践中去，才能迸发出它蕴含的力量和作用。面对中华民族伟大复兴战略全局和世界百年未有之大变局，面对国际国内复杂多变的形势，“三个务必”的提出无疑是在为走在新“赶考”之路上的中国共产党人领航定向，在坚持党的领导和坚守人民立场中抓好“赶考”重点，在增强忧患意识和深化自我革命中提升“应考”能力，回答了时代之问、人民之问、现实之问和实践之问，为能向人民群众交出满意答卷指明了根本要求、目标方向、思想理念和实践路径。

（一）回答时代之问：坚定理想信念，筑牢信仰之基

党的二十大报告指出：“中国共产党为什么能，中国特色社会主义为什么好，归根到底是马克思主义行，是中国化时代化的马克思主义行。”[①] 这是我们党坚定理想信念、筑牢信仰之基、把握历史主动的根本所在。一直以来，我们党始终坚持把思想建设作为党的基础性建设，用党的创新理论来武装全党、教育人民。我们党始终坚持以马克思主义的世界观和方法论分析问题、解决问题，尤其是以新时代中国特色社会主义思想为指导，在

① 习近平：《高举中国特色社会主义伟大旗帜　为全面建设社会主义现代化国家而团结奋斗——在中国共产党第二十次全国代表大会上的报告》，人民出版社 2022 年版，第 16 页。

实践和学习中掌握中国化时代化的马克思主义的真理力量，筑牢理论基础，不断回答时代和实践提出的重大理论和现实问题。

坚持“三个务必”就要加强理想信念教育，坚持马克思主义信仰。2023年4月3日，在学习贯彻习近平新时代中国特色社会主义思想主题教育工作会议上，习近平总书记强调要以这次主题教育为契机，加强党的创新理论武装，不断提高全党马克思主义水平，他在讲话中再次强调了“三个务必”的重要内容，表示要“务必不忘初心、牢记使命，务必谦虚谨慎、艰苦奋斗，务必敢于斗争、善于斗争，筑牢思想之基、补足精神之钙、把稳思想之舵”[①]。

党的二十大报告指出，“我们全面加强党的领导，明确中国特色社会主义最本质的特征是中国共产党领导，中国特色社会主义制度的最大优势是中国共产党领导”[②]。坚持和加强党中央集中统一领导是历史的必然、人民的选择、时代的要求。坚持“三个务必”就是要牢牢把握党领导一切这个根本保障，将党的领导这一政治优势转化为推动党和国家事业高质量发展的强劲动力。当今世界，世界之变、时代之变、历史之变正以前所未有的态势展开，面对复杂多变的国际国内形势，广大党员干部要时刻保持清醒和警惕，坚持党的领导这个根本要求不动摇，坚持新时代中国特色社会主义思想这个思想根基不动摇，时刻绷紧旗帜鲜明讲政治这根弦，将个人理想融入党和人民的崇高事业中去，有效破解前进道路上的各种艰难险阻，不断夺取全面建设社会主义现代化国家新胜利。

（二）回答人民之问：坚持人民立场，牢记初心使命

党领导的一切事业都将满足人民日益增长的美好生活需要作为出发点和落脚点，习近平总书记曾多次强调，“全心全意为人民服务是党的根本宗旨，必须以最广大人民根本利益为我们一切工作的根本出发点和落脚点”[③]。中国共产党自诞生之日起就是人民群众最根本利益的代表者和维护者，始

① 《扎实抓好主题教育　为奋进新征程凝心聚力》，《人民日报》2023年4月4日。

② 习近平：《高举中国特色社会主义伟大旗帜　为全面建设社会主义现代化国家而团结奋斗——在中国共产党第二十次全国代表大会上的报告》，人民出版社2022年版，第6页。

③ 习近平：《论把握新发展阶段、贯彻新发展理念、构建新发展格局》，中央文献出版社2021年版，第290页。

终把为中国人民谋幸福作为初心使命。从庆祝中国共产党成立95周年大会上郑重发出的“不忘初心、继续前进”的伟大号召，到党的十九大报告中明确提出的“中国共产党人的初心和使命，就是为中国人民谋幸福，为中华民族谋复兴”，再到党的二十大报告中把“不忘初心、牢记使命”作为“三个务必”的重要内容之一，均充分体现了新时代中国共产党人的责任与担当，深刻揭示了我们党在新时代新征程中站稳人民立场，践行全心全意为人民服务这一党的根本宗旨。

坚持“三个务必”就是要始终坚持以人民为中心的发展思想，贯彻党的群众路线，想人民之所想，急人民之所急，将维护人民利益、实现人民愿望作为目标方向。要把人民群众作为一切事业的依靠者和推动者，习近平总书记指出：“要凝聚起全体人民智慧和力量，激发出全社会创造活力和发展动力”[①]。党的一切事业既是为了人民，同时也需要依靠人民，要深入到人民群众的实际生活中，始终同人民想在一起、干在一起，不断激发人民群众的积极性、主动性、创造性，为党和国家发展事业提供不竭动力。要把人民群众作为最终的评判人和阅卷人。要尊重人民群众的主体地位，充分保障人民群众的基本权益，同时强化自律意识，自觉接受来自人民的监督，“以人民满意为标准”，“让人民群众不断看到实实在在的成效和变化”[②]。坚持“三个务必”就是要始终坚持人民立场、坚持群众路线，保持同人民群众的血肉联系。这是尊重历史发展规律的必然要求，是共产党人不忘初心、牢记使命的责任担当。

（三）回答现实之问：强化忧患意识，把握历史主动

强化忧患意识，自觉担当尽责，提高预判和防范化解重大风险的能力。这是面对复杂多变的国际国内形势的必然要求，是破解前进道路上艰难险阻的迫切需要。新时代的十年，党和国家事业取得了举世瞩目的重大成就，赢得了重大历史性胜利。在这样的成就和胜利面前，习近平总书记提出“务必谦虚谨慎、艰苦奋斗”的要求，是对党和国家发展所面临问题、所存在不足的清醒认识，充分彰显了中国共产党人自警自励的政治智慧和求真

① 习近平：《论中国共产党历史》，中央文献出版社2021年版，第152页。

② 《习近平谈治国理政》第1卷，外文出版社2018年版，第387页。

务实的政治品格。在新时代背景下，党和国家面临着新的历史转折，如何夺取新时代中国特色社会主义现代化建设的新胜利，是摆在党和国家面前的又一重大现实问题。习近平总书记指出："我们处在前所未有的变革时代，干着前无古人的伟大事业"①。从现实情况来看，世界发展的不确定性和不稳定性突出，国际环境日趋复杂，国内发展形势进入战略机遇和风险挑战并存、新情况新问题接踵而至的时期，这就要求全体党员必须做好打持久战的思想和心理准备，发扬艰苦奋斗的优良作风，保持居安思危的思想自觉，以敏锐的洞察力和观察力及时发现和破解新问题、新挑战。

坚持"三个务必"就是要时刻鼓舞和激励全党全国各族人民以实干精神投身于社会主义建设的伟大事业，切实提高能力和素养，牢记空谈误国、实干兴邦的内涵要求，以坚定的历史自信牢牢掌握历史主动，勇担历史重任和时代使命，不断把中国式现代化推向前进。

（四）回答实践之问：坚持敢于斗争，坚持自我革命

中国共产党的百年奋斗史就是一部自我革命史，党的百年奋斗的历史经验，归根结底就是坚持敢于斗争，坚持自我革命，这是我们党事业发展和自身建设的成功密码。党的二十大报告明确提出前进道路上必须要牢牢把握坚持发扬斗争精神的重大原则，指出要"坚持发扬斗争精神。增强全党全国各族人民的志气、骨气、底气，不信邪、不怕鬼、不怕压，知难而进、迎难而上，统筹发展和安全，全力战胜前进道路上各种困难和挑战，依靠顽强斗争打开事业发展新天地"②。"务必敢于斗争、善于斗争"作为"三个务必"的重要内容，体现了中国共产党人解决大党独有难题的清醒和坚定，是对我国发展所面临的优势与短板、机遇与挑战的深刻把握。

坚持"三个务必"就是要不断推进党的自身建设，以斗争精神实现中华民族伟大复兴。作为世界上最大的马克思主义执政党，中国共产党能始终赢得人民拥护、经得起各种风险考验，最重要的在于党时刻保持着自我革命的清醒和自觉。勇于自我革命是我们党最大的优势，是党区别于其他

---

① 《信念坚定对党忠诚实事求是担当作为　努力成为可堪大用能担重任的栋梁之才》，《人民日报》2021 年 9 月 2 日。

② 习近平：《高举中国特色社会主义伟大旗帜　为全面建设社会主义现代化国家而团结奋斗——在中国共产党第二十次全国代表大会上的报告》，人民出版社 2022 年版，第 27 页。

政党的独特标识。回顾党的百年奋斗历程，我们党始终坚持刀刃向内，坚决同一切弱化党的先进性、损害党的纯洁性的问题作斗争，以伟大自我革命引领伟大社会革命。

坚持“三个务必”就是要毫不动摇地坚持自我革命，这是确保党不变质、不变色、不变味的根本保障，更是中国共产党“跳出治乱兴衰历史周期率的第二个答案”[①]。中国共产党作为中国特色社会主义事业的坚强领导核心，之所以能够不断取得胜利，就在于我们党始终坚持自我净化、自我完善、自我革新、自我提高，以党的自我革命引领社会革命。70多年前，毛泽东带领全党坚持“两个务必”思想，不断发扬艰苦奋斗精神，注重党性修养，提高拒腐防变能力。进入新时代，我们深入推进全面从严治党，坚持打铁必须自身硬，提出和落实新时代党的建设总要求。中国共产党作为世界上最大的马克思主义执政党，要始终赢得人民拥护、巩固长期执政地位，必须时刻保持解决大党独有难题的清醒和坚定，要深刻认识到全面从严治党的长期性和必要性，要不断提高政治判断力、政治领悟力、政治执行力，不断增强自我净化、自我完善、自我革命、自我提高的能力，矢志不渝、笃行不怠。充分发挥全面从严治党的领航保障作用，增强全面从严治党永远在路上的政治自觉、思想自觉和行动自觉。

党的二十大报告明确了我国全面建成社会主义现代化强国“两步走”的战略安排，擘画了以中国式现代化全面推进中华民族伟大复兴的宏伟蓝图。从“进京赶考”到新的“赶考”之路，面对新时代的考卷，要将革命进行到底，我们必须增强忧患意识，坚持底线思维，发扬斗争精神，牢牢把握“三个务必”的精神内涵。唯有保持革命精神、斗争精神，才能使中国特色社会主义展现出更为强大、更具有说服力的真理力量。唯有敢于挑战、敢于担当，才能不断取得突破和成长。唯有保持理智、时刻清醒，才能在新时代的大考中不断交出新答卷，谱写新篇章。

---

① 习近平:《高举中国特色社会主义伟大旗帜　为全面建设社会主义现代化国家而团结奋斗——在中国共产党第二十次全国代表大会上的报告》，人民出版社2022年版，第14页。

从“两个务必”到“三个务必”的维度跨越

河北省社会科学院　袁　秀

习近平总书记在党的二十大报告中指出：“全党同志务必不忘初心、牢记使命，务必谦虚谨慎、艰苦奋斗，务必敢于斗争、善于斗争，坚定历史自信，增强历史主动，谱写新时代中国特色社会主义更加绚丽的华章。”[①]这一重要论述，是对新中国成立以来党在执政“赶考”奋斗历程中所进行的伟大工程建设的经验总结，是对党在新时代迈进全面建设社会主义现代化国家新征程中推进新的伟大工程建设的新要求，是对毛泽东“两个务必”推进伟大工程建设的党建思想的传承与创新。“两个务必”是中国共产党人对革命胜利后党的建设和国家前途的冷静思考，是“进京赶考”的政治宣言；“三个务必”是基于对党所处历史方位、面临形势任务、党情国情世情发展变化进行深刻分析作出的重大论断，是新时代的庄严告诫书和政治动员令。

一、马克思主义中国化的三次历史性飞跃维度

习近平总书记在党的二十大报告中，首次提出了“三个务必”的重要

① 习近平:《高举中国特色社会主义伟大旗帜　为全面建设社会主义现代化国家而团结奋斗——在中国共产党第二十次全国代表大会上的报告》，人民出版社 2022 年版，第 1—2 页。

论断，从“两个务必”到“三个务必”，要从历史继承性与时代创新性的角度去解读，要从历史长河中准确把握其丰富内涵。在新民主主义革命时期、社会主义革命和建设时期，我们党形成了毛泽东思想。毛泽东思想是马克思主义中国化的第一次历史性飞跃。这次历史性飞跃回答了进行什么样的革命、怎样进行，建设一个什么样的国家、怎样建设，建设一个什么样的社会、怎样建设等重大时代课题。党的七届二中全会上，毛泽东振聋发聩地提出“两个务必”，体现了我们党深远的使命意识，但夺取全国胜利只是走完了万里长征第一步，实现党的最高纲领和最终目标、完成党的初心和使命，还有更艰苦、更长的路要走，使命在肩，不容懈怠；包含着对我国几千年历史治乱规律的深刻借鉴，包含着对我们党艰苦卓绝奋斗历程的深刻总结，包含着对胜利了的马克思主义政党永葆先进性和纯洁性、对即将诞生的人民政权如何实现长治久安的深刻思考，是对我们党在革命过程中形成的优秀传统和优良作风的充分肯定和继承；体现了我们党在胜利和成功面前所具有的高度清醒，是对当时党内一定程度出现的骄傲情绪、以功臣自居情绪、停顿起来不求进步的情绪、贪图享乐不愿再过艰苦生活的情绪的深入洞察，是党善于及时发现问题勇于进行自我革命的生动反映。“两个务必”对最后夺取全国胜利、为全国胜利后进行社会主义革命和建设做了重要的思想理论准备。

在改革开放和社会主义现代化建设新时期，我们党形成了中国特色社会主义理论体系。中国特色社会主义理论体系解决了建设中国特色社会主义的发展道路、发展阶段、根本任务、发展动力、发展战略、政治保证、祖国统一、外交和国际战略、领导力量和依靠力量等一系列基本问题，实现了马克思主义中国化新的飞跃。这一理论体系深刻回答了什么是社会主义、怎样建设社会主义，建设什么样的党、怎样建设党，实现什么样的发展、怎样发展等重大问题。邓小平响亮提出“走自己的道路，建设有中国特色的社会主义”的号召，领导我们党在新中国成立以来革命和建设实践的基础上，成功走出了一条中国特色社会主义新道路；江泽民、胡锦涛坚持、捍卫和发展了中国特色社会主义。中国特色社会主义道路是创造人民美好生活、实现中华民族伟大复兴的康庄大道。在这一时期，党的几代中央领导集体对继续保持“两个务必”进行了不懈的探索和践行。

党的十八大以来，中国特色社会主义进入新时代，我们党创立了习近平新时代中国特色社会主义思想。这一思想是当代中国马克思主义、21世纪马克思主义，是中华文化和中国精神的时代精华，实现了马克思主义中国化新的飞跃。这一思想深刻回答了新时代坚持和发展什么样的中国特色社会主义、怎样坚持和发展中国特色社会主义，建设什么样的社会主义现代化强国、怎样建设社会主义现代化强国，建设什么样的长期执政的马克思主义政党、怎样建设长期执政的马克思主义政党等重大时代课题，勇于结合新的实践不断推进理论创新、善于用新的理论指导新的实践，使中国从赶上时代到引领时代。

可以说，从“两个务必”到“三个务必”，都是马克思主义中国化三次历史性飞跃的制胜法宝，从毛泽东思想、中国特色社会主义理论体系和习近平新时代中国特色社会主义思想创立、发展的过程中，我们能够找到其中的逻辑脉络。

二、辩证唯物主义和历史唯物主义的方法论维度

习近平总书记在《关于〈中共中央关于党的百年奋斗重大成就和历史经验的决议〉的说明》中指出：“党中央认为，总结党的百年奋斗重大成就和历史经验，要坚持辩证唯物主义和历史唯物主义的方法论，用具体历史的、客观全面的、联系发展的观点来看待党的历史”。[①]我们党就是这样一路走来的。

“两个务必”强调了两个重要思想，一是在伟大成就面前，要防范和克服骄傲自满情绪和贪图享乐思想；二是不论取得什么样的成就，都必须坚持艰苦奋斗，坚持马克思主义政党的本色和宗旨。“两个务必”深刻体现了中国共产党改造客观世界和主观世界的科学态度、科学方法，是马克思主义科学的方法论。此外，在成绩面前谦虚谨慎，强化群众观念，在发展道路上坚持奋斗，“两个务必”既有马克思主义理论基础，又是革命和建设实践中的科学方法论，体现了理论和初衷的统一。

---

① 习近平：《关于〈中共中央关于党的百年奋斗重大成就和历史经验的决议〉的说明》，《人民日报》2021年11月17日。

“三个务必”既是进一步彰显党性与人民性内在统一、建设长期执政的马克思主义政党的现实需要，又是时刻保持解决大党独有难题的理论自觉和政治清醒、不断以党的自我革命引领社会革命的现实选择，体现了认识论与方法论的高度统一，集中展现了马克思主义立场观点方法，凝结着习近平新时代中国特色社会主义思想的理论精华，标志着我们党对共产党执政规律、社会主义建设规律、人类社会发展规律的认识实现了新发展。初心是使命的价值本源，使命是初心的实践归宿，初心为使命提供价值指引，使命为初心提供实践支撑和实现形态，两者是真理尺度与价值尺度的有机统一。谦虚谨慎主要指向主体自身，艰苦奋斗则主要指向客观对象，谦虚谨慎是艰苦奋斗的思想前提，艰苦奋斗是谦虚谨慎的内在要求，两者是改造主观世界与改造客观世界的有机统一。敢于斗争是鲜明品格，是一种精神状态，善于斗争是能力本领，是敢于斗争的实践要求，两者是历史规律性与自觉能动性的有机统一。

我们始终坚持辩证唯物主义的方法论，强调历史发展从来都不是一帆风顺的，更不是风平浪静、死水一潭的，赢得历史主动和未来，必须进行伟大斗争。可以说，坚持伟大斗争是我们党运用辩证唯物主义方法论总结历史得出的科学结论。面对这种矛盾挑战，我们要运用好矛盾斗争性在事物量变过程中的根本作用的辩证唯物论，敢于、善于进行伟大斗争。党的十九届六中全会审议通过的《中共中央关于党的百年重大成就和历史经验的决议》指出：“敢于斗争、敢于胜利，是党和人民不可战胜的强大精神力量”[①]，我们始终坚持历史唯物主义人民群众历史作用的观点，强调人民至上。中国共产党一登上历史舞台，就自觉地把自身发展壮大与广大民众利益紧紧联系在一起。回首百年逐梦的苦难和辉煌，从石库门到天安门、从小小红船到巍巍巨轮，中国共产党在苦难中铸就辉煌、探索中收获成功、转折中开创新局。一个又一个胜利背后的重要原因，就是以人民为中心。我们党在理论创新中始终强调坚持马克思主义方法论，同时还发展马克思主义方法论，形成了马克思主义中国化的方法论体系，并且不断创新。不论是“两个务必”，还是“三个务必”，都体现着辩证唯物主义和历史唯物主义的方法论，体现着承前启后、继往开来的哲学眼光，充分

① 《中共中央关于党的百年重大成就和历史经验的决议》，人民出版社 2021 年版，第 69 页。

表现了革命者在敢于胜利上的坚定不移，以及对胜利后革命前途的冷静思考。

三、新时代发生的历史性变革、取得的历史性成就维度

“三个务必”是面对新时代十年历史性成就和变革继续保持奋发有为精神状态的新告诫。面对新时代十年取得的历史性成就、实现的历史性变革，我们该以什么样的精神状态迈上新征程、建功新时代；该如何更好地坚守党的初心，牢记党的使命，完成历史赋予我们中华民族伟大复兴的时代任务；该如何进一步做到在胜利面前不骄傲、在成就面前不浮躁，保持高度的清醒和深刻的自觉；该如何继续弘扬伟大建党精神，传承党在胜利和成就面前保持奋发有为精神的优秀传统和优良作风，是摆在我们全党和全国各族人民面前必须深入思考解决的重要思想理论问题。“三个务必”思想，体现了以习近平同志为核心的党中央，在团结带领中国人民在新时代十年取得历史性成就、实现历史性变革的巨大成就面前，自觉的使命意识、深刻的问题意识、清醒的忧患意识、敏锐的洞察意识，是对广大党员干部在思想上和精神上已存在问题和可能存在问题的深刻洞察，是对全党和全国各族人民在新时代十年伟大成就基础上，继续保持奋发有为精神状态的新告诫。

“三个务必”是对世界百年未有之大变局加速演进复杂国际条件下更好地完成新时代使命任务的新要求。习近平总书记在党的二十大报告中强调指出：“全面建设社会主义现代化国家，是一项伟大而艰巨的事业，前途光明，任重道远。”[①]他深入分析了世界百年未有之大变局加速演进的复杂国际形势，客观分析了国内改革发展稳定面临的不少深层次矛盾，要求我们必须增强忧患意识，坚持底线思维，居安思危、未雨绸缪。“三个务必”充分体现了习近平总书记掌舵领航的智慧，体现了以习近平同志为核心的党中央崇高的使命意识、实事求是直面问题和困难的勇气，是复杂国际国内条件下完成新时代使命任务的新要求。

---

① 习近平：《高举中国特色社会主义伟大旗帜 为全面建设社会主义现代化国家而团结奋斗——在中国共产党第二十次全国代表大会上的报告》，人民出版社 2022 年版，第 26 页。

不忘初心、牢记使命，才能咬定青山不放松、千磨万击还坚劲。新时代新征程上，党要始终赢得人民拥护、巩固长期执政地位，就必须时刻保持解决大党独有难题的清醒和坚定，务必不忘初心、牢记使命，与人民心心相印、与人民同甘共苦、与人民团结奋斗，不断夺取新胜利。广大党员、干部要切实增强政治意识，不断提高政治判断力、政治领悟力、政治执行力，更加坚定、更加自觉地践行初心使命，坚定理想信念，把握历史发展大势，深刻领悟“两个确立”的决定性意义，增强“四个意识”、坚定“四个自信”、做到“两个维护”。要把不忘初心、牢记使命作为加强党的建设的永恒课题，开展制度化、常态化教育，使全党同志在思想、作风、党性上经常受洗礼，持续“补钙”“加油”，不断筑牢理想信念之基，确保党永远不变质、不变色、不变味，永葆共产党人践行初心、担当使命的本色。

谦虚谨慎、艰苦奋斗，才能不畏浮云遮望眼、风雨无阻向前行。中国共产党在内忧外患中诞生，在磨难挫折中成长，在战胜风险挑战中壮大。要巩固党的长期执政地位、始终赢得人民衷心拥护，必须永葆“赶考”的清醒和坚定。全党必须深刻认识到，党面临的执政考验、改革开放考验、市场经济考验、外部环境考验将长期存在，精神懈怠危险、能力不足危险、脱离群众危险、消极腐败危险将长期存在，全面从严治党永远在路上，党的自我革命永远在路上。实践一再告诫我们，管党治党一刻也不能放松，必须常抓不懈、紧抓不放，决不能有松劲歇脚、疲劳厌战的情绪，必须持之以恒推进全面从严治党，必须增强忧患意识、坚持底线思维，始终以清醒坚定的态度、未雨绸缪的眼光“迎考”“备考”，以党的自我革命引领社会革命。

敢于斗争、善于斗争，才能踏平坎坷成大道、越是艰险越向前。中国共产党靠斗争赢得过去，更要靠斗争开辟未来。在开启实现中华民族伟大复兴中国梦的新征程中，必须勇于进行具有许多新的历史特点的伟大斗争，准备付出更为艰巨、更为艰苦的努力。实现伟大梦想、战胜艰难险阻，必须发扬斗争精神，把握斗争方向，把握斗争主动权，坚定斗争意志，掌握斗争规律。要善斗争、会斗争，提升见微知著的能力，透过现象看本质，准确识变、科学应变、主动求变，洞察先机、趋利避害。通过严格的思想淬炼、政治历练、实践锻炼与专业训练，在急难险重中淬炼斗争本领，在伟大实践中接受检验和考验。以越是艰险越向前的大无畏气概，有效应对重大挑战、抵御重大风险、克服重大阻力、解决重大矛盾，把我们自己的事情做好，依靠顽强斗争打开事业发展新天地。

全面从严治党体系的演进逻辑及效能释放

江苏省社会科学院　陈　朋

政党是现代政治生活的重要力量，并已经名副其实地成为一个国家的权力中心。作为一个国家的权力中心，政党必须加强自身建设，以有效的政党治理巩固执政地位、推动国家建设。于本质意义上看，政党治理是对组织内部出现的各种问题作出修正改造与动态调适。作为马克思主义执政党，中国共产党承担着建设社会主义现代化强国和实现中华民族伟大复兴的历史使命。这从深层次决定了它必须对自身成长发展过程中出现的各种问题作出修正与纠偏，以永葆马克思主义政党的政治本色、使命追求和精神气质。基于此，以全面、从严的方式加强管党治党便成为中国共产党实施政党治理的基本方略。全面从严治党因此被看作是中国共产党在自身的先进性特质和先锋队禀赋受到侵蚀后采取的一种政党治理方式和系统性构造。那么，在高度关注全面从严治党体系构建的当前，就应该思考管党治党的深层次逻辑是什么？全面从严治党体系建设经过了哪些演进历程？透过这些演进历程，可以窥探出全面从严治党体系蕴含着哪些逻辑理路？其体系构建体现出哪些治理效能？这就意味着当前亟需对上述问题作出分析。

一、从党要管党到全面从严治党体系构建：政党治理的中国演进历程

对于中国共产党而言，加强自身治理即是在审视外部环境的过程中对自身何以执政、何以长期执政的主观自觉行动。在这种行动过程中，中国共产党充分发挥主观能动性，适时推动从“党要管党”到“全面从严治党体系”的演进。

（一）“伟大的工程”蕴含着管党治党的雏形

如何加强自身建设，在中国共产党成立之初就受到重视。随着革命斗争的不断发展，加强党的建设的重要性日渐显现，并逐渐形成了整党整风等行之有效的管党治党模式。1939 年 10 月，毛泽东在《〈共产党人〉发刊词》中指出，为了更好地发挥中国共产党在抗日战争的中流砥柱的作用，要“建设一个全国范围的、广大群众性的、思想上政治上组织上完全巩固的布尔什维克化的中国共产党”[①]，并将这一任务称为“伟大的工程”。这可以看作是中国共产党正式从理论层面探索管党治党。《〈共产党人〉发刊词》对中国共产党成立以来加强自身建设、实施管党治党的经验进行了初步总结，指出中国共产党已经成为一个全国性大党，但仍然面临进一步巩固和布尔什维克化的问题。正如此，中国共产党提出了要加强党的建设这项“伟大的工程”，从而正式开启了管党治党的征程。

（二）“党要管党”对“伟大的工程”的承接

既然将党的建设作为“伟大的工程”，那么必然客观上要求党要管党，否则这项工程就会落空。1962 年 11 月，邓小平在接见参加组织工作会议和全国监察工作会议的代表时首次提及“党要管党”。他指出，“党要管党，一管党员，二管干部。”[②]随后，1963 年 1 月，中共中央对《组织工作会议纪要》作出批示：“党要管党……党不管党，党的路线和方针政策就不可能

① 《毛泽东选集》第 2 卷，人民出版社 1991 年版，第 602 页。

② 《邓小平文选》第 1 卷，人民出版社 1994 年版，第 328 页。

贯彻实现，党的组织就有蜕化变质的危险”[①]。虽然这一时期党中央所强调的管党治党主要着眼于“管”，但契合了当时的时空境遇，有力地支撑了当时党的建设。基于党要管党的重要性，1983年10月党的十二届二中全会通过了《中共中央关于整党的决定》，决定从1983年下半年开始用三年时间对党的作风和组织进行一次全面整顿，其主要任务就是使全党上下形成党要管党的思想认识和行动自觉，并切实采取有效举措推动党要管党落到实处。

（三）“从严治党”对“党要管党”的深化

从“党要管党”到“从严治党”发生重要转变的时间节点是1987年10月召开的党的十三大。党的十三大报告提出，“必须从严治党，严肃执行党的纪律”[②]，这是对“从严治党”最直接、最明晰的表述，也表达了中国共产党对管党治党规律有了更深的认识。作为对“党要管党”理论认识和实践探索的深化，1992年10月召开的党的十四大报告提出：“我们一定要结合新的实际，遵循党的基本路线，坚持党要管党和从严治党，加强和改进党的建设，努力提高党的执政水平和领导水平”[③]，这是党内文献首次同时表达“党要管党”和“从严治党”两个概念，随后，这次党代会通过的《中国共产党章程（修正案）》将“从严治党”写入党章并被确立为这一时期党的建设总体方针，管党治党因此进入一个新阶段，党的十四大围绕管党治党作出的部署不仅得到了延续，而且实现了拓展。1997年9月，党的十五大在部署党的建设问题时提出，“各级党委要坚持‘党要管党’的原则，把从严治党的方针贯彻到党的建设的各项工作中去，坚决改变党内存在的纪律松弛和软弱涣散的现象”[④]，实践表明，这一时期“从严”的特征非常明显，严格要求、严格管理、严格监督、严肃处置、严格执行等话语表达都鲜明体现出执政党在政党治理上已经从“管党治党”迈向“从严治党”的演进。在继承“严”的基调上，2002年11月召开的党的十六大提出了从

① 中共中央文献研究室编：《建国以来重要文献选编》第16册，中央文献出版社1997年版，第92页。

② 中共中央文献研究室编：《十三大以来重要文献选编》（上），人民出版社1991年版，第53页。

③ 中共中央文献研究室编：《十四大以来重要文献选编》（上），人民出版社1996年版，第38—39页。

④ 中共中央文献研究室编：《十五大以来重要文献选编》（上），人民出版社2000年版，第50页。

严治党的目标任务："着力解决党的思想作风、学风、工作作风、领导作风和干部生活作风方面的突出问题，特别是要防止和克服形式主义、官僚主义"[①]，围绕这一目标任务，党中央多次作出具体部署，以此提高党的领导水平和执政水平、拒腐防变和抵御风险能力。

（四）由"从严治党"向"全面从严治党"的跃升

2014 年 12 月，习近平总书记在江苏调研时指出，要"协调推进全面建成小康社会、全面深化改革、全面推进依法治国、全面从严治党，推动改革开放和社会主义现代化建设迈上新台阶"[②]，这被看作"全面从严治党"的首次呈现。梳理党的十八大以来全面从严治党的探索历程可以发现，新时代十年全面从严治党大致经历了三个阶段。

第一阶段：以解决"四风"问题为突破口，开启全面从严治党的新格局。自 2012 年 11 月至 2015 年 10 月这三年里，党中央主要是以严查"四风"、严惩腐败、从严治吏为指向，以群众路线教育实践活动、"三严三实"专题教育活动为抓手，推进全面从严治党。其突出表现是，《十八届中央政治局关于改进工作作风、密切联系群众的八项规定》《党政机关厉行节约反对浪费条例》《党政机关国内公务接待管理规定》等一系列剑指作风腐败的规定密集出台，并成为纠治"四风"的主要政策文本。随后，践行八项规定、严惩"四风"成为这一时期全面从严治党的重要策略。

第二阶段：以解决管党治党宽松软问题为目标，巩固全面从严治党的根基。严惩"四风"问题为新时代全面从严治党奠定了良好基础，但它并不是解决管党治党问题的全部。为此，2016 年 1 月，党的十八届中央纪委六次全会释放了"全面从严治党永远在路上"的强大信号。随后，中央把着力解决管党治党宽松软问题作为主要导向。其集中表现是，先后修订出台了《中国共产党廉洁自律准则》《中国共产党纪律处分条例》《中国共产党党内监督条例》《中国共产党问责条例》等一系列旨在解决管党治党宽松软问题的党内法规。

第三阶段：以贯彻新时代党的建设总要求为导向，推进全面从严治党

---

① 中共中央文献研究室编：《十六大以来重要文献选编》（上），人民出版社 2005 年版，第 42 页。

② 《主动把握和积极适应经济发展新常态　推动改革开放和现代化建设迈上新台阶》，《人民日报》2014 年 12 月 15 日。

向纵深发展。面对不断变化的形势任务，何以深入推进全面从严治党成为执政党必须回答的问题。基于此，党的十九大以后，以习近平同志为核心的党中央以政治建设为统领，推动全面从严治党向纵深方向发展。这集中体现为：全面加强党的政治建设，严明党的政治纪律；着力加强党的思想建设与理论武装，强化理想信念教育；坚持制度治党与依规治党，“形成比较完善的党内法规体系，严格制度执行，党的建设科学化、制度化、规范化水平明显提高”[①]。

（五）从“全面从严治党”到“全面从严治党体系”的构建

与全面从严治党相比，全面从严治党体系不仅强调“全面”“从严”“治”这三个关键词，而且更加凸显“体系”之意蕴。系统论表明，事物的发展是多重因素共同作用的结果，必须处理事物内部及其外部的各种关系。经过长期的实践探索，执政党逐渐认识到全面从严治党必须坚持系统性思维，从整体性、全局性、长远性等角度统筹考虑管党治党各领域各方面的问题，在系统谋划顶层设计的前提下正确处理全局与局部、当前与长远、宏观与微观、一般与特殊之间的关系，避免单兵推进、零敲碎打的片面性思维，进而构建具有系统性、整体性、协同性特征的全面从严治党体系。正如此，近年来党中央着力从体系层面加强政党治理，其鲜明特征就是，把全面从严治党体系构建贯穿于党的政治建设、思想建设、组织建设、作风建设、纪律建设、制度建设等各方面，并在政党治理的各方面实现衔接贯通。

二、全面从严治党体系建构的逻辑理路

从上述梳理可以看出，全面从严治党体系构建在方法运用、演进过程、制度定位、策略运用等方面蕴含多层面的逻辑理路。

（一）方法运用的逻辑：坚持系统性建构

作为长期执政的马克思主义政党，中国共产党在谋划政党治理时清醒

① 《中共中央关于党的百年奋斗重大成就和历史经验的决议》，人民出版社 2021 年版，第 32 页。

地意识到，要整体而不是局部、系统而不是零碎、持久而不是短暂地推进全面从严治党体系建设。这个体系既包括管党治党主体及其构成要素之间的“结构—功能”配置的静态系统，也包括这些要素之间形成的“输入—输出—反馈”的动态系统。前者使全面从严治党能形成基本稳定的框架结构，后者则使这些基本框架得以有效运行。这种系统性建构的方法论逻辑在新时代的政党治理实践中尤为突出。比如，针对过去一段时间党内法规制度建设衔接性不足、耦合特征不明显等问题，新时代的全面从严治党体系建设极为注重政党治理制度的系统性谋划，努力实现制度建设的要素耦合，不断增强制度的衔接性、互动性，以推动制度建设产生 1+1>2 的效果。正如习近平总书记指出的，“既要注意体现党章的基本原则和精神，符合国家法律法规，也要同其他方面法规制度相衔接，使实体性法规制度和程序性法规制度、综合性规定和专门性规定、下位法规制度和上位法规制度相互协调、相辅相成，提升法规制度整体效应”[①]。对全面从严治党体系构建发挥重要支撑作用的政治生态建设也是如此，它是全面从严治党注重系统性构建的生动体现。对于全面从严治党而言，政治生态建设既是必不可少的支撑力量，也是须臾不可离的重要内容。历史和实践一再证明，全面从严治党要想取得成效，就必须从思想、制度、生态等多要素入手。只有汇聚包括政治生态在内的多要素支持，才能激发全面从严治党的整体效能。

（二）演进过程的逻辑：遵循渐进有序的客观规律

对于全面从严治党体系建设而言，这种循序渐进的特征是显见的。其一，在具体策略上坚持循序渐进。新民主主义革命时期，中国共产党主要是根据战争需要及时调整管党治党策略，革命应对型的特征较为明显；社会主义革命和建设时期，基于新中国成立之初的特殊情况，中国共产党清醒地意识到机构建设对执政稳定性所发挥的基础性支撑作用，为此，从筹备廉政建设机构等角度出发推动管党治党措施的有效落地；改革开放和社会主义现代化建设新时期，主要是着眼制度建构，并推动制度建设从运动型应用向常态化建设转变；进入中国特色社会主义新时代，针对全面从严

① 《习近平关于严明党的纪律和规矩论述摘编》，中央文献出版社、中国方正出版社 2016 年版，第 63 页。

治党领域出现的各种新问题新情况，中国共产党采取了全面系统性的管党治党策略，将全面从严治党列入“四个全面”战略布局，以作风建设为切入口，结合各类主题教育，深化纪检监察体制改革，统筹一体推进“不敢腐、不能腐、不想腐”的制度建设目标。显然，这些推进策略具有典型的循序渐进特征，不仅契合管党治党的客观规律，而且在当时的时空境遇下发挥了应有作用。其二，在主要内容上坚持循序渐进。从上述梳理可以看出，全面从严治党体系不是直接提出来的，而是经历了“党要管党”到“从严治党”，到“全面从严治党”，再到“全面从严治党体系”的循序演进。即使是“从严治党”的表述也不是一蹴而就的，从被明确提出到成为党的建设的重要原则，到写入党章、成为管党治党的基本遵循和根本原则，再到提出全面从严治党，深化全面从严治党体系建设，都鲜明地体现出循序渐进的特质。

（三）对制度定位的逻辑：从注重制度建设到将制度建设贯穿始终

在全面从严治党体系的建设过程中，对制度建设的定位并不是一蹴而就的，而是先后经历了从注重制度建设到将制度建设贯穿始终的逐渐深入的过程。在改革开放初期，邓小平就提出：“我们过去发生的各种错误，固然与某些领导人的思想、作风有关，但是组织制度、工作制度方面的问题更重要。这些方面的制度好可以使坏人无法任意横行，制度不好可以使好人无法充分做好事，甚至会走向反面。”[①] 从中可以清晰地看出，制度建设受到了高度重视，被看作是管党治党中的根本性问题。正如此，自这一时期开始，中国共产党极为重视制度建设在防腐拒变中的重要作用，并采取多种举措将制度融入管党治党的各环节各领域，进而逐渐形成了以制度建设为支撑并贯穿于党的建设各领域全过程，推进管党治党不断走向深入，映射出中国共产党鲜明的系统性思维。

（四）策略运用的逻辑：思想建党与制度治党同步发力

就思想建党而言，早在新民主主义革命时期，毛泽东就告诫全党，“掌

---

① 《邓小平文选》第2卷，人民出版社1994年版，第333页。

握思想教育，是团结全党进行伟大政治斗争的中心环节。如果这个任务不解决，党的一切政治任务是不能完成的。”[①]新中国成立以后，这一观点得到了继承。改革开放之初的真理标准问题大讨论也是中国共产党注重思想建设的鲜明体现，它不仅结束了当时思想混乱的局面，而且使思想建党的原则得到进一步弘扬。进入新时代，重视思想建设的优良传统得到了继续传承，一个集中表现就是重视以切实解决世界观、人生观、价值观这个“总开关”问题为导向的理想信念教育。如果说思想建党为政党治理奠定了基础，那么它与制度治党的合力并行则为政党治理提供了更为巨大的支撑力量，这在党的十八大以来的全面从严治党实践中得到了更加清晰的呈现。正如习近平总书记在党的群众路线教育实践活动总结大会上强调指出，新形势下从严治党要坚持思想建党和制度治党紧密结合，思想教育要结合落实制度规定来进行，要使加强制度治党的过程成为加强思想建党的过程，也要使加强思想建党的过程成为加强制度治党的过程。[②]梳理全面从严治党体系建设的实践可以发现，坚持思想建党与制度治党同步推进的策略，是中国共产党在推进政党治理过程中的重大创举。它不仅吸取了世界政党政治的通俗性常识，而且结合自身实际进行了富含中国特色的尝试性探索。

三、全面从严治党体系的效能释放

中国共产党之所以按照系统性思维稳步推进管党治党走向体系性建构，一个重要目的就是试图着力释放政党治理的综合效能。实践证明，全面从严治党体系的构建，在建构并巩固公众认同、实现政党治理制度化、锻造政党能力等方面释放出强大的治理效能。

（一）建构并巩固公众认同

对于中国共产党而言，执政的价值取向就是“全心全意为人民服务”“以人民为中心”。全面从严治党体系构建的重要作用就在于，通过严肃的党风整饬和常态化的思想醇化等政党治理活动，在党内向组织成员表

① 《毛泽东选集》第3卷，人民出版社1991年版，第1094页。

② 习近平：《在党的群众路线教育实践活动总结大会上的讲话》，《人民日报》2014年10月9日。

明人民群众的信任与支持是党兴衰成败的决定性因素，在党外则能使群众深刻体会到“共产党人不是同其他工人政党相对立的特殊政党。他们没有任何同整个无产阶级的利益不同的利益”[①]，“一切从人民的利益出发，而不是从个人或小集团的利益出发”[②]。对这种价值导向的宣扬与践行，就意味着中国共产党是一种与西方国家政党所不同的新型政党，而一旦向公众传递了这种价值取向，就能形成较为巩固的群众认同心理。但是，在现代社会，长期而持续的执政认同并不完全取决于价值取向的宣扬，还维系于执政要素的配置结构以及因此而来的执政绩效。诸多经验表明，在一个良好的政治生态下，执政主体能更好地实施国家治理，促进经济社会发展和文化繁荣，进而持续提高人民群众的生活水平，满足其日益增长的生活需要。而要实现这些目标、提高执政绩效，就必须加强全面从严治党体系建设，以为现代国家治理的有序开展和执政绩效的增长提供有力支撑。

（二）实现政党治理制度化

不同的政党类型和政治制度决定了不同的政党治理逻辑。与西方国家主要是依靠政党外部的竞争来倒逼执政党加强自身治理不同，中国的政党治理更多的是依赖政党作为肩负伟大使命的政治主体而主动作为——自觉实施管党治党来实现政党善治。在长期的执政实践中，中国共产党逐渐认识到，面对纷繁复杂的外部环境和非线性特征日渐显著的内部环境，政党治理不能采取传统的运动式治理，而必须采取制度化方略、通过制度化方式，这正是全面从严治党体系建设的题中应有之义。诸多事实证明，全面从严治党体系建设开启了政党治理制度化建设的新格局，实现了政党治理的新形态。党中央在2012—2014年、2018—2019年在全党范围内先后开展了两次党内法规和规范性文件的集中清理工作，在中央层面决定废止、宣布失效和修改865件。集中清理工作一方面实现了党内法规制度的“瘦身”和“健身”，另一方面实现了政党治理的有效制度供给。[③]这些都是伴随全面从严治党体系建设而显现的积极效能。

---

① 《马克思恩格斯选集》第1卷，人民出版社2012年版，第413页。

② 《毛泽东选集》第3卷，人民出版社1991年版，第1094—1095页。

③ 中共中央办公厅法规局：《中国共产党党内法规体系》，《人民日报》2021年8月4日。

（三）锻造强大的政党能力

全面从严治党体系既是锻造政党能力的重要载体，同时也是检验和彰显政党能力的重要指标。回顾中国共产党推动全面从严治党体系建设的历程可以看出，这种政党能力的锻造集中体现在自我革命的能力上。从语义上看，自我革命是一种通过自我审视、查摆自身存在的问题进而实现革新、提高和完善的能力。中国共产党在长期的革命、建设和改革实践中逐渐认识到："没有一个革命的党，没有一个按照马克思列宁主义的革命理论和革命风格建立起来的革命党，就不可能领导工人阶级和广大人民群众战胜帝国主义及其走狗。"[①] 这里所讲的革命不仅指社会革命，也包括对执政党自身开展的自我革命。正是秉持这种自我革命的勇气，中国共产党及时修正了大革命失败后的右倾机会主义错误、改组中央领导机构、严厉惩治腐败、提出建设廉洁政府。改革开放和社会主义现代化建设新时期，邓小平就及时发出了"中国要出问题，还是出在共产党内部"[②] 的自我警醒，并随之推动全党严厉惩治腐败、严厉打击官商勾结。进入中国特色社会主义新时代，中国共产党对自我革命的重视更加显见，习近平总书记在总结我们党之所以能脱颖而出并取得巨大成就时指出，"根本原因在于我们党始终保持了自我革命精神，保持了承认并改正错误的勇气，一次次拿起手术来革除自身的病症，一次次靠自己解决了自身问题。"[③]

---

① 《毛泽东选集》第 4 卷，人民出版社 1991 年版，第 1357 页。

② 《邓小平文选》第 3 卷，人民出版社 1993 年版，第 380 页。

③ 中共中央党史和文献研究院编：《十八大以来重要文献选编》（下），中央文献出版社 2018 年版，第 590 页。

深入推进全面从严治党必须坚持和加强党的全面领导

内蒙古自治区社会科学院　魏文芳

党的领导要求"自身硬"，全面从严治党就是从根本上解决"硬"的问题。目前，管党治党存在从严不力的突出问题，应对错综多变的世情国情党情，为高质量发展引领和保障的客观要求都需要坚持不懈把全面从严治党向纵深推进。而推进全面从严治党的根本是创新党的领导体制机制和领导方式，这就必须坚持和加强党的全面领导。

一、坚持和加强党的全面领导是全面从严治党的核心

新的征程上，要"牢记打铁必须自身硬的道理，增强全面从严治党永远在路上的政治自觉"[①]，核心在于坚持和加强党的全面领导，首先就是要坚持党中央集中统一领导和坚决维护党中央权威、保证全党令行禁止。

① 习近平:《在庆祝中国共产党成立 100 周年大会上的讲话》，人民出版社 2021 年版，第 19 页。

（一）只有坚持维护党中央权威和集中统一领导，才能把握好全面从严治党的第一要义

从理论必要来讲，坚持马克思主义执政党的领导，要旗帜鲜明讲政治，首先要保证全党服从中央，这是马克思主义关于党的建设的重要思想。中国共产党作为长期执政的马克思主义革命党，不仅要推进社会革命、管理好社会各项事务，更要推进自我革命，而且要实现以成功的自我革命引领推进社会革命深入进行，首要的就是坚持全面从严治党。首先从政治上看，其中的第一要义就是坚持维护党中央权威和集中统一领导。恩格斯讲："没有权威，就不可能有任何的一致行动"[①]，列宁指出，党必须按照集中制原则形成具有严密的组织、统一意志和行动的"真正钢铁般的组织"[②]。习近平总书记明确要求全党要进一步增强团结和集中统一，他强调，"要治理好我们这个大党、治理好我们这个大国，保证党的团结和集中统一至关重要，维护党中央权威至关重要"[③]，这是党的领导的最高原则。如若党中央权威丧失、党中央集中统一领导无力，党的理论路线、方针政策的贯彻执行必然随意而为、权力运行也必定恣意妄为，这样党的领导也就只会成为"一句空话"，全面从严治党的核心也必然无法捍卫。因此，"维护党中央权威，决不是一般问题和个人的事，而是方向性、原则性问题，是党性，是大局，关系党、民族、国家前途命运"[④]，这是坚持党的全面领导的首要原则，是全面从严治党的第一要义。

从实践必需来看，纵观历史，世界上大国的崩溃、衰败与革命运动的失败，普遍原因都是丧失了党中央权威和集中统一领导。如苏联解体、巴黎公社失败等，无不在于此。我们党也曾经有过这方面的历史教训。纵观党的历史，遵义会议的伟大历史转折意义根本正是在于开始逐步形成党的集中统一领导，从此才不断推进了社会革命走向成功。"在中国这样的大国……没有这样一个党的统一领导，是不可能设想的，那就只会四分五裂，

① 《马克思恩格斯全集》第 33 卷，人民出版社 1973 年版，第 368 页。

② 《列宁全集》第 9 卷，人民出版社 2017 年版，第 227 页。

③ 《习近平谈治国理政》第 2 卷，外文出版社 2017 年版，第 188 页。

④ 《习近平关于全面从严治党论述摘编》，中央文献出版社 2016 年版，第 84 页。

一事无成。”[①] 历史实践充分表明，我们党历来特别注重维护党中央权威和集中统一领导，这一传统已然成为我们党走向成熟、走向强大的显著特征和独特优势。尤其是新时代以来，各级纪委坚决维护党中央权威和集中统一领导，严肃查处、公开发表违背中央精神的言论和有令不行、有禁不止的行为。党的十八大以后的五年，共立案审查违反政治纪律的案件有 1.5 万件，处分人数 1.5 万，其中包括 112 名中管干部，有力彰显了全面从严治党的核心要义。[②] 目前，中国共产党团结带领中国人民又踏上了实现第二个百年奋斗目标新的“赶考”之路，既要把握重大战略机遇，也要迎接不断变化的严峻挑战；既要应对发生深刻变化的国内外环境，也要面临并解决新的重大理论和实践问题。国际方面，世界百年未有之大变局下，疫情冲击、经济低迷、市场萎缩等，各国经济社会更大不确定性频繁出现。国内方面，各方面都发生了全方位的新变化、展现出了新的要求。要素禀赋、经济发展模式的变化，外贸依存程度的下降、内需成为经济增长主要动力趋势的明显，改革的深入推进，“四大危险”“四大考验”的存在等，都需要中国共产党指引方向、凝心聚力、稳定社会，都要求党的领导力、战斗力、创造力，党中央的判断力、决策力、行动力决定性作用的发挥。正如 2021 年中央经济工作会议指出的应对风险挑战实践中积累的规律性认识，首要一条就是必须坚持党中央集中统一领导，沉着应对重大挑战，步调一致向前进，这是应对社会革命实践重大挑战的现实需求，更是面对自我革命重大考验的实践必要。[③]

（二）只有坚持维护核心、捍卫核心、忠诚核心，才能筑牢全面从严治党的根基

从理论角度来讲，一个国家、一个政党，领导核心至关重要。确立和维护无产阶级政党的领导核心，是马克思主义关于党的建设学说的基本观点之一。我们党作为马克思主义政党，坚持以马克思主义为根本指导思想、

① 全国党的建设研究会编著：《中国化的马克思主义党建理论体系概论》，党建读物出版社 2021 年版，第 62—63 页。

② 《十八届中央纪律检查委员会向中国共产党第十九次全国代表大会的工作报告》，《人民日报》2017 年 10 月 30 日。

③ 《中央经济工作会议在北京举行》，《人民日报》2021 年 12 月 11 日。

维护领导核心是优良传统和显著优势，也是全面从严治党核心的核心。只有坚持维护核心、捍卫核心、忠诚核心，全面从严治党才有根基、才有力量、才有实效。在列宁看来，政党没有自己的领袖核心，就不能形成统一的意志。没有统一的意志，何谈统一思想、统一行动，何谈领导社会主义事业不断走向胜利，何谈推进从严管党治党纵深发展、成效卓著！全党必须有一个核心，核心的坚强领导下才有集中权威、才有全党团结、才有统一力量，才能保证党的领导科学高效，才能保证全面从严治党根基稳固。因此，“没有核心的领导是靠不住的”。[①]

从实践层面来看，确立党的领导核心是直接关系党的生死存亡与前途命运的重大问题。全党有核心，才有党中央的权威，才有党的坚强领导力；反之，没有党中央核心、没有领袖核心，就没有集中统一领导，必然会导致各自为政、一事无成。从历史实践来看，党的领导核心地位是历史发展的应然选择和必然结果。党的十八大以来，以习近平同志为核心的党中央带领全党全军全国各族人民撸起袖子加油干、风雨无阻向前行，创造了一个个奇迹，推动我国迈上全面建设社会主义现代化国家新征程。同时，时刻保持解决大党独有难题的清醒和坚定，时刻保持推进党的自我革命的高度自觉，坚定不移正风肃纪反腐，新时代全面从严治党成效显著、影响深远。这些成功实践和重大政治成果，展示了新时代以来习近平同志作为党中央核心、全党核心作出的卓越贡献、凸显的伟大意义。正如《中共中央关于党的百年奋斗重大成就和历史经验的决议》中指出的：“党确立习近平同志党中央的核心、全党的核心地位，确立习近平新时代中国特色社会主义思想的指导地位，反映了全党全军全国各族人民共同心愿，对新时代党和国家事业发展、对推进中华民族伟大复兴历史进程具有决定性意义。”[②]揆诸现实、展望未来，我们党正带领人民进行具有许多新的历史特点的伟大斗争，要应对瞬息多变的内外形势环境、要推进改革发展深入进行、要解决错综复杂的风险挑战、要经受管党治党的严峻考验，根本在党、关键在党的领导核心。而且，一些领导干部对党的性质和宗旨的背弃、对党政治纪律和政治规矩的违反、对党中央集中统一领导和党团结统一的破坏，

① 全国党的建设研究会编著：《中国化的马克思主义党建理论体系概论》，党建读物出版社2021年版，第64页。

② 《中共中央关于党的百年奋斗重大成就和历史经验的决议》，人民出版社2021年版，第26页。

已经成为党面临的最大威胁。现实情况与形势发展都表明：推进全面从严治党，必须要维护核心、捍卫核心、忠诚核心，必须要有坚强有力的领导核心，这是中国共产党百年奋斗的宝贵历史经验，也是实现中华民族伟大复兴的必然要求。

（三）只有坚持和完善党的领导的体制机制，才能推进全面从严治党的制度化规范化

党的领导制度是我国的根本领导制度，全面从严治党就是要坚定中国共产党领导制度的最大优势和鲜明性质。党的领导是全面的、系统的、整体的，这也必然要求体现在全面从严治党的全过程、各环节。而全面从严治党的过程环节是在具体的社会制度下的中、微观之维，需要党的领导进行统合与引导。中国共产党作为全面从严治党系统工程的倡导者、主导者和推动者，是最坚定的核心领导力量，对于领导建立健全全面从严治党体制机制建设至关重要。只有坚持党的领导才能科学建立和有效完善全面从严治党重大任务的领导制度体系，不断根据国情、世情、党情的新发展新变化新需要推进全面从严治党，从而在继往开来中迎接挑战，更好地发挥党的政治领导在管党治党的体制机制建设中的重要作用。全面从严治党范围广阔，层次繁复，环节多重，是一个庞大的系统工程。中国共产党是最高政治领导力量，是推动管党治党的领导力量。要推进全面从严治党纵深发展，就要强化党在管党治党中的领导核心地位。只有坚持和加强党的全面领导，把党的全面领导的重大原则和核心要义贯穿到全面从严治党的全过程和各环节，才能科学建立和有效完善党对从严治党各项工作尤其是重大任务的领导制度体系，才能构建设置合理、体系完备、高效运行的职能体系和运行机制，将党的领导落实到管党治党的具体环节和细致工作之中，从而更有机匹配全面从严治党的动态发展要求，不断适应时代变化，实现管党治党的制度化、规范化、程序化。这是中国共产党加强自身建设的必然要求，是发挥推动全面从严治党纵深发展作用的必然要求。

二、坚持和加强党的全面领导是全面从严治党的根本

“坚持和加强党的全面领导，关系党和国家前途命运，我们的全部事业

都建立在这个基础之上，都根植于这个最本质特征和最大优势。”[①] 实践也充分表明：新时代全面从严治党取得历史性、开创性成就，根本在于党中央指导明确、旗帜鲜明、领导有力。

（一）坚持和加强党的全面领导，从根本上实现和保证全面从严治党指导明确、效果显著

中国共产党是以马克思主义为指导、始终注重用马克思主义武装的政党；马克思主义是我们立党兴国、兴党强党的根本指导思想。我们党自从选择了马克思主义，就坚定不移地坚持、捍卫、发展，一百多年来从来没有动摇过、改变过、放弃过。毛泽东思想、邓小平理论、“三个代表”重要思想、科学发展观、习近平新时代中国特色社会主义思想，都是马克思主义中国化的党的创新理论成果，有力指导、科学引领了各个历史时期党和国家事业的进步和发展，其中关于党的建设、从严管党治党、反腐败的理论指导并有力推进了全面从严治党。尤其是党的十八大以来，习近平新时代中国特色社会主义思想的形成和发展以及其指导地位的确立，对新时代党和国家事业发展、对推进中华民族伟大复兴历史进程具有决定性的意义，其中关于提出坚持和加强党的全面领导、推进党的自我革命等思想理论，继承并发展了马克思主义建党学说，成为全面从严治党的根本指导并发挥重大作用。从明确提出全面行严治党并将其纳入“四个全面”战略布局，到党的十八届六中全会专题研究，到党的十九大将全面从严治党作为党的建设总要求的主要内容并写入党章，再到党的十九届四中全会重点部署全面从严治党制度建设，全面从严治党的战略思想逐步成熟，指导新时代全面从严治党纵深发展并取得卓越成就，从严管党治党达到新境界。新征程上，国内外环境错综复杂、管党治党形势及要求更加严峻，要求根本指导思想既要明确坚定，也要紧跟时代要求，要求马克思主义指导地位和指导作用明确、到位，这就必须要坚持和加强党的全面领导。因为只有在党的领导下，才能有效实现马克思主义与中国具体实际相结合、与中华优秀传统文化相结合，才能更好地坚持用中国化的马克思主义指导管党治党实践，有力推进全面从严治党不断向纵深发展。这是实践证明了的，也是实践发展要求的。

---

① 习近平：《论坚持党对一切工作的领导》，中央文献出版社 2019 年版，第 222 页。

（二）坚持和加强党的全面领导，从根本上实现和保证全面从严治党道路正确、旗帜鲜明

“治国犹如栽树，本根不摇则枝叶茂荣”[①]，我们治国理政的本根，就是中国共产党的领导和我国社会主义制度。党的领导与中国特色社会主义从来都是不可分割的，中国特色社会主义是在党的领导下开创和发展起来的，也只有在党的领导下才能继续高举科学社会主义伟大旗帜、坚定坚持中国特色社会主义道路，不断推进社会主义事业兴旺发达。从社会主义事业发展的历史进程看，新民主主义革命时期、社会主义革命和建设时期、改革开放和社会主义现代化建设新时期、中国特色社会主义新时代的全部历史过程，都是在中国共产党的坚强领导下才创造了一系列社会主义事业发展的伟大成就，让中国特色社会主义成为世界社会主义的中流砥柱。历史实践也证明，党的领导和社会主义高度融合、有机统一、相互联系、相互作用。党的领导越是坚强有力，社会主义事业越能沿着正确方向走向进步和胜利；社会主义事业越是兴旺发达，党的领导越是坚强有力。当前，面对更加复杂多变的国内外局势，作为中国特色社会主义事业重要内容的全面从严治党向纵深推进，同样必须在党的领导下才可以坚持道路正确、旗帜鲜明。尤其是进入新时代以来，国外局势变化多端，国内任务复杂艰巨，只有坚持和加强党的全面领导，在推进全面从严治党的过程中我们才能更成功地应对重大挑战、抵御重大风险、克服重大阻力、解决重大矛盾，才能始终保持政治定力，“既不走封闭僵化的老路，也不走改旗易帜的邪路”[②]，一以贯之将坚持和发展中国特色社会主义贯穿于全面从严治党的全过程与各环节。

（三）坚持和加强党的全面领导，从根本上实现和保证全面从严治党立场正确、基础深厚

人民是中国共产党的根基和血脉，是党执政兴国的最大底气，是我们党执政的最深厚基础，是党的生命之根、力量之源、胜利之本。人民立场是中国共产党的根本政治立场，突出的表现就是我们鱼水情深的党群关系。毛

① 《习近平谈治国理政》第3卷，外文出版社2020年版，第165页。
② 《习近平谈治国理政》第3卷，外文出版社2020年版，第181页。

泽东将党与人民的关系形象而深刻的描述为“种子和土地”，多次强调和最广大的人民群众取得最密切的联系是中国共产党区别于其他任何政党的一个显著的标志。习近平总书记指出“为人民而生，因人民而兴，始终同人民在一起，为人民利益而奋斗，是我们党立党兴党强党的根本出发点和落脚点”[①]，“我们党要做到长期执政，就必须永远保持同人民群众的血肉联系”[②]。然而，由于我们党内出现的种种消极腐败问题，直接削弱了党与人民群众的血肉联系，削弱了党的领导能力和执政基础，这些对党的杀伤力要远远大于来自外部的诬蔑攻击。为此，在推进全面从严治党的实践过程中必须要始终围绕坚持和加强党的全面领导这一根本原则。中国共产党是成熟的马克思主义执政党，一直坚守人民立场，始终践行初心使命，始终代表最广大人民的根本利益，与人民休戚与共、生死相依。坚守人民立场、坚持人民利益至高无上，决定了中国共产党始终从人民根本利益出发，按照群众利益和要求、期盼和愿望推进党和国家各项事业，实现和保证全面从严治党以人民为中心的根本立场，保持党同人民群众的血肉联系，不断夯实党的执政根基。因此，推进全面从严治党向纵深发展，必须坚持党的领导，统一凝聚于始终保持党同人民群众的血肉联系，这是根脉所在，力量所在。而且，党的十八大以来坚持以人民为中心加强党的全面领导的具体实践，实现了党的领导地位更加巩固，实现了全面从严治党的立场始终明确坚定、成效卓著、目标突出、基础深厚，得到广大人民群众的认可和信任，形成坚持党的领导、凝聚建设党和国家事业强大合力的有力政治保障和有效实践路径。

三、推进全面从严治党，方能更好地坚持和加强党的全面领导

事物是辩证统一的，全面从严治党与坚持和加强党的全面领导也不例外。纵观我们党百年非凡历程，党之所以能够战胜一切艰难险阻从小到大、由弱到强，成为中国人民和中华民族的主心骨，秘诀就在于始终坚持党要管党、从严治党。我们党的百年奋斗史，就是以伟大自我革命推进伟大社

① 习近平：《在党史学习教育动员大会上的讲话》，人民出版社 2021 年版，第 15 页。

② 《习近平谈治国理政》第 4 卷，外文出版社 2022 年版，第 56 页。

会革命的革命历史。无论是毅然纠正错误路线、决然纠正“左”倾错误；还是开展延安整风运动、整风整党运动、拨乱反正等，都展示了我们党勇于善于自我革命的政治智慧和斗争能力。尤其是党的十八大以来，以习近平同志为核心的党中央开创性地提出全面从严治党，并将其纳入“四个全面”战略布局、列为其他三个“全面”的引领保障，以巨大的政治勇气和强烈的责任担当不断推进全面从严治党，全方位狠抓思想从严、执纪从严、治吏从严、作风从严、反腐从严，开辟了管党治党的新境界，根本扭转了管党治党宽松软状况，实现党的领导随着全面从严治党推进而得以有效强化。但必须清醒地看到，“行百里者半九十”，越是接近宏伟目标，面临的挑战和风险就越大，越离不开中国共产党作为执政党的正确指引、作为主心骨的凝心聚力、作为压舱石的维护安全和谐，越需要坚持和加强党的全面领导，坚定将全面从严治党不断推向纵深。

全面从严治党是一个战略举措，更是一个根本保障。在习近平总书记治国理政思想中，全面从严治党不是一般的工作任务，也不是一般的工作方针，而是具有全局性、统领性的战略举措，是根本的政治保障和政治引领，这是其基础性定位。在党所面临的环境、所肩负的任务和自身状况发生深刻变化的情况下，如果我们不能深入推进全面从严治党，永葆党的先进性、纯洁性，坚持和加强党的全面领导就将成为一个良好愿望。“治国必先治党，治党务必从严”①，党面临的“赶考”远未结束，“所有领导干部和全体党员要继续把人民对我们党的‘考试’、把我们党正在经受和将要经受各种考验的‘考试’考好，努力交出优异的答卷”②。这就必须纵深推进全面从严治党，坚决与一切影响党的先进性、弱化党的纯洁性的问题作坚决斗争，把党建设得更加坚强有力，保证党始终成为党和国家各项事业的坚强领导核心。

总之，中国共产党的领导是党和国家的根本所在、命脉所在，是全国各族人民的利益所系、命运所系。全面从严治党作为新时代伟大工程的主题深入，是党的创举，也是党的事业取得丰功伟绩的法宝。二者有机统一，必须坚持在党的全面领导下推进全面从严治党向纵深发展，当然，也必须深入全面从严治党，实现和保证党的领导更加坚强有力。

---

① 《习近平谈治国理政》第1卷，外文出版社2018年版，第14页。

② 《党面临的“赶考”远未结束》，《人民日报》2013年7月14日。

党的自我革命的历史必然性

天津社会科学院　石锐杨

习近平总书记在党的二十大报告中明确指出："经过不懈努力，党找到了自我革命这一跳出治乱兴衰历史周期率的第二个答案"。从理论逻辑来看，自我革命是马克思主义政党性质宗旨的应有之义；从历史逻辑来看，自我革命是中国共产党人的优良传统和作风；从实践逻辑来看，自我革命是党面临的任务和挑战的必然要求。党的自我革命在我党成立和不断壮大的过程中具有历史必然性，也是我党不断蓬勃发展的制度保障。

一、理论逻辑：自我革命是马克思主义政党性质宗旨的应有之义

中国共产党是中国工人阶级的先锋队，也是中国人民和中华民族的先锋队。党的宗旨就是全心全意为人民服务。党的性质宗旨决定党必须不断进行自我革命，只有通过党的自我革命才能引领社会革命。马克思、恩格斯在《共产党宣言》中明确指出："过去的一切运动都是少数人的，或者为少数人谋利益的运动。无产阶级的运动是绝大多数人的，为绝大多数人

谋利益的独立的运动。”[①]“共产党人不是同其他工人政党相对立的特殊政党。他们没有任何同整个无产阶级的利益不同的利益。”[②]列宁明确提出党是“无产阶级的先锋队，无产阶级的先进部队”[③]；“党是阶级的先进觉悟阶层，是阶级的先锋队。这个先锋队的力量比它的人数大10倍，100倍，甚至更多”[④]，他认为，“只是自称为‘先锋队’，自称为先进部队是不够的，还要做得使其余一切部队都能看到并且不能不承认我们是走在前面。”[⑤]

毛泽东明确提出，中国共产党的根本宗旨是全心全意为人民服务，他指出：“共产党员无论何时何地都不应以个人利益放在第一位，而应以个人利益服从于民族的和人民群众的利益”[⑥]，他反复强调：“共产党就是要奋斗，就是要全心全意为人民服务，不要半心半意或者三分之二的心三分之二的意为人民服务”[⑦]。面对世界社会主义运动出现的严重挫折，邓小平告诫全党：“中国要出问题，还是出在共产党内部”“说到底，关键是我们共产党内部要搞好”[⑧]。

党的十八大以来，习近平总书记强调：“为什么人的问题，是检验一个政党、一个政权性质的试金石。带领人民创造美好生活，是我们党始终不渝的奋斗目标。”[⑨]“中国共产党始终代表最广大人民根本利益，与人民休戚与共、生死相依，没有任何自己特殊的利益，从来不代表任何利益集团、任何权势团体、任何特权阶层的利益。”[⑩]

---

① 《马克思恩格斯选集》第1卷，人民出版社2012年版，第411页。

② 《马克思恩格斯选集》第1卷，人民出版社2012年版，第413页。

③ 《列宁选集》第4卷，人民出版社2012年版，第509页。

④ 《列宁全集》第24卷，人民出版社2017年版，第38页。

⑤ 《列宁选集》第1卷，人民出版社2012年版，第367页。

⑥ 《毛泽东选集》第2卷，人民出版社1991年版，第522页。

⑦ 《毛泽东文集》第7卷，人民出版社1999年版，第285页。

⑧ 《邓小平文选》第3卷，人民出版社1993年版，第380—381页。

⑨ 习近平：《决胜全面建成小康社会　夺取新时代中国特色社会主义伟大胜利——在中国共产党第十九次全国代表大会上的报告》，人民出版社2017年版，第44—45页。

⑩ 习近平：《在庆祝中国共产党成立100周年大会上的讲话》，人民出版社2021年版，第11—12页。

二、历史逻辑：自我革命是中国共产党人的优良传统和作风

一部党的历史，从一定意义上说，就是一部党的自我革命史、党不断通过自我革命引领社会革命的历史。自我革命是中国共产党一百多年形成的优良传统和作风，也体现了我党鲜明的优良品格。我们党拥有的自我革命的历史和政治传统，在党刚刚成立的时期、党的革命和建设时期，始终贯穿其中。

1944 年 3 月郭沫若的《甲申三百年祭》在重庆发表，此事引起了住在延安窑洞的毛泽东的警觉。他当即要求《解放日报》全文转载并印发单行本，号召全党将其作为整风文件认真学习。他提醒党员干部必须永远保持头脑清醒，切不可为一时的成绩冲昏头脑而忘乎所以，重蹈李自成的覆辙。同年 4 月，在《学习与时局》中，毛泽东进一步指出："我党历史上曾经有过几次表现了大的骄傲，都是吃了亏的……全党同志对于这几次骄傲，几次错误，都要引为鉴戒。近日我们印了郭沫若论李自成的文章，也是叫同志们引为鉴戒，不要重犯胜利时骄傲的错误。"[①]

1945 年 7 月毛泽东在延安窑洞与民主人士黄炎培谈话。"黄炎培说：我生六十多年，耳闻的不说，所亲眼看到的，真所谓'其兴也浡焉'，'其亡也忽焉'。一部历史，'政怠宦成'的也有，'人亡政息'的也有，'求荣取辱'的也有，总之没有能跳出这周期率。毛泽东说：我们已经找到新路，我们能跳出这周期律。这条新路，就是民主。只有让人民来监督政府，政府才不敢松懈。只有人人起来负责，才不会人亡政息。"[②]这就是著名的延安"窑洞对"。

1949 年 3 月，在解放战争即将取得全国胜利的前夕，党的七届二中全会在西柏坡召开。全会根据毛泽东的提议立下六条规矩：一不祝寿；二不送礼；三少敬酒；四少鼓掌；五不以人名作地名；六不要把中国同志同马恩列斯平列。在这次全会上，毛泽东郑重地提出："务必使同志们继续地保持谦虚、谨慎、不骄、不躁的作风，务必使同志们继续地保持艰苦奋斗的

---

① 《毛泽东选集》第 3 卷，人民出版社 1991 年版，第 947—948 页。

② 《毛泽东年谱（1983—1949）》（修订本）中册，中央文献出版社 2013 年版，第 610—611 页。

作风。”[①]同年3月23日，党中央从西柏坡动身前往北京。出发前，毛泽东深有感触地说：“今天是进京赶考的日子”，周恩来说：“我们应当都能考试及格，不要退回来”，毛泽东同志继续说道：“退回来就失败了，我们决不当李自成，我们都希望考个好成绩！”

改革开放以来，面对部分党员干部出现的贪污腐败现象，邓小平严肃指出：“如果我们党不严重注意，不坚决刹住这股风，那末，我们的党和国家确实要发生会不会‘改变面貌’的问题。这不是危言耸听。”[②]

2017年2月，习近平总书记在省部级主要领导干部学习贯彻党的十八届六中全会精神专题研讨班开班式上的讲话中阐明了“党必须自我革命”的三点要求。首先，勇于自我革命，是我党最鲜明的政治品格，也是我党最大的优势。习近平总书记指出：“中国共产党的伟大不在于不犯错误，而在于从不讳疾忌医，敢于直面问题，勇于自我革命，具有极强的自我修复能力。”[③]其次，我们党拥有自我革命的勇气不是偶然的，也不是凭空说说的，而是有着深厚的政治基础，因为我们党除了国家、民族、人民的利益，没有任何自己的特殊利益。习近平总书记指出：“不谋私利才能谋根本、谋大利，才能从党的性质和根本宗旨出发，从人民根本利益出发，检视自己。”[④]我们党谋的大利是民族的大利、国家的大利、人民的大利、人类的大利、历史的大利，是要实现中华民族伟大复兴的根本利益，实现共产主义理想的根本追求，党一旦有了自己的特殊利益，这些大利就不可能谋得。最后，自我革命的勇气包括自我革命精神，体现自我革命的决心和意志。习近平总书记指出：“党的十八大以后，我们提出全面从严治党，以敢于刀刃向内的勇气向党内顽瘴痼疾开刀，以一抓到底的钉钉子精神把管党治党要求落实落细，都贯穿着强烈的自我革命精神，体现了我们党自我革命的决心和意志。”[⑤]

---

① 《毛泽东选集》第4卷，人民出版社1991年版，第1438—1439页。

② 《邓小平文选》第2卷，人民出版社1994年版，第403页。

③ 中共中央党史和文献研究院编：《十八大以来重要文献选编》（下），中央文献出版社2018年版，第589页。

④ 中共中央党史和文献研究院编：《十八大以来重要文献选编》（下），中央文献出版社2018年版，第590页。

⑤ 中共中央党史和文献研究院编：《十八大以来重要文献选编》（下），中央文献出版社2018年版，第590页。

在党的二十大报告中，习近平总书记指出："全党必须牢记，全面从严治党永远在路上，党的自我革命永远在路上，决不能有松劲歇脚、疲劳厌战的情绪，必须持之以恒推进全面从严治党，深入推进新时代党的建设新的伟大工程，以党的自我革命引领社会革命。"①党的二十大闭幕不足一周，习近平总书记就带领中央政治局常委瞻仰延安革命纪念地，重温当年毛泽东等老一辈革命家在延安住窑洞、吃粗粮、穿布衣，用"延安作风"打败"西安作风"的历史。他号召全党同志要把老一辈革命家和共产党人留下的光荣传统和优良作风传承好发扬好，勇于推进党的自我革命，坚定不移推进全面从严治党，始终保持党的先进性和纯洁性，确保党始终成为中国特色社会主义事业的坚强领导核心。

三、实践逻辑：自我革命是党面临的任务和挑战的必然要求

建设社会主义现代化国家、实现中华民族伟大复兴是中国共产党和中国人民的历史夙愿。一百多年来，中国人民在中国共产党的带领下，浴血奋战，百折不挠，创造了新民主主义革命的伟大成就；自力更生，发愤图强，创造了社会主义革命和建设的伟大成就；解放思想，锐意进取，创造了改革开放和社会主义现代化建设的伟大成就；自信自强，守正创新，统揽伟大斗争、伟大工程、伟大事业、伟大梦想，创造了中国特色社会主义新时代的伟大成就。正如习近平总书记在庆祝中国共产党成立 100 周年大会上的讲话所说："一百年来，中国共产党团结带领中国人民进行的一切奋斗、一切牺牲、一切创造，归结起来就是一个主题：实现中华民族伟大复兴。"②经过中国共产党成立以来一百多年、新中国成立以来七十多年、改革开放以来四十多年的不懈奋斗，我们已经圆满完成全面建成小康社会的目标任务，正在为到 21 世纪中叶把我国全面建成社会主义现代化强国而努力，我们终于迎来了从站起来、富起来到强起来的历史性跨越。

习近平总书记在党的十九大报告中强调"把党建设成为始终走在时代

① 习近平：《高举中国特色社会主义旗帜　为全面建设社会主义现代化国家而团结奋斗——在中国共产党第二十次全国代表大会上的报告》，人民出版社 2022 年版，第 64 页。

② 习近平：《在庆祝中国共产党成立 100 周年大会上的讲话》，人民出版社 2021 年版，第 3 页。

前列、人民衷心拥护、勇于自我革命、经得起各种风浪考验、朝气蓬勃的马克思主义执政党。”怎样才算过硬，就是要敢于进行自我革命，敢于刀刃向内，敢于刮骨疗伤，敢于壮士断腕，防止祸起萧墙。这就是为什么我们党要不断进行自我革命的根本意义所在。[①]他在新进中央委员会的委员、候补委员和省部级主要领导干部学习贯彻习近平新时代中国特色社会主义思想和党的十九大精神研讨班上的讲话中指出：“在新时代，我们党必须以党的自我革命来推动党领导人民进行的伟大社会革命”。[②]

此外，习近平总书记在谈到党的自我革命的极端重要时还强调，要健全党和国家监督体系，增强自我净化能力，他指出：“自我监督是世界性难题，是国家治理的哥德巴赫猜想。我们要通过行动回答‘窑洞之问’，练就中国共产党人自我净化的‘绝世武功’。党的十八大以来全面从严治党的实践证明，我们党自我净化的机制是有效的，我们完全有能力解决自身存在的问题”[③]。

2019 年是中华人民共和国成立 70 周年，也是全面建成小康社会、实现第一个百年奋斗目标的关键一年，习近平总书记在 2019 年关于党的自我革命论述非常丰富，强调党的自我革命、提高党的战斗力，是完成第一个百年奋斗目标的保证。始终保持党的先进性和纯洁性，就离不开自我革命的贯彻实践。习近平总书记指出：“敢于直面问题、勇于修正错误是我们党的显著特点和优势。要教育党员干部以刀刃向内的自我革命精神，广泛听取意见，认真检视反思，把问题找实、把根源挖深，明确努力方向和改进措施。”[④]

当今世界正经历着百年未有之大变局，世界之变、时代之变、历史之变正以前所未有的方式展开。一方面，和平、发展、合作、共赢的历史潮流不可阻挡，是人心所向、大势所趋，决定了人类前途终归光明；另一方面，恃强凌弱、巧取豪夺、零和博弈等霸权霸道霸凌行径危害深重，和平赤字、发展赤字、安全赤字、治理赤字加重，人类社会面临前所未有的挑

① 习近平：《推进党的建设新的伟大工程要一以贯之》，《求是》2019 年第 19 期。

② 《以时不我待只争朝夕的精神投入工作　开创新时代中国特色社会主义事业新局面》，《人民日报》2018 年 1 月 6 日。

③ 《习近平谈治国理政》第 3 卷，外文出版社 2020 年版，第 511 页。

④ 习近平：《在“不忘初心、牢记使命”主题教育工作会议上的讲话》，《求是》2019 年第 13 期。

战。我国发展进入战略机遇和风险挑战并存、不确定难预料因素增多的时期，各种“黑天鹅”“灰犀牛”事件随时可能发生。任何贪图享受、消极懈怠、回避矛盾的思想都是要不得的。我们必须增强忧患意识，随时准备经受风高浪急甚至惊涛骇浪的重大考验，依靠顽强斗争打开事业发展新天地。

要战胜各种困难和挑战，建设社会主义现代化国家、全面推进中华民族伟大复兴，关键在党。我们必须牢记打铁必须自身硬的道理，增强全面从严治党永远在路上的政治自觉，坚定不移推进党风廉政建设和反腐败斗争，坚决清除一切损害党的先进性和纯洁性的因素，清除一切侵蚀党的健康机体的病毒，确保党不变质、不变色、不变味，确保党在新时代坚持和发展中国特色社会主义的历史进程中始终成为坚强领导核心。

新时代党的自我革命战略思想的多维探析

广州市社会科学院　欧明华　贺　欢

党的二十大报告丰富了党的自我革命战略思想内涵。党的自我革命战略思想阐释了百年大党恰是风华正茂的基因密码，揭示了党始终掌握历史主动的深刻动因。“党的自我革命永远在路上”表明了党的决心，“完善党的自我革命制度规范体系”指明了党的自我革命的路径，“以自我革命引领社会革命”预示了党立足中华民族千秋伟业的历史主动和历史自觉。党的自我革命战略思想是习近平新时代中国特色社会主义思想的重要内容，是构建中国化时代化的马克思主义建党理论体系的最新成果。勇于自我革命，是我们党最鲜明的品格，也是我们党最大的优势，是我们党区别于其他政党的显著标志。[①] 深入学习领会新时代党的自我革命战略思想的演进脉络、价值地位、逻辑动因和治理逻辑，对于纵深推进全面从严治党、走好新的“赶考”之路具有重要意义。

一、新时代党的自我革命战略思想的演进、价值和地位

党的自我革命战略思想的演进脉络，显示出习近平总书记对加强党的

① 徐艳玲:《牢牢把握“坚持守正创新”的思想真谛》,《人民日报》2023 年 8 月 30 日。

全面领导和党的建设的忧患意识、深入思考和实践担当。

（一）新时代党的自我革命战略思想的演进脉络

党的十八大以来，习近平总书记多次强调中国共产党必须进行自我革命。2014 年 12 月，习近平总书记在江苏调研时，首次提出“全面从严治党”，要刀刃向内、壮士断腕，其中蕴含了党的自我革命精神。2015 年 5 月，在中央全面深化改革领导小组第十二次会议上，习近平总书记首次提出了“自我革命”概念。2016 年 7 月，在庆祝中国共产党成立 95 周年大会上，习近平总书记提出：“全党要以自我革命的政治勇气，着力解决党自身存在的突出问题”①，自我革命成为党建范畴内备受关注的理论。在 2017 年 2 月召开的省部级主要领导干部学习贯彻党的十八届六中全会精神专题研讨班开班式上，习近平总书记强调：“勇于自我革命，是我们党最鲜明的品格，也是我们党最大的优势”②，自我革命在党的建设的地位得到极大提升。

2017 年 10 月，党的十九大报告提出建设“勇于自我革命的马克思主义执政党”，自我革命成为新时代党的建设目标。2021 年 11 月，党的十九届六中全会审议通过的《中共中央关于党的百年奋斗重大成就和历史经验的决议》，明确坚持自我革命是中国共产党百年奋斗的历史经验之一，自我革命成为党的战略思想。2022 年 1 月，习近平总书记在十九届中央纪委六次全会上的讲话提出，“全面从严治党是新时代党的自我革命的伟大实践，开辟了百年大党自我革命的新境界”③，将全面从严治党各项举措统一于党的自我革命战略思想之下，将全面从严治党方方面面重大举措和成功经验归结于党的自我革命目标牵引，厘清了全面从严治党与自我革命的逻辑关系。2022 年 1 月，习近平总书记在省部级主要领导干部学习贯彻党的十九届六中全会精神专题研讨班开班式上的讲话中明确提出自我革命是中国共产党跳出历史周期率的第二个答案，自我革命地位得到空前的提高。2022 年 7

---

① 习近平：《在庆祝中国共产党成立 95 周年大会上的讲话》，人民出版社 2016 年版，第 22 页。

② 《以解决突出问题为突破口和主抓手　推动党的十八届六中全会精神落到实处》，《人民日报》2017 年 2 月 14 日。

③ 《坚持严的主基调不动摇　坚持不懈把全面从严治党向纵深推进》，《人民日报》2022 年 1 月 19 日。

月，在省部级主要领导干部“学习习近平总书记重要讲话精神，迎接党的二十大”专题研讨班上，习近平总书记提出“党的自我革命永远在路上”等新论断。

2022 年 10 月，党的二十大报告提出“反腐败是最彻底的自我革命”“完善党的自我革命制度规范体系”，丰富了自我革命的内涵。习近平总书记在《求是》杂志 2023 年第 3 期发表重要文章，提出“坚持以党的政治建设为统领，坚守自我革命根本政治方向”“坚持把思想建设作为党的基础性建设，淬炼自我革命锐利思想武器”“坚决落实中央八项规定精神、以严明纪律整饬作风，丰富自我革命有效途径”等，将全面从严治党方方面面重大举措和成功经验归结于党的自我革命目标牵引，提出“全面从严治党探索出依靠党的自我革命跳出历史周期率的成功路径”的科学论断。①

从新时代党的自我革命战略思想的脉络可见，新时代党的自我革命战略思想不是凭空产生的，而是根植于马克思主义建党学说和中华民族优秀传统文化沃土的科学论断，是全体中国共产党人不断深入思考的智慧结晶和努力探索的实践结果；它的形成并不是一蹴而就的，而是一个螺旋式上升的认识过程，一步一步地引领着中国共产党人不断深化党的自我革命战略思想的深刻理论力量和实践价值；它的理论内涵和精神价值不是即兴式的，而是一个有着历史发展观的成熟论断，微显于当下突显于未来，在今后中国共产党的千秋伟业中其理论内涵将越发丰富、精神价值将越发珍贵。

（二）新时代党的自我革命战略思想的时代价值

党的自我革命战略思想持续激励着中国共产党保持良好精神状态。在中国共产党百年华诞前后的关键节点，在中国共产党人面对恃绩而骄逐步人亡政息、因循守旧逐渐被时代抛弃、再次振奋精神继续奋勇前进等路径面前，中国共产党必将在新时代党的自我革命战略思想激励指引下，带着对“反腐败是最彻底的自我革命”的透彻认识，以勇于自我革命的历史主动精神，以自我革命永远在路上的果决坚毅，以自我革命引领社会革命的历史担当，在革命性锻造中更加坚强有力，走好新的“赶考”之路。

① 习近平：《全面从严治党探索出依靠党的自我革命跳出历史同期率的成功路径》，《求是》2023 年第 3 期。

党的自我革命战略思想给出了政党治理的中国方案。政党治理是全世界的难题，西方政党治理理论经过几百年的实践探索，总结出了西方政党转型等治理理论，一度成为世界政党理论主流声音。党的自我革命战略思想将全面从严治党各项举措统一于党的自我革命战略思想之下，将全面从严治党方方面面重大举措和成功经验归结于党的自我革命目标牵引，已经建立起较为完善的理论体系，为完善中国特色政党治理理论作出了突破性的贡献，“为世界政党发展提供了中国智慧和中国方案”[①]。

党的自我革命战略思想明晰了对党建理论的模糊认识。当前，关于中国共产党是执政党还是革命党还在少部分党员中存在模糊的认识，体现为“革命过时论”。党的自我革命战略思想明晰了“我们党是马克思主义执政党，但同时是马克思主义革命党”[②]。

（三）新时代党的自我革命战略思想的地位

党的自我革命战略思想是跳出治乱兴衰历史周期率的第二个答案，它和“窑洞对”提出的人民民主监督共同构建了中国特色政党政治的基石。党的自我革命战略思想获得如此重要地位不是一蹴而就的，也不是自封的，是伴随着全党的思考和实践。

勇于自我革命成为中国共产党最鲜明的品格[③]。信奉马列主义的中国共产党人，自成立之日起就把“革命理想高于天”刻到自己骨髓中，不仅仅革他人的命、革社会的命，还勇于革自己的命。“百年风霜雪雨、百年大浪淘沙，我们党能够从最初的50多名党员发展到今天的9100多万名党员，战胜一个又一个困难，取得一个又一个胜利，关键在于我们始终坚持党要管党、全面从严治党不放松，在推动社会革命的同时进行彻底的自我革命。”[④]

勇于自我革命成为中国共产党最大的优势[⑤]。一个政党之所以强于其他政党，关键之一是因为它总是敢于正视问题、善于克服问题，始终坚持真

① 陈德祥：《自我革命与保持党的先进性和纯洁性》，《马克思主义理论学科研究》2019年第1期。

② 《习近平关于“不忘初心、牢记使命”论述摘编》，党建读物出版社、中央文献出版社2019年版，第170页。

③ 《习近平谈治国理政》第3卷，外文出版社2020年版，第20页。

④ 习近平：《在党史学习教育动员大会上的讲话》，《求是》2021年第7期。

⑤ 习近平：《在党史学习教育动员大会上的讲话》，《求是》2021年第7期。

理、修正错误。“我们党为什么能够在现代中国各种政治力量的反复较量中脱颖而出？为什么能够始终在时代前列、成为中国人民和中华民族的主心骨？根本原因就在于始终保持了承认并改正错误的勇气，一次次拿起手术刀来革除自身的病症，解决自身的问题。”①

勇于自我革命成为中国共产党区别于其他政党的显著标志。②中国共产党之所以不同于其他政党，就是因为在自我革命上比其他政党做得更彻底，形成了独特的党内革故鼎新的惯性和文化。“正是因为具备这种独有的政治品格，我们党才能穿越百年风风雨雨，多次在危难之际重新奋起、失误之后拨乱反正，成为打不倒、压不垮的马克思主义政党。一个政党最难的就是历经沧桑而初心不改、饱经风霜而本色依旧。”③

二、新时代党的自我革命战略思想的逻辑动因

自我革命是马克思主义政党的本质属性，弄清其中蕴藏的由内而外嵌套的三环逻辑动因，对于新时代深入推进党的建设新的伟大工程、以党的自我革命引领社会革命具有现实意义。

（一）时刻保持解决大党独有难题的清醒和坚定的具体体现

只有勇于自我革命才能永葆风华正茂。纵观世界政党兴亡史，苏共等国外许多政党因思想上故步自封，工作上因循守旧，党内安于现状、不思进取的风气导致人亡政息的历史教训历历在目。党的二十大报告指出“我们党作为世界上最大的马克思主义执政党，要始终赢得人民拥护、巩固长期执政地位，必须时刻保持解决大党独有难题的清醒和坚定。”④“中国共产党立志于中华民族千秋伟业，百年恰是风华正茂”⑤，需要深刻理解这种清醒和坚定。

---

① 《党必须发扬自我革命精神》，《人民日报》2017 年 2 月 16 日。

② 《习近平谈治国理政》第 4 卷，外文出版社 2022 年版，第 13 页。

③ 习近平：《以史为鉴、开创未来　埋头苦干、勇毅前行》，《求是》2022 年第 1 期。

④ 习近平：《高举中国特色社会主义伟大旗帜　为全面建设社会主义现代化国家而团结奋斗——在中国共产党第二十次全国代表大会上的报告》，人民出版社 2022 年版，第 63 页。

⑤ 习近平：《在庆祝中国共产党成立 100 周年大会上的讲话》，人民出版社 2021 年版，第 22 页。

1. 坚持“打铁必须自身硬”是这种清醒和坚定的一贯表现

面对党员数量规模大、质量参差不齐等问题，避免自身在长期执政惯性和业绩光环的影响下变得老态龙钟、疾病缠身，保持良好的组织性和高效的执行力，以成功应对“四大考验”、克服“四种危险”，必须全面推进党的自我净化、自我完善、自我革新、自我提高能力建设。“没有什么外力能够打倒我们，能够打倒我们的只有我们自己。前途命运都掌握在我们自己手上。”[①]

2. 坚持“反腐败是最彻底的自我革命”是这种清醒和坚定的一贯表现

物必自腐而后虫生，腐败是危害党的生命力和战斗力的最大毒瘤，必须坚持“三不腐”一体推进，不断完善党的自我革命制度规范体系，形成坚持真理、修正错误，发现问题、纠正偏差的机制，才能清除腐败产生的土壤和条件，才能打赢这场攻坚战持久战。

3. 坚持“党的自我革命永远在路上”是这种清醒和坚定的一贯表现

习近平总书记强调，“党的自我革命任重而道远，决不能有停一停、歇一歇的想法。”[②] 这是对党的自我革命艰巨性、彻底性的清醒认识，是对松劲歇脚、疲劳厌战情绪的清醒认识，体现了党久久为功推进党的自我革命的果敢和决心。党的自我革命战略思想，彰显的是“自知者英，自胜者雄”[③] 的内涵，贯穿的是马克思“革命和批判”的基本立场观点方法，称得上是中国共产党的立党兴党之道，把全党对“解决大党独有难题”的认识提到了新高度，使全党对这个问题的“清醒和坚定”达到了新境界。

（二）引领社会革命的历史使命和责任担当

党的自我革命高度影响着社会革命的高度。党的建设历来是同党的历史任务紧密联系在一起的。当前和未来一段时间内，社会革命的三个基本内容是巩固全面建成小康社会成果、全面深化改革和实现第二个百年奋斗目标。中国共产党的百年历史是以党的自我革命成功推动伟大社会革命的光辉历史，永葆党的先进性和纯洁性是成功推动伟大社会革命的根本保证。习近平总书记强调，“在新时代，我们党必须以党的自我革命来推动党领导

---

① 《党必须发扬自我革命精神》,《人民日报》2017 年 2 月 16 日。

② 《全党必须始终不忘初心牢记使命　在新时代把党的自我革命推向深入》,《人民日报》2019 年 6 月 26 日。

③ 王通:《文中子中说》，秦跃宇点校，凤凰出版社 2017 年版，第 41 页。

人民进行的伟大社会革命”[①]。但是，中国共产党的先进性和纯洁性不是一劳永逸、一成不变的，过去先进不等于现在先进，现在先进不等于未来先进。社会革命也不是一成不变、一推就动的，过去成功不等于现在也会成功，现在相对容易不等于将来容易，接下来可能是滩更险路更陡、骨更硬更难啃。因此，党的自我革命必须同社会革命的趋势贯通起来，将党的自我革命推向新的历史高度，从而引领伟大社会革命向新的实践深度发展。中国共产党人唯有以永不懈怠、勇于自我革命的精神状态，保持一往无前的姿态，对自身存在的问题和将来道路上的风险挑战保持高度的警醒，以正视问题的自觉和刀刃向内的勇气，敢于“抛掉自己身上的一切陈旧肮脏的东西”[②]，不断坚持真理、修正错误，将党的自我革命的意识和勇气贯穿应对风险挑战的全过程，才能把社会革命的新实践推到新的高度。

（三）应对世界之变、时代之变、历史之变的主动选择

只有勇于自我革命才能赢得历史主动。习近平总书记说：“当今世界正经历百年未有之大变局，这样的大变局不是一时之事、一域一国之变，是世界之变、时代之变、历史之变。”[③]当前，世界之变、时代之变、历史之变正以前所未有的方式展开，面对百年变局中更多逆风逆水的外部环境，如何化危为机、行稳致远；面对新一轮科技革命和产业变革深入发展，如何抢占先机、赢得主动；面对转变经济发展方式、优化经济结构、转换增长动力的重要关口，如何率先突破、示范引领；面对推进中国式现代化新的更高要求，思考谋划是否切合实际，工作的体制机制哪些地方还需要改进，党员干部的素质能力、精神状态能否跟得上；面对日益激烈的市场竞争，我们的企业能不能练好内功、提升核心竞争力，有没有力争上游、赶超一流的骨气与志气，关键就在于我们党自我革命的决心与信心和推动高质量发展的担当与作为。习近平总书记对前路上的风险考验有着十分清醒的认知，强调“我们面临的风险考验只会越来越复杂，甚至会遇到难以想象的惊涛骇

---

① 《以时不我待只争朝夕的精神投入工作　开创新时代中国特色社会主义事业新局面》，《人民日报》2018 年 1 月 6 日。

② 《马克思恩格斯选集》第 1 卷，人民出版社 2012 年版，第 171 页。

③ 习近平：《论把握新发展阶段、贯彻新发展理念、构建新发展格局》，人民出版社 2021 年版，第 17 页。

浪。我们面临的各种斗争不是短期的而是长期的，将伴随实现第二个百年奋斗目标全过程”[①]，要求“准备经受风高浪急甚至惊涛骇浪的重大考验”[②]。任务越繁重，风险考验越大，越要发扬党的自我革命精神，知重负重、砥砺前行，彰显中国共产党内在的神圣使命意识、未雨绸缪的忧患意识、鲜明的问题意识和以自身主动赢取历史主动的历史唯物主义态度，在应对挑战、攻坚克难中不断探索新路径、激发新动能，更好地应对变局、开创新局。

三、以党的自我革命走好新的“赶考”之路

惟其艰难，才更显勇毅。习近平总书记指出：“在新时代，我们党领导人民进行伟大社会革命，涵盖领域的广泛性、触及利益格局调整的深刻性、涉及矛盾和问题的尖锐性、突破体制机制障碍的艰巨性、进行伟大斗争形势的复杂性，都是前所未有的。”[③]面对社会革命艰巨性、复杂性和长期性等特点，中国共产党需要从四个方面持续发力。

（一）增强党内政治生活的政治性、时代性、原则性、战斗性，坚持发扬斗争精神

敢于斗争、善于斗争是党的自我革命的题中应有之义。全党不仅要有“革命理想高于天”的战略定力，还要有共产党人“伟大斗争精神”的思想觉悟准备，才能“发扬彻底的自我革命精神”[④]。敢于斗争的底气在于无私利，习近平总书记强调，“我们党之所以有自我革命的勇气，是因为我们党除了国家、民族、人民的利益，没有任何自己的特殊利益”[⑤]，不谋特殊利益“小算盘”，才能谋大局，才能代表最广大人民的根本利益，才能从人民根本利益出发，与一切损害人民利益的行为作全面彻底的斗争，不断地调整政策

---

① 《习近平谈治国理政》第4卷，外文出版社2022年版，第83页。

② 习近平：《高举中国特色社会主义伟大旗帜　为全面建设社会主义现代化国家而团结奋斗——在中国共产党第二十次全国代表大会上的报告》，人民出版社2022年版，第26页。

③ 中共中央宣传部编：《习近平新时代中国特色社会主义思想学习问答》，学习出版社、人民出版社2021年版，第75页。

④ 习近平：《在纪念周恩来同志诞辰120周年座谈会上的讲话》，《人民日报》2018年3月2日。

⑤ 《习近平关于“不忘初心、牢记使命”论述摘编》，党建读物出版社、中央文献出版社2019年版，第161页。

方略、清除腐败、打破既得利益集团和权势团体的阻碍。同时，党的自我革命不是简单的自我否定，而是在对政党治理难题、社会治理体系和治理能力现代化以及政治文明思维模式的突破和超越，既有立更有破、既有建设更有批判，既是壮士断腕更是浴火重生。此外，善于斗争必须持续提升斗争水平，在“本领高强”上不断实现自我超越。加强党的政治、思想、组织、作风建设的同时，要注重不断加强党的执政能力建设，提高广大党员干部的“政治三力”，锻造出堪当时代大任的党员干部队伍，以党的自我革命推进高质量发展和中国式现代化，让我们党始终成为引领社会进步的领导核心。

（二）把人民立场作为共产党人自我革命的根本价值追求，走稳走好群众路线

江山就是人民、人民就是江山。中国共产党始终代表中国最广大人民的根本利益，没有自己特殊的利益，从来不代表任何利益集团、权势团体、特权阶层的利益，这是党立于不败之地的根本所在。必须坚持全心全意为人民服务的宗旨。持续深入践行群众路线，始终保持同人民群众的血肉联系，才能充分得到人民群众支持，党的自我革命才能善作善成。同时，必须始终接受人民群众批评和监督。习近平总书记指出，“人民是阅卷人”[①]。中国共产党要以历史主动精神自觉接受人民群众的批评和监督，用人民群众的批评修正工作方法，用人民群众的监督净化思想，增强批评和监督之后自身整改的系统性、整体性、协同性。用人民群众的评价来衡量党的自我革命成效，以人民群众为评价主体，健全利益协调、诉求表达、沟通反馈等机制，确保人民群众意见建议的受理、核查、反馈、落实程序通畅，使人民群众事事有回应、件件有着落，让群众的评价主体地位得到切实保证，以人民群众拥护不拥护、赞美不赞成、高兴不高兴、答应不答应来衡量党的自我革命的成效。[②]

（三）以永远在路上的果敢和坚决，纵深推进全面从严治党

党的十八大以来，全面从严治党成效明显，是新时代党的自我革命的

① 《习近平谈治国理政》第3卷，外文出版社2020年版，第70页。

② 伍义林：《深刻理解自我革命和人民监督的关系》，《人民日报》2022年3月30日。

伟大实践，“探索出依靠党的自我革命跳出历史周期率的成功路径”①。然而，一个政党执政时间越长、政绩光环越大、掌握资源越多，则自我革命的掣肘因素、利益关系、思想束缚就越多越复杂，党面临的“四大考验”“四种危险”也将以新变种出现。在以中国式现代化引领中华民族伟大复兴的实践中，全面从严治党的主要举措要继续坚持、深入推进，以巩固现有态势和持续发挥惯性优势。要持续以思想建党深化党的自我革命，坚持用习近平新时代中国特色社会主义思想武装全党，以全党主题教育为牵引，同常态化长效化党史学习教育相结合，强化理想信念教育、党的宗旨教育、尊崇党章教育，不断加强思想教育和理论武装，锤炼党性和指导实践；要持续以作风正党深化党的自我革命，继续开展以“小切口大变化”为特征的作风建设，以破除特权思想和特权行为为重点，持续深化纠治“四风”，重点纠治形式主义、官僚主义，不断弘扬党的光荣传统和优良作风，着力践行“三个务必”，抓住普遍发生、反复出现的问题深化整治，推进作风建设常态化长效化；要持续以组织强党深化党的自我革命，完善机关事业单位等传统领地的组织建设，加强新经济新社会新就业等各领域群体的组织建设，从青年等勇于自我革命的群体中发展党员，严肃处理不合格党员，持续整顿软弱涣散的基层党组织，落实新时代党的组织路线，建成上下贯通、组织有力的具有活力的组织体系；要持续以纪律管党深化党的自我革命，加强监督执纪问责，使纪律真正成为底线；要持续以反腐深化党的自我革命，打赢反腐败斗争攻坚战持久战；要持续树立勇于自我革命的选人用人标准，建设堪当民族复兴重任的高素质干部队伍等。总之，将党的十八大以来的全面从严治党的有力举措整体、系统、集成推进，驰而不息抓好全面从严治党，不断增强党的自我革命的自觉性和效用性。

（四）持续构建自我净化、自我完善、自我革新、自我提高的制度规范体系，为推进自我革命提供制度保障

党的二十大报告提出：“完善党的自我革命制度规范体系。”②从党的自

① 《全面从严治党探索出依靠党的自我革命跳出历史周期率的成功路径》，《人民日报》2023年2月1日。

② 习近平：《高举中国特色社会主义伟大旗帜 为全面建设社会主义现代化国家而团结奋斗——在中国共产党第二十次全国代表大会上的报告》，人民出版社2022年版，第65页。

我革命的艰巨性来看，全党要养成自我革命的良好惯性不会一蹴而就、一击而成，将会是一个长期的过程，需要我们坚持不懈地努力推进。要持续推进自我革命，光靠主观意志是远远不够的，任何一个政党都难以避免松劲歇脚、疲劳厌战现象的存在，中国共产党必须将自我革命的目标使命、重点任务通过制度规定明确下来，借助制度的强制力、稳定性、指引性等特点，为自我革命提供保障。习近平总书记提出，全党要“着力增强党自我净化、自我完善、自我革新、自我提高的能力”[①]，这为我们持续推进党的自我革命指明了方向。要以增强全党“四自”能力为指引，持续构建党的自我革命制度规范体系，为推进伟大自我革命提供制度保障。以党章为根本，健全党和国家监督制度，以党内监督为主导，发挥巡视监督利剑作用和派驻监督探头作用，推进纪律检查体制、国家监察体制、审计统计监督体制改革，推动各项监督贯通协同，实现党内监督全覆盖、对公职人员监察全覆盖，构建党统一领导、全面覆盖、权威高效的监督体系，营造尊崇制度、遵守制度的良好氛围。从激发党员干部担当作为、干事创业积极性着手，要减弱个人内因和社会外因的交织影响，健全容错纠错机制保障，强化干事创业正面激励，切实把“三个区分开来”落实落细，激励干部敢于担当、乐于担当、积极作为。强化制度阳光执行、公正执行，以执行促成效，坚决以刚性执行维护制度的严肃性和权威性，形成坚持真理、修正错误，发现问题、纠正偏差的机制。

---

① 《关于新形势下党内政治生活的若干准则》，人民出版社 2016 年版，第 4 页。

解决大党独有难题的创造性探索

安徽省社会科学院　杨根乔

习近平总书记在党的二十大报告中指出："我们党作为世界上最大的马克思主义执政党，要始终赢得人民拥护、巩固长期执政地位，必须时刻保持解决大党独有难题的清醒和坚定。"[①]在二十届中央纪委二次全会上，习近平总书记再次告诫全党："全面从严治党永远在路上，要时刻保持解决大党独有难题的清醒和坚定"[②]，并从党和国家事业发展全局的高度，深刻分析了大党独有难题的形成原因、主要表现和破解之道，充分体现了百年大党领袖的深沉忧患意识、高度历史自觉和强烈使命担当，充分彰显了新时代中国共产党人管大党、治大国的战略定力、政治清醒和执着追求，进一步丰富和发展了习近平新时代中国特色社会主义思想，为我们在新征程上推动全面从严治党向纵深发展指明了努力方向。

---

① 习近平:《高举中国特色社会主义伟大旗帜　为全面建设社会主义现代化国家而团结奋斗——在中国共产党第二十次全国代表大会上的报告》，人民出版社2022年版，第63页。

② 《一刻不停推进全面从严治党　保障党的二十大决策部署贯彻落实》，《人民日报》2023年1月10日。

一、全面阐述新时代中国共产党面临的独有难题

中国共产党领导着14亿多人民，拥有9800多万名党员，成立100多年，执政超过73年，是当今世界最大的马克思主义执政党，领导全国各族人民进行的是前无古人的伟大事业，必然要面对区别于其他政党的独有难题。这些大党独有难题内涵十分丰富，从广义上看，主要指党在革命、建设、改革和新时代全面推进中华民族伟大复兴历史进程中所遇到的具有极其复杂性、艰巨性的重大困难、挑战和风险；从狭义上看，主要指推进新时代党的建设新的伟大工程过程中面临的区别于其他较小规模政党的特殊难题。如何正确认识这些难题，是破解时代之问、保持历史清醒的前提。

（一）如何始终不忘初心、牢记使命

这是要求把不忘初心、牢记使命作为加强党的建设的永恒课题和全体党员干部的终身课题常抓不懈。初心使命回答了党是什么、要干什么这个根本问题。坚守奠基创业时的初心、坚守党的理想信念宗旨，始终为人民打江山、为人民守江山。做到执政时间越长，越要时刻铭记为人民守江山，不断清除一切损害党的先进性和纯洁性的有害因素，不断清除一切侵蚀党的健康肌体的病原体。

（二）如何始终统一思想、统一意志、统一行动

这是要求坚持不懈用习近平新时代中国特色社会主义思想凝心铸魂，深刻领悟“两个确立”的决定性意义，始终进一步增强“四个意识”、坚定“四个自信”、做到“两个维护”，旗帜鲜明讲政治，步调一致向前进。坚持和加强党中央集中统一领导，健全总揽全局、协调各方的党的领导制度体系，完善党中央重大决策部署落实机制，确保党中央令行禁止、政令畅通，确保全党在政治立场、政治方向、政治原则、政治道路上同党中央保持高度一致，确保党的团结统一。

（三）如何始终具备强大的执政能力和领导水平

这是要求依靠党的全面领导确保我国社会主义现代化建设正确方向，提高党科学执政、民主执政、依法执政水平，提高把方向、谋大局、定政

策、促改革的能力，从而推动党的全面领导和长期执政能力整体性提升，不断增强党的政治领导力、思想引领力、群众组织力、社会号召力，建设一支堪当民族复兴重任的高素质干部队伍。

（四）如何始终保持干事创业精神状态

这是要求把全面从严治党和鼓励干部担当作为统一起来，更加突出严管和厚爱结合、激励和约束并重，激发党员、干部干事创业的内生动力。通过明方向、立规矩、正风气、强免疫，形成风清气正的党内政治生态，营造有利于干事创业的良好环境。进一步调动全党的积极性、主动性、创造性，着力消除妨碍干部担当作为的各种因素，形成奋进新征程、建功新时代的浓厚氛围和生动局面。

（五）如何始终能够及时发现和解决自身存在的问题

这是要求聚焦党的建设面临的突出问题，解决“一些党员、干部缺乏担当精神，斗争本领不强，实干精神不足”[①]等问题，把纠治形式主义、官僚主义作为作风建设的重点任务，坚决破除特权思想和特权行为。做到反腐败斗争一刻不能停，必须永远吹冲锋号，永远在路上，坚决防止领导干部成为利益集团和权势团体的代言人、代理人，坚决防止政商勾连、资本向政治领域渗透等破坏政治生态和经济发展环境。

（六）如何始终保持风清气正的政治生态

这是要求把全面从严治党作为党的长期战略、永恒课题，把严的基调、严的措施、严的氛围长期坚持下去，全面推进党的自我净化、自我完善、自我革新、自我提高，把党的伟大自我革命进行到底。进一步健全全面从严治党体系，着力在“全面”上下功夫，真正做到“内容上全涵盖、对象上全覆盖、责任上全链条、制度上全贯通”[②]。

“六个如何始终”这些大党独有难题的提出，与中国共产党具有超大型

① 习近平：《高举中国特色社会主义伟大旗帜 为全面建设社会主义现代化国家而团结奋斗——在中国共产党第二十次全国代表大会上的报告》，人民出版社2022年版，第14页。

② 《一刻不停推进全面从严治党 保障党的二十大决策部署贯彻落实》，《人民日报》2023年1月10日。

组织规模、一百多年光荣历史、世界上长期执政的最大马克思主义执政党的历史地位息息相关，与党所特有的主客观条件、国内外党内外环境密切相连。这“六个如何始终”的大党独有难题体现的是我们党对组织规模巨大的清醒认识、对党内存在问题的自觉判断、对百年奋斗经验的执着坚守，彰显的是一种历史主动、担当负责与敢于斗争的精神，指向的是增强党自我净化、自我完善、自我革新、自我提高能力，进而达到把党建设成为始终走在时代前列、人民衷心拥护、勇于自我革命、经得起各种风浪考验、朝气蓬勃的马克思主义执政党这一奋斗目标。

二、深刻揭示为何要时刻保持解决大党独有难题的清醒和坚定

针对以上这些大党独有难题，在二十届中央纪委二次全会上，习近平总书记掷地有声地指出，“解决这些难题，是实现新时代新征程党的使命任务必须迈过的一道坎，是全面从严治党适应新形势新要求必须啃下的硬骨头”。[①] 习近平总书记的这一重要论述，深刻揭示了我们党时刻保持解决大党独有难题的清醒和坚定之理论逻辑、历史逻辑、实践逻辑。

（一）马克思主义政党本质属性的内在要求

马克思主义政党的本质属性是先进性和纯洁性。这是其存在、发展和壮大的根本条件，也是其区别于世界上其他政党的鲜明特质。为了永葆党的政治本色和生机活力，更好地肩负起自己所担负的历史使命，马克思主义政党始终高度重视保持党的先进性和纯洁性。在为共产主义者同盟起草的《共产党宣言》中，马克思、恩格斯鲜明地指出了共产党的性质，共产党人是无产阶级的先锋队。在价值立场方面，“共产党人强调和坚持整个无产阶级共同的不分民族的利益”，“在无产阶级和资产阶级的斗争所经历的各个发展阶段上，共产党人始终代表整个运动的利益”；“在实践方面，共产党人是各国工人政党中最坚决的、始终起推动作用的部分”；“在理论方

① 《一刻不停推进全面从严治党　保障党的二十大决策部署贯彻落实》，《人民日报》2023 年 1 月 10 日。

面，他们胜过其余无产阶级群众的地方在于他们了解无产阶级运动的条件、进程和一般结果”。[①]列宁在建立和巩固新型无产阶级政党的过程中也特别强调，“只有以先进理论为指南的党，才能实现先进战士的作用。”[②]“我们的任务是要维护我们党的坚定性、彻底性和纯洁性。我们应当努力把党员的称号和作用提高、提高、再提高”[③]。

中国共产党自成立以来，就始终对永葆党自身的先进性和纯洁性保持着高度的思想自觉和实践自觉。新中国成立前夕，毛泽东就向全党发出务必继续保持谦虚、谨慎、不骄、不躁和艰苦奋斗的作风的“两个务必”号召。改革开放初期，邓小平指出，“如果我们党不严重注意，不坚决刹住这股风，那末，我们的党和国家确实要发生会不会‘改变面貌’的问题。这不是危言耸听”[④]。江泽民提出“两大历史性课题”，其中之一就是如何提高拒腐防变和抵御风险的能力。胡锦涛领导党中央开展保持共产党员先进性教育活动，强调党的先进性不是一劳永逸、一成不变的，必须持之以恒加以保持。党的十八大以来，习近平总书记对保持党的先进性和纯洁性发表了一系列重要论述，强调新的征程上，我们要牢记打铁必须自身硬的道理，“坚决清除一切损害党的先进性和纯洁性的因素，清除一切侵蚀党的健康肌体的病毒，确保党不变质、不变色、不变味，确保党在新时代坚持和发展中国特色社会主义的历史进程中始终成为坚强领导核心！”[⑤]可见，继续保持党的先进性和纯洁性，是我们党必须时刻保持解决大党独有难题的清醒和坚定的出发点和落脚点，也是赓续马克思主义政党精神血脉的内在要求，更是我们党走向未来的根本保障。

（二）中国共产党百年奋斗历史经验的运用发展

中国共产党具有正视与解决问题的勇气和能力。党的历史就是一部不断解决独有难题、化解重大危机，不断从胜利走向胜利的历史。百余年来，我们党敢于直面问题，勇于自我革命，在破解一个又一个难题中不断发展

---

① 陈章乐：《永葆中国青年运动和共青团的“先锋”特质》,《红旗文稿》2022 年第 13 期。

② 《列宁选集》第 1 卷，人民出版社 2012 年版，第 312 页。

③ 《列宁全集》第 7 卷，人民出版社 1986 年版，第 272 页。

④ 《邓小平文选》第 2 卷，人民出版社 1994 年版，第 403 页。

⑤ 《习近平谈治国理政》第 4 卷，外文出版社 2022 年版，第 13—14 页。

壮大，并形成了丰富的历史经验。

在新民主主义革命时期，我们党长期处于农村斗争环境，针对党员队伍以农民成分为主体的实际情况，如何保持党的无产阶级先锋队性质成为党需要面对的难题。为此，我们党注重从思想上建党，发扬民主集中制，坚持理论联系实际、密切联系群众、批评和自我批评三大优良作风，形成统一战线、武装斗争、党的建设三大法宝，努力把我们党建设成为思想上政治上组织上完全巩固的马克思主义政党。

在社会主义革命和建设时期，如何在夺取政权后巩固党的领导地位和加强党的建设成为我们党必须面对的一个新的课题。为此，我们党着力从思想、组织和作风上加强党的建设、巩固党的领导，强化党内教育，整顿基层党组织，开展整风整党，坚决惩治腐败，初步积累了执政党建设的经验。

在改革开放和社会主义现代化建设新时期，面对改革开放后市场经济的发展，党内出现奢靡浪费、以权谋私、贪污腐化有所蔓延的现象，围绕解决好提高党的领导水平和执政水平、提高拒腐防变和抵御风险能力这两大历史性课题，开创和推进新时期党的建设新的伟大工程，积累了丰富的管党治党新经验。

在中国特色社会主义新时代，根据世情、国情、党情的新变化，我们党以前所未有的勇气和定力推进全面从严治党，提出新时代党的建设总要求，以党的政治建设统领党的建设各项工作，深入推进新时代党的建设新的伟大工程，以党的自我革命引领社会革命，管党治党宽松软状况得到根本扭转，反腐败斗争取得压倒性胜利并全面巩固，党在革命性锻造中更加坚强[①]，为解决大党独有难题开辟了道路、增强了信心、积累了丰富经验。

综上所述，我们党之所以能够从近代数百个政党中脱颖而出，完成近代以来中国其他各种政治力量都没有完成的历史任务；能够在世界数千个政党中独树一帜，领导中国人民成功开辟中国式现代化道路，创造了人类文明新形态，就在于我们党善于在解决时代问题中解决自身问题、在解决自身问题中推动解决时代问题，从而与时俱进地成长为始终走在时代前列的党。这是我们党自成立以来取得的宝贵经验，我们必须将其运用发展好。

① 郑文涛：《必须时刻保持解决大党独有难题的清醒和坚定》，《光明日报》2023年1月12日。

（三）完成新时代党的中心任务的政治保证

习近平总书记在党的二十大报告中提出新时代新征程党的中心任务，“就是团结带领全国各族人民全面建成社会主义现代化强国、实现第二个百年奋斗目标，以中国式现代化全面推进中华民族伟大复兴”①。要保证如期完成这一党的中心任务，必须清除影响党的长期执政能力建设、先进性和纯洁性建设的因素，增强党自我净化、自我完善、自我革新、自我提高的能力，确保党始终保持对解决自身问题的战略清醒和政治自觉。

从国际看，当前，世界百年未有之大变局加速演进，多重挑战和危机交织叠加，世界经济复苏艰难，发展鸿沟不断拉大，生态环境持续恶化，世界之变、时代之变、历史之变正以前所未有的方式展开，风险挑战无处不在。要在复杂动荡的国际局势中，保证我国社会主义现代化建设行稳致远，离不开党对社会主义现代化的“掌舵”和“领航”，要求党始终保持思想上的清醒和行动上的坚定。②

从国内看，现在，我们党团结和带领全国各族人民开启了全面建设社会主义现代化国家、全面推进中华民族伟大复兴的新征程。我国发展总体态势是好的，但我国改革发展稳定面临不少躲不开、绕不过的深层次矛盾，各种风险挑战、困难问题比以往更加严峻复杂。要顺利推进中国式现代化建设，我们党必须时刻保持解决大党独有难题的清醒和坚定，全面把握我国发展面临的机遇和挑战，增强执政本领，为强国建设、民族复兴提供坚强保证。

从党内看，党的十八大以来，以习近平同志为核心的党中央以自我革命推进全面从严治党取得重大成就。但是，我们也必须清醒地看到，党面临的“四大考验”“四大危险”是长期、复杂、严峻的；各种弱化党的先进性、损害党的纯洁性的因素无时不有；各种违背初心和使命、动摇党的根基的危险无处不在；党的建设特别是党风廉政建设和反腐败斗争面临不少顽固性、多发性问题，铲除腐败滋生土壤任务依然艰巨。解决这些突出问

---

① 习近平:《高举中国特色社会主义伟大旗帜　为全面建设社会主义现代化国家而团结奋斗——在中国共产党第二十次全国代表大会上的报告》，人民出版社 2022 年版，第 21 页。

② 丁俊萍、魏强:《时刻保持解决大党独有难题的清醒和坚定：生成逻辑与实践进路》,《山东社会科学》2022 年第 11 期。

题，迫切需要我们党始终保持战略清醒，以自我革命精神推进新时代党的建设新的伟大工程，以全面从严治党永葆党的先进纯洁和强大生命力，确保党团结带领人民完成强国建设、民族复兴的历史重任。

三、科学指明如何时刻保持解决大党独有难题的清醒和坚定

奋进新征程，建功新时代，我们要紧紧扭住“六个如何始终”不放，持之以恒推进全面从严治党，深入推进新时代党的建设新的伟大工程，以党的自我革命引领社会革命，以“两个永远在路上”的执着继续解决“大党独有难题”。

（一）必须时刻保持不忘初心、牢记使命的清醒和坚定

时刻保持不忘初心、牢记使命的清醒和坚定，必须把坚守初心使命作为永恒课题，时常省思和守护初心，不断提高践行“始终不忘初心、牢记使命”的能力。要以新时代党的创新理论涵养初心使命，学深悟透习近平新时代中国特色社会主义思想，深刻领悟“两个确立”的决定性意义，切实用党的创新理论武装头脑、指导实践、推动工作，始终坚定初心使命。要不断健全完善“不忘初心、牢记使命”的制度，把制度建设贯穿守初心、担使命全过程，依靠制度同各种违背初心使命的现象和问题作斗争，切实保障全党将守初心、担使命的坚定转化为自觉的行动力。要坚持以主动担当精神践行初心使命，坚持人民至上，坚守全心全意为人民服务的根本宗旨，树牢群众观点，贯彻群众路线，践行以人民为中心的发展思想，把发展作为第一要义，主动担负起实现第二个百年奋斗目标和中华民族伟大复兴中国梦的时代使命。

（二）必须时刻保持统一思想、统一意志、统一行动的清醒和坚定

时刻保持统一思想、统一意志、统一行动的清醒和坚定，必须把党的政治建设摆在首位，确保全党在重大问题、严峻形势面前始终心往一处想、劲往一处使，团结一致向前进。要坚决拥护“两个确立”，增强“四个意识”、

坚定“四个自信”、做到“两个维护”，自觉在思想上政治上行动上同以习近平同志为核心的党中央保持高度一致，坚决维护习近平同志党中央的核心、全党的核心地位。要加强党中央对重大工作的集中统一领导，健全总揽全局、协调各方的党的领导制度体系，坚持科学执政、民主执政、依法执政，贯彻民主集中制，创新和改进领导方式，全面、系统地加强党中央集中统一领导。要把党的领导贯穿党的建设和组织工作各方面全过程，着力健全上下贯通、执行有力的严密组织体系，推进党的组织和党的工作有形有效覆盖，切实把基层党组织建设成为有效实现党的领导的坚强战斗堡垒。

（三）必须时刻保持具备强大的执政能力和领导水平的清醒和坚定

时刻保持具备强大的执政能力和领导水平的清醒和坚定，必须推动党的全面领导和长期执政能力整体性提升。要健全提高党的执政能力和领导水平制度，改进党的领导方式和执政方式，全面增强各级领导干部执政本领，锻造政治过硬、本领高强的执政队伍。要勤于学习、善于学习，把调查研究作为基本功，大兴调查研究之风，深入基层、深入群众、深入实际，问政于民、问计于民、问策于民，不断提高科学执政、民主执政、依法执政水平。要加强思想淬炼、政治历练、实践锻炼、专业训练，不断增强干部推动高质量发展本领、服务群众本领、防范化解风险本领，不断锤炼各级党组织和领导干部的素质能力，切实担当起民族复兴的历史重任。

（四）必须时刻保持干事创业精神状态的清醒和坚定

时刻保持干事创业精神状态的清醒和坚定，必须做到精神上强大，永葆“将革命进行到底”的蓬勃朝气、昂扬锐气，始终保持干事创业的精神状态，坚决防止精神懈怠。要克服躺在功劳簿上沾沾自喜、松口气、歇歇脚的认识误区，更加清醒地认识到前进道路上的各种风险挑战，随时准备付出更为艰巨、更为艰苦的努力，准备经受风高浪急甚至惊涛骇浪的重大考验。要大力弘扬以伟大建党精神为源头的精神谱系，传承红色基因，赓续红色血脉，始终保持励精图治、奋发有为的“赶考”状态。要涵养斗争志气，坚定敢于斗争的认知和意志，增强勇于斗争的胆略和气魄，保持善于斗争的智慧和定力，真正做到敢于斗争、善于斗争，依靠顽强斗争打开事业发展新天地。要发扬伟大的历史主动精神，坚定历史自信，强化历史自觉，顺应时代发展潮流，把握世界发展大势，抓住历史机遇，抢占未来发展制高点，勇于担当作为，在迎接挑战和攻坚克难中奋勇向前。

（五）必须时刻保持能够及时发现和解决自身存在的问题的清醒和坚定

时刻保持能够及时发现和解决自身存在的问题的清醒和坚定，必须始终坚持问题导向，保持及时发现问题、解决问题的清醒和坚定。要始终坚持真理、修正错误，敢于正视问题、克服缺点，勇于刮骨疗毒、去腐生肌，以刀刃向内的勇气不断推进党的自我革命，完善党的自我革命制度规范体系，全面推进党的自我净化、自我完善、自我革新、自我提高。要坚持发扬自我革命精神，不断清除一切损害党的先进性和纯洁性的因素，不断清除一切侵蚀党的健康肌体的病毒，把党建设成为始终走在时代前列、人民衷心拥护、勇于自我革命、经得起各种风浪考验、朝气蓬勃的马克思主义执政党。要发挥各级领导干部在全面从严治党上的模范带头作用，带头廉洁自律，带头落实好管党治党的政治责任，当好良好政治生态和社会风气的引领者、营造者、维护者，自觉接受历史和人民的检验。

（六）必须时刻保持风清气正的政治生态的清醒和坚定

时刻保持风清气正的政治生态的清醒和坚定，必须时刻绷紧政治生态这根弦，以永远在路上的坚韧和执着，扭住保持风清气正的政治生态这个关键不放松，扶正祛邪、激浊扬清。要坚持以严肃的党内政治生活营造风清气正的政治生态，坚定理想信念，把住思想这个总开关；加强民主集中制，扭住领导班子这个龙头；树立正确用人导向，抓住干部选拔任用这个关键；开好民主生活会、组织生活会，用好批评和自我批评这个武器；落实“三会一课”制度，夯实组织生活这个基础；强化监督问责，坚守严明党的纪律这条底线。要坚持以良好政治文化涵养风清气正的政治生态，大力发展积极健康的党内政治文化，让党所倡导的理想信念、价值理念、优良传统深入党员干部的思想和心灵。要坚持以党的自我革命重塑风清气正的政治生态，以严的基调强化正风肃纪反腐，始终以零容忍态度反腐惩恶，坚决打赢反腐败斗争攻坚战持久战。

内涵·成因·破解：“大党独有难题”的三维探赜

上海社会科学院　曾　毅

中国共产党作为百年大党，是世界上最大的政党，它领导着一个大国，进行着伟大事业。同时，中国共产党在世界上还履行着大党的责任，为增进人类福祉作出新贡献。习近平总书记告诫我们党：“大就要有大的样子”①，要时刻警惕我们党“变得老态龙钟、疾病缠身”②，因为“没有什么外力能够打倒我们，能够打倒我们的只有我们自己”③。世界上有不少大党因未能破解自身独有难题而失去了执政地位，这些沉痛的教训要求我们党“必须时刻保持解决大党独有难题的清醒和坚定”④。全面系统剖析“大党独有难题”不仅是新时代政党治理的理论任务，也是以中国式现代化全面推进中华民族伟大复兴的内在要求。

---

① 《习近平谈治国理政》第3卷，外文出版社2020年版，第67页。

② 《习近平谈治国理政》第4卷，外文出版社2022年版，第544页。

③ 《习近平谈治国理政》第3卷，外文出版社2020年版，第531页。

④ 习近平：《高举中国特色社会主义伟大旗帜　为全面建设社会主义现代化国家而团结奋斗——在中国共产党第二十次全国代表大会上的报告》，人民出版社2022年版，第63页。

一、“大党独有难题”的基本内涵

运用语言学全面分析“大党独有难题”的基本内涵，是科学把握“大党独有难题”的基础。因为深入分析其基本内涵是深入挖掘生成之因的逻辑前提，也是深入探寻破解之道的思维起点，其基本内涵由“大党”“独有”“难题”的内涵及相互关系综合建构而成。所以，应分别对“大党”“独有”“难题”的内涵进行深入分析，然后在此基础上进行综合，从整体上系统把握“大党独有难题”的基本内涵。

（一）“大党独有难题”的“大党”内涵

深刻把握“大党”内涵，是全面把握“大党独有难题”基本内涵的基础。因为，“大党”既是“难题”潜存的主体，也是“难题”存在的场域。中国共产党在百年奋斗的光辉历程中从不成熟走向成熟，从弱小走向强大，如今已成为百年大党、世界上最大的执政党。因此，“大党独有难题”的“大党”是“中国共产党在新时代的表征和形态”[①]。具体而言，包括以下几个方面的含义：一是从党员维度看，“大党”是党员数量众多、规模巨大的政党。中国共产党作为执政大党，有9800多万名党员，分布在全国各级机关、各个领域、各行各业的党组织之中。二是从组织维度看，“大党”是党组织数量众多、规模巨大、结构复杂的政党。中国共产党作为执政大党，有506多万个基层党组织，分布在全国各级机关、各个领域、各个部门之中，以错综复杂的结构联系在一起。三是从内在品格维度看，“大党”是胸怀、视野和格局宽广，理想信念远大，使命责任重大的政党。中国共产党作为执政大党，以世界历史或大历史观为宏大视野，胸怀天下，着眼于世界大局和趋势；中国共产党作为执政大党，具有社会主义信念与共产主义远大理想；中国共产党作为执政大党，为中国人民谋幸福、为中华民族谋复兴、为人类谋大同。四是从时间维度看，“大党”是成立时间长、存续时间长、执政时间长的政党。中国共产党作为执政大党，成立于1921年，有百多年的奋斗历程、七十多年的执政历程。五是从实践维度看，“大党”是事业伟大、任务巨大、成就巨大、贡献巨大的政党。中国共产党作为执政大党，

① 吴波：《大党独有难题及其科学解答》，《理论探索》2023年第1期。

始终把实现人类解放作为崇高事业，承担治国理政和全球治理相关巨大任务，实现中国人民从站起来、富起来到强起来的伟大飞跃，以中国式现代化创造人类文明新形态。六是从执政维度看，“大党”是执政绩效大、执政影响力大的政党。中国共产党作为执政大党，推进国家治理体系与治理能力现代化，影响世界政治格局和人类社会的发展趋势。概言之，以上六个维度及其相关因素表征了“大党”之“大”。由此可见，“大”不仅是“大党”的量的规定性，也是其质的规定性。

（二）“大党独有难题”的“独有”内涵

深入透视“独有”的内涵，是全面把握“大党独有难题”基本内涵的关键。因为，从语言学角度来说，它关联着“大党”和“难题”。

一方面，从概念含义来看，“独有”概念在现代汉语中既指独自具有，也指独自据有。取“独自具有”含义，则说明“难题”的生成与“大党”有内在的必然关联；取“独自据有”含义，则说明“难题”与“大党”没有必然关联，只有外在的所属关系。因此，“大党独有难题”这一命题可以有两种理解：一是中国共产党作为执政大党独自具有的难题，此难题的生成与中国共产党具有必然的内在关联；二是中国共产党作为执政大党独自据有的难题，此难题的生成与中国共产党没有必然的关联。依据习近平总书记提出“大党独有难题”的叙述语境和话语表达来看，第一种理解符合对“大党独有难题”的诠释。

另一方面，从关键词之间的语言逻辑来看，“大党独有难题”可分解为“大党独有”和“独有难题”。如果强调“大党独有”，那么“大党独有难题”这一命题潜存“我有你没有”的比较思维。具言之，“大党独有难题”是指中国共产党作为执政大党具有其他各类执政或参政大党不具有的难题。换言之，一是中国共产党作为执政大党以现在与过去比较，具有过去不成熟或作为小党所不具有的独有难题；二是中国共产党作为执政大党与国内参政议政的民主党派比较，具有国内参政议政的民主党派所不具有的独有难题；三是中国共产党作为执政大党与西方资本主义执政党比较，具有西方资本主义执政党所不具有的独有难题；四是中国共产党作为执政大党与其他社会主义国家执政党比较，具有其他社会主义国家执政党所不具有的独有难题。从以上分析可以看出，如果同时进行比较，就很难发现“独有”，而只有分别而具体地比较时，才容易发现“独有”，并且，这种分别而具体的比较，所发现的“独有”不具有一般性意义。所以，“独有”不能在“我有你没有”的比较思维中予以把握。如果强调“独有难题”，那么实质上是突出“难题”的独有性。然而，作为“难题”，其自身不具有独有性，只有难易程度的差异性。反言之，如果“难题”具有独有性，那么“独有”也是“大党”之大和“难题”之难同步运动的质点关联。

（三）“大党独有难题”的“难题”内涵

充分挖掘“难题”的内涵，是全面把握“大党独有难题”基本内涵的根本，因为，“难题”是理解“大党独有难题”基本内涵的出发点和落脚点。

首先，“难题”的概念含义在现代汉语中指不容易解决的问题。换言之，“难题”实质上是在问题积累到不容易解决的程度时发生质变的结果。因此，“大党独有难题”可被理解为中国共产党在成为执政大党的过程中，所伴随的问题不断生成、积累而质变的难题。

其次，从政治性报告或讲话角度来看，习近平总书记在二十届中央纪委二次全会上提出了“六个如何始终”的难题，即如何始终不忘初心、牢记使命，如何始终统一思想、统一意志、统一行动，如何始终具备强大的执政能力和领导水平，如何始终保持干事创业精神状态，如何始终能够及时发现和解决自身存在的问题，如何始终保持风清气正的政治生态。[①]

最后，学术界概言的“难题”如下：一是如何提高党的拒腐防变和抵御风险能力，以防止党在长期执政条件下腐化变质、领导干部由社会公仆变为社会主人，做到党风建设和反腐败斗争永远在路上，始终保持党的革命精神、清醒意识和人民情怀以推动伟大的社会革命、跳出治乱兴衰的历史周期率；二是如何持续保持党的先进性和纯洁性，克服精神懈怠、脱离群众、消极腐败，实现有效自我监督和永葆青春活力；三是如何保持党长期执政，巩固党的长期执政地位，提高党的执政能力和执政效率；四是如何组织超大规模政党，做到高效地自我调适、组织管理以及理想信念教育；五是如何有效动员群众以提高党治国理政的效率和效能，有效防范化解各

① 中共中央党史和文献研究院院务会理论学习中心组：《准确把握“六个如何始终”的重大意义和深刻内涵》，《中国纪检监察报》2023 年 4 月 6 日。

种重大风险和严峻挑战，实现大党治理、大国治理和全球治理。对上述难题加以整合提炼发现，如何始终保持党的先进性、纯洁性是根本难题。这一难题向内衍生出治党难题，向外派生出治国理政难题，在此基础上演化出党长期执政难题，进而演化出如何跳出治乱兴衰的历史周期率的最高难题。因此，“难题”在党从小党成为大党的过程中伴随着问题不断生成、积累而质变，是根本难题逐级、多维、多层地向内衍生、向外派生，进而演化形成的难题系列。

二、“大党独有难题”的生成之因

运用系统论深入剖析“大党独有难题”的生成之因，是科学把握“大党独有难题”的关键。因为，“大党独有难题”的生成之因关联着其基本内涵和破解之道。系统思维是用普遍联系、全面系统、发展变化的观点把握事物的发展规律。在系统思维的把握下，中国共产党是一个有机的复杂系统。从系统的本质上看，“大党独有难题”是在中国共产党复杂系统的内在规定性中生成。具言之，是在中国共产党复杂的系统要素、系统规模、系统结构的综合效应和内在张力中生成。进言之，是在“大党”之大、“难题”之难、“独有”之独的互动形塑过程中实现的整体涌现。

（一）“大党独有难题”生成的系统要素之因

系统要素的基质、特点、长处和短处是系统特质的实在基础，决定系统特质的生成，以此构成系统的元素效应。中国共产党作为执政大党、作为复杂系统，它的系统要素是各部门、各领域、各层级的党员及党员干部。党员及党员干部的基质、特点、长处和短处是中国共产党系统特质的实在基础。具体而言，党员及党员干部的先进理想信念、崇高价值观念、科学思想理论、高尚道德情操、坚强精神意志、超强能力素质、优良作风习惯等基质构成元素效应，生成党的先进性和纯洁性特质。同理，党员及党员干部的这些基质出问题，也会侵蚀和消解党的先进性和纯洁性特质，从反方向转变成党的落后性和混杂性特质。由此，可以说“大党独有难题”难在保持“大党”的先进性和纯洁性特质上，具体来说难在始终保持党员及党员干部要素的优秀基质上。一些党员及党员干部对马克思主义信仰不坚定，不信马列信鬼神，对共产主义和社会主义理想信念缺失，把当官发财作为毕生追求；部分党员及党员干部不认真学习马克思主义理论和“四史”，缺乏科学的马克思主义观、大历史观和正确党史观；一些党员、甚至党员干部世界观、人生观、价值观、利益观、权力观、政绩观、两性观等出现偏向，精神疲软“缺钙”，战略定力、干事创业能力、伟大斗争能力严重不足；部分党员及党员干部形式主义、官僚主义、享乐主义、奢靡之风“四风”问题严重且具有顽固性。由此可见，上述党员及党员干部的腐朽、落后和消极的基质，具有封建特性和资本主义特性。这实质上是在封建所有制和资本主义所有制基础上产生的思想、价值、观念、思维方式，在历史惯性作用推动下的时代表现。所以，中国共产党作为一个复杂系统，其党员及党员干部要素的基质出问题，是生成“大党独有难题”的根本性原因。

（二）“大党独有难题”生成的系统规模之因

中国共产党作为一个复杂系统，其系统的规模是指党员及党员干部、甚至党组织等系统要素的多少、分布范围的大小、存续时间的长短。虽然系统要素的基质是系统特质的实在基础，但是没有一定系统规模，也不会涌现相应的系统特质和属性。因此，系统规模的大小产生相应的规模效应，直接影响系统属性和特质的生成和涌现。依据此理，尽管党员及党员干部要素的基质出问题是生成“大党独有难题”的原因，但是没有一定出问题的党员及党员干部、甚至党组织的系统规模，也不足以涌现或生成出“大党独有难题”。中国共产党作为执政大党，党员和党组织数量众多、规模巨大、范围宽广，有 9800 多万名党员，有 506 多万个基层党组织，分布在全国各级机关、各个领域、各行各业之中。在这一巨大体量和规模前提下，从统计意义上讲，基质出问题的党员及党员干部、甚至基层党组织的体量和规模也相对巨大，构成了问题基质的规模效应，进而涌现或生成出“大党独有难题”。由于系统的规模效应，既表现为物理意义的叠加，也表现为化学意义的催化，进而产生系统涌现机制。所以，中国共产党作为复杂系统，其党员及党员干部、甚至党组织要素的规模效应既是“大党”生成之因，也是“难题”从问题生成、积累、质变而成的原因，更是“大党独有难题”从根本难题向内衍生、向外派生、进而演化出最高难题的原因，概言之，是“大党”之大、“独有”之独、“难题”之难的生成之因，进而是“大党独有难题”生成之因。

（三）“大党独有难题”生成的系统结构之因

系统结构是系统元素之间以及元素与系统整体之间互动关系的总和。系统结构具有复杂性，因为系统元素的基质复杂和系统的规模巨大。因此，系统元素之间以及系统元素与系统整体的互动关系会呈现千变万化、复杂多样的态势。尽管复杂多样，但是系统结构具有同型性，主要的共同类型表现为硬结构、软结构、框架结构、运行结构、层次结构等。依据此原理，中国共产党的系统结构是党员及党员干部、党组织等系统元素之间相互联系，以及系统要素与中国共产党的互动关系。中国共产党作为党员规模、党组织规模庞大的执政大党，其系统结构非常复杂，表现为框架结构、运行结构、层次结构等系统结构的复杂性。具体来说，主要表为党的组织结构、制度结构、文化结构等系统结构的复杂性。中国共产党复杂性的系统结构并不能直接被判定是“大党独有难题”生成的原因，而是中国共产党复杂性的系统结构不完善或被扭曲后才涌现出“大党独有难题”。换言之，如果中国共产党复杂性的系统结构是先进的、完善的、纯洁的、没有漏洞的，那么不仅不会涌现出“大党独有难题”，反而会涌现出作为执政大党的应有功能和作用。部分党员及党员干部要素的基质出现问题，侵蚀着党的组织结构、制度结构和文化结构，致使党的系统结构存在一定的僵化和漏洞。党员及党员干部应该是同志关系，有共同的信仰、“三观”（世界观、人生观和价值观）和思想理论等，由于部分党员及党员干部的基质出现问题，致使党的组织结构和制度结构僵化，以先进的理想信仰、价值观念、思想理论为内容的文化结构发生严重扭曲，进而致使党的运行结构产生漏洞、发生扭曲，甚至在此基础上会派生出脱离人民群众的利益结构，最终涌现或生成出“大党独有难题”。所以，党的结构不完善、有漏洞、被侵蚀后产生僵化和扭曲是生成“大党独有难题”生成之因。

三、“大党独有难题”的破解之道

以问题为导向深入探寻“大党独有难题”的破解之道，是科学把握“大党独有难题”的根本所在。因为，“大党独有难题”的破解之道是其基本内涵和生成之因的最终指向。在全面系统剖析“大党独有难题”基本内涵和生成之因的基础上，以问题为导向，分析“何以可能破”，探寻“如何破”，以此吸取世界执政大党的经验教训，辩证把握破解点，增强成功破解信心，明确破解路径，系统辩证地把握“大党独有难题”的破解之道。

（一）“何以可能破”：“大党独有难题”的破解希望

我们党拥有马克思主义政党的显著优势，不但善于破坏一个旧世界，还善于建设一个新世界[①]，更善于以中国式现代化创造人类文明新形态。因此，我们党完全有信心、有志气、有勇气、有骨气、有能力、有担当，科学、系统、全面、彻底地破解由如何始终保持党的先进性、纯洁性的根本难题向内衍生的治党难题、向外派生的治国理政难题，进而演化出党长期执政难题以及跳出治乱兴衰历史周期率的最高难题。中国共产党作为世界上最大的马克思主义执政大党，其显著优势体现在党的政治优势、制度优势、理论优势、文化优势、组织优势、纪律优势等。第一，我们要主动发挥党的政治优势。在破解“大党独有难题”时，发挥好加强党的政治建设、旗帜鲜明地讲政治、密切联系群众等政治优势。第二，我们要系统发挥党的制度优势。在破解“大党独有难题”时，发挥好不忘初心、牢记使命的制度，坚定维护党中央权威和集中统一领导的各项制度，党的全面领导制度，为人民执政、靠人民执政的各项制度，提高党的执政能力和领导水平制度，完善全面从严治党制度等制度优势。第三，我们要充分发挥党的理论优势。在破解“大党独有难题”时，发挥好马克思主义科学理论揭示的共产党执政规律、社会主义建设规律、人类社会发展规律等理论优势。第四，我们要积极发挥党的文化优势。在破解“大党独有难题”时，发挥好中华优秀传统文化、革命文化、社会主义先进文化等文化优势。第五，我们要高效发挥党的组织优势。在破解“大党独有难题”时，发挥好严密组织体系的领导力、组织力、执行力等组织优势。第六，我们要全面发挥党的纪律优势。在破解“大党独有难题”时，发挥好党的政治纪律、政治规矩、组织纪律等纪律优势。总之，中国共产党作为马克思主义执政大党，将以上显著优势在破解“大党独有难题”的伟大斗争实践中转化为制胜优势，助

① 《毛泽东选集》第4卷，人民出版社1991年版，第1439页。

力“大党独有难题”实现科学、全面、彻底地破解，使中国共产党始终成为中国特色社会主义事业的坚强领导核心，始终赢得人民拥护，始终巩固长期执政地位，并推动带领中国人民以中国式现代化实现中华民族伟大复兴。

（二）“如何破”：“大党独有难题”的破解路径

破解“大党独有难题”是一个复杂的系统工程。我们采取破解的方式方法不应是直截了当的“头痛医头、脚痛医脚”，而应该运用系统观念实施整体统筹的“辨证论治”，以多套组合拳破解“大党独有难题”。第一，我们要以习近平新时代中国特色社会主义思想为指导，以其世界观和方法论为破解“大党独有难题”的根本遵循。第二，以党长期执政、国家长治久安和人民幸福安康为破解“大党独有难题”的原则立场，在维护党、国家和人民利益的基础上，把握破解“大党独有难题”的运动方向和动态平衡。第三，以坚定不移全面从严治党为破解“大党独有难题”的战略部署，掌握历史主动，以伟大建党精神为引领，以赓续红色血脉为内在要求，在深入推进新时代党的建设伟大工程中破解“大党独有难题”。第四，以战略思维、辩证思维、法治思维、底线思维、系统思维、创新思维为破解“大党独有难题”的思维方式。在破解“大党独有难题”的过程中，加强战略部署，确立底线或划定红线，在法治的轨道上实施整体统筹、重点推进、辩证把握、精准破解，不断创新破解的方式方法，从全方位多层次的思维向度破解“大党独有难题”。第五，以保持战略定力、永远吹冲锋号、时刻保持清醒和坚定为破解“大党独有难题”的精神状态，以刀刃向内、刮骨疗毒，猛药祛疴、重典治乱为破解“大党独有难题”的决心和意志，以自我革命永远在路上的精神彻底破解“大党独有难题”。第六，把“大党独有难题”放在“具有许多新的历史特点的伟大斗争”[①]中去破解，在伟大斗争中锤炼党员干部的党性和人民性、锤炼党员干部和党组织的先进性和纯洁性，增强党治国理政的效率和效能，巩固党长期执政的地位。第七，把“大党独有难题”放在以中国式现代化推进实现中华民族伟大复兴和推动构建人类命运共同体的伟大任务中去破解，实现马克思主义、现代化、社会主义的内在统一。

---

① 习近平：《在庆祝中国共产党成立100周年大会上的讲话》，人民出版社2021年版，第17页。

新时代中国共产党历史自信研究

河北省社会科学院　吴景双

习近平总书记在党的二十大报告中强调，全党要“坚定历史自信，增强历史主动，谱写新时代中国特色社会主义更加绚丽的华章”。[①]这要求全党在新时代新征程中，要全面认识历史进程、系统把握历史规律、深刻汲取历史智慧，不断坚定历史自信、增强历史主动、保持战略定力，使中国特色社会主义更辉煌。

一、以史为鉴是中华优秀文化的显著特征

中国人自古重视历史研究，历来强调以史为鉴。习近平总书记在致第二十二届国际历史科学大会的贺信中指出：“历史研究是一切社会科学的基础，承担着‘究天人之际，通古今之变’的使命。重视历史、研究历史、借鉴历史，可以给人类带来很多了解昨天、把握今天、开创明天的智慧”[②]。中国共产党能够领导中国革命、建设、改革不断取得胜利，也得益于中国共产党重视总结和运用历史经验，善于从历史规律中找到前进的正确方向。

---

① 习近平:《高举中国特色社会主义伟大旗帜　为全面建设社会主义现代化国家而团结奋斗——在中国共产党第二十次全国代表大会上的报告》，人民出版社 2022 年版，第 1—2 页。

② 《习近平致信祝贺第二十二届国际历史科学大会开幕》，《人民日报》2015 年 8 月 24 日。

（一）坚持正确的历史观是历史自信的基础

建立在正确历史观基础上的历史自信，才是真正的自信。我们只有深刻认识我们党百年奋斗的重大成就和历史经验，才能从百年党史中看清楚过去我们为什么能够成功、弄明白未来我们怎么样才能继续成功，从而更好地坚定历史自信、筑牢历史记忆，继续前进。

一是坚持正确历史观必须正确理解党团结带领人民取得的重大成就和积累的宝贵经验。中国共产党人要尊重百年党史、尊重新中国史，尊重历史发展规律、尊重认识规律，用唯物的观点、辩证的观点、发展的观点去看待中国共产党领导中国人民走过的路，并承认历史的局限性，“不能用改革开放后的历史时期否定改革开放前的历史时期，也不能用改革开放前的历史时期否定改革开放后的历史时期”①。坚决做到新民主主义革命伟大胜利的成果决不能丢失，社会主义革命和社会主义建设的成就决不能否定，改革开放和社会主义现代化建设的方向决不能动摇！中国特色社会主义发展到今天，政治、经济、文化建设方面都取得了巨大成就。中国共产党、中华人民共和国、中华民族完全有理由自信。全面认识和正确理解党团结带领人民取得的重大成就，深刻把握和大力传承党的成功经验，用党的百年奋斗重大成就和历史经验增长智慧、增进团结、增加信心、增强斗志。只有这样，我们才能通过正确的历史认知来坚定历史自信。

二是坚持正确历史观必须构建具有中国特色的历史学学术体系。2021年，党中央在全党全社会开展党史学习教育活动，强调全党要学史明理、学史增信、学史崇德、学史力行，就是为了增加历史自信、增进团结统一。我们的历史自信不是自说自话，搞体内循环，而是要坚守中华文化立场，深化文化文明间交流互鉴，加快构建中国话语和中国叙事体系，讲好中国故事、传播好中国声音，形成同我国综合国力和国际地位相匹配的国际话语权。学术体系的改变是话语权改变的基础，在这方面，“我们不能对欧美历史一味地歌颂，而对自己的历史一味地贬低，这需要认真反思。如果我们反思得很到位，在这个基础上建立起来的学术体系就可能是一个全新的学术体系。从历史学角度说，在历史学学术体系这方面我们想明白了，认

① 《习近平谈治国理政》第1卷，外文出版社2018年版，第23页。

识清楚了，我们的学术体系就自然而然地建立起来了。学术体系建立起来了，我们在国际上的学术话语权也就能够站住脚了”[①]。只有这样，我们才能更好地通过正确的历史观来坚定历史自信。

（二）尊重历史必须旗帜鲜明反对历史虚无主义

“灭人之国，必先去其史”。历史虚无主义的本质，就是以“重新评价”为名，否定我们党的领袖、英雄乃至整个中华民族的英雄、整个国际共产主义运动中的英雄，来无限拔高、美化、吹捧蒋介石、国民党，甚至公然为汉奸、反动派、卖国贼翻案，甚至公然篡改、抹黑、诋毁、否定中国共产党党史、新中国史等等，竭尽攻击、丑化、污蔑之能事，根本目的就是要搞乱人心，通过否定、掏空历史进而否定中国共产党的领导和我国社会主义制度，最终使社会主义政权变色。

反对历史虚无主义要做到以下两点。一是正本清源。习近平总书记在党史学习教育动员大会上强调：“要旗帜鲜明反对历史虚无主义，加强思想引导和理论辨析，澄清对党史上一些重大历史问题的模糊认识和片面理解，更好正本清源、固本培元”。[②]所以，我们要坚持历史唯物主义、辩证唯物主义的立场观点方法，正确认识和科学评价党史上的重大事件、重要会议、重要人物，进一步把握历史规律和发展大势，进一步深化对党的性质宗旨的认识，进一步总结党的历史经验，在对历史的深入思考中汲取智慧、走向未来。二是增强忧患意识。纵观世界上各个民族的发展史，任何一个抛弃或者背叛自己历史文化的民族，最终都迷失了前进方向，上演了历史悲剧。旗帜鲜明反对历史虚无主义，有助于我们进一步坚定历史自信、增强历史主动。同时，我们还要反对故步自封、夜郎自大。习近平总书记告诫全党，“我们千万不能在一片喝彩声、赞扬声中丧失革命精神和斗志，逐渐陷入安于现状、不思进取、贪图享乐的状态，而是要牢记船到中流浪更急、人到半山路更陡”[③]。

---

① 张海鹏：《历史学“三大体系”建设的核心是学术体系》，中国社会科学网，2021 年 6 月 28 日，http://www.cssn.cn/skgz/bwyc/202208/t20220803_5463346.shtml.

② 习近平：《在党史学习教育动员大会上的讲话》，人民出版社 2021 年版，第 25 页。

③《习近平谈治国理政》第 3 卷，外文出版社 2020 年版，第 531 页。

（三）中国共产党历史自信必须做到“四个自信”

道路自信、理论自信、制度自信、文化自信与历史自信本质上是一致的、贯通的，它们共同根植于中国特色社会主义的厚重土壤。历史自信是“四个自信”的逻辑起点，“四个自信”是历史自信的展开和具象，它们统一于中国特色社会主义伟大实践。坚定历史自信，就是要以道路自信彰显历史自信，以理论自信凝聚历史自信，以制度自信夯实历史自信，以文化自信巩固历史自信。

坚持马克思主义科学理论指导是坚定历史自信的根本所在。一个政党要走在时代前列，就一刻不能没有科学理论指导。马克思主义创造性地揭示了人类社会发展的普遍规律，是指导我们改造客观世界和主观世界的科学理论。中国共产党一经成立，就把马克思主义写在自己的旗帜上，将其作为自己的根本指导思想。中国共产党一百多年的历史证明：中国共产党为什么能，中国特色社会主义为什么好，归根到底是马克思主义行，是中国化时代化的马克思主义行。历史告诉我们，拥有马克思主义科学理论指导是我们党鲜明的政治品格和强大的政治优势，是我们党坚定信仰信念、把握历史主动的根本所在。

二、百年大党历史自信的伟大实践

中国共产党人的历史自信是在百年奋斗的历史实践中经过反复锤炼得来的。中国共产党的诞生，深刻改变了近代以后中华民族发展的方向和进程，深刻改变了中国人民和中华民族的前途和命运，深刻改变了世界发展的趋势和格局。中国共产党带领人民团结奋斗，彻底摆脱了被欺负、被压迫、被奴役的命运，使人民成为国家、社会和自己命运的主人。中华民族摆脱了衰败凋零、被动挨打、饱受欺凌的境遇，以自信自强、欣欣向荣的气象巍然屹立于世界东方。我们仅用几十年时间就走完了发达国家几百年走过的工业化历程，创造了经济快速发展和社会长期稳定两大奇迹，这是中国共产党历史自信的实践根基。

（一）历史自信源于已经取得的历史性成就

“当今世界，要说哪个政党、哪个国家、哪个民族能够自信的话，那中国共产党、中华人民共和国、中华民族是最有理由自信的！”[①] 放眼世界各个政党的历史，没有哪一种政治力量能像中国共产党这样创造出如此辉煌的历史成就，这是我们党具有历史自信的最大底气。

一是历史自信源于中国共产党在我国发展过程中取得的伟大成就。中国共产党经过二十八年浴血奋斗，于1949年10月1日宣告成立中华人民共和国，中国共产党和中国人民以英勇顽强的奋斗向世界庄严宣告，中国人民从此站起来了，中华民族任人宰割、饱受欺凌的时代一去不复返了，中国发展从此开启了新纪元。从新中国成立到改革开放前夕，党领导人民完成社会主义革命，消灭一切剥削制度，实现了中华民族有史以来最为广泛而深刻的社会变革，实现了一穷二白、人口众多的东方大国大步迈进社会主义社会的伟大飞跃。改革开放和社会主义现代化建设新时期，解放和发展社会生产力，坚持改革开放，走上中国特色社会主义的正确道路，为实现中华民族伟大复兴提供充满新的活力的体制保证和快速发展的物质条件。党的十八大以来，以习近平同志为核心的党中央，以伟大的历史主动精神、巨大的政治勇气、强烈的责任担当，统筹国内国际两个大局，贯彻党的基本理论、基本路线、基本方略，统揽伟大斗争、伟大工程、伟大事业、伟大梦想，坚持稳中求进工作总基调，出台一系列重大方针政策，推出一系列重大举措，推进一系列重大工作，战胜一系列重大风险挑战，解决了许多长期想解决而没有解决的难题，办成了许多过去想办而没有办成的大事，推动党和国家事业取得历史性成就、发生历史性变革。这些伟大成就铸就了中国共产党人的历史自信。

二是历史自信源于中国共产党对世界的历史性贡献。中国共产党坚持马克思主义理论，始终关注全人类的前途命运，秉承着“天下大同”、人类命运共同体等理念，以自己的奋斗和成就深刻影响了世界历史进程，为推动人类进步、促进世界和平作出了重要贡献。中国共产党领导人民成功走出中国式现代化的发展道路，创造了人类文明新形态，拓展了发展中国家

---

① 习近平：《在党史学习教育动员大会上的讲话》，人民出版社2021年版，第9页。

走向现代化的途径，给世界上那些既希望加快发展又希望保持自身独立性的国家和民族提供了全新选择。以习近平同志为核心的党中央推动构建人类命运共同体，为解决人类重大问题，建设持久和平、普遍安全、共同繁荣、开放包容、清洁美丽的世界贡献了中国智慧、中国方案、中国力量，这是我们党在参与全球治理、践行真正的多边主义、构建人类命运共同体的过程中形成的历史自信。

（二）“两个确立”对新时代中国共产党的重大意义

马克思主义建党学说一贯强调领导核心的重大作用，始终注重科学理论的指导地位。中国共产党的百年奋斗充分证明，坚强的领导核心和科学的理论指导是关系党和国家前途命运、党和人民事业兴衰成败的根本性问题。“两个确立”对中国共产党增强历史自信具有重大意义。

一是以习近平同志为核心的党中央掌舵领航增强了中国共产党的历史自信。新时代十年，是党和国家事业发展进程中极不寻常、极不平凡的十年。在习近平总书记亲自谋划、亲自领导、亲自指挥下，党和人民攻坚克难，形成一系列原创性思想、推进一系列变革性实践、实现一系列突破性进展、取得一系列标志性成果。党确立习近平同志党中央的核心、全党的核心地位，确立习近平新时代中国特色社会主义思想的指导地位，是历史的选择、时代的选择、人民的选择，反映了全党全军全国各族人民的共同心愿。每个共产党人要把衷心拥护“两个确立”作为根本政治要求，深刻领悟“两个确立”的决定性意义、政治内涵和实践要求，在思想上拥戴核心，在政治上忠诚核心，在行动上紧跟核心，增加历史主动。

二是习近平新时代中国特色社会主义思想指引方向坚定了中国共产党的历史自信。一百多年来，我们党之所以能够完成其他政治力量不可能完成的艰巨任务，在同各种政治力量和困难挑战的较量中取得一次又一次胜利，根本在于坚持把马克思主义基本原理同中国具体实际相结合、同中华优秀传统文化相结合，不断推进理论创新，并善于用新的理论指导新的实践。以习近平同志为主要代表的中国共产党人，深刻总结并充分运用党成立以来的历史经验，从新的实际出发，创立了习近平新时代中国特色社会主义思想，实现了马克思主义中国化时代化新的飞跃。历史、现实与未来让我们更加自信，站在党和国家发展新的历史方位，确立习近平新时代中国特色社会主义思想的指导地位，中国共产党就能在“两个大局”深度演进互动的复杂条件下，坚持正确的前进方向，乘风破浪不迷航；就能始终把握发展规律，运用科学的世界观和方法论谋划事业发展、应对风险挑战，带领全国各族人民不断开辟中华民族伟大复兴的光明前景。

（三）中国共产党历史自信的精神财富

中国共产党的百年史，既是一部重大成就和重要贡献的创造史，是一部与困难、挫折、风险的拼搏史、斗争史，也是一部昂扬向上、团结奋斗的精神史。

一是伟大建党精神是中国共产党不懈奋斗的精神动力。回首百年征程，中国共产党经历过各种困难和挑战，遭遇到各种牺牲和失败。在前所未有的困难挑战面前，中国共产党从未退缩乃至放弃，而是在人民的支持下，依靠自身的力量战胜困难、修正错误、走向光明，可以说是几度绝处逢生、几度柳暗花明。正是在这样的生死斗争、千锤百炼中，中国共产党愈益强大和成熟起来，并在此基础上形成了“坚持真理、坚守理想，践行初心、担当使命，不怕牺牲、英勇斗争，对党忠诚、不负人民”[①]的伟大建党精神，这是我们历史自信的精神之源。

二是伟大中国精神是一种不可战胜的力量。中国共产党在内忧外患中诞生、在历经磨难中成长、在攻坚克难中壮大。为了人民、国家、民族，为了理想信念，无论敌人如何强大、道路如何艰险、挑战如何严峻，党总是绝不畏惧、绝不退缩、不怕牺牲、百折不挠，“特别是在中国共产党成立后愈加奋勇向前，带领各族人民不仅推翻了‘三座大山’，建立了新中国，而且只用七十多年时间便将中国由一个落后的农业国建成经济总量位居世界第二的工业大国，重要原因之一就在于有博大精深、内涵丰富的中国精神作为支撑”[②]。这些精神归结到一起，就是中国共产党人以伟大建党精神为源头的精神谱系，包含着井冈山精神、长征精神、遵义会议精神、延安精神、西柏坡精神、红岩精神、抗美援朝精神、“两弹一星”精神、特区精神、抗洪精神、抗震救灾精神、抗疫精神等伟大精神。中国精神是以爱国主义

---

① 习近平：《在庆祝中国共产党成立100周年大会上的讲话》，人民出版社2021年版，第8页。

② 朱佳木：《中国共产党与中国精神的塑造》，《中国井冈山干部学院学报》2021年第2期。

为核心的民族精神和以改革创新为核心的时代精神的统一。这是中国共产党坚定历史自信的强大精神力量。

三、中国共产党历史自信的内在逻辑

社会的发展是一个漫长的历史过程。习近平总书记强调，“只有回看走过的路、比较别人的路、远眺前行的路，弄清楚我们从哪儿来、往哪儿去，很多问题才能看得深、把得准”[①]，这就是历史思维。只有增强历史思维，我们才能在新征程中保持战略定力。

（一）认真学习历史，建立历史思维

历史是最好的老师。历史是对国家、社会、民族及个人成与败、兴与衰、安与危、正与邪、荣与辱、义与利、廉与贪等的总结和思考。历史这本“看成败、鉴得失、知兴替”的教科书，对于领导干部来说很重要。因此，习近平总书记多次强调领导干部要多学历史、重视历史、研究历史、借鉴历史，涵养历史思维，将历史中蕴涵着的丰富的经验运用到治国理政实践当中。历史思维，是一种整体思维，“不识庐山真面目，只缘身在此山中”提醒我们，历史思维要看到历史的连续性，避免人为地割裂历史；历史思维，是一种跨越时空的思维，“后之视今，亦犹今之视昔”告诉我们要思接千载、视通万里，以贯通古今的历史智慧，分析中国之问与世界之问，既知其然又知其所以然；历史思维，也是一种发展思维，“青山遮不住，毕竟东流去”警示我们要以史为鉴、鉴往知来，在历史前进的逻辑中前进，在时代发展的潮流中发展。

（二）涵养历史思维，坚持唯物史观

习近平总书记强调：“历史是最好的教科书”“在对历史的深入思考中做好现实工作、更好走向未来”。[②]加强历史学习、总结历史经验、认识历史规律，都需要提高历史思维能力。涵养历史思维要从以下三个方面做起。

① 《习近平谈治国理政》第3卷，外文出版社2020年版，第70页。

② 中共中央宣传部编：《习近平总书记系列重要讲话读本》，学习出版社、人民出版社2014年版，第179页。

一是要学会全面看待历史。“全面的历史的方法”是研究历史的基本方法，毛泽东称这为“古今中外法”。“古今中外法”就是弄清楚我们研究的问题发生的时间和空间，把问题当作一定历史条件下的历史过程去研究。比如，习近平总书记强调“要坚持用大历史观来看待农业、农村、农民问题”[①]，这是总结“农为邦本，本固邦宁”的历史经验、站在中华民族伟大复兴战略全局高度提出的要求。二是要学会用发展眼光看待历史。马克思指出，“人们自己创造自己的历史，但是他们并不是随心所欲地创造，并不是在他们自己选定的条件下创造，而是在直接碰到的、既定的、从过去承继下来的条件下创造”[②]，习近平总书记也强调，“一切向前走，都不能忘记走过的路；走得再远、走到再光辉的未来，也不能忘记走过的过去，不能忘记为什么出发”[③]。每个共产党人要不断养成历史思维，看清历史、现实和未来的相通性，看清历史的连贯性和接续性。三是要学会用具体方法看待历史，坚持具体问题具体分析。人类历史发展有其内在的基本规律，但不同国家、不同民族的发展并不相同。就中国而言，独特的国情党情、独特的历史命运、独特的文化传统，中国必然走一条不同于外国而适合自己特点的发展道路。因此，我们必须“把马克思主义基本原理同中国具体实际相结合、同中华优秀传统文化相结合”[④]，坚持和发展中国特色的社会主义，这就是我们总结历史经验得出的基本结论。

（三）遵循历史规律，保持战略定力

习近平总书记强调，“战略问题是一个政党、一个国家的根本性问题。”[⑤]在中国这样一个社会主义大国，在民族复兴曙光在前这样一个关键时刻，运用历史思维、掌握历史主动、保持战略定力无疑是披荆斩棘、砥砺奋进的重要保证。

保持战略定力必须具备以下三点。一是保持战略定力必须坚定理想信念。习近平总书记强调，没有理想信念就会得“软骨病”，就没有“主心

① 《习近平谈治国理政》第4卷，外文出版社2022年版，第193页。

② 《马克思恩格斯全集》第11卷，人民出版社1995年版，第131—132页。

③ 《习近平谈治国理政》第2卷，外文出版社2017年版，第32—33页。

④ 习近平：《在庆祝中国共产党成立100周年大会上的讲话》，人民出版社2021年版，第13页。

⑤ 《习近平谈治国理政》第2卷，外文出版社2017年版，第10页。

骨”。[①]全面建设社会主义现代化强国、以中国式现代化实现中华民族伟大复兴的信心之本、力量之源，就在于坚守对马克思主义的信仰、坚守对中国特色社会主义的信念。只要信仰有光芒、信念有定力，奋进身影就会愈战愈勇，逐梦征程就会所向披靡，这是掌握历史主动的具体体现，也是保持战略定力的价值所在。二是保持战略定力必须具有远见卓识。习近平总书记强调，“全党要坚定道路自信、理论自信、制度自信、文化自信，继续沿着党和人民开辟的正确道路前进，不断推进国家治理体系和治理能力现代化。”[②]为了推进大国治理，为了推进大党治理，必须实现国家治理体系和治理能力现代化，这就是治国理政的远见卓识，这就是保持战略定力的具体体现，这就是从历史思维中把握的历史主动。回顾历史，在中国革命最困苦的时候，毛泽东却眺望到了胜利航船的“桅杆尖头”；苏联解体、东欧剧变后，在世界社会主义运动陷入低潮的背景下，邓小平提出坚持基本路线不动摇，走出了一条中国特色社会主义的光明之路。三是保持战略定力必须遵循历史规律。习近平总书记指出：“对历史进程的认识越全面，对历史规律的把握越深刻，党的历史智慧越丰富，对前途的掌握就越主动。”[③]在新民主主义革命时期，以毛泽东同志为主要代表的中国共产党人，始终以历史发展的眼光和视野审视中国革命的未来。党的十八大以来，习近平总书记注重以历史视角观大势、谋大局，遵循历史规律，把中国特色社会主义放到历史长河中，从改革开放四十多年、新中国成立七十多年、建党一百多年、近代以来一百八十多年、中华文明五千多年等历史维度去思考中国特色社会主义的发展，形成了习近平中国特色社会主义思想，为坚持和发展中国特色社会主义提供了新时代的理论依据。

党的二十大报告指出：“全党同志务必不忘初心、牢记使命，务必谦虚谨慎、艰苦奋斗，务必敢于斗争、善于斗争，坚定历史自信，增强历史主动”[④]。这就是说，中国共产党人要应势而动、顺势而为，科学应变、主动求变，以“行百里者半九十”的清醒，以“功成不必在我”和“功成必定有

---

① 《习近平谈治国理政》第1卷，外文出版社2018年版，第15页。

② 中央全面依法治国委员会办公室：《中国共产党百年法治大事记（1921年7月—2021年7月）》，人民出版社、法律出版社2022年版，第310页。

③ 《习近平谈治国理政》第4卷，外文出版社2022年版，第545页。

④ 习近平：《高举中国特色社会主义伟大旗帜　为全面建设社会主义现代化国家而团结奋斗——在中国共产党第二十次全国代表大会上的报告》，人民出版社2022年版，第1—2页。

我”的精神境界，坚定斗争意志、增强斗争本领，运用历史思维、把握历史主动，坚定战略自信、保持战略定力，为全面建设社会主义现代化国家、全面推进中华民族伟大复兴继续奋斗。

中国共产党的中华苏维埃共和国执政经验及其对当代党的自我革命的启示

河北省社会科学院　王　菲

习近平总书记在党的二十大报告中深刻总结党的十八大以来全面从严治党取得的历史性成就、发生的历史性变革，指出，“经过不懈努力，党找到了自我革命这一跳出治乱兴衰历史周期率的第二个答案”[①]，继承和发展了毛泽东“窑洞对”的第一个答案。两个答案有着共同的理论基础和我们党百年奋斗的实践基础。中华苏维埃共和国时期，中国共产党执政的历史经验有着直接的理论和实践的借鉴意义。2019 年 5 月，习近平总书记视察江西瑞金时指出：“要从瑞金开始追根溯源，深刻认识红色政权来之不易、深刻认识新中国来之不易、深刻认识中国特色社会主义来之不易”。[②] 红都瑞金承载着中华苏维埃共和国的光辉历史，承载着中国共产党从局部执政时期探索跳出治乱兴衰历史周期率的宝贵经验。溯源这份珍贵的遗产，对于推进新时代党的伟大自我革命、始终保持党的先进性和纯洁性、不断巩固党长期执政的基础，具有十分重要的理论启迪和实践借鉴意义。

---

① 习近平:《高举中国特色社会主义伟大旗帜　为全面建设社会主义现代化国家而团结奋斗——在中国共产党第二十次全国代表大会上的报告》，人民出版社 2022 年版，第 14 页。

② 《寻根红都瑞金，坚定外事工作初心使命》，江西省人民政府，2021 年 5 月 27 日，https://www.jiangxi.gov.cn/art/2021/5/27/art_5442_3377950.html.

一、确立和保障人民的苏维埃国家权力主体地位

1927 年 10 月，毛泽东率部开辟井冈山革命根据地，并于 1929 年初进军赣南、闽西，开辟了中央“工农武装割据”革命根据地。在中国共产党领导的各处革命根据地，陆续建立了工农民主专政的苏维埃政权。1931 年 11 月 7 日至 20 日，中华苏维埃第一次全国代表大会在江西瑞金隆重召开，向全中国和全世界宣告：中华苏维埃共和国成立了。毛泽东代表中央苏区中央局向大会作报告，并当选为中华苏维埃执行委员会主席和人民委员会主席。在极其严酷的战争环境特别是反“围剿”的战火中，毛泽东坚持围绕“组织革命战争、改良群众生活”两大任务，对苏维埃政权建设作了重要的实践探索和经验总结，提出了一系列宝贵的思想观点，其中“人民主权”即人民国家权力主体思想处于核心地位。

中华苏维埃第一次全国代表大会通过的《中华苏维埃共和国宪法大纲》明确：“中国苏维埃政权所建设的，是工人和农民的民主专政的国家。苏维埃全政权是属于工人，农民，红军兵士及一切劳苦民众的。在苏维埃政权下，所有工人，农民，红军兵士及一切劳苦民众都有权选派代表掌握政权的管理”[①]，并且明确了一切剥削人的人和反革命分子都是专政对象，把人民最广泛的民主与对敌人的绝对专政紧密结合起来，人民主权才有保证。1934 年毛泽东向中华苏维埃第二次全国代表大会作报告总结了苏维埃政权建设的经验，突出了苏维埃民主制度建设，他强调：“工农民主专政的苏维埃，他是民众自己的政权，他直接依靠于民众。他与民众的关系必须保持最高程度的密切，然后才能发挥他的作用。苏维埃具有绝大的力量，他已经成为革命战争的组织者与领导者，而且也是群众生活的组织者与领导者，他的力量的伟大，是历史上任何国家形式所不能比拟的。但他的力量完全依靠于民众，他不能够一刻离开民众”[②]。这一论述深刻阐明了苏维埃的一切国家权力都来自人民，苏维埃的强大国家力量也都来自人民，人民自身享有最广泛的民主权利，包括选派代表管理和监督国家权力运行的权利。

---

① 全国人大图书馆编：《中华苏维埃代表大会重要文献选编》，中国民主法制出版社 2019 年版，第 324 页。

② 全国人大图书馆编：《中华苏维埃代表大会重要文献选编》，中国民主法制出版社 2019 年版，第 402 页。

毛泽东要求苏维埃选举群众化，提高民众参与选举的普遍性。为做好中华苏维埃第一次全国代表大会代表选举任务专门制定的《中国工农兵会议（苏维埃）第一次全国代表大会选举条例》，规定了选举人和被选举人的范围、代表成分的比例、选举程序等，经过几个月紧张有序的选举运动，圆满完成了选举任务。毛泽东于 1933 年 9 月 6 日出席了在瑞金召开的中央根据地南部十八县选举运动会议，作了《今年的选举》的报告，指出："世界上一切革命斗争都是为着夺取政权，巩固政权，而反革命的拼死同革命势力斗争，也完全是为着维持他们的政权。苏区的工农群众已经夺取了政权，我们要时时刻刻保护这个政权，发展这个政权，使之能尽打击内外反革命势力，增进工农生活福利的重大作用。要使之能尽这种作用，就要用选举的方法，把大批最觉悟、最先进最积极的分子选进苏维埃去，而把旧人员中那些不中用的分子淘汰出来，这是最重要的一件事。"①毛泽东的详细说明和论述，表明了苏维埃选举运动日益发展和成熟。选民特别是农民从来不知道民主是何物，更不知道民主就要行使当家作主的权利。选举运动是个大学校，使他们经受了民主的启蒙和政治训练，政治觉悟大大提高，对自己的国家政权更加关心和拥护，这是苏维埃政权巩固发展最牢固的基础，也是人民群众行使国家权力最生动、最广泛的实践。

二、保障和发挥人民的监督主体作用

马克思主义认为，工人阶级夺取国家政权以后，必须打碎旧的国家机器，用真正民主的国家政权来代替，国家机关必须由社会主人变为社会公仆，接受人民监督。巴黎公社创造权力监督的经验，一是权力机关的运行始终处于社会公众的监督之下；二是人民有权随时按照法定程序罢免他们选出的代表和公社管理人员。这样就使公社的勤务人员始终在公众监督下工作，政治权力受到人民的监督。列宁在苏维埃政权建立之初就指出："正是劳动群众才应该是全部国家生活的基础"②，他高度重视选拔工农劳动群众的优秀分子直接到苏维埃机关工作，同时高度重视发挥工农群众自下向上

---

① 全国人大图书馆编：《中华苏维埃代表大会重要文献选编》，中国民主法制出版社 2019 年版，第 727—728 页。

② 《列宁全集》第 37 卷，人民出版社 1986 年版，第 166 页。

对苏维埃政权的监督。

毛泽东高度重视人民群众对中华苏维埃政权的监督权利和监督作用，这一方面是工农民主专政政权性质的要求，同时也是人民的国家权力主体的重要体现。中华苏维埃第一次全国代表大会通过的《中华苏维埃共和国宪法大纲》规定："选举人无论何时，皆有撤回被选举人及实行新选举的权利"[①]，从而保证选举人选举代表的权利与召回权利的统一，这样，就使各级苏维埃代表大会始终代表民意行使权力，成为人民群众监督国家权力运行的根本制度保证。中央和各地革命根据地的红色政权、工农民主政府、苏维埃政权从成立伊始，都重视人民群众的监督，决不离开群众的实际生活而独立存在，或者因与群众脱离而形成官僚化的政权机关。毛泽东强调发挥人民群众的监督作用，开展反对苏维埃政权机关官僚主义的斗争。如何充分发挥人民群众监督作用开展反对官僚主义斗争呢?《中华苏维埃共和国宪法大纲》明确，选民选举的地方苏维埃代表必须按期地向选举人作报告。[②]1932 年 11 月 7 日，项英作《中华苏维埃共和国临时中央政府成立周年纪念向全体选民工作报告书》，当时，他主持苏维埃临时中央政府日常工作，毛泽东在前线指挥战争。1933 年 10 月 24 日，毛泽东与项英等发布《中华苏维埃共和国临时中央政府成立两周年对全体选民的工作报告书》，报告一年来革命发展的形势与苏维埃工作的进步与成绩，提出了不足与今后的任务，强调"为了迅速实现以上的任务，必须彻底除掉苏维埃工作人员中的官僚主义。全体选民同志都应该起来注意，监督苏维埃人员不使有官僚主义分子存在。必须使今年的选举运动得到完满的成功，要使大批工农积极分子经过选举到苏维埃来工作，而把旧有人员中的官僚主义分子洗刷出去"[③]。只有坚决地克服官僚主义，才能保证最大限度地激发人民群众的主动性。

毛泽东非常重视通过法治遏制和惩处苏维埃机关的贪污腐败现象。他指出，"必须反对贪污浪费现象，因为这种现象不但是苏维埃财政经济的损

① 全国人大图书馆编:《中华苏维埃代表大会重要文献选编》，中国民主法制出版社 2019 年版，第 6 页。

② 全国人大图书馆编:《中华苏维埃代表大会重要文献选编》，中国民主法制出版社 2019 年版，第 6 页。

③ 全国人大图书馆编:《中华苏维埃代表大会重要文献选编》，中国民主法制出版社 2019 年版，第 387 页。

失，并且足以腐化苏维埃工作人员”，他要求，“应该把违反苏维埃法令政策的行为首先是苏维埃人员自己的违反放在严厉责罚的地位”。[①]1933 年 12 月 5 日，毛泽东签发颁布《关于惩治贪污浪费行为——中央执行委员会第二十六号训令》，这是中国共产党历史上第一个以政府名义颁布的反贪法规，对贪污腐败行为处罚极严，贪污五百元以上即处死刑，其震慑力可想而知。中央苏区各省、县都从 1933 年开始成立了检察委员会。中华苏维埃第一次全国代表大会以后，临时中央政府成立了中央工农检察部，中华苏维埃第二次全国代表大会后改称中央工农检察委员会，由项英兼任主席。中央执行委员会赋予中央、省、县检察委员会对苏维埃机关和工作人员的监督之权。工农检察部之下须设立控告局，以接受工农对于政府机关或国家企业的缺点和错误的控告事件。各国家机关和基层单位设立不脱产的通讯员队伍，经常组织不脱产的“突击队”“轻骑队”进行明察暗访或突击检查。这是苏区人民群众在工农检察部门指导下实施监督的一种新方式，有检查权、控告权，有关事件、案件处理依程序和法律进行。这种直接依靠基层群众参与的监督，既彰显了人民群众拥有的不可侵犯的监督权，又显示了群众监督的强大威力和效果，也是法律监督和政府职能部门监督的有力支撑。

三、贯彻真心实意为群众谋利益的苏区执政理念

各个根据地的红色政权、苏维埃政权、工农政权是中国共产党在土地革命斗争中领导的工农民主专政政权。中华苏维埃共和国的建立是中国历史上第一个全国性的工农民主政权，是中国共产党在局部地区执政的重要尝试，并且形成鲜明的苏区执政理念。

毛泽东反复强调，苏维埃政权的力量“完全依靠于民众，他不能够一刻脱离民众”[②]。建立和巩固苏维埃政权的真正的铜墙铁壁是群众、是千百万真心实意拥护革命的群众，这是什么力量也打不破的。毛泽东在中华苏维

---

① 全国人大图书馆编：《中华苏维埃代表大会重要文献选编》，中国民主法制出版社 2019 年版，第 423 页。

② 全国人大图书馆编：《中华苏维埃代表大会重要文献选编》，中国民主法制出版社 2019 年版，第 402 页。

埃第二次全国代表大会作的结论，深刻论述了动员广大群众参加革命战争和关心群众切身利益、关心群众生活的辩证关系。苏维埃对这些问题注意了，解决了，满足了群众的需要，苏维埃就真正成为群众生活的组织者，群众就会真正地围绕在苏维埃的周围，热烈地拥护苏维埃，这时候，才能够要求群众牺牲一切给予战争。毛泽东肯定长冈乡、才溪乡苏维埃群众工作做得好，群众称赞“苏维埃红军共产党真正好，什么问题都给我们想到了”，因此，苏维埃得到了广大群众真心实意地爱戴。毛泽东高度赞扬“模范的长冈乡苏维埃，可尊敬的长冈乡苏维埃！”指出：“要得到群众的拥护么？要群众拿出全力拿到战线上去么？那么，就得同群众在一起，就得去发动群众的积极性，就得关心群众的痛痒，就得真心实意为群众谋利益”。[①]“真心实意为群众谋利益”，高度概括了中国共产党的苏区执政理念，是苏区政权建设的崇高价值指引，也是中国共产党和苏维埃政权维护和实现人民的国家权力主体地位的思想根基。

毛泽东在 1948 年作出一个高度的理论概括：“马克思列宁主义的基本原则，就是要使群众认识自己的利益，并且团结起来，为自己的利益而奋斗。”[②]党代表人民执掌政权，权力来自人民的委托，必须贯彻真心实意为群众谋利益的理念，用政权的力量推动革命战争的胜利和各项事业的发展。充分彰显中国共产党作为工人阶级先锋队、中国人民和中华民族先锋队的先进性和强大生机活力。动员人民群众参加革命战争和夺取革命战争的胜利，这是为苏区人民谋利益的根本任务，为了实现这个任务，就必须用现实的利益激发群众的积极性。毛泽东在中华苏维埃第二次全国代表大会的结论中列举了很多需要做的工作：实现苏维埃的基本法令，保障广大群众的利益，领导工人的经济斗争，限制资本家的剥削，领导农民的土地斗争，分土地给农民，提高农民的劳动热忱，增加农业生产，健全合作社，发展对外贸易，群众的穿衣问题、吃饭问题、住房问题、柴米油盐问题、疾病卫生问题、婚姻问题，一切群众的实际生活问题。[③]在这一系列工作任务

---

① 全国人大图书馆编：《中华苏维埃代表大会重要文献选编》，中国民主法制出版社 2019 年版，第 442 页。

② 《毛泽东选集》第 4 卷，人民出版社 1991 年版，第 1318 页。

③ 全国人大图书馆编：《中华苏维埃代表大会重要文献选编》，中国民主法制出版社 2019 年版，第 441 页。

中，广泛地开展土地革命斗争，消灭封建土地所有制，实现贫苦农民“耕者有其田”的世代梦想，是广大农民群众的根本利益之所在，是苏维埃政权真心实意为群众谋利益的中心环节。1931 年 2 月，毛泽东按照中共中央决定以中央革命军事委员会总政治部主任的名义，给江西省苏维埃政府写了一封信，指示省苏维埃政府通令各级政府发一布告，说明田地分给农民后，农民对土地有所有权，可以租赁买卖，田中收获除给政府交土地税外，均归农民所有，这就改变了井冈山《土地法》中的土地所有权归政府的规定。① 中华苏维埃第一次全国代表大会通过的《中华苏维埃共和国土地法令》延续了上述规定，使农民真正成为土地的主人，收获最大的胜利成果，农村革命根据地和苏维埃政权建设获得了最强大的力量之源，1933 年和 1934 年农业持续丰收。在严酷的战争环境下，毛泽东和苏维埃政府尽一切可能为群众现实利益和长远利益服务，群众生活问题无小事，一概在苏维埃政府的议事日程上，并且采取切实措施加以解决，真心实意为群众利益的理念不断转化为群众可见到可感受的实绩。

四、中华苏维埃共和国时期党的执政经验对于当代党的自我革命的启示和重要意义

中华苏维埃共和国时期是中国共产党局部执政的重要尝试，取得了一系列开创性的经验，历经九十多年的时间，愈益显示其不可磨灭的价值，特别是对于推进党的自我革命、成功跳出治乱兴衰的历史周期率有着直接的启迪意义。

（一）保障人民当家作主决定着党的自我革命的政治方向和价值目标

确立人民的国家权力主体地位，是共产党执政的逻辑起点。苏维埃政权以人民最广泛的民主和对敌人的绝对专政，保障人民行使当家作主的权利，使人民始终处于国家主人翁地位，从而为工农民主专政政权的建设确

① 中共中央党史研究室：《中国共产党的九十年》，中共党史出版社、党建读物出版社 2016 年版，第 136 页。

立根本方向，这与党的自我革命所要实现的目标是完全一致的。习近平总书记说："我们国家的名称，我们各级国家机关的名称，都冠以'人民'的称号，这是我们对中国社会主义政权的基本定位"，"这一基本定位，什么时候都不能含糊、不能淡化"[①]。他强调要坚持国家一切权力属于人民的宪法理念，人民当家作主是社会主义民主政治的本质特征，要健全人民当家作主的制度体系，充分彰显我们党立党为公、执政为民的理念。保障人民当家作主既是跳出历史周期率的强大动力，又是跳出历史周期率的根本标志，党的自我革命就是通过全面从严治党，消除自身的一切消极因素，保证党的先进性纯洁性，以党不变质确保国不变色。因此，推进党的自我革命，必须始终坚持人民至上的崇高价值理念，始终保持权由民赋、权为民用的清醒，始终摆正公仆与主人的位置，防止角色错位。腐败分子是党的肌体上的毒瘤、侵蚀人民政权的蛀虫，反腐败斗争关系到党和国家生死存亡，必须以"得罪千百人、不负十四亿"的使命担当，打赢这场不能输、也输不起的攻坚战、持久战。习近平总书记强调："特别是对那些攫取国家和人民利益、侵蚀党的执政根基、动摇社会主义国家政权的人，对那些在党内搞政治团伙、小圈子、利益集团的人，要毫不手软，坚决查处！"[②]

（二）自觉接受人民监督为党的自我革命注入强大推动力

中华苏维埃政府保障人民监督权利，自觉吸引人民对政府权力运行的监督，促进工农民主政权的建设，取得了探索性的成功经验，为毛泽东"窑洞对"答案提供了理论准备和实践支撑，也是执政党建设的宝贵精神财富。习近平总书记总结我们党百年奋斗的历史经验特别是党的十八大以来全面从严治党的经验，提出跳出治乱兴衰历史周期率的第二个答案——自我革命，将人民监督延伸到自我监督，形成了相互依赖、相互促进、共生共进的实践路径。在党的十九届六中全会第二次会议上，习近平总书记正式提出"自我革命"是第二个答案并作了理论铺垫。党的自我革命的主体与革命对象是同一的，是自己革自己的命，但不是打倒自己，而是自我否定的"扬弃"。为人民利益坚持好的、为人民利益改正错的，这就是自我革

① 习近平：《论坚持人民当家作主》，中央文献出版社 2021 年版，第 79 页。

② 《习近平谈治国理政》第 4 卷，外文出版社 2022 年版，第 543—544 页。

命的标准。因此，自我革命必须坚持人民性的价值导向和问题导向的统一，“人民群众反对什么、痛恨什么，我们就要坚决防范和打击。人民群众最痛恨腐败现象，我们就必须坚定不移反对腐败”[①]。人民对党的各项工作中的得失看得最清楚，人民对美好生活的向往是日益提升的，对执政党的领导的要求也是愈来愈高的，这是推动党的自我革命引领伟大社会革命的强大动力。因此，“不能关起门来搞自我革命，要多听听人民群众意见，自觉接受人民群众监督”[②]。中华苏维埃共和国时期，党和苏维埃政府自觉接受人民监督，表现出认真的自我批评精神，蕴含着自我革命的清醒，并且坚持由群众评说接受监督、改进工作的实际效果，这些宝贵的经验仍然是中国共产党在长期执政中需要继承和发扬的。

（三）坚持真心实意为群众谋利益，夯实党长期执政的根基

党领导的苏维埃政府贯彻真心实意为群众谋利益的执政理念，在严酷的战争环境下突出改良群众生活的重大任务，使人民群众获得了实实在在的现实利益和长远利益。自身利益的实现，增强了人民群众对党和苏维埃政权的信赖和拥护，工农民主专政的政权有了坚实的群众基础。中国共产党在全国执政的历程证明，人民是共和国的坚实根基，人民是我们党执政的最大底气。中国共产党代表着中国最广大人民的根本利益，没有自己的特殊利益。从中华苏维埃共和国时期真心实意为群众谋利益，到延安时期确立全心全意为人民服务的根本宗旨，再到新时代坚持以人民为中心的发展思想，党始终把人民利益放在至高无上的位置，始终把为人民造福作为最大政绩。改革开放以来，我国社会结构、阶级结构、利益格局发生重大变化，党经受“四大考验”、应对“四种风险”更加突出和紧迫。党必须在自我革命中淬炼和提升先进性纯洁性，增强拒腐防变能力和抵御风险能力，坚定人民立场，坚持从来不代表任何利益集团、任何权势团体、任何特权阶层的利益，并且勇于向党内被这些集团、团体、阶层所裹挟的人开刀，保证发展为了人民、发展依靠人民、发展成果由人民共享，着力维护社会公平正义，着力促进全体人民共同富裕和人的全面发展。习近平总书记说：

---

① 习近平:《论坚持人民当家作主》，中央文献出版社 2021 年版，第 78 页。

② 《习近平谈治国理政》第 3 卷，外文出版社 2020 年版，第 533 页。

"我们的目标很宏伟，但也很朴素，归根结底就是让全体中国人都过上更好的日子。我们有充分的信心实现我们的目标。"[①] 全体人民的生活越来越好，获得感、幸福感、安全感越来越强，必然增强在党的领导下推动国家发展、不断创造新的历史伟业的主动性。

（四）发扬苏维埃新的工作作风，贯通党的作风建设的红色血脉

苏维埃新的工作作风是党在培养的与工农民主政权性质相适应的执政作风，也是在同官僚主义、命令主义、铺张浪费等旧政权作风的斗争中形成的，其群众化的特征，反映了党的群众路线的早期形态，也是党的作风建设的根本点。党的十八大以后，全面从严治党是从贯彻中共中央关于改进工作作风、密切联系群众的八项规定，反对"四风"开局的。在党的群众路线教育实践活动中，聚焦作风建设，集中解决形式主义、官僚主义、享乐主义和奢靡之风问题。这是因为，"四风"是党群、干群关系的严重问题。习近平总书记说："如果任由这些问题蔓延开来，后果不堪设想，就有可能发生毛泽东同志形象比喻的'霸王别姬'了。更为严重的是我们一些同志对这些问题见怪不怪，甚至觉得理所当然，'久入鲍肆而不闻其臭'。这就更加危险了。"[②] 党的作风关系党的生死存亡，党如果脱离群众，失去人民群众的拥护和支持，最终就会走向失败。以解决"四风"问题为突破口，加强党的作风建设，是全面从严治党的长期任务，作风建设永远在路上。党的二十大报告要求以严的基调正风肃纪，要求"弘扬党的光荣传统和优良作风"。苏维埃新的工作作风是一面镜子，今天的党员干部要用这面镜子来正衣冠，发现自己与先辈们在群众观、群众感情、群众工作以及艰苦奋斗、廉洁奉公方面的差距，自己纠正在"四风"等不正之风背后的官本位思想、价值观走偏、权力观扭曲等思想深处的问题，从红色血脉中汲取精神动力，永葆共产党人的政治本色、优良作风、奋斗精神，牢牢扎根群众，一心一意为老百姓做事。

---

① 《习近平谈治国理政》第3卷，外文出版社2020年版，第134页。

② 中共中央文献研究室编：《十八大以来重要文献选编》（上），中央文献出版社2014年版，第312—313页。

深入把握伟大建党精神同中国共产党精神谱系的关系

石家庄市社会科学院　邢洪儒　云南师范大学　邢榕瀚

精神是历史的升华，历史是精神的展开。一部中国共产党百年史，就是一部党领导人民的英勇奋斗史、一部党的精神谱系的演进发展史。习近平总书记在庆祝中国共产党成立100周年大会上的重要讲话中，首次提出并阐述了伟大建党精神的重大意义和深刻内涵："一百年前，中国共产党的先驱们创建了中国共产党，形成了坚持真理、坚守理想，践行初心、担当使命，不怕牺牲、英勇斗争，对党忠诚、不负人民的伟大建党精神，这是中国共产党的精神之源。"[①] 党的二十大强调要"弘扬以伟大建党精神为源头的中国共产党人精神谱系，用好红色资源，深入开展社会主义核心价值观宣传教育"。[②] 伟大建党精神不仅蕴藏着共产党人"从哪里来"的精神密码，而且竖起了共产党人"到哪里去"的精神路标；不仅是中国共产党战胜各种艰难险阻、取得一个又一个伟大胜利的精神丰碑，而且是砥砺我们不忘初心、牢记使命的不竭精神动力。深刻认识伟大建党精神与中国共产党精神谱系的重大意义、历史逻辑、内涵特质、时代价值，科学把握伟大建党

---

① 习近平：《在庆祝中国共产党成立100周年大会上的讲话》，人民出版社2021年版，第8页。

② 习近平：《高举中国特色社会主义伟大旗帜　为全面建设社会主义现代化国家而团结奋斗——在中国共产党第二十次全国代表大会上的报告》，人民出版社2022年版，第44页。

精神及其同中国共产党精神谱系的关系，对于坚持发展社会主义先进文化、涵养社会主义核心价值观、在世界文化激荡中站稳脚跟，统筹推进“四个全面”战略布局、协调推进中国特色社会主义“五位一体”总体布局、统揽“四个伟大”，在新时代新征程上赢得更加伟大的胜利和荣光，具有极为重要的理论意义和现实意义。

一、从生成论维度看，伟大建党精神同中国共产党精神谱系是源与流的关系

伟大建党精神虽然在一百年后作出正式概括，但却萌芽于中国共产党成立之初，蕴藏于中国共产党百年奋斗进程之中。伟大建党精神是一个逻辑严密、内在统一的有机整体，它是中国共产党精神从无到有的诞生，也是中国共产党精神谱系从无到有的突破，体现了源远和流长的统一，达成了中国共产党人精神谱系形成过程中的历史与逻辑的有机统一。

（一）伟大建党精神是源、是源发性精神

伟大建党精神虽然形成于中国共产党创建之时，但对党的全部奋斗实践具有跨越时空的穿透性和辐射力，回答了“建立一个什么样的政党”的问题。习近平总书记指出：“在百年接续奋斗中，党团结带领人民开辟了伟大道路，建立了伟大功业，铸就了伟大精神，积累了宝贵经验，创造了中华民族发展史、人类社会进步史上令人刮目相看的奇迹。”[①] 伟大建党精神开启了中国共产党人的精神之源，它在源头上树立起了中国共产党人的理想信念、初心使命、精神气质和政治立场，成为中国共产党与生俱来的红色基因和精神标识，成为中国共产党人的精神之魂，为构建中国共产党精神谱系注入了基因和灵魂。作为党的其他红色精神的源头和起点，伟大建党精神形成了其基因结构，并贯穿于中国共产党人精神谱系之中，支撑起中国共产党人的精神大厦。

① 习近平：《在党史学习教育动员大会上的讲话》，人民出版社 2021 年版，第 5 页。

（二）中国共产党精神谱系是流、是赓续型精神

作为中国共产党精神之源，伟大建党精神包含着中国共产党精神谱系的内核，具有传承、支撑和密码的价值作用，体现了知、行、意、信、行的高度统一。伟大建党精神犹如一颗火种，点燃了井冈山上的星星之火、长征路上的熊熊火炬、宝塔山上的闪耀红星，完善了中国革命精神链条的历史渊源和逻辑起点，使党的创建发展史与精神铸就史高度契合。

二、从本体论维度看，伟大建党精神同中国共产党精神谱系是根与脉的关系

伟大建党精神，既是具体的精神形态，又是抽象的精神本体。伟大建党精神作为一个在理论和实践上具有双重意义的深刻命题，以思想深刻性、内容全面性、历史穿透性、影响覆盖性体现了丰富的思想含量，是对中国共产党百年奋斗实践中各种革命精神内涵的精髓提炼，成为哺育、滋润、涵养、孵化各种共产党人革命精神的“母体”之根。伟大建党精神不仅对革命事业的发展起到重大推动作用，而且对其他革命精神的形成产生着引领贯通作用，规范和影响着其他革命精神的形成和发展。

（一）伟大建党精神是根、是贯通性精神

百年辉煌，精神为要。中国共产党是一个善于精神创造的政党，也是一个精神富足的政党。伟大建党精神是中国共产党在创建过程中形成的革命精神，是中国共产党精神成长之“胚胎”，是马克思主义基本原理同中国具体实践、同中华优秀传统文化相结合的产物，是对中国共产党建党实践精神品质内涵的高度概括。无数中国共产党人以自己的生命诠释了伟大建党精神的感染力，从中涌现出了许多感人至深的英雄人物，为继承弘扬伟大建党精神树立了光辉榜样。

（二）中国共产党精神谱系是脉、是覆盖型精神

在百年接续奋斗中，中国共产党之所以能够从小到大、从弱到强，克服一切困难，战胜一切险阻，团结带领人民创造了一系列伟大成就，就是

因为中国共产党人有着比其他组织更高远的精神境界和追求，并铸就了一系列伟大精神。这一系列伟大精神，是中国共产党在完成不同历史任务中弘扬伟大建党精神的具体表现，是伟大建党精神在不同历史时期的活水涌流和整体覆盖，共同构建起中国共产党的精神谱系。

三、从认识论维度看，伟大建党精神同中国共产党精神谱系是魂与魄的关系

立足党的百年历史新起点，从系统结构出发，将伟大建党精神视为个体要素、将党的精神谱系视为整体系统，分析研究其个体与整体在结构、动态、功能层面的相互关系以及变动的规律性，进而理解伟大建党精神作为党的精神谱系的起点开辟、精神主导与主线脉络，充分把握中国共产党精神谱系作为伟大建党精神所依附的实践进路。

（一）伟大建党精神是魂、是主导性精神

马克思主义将实践视为人的意识的现实物质基础，认为人“在改变自己的这个现实的同时也改变着自己的思维和思维的产物”[①]。无论是伟大建党精神，还是形成于不同历史时期的系列伟大精神，乃至由系列伟大精神构建而成的党的精神谱系，根本上都属于精神范畴，是中国共产党人对客观事物和实践活动的一种理论抽象。伟大建党精神依托实现中华民族伟大复兴的历史主题，在结构上构成主导脉络，在思想上树立主导观念，集中体现了党的理想信念、根本宗旨、优良作风，主导了中国共产党精神谱系的整体构建，并深深融入我们党、国家、民族、人民的血脉之中。伟大建党精神作为中国共产党人精神世界的灵魂，蕴含着中国共产党人的成功密码，昭示着过去我们为什么能够成功、未来怎样才能继续成功，是中国共产党精神谱系中最高层次的精神形态。伟大建党精神既与红船精神、井冈山精神、延安精神、西柏坡精神等具体概念一样，体现特定的时空范围，同时又与其他革命精神的概念相区别，体现特定环境突破的针对性，其灵魂元素还渗透于各种革命精神之内，从而使中国共产党这艘历史性的航船在北

① 《马克思恩格斯选集》第1卷，人民出版社2012年版，第152页。

京孕育、上海制造、南湖起航，胜利地驶过了一百多年的航程。

（二）中国共产党精神谱系是魄、是依附型精神

伟大建党精神，从内涵上说是理论概括，从实质上说是实践指南。我们党在不同历史时期生成的伟大精神，尽管内涵不尽相同，但其本质内容和精神实质是相通的、一致的。中国共产党人的精神谱系虽然形成于我们党团结带领中国人民推进救国、兴国、富国、强国的历史进程之中，但其丰富和发展始终依附于我们党百年奋斗的实践主题，始终依附于伟大建党精神的灵魂主线。中国共产党成立以来，无数中国共产党人以实际行动创造了伟大建党精神，革命先辈、牺牲烈士和无名英雄用鲜血和生命染红了伟大建党精神，给伟大建党精神深深打上了实践的烙印。

四、从方法论维度看，伟大建党精神同中国共产党精神谱系是纲与目的关系

伟大建党精神是中国共产党在创建过程中形成的革命精神，它在精神谱系之中处于原点与管总的核心或中心位置，开启了中国共产党人的精神之源，展示了中国共产党人的精神之魂，标识了中国共产党精神的源头、起点、深化和拓展的全过程。正如恩格斯所说："一个知道自己的目的，也知道怎样达到这个目的的政党，一个真正想达到这个目的并且具有达到这个目的所必不可缺的顽强精神的政党，——这样的政党将是不可战胜的"。[①]中国共产党之所以能够形成庞大的精神谱系，是因为这一系列伟大精神是一个整体，既具有一脉相承、交融互通的总体特质，同时还有其独特的鲜明特质和精神内涵。从伟大建党精神的源头延伸出不同历史时期的各种革命精神，与伟大建党精神"多位一体"发展，完整体现了中国共产党人的精神追求、价值取向、胸怀气量和道德情操，彰显出强大的思想伟力。

（一）伟大建党精神是纲、是总体性精神

伟大建党精神是静态和动态的统一，是中国共产党理想信念、价值宗

① 《马克思恩格斯全集》第39卷，人民出版社1974年版，第139页。

旨、品格作风的高度凝练，能够为后来其他精神的产生、发展和完善提供营养，在传承和弘扬中催生并构成了党的精神谱系。伟大建党精神是历史的，也是现实的，许多活生生的人和事发生在人们的身边，生活中可以看到许许多多弘扬伟大建党精神的人和事。伟大建党精神不是抽象的，而是具体的、实在的、微观的，它通过一个个人、一次次会议、一件件事情体现出来。从新民主主义革命时期形成系列革命精神、确立党的精神谱系的鲜红底色，到社会主义革命和建设时期发扬艰苦奋斗精神、奠定党的精神谱系的深厚基础，再到改革开放和社会主义现代化建设新时期培育改革开放精神、实现党的精神谱系的创新发展，特别是到中国特色社会主义新时代弘扬伟大奋斗精神、完善党的精神谱系的整体架构。中国共产党系列伟大精神，是我们党弘扬伟大建党精神的具体体现，是伟大建党精神在不同历史时期的派生、丰富和发展，在思想、实践、精神、道德上为中国共产党和中国人民指明了方向。

（二）中国共产党精神谱系是目、是衍生型精神

精神是一个人的立身之本、一个民族的存续之根、一个国家的强盛之魂，政党的特质是靠精神塑造的。伟大建党精神犹如一条环环紧扣、光芒四射的历史金链，将不同时期、不同地区和不同领域所形成的丰富而多元的各种伟大精神串联呈现出来，对共产党人精神谱系具有培育、滋养、贯穿、连缀作用，从整体上构建了共产党人光风霁月的宏富精神谱系。伟大建党精神体现了马克思主义中国化与政党政治（思想性与党性）相结合、维护人民利益与实现民族复兴（人民性与民族性）相结合、观照革命现实与筹划解放愿景（现实性与理想性）相结合的有机统一，为中国共产党人注入了真理的力量、信仰的力量、实践的力量和奋进的力量。在中国共产党精神形态培育生成过程中，不同时期不同阶段，中国共产党形成了以时间线为轴的复杂精神系统，具有整体性、层次性、协同性、衍生型等特征。从时间维度看，伟大建党精神经过一百多年的历史传承，衍生出中国共产党系列伟大精神；从空间维度看，伟大建党精神贯穿中国共产党领导革命、建设、改革和新时代的全部实践，永远激励着中国共产党人不断开拓前行。

五、从价值论维度看，伟大建党精神同中国共产党精神谱系是干与枝的关系

人无精神不立，党无精神不强。伟大建党精神的概念属性决定其价值含量的丰富性，伟大建党精神的历史分量决定其价值含量。世界上没有哪一个政党像中国共产党这样高度重视建党精神，也没有哪一个政党像中国共产党这样把建党精神摆在如此高的位置。伟大建党精神的伟大之处，就在于它在具有伟大的意蕴、品格、践行、功能、价值、贡献、传承、弘扬等方面，彰显着鲜明的历史穿透力、精神感召力、理论引领力和实践指导力。以伟大建党精神为主干性精神、中国共产党精神谱系为从属型精神，完整解答了中国共产党之所以能够成功的精神密码，为构建起百花争艳、绚丽多彩、灿烂耀眼的中国共产党人精神家园奠定了基础条件。

（一）伟大建党精神是干、是主干性精神

精神是心灵状态，是思想境界，是视域空间，是向善心境，是目标指向，是物质力量。党的历史是最生动、最有说服力的教科书。从某种意义上说，中国共产党坚定的历史自信，建立在伟大建党精神坚实的历史底气上。我们党之所以历经坎坷而历久弥坚、历经百年而始终焕发青春活力，从根本上说就是有伟大建党精神作为强有力的后盾，为我们立党兴党强党提供了丰厚滋养，并深深融入我们党、国家、民族、人民的血脉之中。习近平总书记指出："一百年来，我们党致力于为中国人民谋幸福、为中华民族谋复兴，致力于为人类谋进步、为世界谋大同，天下为公，人间正道，这是我们党具有历史自信的最大底气，是我们党在中国执政并长期执政的历史自信，也是我们党团结带领人民继续前进的历史自信。"[①]党的十九届六中全会通过的《中共中央关于党的百年奋斗重大成就和历史经验的决议》要求"全党要牢记中国共产党是什么、要干什么这个根本问题"。[②]伟大建党精神"坚持真理、坚守理想"的价值追求，是中国共产党精神形成和发展的信仰之基；伟大建党精神"践行初心、担当使命"的奋斗主题，是中

① 《习近平谈治国理政》第 4 卷，外文出版社 2022 年版，第 545—546 页。

② 《中共中央关于党的百年奋斗重大成就和历史经验的决议》，人民出版社 2021 年版，第 72 页。

国共产党精神形成和发展的力量之源；伟大建党精神“不怕牺牲、英勇斗争”的英雄气概，是中国共产党精神形成和发展的血性之魂；伟大建党精神“对党忠诚、不负人民”的政治品格，是中国共产党精神形成和发展的践行之道。如果将党的精神谱系比作一棵枝繁叶茂的大树，伟大建党精神就是这棵树的精神之母、精神之根、精神之基和精神之干。它始于开端之处，体现于过程之中，起到了勾连贯通的思想脉络作用，展现出开辟、传承、联系、支撑的结构功能，对其他革命精神的形成产生有着重要引领作用。正是凭着那么一股革命加拚命的强大精神，我们走过了苦难辉煌的过去，也必将凭此走向光明宏大的未来。

（二）中国共产党精神谱系是枝、是从属型精神

精神的价值在于为实践提供力量支撑，伟大建党精神和党的精神谱系之间具有主干性与从属型的精神特质。伟大建党精神是在党的创建过程中形成的，是中国共产党的先驱们铸就的，是在建党过程中形成并完善的，也是全国各地党组织和建党先驱们共同努力的必然结果，体现了当时民众的心理趋向和基本价值观。中国革命、建设、改革和实现伟大复兴的艰辛奋斗，激励中国共产党人创造了一系列内容丰富、形式多样、色彩鲜亮、内涵深刻的具体革命精神。伟大建党精神与这些具体革命精神同相照共辉映，由具体名称命名的革命精神虽然反映特定历史时空的意义，但它们都同伟大建党精神一样具有穿越时光岁月的永恒价值。伟大建党精神并非要以惊天动地的事迹表现出来，平凡见伟大，日常有伟大，细节含伟大。正是有了伟大建党精神的滋养，不同时代的中国共产党人才有了共同的精神家园。

新时代的中国共产党要进行伟大斗争、建设伟大工程、推进伟大事业、实现伟大梦想，必须以史为鉴、埋头苦干、不畏艰难、只争朝夕，大力弘扬伟大建党精神和中国共产党精神谱系，让每一个今天为梦想奠基，用真理之力开创美好的未来；让每一个今天为未来铺路，以理想之光照亮奋斗的新征程。我们有理由相信：伟大建党精神在中国共产党已经走过的一百多年奋斗历程中发挥了巨大的作用，在向着全面建成社会主义现代化强国的第二个百年奋斗目标迈进的历史新征程上，伟大建党精神依然是党团结带领中国人民接续奋斗、砥砺奋进的强大力量支撑，它必将在创造新的更大奇迹的同时，续写新的更加伟大的胜利和荣光！

传承与弘扬伟大建党精神的时代价值和实践要求

北京市社会科学院　尤国珍

党的二十大报告指出：推进文化自信自强，必须“广泛践行社会主义核心价值观。弘扬以伟大建党精神为源头的中国共产党人精神谱系”[①]。习近平总书记在庆祝中国共产党成立100周年大会上的重要讲话中提出的“坚持真理、坚守理想，践行初心、担当使命，不怕牺牲、英勇斗争，对党忠诚、不负人民”的伟大建党精神，是中国共产党的精神之源，更是科学认识中国共产党精神品质的“锁钥”，不仅激励党和人民群众昂扬奋进，而且对第二个百年奋斗征程的开启具有重要的意义。在新的历史阶段，把伟大建党精神传承与弘扬好，才能为我们党砥砺品格、指引方向、凝聚力量，为我们国家迈向新征程、奋进新时代提供精神支撑和不竭动力。

一、伟大建党精神的形成具有特殊的时代背景与深厚的理论基础

伟大建党精神内涵丰富，意境深远，历久弥新，其形成具有深厚的时

① 习近平:《高举中国特色社会主义伟大旗帜　为全面建设社会主义现代化国家而团结奋斗——在中国共产党第二十次全国代表大会上的报告》，人民出版社2022年版，第44页。

代背景与理论基础。正是由于这些历史和理论渊源，伟大建党精神才能成为党奋斗历程中一系列精神谱系的源头，才能在新时代不断焕发新的光彩。

（一）救亡图存是伟大建党精神形成的深厚时代背景

绵延五千多年的中华民族发展史，既是中华民族自强不息的奋斗史，也是民族精神的生成史。中华民族古老而伟大，中华文明悠久而灿烂，曾长期走在世界前列。但是近代以来，由于西方列强的入侵和封建统治阶级的没落，中国逐步成为半殖民地半封建社会，国家蒙辱、人民蒙难、文明蒙尘，中华民族遭受了前所未有的劫难。[①] 中国先进分子为了拯救民族危亡，轮番出台各种救国方案，但最终都难逃失败命运。实现民族复兴的渴望是多么强烈，但前途又是那么渺茫，迫切需要新的思想和新的组织引领救亡运动。中国共产党一经成立，就义无反顾地把实现中华民族伟大复兴的重任扛在自己肩上，以“坚持真理、坚守理想”的执着信念、“对党忠诚、不负人民”的精神品格，通过“不怕牺牲、英勇斗争”的顽强意志，实现“践行初心、担当使命”的历史责任，伟大建党精神的各个要素也随之孕育成形。

（二）马克思主义是伟大建党精神形成的理论基础

马克思主义把实现全人类的自由解放和全面发展当作最终目标，其全部理论都立足实践和维护最广大人民利益。马克思和恩格斯在《共产党宣言》中强调：“过去的一切运动都是少数人的，或者为少数人谋利益的运动。无产阶级的运动是绝大多数人的，为绝大多数人谋利益的独立的运动。”[②] 为此，马克思和恩格斯还制定了正确且合适的发展策略，即“工人革命的第一步就是使无产阶级上升为统治阶级，争得民主。无产阶级将利用自己的政治统治，一步一步地夺取资产阶级的全部资本，把一切生产工具集中在国家即组织成为统治阶级的无产阶级手里，并且尽可能快地增加生产力的总量”。[③] 在马克思主义理论指导下，俄国通过十月革命建立起世界上第一个社会主义国家，也同时给中国送来了马克思列宁主义。中国的一批先

① 习近平：《在庆祝中国共产党成立 100 周年大会上的讲话》，人民出版社 2021 年版，第 2 页。

② 《马克思恩格斯选集》第 1 卷，人民出版社 2012 年版，第 411 页。

③ 《马克思恩格斯选集》第 1 卷，人民出版社 2012 年版，第 421 页。

进知识分子开始积极学习、大力传播马克思主义，积极投身革命实践活动，进一步推动了伟大建党精神的形成。实践证明，中国共产党为什么能，“归根到底是马克思主义行，是中国化时代化的马克思主义行”。[①]

（三）中华优秀传统文化是伟大建党精神形成的文化土壤

中华优秀传统文化作为中华民族的精神命脉，是激励着一代代共产党人追求理想、重视人民幸福生活的文化根基。习近平总书记指出：“中国人民依靠自己的勤劳、勇敢、智慧，开创了各民族和睦共处的美好家园，培育了历久弥新的优秀文化。”[②]中华优秀传统文化中，既有“民贵君轻”的民本思想，也有“天下兴亡，匹夫有责”的伟大爱国主义精神，还有“中华儿女多奇志，敢教日月换新天”的艰苦奋斗精神。虽然时代变迁，但中华优秀传统文化却始终融在先进仁人志士的血脉，在不断丰富和发展中更显生机活力。中华优秀传统文化与马克思主义真理的有机融合，为伟大建党精神的形成提供了肥沃的土壤。

二、新时代传承与弘扬伟大建党精神具有重要的时代价值

习近平总书记在庆祝中国共产党成立100周年大会上的重要讲话中提出的伟大建党精神，不仅深刻彰显了中国共产党的先进性本质，而且是我国伟大民族精神的最高体现，为伟大民族精神注入新的发展动力。伟大建党精神鼓舞着一代又一代中华儿女为共产主义事业奋斗终身。新时代，传承与弘扬伟大建党精神，对于我国在全面实现小康社会奋斗目标后推进现代化国家新征程具有重要现实意义和时代价值。

（一）伟大建党精神是当代中国精神的集中彰显

2021年7月1日，在庆祝中国共产党成立100周年大会的讲话上，习近平总书记首次提出“坚持真理、坚守理想，践行初心、担当使命，不怕牺牲、英勇斗争，对党忠诚、不负人民”的伟大建党精神。伟大建党精神

① 习近平：《高举中国特色社会主义伟大旗帜　为全面建设社会主义现代化国家而团结奋斗——在中国共产党第二十次全国代表大会上的报告》，人民出版社2022年版，第16页。

② 《习近平谈治国理政》第1卷，外文出版社2018年版，第4页。

作为中国共产党人精神谱系的鲜明旗帜，已经成为当代中国精神的集中彰显，集中展现了中国共产党一以贯之的理想信念。

伟大建党精神和我国近代伟大民族精神一脉相承。伟大民族精神是在近现代以来中国人民抗击殖民侵略的斗争中萌芽，并在新中国成立 70 多年的历史中形成的。但是，中国精神的精神基因可以追溯到中国传统历史和文化之中，是中华民族历经几千年风雨才最终成型的。中国精神凝结着全体中国人民共同的精神特质，反映了中国人民团结一心、自强不息、积极向上的精神风貌，是中国人民价值理念的集中体现。伟大建党精神是伴随党的创立而形成、伴随党的成长成熟而丰富发展的精神样态，其根基和血脉同样植根于人民。因此，两者一脉相承，具有相同的精神主体和历史文化基底。

伟大建党精神是中国精神的时代标识。伟大建党精神不仅承接了中华民族精神的精髓，并从质的层面实现了中华民族精神的跃升。而且更为重要的是，伟大建党精神在革命、建设和改革的各个时期都不断与时代主题相结合，赓续激发民族精神的生机和活力。伟大建党精神是当代中国精神的集中彰显，还在于它与中国精神之间的紧密关联。一方面，中国精神是伟大建党精神孕育生长的精神沃土，中国精神以其自身丰厚的精神内蕴为伟大建党精神的诞生提供了充沛精神养料，并不断哺育和促进其成长；另一方面，伟大建党精神为中国精神的延续和发展注入新的动力，对于中国共产党人乃至全体中国人民都具有重要的激励意义。伟大建党精神与中国精神相互支撑、相互促进。

（二）伟大建党精神是提高党的治国理政能力的重要抓手

随着革命战争年代中国共产党的诞生，伟大建党精神开始形成，并在党的治国理政伟大实践中不断发展。伟大建党精神与中国共产党治国理政之间具有内在契合性，是提高党的治国理政能力的重要抓手，对于提高党的治国理政能力具有重要价值。

伟大建党精神凝结着中国共产党百年奋斗的红色基因，对提高党的治国理政能力起着重要助推作用。纵观党的百年基业，我们可以发现，伟大建党精神是贯穿始终的一条主线。一百多年来，伟大建党精神不断发挥精神动能，时刻关注党的建设工程，积极在实践中锤炼党的党性，促使党保持着与时俱进的优良品质，确保了党的红色基因不淡化、红色血脉不褪色。

发扬伟大建党精神，能够使全体党员同志保持自身党性，始终保持同人民群众的血肉联系，不断增强全面从严治党能力。此外，伟大建党精神是党带领人民治国理政的重要思想力量，坚持发扬伟大建党精神，既能够使政党治理、国家治理和社会治理的成果惠及广大人民，还有助于进一步增强党的领导力量，发挥党的先锋模范作用，提高党的治国理政能力。

伟大建党精神与中国共产党治国理政之间具有内在契合性，是提高党的治国理政能力的重要抓手。将伟大建党精神融入党的治国理政之中，能够增强其治理效能。具体而言，首先，伟大建党精神与我国国家制度和治理体系一样，都是以马克思主义为理论指导，这就意味着与西方治理理念相区别，我国治理必须坚持社会主义的基本方向。发扬伟大建党精神，有利于党坚持治国理政的社会主义导向，为推进国家治理体系和治理能力现代化提供精神坐标。其次，伟大建党精神内蕴为国家谋富强、为民族谋复兴的初心和使命，而这正是党治国理政的根本目标，因此，发扬伟大建党精神，能够为提高党的治国理政能力进而推动国家治理体系和治理能力现代化树立明确目标，助推发展进程。再次，伟大建党精神的重中之重是顽强拼搏的奋斗精神，治国理政只有进行时、没有完成时，同样需要不懈奋斗的精神。发扬伟大建党精神，能够为提高党的治国理政能力、推进国家治理体系和治理能力现代化提供顽强动力。最后，伟大建党精神具有人民性的价值取向，以伟大建党精神为指引，能够继续夯实党的群众基础，不断增强党的领导水平，提高党的治国理政能力。

（三）伟大建党精神是迈向中华民族伟大复兴的精神动力

回望过去一个世纪，中国共产党带领人民所创造的一切理论、进行的一切实践，归根到底是为一个主题服务，即实现中华民族伟大复兴。当前，中华民族伟大复兴迈入关键时期，传承与弘扬伟大建党精神将为 21 世纪中叶实现中华民族伟大复兴提供更强劲的精神动力。

实现中华民族伟大复兴需要伟大建党精神的精神支撑。习近平总书记指出："从石库门到天安门，从兴业路到复兴路"[①]，中国共产党已经走过百年漫长路程。一路走来，虽然其间不乏坎坷与挫折，但是总的来说，开创

① 《习近平谈治国理政》第 3 卷，外文出版社 2020 年版，第 538 页。

了辉煌业绩，谱写了壮丽篇章。回顾往昔，我们也必须清醒地认识到，历史已经成为过去式，我们绝不能躺在历史的功劳簿上骄傲自满，而是要从中吸取经验、获得启示，把视野和目光转向更长远的未来，走好“建设中国特色社会主义新长征之路”[①]。当今时代，国际国内局势正在发生深刻演变，国际社会局势复杂化程度加深，世界处于百年未有之大变局，迎来大发展大变革大调整时期；中国社会发展取得历史性成就，中华民族伟大复兴战略大局正处在关键时期。展望未来，尽管可以肯定中华民族伟大复兴已经是不容置疑、不可逆转的历史进程，但是也要承认，未来路上将会充满各种难以预测的风险挑战，“中华民族伟大复兴，绝不是轻轻松松、敲锣打鼓就能实现的”[②]，实现民族复兴需要大力弘扬和践行伟大建党精神，用这一精神激励人心，凝聚信仰。

伟大建党精神为开创民族复兴新局面提供强劲动力。过去的历史已经昭示，我们正在走向中华民族伟大复兴，中国人民的百年夙愿将要实现。在全面建成小康社会目标如期实现之后，我们开启了现代化建设的新征程，民族复兴已经迎来了新的局面。但是越是这个时候，越需要警惕“船到中流浪更急、人到半山路更陡”[③]，实现伟大梦想所面临的国内外形势依旧十分严峻，决不能有丝毫的放松。我们必须时刻保持坚强决心和清醒头脑，不骄不躁，审慎行事。伟大建党精神所涵括的“坚持真理、坚守理想，践行初心、担当使命，不怕牺牲、英勇斗争，对党忠诚、不负人民”的内容，能够鼓舞党团结带领人民进行不懈奋斗，不断推进全面深化改革、不断推动社会全方位发展，从而为实现国家富强、人民幸福的目标提供强劲动力，开创中华民族伟大复兴的新局面。

三、新时代传承与弘扬伟大建党精神要牢牢把握的实践要求

习近平总书记指出：“革命理想高于天。理想信念之火一经点燃，就永

① 中共中央党史和文献研究院编：《十八大以来重要文献选编》（下），中央文献出版社 2018 年版，第 396 页。

② 《习近平谈治国理政》第 3 卷，外文出版社 2020 年版，第 12 页。

③ 《习近平谈治国理政》第 3 卷，外文出版社 2020 年版，第 531 页。

远不会熄灭。”[①] 新时代传承与弘扬伟大建党精神，是在21世纪中叶建成社会主义现代化强国、实现中华民族伟大复兴的必然要求。传承与弘扬中国精神，要以加强思想引领为前提，以发扬斗争精神为基础，以勇于自我革命为关键，以抓好队伍建设为保障，才能为今后党和国家事业发展提供强大支撑。

（一）加强新时代的思想引领是传承与弘扬伟大建党精神的首要前提

思想明确才能行动有力，理论清醒才能政治坚定。继续推动马克思主义中国化，要用高度的理论自信引领时代发展。马克思主义是引领党和国家事业发展的先进思想理论，对待马克思主义不仅需要坚持其在意识形态领域的绝对指导地位，学会并掌握其基本的立场、观点和方法，而且还要坚持科学的态度，马克思主义不是一成不变的教条，不能用原教旨主义的方式学习和运用马克思主义，而必须结合现实条件的新变化不断丰富和发展其理论。对于中国共产党人来说，就是要坚定理论自信，立足中国实践着力推动马克思主义的中国化、时代化、大众化，为传承与弘扬伟大建党精神强基固本。

加强教育引导，努力将伟大建党精神转化为现实实践的物质力量。“理论一经掌握群众，也会变成物质力量。理论只要说服人，就能掌握群众；而理论只要彻底，就能说服人。”[②] 伟大建党精神从一开始就不是一个抽象的理论命题，而是具有深厚实践性、能够团结凝聚全体党员形成历史合力的精神力量。这种精神力量不但能够作用于意识形态领域，在一定前提下还能够转化为改变现实的物质力量。在新的历史条件下，进一步传承与弘扬伟大建党精神，必须注重发挥其对于实践活动所具有的促进效应。通过结合“四史”尤其是党史教育学习活动来加强教育引导，以伟大建党精神为纽带统揽中国共产党人的精神谱系，带动全体党员自觉践行初心、担当使命。

① 曲青山：《中国共产党百年辉煌》，人民出版社2021年版，第10页。

② 《马克思恩格斯选集》第1卷，人民出版社2012年版，第865页。

（二）充分发扬新时代的斗争精神是传承与弘扬伟大建党精神的重要基础

中国共产党的历史就是一部伟大斗争史，蕴含其中的斗争精神构成伟大建党精神的独特底色。敢于斗争是党与生俱来的优良品质，更是党战胜一切困难的内在底气。党自创立以来就把为中国人民谋幸福、为中华民族谋复兴作为自己的初心和使命，团结领导全体人民经过艰苦斗争推翻“三座大山”，最终成立新中国，结束了中华民族近代以来长期受欺凌压迫的历史，彻底改变了中国的社会性质。在社会主义革命和建设时期，党带领人民开始国家建设的积极探索，期间经过赓续不断的斗争，才破解了敌对势力的包围破坏，稳固了新生的红色政权，并开始踏上从农业国到工业国、从新民主主义到社会主义的转变之路，经过对农业、手工业和资本主义工商业的改造，建成独立的、较为完整的工业体系和国民经济体系，初步建立起社会主义制度，完成中华民族历史上最深刻的社会变革，为当代中国发展奠定根本的政治前提和制度基础。改革开放以后，党带领人民积极拨乱反正，经过真理标准问题大讨论所引发的思想解放、思想斗争，确立起实事求是的思想路线，开辟了中国特色社会主义道路，创造了经济快速发展和社会长期稳定的“中国奇迹”。党的十八大以来，中国人民上下团结一心，接续奋斗，在实现了全面建成小康社会奋斗目标后开启全面建设现代化新征程，中华民族也迎来了从新中国站起来、改革开放富起来到新时代强起来的伟大飞跃。

传承与弘扬伟大建党精神要敢于面对和解决各种新问题、新挑战，在坚持伟大斗争实践中彰显新作为。矛盾无时不在、无处不在，反抗矛盾的斗争也需要持续进行。当前我国已经进入新发展阶段，也迎来了高风险时期，发展所面临的外部形势更加复杂，各种可预料和不可预料的风险挑战层出不穷，过去许多不是问题的现在也变成了问题，过去能够满足发展需要的条件也已经不再完全适用。在中国共产党的带领下，全国人民要深刻辨析新发展阶段的机遇与挑战，传承发扬斗争精神，面对困难迎难而上，敢于同一切新出现的矛盾、问题和挑战进行斗争。全体党员要秉承共产党人的优良传统，努力学习斗争艺术、提高斗争本领、增强斗争意识、坚定斗争信心，抵御各种风险诱惑，恪守“随时准备为党和人民牺牲一切”的誓言，以永不退缩的态度走好社会主义的康庄大道，以压倒一切的勇气推进民族复兴的历史伟业，真正立足新发展阶段、贯彻新发展理念、构建新发展格局。

（三）勇于进行新时代的自我革命是传承与弘扬伟大建党精神的关键所在

新时代的重要课题之一是自我革命，也是中国共产党人的宝贵品格。传承与弘扬伟大建党精神，关键要坚持中国共产党勇于自我革命的优良品质。新世纪特别是新时代以来，我国发展所面临的世情、国情、社情、党情都发生了深刻演变，从国际方面来看，世界处于总体局势愈加动荡复杂的百年未有之大变局；从国内方面来看，我国处于近代以来最好的发展时期，社会全面进步实现跨越式发展，全面从严治党取得历史性成就。在中国共产党带领全国人民取得辉煌成绩的同时，也需要保持高度警惕，全球范围内治理赤字、信任赤字、和平赤字、发展赤字等问题日益凸显，霸权主义、强权政治依然存在，贸易保护主义、单边主义、逆全球化思潮开始抬头，局部热点问题不断浮现，全球治理体系和多边机制受到严重冲击。西方资本主义国家依旧没有放弃零和博弈的冷战思维，仍将弱肉强食的丛林法则奉为圭臬，妄图用和平演变的方式破坏中国的社会主义道路，试图切断中华民族伟大复兴的历史进程，主义之争、制度之争、思想之争在未来很长一段时间内都将存在。因此，必须坚持进行党的自我革命，并在推进革命的过程中筑牢伟大建党精神。

传承与弘扬伟大建党精神，要勇于自我革命，始终坚持人民至上的价值取向。中国共产党从诞生之日起，根基就在人民，取得的一切成就也都归功于人民的辛勤努力，没有广大人民群众的支持，也就没有中国共产党的诞生，更不会有中国今日之繁荣。正如习近平总书记在庆祝中国共产党成立 100 周年大会上的讲话中所指出的：“江山就是人民、人民就是江山，打江山、守江山，守的是人民的心。中国共产党根基在人民、血脉在人民、力量在人民。”[①] 传承与弘扬伟大建党精神，要坚定人民立场，坚持“江山就是人民、人民就是江山”的理念不动摇；要始终保持同广大人民的紧密联系，发展全过程人民民主，切实保障人民合法权益，使改革发展成果更

① 习近平:《在庆祝中国共产党成立 100 周年大会上的讲话》，人民出版社 2021 年版，第 11 页。

多更公平惠及全体民众，推动共同富裕取得更为明显的实质性进展。

（四）着力抓好新时代的队伍建设是传承与弘扬伟大建党精神的基本保障

传承与弘扬伟大建党精神是一个不断完善、永不停歇的过程，其中，队伍建设起着基础性作用。抓好队伍建设，最根本的是要继续推进党的建设新的伟大工程。伟大建党精神是沉淀在人民精神世界中的深层次力量。因此，传承与弘扬伟大建党精神，根本上是要加强党的建设，发挥好其领导作用。首先，要加强政治建设，中国共产党之所以能够发展到当今这种规模，就是因为党在政治建设上始终坚持正确方向，形成了讲政治的优良传统和独特优势，要将政治建设置于党的建设总体布局中的重要位置，巩固党的政治基础、确保党的政治本色。其次，要大力推进党的纪律建设，在党的整体建设过程中要将遵守党规党纪放在首位，逐步健全和完善党内纪律体系和法规体系，切实增强党的纪律性。最后，要不断开展党风廉政建设，通过建立和完善长效机制，把党风廉政建设和反腐败斗争进行到底，最终实现广大党员不敢腐、不能腐、不想腐的目标。

抓好队伍建设，还要建立健全多元主体协同参与机制，动员社会大众共同参与。伟大建党精神在党和人民的共同努力下才得以产生并不断发展，因此，传承与弘扬伟大建党精神，加强队伍建设，也离不开社会公众的参与。只有调动了社会多元主体共同参与，才能不断激发伟大建党精神的创新活力，提升理论水平和认同效度。首先，要通过制度规定塑造社会各界共同参与、共同学习、共同研究的协同联动格局，开阔伟大建党精神学习、研究和教育的视野，增强理论深度。其次，要通过制度规定厘清不同主体在参与伟大建党精神学习教育活动中的角色定位，科学划分不同主体的权限和层级，针对理论工作者和非理论工作者两类群体，在时间方面、程序方面、内容方面都要有所区分、分类对待；要重点发挥理论工作者在多元主体参与中的主体作用，通过制度规定打造良好的科研生态，激活广大理论工作者的创新能力。最后，要建立健全多元主体参与伟大建党精神学习教育的配套设施制度，可以根据不同情况、不同层级，有针对性地编写相应文献；制定及完善时间和场所保障制度，依据不同情况、不同层级规定学习教育的时间，完善场所建设，改善学习教育环境等。

对新时代中国共产党人斗争精神的理解和思考

新疆社会科学院　陈　君　热米拉·热杰甫

斗争精神是贯穿党的建设和党领导的事业始终的根本政治原则，科学揭示了党始终立于不败之地的力量源泉。习近平总书记在党的二十大报告中强调："增强全党全国各族人民的志气、骨气、底气，不信邪、不怕鬼、不怕压，知难而进、迎难而上，统筹发展和安全，全力战胜前进道路上的各种困难和挑战，依靠顽强斗争打开事业发展新天地。"[①] 这既是对党的光辉历程特别是新时代十年伟大变革的深刻总结，又是对全党提出的时代要求。

一、中国共产党人斗争精神的三重意蕴

中国共产党人斗争精神是中国共产党人在革命、建设和改革实践中不断铸就与涵养的关于斗争的看法、态度、感情等，展示的是中国共产党人的精神面貌与精神特质，彰显了中国共产党人坚定的政治立场、清醒的历史自觉和现实的使命担当。

---

① 《党的二十大报告辅导读本》，人民出版社 2022 年版，第 25 页。

（一）坚定的政治立场

斗争的对象总是千变万化，立场坚定才能站牢站稳。“共产党人的斗争是有方向、有立场、有原则的”[①]。首先，共产党人的斗争是有方向的，“大方向就是坚持中国共产党领导和我国社会主义制度不动摇”[②]，“中国共产党领导是中国特色社会主义最本质的特征，是中国特色社会主义制度的最大优势”[③]，自我们党成立以来，凡是党中央有权威、党团结统一的时候，党就能汇聚全党全军全国人民的力量攻坚克难，反之则会遭受挫折，正因如此，习近平总书记提出了面对五个“凡是”，必须进行坚决斗争。其次，中国共产党人的斗争是有原则的，在党内和国内问题上，我们提倡的“斗争”主要是针对违反党的原则，违规、违纪、违法的言行以及各种丑恶现象；在国际问题上，我们主张的“斗争”主要是体现在维护国家主权和领土完整、维护中国国际形象，在这样的国际斗争中，我们历来坚持寸土不让、寸步不让的原则。[④]最后，共产党人的斗争精神彰显了“以人民为中心”的根本政治立场，全心全意为人民服务是中国共产党的根本宗旨，毛泽东在《为人民服务》中讲道：“我们这个队伍完全是为着解放人民的，是彻底地为人民的利益工作的”[⑤]，正是因为党在立场问题上始终不渝，才赢得了人民拥护，从胜利走向胜利，人民群众始终是马克思主义政党执政的群众基础，是应对风险挑战、开展伟大斗争的依靠力量，斗争为了人民、斗争依靠人民、斗争成果惠及人民。

（二）清醒的历史自觉

中国共产党百年历程是一部可歌可泣的斗争史。习近平总书记指出：“中国共产党和中国人民是在斗争中成长和壮大起来的，斗争精神贯穿于中

---

① 《发扬斗争精神增强斗争本领　为实现“两个一百年”奋斗目标而顽强奋斗》，《人民日报》2019年9月4日。

② 《发扬斗争精神增强斗争本领　为实现“两个一百年”奋斗目标而顽强奋斗》，《人民日报》2019年9月4日。

③ 习近平：《在庆祝中国共产党成立100周年大会上的讲话》，人民出版社2021年版，第11页。

④ 杨明伟：《深刻理解“三个务必”中的斗争精神和斗争内涵》，《现代哲学》2022年第6期。

⑤ 《毛泽东选集》第3卷，人民出版社1991年版，第1004页。

国革命、建设、改革各个时期。”[①]新民主主义革命时期，以毛泽东同志为主要代表的中国共产党人，发扬浴血奋战、百折不挠的斗争精神，领导人民开展武装斗争，成功探索出一条农村包围城市、武装夺取政权的适合中国国情的革命道路。社会主义革命与建设时期，中国共产党人团结带领人民取得了抗美援朝、土地改革和镇压反革命运动的伟大胜利，发扬自力更生、发愤图强的斗争精神进行三大改造，建立起了社会主义制度。改革开放和社会主义现代化建设新时期，以邓小平同志为主要代表的中国共产党人，正确研判时代主题变化和中国所面临的新形势新挑战，发扬解放思想、锐意进取的斗争精神，作出了“改革是第二次革命”的伟大决策，以“摸着石头过河”的斗争勇气，开辟了中国特色社会主义的发展新路。中国特色社会主义新时代，以习近平同志为核心的党中央，统筹“两个大局”、立足中国实际，发扬自信自强、守正创新的斗争精神，“坚持国家利益为重、国内政治优先，保持战略定力，发扬斗争精神，展示不畏强权的坚定意志，在斗争中维护国家尊严和核心利益……攻克了许多长期没有解决的难题，办成了许多事关长远的大事要事”[②]，我国发展站到了新的历史起点上。敢于斗争、善于斗争是中国共产党完成历史任务、实现历史使命的根本要求和实践方式。共产党人正是凭着清醒的历史自觉，发扬顽强的斗争精神，才创造了新时代的辉煌。

（三）现实的使命担当

进入中国特色社会主义新时代以来，我国稳定发展面临的形势发生了很大的变化，出现了许多新情况、新问题，错综复杂的风险和挑战、矛盾和问题对进行伟大斗争提出了更高要求。“我国改革发展稳定面临不少深层次矛盾躲不开、绕不过，党的建设特别是党风廉政建设和反腐败斗争面临不少顽固性、多发性问题，来自外部的打压遏制随时可能升级。我国发展进入战略机遇和风险挑战并存、不确定难预料因素增多的时期，各种‘黑

---

① 习近平：《在纪念中国人民抗日战争暨世界反法西斯战争胜利 75 周年座谈会上的讲话》，人民出版社 2020 年版，第 12 页。

② 《党的二十大报告辅导读本》，人民出版社 2022 年版，第 4 页。

天鹅’、‘灰犀牛’事件随时可能发生。”[①] 在国际上，多极化继续发展，国际力量对比出现新的变化；大国关系面临新的调整，互动复杂博弈加剧；地区热点问题此起彼伏，传统与非传统安全交织蔓延；新科技革命蓄势待发，数字鸿沟继续扩大；发展中国家债务高企等风险也给世界经济复苏带来不确定性，无论是维护国家主权和政治安全，化解国家安全隐忧，还是进一步强化国家经济安全保障，都必须发扬敢于斗争、敢于胜利的强大精神力量。在国内，我国经济发展面临需求收缩、供给冲击、预期转弱三重压力，困难和风险增多，发展不平衡不充分的问题还很突出；确保粮食、能源、产业链供应链可靠安全和防范金融风险还须解决许多重大问题[②]，只有敢于斗争、敢于胜利，才能克服困难，破解各种难题。从党情上看，当下全面从严治党的任务依然繁重，我们党依然面临着较为复杂的执政环境，面临着“四大危险”和“四大考验”，一些地方和部门的干部政治责任缺失、政治担当不力、政治能力不足，成为中央强调干部需要增强斗争精神的问题背景。因此，弘扬斗争精神是应对国际、国内、党情形势的需要，是中国共产党人现实的使命担当。

二、新时代共产党人斗争精神的时代特色

（一）精神层面：昂扬向上、锐意进取、不畏艰险、迎难而上的精神状态

新时代共产党人斗争精神是与部分党员干部身上存在的精神萎靡、贪图安逸、得过且过、知难而退等消极心态和不愿斗争、不敢斗争、不会斗争的问题针锋相对的。党员干部如果遇到矛盾、斗争不担当不作为，不仅干不成事，还会贻误大事。新征程上，越是困难如山、挑战艰巨，越考验着不畏艰险、迎难而上的勇气和不畏险阻的气魄。习近平总书记强调，“我们共产党人的斗争，从来都是奔着矛盾问题、风险挑战去的。”[③] 当前，我们党面临着各种风险挑战，既包括经济、政治、军事、意识形态等社会领

① 习近平:《高举中国特色社会主义伟大旗帜　为全面建设社会主义现代化国家而团结奋斗——在中国共产党第二十次全国代表大会上的报告》，人民出版社 2022 年版，第 26 页。

② 《党的二十大报告辅导读本》，人民出版社 2022 年版，第 13 页。

③ 《习近平谈治国理政》第 3 卷，外文出版社 2020 年版，第 226 页。

域的风险，也包括自然界出现的各类风险，既有历史的，也有现实的，既有外部的，也有内部的，呈现出传统风险和非传统风险相互交织的态势。一些长期累积的深层次结构性问题交替出现、新旧矛盾交织叠加、各种利益关系交错共生，改革的复杂性、艰巨性更加凸显。面对新形势、新要求，推动改革开放在新的历史起点上实现新突破，共产党人必须始终保持斗争精神，敢于担当，善于作为，聚焦改革重点难点问题进行攻坚克难，以钉钉子精神推动各项改革任务落地见效，坚定不移把全面深化改革进行到底。就是要赓续共产党人精神血脉，始终保持革命者的大无畏奋斗精神，鼓起迈进新征程、奋进新时代的精气神[①]，以昂扬向上、锐意进取、不畏艰险、迎难而上的精神状态，锲而不舍、百折不挠、勇往直前，夺取中华民族伟大复兴的新胜利。

（二）作风层面：敢于亮剑、敢于担当、敢抓敢管、敢闯敢试的工作作风

习近平总书记在党的二十大报告中指出，我们的工作还存在一些不足，面临不少困难和问题。其中重要的一条是“一些党员、干部缺乏担当精神，斗争本领不强，实干精神不足，形式主义、官僚主义现象仍较突出”[②]。这其中有能力不足、经验缺乏等方面的原因，但从根本上说，这就是缺乏敢于担当作为的表现，从本质上讲就是极度缺失斗争精神。习近平总书记讲，“衡量党员、干部有没有斗争精神、是不是敢于担当，就要看面对大是大非敢不敢亮剑、面对矛盾敢不敢迎难而上、面对危机敢不敢挺身而出、面对失误敢不敢承担责任、面对歪风邪气敢不敢坚决斗争。”[③]要坚持把党性原则放在第一位，在是非原则问题上，敢于亮剑，始终把坚决做到“两个维护”作为最高政治原则和最重要的政治纪律，勇于明确立场，勇于正面对抗，迎难而上，丝毫不怯懦退缩，当好党和人民的忠诚卫士；面对各种艰巨复杂的改革发展任务，敢于担当，敢于啃硬骨头，敢于涉险滩，敢于挑起最大最重的包袱主动投身建设，埋头苦干，任劳任怨，敢于突破利益固化的藩篱，深化市场化改革，做改革的促进派和实干家；在管党治党方面，

---

① 习近平：《在党史学习教育动员大会上的讲话》，《求是》2021 年第 7 期。

② 《党的二十大报告辅导读本》，人民出版社 2022 年版，第 13 页。

③ 《发扬斗争精神　勇于担当作为》，《人民日报》2020 年 1 月 13 日。

敢抓敢管、敢闯敢试，敢于严抓严管，敢于动真碰硬，敢于横刀立马，不当老好人、和事佬、太平官，敢于同违背党性原则、违反党规党纪的现象和行为做斗争，“做到平常时候看得出来、关键时刻站得出来、危难关头豁得出来”[①]，做保持党的先进性、纯洁性的践行者；在维护人民利益上，敢于挺身而出，优化公共服务、打造绿色环境，切实解决好人民群众最关心最直接最现实的利益问题，做人民群众利益的维护者。

（三）实践层面：应对各种难题、矛盾、挑战、风险的各种攻坚克难实践活动

党的十八大以来，以习近平同志为核心的党中央对党和国家面临的新形势新任务作出科学判断，带领全国各族人民迎难而上，“进行具有许多新的历史特点的伟大斗争”[②]。在管党治党方面，采取自我革命和自我斗争的方式，推进史无前例的反腐败和扫黑除恶等斗争，提出“老虎苍蝇一起打”“全覆盖”“无禁区”“零容忍”“扎紧制度笼子”等“关键词”，以“得罪千百人、不负十四亿”的使命担当祛疴治乱[③]。在经济发展方面，加快转变经济发展方式，克服路径依赖，由注重发展速度转向注重发展质量，变粗放型经济为集约型经济；加强科技创新，发展高技术经济，推动制造业转型升级；注重生态保护，促进人与自然和谐共生，发展绿色经济；面对世界经济增长乏力的大背景，大力推动内需，扩大经济内循环，推动经济高质量发展。在全面建成小康社会方面，针对扶贫的粗放性，提出了精准扶贫，组织了人类历史上规模最大的脱贫攻坚战，攻克一个个贫中之贫、坚中之坚，历史性地解决了绝对贫困问题。在维护意识形态安全方面，坚持从战略目标、战略选择、战略要求等方面制定意识形态安全防御体系，确立了全新的理念、全新的思想、全新的战略，从战略高度设计谋划维护我国的意识形态安全问题，巩固了意识形态安全防御基础，壮大了意识形态安全防御力量。在国际关系上，以坚定维护国家尊严和核心利益为出发点，以斗争促和平，提出“总体国家安全观”的新理念，“在斗争中争取团

① 《党的二十大报告辅导读本》，人民出版社 2022 年版，第 60 页。

② 习近平:《在庆祝中国共产党成立 100 周年大会上的讲话》，人民出版社 2021 年版，第 17 页。

③ 《党的二十大报告辅导读本》，人民出版社 2022 年版，第 12 页。

结，在斗争中谋求合作，在斗争中争取共赢”[①]。回首过去十年，党正是在斗争中实现了一系列突破性进展、在斗争中取得了一系列的标志性成果，体现了百年大党永不褪色的革命性和战斗性。

三、新时代中国共产党人发扬斗争精神的实践要求

（一）以习近平新时代中国特色社会主义思想作为理论指导，夯实弘扬斗争精神的思想根基

“理论上清醒，政治上才能坚定，斗争起来才有底气、才有力量。”[②]没有理论的指导就没有行动的自觉。习近平新时代中国特色社会主义思想，是新时代中国共产党的思想旗帜，是国家政治生活和社会生活的根本指针，是引领中国、影响世界的当代中国马克思主义、二十一世纪马克思主义。[③]新时代十年举世瞩目的历史性成就正是在习近平新时代中国特色社会主义思想指引下，由全党全国人民通过伟大斗争创造出来的。这一思想也必将继续指引全党全国人民通过伟大斗争创造出新的历史伟业。要深刻把握这一思想创立的时代背景，学深悟透这一重要思想的核心要义，系统全面掌握这一思想的精神实质、丰富内涵和实践要求，把握好其世界观和方法论，做到“六个坚持”，坚持好、运用好贯穿其中的立场观点方法[④]，明确斗争正确方向，砥砺无畏担当品格，“不断提高战略思维、历史思维、辩证思维、系统思维、创新思维、法治思维、底线思维能力”[⑤]，不断强化党性修养，把科学的理论转化为推进伟大斗争的强大精神力量，以压倒一切困难而不为困难所压倒的决心和高超的善于斗争的本领，有效破解新征程上的难题，将新的伟大斗争进行到底。

---

① 《发扬斗争精神增强斗争本领　为实现“两个一百年”奋斗目标而顽强奋斗》，《人民日报》2019年9月4日。

② 《发扬斗争精神增强斗争本领　为实现“两个一百年”奋斗目标而顽强奋斗》，《人民日报》2019年9月4日。

③ 中共中央宣传部编：《习近平新时代中国特色社会主义思想学习问答》，学习出版社、人民出版社2021年版，第3页。

④ 《党的二十大报告辅导读本》，人民出版社2022年版，第17页。

⑤ 《党的二十大报告辅导读本》，人民出版社2022年版，第19页。

（二）从党的精神谱系中汲取丰富滋养，激发敢于斗争、善于斗争的精神力量

“一百年来，中国共产党弘扬伟大建党精神，在长期奋斗中构建起中国共产党人的精神谱系，锤炼出鲜明的政治品格。”①中国共产党的精神谱系拥有连贯的思想内核、厚重的实践属性、崇高的道德品格及鲜明的民族和时代特征，是激励我们奋勇前进的强大精神动力。“党的精神谱系是中华民族的‘同心结’，为现实中国梦凝聚磅礴力量；党的精神谱系是前进路上的‘加油站’，为全面建设社会主义现代化国家提供创新动力；党的精神谱系是大变局中的‘压舱石’，为我们奋进新时代中应对风高浪急提供强大的精神定力。”②要从党的精神谱系中汲取滋养，原汁原味地解读中国共产党人精神，赓续共产党人精神血脉，并结合新时代的特点为中国共产党人精神源源不断注入时代内涵和现实启示，任何时候都决不丢掉革命加拼命的精神，决不丢掉不畏强敌、不惧风险、敢于斗争、勇于胜利的风骨，永葆充沛饱满的斗争精神，百折不挠、一往无前，以昂扬姿态做好党和国家各项工作。

（三）勇于经受严格历练，练就敢于斗争、善于斗争的能力和本领

新时代进行具有许多新的历史特点的伟大斗争，既要政治过硬，也要本领高强，既要发扬斗争精神，也要增强斗争本领。习近平总书记强调，“斗争精神、斗争本领，不是与生俱来的。领导干部要经受严格的思想淬炼、政治历练、实践锻炼，在复杂严峻的斗争中经风雨、见世面、壮筋骨，真正锻造成为烈火真金。”③要在思想淬炼中夯实斗争思想根基，掌握看家本领，真正做到头脑清醒、心明眼亮，凭借思想武器、看家本领，不断战胜前进道路上各种风险挑战。要在政治历练中提高斗争政治能力，激发斗

① 习近平：《在庆祝中国共产党成立 100 周年大会上的讲话》，人民出版社 2021 年版，第 8 页。

② 何成学：《中国共产党的精神谱系与党的伟大斗争精神》，光明网，https：//m.gmw.cn/baijia/2022-08/18/35961614.html.

③《发扬斗争精神增强斗争本领　为实现“两个一百年”奋斗目标而顽强奋斗》，《人民日报》2019 年 9 月 4 日。

争意志，只有从政治上分析问题才能看清本质、只有从政治上解决问题才能抓住根本[①]，共产党人进行政治历练，就是要在推进新的伟大斗争中提高政治站位，“增强政治意识，善于从政治上看问题，善于把握政治大局，不断提高政治判断力、政治领悟力、政治执行力”[②]，“要把坚定拥护‘两个确立’、坚决做到‘两个维护’作为最高政治原则和根本政治规矩……始终在政治立场、政治方向、政治原则、政治道路上同以习近平同志为核心的党中央保持高度一致”[③]。要在实践锻炼中练就斗争本领，强化责任担当，党的二十大报告指出，“加强实践锻炼、专业训练，注重在重大斗争中磨砺干部，增强干部推动高质量发展本领、服务群众本领、防范化解风险本领。加强干部斗争精神和斗争本领养成”[④]。要在实践锻炼中练就“八大本领”，作为担当作为的“基本功”，才能在新时代干事创业的大考中攻坚克难、大展身手，以钉钉子精神做实做细做好各项工作。

（四）灵活运用策略方法，提高敢于斗争、善于斗争的艺术和智慧

“斗争是一门艺术，要善于斗争。”[⑤]也就是说，斗争必须注重策略方法，要讲求斗争艺术。斗争艺术注重抓主要矛盾和矛盾的主要方面，集中优势消灭最主要的敌人，聚集主要力量解决最主要的问题。新时代的斗争不是单纯一方面的简单斗争，而是包含政治、经济等各方面在内的全方位的斗争，各个领域、各个环节的联系也越加紧密，广大共产党人则更要做到敢于和善于抓重点、抓关键、抓节点、抓住主要矛盾和矛盾的主要方面，分清轻重缓急，以此更好地来战胜矛盾，推动工作。斗争智慧体现在原则的坚定性与策略的灵活性，如反映在国际斗争中，斗争要坚持有理有利有节，在原则问题上寸步不让，中华民族不好战，但也绝不怕战。在策略问

---

① 习近平：《增强推进党的政治建设的自觉性和坚定性》，《求是》2019 年第 14 期。

② 《习近平谈治国理政》第 4 卷，外文出版社 2022 年版，第 43 页。

③ 《自治区党委理论学习中心组举行专题学习会　深刻领悟“两个确立”的决定性意义　坚决做到“两个维护”在新时代新征程上奋力推进中国式现代化新疆实践》，新疆政府网，2023 年 3 月 27 日，https：//www.xjht.gov.cn/article/show.php ？ itemid=304511.

④ 《党的二十大报告辅导读本》，人民出版社 2022 年版，第 60 页。

⑤ 《发扬斗争精神增强斗争本领　为实现“两个一百年”奋斗目标而顽强奋斗》，《人民日报》2019 年 9 月 4 日。

题上要做到根据形势需要及时调整斗争策略，斗争不可以无限制地开展，也不能无止境地斗下去，要把握节奏火候，习近平总书记指出："要根据形势需要，把握时、度、效，及时调整斗争策略"[①]，斗争的时、度、效是一个有机整体，必须将三者进行统筹把握，总的来说就是要抓住最佳时机、掌握住恰当的分寸、获得切切实实的效果。广大共产党人要心如明镜，时刻清晰坚守政治底线，也要博学于身、成竹在胸，能有处理突发问题的智慧，任凭外界事态怎样发展都可以及时地调整策略，进退有度，用最优的斗争形式和最小的斗争代价来取得最好的斗争效果。

① 《发扬斗争精神增强斗争本领　为实现"两个一百年"奋斗目标而顽强奋斗》,《人民日报》2019年9月4日。

深刻理解“我将无我，不负人民”的时代意蕴

江西省社会科学院　张　丹

人民性是马克思主义的本质属性。习近平总书记曾在回答意大利众议长菲科的提问时强调，“这么大一个国家，责任非常重、工作非常艰巨。我将无我，不负人民。我愿意做到一个‘无我’的状态，为中国的发展奉献自己。”[①]“我将无我，不负人民”，这是习近平总书记“赤子之心”的生动写照，也是新时代中国共产党人在理想信念、政治立场、人格操守等方面的政治自觉和道德自觉。党的二十大报告强调，“为民造福是立党为公、执政为民的本质要求”。[②]“一路走来，我们紧紧依靠人民交出了一份又一份载入史册的答卷。面向未来，我们仍然要依靠人民创造新的历史伟业。”[③]为中国人民谋幸福，为中华民族谋复兴，中国共产党没有自己特殊的利益，在任何时候都把群众利益放在第一位，这是“我将无我”的崇高境界，这是“不负人民”的使命担当。在中华民族伟大复兴战略全局和世界百年未有之大变局“两个大局”交织激荡的重大历史关头，必须有一批又一批“功成不必在我、功成必定有我”的真正的共产党人，在“无我”和“有我”中

① 《行久以致远》，《人民日报》2019年3月28日。

② 习近平：《高举中国特色社会主义伟大旗帜　为全面建设社会主义现代化国家而团结奋斗——在中国共产党第二十次全国代表大会上的报告》，人民出版社2022年版，第46页。

③ 《习近平著作选读》第2卷，人民出版社2022年版，第612页。

冲锋在前、担当作为，在民族复兴的伟业中为党和人民建功立业。

一、“我将无我，不负人民”的初心使命是百年来党领导人民实现伟大飞跃的光荣传统

马克思、恩格斯在《共产党宣言》中向全世界庄严承诺，共产党人没有任何同整个无产阶级的利益不同的利益。[①] 毛泽东曾强调，“共产党是为民族、为人民谋利益的政党，它本身决无私利可图”。[②] 习近平总书记指出：“我们党没有自己特殊的利益，党在任何时候都把群众利益放在第一位。这是我们党作为马克思主义政党区别于其他政党的显著标志。”[③] “我将无我，不负人民”是共产党人的鲜明本色和高尚品格，是百年来党领导人民实现伟大飞跃的光荣传统。

（一）“我将无我，不负人民”推动党领导中国人民迎来中华民族“站起来”的伟大飞跃

中华民族创造了绵延五千多年的灿烂文明，为人类文明进步作出了不可磨灭的贡献。鸦片战争以后，由于西方列强入侵和封建统治腐败，中国逐步成为半殖民地半封建社会，国家蒙辱、人民蒙难、文明蒙尘，中华民族遭受了前所未有的劫难。

十月革命一声炮响，给中国送来了马克思列宁主义。中国先进分子从十月革命和马克思列宁主义那里看到了解决中国问题的出路。以毛泽东同志为主要代表的中国共产党人，把马克思主义基本原理与中国革命具体实践相结合，成立了中国共产党，开启了中国革命具有决定性意义的新起点。1927 年大革命遭到惨重失败后，在党生死存亡的危急关头，毛泽东提出“政权是由枪杆子中取得”，率领秋收起义部队从进攻大城市转为向农村进军，在井冈山建立第一个农村革命根据地，开辟了农村包围城市、武装夺取政权的正确革命道路。党领导人民经过二十八年的浴血奋斗，最终建立了中华人民共和国，彻底结束了旧中国半殖民地半封建社会的历史，彻底

① 《共产党宣言》，人民出版社 2018 年版，第 41 页。

② 《毛泽东选集》第 3 卷，人民出版社 1991 年版，第 809 页。

③ 《习近平谈治国理政》第 4 卷，外文出版社 2022 年版，第 53 页。

结束了旧中国一盘散沙的局面，实现了中国从几千年封建专制政治向人民民主的伟大飞跃，中国人民从此站起来了，中国发展从此开启了新纪元。

新中国成立后，我们党领导人民在一穷二白的基础上建立起独立的比较完整的工业体系和国民经济体系，积累了在中国这样一个经济文化落后的东方大国进行社会主义建设的重要经验。以毛泽东同志为主要代表的中国共产党人领导人民成功实现了中国历史上最深刻最伟大的社会变革，为当代中国一切发展进步奠定了根本政治前提和制度基础，为开创中国特色社会主义提供了宝贵经验、理论准备、物质基础。

（二）“我将无我，不负人民”推动党领导中国人民迎来中华民族“富起来”的伟大飞跃

“文化大革命”结束以后，在党和国家面临何去何从的重大历史关头，党深刻认识到，只有实行改革开放才是唯一出路。党的十一届三中全会以后，以邓小平同志为主要代表的中国共产党人深刻总结我国社会主义建设正反两方面经验，作出把党和国家工作中心转移到经济建设上来、实行改革开放的历史性决策，科学回答了建设中国特色社会主义的一系列基本问题，制定了到 21 世纪中叶分“三步走”、基本实现社会主义现代化的发展战略。党的十三届四中全会以后，以江泽民同志为主要代表的中国共产党人，领导人民进一步加深了对什么是社会主义、怎样建设社会主义和建设什么样的党、怎样建设党的认识，在世界社会主义出现严重曲折的严峻考验面前，捍卫了中国特色社会主义，确立了社会主义市场经济体制的改革目标、基本框架和基本经济制度，成功把中国特色社会主义推向 21 世纪。党的十六大以后，以胡锦涛同志为主要代表的中国共产党人，领导人民深刻认识和回答了新形势下实现什么样的发展、怎样发展等重大问题，提出构建社会主义和谐社会，着力保障和改善民生，促进社会公平正义，推动建设和谐世界，推进党的执政能力建设和先进性建设，成功在新的历史起点上坚持和发展了中国特色社会主义。

改革开放是决定当代中国前途命运的关键一招，推动我国实现了从生产力相对落后的状况到经济总量跃居世界第二的历史性突破，实现了人民生活从温饱不足到总体小康、奔向全面小康的历史性跨越，推进了中华民族从站起来到富起来的伟大飞跃，中国大踏步赶上了时代。

（三）“我将无我，不负人民”推动党领导中国人民迎来中华民族“强起来”的伟大飞跃

党的十八大以前，我国改革开放和社会主义现代化建设取得巨大成就，党的建设新的伟大工程取得显著成效，为我们继续前进奠定了坚实基础、创造了良好条件、提供了重要保障，同时一系列长期积累及新出现的突出矛盾和问题亟待解决。党内存在不少对坚持党的领导认识模糊、行动乏力问题；经济结构性体制性矛盾突出，一些深层次体制机制问题和利益固化藩篱日益显现；对中国特色社会主义政治制度自信不足，拜金主义、享乐主义、极端个人主义和历史虚无主义等错误思潮不时出现；民生保障存在不少薄弱环节；资源环境约束趋紧、环境污染等问题突出；国防和军队现代化存在不少短板弱项；国家安全受到严峻挑战；等等。当时，党内和社会上不少人对党和国家前途忧心忡忡。面对这些影响党长期执政、国家长治久安、人民幸福安康的突出矛盾和问题，以习近平同志为核心的党中央审时度势、果敢抉择，锐意进取、攻坚克难，团结带领全党全军全国各族人民撸起袖子加油干、风雨无阻向前行，义无反顾进行具有许多新的历史特点的伟大斗争。

党的十八大以来，中国特色社会主义进入新时代。以习近平同志为核心的党中央，以伟大的历史主动精神、巨大的政治勇气、强烈的责任担当，统筹国内国际两个大局，全面贯彻党的基本路线、基本方略，采取一系列战略性举措，推进一系列变革性实践，实现一系列突破性进展，取得一系列标志性成果，经受住了来自政治、经济、意识形态、自然界等方面的风险挑战考验，推动我国迈上全面建设社会主义现代化国家新征程。

二、“我将无我，不负人民”的主动担当是新时代十年伟大变革的关键所在

“我将无我，不负人民”的情怀与担当，言简意赅地道出了中国共产党人精神世界的辩证法，诠释了全心全意为人民服务的根本宗旨，体现了党性和人民性的高度统一，是新时代十年伟大变革的关键所在。

（一）“我将无我，不负人民”的大境界是新时代十年伟大变革的信念所在

理想信念是共产党人安身立命的根本，是共产党人的政治灵魂。“我将无我，不负人民”是一种大境界，更是一种大公无私、鞠躬尽瘁的信念信仰。党的十八大以来，以习近平同志为核心的党中央从“人民对美好生活的向往，就是我们的奋斗目标”的拳拳深情，到“中国共产党执政的唯一选择就是为人民群众做好事，为人民群众幸福生活拼搏、奉献、服务”的铮铮誓言，再到“我愿意做到一个‘无我’的状态，为中国的发展奉献自己”的庄重承诺，无不蕴含着以身许党许国、报党报国的宏大境界。中国共产党作为马克思主义执政党，不但要有强大的真理力量，而且要有强大的人格力量。共产党人只有拥有人格力量，才能无愧于自己的称号，才能赢得人民赞誉。有了这种“无我”和“为民”的境界信念，才能全心全意爱民、贴心交心亲民，坚守住心系人民、为民担当的初心本色。

（二）“我将无我，不负人民”的大格局是新时代十年伟大变革的战略所在

大时代需要大格局，大格局成就大作为。“我将无我，不负人民”是一种大格局，更是一种心怀“国之大者”、谋事谋势的战略策略。党的十八大以来，以习近平同志为核心的党中央迎难而上、开拓进取，革故鼎新、励精图治，对新时代党和国家事业发展作出科学完整的战略部署，创立习近平新时代中国特色社会主义思想，提出实现中华民族伟大复兴的中国梦，以中国式现代化推进中华民族伟大复兴，统揽伟大斗争、伟大工程、伟大事业、伟大梦想，明确“五位一体”总体布局和“四个全面”战略布局，坚持以人民为中心的发展思想，坚持和加强党的全面领导，以不忘初心、驰而不息的精神状态彰显着“无我”之大境界，以“实”字当头、以干为先的奋斗姿态成就着“不负人民”之大作为，推动党和国家事业取得历史性成就、发生历史性变革，推进中华民族伟大复兴向前迈出了新的一大步。

（三）“我将无我，不负人民”的大担当是新时代十年伟大变革的力量所在

干部敢于担当作为，既是政治品格，也是从政本分。“我将无我，不负人民”是一种大担当，更是一种敢于负责、勇于担当的党性作风。党的十八大以来，习近平总书记以马克思主义政治家、思想家、战略家的恢宏气魄、远见卓识、雄韬伟略，顺应时代潮流，不负人民期待，领导全党全军全国各族人民坚定信心、迎难而上，抓脱贫、促改革、防风险、战风浪、抗疫情……一仗接着一仗打，在攻坚克难中开创中国特色社会主义事业发展新局面。实践充分证明，正是确立了习近平同志党中央的核心、全党的核心地位，确立习近平新时代中国特色社会主义思想的指导地位，党中央有了定于一尊、一锤定音的权威，在每一个重大历史关头、每一场惊心动魄的斗争中有了主心骨，我们才能经受住大风大浪、大战大考的检验，解决了许多长期想解决而没有解决的难题，办成了许多过去想办而没有办成的大事，不断把党和人民事业推向前进。

三、“我将无我，不负人民”的政治品格是新时代新征程党员干部的政治本色

新征程是充满光荣和梦想的远征。习近平总书记强调：“年轻干部无论是立身处世还是从政干事，首先要解决好‘我是谁、为了谁、依靠谁’的问题，不断追求‘我将无我，不负人民’的精神境界。”[①]“我将无我，不负人民”饱含着强烈的历史责任感和深沉的使命感，彰显了中国共产党人无私奉献的政治品格和崇高追求。广大党员干部要在“无我”和“有我”的胸怀、品格中厚植“五心”，淬炼政治本色，为全面建设社会主义现代化国家、全面推进中华民族伟大复兴而团结奋斗。

① 《立志做党光荣传统和优良作风的忠实传人　在新时代新征程中奋勇争先建功立业》，《人民日报》2021年3月2日。

（一）增强忠诚之心，淬炼对党绝对忠诚的品质

对党忠诚，是共产党人首要的政治品质。衡量干部是否有理想信念，关键看是否对党忠诚。这种忠诚是绝对的、唯一的、彻底的、无条件的、不掺任何杂质的、没有任何水分的忠诚，必须一心一意、一以贯之，用一生乃至生命坚守、捍卫的忠诚。百年来，我们党历经无数艰险磨难，但任何困难都没有压垮我们，任何敌人都没能打倒我们，靠的就是千千万万共产党人的绝对忠诚。走好新征程，各级干部特别是领导干部必须增强忠诚之心，忠于信仰、忠于组织、忠于人民，忠于党的理论和路线方针政策，带头捍卫“两个确立”，增强“四个意识”、坚定“四个自信”、做到“两个维护”，严守党的政治纪律和政治规矩，始终在政治立场、政治方向、政治原则、政治道路上同党中央保持高度一致，真正为党分忧、为国尽责、为民奉献，勇于担苦、担难、担重、担险，以实际行动诠释对党的绝对忠诚。

（二）增强必胜之心，永葆勇当先锋的政党本色

心有所信，方能行远。当今世界，要说哪个政党、哪个国家、哪个民族能够自信的话，那中国共产党、中华人民共和国、中华民族是最有理由自信的。百年来，中国共产党团结带领全国各族人民勠力同心，胜利实现第一个百年奋斗目标，开启实现第二个百年奋斗目标、全面建设社会主义现代化强国新征程。全面建设社会主义现代化国家，是一项伟大而艰巨的事业，前途光明，任重道远。当前，世界之变、时代之变、历史之变正以前所未有的方式展开。走好新征程，各级干部特别是领导干部必须增强必胜之心，拿出战胜一切敌人而不被任何敌人所屈服的大无畏革命气魄，勇当先锋、敢打头阵，用行动展现共产党人的政治本色。越是困难时刻，越要坚定信心。党用伟大奋斗创造了百年伟业，也一定能带领亿万人民用新的伟大奋斗创造新的伟业！

（三）增强责任之心，认真践行党的初心使命

言必行，行必果。干部就要有担当，有多大担当才能干多大事业，尽多大责任才会有多大成就。百年来，党领导人民比历史上任何时期都更接近、更有信心和能力实现中华民族伟大复兴的目标。然而中华民族伟大复

兴，绝不是轻轻松松、敲锣打鼓就能实现的。当前，世界百年变局和世纪疫情相互交织，国内外发展环境复杂严峻，但没有什么能够阻挡历史车轮的浩荡前行，也没有什么能够阻挡奋斗者开拓新的历史的勇毅脚步。走好新征程，各级干部特别是领导干部必须增强责任之心，把初心落在行动上、把使命担在肩膀上，在其位谋其政、在其职尽其责，主动担当、积极作为。必须保持"时时放心不下"的责任感，让守土有责、守土负责、守土尽责成为一以贯之的奋斗姿态，让担当作为、求真务实成为坚持不懈的工作状态。只要笃定信心，稳中求进，就一定能实现我们的既定目标。

（四）增强仁爱之心，当好人民群众的贴心人

人民就是江山，江山就是人民。共产党领导人民打江山、守江山，守的是人民的心。共产党人一切的奋斗与牺牲，都是为了人民的福祉。百年来，党领导人民经过接续奋斗，实现了小康这个中华民族的千年梦想，我国发展站在了更高的历史起点上。一路走来，我们紧紧依靠人民交出了一份又一份载入史册的答卷，面向未来，我们仍然要依靠人民创造新的历史伟业。走好新征程，各级干部特别是领导干部必须增强仁爱之心，当好人民群众贴心人。必须深入群众、深入基层，紧紧抓住人民最关心最直接最现实的利益问题，采取更多惠民生、暖民心的举措，着力解决好人民群众急难愁盼问题，健全基本公共服务体系，提高公共服务水平，增强均衡性和可及性，扎实推进共同富裕。始终把人民放在心上、把使命扛在肩上，与人民心心相印、与人民同甘共苦、与人民团结奋斗，中国共产党人必将书写新的辉煌。

（五）增强谨慎之心，不获全胜决不轻言成功

行百里者半九十。越是取得成绩的时候，越是要有如履薄冰的谨慎，越是要有居安思危的忧患。百年来，中国共产党人一以贯之怀有强烈的忧患意识和底线思维。从"进京赶考""跳出历史周期率"，到警惕"四大考验""四种危险"，再到"牢记三个务必""跳出历史周期率的第二个答案"，中国共产党人始终葆有忧党、忧国、忧民的忧患意识。当前，我国发展进入战略机遇和风险挑战并存、不确定难预料因素增多的时期，各种"黑天鹅""灰犀牛"事件随时可能发生。走好新征程，各级干部特别是领导干部

必须增强谨慎之心，对风险因素要有底线思维，对解决问题要一抓到底，一时一刻不放松，一丝一毫不马虎，直至取得最后胜利。必须发扬斗争精神，把困难估计得更充分一些，把风险思考得更深入一些，下好先手棋，打好主动仗，经受住风高浪急甚至惊涛骇浪的重大考验，我们就必能不断创造更加灿烂的明天，中国必能始终充满生机活力。

习近平总书记关于反特权重要论述的丰富内涵

山东社会科学院　韩　冰

旗帜鲜明反对特权，是习近平总书记一以贯之的政治主张。他在党的二十大报告中提出，要坚持以严的基调强化正风肃纪，坚决破除特权思想和特权行为，坚决防止领导干部成为利益集团和权势团体的代言人、代理人，严肃查处领导干部配偶、子女及其配偶等亲属和身边工作人员利用影响力谋私贪腐问题[①]，这与党的十八大以来习近平总书记反特权重要论述一脉相承又丰富发展，彰显了我们党坚持党要管党、全面从严治党的坚定决心。深刻把握习近平总书记反特权重要论述的丰富内涵，以自我革命精神开展新时代反特权斗争，对于维护社会公平正义、密切党同人民群众的血肉联系、巩固党的执政基础和执政地位，具有十分重要的意义。

一、深刻揭示特权的巨大危害性

（一）特权是最大的不公

特权是对公平正义的践踏，其本身就意味着不公平，而且会制造更多

---

① 习近平：《高举中国特色社会主义伟大旗帜　为全面建设社会主义现代化国家而团结奋斗——在中国共产党第二十次全国代表大会上的报告》，人民出版社2022年版，第68—69页。

的不公平。习近平总书记深刻指出："特权是最大的不公。党的十八大以来，党中央反'四风'、反腐败，锲而不舍抓作风建设，都是在同特权思想、特权现象作斗争。"[①]在他看来，特权思想、特权现象破坏社会公平正义原则，诱发不守规则、不守制度的法律行为。在十八届中纪委二次全会上，习近平总书记批评指出："从上到下，违规占有多套住房的，违规占用公家车辆的，以各种形式侵占公共利益的，违规侵害群众利益的，明里暗里为亲属升官发财奔走的，以权枉法的，这样的干部不乏其人啊！"[②]这些特权现象严重损害了社会公平正义，引起了群众极大不满。他还进一步强调："如果升学、考公务员、办企业、上项目、晋级、买房子、找工作、演出、出国等各种机会都要靠关系、搞门道，有背景的就能得到更多照顾，没有背景的再有本事也没有机会，就会严重影响社会公平正义。"[③]如果不坚决纠正这种状况，社会规则就会被严重扭曲，整个社会就将失去发展活力，党和国家就不能生机勃勃地向前发展。

（二）特权催生权力腐败

特权的实质是权力滥用，而权力滥用必然导致腐败。透过形形色色的腐败现象可以发现，特权是腐败产生的前奏和温床，腐败是特权的续曲和发展，虽然不能将两者混为一谈，但它们之间存在着量变到质变的紧密联系，如果放任特权，腐败现象将愈演愈烈。正是基于这种认识，习近平总书记多次将反特权与反腐败放在同等重要的位置来看待。习近平总书记在十八届中纪委二次全会上深刻指出："反腐倡廉建设，还必须反对特权思想、特权现象"，因为"这个问题不仅是党风廉政建设的重要内容，而且是涉及党和国家能不能永葆生机活力的大问题"。[④]他强调指出："我们共产党人决

① 习近平：《推进党的建设新的伟大工程要一以贯之》，《求是》2019年第19期。

② 中共中央文献研究室编：《十八大以来重要文献选编》（上），中央文献出版社2014年版，第137页。

③ 中共中央文献研究室编：《十八大以来重要文献选编》（上），中央文献出版社2014年版，第137—138页。

④ 中共中央文献研究室编：《十八大以来重要文献选编》（上），中央文献出版社2014年版，第136—137页。

不能搞封建社会那种‘封妻荫子’、‘一人得道，鸡犬升天’的腐败之道！”[①] 在主持中央军委专题民主生活会时，他还说过：“我们要清廉自律，坚决不搞特殊化，坚决不搞特权，坚决不搞不正之风，坚决不搞腐败。”[②] 在党的十八届四中全会上，习近平总书记又强调：“腐败问题与政治问题往往是相伴而生的。搞拉帮结派这些事，搞收买人心这些事，没有物质手段能做到吗？做不到，那就要去搞歪门邪道找钱。反过来，如果有腐败行为，那就会想着如何给自己找一条安全通道，找保护伞，就会去搞团团伙伙，甚至想为一己私利影响组织上对领导班子配备的决定。”[③] 这些重要论述，深刻揭示了特权催生权力腐败、腐败助长特权的内在关系。

（三）特权对党群关系最具杀伤力

我们党最大政治优势是密切联系群众，党执政后的最大危险是脱离群众。习近平总书记在十八届中央政治局第五次集体学习时指出：“人民群众最痛恨各种消极腐败现象，最痛恨各种特权现象，这些现象对党同人民群众的血肉联系最具杀伤力。”[④] 之所以这么说，根本在于特权、腐败现象的滋生蔓延，直接或间接侵害人民群众的根本利益和合法权益。同时，特权不仅催生权力腐败，而且还助长不正之风。习近平总书记曾经指出：“工作作风上的问题绝对不是小事，如果不坚决纠正不良风气，任其发展下去，就会像一座无形的墙把我们党和人民群众隔开，我们党就会失去根基、失去血脉、失去力量。”[⑤] 而在现实生活中，人民群众反映强烈的形形色色的不正之风都与特权思想、特权现象有着密切的联系。现实生活中存在的“四风”问题，有的直接表现为特权现象，有的是特权现象的变种，有的则是背后的特权思想作祟，说到底都与特权思想、特权现象密切相关。放任特权思想和特权现象滋长蔓延，必然会助长“四风”的嚣张气焰，割裂党

① 中共中央文献研究室编：《十八大以来重要文献选编》（上），中央文献出版社 2014 年版，第 138 页。

② 《习近平关于党风廉政建设和反腐败斗争论述摘编》，中央文献出版社、中国方正出版社 2015 年版，第 74 页。

③ 《习近平关于严明党的纪律和规矩论述摘编》，中央文献出版社、中国方正出版社 2016 年版，第 23 页。

④ 《习近平关于全面从严治党论述摘编（2021 年版）》，中央文献出版社 2021 年版，第 360 页。

⑤ 《习近平关于全面从严治党论述摘编》，中央文献出版社 2016 年版，第 148 页。

同人民群众的血肉联系，甚至动摇党的执政基础和执政地位。

二、深刻阐明反特权斗争的目标指向

（一）决不允许“公权私用”

公共权力的目的是为公众谋福祉，否则就有可能蜕变为特权。公权私用就是把公共权力变成牟取个人或少数人私利的工具。习近平总书记在参加河南省兰考县委常委班子专题民主生活会时指出：“执政党对资源的支配权力很大，应该有一个权力清单，什么权能用，什么权不能用，什么是公权，什么是私权，要分开，不能公权私用。”[①]他曾严厉批评一些领导干部“出于个人利益，打招呼、批条子、递材料，或者以其他明示、暗示方式插手干预个案，甚至让执法司法机关做违反法定职责的事”[②]；执法监管部门“有的吃拿卡要、雁过拔毛，乱收费、乱罚款、乱摊派，甚至收回扣、拿红包……有的滥用职权，搞权力寻租、利益输送、借权营生；有的执法不公，搞选择性执法、随意性执法，办‘关系案’、‘人情案’、‘金钱案’”[③]。他强调这些公权私用行为侵犯了群众利益，甚至属于违法犯罪，在中国共产党领导的社会主义国家里，这是绝对不允许的！

（二）决不允许有“特殊人物”

在宪法、法律和制度面前人人平等，是社会公平正义的显著标志。决不允许有“特殊人物”，首先是说任何组织或者个人，都不得有超越宪法和法律的特权。对于党员来说，党的纪律和制度面前同样不允许有“特殊人物”。习近平总书记一再强调：“党内决不允许有不受党纪国法约束、甚至凌驾于党章和党组织之上的特殊党员”[④]“要严格党的纪律，坚持党纪面前党

---

① 《习近平关于党风廉政建设和反腐败斗争论述摘编》，中央文献出版社、中国方正出版社2015年版，第129页。

② 中共中央文献研究室编：《十八大以来重要文献选编》（上），中央文献出版社2014年版，第720—721页。

③ 《习近平关于党的群众路线教育实践活动论述摘编》，党建读物出版社、中央文献出版社2014年版，第27页。

④ 《习近平关于党风廉政建设和反腐败斗争论述摘编》，中央文献出版社、中国方正出版社2015年版，第33页。

员人人平等……不允许有不受纪律约束的特殊党员存在”[①]。对于领导干部来说，要做到遵守法律和制度规定没有例外，甚至比普通党员还要严格，“任何人都没有法律之外的绝对权力，任何人行使权力都必须为人民服务、对人民负责并自觉接受人民监督”[②]；“领导干部不论职务多高、资历多深、贡献多大，都要严格按法规制度办事，坚持法规制度面前人人平等、遵守法规制度没有特权、执行法规制度没有例外”[③]。习近平总书记认为，军队是特殊国家机器，但在党纪国法面前也不能搞特殊，“要坚持有腐必反、有贪必肃，坚决破除‘军队特殊论’，反腐没有禁区，执法没有特例”[④]。

（三）坚决反对“裙带关系”

“裙带关系”本质上也是权力的异化。在现实生活中，一些领导干部不仅利用职权为自己谋取特殊利益，而且还为其配偶、子女、亲友、身边工作人员以及特定关系人谋取不正当利益；同时，这些人还往往明里暗里打着领导干部的旗号，为自己或小集团谋取不正当利益，这些现象都具有特权属性，都是特权行为。习近平总书记曾痛批当前一些裙带关系乱象，如有些领导干部“异地提拔，把自己的乡亲、亲属、利益链都带过去”[⑤]；“有些事情往往是身边工作人员提出要求，把它作为一种待遇、一种权利来提要求，好像不那么搞就交代不过去了，弄得大家无所适从”[⑥]。他多次要求，各级领导干部特别是高级干部“不仅要管好自己，而且要管好配偶、子女和身边工作人员，决不谋私利，决不谋特权”[⑦]；“对来自中央领导同志家属、

---

① 《习近平关于严明党的纪律和规矩论述摘编》，中央文献出版社、中国方正出版社 2016 年版，第 81—82 页。

② 《习近平关于党风廉政建设和反腐败斗争论述摘编》，中央文献出版社、中国方正出版社 2015 年版，第 122 页。

③ 《习近平关于严明党的纪律和规矩论述摘编》，中央文献出版社、中国方正出版社 2016 年版，第 103 页。

④ 中共中央文献研究室编：《十八大以来重要文献选编》（中），中央文献出版社 2016 年版，第 203 页。

⑤ 《习近平关于党风廉政建设和反腐败斗争论述摘编》，中央文献出版社、中国方正出版社 2015 年版，第 116—117 页。

⑥ 《习近平关于党风廉政建设和反腐败斗争论述摘编》，中央文献出版社、中国方正出版社 2015 年版，第 68 页。

⑦ 《习近平关于党风廉政建设和反腐败斗争论述摘编》，中央文献出版社、中国方正出版社 2015 年版，第 93 页。

子女、身边工作人员和其他特定关系人的违规干预、捞取好处等行为，对自称同中央领导同志有特殊关系的人提出的要求，不准擅自办理，必须坚决抵制并立即向党中央报告”[①]；领导干部“必须管好亲属和身边工作人员，决不允许他们擅权干政、谋取私利，不得纵容他们影响政策制定和人事安排、干预正常工作运行，不得默许他们利用特殊身份谋取非法利益”[②]。

（四）坚决反对种种“潜规则”

形形色色的“潜规则”的背后，是公共权力脱离正常轨道而潜移默化发生作用，为掌权者个人或小集团谋取私利，因而也属于特权范畴。习近平总书记指出：“这些年，一些潜规则侵入党内，并逐渐流行起来，有的人甚至以深谙其道为荣，必须引起我们高度警觉”[③]；现在，社会上“办事不靠组织而靠熟人、靠关系，形形色色的关系网越织越密，方方面面的潜规则越用越灵”[④]。他列举了当前种种潜规则的表现：“特别是那张巨大的人情关系网，既有形又无形，把很多干部群众都网在里面。逢年过节、生日纪念、婚丧嫁娶，你来我往，永无休止，还不清的人情债；你有圈子，我有圈子，大家竞相找圈子、入圈子、组圈子，把人际关系搞得越来越庸俗，一些干部甚至因此误入歧途，走上违法犯罪道路”[⑤]；有的干部“信奉拉帮结派的‘圈子文化’，整天琢磨拉关系、找门路，分析某某是谁的人，某某是谁提拔的，该同谁搞搞关系、套套近乎，看看能抱上谁的大腿”[⑥]；在干部任用中，“一些人信奉‘不跑不送、降职使用，只跑不送、原地不动，又跑又送、提拔重用’”[⑦]；在人际交往中，“一些人信奉‘章子不如条子，条子不

---

① 《习近平关于全面从严治党论述摘编（2021 年版）》，中央文献出版社 2021 年版，第 144 页。

② 中共中央文献研究室编：《十八大以来重要文献选编》（中），中央文献出版社 2016 年版，第 351 页。

③ 《习近平关于党风廉政建设和反腐败斗争论述摘编》，中央文献出版社、中国方正出版社 2015 年版，第 44—45 页。

④ 《习近平关于党风廉政建设和反腐败斗争论述摘编》，中央文献出版社、中国方正出版社 2015 年版，第 38 页。

⑤ 《习近平关于党风廉政建设和反腐败斗争论述摘编》，中央文献出版社、中国方正出版社 2015 年版，第 81—82 页。

⑥ 中共中央文献研究室编：《十八大以来重要文献选编》（上），中央文献出版社 2014 年版，第 769—770 页。

⑦ 《习近平关于党风廉政建设和反腐败斗争论述摘编》，中央文献出版社、中国方正出版社 2015 年版，第 45 页。

如面子'，'有关系走遍天下，没关系寸步难行' "[①]；有的领导干部把自己凌驾于组织之上，"把党派他去主政的地方当成了自己的'独立王国'，用干部、作决策不按规定向中央报告，搞小山头、小团伙、小圈子"[②]。

（五）着力防范形成"利益集团"

利益集团背后隐藏着的是公共权力的非公共运用，其目的是维护或捞取小集团私利，因而也属于特权范畴。习近平总书记指出，中国共产党"没有任何自己特殊的利益，从来不代表任何利益集团、任何权势团体、任何特权阶层的利益"[③]。一个政党一旦形成党内利益集团、权势团体、特权阶层，就严重背离了党的性质宗旨，就会严重脱离人民群众。苏共亡党亡国的原因很多，但其中很重要的一条，就是在党内形成了利益集团、权势团体、特权阶层，教训极其深刻沉重。习近平总书记在党的群众路线教育实践活动总结大会上指出，党内上下"不允许搞团团伙伙、帮帮派派，不允许搞利益集团、进行利益交换"[④]。他告诫全党特别是各级领导干部："党内不能存在形形色色的政治利益集团，也不能存在党内同党外相互勾结、权钱交易的政治利益集团，党中央坚定不移反对腐败，就是要防范和清除这种非法利益关系对党内政治生活的影响，恢复党的良好政治生态。"[⑤]鉴于利益集团有多种表现形式，习近平总书记在不同场合使用不同概念来表述，比如，他曾批评"有的人只要是他工作过的地方，都利用手中的权力'正正规规'地搞团团伙伙，全要搞成他自己的领地，到处插手人事安排，关照自己小圈子里的人"[⑥]；强调要坚决"切断利益输送链条，铲除领导干部被

① 《习近平关于党风廉政建设和反腐败斗争论述摘编》，中央文献出版社、中国方正出版社2015年版，第45页。

② 中共中央文献研究室编：《十八大以来重要文献选编》（中），中央文献出版社2016年版，第351页。

③ 习近平：《在庆祝中国共产党成立100周年大会上的讲话》，人民出版社2021年版，第11—12页。

④ 中共中央文献研究室编：《十八大以来重要文献选编》（中），中央文献出版社2016年版，第97页。

⑤ 《习近平关于严明党的纪律和规矩论述摘编》，中央文献出版社、中国方正出版社2016年版，第31页。

⑥ 《习近平关于严明党的纪律和规矩论述摘编》，中央文献出版社、中国方正出版社2016年版，第26页。

‘围猎’这个腐败‘污染源’”[①]，“要把扫黑除恶同反腐败结合起来……既抓涉黑组织，也抓后面的‘保护伞’”[②]，要求各级领导干部始终保持“赶考”的清醒，保持对“腐蚀”“围猎”的警觉，以自我革命精神开展反特权斗争，以党永不变质确保红色江山永不变色。

三、深刻阐述反特权斗争的基本思路

（一）提出要坚定理想信念，补足精神之“钙”

“理想信念就是共产党人精神上的‘钙’，没有理想信念，理想信念不坚定，精神上就会‘缺钙’，就会得‘软骨病’。现实生活中，一些党员、干部出这样那样的问题，说到底是信仰迷茫，精神迷失。”[③]毋庸置疑，这里所说的“这样那样的问题”，就包括特权思想、特权现象，以及由此衍生的不正之风和腐败现象。习近平总书记指出，“领导干部的一招一式、一言一行，都有理想信念的影子”，党员、干部有了坚定的理想信念，就能“经受住各种风险和困难考验，自觉抵御各种腐朽思想的侵蚀，永葆共产党人政治本色”。[④]因此，他要求领导干部必须始终把理想信念铭记于心、践之于行，任何时候任何情况下都不可忽视或偏离。在他看来，在发展社会主义市场经济和对外开放的条件下，腐朽没落的思想观念、市场经济等价交换原则很容易向党内侵蚀，党员、干部只有把坚定理想信念作为人生头等大事，“牢固树立马克思主义的世界观、人生观、价值观和正确的权力观、地位观、利益观，时刻警惕权力、金钱、美色的诱惑”[⑤]，自觉筑牢拒腐防变的思想根基，才会有强大的免疫力和抵抗力，让一切特权思想、特权现象等歪门邪道近不了身、附不了体。

---

① 《习近平谈治国理政》第3卷，外文出版社2020年版，第511页。

② 中共中央党史和文献研究院编：《十九大以来重要文献选编》（上），中央文献出版社2019年版，第198页。

③ 《习近平关于全面从严治党论述摘编（2021年版）》，中央文献出版社2021年版，第159页。

④ 《习近平关于全面从严治党论述摘编（2021年版）》，中央文献出版社2021年版，第161、166页。

⑤ 《习近平关于全面从严治党论述摘编（2021年版）》，中央文献出版社2021年版，第166页。

（二）强调坚持纪严于法，持之以恒肃纪正风

组织严密、纪律严明是我们党的优良传统和独特优势。党要管党、从严治党，靠什么管，凭什么治？就要靠严明纪律。纪律不严明，从严治党就无从谈起，干部出问题，都是因为纪律的突破。习近平总书记指出："从已经查处的大量顶风违纪案件中可以看出，一些党员、干部对纪律规定还置若罔闻，搞'四风'毫无顾忌，搞腐败心存侥幸。"[①] 习近平总书记强调，对于党的纪律，"党组织和党员干部必须遵照执行，不能搞特殊、有例外。各级党组织要敢抓敢管，使纪律真正成为带电的高压线"[②]。他还特别重视党的纪律规矩的执行，强调："小到生活规定，大到政治纪律，如果认为可以随心所欲，可以不执行，那我们就没有纪律可言了。规定被逐步突破，那最后公权私用就不知道会泛滥到何等程度。"[③] 执行党的纪律，"不能有任何含糊，不能让党纪党规成为纸老虎、稻草人，造成'破窗效应'。凡是违反党章和党的纪律，特别是政治纪律、组织纪律、财经纪律的行为，都不能放过，更不能放纵……对顶风违纪的，要严肃处理"[④]。"坚持党纪面前党员人人平等，对党内一切消极腐败现象认真查处、严肃执纪，不允许有不守纪律约束的特殊党员存在。"[⑤] 以上都表明了我们党坚决反对特权思想、特权现象的鲜明态度。

（三）提出要强化党内外监督，扎紧制度的笼子

绝对权力导致绝对腐败，这是一条亘古不变的铁律。特权的实质是公共权力的滥用，反对特权关键是管住管好权力。正是基于这样的认识，习近平总书记一再强调："领导干部手中的权力都是党和人民赋予的，领导干

① 《习近平关于严明党的纪律和规矩论述摘编》，中央文献出版社、中国方正出版社 2016 年版，第 6 页。

② 中共中央文献研究室编：《十八大以来重要文献选编》（上），中央文献出版社 2014 年版，第 770 页。

③ 《习近平关于严明党的纪律和规矩论述摘编》，中央文献出版社、中国方正出版社 2016 年版，第 80 页。

④ 《习近平关于严明党的纪律和规矩论述摘编》，中央文献出版社、中国方正出版社 2016 年版，第 79 页。

⑤ 《习近平关于严明党的纪律和规矩论述摘编》，中央文献出版社、中国方正出版社 2016 年版，第 81—82 页。

部使用权力，使用得对不对，使用得好不好，当然要接受党和人民监督”[①]；要把权力关进制度的笼子里，“完善党内权力运行和监督机制，实行权责对应，坚决反对特权，防止滥用职权”[②]；要健全权力运行制约和监督体系，坚持“有权必有责，用权受监督，失职要问责，违法要追究，保证人民赋予的权力始终为人民谋利益”[③]。归结起来，习近平总书记反对特权的一个重要思路，就是加强党内外监督，全方位扎紧制度的笼子，要依法设定权力、规范权力、制约权力、监督权力。“坚决维护制度的严肃性和权威性，坚决纠正有令不行、有禁不止的行为，使制度成为硬约束而不是橡皮筋”[④]，对违反制度规定踩“红线”、闯“雷区”的，要始终坚持“零容忍”，毫不手软、决不姑息，体现了我们党坚决惩治特权的决心和信心。

（四）强调要密织法律之网，强化法治之力

法律是治国之重器。坚持法律面前人人平等，是社会主义法治的基本要求。习近平总书记指出：“任何组织和个人……都不得有超越宪法法律的特权。任何人违反宪法法律都要受到追究，绝不允许任何人以任何借口任何形式以言代法、以权压法、徇私枉法。”[⑤]同时，他还强调：“克服公器私用、以权谋私、贪赃枉法等现象，克服形式主义、官僚主义、享乐主义和奢靡之风，反对特权现象，惩治消极腐败现象等，都需要密织法律之网、强化法治之力”[⑥]，体现了习近平总书记以法治思维和法治方式反对特权的鲜明主张。各级领导干部对宪法和法律要保持敬畏之心，牢固确立法律红线不能触碰、法律底线不能逾越的观念，做到法律面前不为私心所扰、不为人情所困、不为关系所累、不为利益所惑。

---

①《习近平关于全面从严治党论述摘编（2021 年版）》，中央文献出版社 2021 年版，第 389 页。

②《习近平关于全面从严治党论述摘编（2021 年版）》，中央文献出版社 2021 年版，第 393 页。

③《习近平关于全面从严治党论述摘编（2021 年版）》，中央文献出版社 2021 年版，第 389 页。

④《习近平关于全面从严治党论述摘编（2021 年版）》，中央文献出版社 2021 年版，第 435—436 页。

⑤ 中共中央文献研究室编：《十八大以来重要文献选编》（中），中央文献出版社 2016 年版，第 184 页。

⑥《习近平关于协调推进“四个全面”战略布局论述摘编》，中央文献出版社 2015 年版，第 98 页。

坚定不移全面从严治党　营造风清气正政治生态

山西省社会科学院　吴润楠

党的二十大胜利召开，吹响了全面建设社会主义现代化国家、全面推进中华民族伟大复兴的奋进号角。习近平总书记在党的二十大报告中指出："全党必须牢记，全面从严治党永远在路上，党的自我革命永远在路上，决不能有松劲歇脚、疲劳厌战的情绪，必须持之以恒推进全面从严治党"[①]。为实现中华民族伟大复兴的宏伟目标，在习近平总书记的领导下、在"四个全面"战略布局下，我们党从解决内部问题开始突破，直面新时代社会主义建设和改革中遇到的各种困难和挑战。为了回应时代对党的高要求，党提出了净化党内政治生态的命题，这一命题的提出不仅彰显了党保持自我净化的优良品质，更表明了党自我革命的决心与毅力。

一、政治生态的内涵及发展要义

政治生态好，人心就顺、正气就足；政治生态不好，就会人心涣散、

① 习近平：《高举中国特色社会主义伟大旗帜　为全面建设社会主义现代化国家而团结奋斗——在中国共产党第二十次全国代表大会上的报告》，人民出版社 2022 年版，第 64 页。

弊病丛生。习近平总书记在二十届中央纪委二次全会上将“如何始终保持风清气正的政治生态”列为我们这个大党必须解决的独有难题之一。习近平总书记多次强调，“做好各方面工作，必须有一个良好政治生态”[①]；“解决党内存在的种种难题，必须营造一个良好从政环境，也就是要有一个好的政治生态”[②]；“健康洁净的党内政治生态，是党的优良作风的生成土壤，是党的旺盛生机的动力源泉，是保持党的先进性纯洁性、提高党的创造力凝聚力战斗力的重要条件，是党团结带领全国各族人民完成历史使命的有力保障，是我们党区别于其他非马克思主义政党的鲜明标志”[③]。政治生态就是各类政治主体生存发展的环境和状态，是政治制度、政治文化、政治生活等要素相互作用的结果，是党风、政风、社会风气的综合反映[④]，影响着党员干部的价值取向和为政行为。

“自然生态要山清水秀，政治生态也要山清水秀。”[⑤]习近平总书记强调，“加强党的建设，必须营造一个良好从政环境，也就是要有一个好的政治生态。”[⑥]净化政治生态，打造风清气正的政治环境，才能为全面从严治党铺平道路。政治生态展现的是某一地区的政治生活环境，核心是领导干部的党性问题、觉悟问题、作风问题。良好的政治生态，可以内聚人心、外树形象，可以抓好班子、带好队伍，可以集中精力、形成合力。好的政治生态要求党组织自上而下、上下互动，党员干部从自身做起，带好头，在修养、作风、为人等各个方面，力争做到让人信服。营造良好的政治生态，要树立正确的权力观、事业观；要正确对待自己、他人和群众；更要始终保持清正廉洁。有了好的政治生态，就能促进科学发展，领导班子会更加富有凝聚力、创造力、战斗力，工作也会呈现新气象，大家都会把思想、心思、精力集中到发展上来。

---

① 《习近平关于全面从严治党论述摘编》，中央文献出版社 2016 年版，第 33 页。

② 《习近平关于党风廉政建设和反腐败斗争论述摘编》，中央文献出版社、中国方正出版社 2015 年版，第 87 页。

③ 《习近平关于全面从严治党论述摘编》，中央文献出版社 2016 年版，第 42 页。

④ 包心鉴：《论优化党内政治生态》，《光明日报》2015 年 5 月 13 日。

⑤ 中共中央宣传部编：《习近平总书记系列重要讲话读本（2016 年版）》，学习出版社、人民出版社 2016 年版，第 122 页。

⑥ 人民日报社评论部编著：《“四个全面”学习读本》，人民出版社 2015 年版，第 273 页。

二、新时代党内政治生态建设的战略价值

（一）推进党的建设伟大工程的必然要求

全面净化党内政治生态，是我们党立足于新时代历史方位加强党的自身建设、深化自我革命的内在要求，是我们党在新时代强化管党治党的重要任务。作为党的政治建设的重要内容，党内政治生态不仅具有根本政治属性和鲜明价值导向，同时涉及党的思想理论、组织作风、制度规矩、文化氛围等方方面面的基础内容。这都深刻地影响着党的建设的总体质量，关乎党的先进纯洁，关乎党的“四个自我”能力的塑造优化，关乎党在新时代条件下初心使命的践行成效。党的十八大以来，以习近平同志为核心的党中央着力推进以中央八项规定整饬党风、巡视监督保持高压反腐态势、专题教育强化党性锻炼、建章立制规范权力运行为重要节点的全面从严管党治党、净化党内生态的实践思路，体现了我们党对自身建设所作出的顶层设计和战略安排。当前，我们党要积极应对各种急难险重的考验，解决好发展过程中出现的各种矛盾问题，就必须始终保持党的肌体健康纯洁，把党内政治生态作为党的建设伟大工程中一项基础性的工作抓常、抓细、抓实。

（二）深化对中国共产党建设规律认识的客观需要

党内政治生态建设，是中国共产党自身建设水平的内在体现。从我们党所处的政治生态环境出发加强党的建设，是我们党对自身建设规律认识不断深化的客观需要，体现了中国共产党党内治理不断实现思想自觉和理论创新。中国共产党作为善于学习和创新的大党，其党内政治生态建设从生态学的角度开展自身建设，为科学认识党的建设规律开拓了新的研究视野，也为进一步加深对党建规律的认识提供了深厚的理论积累。从某种意义上来说，我们党在百年发展历程中积累了许多关于党内政治生态建设的实践经验及思想资源，不断构建党内风清气正的政治环境，促进政治生态的良好发展。深化对党内政治生态建设研究，坚持以马克思主义政党建设理论为指导，将积累起来的成就经验加以系统总结，基于党的建设的现实诉求和发展需要从而抽象提炼出较为科学的思想理论，最终汇聚形成重要党建理论成果，正是我们党对自身建设规律的认识提升到新高度的生动诠

释，也是党的建设发展更加成熟的重要标志。

（三）实现民族复兴伟大梦想的坚强保障

新时代党内政治生态建设，既是我们党强化自身建设的必然要求，同时也是全党带领人民奋力实现民族复兴伟大梦想的重要保障。党的十八大以来，以习近平同志为核心的党中央站在党和国家前途命运的战略高度审视当前所处的世情、国情、党情，以“我将无我，不负人民”的高度自觉，清醒地认识到我们党要团结带领全国各族人民实现民族伟大复兴，最重要的是坚持和加强党的领导，不断加强党的自身建设。在“不忘初心、牢记使命”主题教育总结大会上，习近平总书记强调，党的初心使命集中体现着党的性质宗旨、奋斗目标和行动导向，他同时指出，“我们党近百年来所付出的一切努力、进行的一切斗争、作出的一切牺牲，都是为了人民幸福和民族复兴”。[①] 党的二十大报告更站在关键在党、关键在人的高度，对深入推进新时代党的建设新的伟大工程作出了全面部署，提出“三个务必”，深刻揭示了我们党在新时代不断加强自身建设的根本目的就是为了人民幸福、为了民族复兴。因此，实现政治生态的风清气正，有利于形成凝心聚力、团结一致、朝气蓬勃、奋发有为的整体局面，从而更好地与社会政治环境相适应，推动社会发展进步，为推进民族复兴伟大梦想提供有力保障。

三、新阶段政治生态建设的现实挑战

（一）部分党员干部理想信念不够坚定

中国共产党带领人民取得革命胜利、建立新中国并成为执政党的重要原因就是始终坚定对社会主义的信仰。理想信念是一种信仰也是一种追求，是共产党人精神上的‘钙’，共产党人需要常补“钙”，补足“钙”。理想信念的滑坡会淡化党的宗旨意识，影响党员的先进性和积极性，甚至削弱执政党的执政理念。理想信念的缺失，说明一些党员干部缺少马克思主义理论的教育，对党的知识了解薄弱，致使其党性修养不足，弱化了为人民服务的

① 习近平：《在“不忘初心、牢记使命”主题教育总结大会上的讲话》，《人民日报》2020 年 1 月 9 日。

意识；一些干部政治立场不坚定，缺少对大是大非的辨别能力和洞察力，不关注国家大事；一些干部封建迷信色彩严重，喜欢信鬼神问风水，缺少与民沟通的能力；一些干部革命意志蜕化，经不起美色和金钱的考验，有权任性，出现贪污腐化的行为。这些党员干部的不良行为对社会造成了极其恶劣的影响，严重地破坏了党的执政形象，削弱了政府的公信力。党的十八大以来，管党治党的措施不断推进，反腐败已经初见成效，但政治生态的净化机制还未完善，腐败的问题依然存在，构建廉洁政治的目标任重道远。

（二）少数地方和部门选人用人存在不正之风

选人用人是政治生态的风向标。习近平总书记在 2017 年两会期间曾强调："要严肃党内政治生活，深入整治选人用人不正之风"。[①] 少数地方和部门通过人情关系来选拔人才，致使业务突出、工作能力强、有群众基础的干部不能被重用。选人用人的执行机制不正确，德才不彰的人平步青云，必然会影响到干部的政治信仰和价值追求。

一方面，个别干部存在能力不足、素质不高的现象。一些领导干部通过非正常途径被选上，没有经过严格的选拔任用程序；一些领导干部在被组织选用后，不思进取，不注重理论和业务学习；一些领导干部面对新环境束手无策，思想守旧不善于创新，似乎产生了脱离时代的节奏。领导干部的个人行为会直接导致其负责工作的成败，错误的理念和工作方法将产生严重的后果。

另一方面，政治生态的"关键少数"缺少责任落实。个别党员干部没有牢固树立"党建就是最大政绩"的理念，缺少对党的建设的重要性认识。同时存在对党风廉政建设、党员干部廉政状况、集中出现的问题不了解、不治理的现象。个别地方管党治党责任机制考评科学性不高，评价的指标主要以业务政绩为主，缺少建党政绩的考核，使管党治党的责任大大降低。

（三）制度执行乏力

制定制度目的就在于执行制度，再完善的制度如果没有坚决的执行力，

---

① 《习近平李克强俞正声刘云山王岐山分别参加全国人大会议一些代表团审议》，《人民日报》2017 年 3 月 8 日。

都毫无意义。在大力推进制度反腐的环境下，一些地方和部门的干部视制度于不顾，或者在执行过程中疲软拖沓，敷衍了事；一些地方干部认为反对腐败会妨碍到当地经济的发展，影响到自己的政绩，因而制定的反腐制度的出发点并不是有效防治腐败，而是为了完成上级安排的任务，不结合当地的真实情况，弄虚作假，在制度的执行上奉行地方主义，对腐败问题睁一只眼、闭一只眼，导致许多反腐败制度成为装点门面的摆设；一些地方干部极度缺乏制度意识，仍然存在领导至上的观念，对一些违纪违法行为的处理也主要以领导的个人意识为准则，政策、制度在执行中主要体现了个人主观性、专断性，个人情感影响了制度的执行，造成选择性地进行反腐、制度执行不力的后果；有些部门和地方对待不认真执行制度的行为惩处不力，对待腐败分子打击不力，认为人情大于公理，致使一些人认为自己享有“特权”，对制度熟视无睹。

（四）反腐斗争形势依然严峻

重点领域腐败案件屡禁不止。在权力缺乏有效制约和监督的岗位和部门，腐败现象仍然比较严重。例如，金融领域违规发放和核销贷款，工程建设领域规避招标、虚假招标，土地领域违规占地、擅自变更规划、国有土地使用权出让收益流失等问题仍然存在，矿产资源开发领域在勘探、开采、证照审批、安全生产、经营管理等环节还存在一些制度漏洞，特别是一些基层党员干部违纪违法问题难以治理，直接损害了党和政府的形象，降低了党和政府的公信力。

同时，随着腐败现象涉及的领域越来越广，办案人员查办案件也面临着越来越多的“瓶颈性”问题：一是办案专业化人才不多，能攻坚克难的主谈突破高手少，精通审计查账的能人少，善于分析、能写材料的秀才少，指挥水平高超、善于协调关系的带头人更少；二是办案手段办法不新，在纪检监察机关办案能力逐步提高的同时，腐败分子对抗调查、逃避惩治的手段也在不断更新；三是办案协调体制不畅，在与党委组织部门、司法机关及金融等部门的协作配合中，由于没有明确具体的细则规定，各自的组织结构、职责、权限的不同，所遵循和依照的法律规范也不同，容易造成配合不默契、联动不充分、发挥不了整体合力的情形。

四、全面从严治党视域下营造风清气正的政治生态的路径构建

（一）加强理想信念建设

理想信念是我们共产党人精神上的“钙”，没有理想信念或者理想信念不坚定，精神上就会“缺钙”，就会丧失工作热情、降低革命斗志，甚至走上歪路、邪路。习近平总书记指出：“有了坚定的理想信念，就能坚持正确政治方向，经受住各种风险和困难考验，自觉抵御各种腐朽思想的侵蚀，永葆共产党人政治本色。”① 党的十八大以来，从党的群众路线教育实践活动到“三严三实”专题教育，再到全面开展的“两学一做”学习教育……一次次理想信念的集中“补钙”，为的就是扶正祛邪、强筋壮骨，确保党的肌体健康、生机勃勃。对于党员领导干部来说，要坚定理想信念、补足精神之“钙”、理论武装头脑，增强党性修养，坚守真理、坚守正道、坚守原则、坚守规矩②；要学习贯彻党的二十大精神，以全面从严治党与党的自我革命永远在路上的韧劲与执着，把理想信念与本职工作结合起来，把信念转化为动力，让动力催生热情，处处起到先锋模范作用，为推进中华民族伟大复兴而团结奋斗。

（二）立足“全面”着重“从严”，开创政治生态新局面

习近平总书记明确提出，“党要管党，首先是管好干部；从严治党，关键是从严治吏。”③ 要严格教育干部、严格管理干部、严格监督干部，把严格治吏方针贯彻落实到干部队伍建设的全过程，造就一批又一批高素质的骨干队伍。要坚持德才兼备的用人标准，完善干部选拔任用机制，不断完善竞争性选拔干部方式，科学设置考核条件和考核方法。要加强对“一把手”权力的监督和制约，除了要认真落实党内的监督条例外，还要严格执行政治责任制度，按照“谁主管、谁监督、谁负责”的总要求落实“一把

① 《习近平关于党的群众路线教育实践活动论述摘编》，党建读物出版社、中央文献出版社2014年版，第33页。

② 《政法领导干部要做学习贯彻六中全会精神的表率》，《人民法院报》2016年11月2日。

③ 《习近平关于严明党的纪律和规矩论述摘编》，中央文献出版社、中国方正出版社2016年版，第110页。

手”的监督责任制。要不断扩大党组织和党的工作在全社会的覆盖，将党的组织覆盖到社会的各个角落，将党的工作涉及社会的方方面面，使党充分发挥建设社会主义的领导作用，营造全社会风清气正的新风尚。

（三）重视制度治党，扎紧制度之“笼”

提高反腐倡廉工作，还要构建科学的惩治和预防腐败的制度体系。第一，制度在设计的过程中要坚决依照法律的规定科学、规范、客观地进行；制度的内容要具有客观性，修改不合时宜的制度，保证制度符合我国具体国情、我党具体党情，各项工作有章可循、有规可依；要与国家的法律制度有效衔接，不能以违反、破坏国家法律为代价，形成国家制度与党内制度的科学配套体系；制度所针对的对象、适用的范围和条件等以及制度执行时的程序、方式等都要更加具体明确；制度与制度之间要协调、统一，避免制度失灵、制度上存在空白和制度之间存在矛盾等问题发生，保证制度的协调性、系统性和科学性。第二，各项制度的制定必须以严格遵守党章、维护党章为前提，党章是党的总章程，是党内最具权威的党内法规，是党内其他规章制度的根本依据和准则，因此加强党的制度建设，增强反腐倡廉的制度保障，必须以严格遵守党章、维护党章为前提。第三，要进一步完善党内民主制度，积极完善党务公开制度，充分保障和落实党员的知情权、参与权、选举权和监督权；建立健全民主集中制的各项具体制度，如完善民主生活会制度、提高民主生活质量、健全党内议事和决策程序、进一步落实党员权利保障条例等；完善党内选举制度，规范选举程序，确保真正的民主推荐、民主测评；积极推进票决制改革，遏制选人用人不正之风，促进选拔任用干部工作水平的提高。第四，要建立健全党内惩处腐败的法规体系，完善中国共产党的纪律处分条例、信访举报制度和查办案件制度等，严肃查处党内出现的各种违纪违法行为，对违纪行为和处分作出明确的规定，并通过加大惩处的力度，震慑已经腐败和想要腐败的人。第五，要健全党风廉政责任制度，明确反腐倡廉的责任主体，明确领导班子及成员在反腐倡廉工作中应负的责任内容，严格责任追究，克服不敢查、不想查的困难，对任何公权私用的违纪违法行为和领导干部由于失责而在自己的责任范围内发生的违纪违法行为严厉追究处罚。第六，要完善党内的监督制度，建立健全领导干部收入申报、述职述廉和民主评议等制度，还要健全和完善巡视制度和纪律检查委员会的内部监督制度，进一步加大对领导班子及成员的廉政监督和权力监督力度。

（四）加强组织建设，夯实党建基础

习近平总书记指出："党内政治生活是党组织教育管理党员和党员进行党性锻炼的主要平台，从严治党必须从党内政治生活严起。"[①]党要不断提高组织生活的质量和实际效果，使党内的政治生活更加丰富多彩、更加吸引党员，重要的是必须实现党组织生活的制度化与规范化，使之能够长期、稳定、有效地进行。党组织必须完善对各种制度体系的建设，规划和落实完成各项规章制度。第一，党组织要充分利用民主集中制，各级党委、党员干部、广大基层党员等应自觉遵守和维护民主集中制的基本原则及其各项程序，既不能搞"一言堂"也不能"少数服从多数"，这就需要党不断完善党委议事规则和决策机制。第二，重视批评与自我批评，在经过了党的群众路线教育活动之后，越来越多的党组织学会使用批评与自我批评的"锐利武器"来严肃党内政治，不管是批评，还是自我批评，最重要的是真心真意的认识批评。第三，恪守清廉，建设廉洁型政党，政治生活腐化是腐败的重要体现，建设廉洁型执政党，必须保证各级领导干部在政治生活中勤政为民、廉洁律己、敬畏法纪、勤俭节约、艰苦朴素，从而实现廉洁从政。

（五）强化作风建设，保持党的生命力

培育党优良作风的土壤，一定是健康、洁净的党内政治生态，优良的党内作风是营造良好党内政治生态的关键。只有建成一道坚不可摧的防线和城墙，并且建立一种严厉的惩治方案，将一切腐败源头思想隔绝其外，才能构建清明的政治环境。因此必须有破釜沉舟的信念和果敢，长时间有毅力地进行党风廉政建设工作，决不放弃。而且，对于"四风"问题，一定要予以纠正，才能将政治生态改良的任务完成好。党的作风是党的形象，关系人心向背，关系党的生死存亡。狠抓作风建设、重塑党的形象，成为党的十八大以来以习近平同志为核心的党中央常抓不懈的重要工作。作风

① 习近平：《在党的群众路线教育实践活动总结大会上的讲话》，《人民日报》2014 年 10 月 9 日。

建设是一定要做好的，要把对政治生态不好的东西全部清除，这样才能树立在人民面前的公信力，这样才能杜绝不良作风。

（六）坚决打赢反腐败斗争攻坚战持久战

坚定不移地反对腐败离不开坚定不移地转变作风。针对当前存在的形式主义、官僚主义、享乐主义、奢靡之风问题，我们要坚持以踏实的状态、扎实的工作，投长远的眼光，作持续的斗争，严格落实党中央出台的八项规定，持续改进党的作风，打消部分党员所认为的抓作风是一阵风、一场运动的念头。要继续坚决反对特权思想，惩治特权现象，对待腐败现象零容忍，特权现象不仅严重扰乱了正常的政治生活秩序，更是损害了人民利益和社会公平，引起了人民群众的强烈不满，因此，全体党员同志要继续认真学习党章，坚决以党章规定为规范自身的标准，始终牢记全心全意为人民服务的根本宗旨，严格遵守党章规定，自觉遵守廉政准则，坚决反对特权思想和特权现象。要继续坚持反腐斗争无禁区，党的领导干部是党的路线方针政策的制定者，如果党的领导干部利用特权、贪污腐败，严重损害人民群众的利益，后果则是严重破坏党在人民群众中的形象，疏离党群关系、干群关系，最终危及党的执政地位，因此，我们党必须从全党入手，从中央到地方，从高官到基层，严肃惩处打击任何形式的腐败，做好“破”和“立”两篇文章，即做好反腐败和改革齐头并进，既要严肃打击各个层级、各种形式的贪污腐败行为，又要通过全面深化改革，合理分配公权，划清公权界线，减少公权的越位、错位，降低腐败的可能性，从而形成反腐合力，有效推进反腐倡廉工作进程。

新时代营造风清气正的政治生态的经验启示及路径探析

山东社会科学院　关　娜

习近平总书记高度重视营造良好的政治生态，他多次强调指出，无论是党的建设，还是经济社会发展，都需要有一个良好的政治生态环境。从某种意义上说，政治生态的优劣，不仅关乎党的建设，而且事关经济社会发展全局，决定并影响着一个地方的政治环境、经济发展、社会稳定。新时代切实营造风清气正的政治生态，全面把握政治生态建设的经验启示及实现路径，对于更好地推动党和人民事业发展、推进中国式现代化，具有十分重要的意义。

一、新时代政治生态建设的行动指南

2013 年 1 月，习近平总书记在十八届中央纪委二次全会上指出："改进工作作风，就是要净化政治生态，营造廉洁从政的良好环境"①。"政治生态"这一概念第一次出现在党政文件中。

① 《习近平关于全面从严治党论述摘编》，中央文献出版社 2013 年版，第 148 页。

（一）政治生态建设的主要内容

政治生态是政治主体之间相互依存、相互制约的一种生存发展状态，是党风、政风、社会风气在经济社会发展中的综合反映。良好的政治生态建设就是希望政治生态系统各要素能够良性互动、整体和谐，形成党风、政风、社会风气的系统合力，从而达到一种良性的生态平衡。

党风建设是政治生态建设的主要内容之一。习近平总书记指出，“政治生态是检验我们管党治党是否有力的重要标尺”[①]。政治生态建设是一项系统工程，“特别要有一个覆盖全面、功能健全的基层党组织体系，有一支素质较好、作用突出的党员、干部队伍，有一套便利管用、约束力强的制度机制，有一个正气弘扬、歪风邪气没有市场的政治生态”[②]。这为打造良好政治生态提供了重要保障。

政风建设是政治生态建设的主要内容之一。习近平总书记多次强调，要持之以恒地推进反腐败斗争，在论述政治生态时指出，严惩腐败分子是保持政治生态山清水秀的必然要求。同时要求必须树立正确的选人用人导向，防止和纠正选人用人方面的歪风邪气，“坚持德才兼备、以德为先，努力做到选贤任能、用当其时，知人善任、人尽其才，把好干部及时发现出来、合理使用起来”[③]。全心全意为人民服务、廉洁奉公、艰苦奋斗等优良政风为营造良好政治生态提供了重要导向。

培育积极向上的社会风气是政治生态建设的主要内容之一。社会风气通过百姓日常生活和社会文化，以渐进的、潜移默化的方式影响着政治生态的形成。我国几千年来风俗习惯所形成的社会风气中难免存在糟粕和消极部分，容易影响和腐蚀党员干部和公职人员，造成官场陋习。因此，习近平总书记强调，实现良好政治生态必须要加强党员干部的思想政治建设，要“教育引导广大党员、干部在思想上正本清源、固根守魂，始终保持共产党人政治本色。要重视基层风气问题，下大气力整治发生在老百姓身边的不良行为，对随意插手基层敏感事务、截留克扣基层物资经费、处事不

---

① 《全面加强党的领导和党的建设》，人民出版社、党建读物出版社 2019 年版，第 55 页。

② 《把革命老区发展时刻放在心上》，《人民日报》2015 年 2 月 17 日。

③ 《习近平谈治国理政》第 1 卷，外文出版社 2018 年版，第 418 页。

公、吃拿卡要、侵占群众利益等问题，必须严肃查处，绝不姑息”[①]。通过培育积极向上的社会风气，为净化政治生态营造良好的社会氛围。

（二）营造风清气正的政治生态的重要意义

营造风清气正的政治生态，是旗帜鲜明讲政治、坚决维护党中央权威和集中统一领导的政治要求。政治生态作为政治建设的重要组成部分，不仅关系到党和国家发展的质量与水平，更关系到中国特色社会主义各项事业能否顺利展开。“做好各方面工作，必须有一个良好政治生态。政治生态污浊，从政环境就恶劣；政治生态清明，从政环境就优良。”[②]当前，我国面临的国内外环境正在发生深刻变化，只有营造风清气正的政治生态，才能坚定正确的政治方向、坚持党中央权威和集中统一领导，才能抓住和用好战略机遇期、统筹国内国际两个大局，在实现中华民族伟大复兴中国梦的征程中不断取得新的胜利。

营造风清气正的政治生态，是持之以恒正风肃纪、推动全面从严治党向纵深发展的迫切需要。始终重视自身建设是中国共产党的优秀品质，也是更好地适应党情、国情新变化，抵抗新风险新挑战的必要措施。习近平总书记强调，“严肃党内政治生活、净化党内政治生态是我们党坚持党的性质和宗旨的重要法宝，是我们党实现自我净化、自我完善、自我革新、自我提高的重要途径。”[③]当前，我国处于新的历史发展方位，中国共产党将面临更重大的任务，迎接更大的挑战。只有实现健康洁净的党内政治生态，才能保持党的先进性纯洁性、提高党的创造力凝聚力战斗力，才能着力提高党的领导水平和执政水平，为党团结带领全国各族人民完成历史使命提供有力保障。

营造风清气正的政治生态，是锻造优良党风政风、确保改革发展目标顺利实现的重要保障。通过开展政治生态建设，营造风清气正的政治生态，推动有利于改革发展创新的制度、方法的落实，从而营造开放、和谐、稳

① 《习近平张德江俞正声王岐山分别参加全国两会一些团组审议讨论》，《人民日报》2015年3月7日。

② 《习近平关于全面从严治党论述摘编》，中央文献出版社2016年版，第33页。

③ 《严肃党内政治生活净化党内政治生态　为全面从严治党打下重要政治基础》，《人民日报》2016年6月30日。

定的发展环境。习近平总书记指出，要“努力营造积极向上、干事创业、风清气正的良好政治生态，激励领导干部积极应对和引领经济发展新常态，积极应对工作中存在的突出矛盾和问题，积极应对各种风险和隐患，扎扎实实把党和国家各项工作落到实处。”[①]当前，我国正面临经济社会转型的关键时期，只有形成一个政治清明、政府清廉以及干部清正的政治生态系统，才能锻造优良党风政风和积极向上的社会风气，才能确保中国特色社会主义各项事业的正确方向。

二、新时代政治生态建设的经验启示

党的十八大以来，以习近平同志为核心的党中央把政治生态建设摆在更加突出的位置来抓，党风政风为之一振，清风正气扑面而来，在实践过程中凝练形成的做法和经验为新时代继续推进政治生态建设提供了经验启示。

（一）坚持党的领导统领政治生态

中国共产党领导是中国特色社会主义最本质的特征。党的十八大以来，在推进政治生态建设的过程中，全国上下始终坚持党的领导，深入学习贯彻习近平新时代中国特色社会主义思想，牢固增强“四个意识”、坚定“四个自信”、做到“两个维护”，为营造风清气正的政治生态开辟了崭新局面。只有坚持将党的领导贯穿于、渗透于政治生态建设的全过程之中，使党的主张在政治生态建设中起主导作用，才能坚持正确的方向和立场，确保政治生态不变形、不走样；才能拿出刀刃向内的勇气、披荆斩棘的毅力，应对政治生态建设中可能出现的挑战与风险。在政治生态建设中毫不动摇坚持和加强党的全面领导，既刮骨疗毒又涵养新风，以党风带动政风、社会风气的转变，引领社会风气变革，能够使党员干部群众心齐气顺，工作积极性、主动性、创造性大大增强，政治生态氛围持续向好。事实证明，党是中国特色社会主义事业的坚强领导核心，党的领导是中国特色社会主义

① 《时时铭记事事坚持处处上心　以严和实的精神做好各项工作》，《人民日报》2015 年 9 月 13 日。

制度的最大优势，也是营造风清气正的政治生态的根本保证。

（二）坚持问题导向净化政治生态

人类认识世界、改造世界的过程，就是一个发现问题、解决问题的过程。坚持问题导向，是马克思主义认识论的基本要求，也是我们正确认识世界、改造世界的科学方法论。马克思提出："问题就是时代的口号，是它表现自己精神状态的最实际的呼声。"[①] 习近平总书记也反复强调，要坚持问题导向，把问题作为研究制定政策的起点，把政策建立在解决最突出的矛盾和问题、满足人民群众最迫切的愿望和要求之上。[②] 在实践过程中，针对部分地方政治生态不够健康的实际，要坚持问题导向，查找"污染源"、拿起"手术刀"，既注重结合实际、立行立改，更注重探究规律、综合施治，从源头上净化政治生态。例如，我们始终抓紧腐败这一政治生态最大的问题，在反腐败斗争压倒性态势已经形成的基础上，认清依然严峻复杂的反腐败斗争形势，保持力度、保持节奏，认真查摆存在的短板和不足、差距和弱项，做到对问题逐条梳理、精准定位、深挖根源，确保反腐败取得实效。发现问题并不可怕，关键是敢于直面问题、正确看待问题、实干实效地解决问题。

（三）坚持制度建设规范政治生态

政治生态建设是一项具有战略意义的长期性、艰巨性、基础性工程，覆盖党风、政风和社会风气的方方面面，需要健全的体制机制予以制度保障。习近平总书记强调，"要通过清晰的制度导向，把干部干事创业的手脚从形式主义、官僚主义的桎梏、'套路'中解脱出来，形成求真务实、清正廉洁的新风正气。"[③] 新时代，以习近平同志为核心的党中央从体制机制的建设与落实全面发力，努力夯实政治生态建设的制度基础，把制度优势转变为治理效能。要建立一套科学合理、持久有效的制度体系，来规范、约束、引导政治生态，形成常态化、长效性制度机制建设。制度建设以制

① 《马克思恩格斯全集》第 40 卷，人民出版社 1982 年版，第 289—290 页。

② 《面向新时代的政治宣言和行动纲领》，《人民日报》2017 年 10 月 28 日。

③ 《一以贯之全面从严治党强化对权力运行的制约和监督　为决胜全面建成小康社会决战脱贫攻坚提供坚强保障》，《人民日报》2020 年 1 月 14 日。

约公权为核心，实现治党和治政的制度全覆盖，无论是党委政府还是党内党外，都要做到有腐必反、有贪必肃，防止出现权力不受制约的“真空地带”。只有加快建立健全各项制度，清晰制度导向，为担当者担当，为负责者负责，完善干部能上能下机制，才能激励干部干事创业的热情，才能发挥干部在政治生态建设中的表率作用；只有注重发挥制度建设的作用，提升制度的执行力，系统修复权力运行中暴露出来的问题，使权力运行制度化、规范化、程序化，才能净化整个社会的政治生态环境。

（四）坚持实干氛围培育政治生态

党的十八大以来，以习近平同志为核心的党中央在反腐持续推进中完善选人用人制度，一批批实干的干部得到了重用，在有为、有位中浓厚了崇尚实干的氛围。全国上下打出全面从严治党组合拳，集中整顿党风、严厉惩治腐败、着力净化政治生态，取得显著成效，凝心聚力干事创业的氛围越来越浓。对于干事创业者来说，风清气正、干净干事、廉洁高效的政治生态是他们施展才干的基本保障。树立重担当、重实干、重实绩的用人导向，健全激励机制和容错纠错机制，给干事创业者提供机遇、搭建平台，使其敢于担当、愿意担当、善于担当。近年来查处的若干起系统性、塌方式腐败中所暴露出的吏治腐败和严重污染的政治生态，严重挫伤了干部群众干事创业的积极性，教训非常沉痛深刻。只有营造风清气正的政治生态，才能充分激发干部队伍活力，推动各项政策措施的落地。全国各地牢固树立实干担当的用人导向，抓好作风建设，一大批担当作为、实绩突出的好干部走上舞台，风清气正的政治生态激发了干部队伍更大的干事创业热情。

三、进一步营造风清气正的政治生态的现实路径

习近平总书记指出：“净化政治生态同修复自然生态一样，绝非一朝一夕之功，需要综合施策、协同推进。”[①] 因此，进一步营造风清气正的政治生态需要全党全社会的共同努力。新阶段新理念新格局要求我们必须把政

① 习近平：《在第十八届中央纪律检查委员会第六次全体会议上的讲话》，人民出版社 2016 年版，第 14 页。

治生态建设作为基础工程和长期任务，锲而不舍、久久为功，慎终如始、常抓不懈，综合施策、系统治理，以风清气正的政治生态凝聚推动党和人民事业发展的强大力量，为中国式现代化提供良好的政治生态保障。

（一）继续加强党的领导，确保正确的政治方向

加强党的全面领导是营造风清气正的政治生态的核心要义。毫不动摇地坚持党的领导，坚持“两个确立”、做到“两个维护”，始终在政治立场、政治方向、政治原则、政治道路上同党中央保持高度一致，把党的领导贯穿于重大行政决策全过程和各方面，把坚定正确政治方向作为营造风清气正政治生态的根本前提，以规范的政治生活引领政治生态建设不断向前。要继续加强党的政治领导，教育引导党员干部提高政治站位，强化政治担当，增强政治定力，严明政治纪律和政治规矩，坚持党的基本理论、基本路线、基本纲领，坚决同不讲政治、弱化政治等行为作斗争，自觉维护中央权威，严肃党内政治生活，坚决防止“七个有之”，坚决防止好人主义、圈子文化、码头文化等。要继续加强党的思想领导，坚持用马克思主义中国化最新理论成果武装全党、教育人民，夯实维护党中央权威、坚持集中统一领导的思想理论基础，将党性教育课教学与干部的多元化思维、个性化需求结合起来，着重解决党员干部的“现实困惑”与“本领恐慌”。要继续加强党的组织领导，充分发挥党组织的领导核心作用和战斗堡垒作用，充分发挥党员干部的先锋模范作用，强化党的各级组织建设，使各级党组织各正其位、各司其职、各负其责，上下贯通、左右联动，分工合作、步调一致，最大限度发挥好党的组织优势，不断提升基层党组织的凝聚力和战斗力。

（二）继续深化制度体系建设，提升制度执行力

营造风清气正的政治生态，深化制度体系建设尤为重要。继续深化政治生态制度体系建设，以改革创新的精神加快补齐制度短板，注重制度建设的系统性和可操作性，夯实政治生态建设的制度基础。通过完善党总揽全局、协调各方的体制机制，形成制度合力，确保党中央重大决策部署和习近平总书记重要指示批示精神贯彻落实到位。

完善选人用人制度机制。在选人用人上要严格掌握正确的政治方向、

政治立场、政治原则，强化干部专业能力的培训，运用科学的考评标准、严格的工作流程、阳光透明的公众评议、广泛的民主测评、集中优选的核实裁决，确保选拔工作科学公正、公开公平。强化干部培养锻炼，注重培养专业能力、专业精神，提升干部贯彻落实新发展理念的能力；加强干部实践锻炼，在重点项目、改革发展稳定一线砥砺品质、增长才干。着力解决选人用人上的不正之风，坚决整治跑官要官、裙带关系、干部日常监管不严不实等问题，坚决防止“带病提拔”“带病上岗”。真诚关心关爱干部，健全干部容错纠错机制，对基层一线的干部，在政策、待遇等方面给予倾斜。

构建防范遏制腐败的长效机制。切实加强对权力运行的监督制约，严肃查办各类违法违纪案件，扎笼子、堵漏洞、强监管，构建起防范遏制腐败的长效机制。应当客观评估、跟踪检查、科学预测，构建风险防范机制，继续深入开展反腐倡廉工作，保持高压态势，形成不敢腐、不能腐、不想腐的良好习惯。大力推动正风肃纪，在转变作风真抓实干上下功夫见实效，严格执行中央八项规定和实施细则精神，紧盯“四风”问题新动向，及时采取有效措施防治“四风”反弹回潮，持续改进学风会风文风，着力解决领导干部不担当、不作为等问题，抓好贯彻执行以求实效，不断推动党风廉政建设和反腐败工作取得新成效。

建立健全政治生态评估体制机制。科学量化的政治生态评价指标体系不仅是衡量政治生态建设的标准，也是营造风清气正的政治生态环境的指挥棒。从政治生活、党风廉政、党政领导、选人用人、监督执纪等方面设计科学的政治生态评价指标体系，以解决问题为导向，以推动落实为目的，使指标体系具有针对性和可操作性。同时，在评价过程中要遵循民主、科学与综合的基本原则，通过公开述职、民主测评、问卷调查、个别谈话等多种方式对政治生态建设进行全面、深入、细致、公平公正的考评。根据指标体系的考评结果形成政治生态评价报告、评价情况反馈表、预警通知书等材料，及时预警，反馈苗头性、倾向性问题，报相关领导，作为部署全面从严治党和党风廉政建设、组织专项巡察、评价使用干部等工作的参考。

（三）继续锻造良好政治文化，增强政治生态软实力

对于政治生态建设来讲，政治文化是更基本、更深沉、更持久的力量。[①] 政治文化“日用而不觉”，潜移默化地影响着政治生态的形成。涵养风清气正的政治生态，必须重视培厚积极健康的政治文化土壤。在坚持以马克思主义为指导的基础上，既要营造积极健康的政治文化，又要坚决破除政治文化中的庸俗腐朽因素，以正气充盈的政治文化涵养广大干部群众的思想和灵魂。

以中华优秀传统文化熏陶政治文化。中华优秀传统文化不仅是中华民族生生不息的精神命脉，也是涵养党风、政风、社会风气的重要源泉。要进一步增强对传统政治文化中立党为公、执政为民的执政理念，为政以德、修身齐家等政治思想，干净为官、抱诚守信等道德规范，“先天下之忧而忧，后天下之乐而乐”等人文精神的价值认同，筑牢政治生态建设的文化根基。要进一步重视发挥道德教化作用，把法律和道德的力量、法治与德治的功能紧密结合起来，把自律与他律紧密结合起来，树立良好道德风尚。要进一步适应“互联网 +”“文化 +”的发展趋势，深入挖掘优秀传统文化的内涵，创新性发展、创造性转化，让传统文化创新在本土与世界、传统与现代、历史与现实的交流碰撞中迸发活力。

以革命文化涵养政治文化。革命文化是在中国革命斗争实践中形成的一种重要的精神价值体系，是对革命精神、民族意志等的文化传承，是推动中国革命、建设取得胜利的宝贵精神财富。注重传承和弘扬革命精神中的红色基因，让红色基因在政治文化中不断发扬光大。强化教育引导党员干部从中国革命历史、优良传统和革命精神中汲取营养，不断提升思想境界，增强干事创业的斗志，强化听党指挥的坚定信念，激发战胜一切困难的强大战斗力。深入挖掘革命文化资源，充分利用、广泛宣传革命英雄事迹，推进教育基地、博物馆、纪念馆的网上数字化展示，鼓励社会公众利用短视频平台、网络直播、公众号等新媒体积极参与革命精神的宣传推介。

以社会主义先进文化引领政治文化。社会主义先进文化是政治文化中的关键部分，具有教化、引领、凝聚的作用。要高举马克思主义旗帜，用

---

① 陈朋：《政治生态建设的三大基础性工程》，《光明日报》2018 年 5 月 17 日。

马克思主义中国化最新理论成果武装全党、教育人民，坚持马克思主义的立场观点方法，不断推进马克思主义中国化时代化大众化，建设具有强大凝聚力和引领力的社会主义意识形态。积极培育和践行社会主义核心价值观，把社会主义核心价值观融入新时代经济社会发展的全过程，融入人民群众生产生活的全过程，鼓励各地自行设计具有地方特色的宣传内容和方式，用社会主义核心价值观引领社会思潮、凝聚社会共识。

坚决破除政治文化中的庸俗腐朽因素。营造风清气正的政治生态，必须面对多元价值和思想文化的交流、交融、交锋，既要积极弘扬优秀政治文化，也要着力破除政治文化中的负面因素，坚持立破并举、激浊扬清，锻造良好政治文化。彻底清除政治文化中的庸俗腐朽因素的影响，旗帜鲜明地反对形式主义、官僚主义、享乐主义和奢靡之风，旗帜鲜明地抵制和反对关系学、厚黑学、官场术、“潜规则”等庸俗腐朽的政治文化，旗帜鲜明地反对个人主义、宗派主义、山头主义、自由主义、好人主义、拜金主义等，坚决防止和反对任人唯亲、跑官要官、买官卖官、拉票贿选等行为，坚决抵制别有用心的外来政治文化和文化霸权主义的侵蚀，用先进政治文化战胜有害政治文化，实现政治文化的正气充盈，不断培厚风清气正的政治生态的文化土壤。

加强和完善党对民族工作的全面领导

内蒙古自治区社会科学院　阿如娜

党的十八大以来，习近平总书记始终把党的领导摆在民族工作最突出、最关键的位置上予以强调。无论是新中国成立 70 多年民族工作的成就和经验还是习近平总书记关于加强和改进民族工作的重要思想的主要内容，坚持党的领导始终是最根本的一条。在中央民族工作会议上，习近平总书记从构建党的民族工作新格局、加强民族地区干部队伍建设、基层政权建设等方面，对加强和完善党对民族工作的全面领导作了系统部署。内蒙古始终认真学习领会、坚决贯彻落实，把加强党对民族工作的全面领导作为最根本、最核心的任务，坚决贯彻到民族工作全过程各方面，确保民族工作始终沿着正确方向前进。

一、党对民族工作的领导全面加强

加强和完善党的全面领导，是做好新时代民族工作的根本政治保证，也是各民族大团结的根本保证。内蒙古深刻认识坚持和加强党的领导的重大意义和实践要求，始终旗帜鲜明、毫不动摇地加强党对民族工作的全面领导，推动民族团结进步事业持续健康发展。

（一）做到“两个维护”，把牢正确方向

维护习近平同志党中央的核心、全党的核心地位，维护党中央权威和集中统一领导，这是我们党的重大政治成果和宝贵经验，也是做好内蒙古民族工作的根本前提。长期以来，习近平总书记一直非常关心内蒙古的发展。党的十八大以来，他先后两次到内蒙古考察调研，连续五年参加全国人大内蒙古代表团审议，就内蒙古工作作出指示、提出要求。内蒙古牢记嘱托，坚决扛起做好新时代民族工作的重大政治责任，以高度的政治自觉深入学习贯彻习近平总书记关于加强和改进民族工作的重要思想及习近平总书记对内蒙古的重要讲话和重要指示批示精神，以扎实有效的举措全力推动各项重大任务落地落实。2021 年 11 月，自治区第十一次党代会报告强调，必须坚定践行“两个维护”，切实增强忠诚核心、拥护核心、看齐核心、捍卫核心的政治自觉、思想自觉、行动自觉。“两个屏障”“两个基地”“一个桥头堡”是习近平总书记和党中央交给内蒙古的战略任务。内蒙古始终把完成“五大任务”作为头等大事来抓，并将其作为全面建设现代化内蒙古的统领性抓手、管总性要求，分别制定出台五个实施方案，明确目标任务，确保中央决策部署在内蒙古落地见效，切实把“两个维护”体现到坚决贯彻党中央决策部署的行动上。2022 年 11 月，自治区党委十一届四次全会审议通过的《内蒙古自治区党委关于认真学习宣传贯彻党的二十大精神的决定》，鲜明提出全方位建设“模范自治区”的目标任务，强调既要坚定不移感党恩、听党话、跟党走，更要积极主动为全国发展大局作贡献，既要在保障国家建设发展中扛重责、担重任，又要在精神风貌上展现新气象新风采，旨在推动全区上下把模范体现到各个领域、各个方面，以实实在在的行动践行“两个维护”。

（二）精心谋划部署，推动贯彻落实

2021 年 8 月，中央民族工作会议召开之后，内蒙古把深入学习贯彻习近平总书记关于加强和改进民族工作的重要思想及中央民族工作会议精神作为重大政治责任，第一时间组织传达学习，精心谋划部署，狠抓贯彻落实。2021 年 8 月，自治区党委常委会召开扩大会议，传达学习中央民族工作会议精神，安排部署贯彻落实工作。2021 年 9 月，自治区党委召开民族

工作会议，紧扣中央民族工作会议提出的新任务和新要求，系统谋划、全面部署全区民族工作，确保习近平总书记重要讲话精神和党中央关于民族工作决策部署在内蒙古落地生根、发挥效力。全区 12 个盟市相继召开党委民族工作会议，结合地区实际，制定贯彻落实中央和自治区党委民族工作会议精神实施方案，研究部署新形势下民族工作，形成一级抓一级、层层抓落实的局面。内蒙古自治区党委、自治区人民政府印发《关于以铸牢中华民族共同体意识为主线推进新时代党的民族工作高质量发展的实施意见》（下称《实施意见》），各盟市相继出台实施方案，逐条逐项分解落实《实施意见》确定的任务部署。2021 年 11 月，自治区第十一次党代会将“铸牢中华民族共同体意识”写入大会主题和奋斗目标，并单列专章系统阐述了未来五年坚持以铸牢中华民族共同体意识为主线、推进新时代党的民族工作高质量发展的战略目标、重点任务及政策举措。为了提升做好民族工作的能力和水平，自治区组织召开了铸牢中华民族共同体意识工作现场交流会、民族团结进步创建工作经验交流现场会、民族团结进步表彰大会等一系列重要会议，及时总结交流、推广全区民族工作的先进经验，积极探索加强和改进民族工作的有效途径和办法。

（三）强化理论武装，凝聚思想共识

习近平新时代中国特色社会主义思想是我们党的思想旗帜，是全国各族人民奋力实现中华民族伟大复兴的行动指南，也必然是加强党对民族工作全面领导的灵魂。习近平总书记关于加强和改进民族工作的重要思想作为习近平新时代中国特色社会主义思想的重要组成部分，是对党的民族工作实践的最新总结，是马克思主义民族理论中国化时代化的最新成果，是做好新时代党的民族工作的根本遵循，必须完整、准确、全面把握和贯彻。党的十八大以来，内蒙古始终坚持马克思主义在意识形态领域的指导地位，不断强化思想引领、加强理论宣传教育工作，持续推动全区广大干部群众把深入学习贯彻习近平新时代中国特色社会主义思想、习近平总书记关于加强和改进民族工作的重要思想与学习贯彻习近平总书记对内蒙古重要讲话和重要指示批示精神融会贯通起来，一体学习领会、整体贯彻落实，切实用以统一思想、指导实践。积极引导干部群众深刻认识党的创新理论的精神实质与实践要求，准确把握“十个明确”、“十四个坚持”、“十三个方

面成就”及民族工作“一个主线”、“两个结合”、“十二个必须”、“四对关系”、“五项任务”，切实把思想和行动高度统一到党中央决策部署上来，切实增强运用党的创新理论分析解决民族问题的能力，指导民族工作实践的自觉性、主动性、坚定性。完善铸牢中华民族共同体意识宣传教育体系，健全宣传教育机制，将铸牢中华民族共同体意识纳入党员教育、干部教育，纳入国民教育体系和社会教育，全员化常态化开展铸牢中华民族共同体宣传教育，为建设现代化内蒙古汇聚强大合力。

二、新时代党的民族工作格局基本形成

习近平总书记指出，“形成党委统一领导、政府依法管理、统战部门牵头协调、民族工作部门履职尽责、各部门通力合作、全社会共同参与的新时代党的民族工作格局。”[①]这是着眼党的民族工作的长远发展、基于对民族工作特点和规律的深刻把握所作出的重要部署，是加强和完善党对民族工作全面领导的必然要求。内蒙古认真贯彻落实习近平总书记关于构建新时代党的民族工作格局的要求，健全体制机制，充分发挥党总揽全局、协调各方的领导核心作用，形成了齐抓共管的民族工作格局。

（一）完善党委统一领导的机制

内蒙古各级党委始终高度重视民族工作，切实担起主体责任，提高在民族工作中把方向、谋大局、定政策、促改革的能力和定力，从自治区到盟市、旗县级每五年召开一次民族工作会议，研究民族工作领域重大事项，制定政策措施，作出工作部署。各级党委常委会每年召开会议专题研究民族工作重大问题，部署安排重要工作，推动党中央关于民族工作各项决策部署落地落实。党委主要负责同志认真履行第一责任人责任，带头学习党的民族工作方针政策、民族工作领域重大创新理论成果，带头参加民族工作重要活动，切实做到重要工作亲自部署、重大问题亲自过问、重点环节亲自协调、重大事项亲自督办，党委常委会其他成员切实履行职责抓好分

① 《以铸牢中华民族共同体意识为主线　推动新时代党的民族工作高质量发展》，《人民日报》2021 年 8 月 29 日。

管领域民族工作，示范带动各级党组织特别是主要领导干部履职尽责、担当作为，党在团结各民族、凝聚各民族、繁荣各民族中的“主心骨”地位更加凸显。

（二）完善统战部门牵头协调的机制

2015 年 7 月中央统一战线工作领导小组成立后，自治区党委于 2016 年 5 月召开全区统战工作会议，成立自治区党委统一战线工作领导小组，将民族工作作为统一战线五项重点工作之一纳入盟市党政领导班子年度考核和党委书记述职内容，按月督查汇总各地各单位贯彻落实情况，为开展民族工作提供了有力保证。2018 年 10 月，按照党中央、自治区党委统一部署，完成自治区统战系统机构改革，明确自治区党委统战部统一领导自治区民族事务委员会，进一步加强了党对民族工作的领导。自治区党委统一战线工作领导小组自成立以来，切实履行牵头协调职责，加强政策研究、综合协调和监督检查，修订自治区党委统一战线工作领导小组工作规则，制发领导小组成员考核办法和办公室工作细则，完善工作规则及运行机制以强化成员单位职能职责，积极推动盟市、旗县（市、区）委统战部部长专任，12 个盟市、103 个旗县（市、区）委统战部部长均由党委常委担任，1045 个苏木乡镇（街道）全部配备了专兼职统战委员，形成上下联动、左右协同的工作格局，对民族工作贯彻落实中央重大决策部署、推动重大问题的研究解决发挥了重要作用。

（三）完善民族工作部门履职尽责的机制

民族工作部门切实提高政治站位，强化履职尽责自觉，主动担当作为，在全区民委系统深入开展“能力素质提升年”行动，常态化开展“大走访、大调研，送政策、送温暖，促团结、促发展”行动，持续深化“转职能、转方式、转作风”，推进民族工作部门聚焦主责主业，担当作为、履职尽责，当好党委政府抓民族工作的参谋助手。健全民委委员工作机制，修订《内蒙古自治区民委委员制工作规则》，充实完善工作制度，进一步明确了委员单位主要职责任务及兼职委员职责，指导自治区民委 32 个委员单位更好地履职尽责。完善例会制度，明确民委委员全体会议每年至少召开一次，并根据需要可随时召开。加强议事协调，要求民族工作领域重大事项要广泛征求相关委员单位意见建议，集体研究审议，合力出谋划策，充分发挥委员制优势和作用。与此同时，健全党的民族工作考核评价机制、民族法规政策贯彻执行情况监督检查机制、民族团结进步创建评估认定机制，确保民族工作高效推进。

（四）夯实基层民族工作基础

基层政权建设是党执政大厦的地基。内蒙古扎实推动抓基层打基础工作，坚持“五化协同、大抓基层”，认真贯彻落实中央关于推进整合基层审批服务执法力量的改革精神，印发《关于深化苏木乡镇和街道改革推进基层整合审批服务执法力量的实施意见》，统筹优化和综合设置了苏木乡镇和街道的党政机构与事业单位，单独设置基层党的建设办公室，明确承担统一战线、民族宗教等工作职责。在党政机构改革中，按照《内蒙古自治区关于盟市、旗县（市、区）机构改革的总体意见》有关要求，全区 103 个旗县（市、区）均设置了民族事务委员会，归口同级党委统战部领导。在事业单位改革试点中，指导各旗县（市、区）加强涉及民族宗教等政治属性的事业单位，各地普遍设置了民族事务服务中心、民族事务委员会综合保障中心等机构，确保党的民族理论和民族政策到基层有人懂、民族工作在基层有人抓。

三、民族地区干部队伍建设取得新进展

党的全面领导在民族地区的贯彻落实，需要忠实执行这些政策的民族地区干部。他们能不能积极作为、担当有为直接关系到党的路线方针政策的贯彻执行。党的十八大以来，习近平总书记围绕打造忠诚干净担当的民族地区干部作出一系列重要论述。中央民族工作会议上，习近平总书记指出，“要坚持新时代好干部标准，努力建设一支维护党的集中统一领导态度特别坚决、明辨大是大非立场特别清醒、铸牢中华民族共同体意识行动特别坚定、热爱各族群众感情特别真挚的民族地区干部队伍，确保各级领导权掌握在忠诚干净担当的干部手中。”[①] 内蒙古全面贯彻落实习近平总书记

---

① 《以铸牢中华民族共同体意识为主线　推动新时代党的民族工作高质量发展》，《人民日报》2021 年 8 月 29 日。

关于民族地区干部工作的重要论述，提高干部政治素养，提升干部能力素质，激励干部担当作为，统筹做好少数民族干部工作，多措并举打造了一支政治过硬、能够担当内蒙古改革发展稳定重任、经得起各种风浪考验、深受各族群众拥护的高素质民族地区干部队伍，为推动自治区经济社会高质量发展提供了坚强的组织保证。

（一）提高民族地区干部政治素养

旗帜鲜明讲政治是我们党的优良传统，也是党的干部队伍建设的首要任务。加强思想政治教育，教育引导党员干部解决好世界观、人生观、价值观这个“总开关”问题，深刻领悟“两个确立”的决定性意义，切实增强“四个意识”、坚定“四个自信”、树牢“五个认同”、做到“两个维护”。加强党的宗旨教育，引导民族地区干部恪守宗旨使命，站稳人民立场，始终把各族人民放在心中最高位置，把各族人民对美好生活的向往作为奋斗目标，聚焦各族人民所需所想所盼所急，扎实办好各项民生实事，厚植爱民为民之心，做到心中有民，始终保持党同人民群众的血肉联系。加强政治能力提升，推动民族地区干部不断强化政治历练，锤炼对党绝对忠诚的政治品格，提升保持政治定力、辨别政治是非、驾驭复杂政治局面和防范政治风险的能力，引导他们在任何时候、任何情况下，能够做到是非界限分明、政治立场不动摇、政治方向不偏移。

（二）提升民族地区干部能力素质

好干部的成长既需要自身具备良好的素质，做出艰苦的努力，也需要组织上有针对性地加强培养锻炼。一是加强教育培训，坚持把习近平新时代中国特色社会主义思想、铸牢中华民族共同体意识理论及习近平总书记对内蒙古的重要讲话重要指示作为干部教育培训的中心内容，作为党委（党组）理论学习中心组学习的主要内容，作为各级党校（行政学院）、干部学院、社会主义学院的主课，不断加强理论武装，切实提高民族地区干部运用党的创新理论指导实践的能力。二是实施干部专业化能力提升计划，广泛收集不同行业干部培训需求，按照缺什么补什么的原则，有针对性地加强专业性培训，完善民族地区干部履职尽责必备的专业化知识体系，强化专业素养。三是加强实践锻炼，通过采取挂职锻炼、交流轮岗、上下互派、基层任职等方式，加强民族地区干部的实践锻炼力度，突出关键岗位历练，突出基层导向，对经过长期考验、政治素质好、实绩突出、各方面比较成熟的优秀干部，大胆放到关键岗位上使用，让他们当主官、挑大梁。

（三）激励民族地区干部担当作为

为积极引导广大干部勇于担当作为，大力营造担当实干的良好氛围，自治区党委出台《关于激励干部担当作为的十二条措施》，激励干部担当作为。一是树立鲜明的选人用人导向激励担当作为，突出政治过硬，把政治素质考察摆在首位，着重考察干部的政治忠诚、政治定力、政治担当、政治能力情况，让更多对党忠诚、能力过硬、堪当重任的干部脱颖而出；坚持事业为上、以事择人，突出实践实干实效，切实让勇于攻坚克难、担当作为、实绩突出的干部更有舞台；注重在乡村振兴、疫情防控、安全生产等重大斗争一线、重大专项工作中考察识别干部，对表现突出的干部及时嘉奖并重用，自治区及各盟市每年开展“担当作为好干部”评选活动，形成常态化奖励机制。二是健全干部待遇激励保障制度体系，严格落实干部年休假、津补贴和探亲等制度，充分发挥干部职务与职级并行制度，进一步增强民族地区干部荣誉感、归属感、使命感；制定《自治区党委管理的易地交流任职领导干部往返交通保障办法》《自治区厅级干部周转住房管理办法》等制度，从工作、生活等各个方面创造良好条件，让交流干部放手工作、安心工作；健全容错机制，出台《关于进一步推进容错纠错工作的意见》，细化容错情形，规定不予容错情形、容错纠错的程序步骤及相关职能部门职责等，既严格规范了民族地区干部的行为，也给有能力干事创业的人撑腰兜底，激励广大干部干事创业、担当作为。

（四）统筹做好少数民族干部工作

少数民族干部，是党联系少数民族群众的重要桥梁和纽带，是做好民族工作的重要力量。

一是坚持党的全面领导是根本保证。坚持把党的全面领导作为首要原则，贯穿于少数民族干部工作全过程各方面，一切工作都朝着这个方向去推进，无论是制定方针政策，还是推荐使用少数民族干部，无论是健全机制，还是做好少数民族干部的管理工作，都毫不动摇地坚持党的领导，凸显少数民族干部队伍建设工作肩负的重要使命和历史责任，更好地为党聚才育才用才提供坚强的保障。

二是突出政治过硬是核心与灵魂。少数民族干部作为维护国家统一和民族团结的中坚力量，首先是要解决好政治坚强的问题。始终把政治标准放在少数民族干部队伍建设的首位，按照民族地区干部“四个特别”新标准，紧扣铸牢中华民族共同体意识主线，加强思想政治引领，积极引导少数民族干部牢固树立正确的中华民族历史观，树牢“四个与共”“五个认同”，始终做到在信念上不动摇，在方向上不迷失，在大是大非面前立场坚定、旗帜鲜明、行动坚决。

三是坚持机制创新是重要保障。将少数民族干部队伍建设工作纳入全区经济社会发展总体规划、少数民族事业发展规划、人才队伍建设规划和干部队伍建设规划，树牢“一盘棋”思想协同各项工作，与经济社会发展同规划、同安排，使少数民族干部选拔培养任用工作有计划、有安排、有部署。

四是搭建成长发展平台是关键。近年来，内蒙古结合民族地区实际，以高层次少数民族干部人才培养为突破口，启动实施“内蒙古少数民族地区专业技术人才特培计划”“优秀民族文化人才培养计划”等一系列少数民族人才培养计划，为少数民族干部的成长发展搭建了平台。与此同时，通过“草原英才”工程、十大“百人计划”、“干部素质提升工程”等重大人才工程，一批优秀的少数民族干部走上了各级领导岗位，活跃在自治区经济社会发展的各重点领域，起到了有效的引领和示范作用。

四、进一步加强和完善党的全面领导的思考

党的十八大以来，党对内蒙古民族工作的领导不断加强，尤其体现在内蒙古各级党委领导核心作用的有效发挥，铸牢中华民族共同体意识主线地位更加凸显，领导班子和干部队伍建设不断加强，各族群众“四个意识”“五个认同”更加牢固，民族工作持续稳定向好发展等方面。与此同时，加强党对民族工作的全面领导在思想认识、体制机制、本领担当等方面，还有很多地方需要努力。

（一）提高政治站位，牢记“国之大者”

党的十八大以来，习近平总书记多次提及“国之大者”。在中央民族工作会议上他强调，要增强“四个意识”、坚定“四个自信”、做到“两个维护”，不断提高政治判断力、政治领悟力、政治执行力，牢记“国之大者”。[①] 内蒙古自治区是在党的领导下建立的第一个省级少数民族自治区，是边疆民族地区，在促进民族团结、维护边疆稳固上肩负着重大责任和特殊使命，内蒙古民族工作在党和国家工作全局中具有特殊重要的战略地位。对内蒙古而言，做好民族工作是首要政治任务，是全区各族群众必须铭记于心、践之于行的“国之大者”。当前，内蒙古正在举全区之力推动习近平总书记交给内蒙古的“五大任务”、全方位建设“模范自治区”两件大事，这些都需要在党的领导下，团结带领全区各族群众不断攻坚克难、开拓前进，需要凝聚 2400 多万各族群众团结奋斗的正能量。内蒙古各级党委要对做好民族工作这一“国之大者”了然于胸，要牢牢把握党中央赋予内蒙古的战略定位和使命任务，始终立足党和国家大局、立足中华民族整体利益谋划、部署和推动民族工作，自觉向党中央看齐、向党的理论和路线方针政策看齐、向党中央决策部署看齐，做到党中央提倡的坚决响应、党中央决定的坚决执行、党中央禁止的坚决不做，把“两个确立”“两个维护”体现在贯彻落实党中央决策部署的行动上、体现在履职尽责的实效中，确保党中央民族工作大政方针和战略部署在内蒙古不折不扣落到实处。

（二）完善党领导民族工作的体制机制

加强党对民族工作的全面领导，必须坚持以制度建设和机制创新为支撑保障。要扣紧“六个维度”，完善党委统一领导、政府依法管理、统战部门牵头协调、民族工作部门履职尽责、各部门通力合作、全社会共同参与的新时代民族工作格局。各级党委要认真履行领导责任，准确把握民族工作的战略定位、形势任务和主攻方向，抓好民族工作重大政策落实、重要工作推进、重大项目实施，把好民族工作“方向盘”，充分发挥党总揽全

① 《以铸牢中华民族共同体意识为主线　推动新时代党的民族工作高质量发展》，《人民日报》2021 年 8 月 29 日。

局、协调各方的领导核心作用。各级政府要认真履行管理责任，依法对民族事务进行行政管理，规范涉民族领域行政检查、行政处罚、行政确认、行政奖励等事项。各级统战部门要认真履行牵头协调职责，充分发挥大统战格局优势，不断创新工作方法，加强民族工作协调和衔接。民族工作部门要提高政治站位，强化履职尽责自觉，当好党和政府的参谋助手，加强对相关部门履行民族工作职责的综合协调、组织推动和督促指导，推动民族工作政策措施落细落实。发挥好民委委员制度的作用，各成员单位要在自治区党委领导下，不断完善本单位民族工作措施，完善运行机制，牢固树立全区“一盘棋”思想，各负其责、各司其职，通力协作、密切配合，形成做好民族工作的“聚合力”。要广泛动员，把全社会各方面的力量汇聚到参与铸牢中华民族共同体意识、推进中华民族共同体建设中来，形成浓厚的社会氛围。

（三）提升党领导民族工作的能力和水平

加强党对民族工作的全面领导，既要做到政治过硬，也要做到本领高强。要切实践行新时代好干部标准，严把民族地区干部质量关，始终把政治标准放在首位，突出政治过硬这个根本，引导干部锤炼绝对忠诚的政治品格，练就坚如磐石的政治定力，锻造担当尽责的过硬本领，厚植爱民为民的初心情怀。让民族地区干部牢记肩负的政治责任，坚决做到维护党的集中统一领导态度特别坚决、明辨大是大非立场特别清醒、铸牢中华民族共同体意识行动特别坚定、热爱各族群众感情特别真挚，确保各级领导权始终牢牢掌握在忠诚干净担当的干部手中。各级领导干部要深入学习领会习近平新时代中国特色社会主义思想，特别是习近平总书记关于加强和改进民族工作的重要思想的核心要义、精神实质、丰富内涵、实践要求，系统掌握和善于运用蕴含其中的立场观点方法，确保各项民族工作坚持正确的方向，始终符合习近平总书记的要求和党中央精神。加强运用法治思维和法治方式的能力，切实做好民族工作法规制度的设计和完善，使各项政策措施和制度安排有利于铸牢中华民族共同体意识。增强对民族工作形势的分析研判能力，精准把握民族工作面临的机遇和挑战，积极稳妥地应对和处理涉民族因素的各种风险事端。

深入推进新时代基层党建高质量发展

山西省社会科学院　程淑兰

党的二十大报告对深入推进新时代党的建设伟大工程作出了重大战略部署，强调要“增强党组织政治功能和组织功能”“把基层党组织建设成为有效实现党的领导的坚强战斗堡垒”[①]。基层党建质量关乎党的建设质量，直接影响党的执政根基。构建基层党建工作发展新格局，推动新时代基层党建高质量发展，显得尤其迫切、重要。

一、基层党建高质量发展的价值内涵

事物的发展总是一个动态的辩证过程，是一个由量的积累到质的变化的发展过程。质量建党强党一直是中国共产党百年奋斗的追求和保障。新时代新征程上，高质量发展已经成为关乎中华民族伟大复兴、全面实现社会主义现代化的深刻变革，没有坚强有力的党的建设作保障就难以实现。新时代提出“不断提高党的建设质量”的科学命题，是基于世情国情党情发展的深刻变化的自觉回应，也是对百年来党加强自身建设的历史规律的

① 习近平：《高举中国特色社会主义伟大旗帜　为全面建设社会主义现代化国家而团结奋斗——在中国共产党第二十次全国代表大会上的报告》，人民出版社 2022 年版，第 67 页。

总结和升华，更是新时代推进党的建设的基本要求。

基层党建作为党的建设的基础工程，又是党的建设的神经末梢，直接关系到党的执政根基。基础不牢，地动山摇。如果基层党组织形不成坚强的战斗堡垒、党员干部不能发挥先锋模范带头作用，我们党的凝聚力、战斗力就会大大受到破坏，人民群众还会坚定地跟党走、听党话吗？正如解放战争时期，淮海战役的胜利是老百姓用小推车推出来的，没有中国共产党为人民谋解放、为人民谋利益，没有基层党组织做强大的动员组织工作，就不会形成铺天盖地的人民群众支援前线的动人场面。在脱贫攻坚斗争中，正是发挥了基层党组织的重要作用，把农村基层党组织建设作为团结带领群众脱贫致富的坚强战斗堡垒，才使人民群众生活品质得到不断提升、将美丽乡村建设得宜居美好。

习近平总书记指出，“我们党的基层党组织和党员队伍，这是世界上任何其他政党都不可能具有的强大组织资源。把基层党建工作抓好了，我们的基层党组织牢不可破，我们的党员队伍坚不可摧，党的执政地位就坚如磐石，党和人民的事业就无往而不胜。”① 由此可见，基层党建的重要组成部分是基层党组织和党员队伍。基层党建高质量发展是要坚持抓基层、强基础、固基本，以推进基层党组织建设为重点、以加强党员队伍建设为关键，将政治建设放在首位，深入推进全面从严治党，不断增强基层党组织的政治引领力和组织力，成为促进经济社会发展、改善民生福祉的强大推动力。

二、全面提升新时代基层党建水平的三大要件

推动基层党建高质量发展，就是要按照党的建设的客观规律，从量的积累到质的提升的过程和飞跃。其中相关的三大因素是科学理论作指导，科学制度作保障，科学方法来推进，三者相融相合、相辅相成。

（一）科学理论作指导

思想是行动的先导，理论是实践的指南。科学理论是人类认识长期发

① 《为全面建设社会主义现代化国家提供坚强组织保证》，《人民日报》2023 年 6 月 29 日。

展的总结，是在实践基础上经过思维加工形成、且具有严密逻辑结构的学说体系。马克思主义之所以能够有强大的生命力，就在于以实践为基础的科学性和革命性的统一。马克思主义党建学说是推进基层党建高质量发展的理论基础。新时代新征程上，世情国情党情发生深刻变化，面对世界百年未有之大变局，面对党面临的“四大危险”“四大考验”，习近平总书记关于党的建设作出了一系列重要讲话和重要指示精神，这为推进基层党建高质量发展提供了思想指南和理论指导。

以科学理论为指导，就要尊重客观规律，坚持从实际出发。要有整体发展观，既要充分认识到世情国情党情发生的深刻变化、党的建设高质量发展所遇到的问题，又要深刻认识基层党建发展中所遇到的微观问题。党的十八大以来，我国在推进基层党建发展中取得显著成就，但同时也看到仍存在的一些问题，如基层党建与业务“两张皮”现象，一些基层党组织软弱涣散，基层党员干部老化、素质不高，一些年轻干部不愿扎根基层，农村大学生干部上升通道不是很畅通等问题。基层工作点多面广，基层干部工作压力大，基层党建工作还面临着许多错综复杂、相互交织的新情况新问题。因此，要求我们必须从实践出发，以科学的精神、科学的思维、科学的态度分析新情况，找出新办法，实现理论指导与实践工作的良好互动与促进。

以科学理论为指导，就要让实践主体——广大基层干部深入学习科学理论，学深悟透马克思主义中国化时代化最新理论成果。马克思曾指出，“理论一经掌握群众，也会变成物质力量。”[①]科学理论只有被广大党员干部全面准确地把握，才能自觉转化为行动。实践中出现一些偏差、产生错误，往往是由于没有正确的理解科学理论，或者是学习理论不够深、不够透。一些走上损公肥私的腐败不归之路的党员干部，在交代问题分析原因时必忏悔的原因之一，就是放松学习理论或学习不深甚至不学，把学习理论当作一种形式，没有入脑入心，放松了对自己的管理。基层工作虽然千头万绪，基层干部要面对的琐碎事务比较多，但千万不能放松理论学习，必须用马克思主义中国化最新理论成果武装头脑，深刻理解党的方针政策，才能跟上社会发展形势，发挥服务群众、组织群众、教育群众、引导群众的

① 《马克思恩格斯选集》第1卷，人民出版社2012年版，第9页。

作用。要弘扬党密切联系群众的光荣传统，想群众之所想、急群众之所急，多为群众办实事，以实际行动赢得民心，扩大巩固党的执政根基。要发扬党内民主，树立正确的用人导向，激发激励党员干部担当作为。要有忧患意识，全力破除群众身边的不正之风和腐败问题，以清正廉明的党风政风带动良好的社会风气。以科学理论的指导来提升基层党建的科学化水平和建设质量，为人民服务有一个质的提升。

（二）科学制度作保障

党的制度建设是党的根本性建设，决定党的建设方向和效果。我们党历来重视以制度治党。党的十一届三中全会后，邓小平在总结分析党的建设的经验教训时明确指出，“制度问题更带有根本性、全局性、稳定性和长期性”[①]。制度建设是全面从严治党的重要保障，党的十八大以来，习近平总书记对制度治党作出一系列的论述，指出，“健全完善制度，以党章为根本遵循，本着于法周延、于事有效的原则，制定新的法规制度，完善已有的法规制度，废止不适应的法规制度，健全党内规则体系，扎紧党纪党规的笼子”[②]；“没有健全的制度，权力没有关进制度的笼子里，腐败现象就控制不住”[③]。

制度建立要于法周延、于事简便。[④]这是习近平总书记对于制度治党制定制度的总要求。制度的意义在于用规则来组织规范个体行为以维护共同体的存在，是用来遵守和执行的，因此制定制度无需繁杂的论述，而是需要利于执行、实践。“于法周延、于事简便”是好制度的一个基本原则和根本标准。基层党建制度是党的建设制度的重要组成部分。党的十八大以来党中央两次修订党章，并先后出台了《中国共产党支部工作条例（试行）》《中国共产党农村基层组织工作条例》《关于加强和改进城市基层党的建设工作的意见》《中国共产党党和国家机关基层组织工作条例》《中国共产党国有企业基层组织工作条例（试行）》等一系列的条例、意见、办法、规

① 《邓小平文选》第2卷，人民出版社1994年版，第333页。

② 《习近平关于全面从严治党论述摘编》，中央文献出版社2016年版，第115页。

③ 《习近平关于党风廉政建设和反腐败斗争论述摘编》，中央文献出版社、中国方正出版社2015年版，第125页。

④ 《习近平关于党的群众路线教育实践活动论述摘编》，党建读物出版社、中央文献出版社2014年版，第66页。

定等，各地也制定了许多相应的规定，基层党建制度体系逐渐形成，有力地规范了基层党组织工作。同时，我们也看到一些制度，如容错激励机制在基层配套制度方面没有很好地落实，一些制度在基层依样画葫芦，实践应用性差，导致好的制度没能落实到底。因此基层配套制定制度时，一定要注重制度的科学性、前瞻性和实用性，既要符合法律规定，又要简便宜于有效实践。

制度的执行力要提升。制度的生命在于执行，好的制度如果不抓落实，只是挂在墙上、写在纸上，制度就会成为“稻草人”“纸老虎”。新时代，党的制度建设的重心已经从建章立制转向依靠制度进行治理，制度执行成为推进国家治理体系和治理能力现代化的鲜明特色。习近平总书记多次强调制度执行力问题，“以刚性的制度规定和严格的制度执行，确保改进作风规范化、常态化、长效化”①；“要狠抓制度执行，扎牢制度篱笆，真正让铁规发力、让禁令生威”②；“制度的生命力在于执行……必须强化制度执行力，加强制度执行的监督”③。基层是一个熟人社会，人情世故更为繁杂，以制度立规显得尤为重要。强化制度执行力，首先要培养建立起制度意识、规则意识，没有规矩，不成方圆，党员干部要从思想上去除人治思维、特权意识，真正认识到制度规范、制度执行力的重要性，认真学习制度，按规则管理办事，切实提高制度执行力；要发挥党员干部执行制度的带头表率作用，做制度执行的表率，古人云：“其身正，不令而行；其身不正，虽令不从”，领导干部是人民权力的执掌者，代替人民来行使权力，其举止行为对普通干部群众都具有示范带动作用，俗话说“上梁不正下梁歪”，领导干部只有以身作则学习制度、敬畏制度，做制度执行的表率，才能进而带动一个单位、一个部门的制度执行力；要加强对制度执行的监督，坚决杜绝做选择、搞变通、打折扣的现象，制度执行既需要党员干部的自觉执行，更需要外在的监督约束，要使制度成为带电的“高压线”，达到自律和他律的有机统一，加强对制度执行的监督，要把日常监督、专项督察、目标考核

① 《习近平关于党风廉政建设和反腐败斗争论述摘编》，中央文献出版社、中国方正出版社2015年版，第88页。

② 《习近平关于党风廉政建设和反腐败斗争论述摘编》，中央文献出版社、中国方正出版社2015年版，第127页。

③ 《习近平谈治国理政》第3卷，外文出版社2020年版，第128页。

和责任追究有机结合起来，对那些对制度不当回事、制度执行打折扣，甚至破坏制度、违反制度的行为给予严厉打击惩处，形成震慑，确保制度落地生根。

（三）科学方法来推进

工欲善其事，必先利其器。科学方法的运用对提高基层党建质量至关重要。把握科学的方法推进党的建设工程，是马克思主义政党建设的一贯要求。毛泽东曾指出："领导工作不仅要决定方针政策，还要制定正确的工作方法。有了正确的方针政策，如果在工作方法上疏忽了，还是要发生问题。"[①]党的建设同样如此，方法正确，就会有事半功倍的效果，否则会大打折扣。

运用系统、协同推进的方法来推进基层党建工作。基层党建工作点多、面广、量大、线长，是一项复杂的系统工程。我们要充分认识到新时代基层党建工作已经到了由量的积累到质的提升的临界点，不进则退，必须提高基层党建的发展质态，增强基层党建工作的实效。谋划工作要注重系统性，既要整体谋划，对需做长远考量的重点工作进行规划布局，又要精准设计好每个阶段、每个环节的目标任务，有力有效地推进。基层党建工作也是一个协同的过程，要注重推进主体的协同性以及与其他主体的工作协同性，善于整合资源、聚合资源，画出党建引领基层治理的同心圆。

增强忧患意识、问题意识，把密切联系群众作为最根本的方法。建党百年来，截至 2021 年 7 月我们党已经成为一个拥有 486.4 万个基层组织、9514.8 万名党员的大党，建设好这样一个大党十分不易，党内出现这样那样的问题是客观存在的，但是，我们必须保持大党的清醒，必须增强忧患意识，常怀忧党之心，恪尽兴党之责，抓紧解决党内存在的突出问题。人民群众是实践的主体，评价党的建设搞得怎么样，还要看基层人民群众"拥护不拥护""赞成不赞成""高兴不高兴""答应不答应"。要坚定履行为人民服务的宗旨，弘扬坚持密切联系群众这一重要法宝，加强调查研究，了解群众所想所需，坚决打击损害人民群众利益的腐败问题和不正之风。在服务群众中提升基层治理能力，切实能够为群众办实事、解难事，带领

---

① 《毛泽东选集》第 4 卷，人民出版社 1991 年版，第 1440 页。

群众听党话、跟党走，巩固党的执政根基。

要有创新思维，以创新破解基层党建工作难题，夯实党执政的组织基础。新时代，党的建设面临新形势、新任务、新挑战，基层党组织建设也面临许多新挑战新问题，很多老办法已经解决不了新出现的问题。基层工作是智慧的源泉，基层党组织只有在创新中发展，才能不断赢得生机活力。要创新基层党建工作机制，探索党建模式，掌握基层党建发展规律，采取城乡共建、村企共建、村村联建等党建联盟新模式，在组织共建的基础上，资源共享、资源积聚，增强党建引领的组织力、服务力。要创新基层党建联席会议制度，凝聚起驻地单位服务群众的力量。要推动网格化管理机制，党组织通过划分管理网格，使基层工作更精细、服务群众更精准。要创新党建工作载体，加强党建平台建设，保证基层党员干部在正气充盈、充满活力的党内政治生态中积极工作。要根据本单位的实际情况和党员的岗位特点，精心设计和创新特色鲜明、务实管用的活动载体，找准开展活动的着力点。要坚持形式与内容的有机统一，既要有丰富内涵，彰显时代特色，又要务实有效，使党员干部受教育、职工群众得实惠，并发挥宣传教育作用。要创新基层党建工作载体，突出品牌特色，结合实际情况，因地制宜，开展特色党建活动，使党建与业务深度融合，打造品牌特色。要创新工作举措，找准工作的切入点和着力点，创造性地开展工作，并且要把具有科学性、广泛性、推广意义的好的做法和措施及时上升为制度，推进基层党建质量的整体提升。

三、深入推进新时代基层党建高质量发展路径

质量强党是新时代党按照执政规律加强自身建设的需要，是人民群众对新时代党的建设的热切期盼，是党的建设伟大工程迈上新台阶的重要举措。新时代基层党建工作，必须走质量强党之路，以质量要发展，以高标准推进高质量、体系化协同性发展。

（一）牢固树立质量强党理念

党的建设质量关系党的生命，也直接关系党的领导质量、执政质量。质量建党强党是中国共产党建党以来的一贯追求。中国共产党百年发展史

就是一部以自我革命精神推进质量建党强党的历史。“建设什么样的党，怎样建设党”，一直是中国共产党探索的命题。党的十九大报告提出新时代党的建设总要求，并对新时代不断提高党的建设质量提出精准的目标定位，“不断提高党的建设质量，把党建设成为始终走在时代前列、人民衷心拥护、勇于自我革命、经得起各种风浪考验、朝气蓬勃的马克思主义执政党”①。

中国共产党走过的百年历史，经历了革命、建设和改革开放历史变迁，从一个建党之初只有50多名党员的政党发展成为拥有9800多万名党员的大党，赢得了人民的拥护和支持，能够始终保持中国工人阶级的先锋队、中国人民的先锋队和中华民族的先锋队性质，始终保持先进性和纯洁性的本色，正是因为我们党历来注重以质量为导向和以质量为标准加强自身建设。发展的路上总是遇到新情况新问题，全面从严治党永远在路上，自我革命也永远不能懈怠。进入新时代，我们党仍然要面对发展变化的世情国情党情，面对“四大考验”“四个危险”的挑战，面对反腐败斗争的严峻复杂形势，唯有以质量规范党的建设、以高标准要求党的建设，才能推动全面从严治党向纵深发展，顺利开启质量建党强党的新征程，把党建设成为始终走在时代前列、人民衷心拥护、勇于自我革命、经得起各种风浪考验、朝气蓬勃的马克思主义执政党。

（二）深入推进基层党建体系化建设

强化政治引领力。政治性是党的建设的本质属性，政治建设是党的建设的基础建设。基层党建要紧紧抓稳基层党组织和党员队伍的政治建设，增强“四个意识”，坚定“四个自信”，将对“两个确立”决定性意义的深刻理解转化为“两个维护”的自觉行动。加强党员干部的理论学习、思想政治学习和教育培训，深入领会习近平新时代中国特色社会主义思想，坚定理想信念，补足精神之“钙”，把稳思想之“舵”。加强党员干部的政治历练，培养斗争精神，增强斗争本领，不断提高防范风险、抵御风险的政治定力。充分发挥“关键少数”带好队伍的关键作用，严肃党内政治生活，

① 习近平：《决胜全面建成小康社会　夺取新时代中国特色社会主义伟大胜利——在中国共产党第十九次全国代表大会上的报告》，人民出版社2017年版，第62页。

严格执行“三会一课”制度，多形式开展主题党日活动，谨防形式化、走过场，深入开展批评和自我批评，培育良好的党内政治文化。

突出提升组织力。组织力是基层党组织的生命力，基层党组织直接面对、服务的是广大社会群体，组织力弱的政党是不会发展壮大的。要牢固树立抓基层的鲜明导向，将提升基层党组织组织力作为党的建设重要组成部分的基础性工作，主动纳入各级党委和组织部门总体工作格局中进行谋划。要聚合力强覆盖，持续扩大组织覆盖，推动党的组织从有形覆盖向有效覆盖，实现事业发展到哪里，党员流动到哪里，人员聚集到哪里，党的组织和工作就跟进到哪里，注重在专业合作社、专业协会等新型农业经营主体建立党组织，在商务楼宇、各类园区、商圈市场和互联网等新兴领域建立党组织，在“两新”组织中扩大“两个覆盖”，充分发挥基层党组织和党员在引领产业发展、推动经济社会发展中的战斗堡垒作用和先锋作用。要聚合力强组织，推进基层党组织设置和活动方式创新，通过村村联合、村企共建、村社联建等新模式建立党建联盟，壮大组织力量，充分提升基层党组织领富带富能力和社会基层治理效能。要聚合平台载体作用，充分运用互联网、新媒体、新媒介等新手段进行组织宣传。

抓实精准服务力。基层党组织必须扎根于人民群众，以为人民服务为己任，面向人民，应适应时代发展的需要以及人民群众的需要，基层党建质量发展，重点就是要提升基层党组织精准服务老百姓的能力，满足人民群众民生福祉需求，提升其幸福感、获得感。强化党群服务中心的功能，党群服务中心是基层党组织强化组织和工作覆盖的节点，是领导基层治理、服务群众的平台阵地，应提升党群服务中心的软硬件设施，着力统筹优化配置更多的服务，及时有效地为群众进行政策宣传和疑难解答，有针对性地为群众提供一站式服务，提升基层党组织服务能力。选优配强基层党组织领导班子，加强干部的教育培训，积极推进支部三级联创，人财物向基层倾斜，充分发挥“第一书记”、驻村干部及大学生村干部的重要作用。扩大“朋友圈”，建立起为民服务同心圆，动员提升驻地单位为居民服务的意识，充分利用其优势特长为居民服务。发挥当地“五老”作用，宣传党的政策、化解邻里矛盾、照顾留守儿童等。深入开展党建带工建、带团建、带妇建活动，更加有效、更加广泛地把各方面力量凝聚起来服务群众。发挥志愿者服务群众的作用。

激发干部担当力。基层干部是基层组织的主力军，是党的政策最直接的执行者、落实者，也是和群众直接打交道的人。要把党中央、上级组织的指示和精神向群众传达落实，把上级部门的措施方案落地，把党和政府的关爱及时传递……这都要依靠基层干部切实有效的工作。近年来，随着全面从严治党的深入推进，基层干部的工作作风越来越好，为群众办实事也在走深走实，但同时责任追究机制也让一些党员干部谨小慎微，只要不出事宁愿不做事，不作为不担当。党的二十大报告着重指出，“一些党员、干部缺乏担当精神，斗争本领不强，实干精神不足，形式主义、官僚主义现象仍较突出”[①]。因此，基层党建高质量发展与基层党员干部的积极作为有直接的关系。树立鲜明的用人导向，把那些忠诚干净担当、高素质专业化的干部选任到重要岗位，特别是要大力选拔敢于负责、勇于担当、善于作为、实绩突出的干部。坚持政治标准，把政治考察作为选用干部的重中之重，对政治不合格者“一票否决”，突出事业为上、依事择人，选人用人要看担当、重实绩。建立健全正向激励、考核评价、容错纠错、澄清保护机制，做到上级为下级担当、组织为干部担当、干部为事业担当，形成激励干部担当作为、干事创业的强大合力。

激励人才创造力。人才向大城市、向优质行业流动，是社会发展的一般规律；基层人才缺失，一直以来是普遍现象。新的历史阶段给我们带来新的发展机遇的同时，也让我们面临新的课题，如何攻坚克难，人才是最重要的战略资源。推进基层党建高质量发展，要强化人才资源思维，引进来也得留得住；要从党和国家的高度来谋划如何充实基层人才的问题，打造最优人才生态，让优质资源向基层倾斜，让各类人才创造力竞相迸发，以人才优势增创发展优势；要遵循人才发展的客观规律，科学选人、用人，创新培训机制，有针对性地进行培训；要打通人才上升通道，创造优良发展环境，把人才放到适合的地方，人尽其才，同时解除其后顾之忧，让年轻人看到职业晋升的空间和方向，全身心投入到为群众服务的事业中，释放其创新活力。

① 习近平:《高举中国特色社会主义伟大旗帜　为全面建设社会主义现代化国家而团结奋斗——在中国共产党第二十次全国代表大会上的报告》，人民出版社 2022 年版，第 14 页。

新时代党的建设理论创新与青海实践

青海省社会科学院　董华朋

理论创新是一个动态的过程，更是一个与时俱进的过程。新时代党的建设理论并非凭空产生，而是发展形成于新时代全面从严治党伟大实践之中，是一个开放的、科学的理论。党的二十大报告在对未来一段时间内党的建设作出战略部署的同时，还有针对性地提出了一些新要求新观点新论断，进一步丰富了新时代党的建设理论的内涵，使新时代党的建设理论更加成熟、更加完善，对于深入推进新时代党的建设具有重大指导作用。党的十八大以来，青海在党的建设创新理论指导下，坚持政治治党从严、思想教育从严、队伍建设从严、组织建设从严、作风纪律从严、制度建设从严、反腐倡廉从严，不断推进党的建设向纵深拓展、向高质量迈进。

一、新时代党的建设理论创新的重大意义

党的十八大以来，在推进全面从严治党实践中形成的党的建设理论成果，是马克思主义党建理论与时俱进的思想精华，实现了中国化马克思主义党建理论的新飞跃，对于解决党的建设的突出问题、深化对共产党执政规律的认识、推动党和国家事业实现新发展具有重大意义。

（一）与时俱进地发展了中国化马克思主义党建理论

党的十八大以来，以习近平同志为核心的党中央，面对新时代世情国情党情发生的复杂变化和产生的新问题，在坚持马克思主义党建理论基本原理与中国共产党管党治党实际相结合的基础上，以巨大的政治勇气和强烈的责任担当，直面新时代党的建设的重大课题和难题，创造性地提出了一系列具有内在逻辑关联的新理念新思想新战略，深刻阐释了新时代党的建设的重大理论和实践问题，科学回答了新时代“中国共产党为什么管党治党、中国共产党怎样管党治党”的重大问题，成为新时代“全面推进党的自我净化、自我完善、自我革新、自我提高”[①]的新的理论指导，以全新的视野深化了对共产党执政规律的认识。新时代党的建设理论，是习近平新时代中国特色社会主义思想的重要组成部分，是中国化马克思主义党建理论的最新成果，进一步丰富和发展了马克思主义与马克思主义党建理论的宝库，开辟了中国化马克思主义党建理论的新境界。

（二）新时代推动党的建设新的伟大工程的行动指南

新时代党的建设理论，彰显着马克思主义的立场观点方法，“贯穿着辩证唯物主义和历史唯物主义的世界观、方法论，体现了鲜明的问题意识和问题导向”[②]，是新时代全面从严管党治党的基本遵循和根本纲领。在这一科学理论的指导下，党以前所未有的勇气和定力持续整治党的领导、党的建设中存在的问题，坚持以党的自我革命引领社会革命；坚决扭转一些地方、部门和单位党的领导弱化问题，坚持以“两个维护”引领全党团结统一，完善党的领导制度体系，改善党的领导方式，增强党的“四力”，使党始终成为中国特色社会主义事业的坚强领导核心；坚持以“全面从严治党永远在路上，党的自我革命永远在路上”[③]的姿态，积极应对“四大考验”、坚决克服“四大危险”，把全面从严治党贯穿于党的建设各个方面，不断推动党

---

① 习近平:《高举中国特色社会主义伟大旗帜　为全面建设社会主义现代化国家而团结奋斗——在中国共产党第二十次全国代表大会上的报告》，人民出版社 2022 年版，第 64 页。

② 全国党的建设研究会编著:《中国化的马克思主义党建理论体系概论》，党建读物出版社 2021 年版，第 83 页。

③ 习近平:《高举中国特色社会主义伟大旗帜　为全面建设社会主义现代化国家而团结奋斗——在中国共产党第二十次全国代表大会上的报告》，人民出版社 2022 年版，第 64 页。

的建设取得重大历史性成就，管党治党宽松软状况得到根本扭转，开创了新时代党的建设的新局面。

（三）新时代实现中华民族伟大复兴的根本政治保证

党的二十大报告指出："全面建设社会主义现代化国家、全面推进中华民族伟大复兴，关键在党。"① 这表明办好中国的事情，党起着决定性作用，必须坚持把党管好治好建设好。新时代党的建设理论是对新时代党的建设实践的高度概括，体现着党的理论自觉和实践自觉，具有鲜明的科学性和指导性，是推进党的建设提质增效的科学行动指南，是实现民族复兴伟业的根本政治保证。党的建设是一项长期而伟大的工程，实现中华民族伟大复兴的征程上也面临着许多风险和考验，甚至会更加凶险和重大。因此，在深入推进全面从严治党实践中，必须坚持结合伟大事业、伟大梦想的实践来进行，把新时代党的建设理论贯彻到党的领导各方面，落实到从严管党治党各环节，贯穿到党的建设新的伟大工程全过程，才能不断提高党的领导水平和执政能力，确保党在应对国内外各种风险挑战中始终成为推进民族复兴伟业的主心骨和领导核心。

二、新时代党的建设理论创新的主要内容

党的十八大以来，以习近平同志为核心的党中央在继承马克思主义党建理论成果基础上，围绕"新时代建设什么样的长期执政的马克思主义政党、怎样建设长期执政的马克思主义政党"这一重大时代课题，创造性地提出了一系列新理念新思想新战略，形成了新时代党的建设理论，进一步丰富了马克思主义党建学说，为接续推进新时代党的建设新的伟大工程提供了新的理论指导。

（一）关于党的建设整体建构的理论创新

党的建设整体建构是党对自身建设的总体认识和定位，是推动自身建

① 习近平:《高举中国特色社会主义伟大旗帜　为全面建设社会主义现代化国家而团结奋斗——在中国共产党第二十次全国代表大会上的报告》，人民出版社 2022 年版，第 63 页。

设全局发展的根本要求。[①]党的十九大报告在深刻总结新时代全面从严治党经验基础上，提出新时代党的建设总要求，党的二十大报告强调要一以贯之，是因为这一总要求明确了党的建设的原则方针、工作思路、总体布局、目标等，是对党的建设整体建构理论的一次重大创新发展，为全面提高党的建设科学化水平提供了总纲领和总遵循。坚持和加强党的全面领导，是新时代党的建设的根本出发点和落脚点，表明党的建设的初心所在。坚持党要管党、全面从严治党，是新时代以来党的建设的鲜明主题，实现了党的建设指导方针的与时俱进。完善以“四个以”为基本要求的工作思路，凸显了党的建设永远在路上的思想内涵和实践导向。调整形成“5+2”总体布局，更加注重党的建设的整体性和系统性。明确质量建党的总要求，确立新时代党的建设的总目标，彰显了党的建设的价值取向和鲜明品格。

（二）关于党的政治建设的理论创新

列宁指出：“一个阶级如果不从政治上正确地看问题，就不能维持它的统治”[②]。旗帜鲜明讲政治，既是马克思主义政党的鲜明特征，也是我们党一以贯之的政治优势。党的十八大以来，以习近平同志为核心的党中央基于党的领导面临的现实困境，特别强调加强党的政治建设是一个永恒课题，逐步把“政治建设”从党的“思想政治建设”中独立出来。党的十九大报告把政治建设纳入党的建设总体布局，并摆在党的各项建设的首要位置，成为党的根本性建设，具有统领提携、纲举目张的作用，决定党的建设的方向和效果，是新时代全面从严管党治党的最鲜明特征。党的二十大报告把加强党的政治建设更加聚焦于“坚持和加强党中央集中统一领导”[③]这一首要任务，并从坚定政治信仰、坚持党的政治领导、提高政治能力和净化政治生态等方面作出具体要求和安排，持续深化对党的政治建设重要性的深刻认识，进一步丰富和发展了新时代党的建设理论。

① 姜怀忠、卢希：《十八大以来党的建设理论创新发展研究》，《中共南宁市委党校学报》2017年第5期，第11页。

② 《列宁全集》第40卷，人民出版社1986年版，第280页。

③ 习近平：《高举中国特色社会主义伟大旗帜　为全面建设社会主义现代化国家而团结奋斗——在中国共产党第二十次全国代表大会上的报告》，人民出版社2022年版，第64页。

（三）关于党的思想建设的理论创新

党的十八大以后，党的思想建设的定位由“根本性建设”调整为“基础性建设”，同时将思想建党和制度治党摆在同等地位，坚持同向发力、同时发力，以常态化制度化开展“两学一做”学习教育、党史学习教育等，持续固化党的思想建设的经验和成果，使全党“筑牢信仰之基、补足精神之钙、把稳思想之舵”[①]。思想建设对于党的建设具有强基固本的作用，加强思想教育要突出两个方面的重点。一方面，把坚定理想信念作为首要任务，引导教育全党牢记党的宗旨、对共产主义的信仰以及对中国特色社会主义的信念，挺起共产党人的精神脊梁，解决好“三观”这个总开关问题，永葆共产党人的政治本色；另一方面，把用党的创新理论武装全党作为根本任务，坚持不懈用习近平新时代中国特色社会主义思想凝心聚魂，巩固全党团结奋斗的共同思想基础，推动全党更加自觉地为实现新时代的历史使命不懈奋斗。

（四）关于党的组织建设的理论创新

党的力量来自组织，党的全面领导、党的全部工作要靠党的坚强组织体系去实现。[②]为了顺应时代发展和全面从严管党治党的要求，2018 年召开的全国组织工作会议首次提出新时代党的组织路线，这是党的建设理论创新史上第一个关于组织路线的完整、明确的表述，有着丰富的内涵和外延，为新时代党的建设和组织工作指明了奋斗方向、提供了基本遵循。新时代党的组织路线科学回答了党的组织工作“做什么”、“怎么做”和“为什么做”的三个根本问题，归纳起来就是贯彻一个重要思想、抓好一个重点和两个着力点、坚持一项基本原则和为人民服务两个根本目标，具有鲜明的时代特征，事关新时代组织建设的根本方向和战略全局，必须坚持一以贯之。党的二十大报告对于干部队伍建设、基层党组织建设等作出重大战略部署，进一步丰富和发展了党的组织路线的内涵，必将推动党的组织建设开创出新的局面。

---

① 习近平：《在“不忘初心、牢记使命”主题教育工作会议上的讲话》，人民出版社 2019 年版，第 3 页。

② 习近平：《在全国组织工作会议上的讲话》，人民出版社 2018 年版，第 11 页。

（五）关于党的作风建设的理论创新

党风问题关系党的生死存亡，作风建设必须永远在路上。党的十八大以来，全面从严治党从抓作风建设起步，抓作风建设则从八项规定这个具体切口突破，相继开展各类主题教育，持之以恒纠治“四风”，坚决破除特权思想和特权行为，党风政风为之一新，党心民心为之大振，开创出新时代作风建设全新局面。作风建设是立破并举、扶正祛邪的过程，立什么、破什么，需要好好把握。①加强党的作风建设，要特别注意在大力弘扬党的优良作风、坚决反对党内不正之风、坚持以上率下巩固拓展落实中央八项规定精神成果、坚持标本兼治等方面下功夫，使党的作风持续全面纯洁起来，不断厚植党执政的群众基础。面对党的作风建设出现的新特点新情况新问题，党的二十大报告提出“推进作风建设常态化长效化”②的新论断，坚持抓常、抓细、抓长，让党的作风全面好起来，确保党同人民心连心、同呼吸、共命运。

（六）关于党的纪律建设的理论创新

党的十八大报告首次提出“党的纪律建设”③的概念，党的十九大报告把纪律建设纳入总体布局之中，成为党的建设的一个独立组成部分，充分彰显了纪律建设在党的建设中的重要地位和价值功能，进一步深化了党对纪律建设重要性和规律性的认识，是新时代党的建设实践创新和理论创新的重要成果。面对影响党的先进性、弱化党的纯洁性的复杂因素，习近平总书记反复强调“加强纪律建设，把守纪律讲规矩摆在更加重要的位置”④。全面从严治党要想“治根治本”，就必须坚持把纪律挺在前面，坚持纪严于法、纪在法前，坚持严明党的政治纪律和政治规矩，用纪律管住全体党员。

---

① 习近平：《作风建设关键是要在抓常、抓细、抓长上下功夫》，《党建》2014 年第 7 期。

② 习近平：《高举中国特色社会主义伟大旗帜　为全面建设社会主义现代化国家而团结奋斗——在中国共产党第二十次全国代表大会上的报告》，人民出版社 2022 年版，第 68 页。

③ 中共中央文献研究室编：《十八大以来重要文献选编》（上），中央文献出版社 2014 年版，第 43 页。

④ 习近平：《论坚持党对一切工作的领导》，中央文献出版社 2019 年版，第 88 页。

党的二十大报告提出“坚持党性党风党纪一起抓”[①]的新观点，纪律建设的重要位置更加凸显，既要从思想上固本培元，又要正确运用监督执纪“四种形态”，使铁的纪律真正成为党员、干部的日常习惯、自觉遵循以及“带电高压线”。

（七）关于党的制度建设的理论创新

党的制度建设是带有根本性、全局性、稳定性和长期性的工作，是巩固拓展党的建设成效的重要保障。党的十九大报告把制度建设与其他建设的“并列地位”调整为“贯穿地位”，强化制度建设的综合性功能，使制度建设始终为党的各方面建设提供明确的行为规范。具体来说，通过建章立制、抓制度执行、评价得失优劣，职责得以明确、目标得以保证、效果得以体现、奖惩得以分明，党要管党、全面从严治党真正落到实处，并长期坚持。同时，党的十九大报告提出“把权力关进制度的笼子”[②]的新理念，是党管党治国和制度建设的经验总结，形象地说明了要发挥制度建设的内在功能，形成对权力的规范、制衡、监督、约束作用。党的二十大报告提出“完善党的自我革命制度规范体系”[③]的重大要求，进一步明确了制度建设未来的发展方向，更加彰显了制度建设在党的建设中的地位和作用。

（八）关于反腐败斗争的理论创新

党的十八大以来，全党在取得反腐败斗争压倒性胜利的基础上，不断深化反腐败斗争理论的创新，把“反腐倡廉建设”调整为“深入推进反腐败斗争”[④]，从理论层面解决了反腐倡廉建设和党的作风建设、制度建设、纪律建设之间的重复和交叉问题，以便于在实践中操作和落实，同时充分地表明了党解决腐败问题的鲜明立场和坚定态度。习近平总书记也高度重视

① 习近平：《高举中国特色社会主义伟大旗帜　为全面建设社会主义现代化国家而团结奋斗——在中国共产党第二十次全国代表大会上的报告》，人民出版社 2022 年版，第 68—69 页。

② 习近平：《决胜全面建成小康社会　夺取新时代中国特色社会主义伟大胜利——在中国共产党第十九次全国代表大会上的报告》，人民出版社 2017 年版，第 67 页。

③ 习近平：《高举中国特色社会主义伟大旗帜　为全面建设社会主义现代化国家而团结奋斗——在中国共产党第二十次全国代表大会上的报告》，人民出版社 2022 年版，第 65 页。

④ 习近平：《决胜全面建成小康社会　夺取新时代中国特色社会主义伟大胜利——在中国共产党第十九次全国代表大会上的报告》，人民出版社 2017 年版，第 62 页。

反腐败斗争理论的创新，明确提出对腐败“零容忍”[①]，“坚持‘老虎’、‘苍蝇’一起打”[②]等观点，以及“一体推进不敢腐、不能腐、不想腐”[③]的基本方针，保持反腐败的高压态势，极大地坚定了全党把反腐败斗争进行到底的信心。党的二十大报告鲜明提出“反腐败是最彻底的自我革命”[④]的新命题，更是把反腐败斗争提到了事关党和国家生死存亡的高度来认识，为坚决打赢反腐败斗争这场攻坚战持久战指明了前进方向、提供了行动指南。

三、新时代党的建设创新理论在青海的实践与应用

党的十八大以来，面对党的建设的新情况新问题新要求，青海积极践行运用新时代党的建设理论，层层压实管党治党政治责任，以自我革命精神纵深推进全面从严治党，着实提高党的建设质量，党的领导贯穿落实到各领域各方面各环节，党在青海的执政根基更加牢固，为“六个现代化新青海”建设提供了坚强领导力量和强大组织保证。

（一）坚持政治治党从严，旗帜鲜明加强党的政治建设

青海坚决贯彻落实“扎扎实实加强和规范党内政治生活”[⑤]的重大要求，把讲政治摆在第一位置，全省上下在把准政治方向、防范政治风险、涵养政治生态等方面不断走深走实。一是在政治上坚决做到“两个维护”，坚持督促各级党组织及时传达学习习近平总书记重要讲话精神和党中央重要文件、会议精神，研究部署贯彻落实习近平总书记对青海工作重要指示，把讲政治转化为具体工作实践，确保党中央决策部署在青海落地见效。二是推动政治监督具体化精准化常态化，健全完善政治督查长效机制，制定出台督查落实重要指示批示精神的工作规定，围绕习近平总书记重要指示批

---

① 中共中央党史和文献研究院编:《十八大以来重要文献选编》(下)，中央文献出版社2018年版，第453页。

② 习近平:《论坚持全面依法治国》，中央文献出版社2020年版，第75页。

③《习近平关于全面从严治党论述摘编（2021年版）》，中央文献出版社2021年版，第355页。

④ 习近平:《高举中国特色社会主义伟大旗帜　为全面建设社会主义现代化国家而团结奋斗——在中国共产党第二十次全国代表大会上的报告》，人民出版社2022年版，第69页。

⑤《亲切的关怀　巨大的鼓舞——论学习贯彻习近平总书记视察青海时重要讲话精神》，《青海日报》2016年8月28日。

示和党中央重大决策部署，强化政治巡视监督，构建“落实闭环”，形成督查合力。三是严肃规范党内政治生活，严格执行民主集中制和重大事项请示报告制度，加强对党内政治生活的指导和监督，确保不虚不偏不走过场，持续营造山清水秀的政治生态。

（二）坚持思想教育从严，运用党的创新理论武装头脑

青海坚持把学习贯彻党的创新理论作为党员教育的一条鲜明主线，注重完善教育机制和创新教育方式，引导广大党员补足精神之“钙”、筑牢理想信念根基。一是强化理论武装，坚持把学习贯彻习近平新时代中国特色社会主义思想作为“第一议题”，通过组织实施主题教育、开展集体学习、研讨交流等活动，推动党的创新理论入脑入心，广大党员的理想信念更加坚定、政治忠诚更加纯洁。二是强化教育培训，健全学习贯彻习近平新时代中国特色社会主义思想课程体系，实施“以习近平新时代中国特色社会主义思想培根铸魂工程”等，以组织化方式推动党的创新理论刻骨铭心进头脑，广大党员的党性更加坚定、能力素质更加过硬。三是创新教育载体，常态化开展“党课开讲啦”“学习身边榜样”等活动，优化利用青海党员干部现代化远程教育平台，以丰富多样的载体教育引导广大党员学深悟透党的创新理论，不断强化宗旨意识和发挥先锋模范作用。

（三）坚持队伍建设从严，锻造高素质专业化堪重任干部队伍

青海坚持党管干部原则，持续健全干部“育选管用”工作机制，不断推动干部队伍建设实现整体性提升。一是深化干部教育培训工作，健全领导干部第一时间学习领会党的创新理论制度，探索建立党委（党组）中心组学习巡听旁听制度，实施干部素质能力提升项目，筑牢干部的思想根基，增强干部的斗争本领和履职能力。二是突出选人用人政治标准，制定出台《青海省干部政治素质考察办法》《大力发现培养选拔优秀年轻干部的实施意见》等，既注重严把选用“制度关”，又注重在基层一线和困难艰苦的地方培养选拔年轻干部。三是坚持人岗相适原则，注重选配既有领导才干又有专业本领的干部，进一步优化领导班子结构，持续提升整体功能。四是坚持严管厚爱结合、激励约束并重，突出干部选拔任用监督，强化干部日常管理监督考核，推动干部能上能下，出台激励干部的措施，完善党内关

怀帮扶办法，健全容错纠错机制，既确保干部正道直行，又激励干部担当作为。

（四）坚持组织建设从严，增强基层党组织政治功能和组织功能

青海坚持大抓基层的鲜明导向，全面加强基层党建工作，基层党组织的功能作用进一步得到有效发挥。一是党的基层组织基本实现应建尽建，根据应建尽建、设置规范、调整及时的原则，采取联合组建、跨领域混合组建、建立功能型党组织等方式，统筹推进各领域党组织建设工作，基本实现党的基层组织在各个领域的覆盖。二是基层党建工作水平持续提升，围绕提高基层党建工作质量目标，切实抓好软弱涣散基层党组织排查整顿工作，逐步健全完善党内政治生活指导督查、党务公开、按期换届等制度，确保各领域基层党组织的正常运转和作用发挥，不断推进基层党组织全面进步、全面过硬。三是党员队伍建设全面加强，严格发展党员工作规范和流程，集中整治党员信仰宗教、参与宗教活动的问题，稳定有序开展不合格党员组织处置工作，常态化开展党员组织关系集中排查和党员教育激励关怀工作，党员队伍的结构进一步优化、纯洁性进一步增强。

（五）坚持作风纪律从严，驰而不息抓好正风肃纪

青海坚持把正风肃纪工作作为长期的重大政治任务抓深抓实，不断推动全省党风政风社风进一步好转。一是巩固深化党的作风建设，制定《关于改进工作作风、密切联系群众的规定》等制度，倡导大兴调查研究之风，持续推进基层减负，开创了党的作风建设的新局面、新气象。二是持之以恒整治“四风”，出台《关于联动协作查纠“四风”问题的意见》等文件，组织开展不担当、不作为专项治理等行动，实施“五盯五查”专项整治，狠抓公款送礼、公款吃喝、公款旅游、奢侈浪费等不正之风，着重解决群众反映强烈、损害群众利益的突出问题，坚决防止“四风”问题反弹回潮。三是坚持把纪律挺在前面，重点强化政治纪律和组织纪律，精准运用监督执纪“四种形态”，做到防微杜渐、抓早抓小，防止“小毛病”向大问题转化，加强廉洁教育，严格纪律执行，确保广大党员干部明纪律、守底线，习惯在受监督和约束环境中工作生活。

（六）坚持制度建设从严，健全完善党内法规制度体系

青海紧紧围绕推进全面从严治党的制度需要，深化党内法规制度“供给侧结构性改革”，真正让党的制度优势更好地转化为治理效能。一是党内制度建设坚决维护核心，健全完善“不忘初心、牢记使命”长效机制、严格落实“两个维护”制度、加强党的全面领导制度等，让党的领导更加坚强有力，确保党中央决策部署在青海落地生根、开花结果。二是注重提升法规制度建设的质量，健全完善前置审核机制，严把立规程序，扎实做好统筹规划、建章立制、备案审查、集中清理等各项工作，及时修订完善不适应新形势新任务新要求的法规制度，确保党内法规制度的时效性和效能转化。三是探索完善法规制度落实新办法，常态化开展“点对点”“一对一”的督促检查工作，严格夯实执规主体责任，加大违规失责的追责力度，全面推动法规制度贯彻执行，着力构建起自上而下一体推动的落实体系，确保党内法规制度真正落到实处。

（七）坚持反腐倡廉从严，坚决打好反腐败斗争攻坚战持久战

青海坚持全面推进党风廉政建设和反腐败工作，取得反腐败斗争的压倒性胜利并全面巩固，赢得了各族群众衷心赞誉。一是精准整治群众身边的腐败和不正之风，集中开展脱贫攻坚、乡村振兴等领域的反腐败专项治理行动，坚决整治木里矿区非法采矿问题和粮食购销等重点领域腐败问题，切实维护好广大群众的利益。二是坚持构建一体推进“三不”体制机制，保持惩腐高压态势，使不敢腐的震慑力深入人心，健全严格有效的监督体系，扎牢不能腐的笼子，加强新时代廉洁文化建设，筛选违纪违法典型案例开展集中警示教育，引导广大党员干部增强不能腐的自觉。三是完善各类监督贯通融合机制，制定出台多部门协作配合、联合调查、共同监督的意见办法，健全执纪执法贯通、有效衔接司法的制度，进一步延伸拓展贯通协同的监督全链条，不断增强反腐败合力，坚决筑牢反腐败斗争的坚固底线。

后　记

2023 年 5 月 20 日，全国社会科学院系统“习近平新时代中国特色社会主义思想论坛（2023）”在河北省石家庄市举办，主题为“党的二十大与习近平新时代中国特色社会主义思想的新发展”。论坛由中国社会科学院习近平新时代中国特色社会主义思想研究中心与中共河北省委宣传部主办，河北省社会科学院承办。中国社会科学院副院长、党组成员甄占民出席并致辞，河北省社会科学院党组书记、院长、省社科联第一副主席康振海主持开幕式并致辞。来自中国社会科学院、全国各地方社会科学院、相关科研单位的专家学者及媒体代表共 120 余人参加本届论坛。

本届论坛共收到论文 120 篇，经评审入选论文 74 篇。为巩固论坛成果，扩大社会影响，现将入选论文结集出版。文集由侯迎欣、常晨、王彦坤、贾玉娥、李鉴修编辑，辛向阳、康振海审定。文集编辑出版过程中，得到了中国社会科学院习近平新时代中国特色社会主义思想研究中心和河北省社会科学院领导的高度重视，得到了河北省社会科学院科研组织处和当代中国出版社的大力支持，在此一并致谢！

由于水平和时间所限，文集编辑肯定有不少疏漏，敬请批评指正。

编者

2023 年 9 月 10 日